本书为教育部教学改革重点项目
"文化原典导读与本科人才培养"成果

内容提要

《中华文化》分上、下两编。上编为"导读大纲",下编为"经典选读"。"导读大纲"共包括40个有关传统文化的专题:中华始祖、远古风骚、多元一统、大同世界、士人传统、学术源流、儒家思想、道家精神、兵家智慧、玄学思潮、宗教信仰、禅宗文化、理学心学、礼乐教化、孝道文化、科举制度、学校教育、汉字源流、古典文论、诗词艺术、古代散文、历代辞赋、传统戏曲、古典小说、史家传统、金石之学、琴棋书画、古代科技、天文地理、五行观念、姓氏源流、古代女性、婚姻风尚、图书文化、敦煌文献、游侠武术、饮食服饰、传统节日、养生文化、中外交流。这40个专题基本上囊括了有关传统文化的主要方面。每个专题还通过"经典选读"和"参考资料"两种书目及思考题,起到提纲挈领和指示门径的作用。下编"经典选读"则精选包括经、史、子、集方面的经典文献,并加注释,力求简明扼要,通俗易懂。既方便学生学习,又可为教师讲课提供文献依据。"导读大纲"和"经典选读"相互为用,相得益彰。

作为教育部教学改革重点项目——"文化原典导读与本科人才培养"的成果,本书不仅是专门为高校文、理、工、医、农各学科本科生编写的文化素质课程教材,同时也在一定程度上适合多数专业研究生的相关课程,更是了解和学习中华文化的别开生面的读本。一卷在手,中华文化可尽收眼底。

中华文化

ZHONGHUA WENHUA

主　　编　曹顺庆
执行主编　雷汉卿　粟品孝　李晓宇

复旦大学出版社

编 写 说 明

本书是为高等院校文、理、工、医、农各学科大学本科生编写的"中华文化"课课程教材。目前,仅四川大学每年就有一万多学生必修这门课程,这对我们的教学工作是一项极大的挑战。为了上好这门课,我们在学校的支持下、在教务处的具体指导下,经反复讨论,定下了编写方针和原则。本教材编写以专题讲授为经,以典籍原文为纬,上编为专题讲授的"导读大纲",下编为辑注原作的"经典选读",力图形成以阅读原文为基础,以专题讲授为引导的教材创新体系。这样编写,既有利于我们的教学安排,也有利于学生亲近文化原典。由于篇幅有限,专题讲授中所涉及的经典较多,本书只能精选其中的一部分。凡各专题"导读大纲"后所附"经典选读"中打"★"者,即为本书下编所选入的典籍。其余未选入者,各专题讲授的教师可酌情补充,读者也可自行参阅。

中华文化,博大精深,任何人穷其毕生精力,也不可能完全精通全部典籍,所以,几乎不可能由一个教师从头到尾讲授本教材所选全部典籍。考虑到这一实际情况,我们采取设专题的方式,每位授课教师可以根据自己所长,挑选若干专题来讲授,同学也可根据自己的兴趣和爱好,有选择地听不同的专题课。这才能符合教学安排及教师授课实际情况,也才能达到深入浅出的效果。

为了避免空洞的讲授,本教材要求每个专题必须结合典籍原文的阅读来进行。建议先由学生课前预习典籍原文,教师课堂抽学生读原文,然后再由教师精讲原文,在学生读懂原文的基础之上,再深入讲解各专题相关知识和问题,这样才不至于凌空蹈虚,真正能够学到真东西,也才能够真正养成严谨扎实的学风。

中华文化课程的讲授,最好能有图像的配合,以达到生动直观的效果。本教材准备在教学实践的基础上,进一步推出多媒体课件。

本教材由四川大学文、史、哲三个学科的教师联合撰写,由主编和三位执行主编负责统稿、修改和审定。各专题撰写者和各典籍注释者皆在各篇后署名,特此说明。

本教材既可作为高校"中华文化"课教材,也可作为中华文化爱好者的基本读物,因为有此一本在手,即可略窥中华文化概貌;开卷有益,相信广大读者一定大有收获。

曹顺庆

2006 年 6 月 28 日于四川大学

目　　录

我们为什么要读中华文化典籍——曹顺庆教授访谈录 …………………… 1

上编:导读大纲

一、中华始祖 ……………………………………………………………… 3
　　【经典选读】《尚书》之《尧典》★、《禹贡》★　《大戴礼记》之《五帝德》、《帝系》《世本·作篇》　[西汉]司马迁《史记·五帝本纪》★

二、远古风骚 ……………………………………………………………… 5
　　【经典选读】《诗经》★　《楚辞》★

三、多元一统 ……………………………………………………………… 7
　　【经典选读】《周易·系辞》★　《公羊传》《礼记·王制》★　《论语·季氏》★　《孟子·梁惠王》★　《春秋繁露》　[西汉]司马迁《史记·西南夷列传》　[宋]欧阳修、宋祁《新唐书·突厥上》

四、大同世界 ……………………………………………………………… 9
　　【经典选读】《礼记·礼运》★　《太平经》　[东汉]何休《春秋公羊经传解诂》　[晋]陶渊明《桃花源记》　[清]洪秀全《原道醒世训》　[清]康有为《大同书》

五、士人传统 ……………………………………………………………… 11
　　【经典选读】《论语·泰伯》★　《孟子·尽心上》★　《礼记·儒行》　[南朝宋]范晔《后汉书》之《党锢传》★、《逸民传》　[北齐]颜之推《颜氏家训》　[南朝宋]刘义庆《世说新语》

六、学术源流 ……………………………………………………………… 13
　　【经典选读】《庄子·天下》★　司马谈《论六家要指》★　《淮南子·要略》　[东汉]班固《汉书·艺文志》★

七、儒家思想 ……………………………………………………………… 15
　　【经典选读】《大学》★　《中庸》★　《论语》★　《孟子》★

八、道家精神 ……………………………………………………………… 17

【经典选读】《老子》★ 《庄子》★ 《列子》

九、兵家智慧 ··· 19
【经典选读】《十一家注孙子》★ 《孙膑兵法》《司马法》《尉缭子》《李卫公问对》[唐]李筌《太白阴经》 [宋]陈规《守城录》

十、玄学思潮 ··· 21
【经典选读】[魏]王弼《周易略例》★ 《庄子》郭象注 [南朝宋]刘义庆《世说新语》

十一、宗教信仰 ··· 23
【经典选读】《魏书·释老志》 [唐]释道世《法苑珠林》 [北宋]张君房《云笈七签》

十二、禅宗文化 ··· 25
【经典选读】《坛经》★ [五代]释静、筠禅师《祖堂集》 [宋]释普济《五灯会元》 [元]德辉重编《百丈清规》

十三、理学心学 ··· 27
【经典选读】[唐]韩愈《原道》★ [宋]周敦颐《周敦颐集》★ [宋]程颢、程颐《二程集》 [宋]张载《张载集》★ [宋]朱熹《四书章句集注》★ 《朱熹集》★ [宋]陆九渊《陆九渊集》★ [明]王守仁《王阳明全集》★ 《宋元学案》《明儒学案》

十四、礼乐教化 ··· 29
【经典选读】《周礼》★ 《仪礼》★ 《礼记》之《王制》★、《礼运》★、《乐记》★、《冠义》、《昏义》★ [宋]朱熹《家礼》

十五、孝道文化 ··· 31
【经典选读】《孝经》★ [汉]戴德《大戴礼记》 [汉]安世高译《佛说父母恩难报经》 [唐]宗密《佛说盂兰盆经疏》 [清]朱硅(校) [清]蒋予蒲(重订)《文昌孝经》 附:[清]陈少梅绘《陈少梅二十四孝图》

十六、科举制度 ··· 33
【经典选读】[唐]杜佑《通典·选举典》★ [宋]郑樵《通志·选举略》 [元]马端临《文献通考·选举考》★ 附:八股文选(三篇)★

十七、学校教育 ··· 36
【经典选读】《礼记·学记》★ [宋]朱熹《白鹿洞书院揭示》★ [元]马端临《文献通考·学校考》 附:[清]张之洞《四川省城尊经书院记》

十八、汉字源流 ··· 38
【经典选读】[东汉]许慎《说文解字·叙》★ [东汉]班固《汉书·艺文志》★ 《周礼·春官·保氏》

十九、古典文论 ··· 40

【经典选读】《毛诗序》★　[三国魏]曹丕《典论·论文》　[晋]陆机《文赋》　[南朝梁]刘勰《文心雕龙》★　[南朝梁]钟嵘《诗品》　[唐]司空图《与李生论诗书》、《二十四诗品》　[明]李贽《童心说》　[清]李渔《闲情偶寄》

二十、诗词艺术 ··· 42

【经典选读】[清]彭定求、杨中讷等编《全唐诗》　唐圭璋编《全宋词》　[南宋]严羽《沧浪诗话》　[清]何文焕《历代诗话》

二十一、古代散文 ··· 45

【经典选读】《左传》★　《史记》★　[清]严可均辑《全上古三代秦汉三国六朝文》　[清]姚鼐编《古文辞类纂》　[清]吴楚材等编《古文观止》

二十二、历代辞赋 ··· 48

【经典选读】[汉]司马相如《子虚赋》★　[魏]曹植《洛神赋》★　谢庄《月赋》★　江淹《别赋》★

二十三、传统戏曲 ··· 50

【经典选读】[明]臧懋循《元曲选》　[元]王实甫《西厢记》　[元]高明《琵琶记》　[明]汤显祖《牡丹亭》　[明]徐渭《四声猿》　[清]洪昇《长生殿》　[清]孔尚任《桃花扇》

二十四、古典小说 ··· 52

【经典选读】[晋]干宝《搜神记》　[晋]陶潜《搜神后记》　[南朝宋]刘义庆《世说新语》　[南朝梁]殷芸《小说》　汪辟疆校录《唐人小说》　张友鹤选注《唐宋传奇选》　钟兆华《元刊全相平话五种校注》　欧阳健、萧相恺编《宋元小说话本集》　《明代小说辑刊》　《古本小说集成》

二十五、史家传统 ··· 55

【经典选读】《左传》★　《公羊传》★　《穀梁传》★　[西汉]司马迁《史记·太史公自序》　[唐]刘知幾《史通·直书》　[宋]欧阳修《欧阳修全集·正统论》　[清]章学诚《文史通义·史德》★　《四库全书总目·史部正史类一·三国志》

二十六、金石之学 ··· 57

【经典选读】[宋]刘敞《先秦古器记·序》　[宋]吕大临《考古图·序》　宋代官修《宣和博古图》　[宋]赵明诚《金石录·后序》　[宋]欧阳修《集古录》卷九跋咸通十二年《唐孔府君神道碑》　[宋]郑樵《通志·金石略序》★　[清]叶昌炽《语石》　[清]王昶《金石萃编·序》

二十七、琴棋书画 ··· 59

【经典选读】［东汉］蔡邕《琴操》 ［宋］张拟《棋经十三篇》 ［唐］孙过庭《书谱》 ［唐］张彦远《历代名画记》

二十八、古代科技 ………………………………………………… 62
【经典选读】《周礼·考工记》《周髀算经》《九章算术》《黄帝内经》 ［宋］沈括《梦溪笔谈》 ［宋］李诫《营造法式》 ［明］宋应星《天工开物》 ［清］阮元编《畴人传》

二十九、天文历法 ………………………………………………… 64
【经典选读】《尚书·尧典》★ 《大戴礼记·夏小正》 ［西汉］司马迁《史记》之《历书》、《天官书》 ［西汉］刘安《淮南子·天文》 ［东汉］班固《汉书·律历志》 ［唐］王希明《步天歌》 ［唐］瞿昙悉达《开元占经》

三十、五行观念 …………………………………………………… 66
【经典选读】《尚书·洪范》★ 《吕氏春秋·十二纪》 《礼记·月令》 ［汉］董仲舒《春秋繁露》 ［汉］刘安《淮南子》之《天文》、《时则》 ［东汉］班固《汉书·五行志》 ［东汉］班固《白虎通德论》 ［隋］萧吉《五行大义》

三十一、姓氏源流 ………………………………………………… 69
【经典选读】《世本·氏姓篇》 ［汉］班固《白虎通·姓名》 ［汉］王符《潜夫论·志氏姓》 ［汉］应劭《风俗通·姓氏》 ［唐］林宝《元和姓纂》 ［宋］郑樵《通志·氏族略》 ［清］钱大昕《十驾斋养新录·姓氏》

三十二、古代女性 ………………………………………………… 71
【经典选读】《礼记·内则》 ［汉］刘向《列女传》、《续古列女传》 ［唐］宋若莘、宋若昭《女论语》 ［唐］陈邈妻郑氏《女孝经》 ［清］爱新觉罗·福临《御定内则演义》

三十三、婚姻风尚 ………………………………………………… 73
【经典选读】《周易·贲》★ 《诗经·卫风·氓》★ 《仪礼·士昏礼》★ 《礼记·昏义》★ 《白虎通义·婚娶》 附：［宋］孟元老《东京梦华录·娶妇》 ［清］徐珂《清稗类钞·婚姻类》 尚秉和《历代社会风俗事物考·婚娶》

三十四、图书文化 ………………………………………………… 76
【经典选读】《周易·系辞》★ ［东汉］班固《汉书·艺文志序》★ ［南朝宋］范晔《后汉书·蔡伦传》 ［南朝梁］阮孝绪《七录序》 《广弘明集》卷三 ［宋］沈括《梦溪笔谈·伎艺》

三十五、敦煌文献 ………………………………………………… 79

【经典选读】　敦煌变文　［唐］王梵志诗　［唐］寒山诗　敦煌赋

三十六、游侠武术 ··· 80
　　【经典选读】　《韩非子·五蠹》★　［西汉］司马迁《史记·游侠列传》★　［东汉］班固《汉书·游侠传》　［汉］荀悦《汉纪》　［晋］袁宏《后汉纪》★　［宋］张耒《游侠论》

三十七、饮食服饰 ··· 83
　　【经典选读】　《尚书·酒诰》　《礼记》★　［北魏］贾思勰《齐民要术》　［唐］陆羽《茶经》　《后汉书·舆服志》　《晋书·舆服志》　《旧唐书·舆服志》　《宋史·舆服志》　《金史·舆服志》　《元史·舆服志》　《明史·舆服志》　《清史稿·舆服志》　《新唐书·车服志》　附：［清］李渔《闲情偶记》

三十八、传统节日 ··· 85
　　【经典选读】　《礼记·郊特牲》　《礼记·月令》　［西汉］司马迁《史记·天官书》　［东汉］应劭《风俗通义》　［晋］司马彪《续汉书·礼仪志》　［南朝梁］宗懔《荆楚岁时记》　［宋］孟元老《东京梦华录》　［宋］吴自牧《梦梁录》

三十九、养生文化 ··· 87
　　【经典选读】　《黄帝内经·素问》　《道德经》★　《庄子》★　《悟真篇》　［晋］葛洪《抱朴子·内篇》　《周易参同契》　《黄庭经》　《坐忘论》　《灵宝毕法》

四十、中外交流 ··· 90
　　【经典选读】　［东汉］班固《汉书·西域传》　［晋］法显《佛国记》　［唐］玄奘、辩机《大唐西域记》　［宋］赵汝适《诸蕃志》　［元］周大观《真腊风土记》　［明］严从简《殊域周咨录》　［法国］沙里昂注《马可波罗行纪》　［葡萄牙］曾德昭《大中国志》

下编：经典选读

经　　部

一、群经之首——《周易》 ································· 95
　　乾 ··· 96
　　坤 ··· 100

屯…………………………………………………………………… 102

　　贲…………………………………………………………………… 102

　　井…………………………………………………………………… 103

　　系辞上(节录)……………………………………………………… 104

　　系辞下(节录)……………………………………………………… 107

二、皇极经世——《尚书》………………………………………………… 111

　　虞书·尧典………………………………………………………… 112

　　周书·洪范………………………………………………………… 114

三、风雅初开——《诗经》………………………………………………… 118

　　周南·关雎………………………………………………………… 120

　　周南·桃夭………………………………………………………… 121

　　邶风·柏舟………………………………………………………… 121

　　邶风·击鼓………………………………………………………… 122

　　卫风·硕人………………………………………………………… 122

　　卫风·氓…………………………………………………………… 123

　　卫风·伯兮………………………………………………………… 124

　　王风·葛藟………………………………………………………… 125

　　郑风·将仲子……………………………………………………… 125

　　郑风·有女同车…………………………………………………… 125

　　郑风·子衿………………………………………………………… 126

　　郑风·溱洧………………………………………………………… 126

　　唐风·绸缪………………………………………………………… 126

　　秦风·蒹葭………………………………………………………… 127

　　豳风·七月………………………………………………………… 127

　　豳风·东山………………………………………………………… 130

　　小雅·鹿鸣………………………………………………………… 130

　　小雅·常棣………………………………………………………… 131

　　小雅·采薇………………………………………………………… 131

　　小雅·斯干………………………………………………………… 132

　　大雅·生民………………………………………………………… 133

　　周颂·载芟………………………………………………………… 135

　　商颂·玄鸟………………………………………………………… 135

　　毛诗序……………………………………………………………… 136

四、礼乐文明——《周礼》、《仪礼》、《礼记》…………………………… 137

周礼·天官冢宰·大宰(节录) ……………………………… 139
仪礼·士昏礼 ……………………………………………… 140
礼记·王制(节录) ………………………………………… 151
礼记·礼运(节录) ………………………………………… 151
礼记·学记(节录) ………………………………………… 152
礼记·乐记(节录) ………………………………………… 155
礼记·中庸(节录) ………………………………………… 163
礼记·大学(节录) ………………………………………… 165
礼记·冠义 ………………………………………………… 167
礼记·昏义 ………………………………………………… 168

五、微言大义——《左传》、《公羊传》、《穀梁传》 … 170
春秋·隐公元年 …………………………………………… 171
齐桓公伐楚盟屈完(《左传·僖公四年》) ………………… 173
齐晋鞌之战(《左传·成公二年》) ………………………… 174
子产不毁乡校(《左传·襄公三十一年》) ………………… 175
吴子使札来聘(《公羊传·襄公二十九年》) ……………… 176
西狩获麟(《公羊传·哀公十四年》) ……………………… 177
晋杀其大夫里克(《穀梁传·僖公十年》) ………………… 178

六、华夏圣经——《论语》 ……………………………… 179
学而(节录) ………………………………………………… 180
为政(节录) ………………………………………………… 182
八佾(节录) ………………………………………………… 183
里仁(节录) ………………………………………………… 185
公冶长(节录) ……………………………………………… 186
雍也(节录) ………………………………………………… 187
述而(节录) ………………………………………………… 188
泰伯(节录) ………………………………………………… 189
子罕(节录) ………………………………………………… 189
先进(节录) ………………………………………………… 190
颜渊(节录) ………………………………………………… 191
子路(节录) ………………………………………………… 192
宪问(节录) ………………………………………………… 193
卫灵公(节录) ……………………………………………… 194
季氏(节录) ………………………………………………… 195

阳货(节录)……………………………………………… 195
　　子张(节录)……………………………………………… 196

七、捍卫良知——《孟子》 … 197
　　梁惠王上(节录)………………………………………… 198
　　公孙丑上(节录)………………………………………… 199
　　离娄上(节录)…………………………………………… 200
　　离娄下(节录)…………………………………………… 201
　　万章下(节录)…………………………………………… 201
　　告子上(节录)…………………………………………… 201
　　尽心上(节录)…………………………………………… 203
　　尽心下(节录)…………………………………………… 204

八、百善之本——《孝经》 … 205
　　开宗明义章……………………………………………… 206
　　士章……………………………………………………… 206
　　庶人章…………………………………………………… 207
　　圣治章…………………………………………………… 207
　　纪孝行章………………………………………………… 208
　　谏诤章…………………………………………………… 209
　　感应章…………………………………………………… 209

九、六经之门——《尔雅》 … 210
　　释诂(节录)……………………………………………… 211
　　释训(节录)……………………………………………… 215
　　释亲(节录)……………………………………………… 218
　　释宫(节录)……………………………………………… 220
　　释器(节录)……………………………………………… 221
　　释乐(节录)……………………………………………… 223
　　释天(节录)……………………………………………… 224
　　释地(节录)……………………………………………… 227
　　释水(节录)……………………………………………… 228
　　释木(节录)……………………………………………… 229
　　释虫(节录)……………………………………………… 230
　　释鱼(节录)……………………………………………… 231
　　释鸟(节录)……………………………………………… 232
　　释兽(节录)……………………………………………… 233

释畜(节录)……………………………………………… 234
十、汉字渊薮——《说文解字》………………………… 237
　　　说文解字·叙…………………………………………… 238

史　　部

一、史家绝唱——《史记》……………………………… 243
　　　五帝本纪………………………………………………… 244
　　　游侠列传………………………………………………… 255
　　　太史公自序·论六家要指……………………………… 260
二、典雅博洽——《汉书》……………………………… 263
　　　艺文志(节录)…………………………………………… 264
　　　举贤良对策(节录)……………………………………… 271
三、激扬名教——《后汉书》…………………………… 274
　　　党锢列传(节录)………………………………………… 275
四、乱世争雄——《三国志》…………………………… 279
　　　蜀书·诸葛亮传(节录)………………………………… 279
五、会通古今——《通典》、《通志》、《文献通考》……… 282
　　　通典·选举典(节录)…………………………………… 284
　　　通志·金石略序………………………………………… 291
　　　文献通考·选举考(节录)……………………………… 291
六、别识心裁——《文史通义》………………………… 293
　　　史德……………………………………………………… 294

子　　部

一、东方智慧——《老子》(节录)……………………… 299
二、战争艺术——《孙子兵法》………………………… 310
　　　始计……………………………………………………… 311
　　　谋攻……………………………………………………… 312
　　　兵势……………………………………………………… 313
　　　虚实……………………………………………………… 314
三、苦行天下——《墨子》……………………………… 315

  兼爱(中)…………………………………………………316

四、天籁之音——《庄子》…………………………319
  逍遥游……………………………………………………319
  齐物论(节录)……………………………………………323
  人间世(节录)……………………………………………327
  德充符(节录)……………………………………………330
  大宗师(节录)……………………………………………332
  马蹄………………………………………………………334
  在宥(节录)………………………………………………335
  天道(节录)………………………………………………336
  刻意(节录)………………………………………………338
  秋水(节录)………………………………………………339
  外物(节录)………………………………………………343
  列御寇(节录)……………………………………………343
  天下(节录)………………………………………………343

五、人性批判——《荀子》…………………………348
  性恶………………………………………………………349

六、法家峻言——《韩非子》………………………354
  五蠹………………………………………………………355

七、见性成佛——《坛经》(节录)…………………363

集　部

一、惊采绝艳——楚辞………………………………368
  离骚………………………………………………………368
  九歌·湘夫人……………………………………………375
  九歌·东君………………………………………………377
  九歌·山鬼………………………………………………378
  天问(节录)………………………………………………379
  九章·思美人……………………………………………383
  九章·橘颂………………………………………………386

二、辞采飞扬——赋…………………………………387
  子虚赋(汉·司马相如)…………………………………388
  洛神赋(三国·魏·曹植)………………………………394

月赋(南朝·谢庄) ················· 398
　　别赋(南朝·江淹) ················· 401
三、得意忘言——《王弼集》 ············· 405
　　周易略例(节录) ·················· 405
四、衡文宝典——《文心雕龙》 ············· 410
　　原道 ························ 411
　　神思 ························ 413
　　知音 ························ 416
　　序志 ························ 419
五、文以载道——《韩愈全集》 ············· 422
　　原道 ························ 422
　　原性 ························ 425
六、太极主静——《周敦颐集》 ············· 427
　　太极图说 ······················ 428
七、民胞物与——《张载集》 ·············· 430
　　正蒙·乾称(节录) ·················· 431
八、格物穷理——《朱熹集》 ·············· 432
　　观心说 ······················· 433
　　仁说 ························ 434
　　白鹿洞书院揭示 ·················· 436
　　附:四书章句集注·补大学格物致知传 ········ 437
九、六经注我——《陆九渊集》 ············· 437
　　与曾宅之 ····················· 438
十、知行合一——《王阳明全集》 ············ 442
　　传习录(节录) ···················· 443
　　大学问 ······················· 446
附:八股文三篇 ······················ 450
　　禹恶旨酒(明·唐寅) ················· 450
　　惟仁者为能以大事小(明·顾宪成) ·········· 452
　　终日乾乾与时偕行(清·方苞) ············ 453
后记 ····························· 456

我们为什么要读中华文化典籍

——曹顺庆教授访谈录

张金梅(以下简称张)：曹老师，您好！自20世纪90年代以来，中国知识界就掀起了一股学习中国文化典籍的"读经热"，四川大学也非常重视文化原典的阅读，并将"中华文化"课作为一、二年级学生的必修课，请问您对此有何看法？您认为国内出现"读经热"的原因何在？

曹顺庆(以下简称曹)：所谓的"读经热"，又称之为"国学热"。20世纪90年代之所以会在国内出现"读经热"、"国学热"，我认为，从总体上来看，这是历史发展的必然，是继"五四"之后的又一次文化转折。

近、现代之交，在西方强大的文化冲击下，中国文化产生了一次重大转折。当西方文化夹带着政治、经济优势强行冲向中国之时，中国文化被迫"大河改道"，在"打倒孔家店"的口号声中告别了传统文化。这种"改道"一方面是外国文化的抢滩登陆，另一方面是中国文化在优势的西方文化面前，通过一番碰撞、挣扎后，转过来向西方文化学习。我们的知识分子通过一番"论战"，逐渐认识到我们故步自封，守着我们的传统文化是不行的，要向西方学习，"求新声于异邦"，于是掀起了"出国热"。当时我们很多相当优秀的有代表性的学者都主张向西方文化学习。那么，就这一次向西方文化学习和西方文化冲进来的合理性来说，西方文化对中国的冲击和我们中国人主动向西方学习，即所谓"拿来主义"是有其合理性的，历史的大趋势使中国文化形成了一次"大河改道"。这种"改道"对中国现当代文化的影响是决定性的，我们的新文化、现当代文化就是在这次"大河改道"中形成的。

这种"改道"走过以后，近些年来，国内又开始出现了一种与"五四"运动以来文化发展趋势有所不同的另外一种转折趋势。今天的"读经热"、"国学热"就是这种现象之一，这可以从很多学者身上看出来。有很多学者，包括在西方呆了很久的学者，他们当年主张学习西方文化，现在却都开始转过来倡导中国文化、东方文化。典型的例子如季羡林先生留德十年，他从20世纪90年代开始就大力倡导重视中国文化和东方文化，认为不能完全唯西方文化马首是瞻，反对"贾桂"思想。有很多人对他的看法不以为然。他曾经说过："三十年河东，三十年河西。""21世纪东方文化必将复兴。"现在回过头来看，季先生是有很敏锐的眼光的。现代著名诗人郑敏当年也是主张向西方学习的骨干,现在他对中国文化和东方文化也是大力倡导的。原先热衷西方后现代文化研究的王岳川教授现在却转过来提出重新"发现东方",倡导将中国文化"输出"。我曾提出"失语症",主张重建中国文论话语,要求读"十三经"、背《文心雕龙》、《文赋》。我们老中青三代学者,甚至包括台湾以及其他地区的一些学者也都是如此,他们有的强调读经,有的主张学习东方文化、中国文化,有的大学还建立了"国学院"。这是一个信号,中国文化又一次转折的信号!这种转折不是一个、两个人的意愿,而是一种潮流。随着中国经济的快速发展及国际地位的提升,中华文化的复兴已经势不可挡,这种潮流已经成为我们今天学术研究的一个焦点,是一个学术前沿问题,也是事关中国软实力提升的我们国家整个文化发展战略的一个重大问题。如果我们处理得好,认识得清楚、深刻,那就是中国文化发展的一个机遇;处理得不好,就很可能会困扰我们的教育发展和文化发展,困扰我们的学术研究。现在很多人对这个问题认识不深,我认为我们必须把握住这次文化发展的机遇,顺应这种历史发展的必然,真正实现中华民族的伟大复兴。

张:与这股"读经热"相应,您自 1995 年起,就在研究生中开设了"中国文化原典"课程。请问您为什么要开设这门课程?其重要性何在?如果不开设会有什么危害吗?

曹:我从 95 年开始开设"中国文化原典"课程,迄今已有十余年了。我觉得开设这门课程非常重要。我以前是研究中国古代文论,也研究中国传统文化、传统文学,我的导师杨明照先生是研究《文心雕龙》的,因此我对中国传统文化认识、了解比较深。同时,我又是研究比较文学的,我 20 世纪 90 年代初曾去美国做访问学者,对西方文化有个基本的认识。94 年回来后,我就着手开设以"十三经"为主的中国文化典籍课,换句话说,我之所以要开设"中国文化原典"课,是与我的经历、思考相关的,我是经过深思熟虑的:

第一,在如何对待传统上,我曾将我们中国和周边国家,其他东方、西方国家作了一个比较。比如,同属于我们东亚地区的日本、韩国,与经济发达国家一样,他们有很多重要的工业产品、重要的高科技,如我们中国市场上就到处可见"三星"、"现代"、"丰田"、"索尼"、"松下"。然而,虽然他们都很现代化,但是他们对待传统却与我们不同。日本很多传统都保留得非常好,包括衣、食、住、行方面;韩国对他们的传统文化也非常尊敬,如韩国的钞票上印着的就不是总统头像,而是他们古代文化人,如李退溪。印度也大致如此,西方国家就更不用说,所有国家对待他们的传统文化都与中国现当代对待传统文化的态度有很大的区别。区别在哪里呢？我们现当代国人对中国传统文化基本上是一种负面看法：认为传统文化是中国被动挨打的"祸根"，是实现现代化的"绊脚石"，不打倒传统文化，中国就不能进入现代，就不能繁荣富强。然而，值得深思的是，为什么日本、韩国没有打倒他们的传统文化，而是在尊重他们传统文化的前提下实现了现代化，而我们实现现代化却非得将传统文化全部打倒不可，甚至我们全部打倒了传统文化却还没有他们走得快！更为严重的是，自"五四"以来，我们就有一个基本的情结：痛恨我们的传统文化，认为我们的传统文化把我们中国害惨了。这种看法给我们现当代造成了很大的危害，我们的现当代文化几乎处于一种"快断根"的状态。大多数西方人，包括西方中青年学者、青年学生对他们的传统文化都是尊重的；日本、韩国、印度也都非常尊重他们的传统文化；而中国却痛恨、抛弃自己的传统文化。抛弃传统文化的结果不仅没有达到我们当初的目的，反而使我们失去了自己文化的"根"，由此就导致了很多严重的后果。一个直接的恶果，就是空疏学风日盛，博古通今者日稀，大大地伤害了我们学术界与教育界，害了大批青年学生，造就了一个没有学术大师的时代。对此我曾在《"没有学术大师时代"的反思》（《湖南师范大学学报》2005年第3期）一文中作过相应论述，那是从人才培养方面探讨其危害性的。

第二，由于我们都对传统文化不熟悉，这就造成了我们文化上的"失语"时代，造成了当代中国文化创新能力的衰减。何谓"失语"？所谓"失语"，其根本的害处就是缺乏创新力，缺乏自主创新性。不学传统文化，读不懂中国古代典籍，必然会"失语"，这是肯定的。就文学理论来说，我们传统的文论基本上从现实的文学生活中消失了，目前的文学理论体系基本上是西方模式的，对于西方的文学理论我们正在亦步亦趋地效颦。我们已经没有了自己的话语，开口就是西方的。年轻人对于我们祖先的东西知道得越来越少，相反对西方却越来越感到亲切，很多人满口都是柏拉图与亚里士多德，达到了"言必称希腊"的地步。但我们自己的文化历史和传统，在我们的青年学者，甚至在一些中年学者中间，却非常陌生。当今的学者包括一些已经有名气的学者，很少有几个人真正地读过"十三经"、读过"二十五史"、读过"诸子集成"。当初我们学习西方的目的是为了赶上西方，但结果却是我们一直处于追赶西方的被动状态。长期的追随西方，我们的创新活力正在丧失，现在似乎只能永远跟在西方的后面，整体性地成了西方文化的"大后方"。比如文学理论，在中国，有中文系的地方都有研究文学理论的，再加社科院、文联以及其他单位的专职研究人员，中国的文学理论研究队伍是非常庞大的，但我们的文学理论研究却非常落后，没有原创性，没有在世界范围内发生影响的理论。迄今中国有影响的文学理论都是从西方翻译过来的。历史、哲学、伦理学、心理学等，情况也大致与这差不多。问题出在什么地方，值得深思。

第三,在整个现当代文化发展上,中国没有在继承传统的基础上"返本开新",因而没有形成自己的特点,我们整个文化出现了一种"空心化"的趋向。全世界每个民族文化都有自己的精神家园。西方文化有其自己的精神家园,如柏拉图、亚里士多德以及从希伯来文化拿过来的《圣经》;当代发达的西方社会,一直守护着《圣经》等文化典籍中的文化家园,印度、阿拉伯等其他民族也都有他们自己的文化家园;而我们当代中国人却不知道自己的文化家园在哪里。我们有个别中青年学者很聪明,但最后他却找不到自己的文化家园,最终皈依了基督教,受了西方文化的洗礼。如今我们社会上出现的很多问题也与我们没有文化家园有关。比如,今天大家都非常痛恨贪官污吏。其实,贪官污吏的出现除了监督体制上的原因以外,还有一个文化上的原因。只不过,这个文化上的原因我们没有去探讨过。为什么贪官污吏会前仆后继?一个人的内心修养、一个人的文化家园、一个人在文化熏陶下的操守、道德重不重要呢?任何一种文化都强调人的道德、操守和自我的约束力,西方文化如此,中国文化也如此。古人讲"心正"、"身修"、"家齐"、"国治"、"天下平";讲要有"良知",要有"追求"。古代的仁人志士强调"民本"思想,"大道之行也,天下为公"、"老吾老以及人之老,幼吾幼以及人之幼",强调"慎独",这都是中国传统文化的体现。不论你认为这些思想好也罢,坏也罢,它却是中国几千年积淀下来的文化家园,心灵家园,现在我们都没有了。今天一些人唯利是图、唯钱是图,社会上一些精神空虚现象都与传统文化的失落是有关系的。中国整个文化的"空心化"、中国人缺少文化家园感,以及我们今天缺少精神文明的核心,缺少有民族特色又适合当代人的文化思想支柱和文化家园,"没有学术大师的时代"、"失语"、缺乏创新性等等也都与此有关。当然还有其他原因,但不能否认,传统文化的失落是其中一个重要原因。这已经对当代造成了很大的伤害,从人才培养到学术创新、到社会风气。我觉得应该恢复一下我们的传统文化,我们再也不能像过去那样将其看作"洪水猛兽"、"害人精",将其彻底"打倒"、"批臭",而是应该好好学习、继承。今天我们大力倡导"以人为本",倡导建立"和谐社会",也可以说是中国传统文化的返本开新,当然,传统文化还有一些糟粕,也确实还有一些不适合现代的东西,一些要不得的东西,甚至要批判的东西。但是即便我们要批判,也应先看懂、读懂,先了解它、知晓它。然而,我们有些以批判传统文化相标榜的中青年学者,常常不看、不读,甚至连传统文化是什么都不知道,就大肆批判。这种现象我觉得很可悲。

张:近年来,一股"少儿读经热"正在中国大地上蓬勃兴起,而关于该不该读经的争论也成为媒体和学者的热门话题。对此,您有何看法?您认为3—12岁的少儿应不应该读经?他们死记硬背自己不能理解的经典有何利弊?在该不读经争论的背后,您认为有哪些问题应该引起大家的重视?

曹:关于少儿读经的问题,归根结蒂还是源自于我们对教育的反省。我说过,目前是一个"没有学术大师的时代"。然而,"没有学术大师的时代"是如何形成的?中国的学术界,曾经人才辈出,大师云集。从王国维到鲁迅,从钱锺书到季羡林,这些学术大师甚至是群体性地产生出来的。例如,文学上的鲁(迅)郭(沫若)茅(盾)、巴(金)老(舍)曹(禺),学术研究上的王国维、刘师培、陈寅恪、范文澜,乃至自然科学上的三钱(钱学森、钱三强、钱伟长)。这些大师是如何成为大师的?他们有他们的成长历程。简言之,这些大师有两大特点。第一,从小读"四书"、"五经"长大的,第二,长大以后都出国留学,被西方文化浸泡过,或受过国外文化熏陶。如胡适到美国去、钱锺书先生到英国去、季羡林先生到德国去。从他们的成长历程来看,有两点很重要、影响非常大。一是从小学习经书;一是到国外亲身体验过西方文化。古文、外文都学得很好。如今为什么会出现一个"没有学术大师的时代"呢?一是因为我们从小没有读过"经",拿着"经"就头疼,对中国文化典籍没感觉。二是我们的外文都不好,大多数人没去西方真正体验过,拿着西方的原文典籍很多人都不会看,很时髦的一些西方哲学理论,如现象学、阐释学、符号学、后现代、后殖民、女性主义都是从二手货、三手货、四手货的翻译书上学习的。这就形成了没有学术大师的原因。问题究竟出在哪里?我们还能否真正培养出像钱锺书、季羡林那样的人才来,我们的教育怎么走?像我们今天这样一种教育,从小学就学那些应试教育课本,中学也学那些课本,大学还学那些课本,学校课程还和我们现在的设置一样,势必仍然会出现"没有学术大师的时代"!势必会造成更严重的人才断层!

我倒没有倡导幼儿读经。我猜测现在有人倡导幼儿读经可能会有这样一种想法。我曾问过一些著名的学者,比如我的导师杨明照先生,他的国学功底很扎实。我问他:"杨先生,您为什么会有这么好的功底?"他说:"没什么,我是从小就学的。"我问:"您从小就学经,如《三字经》、《诗经》。您当时读'关关雎鸠,在河之洲,窈窕淑女,君子好逑。'尤其是后面的'求之不得,寤寐思服。悠哉悠哉,辗转反侧。'懂不懂啊?"他笑着说:"哪里知道呀,七八岁的小娃娃!"我就问他:"您这样读不懂有什么用?"他想了想说:"不对,如果那时我没有读,就不能像今天这样了。"他这句话,我觉得大有深义。今天我们若想真正从理论上来证明说少儿读经就是好,或者说少儿读经就是坏,这还很难讲。但杨先生的话可供大家参考。杨先生若不是从小读"十三经",他就达不到今天这样的高度。还有,像钱锺书那样的大师,如果他从小不读"四书"、"五经",恐怕在当代中国也不会成为一个"高山仰止"的神话。因此从某种意义上说,这是一种历史经验的总结。

今天到底少儿该不该读经？我觉得很多人在这个问题上是有偏见的。例如，现在很多小孩子从小都在学习英语，而且很多从幼儿园就开始学起。关于这件事，没有引起任何争议。从小学英语，从小学唱外语歌，学习西方文化，好像是天经地义的，没有人反对；而从小学习中国传统经典，反对的意见就很大。显然这是一个问题。3—12岁的少儿，是一个潜意识的形成期，包括小孩出生时的牙牙学语等，他们的学习都是潜移默化的。这就是为什么中国人到外国去，小孩和外国人生活在一块，就会成为"小香蕉人"、"黄皮白里"。他还是中国人吗？他成了西方人，他在文化上成了西方人。换句话说，在文化上，他受到了陶冶。若要陶冶，就应该从小陶冶其文化的"根"。既然小孩能从小学英语，从小学习西方文化，为什么就不能从小学习点中国古代的经典呢？所以我还是赞成既从小学英语，又从小读经。

有人认为小孩读经会毒害小孩的心灵，因为"四书"、"五经"是"杀人"的、"吃人"的文化，这种看法显然是有问题的。对于传统文化典籍，我们要有一种开放的眼光。其实，今天我们让小孩去读经，是有"选择"的，主要是学习一般的启蒙经典，并没有让他们去学习所谓的"三从四德"。另外，还有一个问题就是，大家担心小孩读经根本读不懂。这是事实，的确很难懂。但是诚如他们学习英语一样，我也认为很难懂，但是只要他学了，从小陶冶了就行。现在我们回过头来看，我们记得最牢的、学得最好的，还是小时候的东西，小时候的陶冶。所以从整体上说，我是赞成的。小孩可以学英语，小孩也可以读经。从小就培养外语好的学生，从小就培养古汉语好的学生。小孩既可以讲"之乎者也"，也可以讲"English"。我们大师的苗子可能就在其中了。

张：有人认为读经是"复古"，还有人认为读经会有"致人蒙昧之嫌"？您认为呢？

曹：读经就是"复古"，那么，学习什么不是"复古"呢？！有人认为学习西方的东西就不是"复古"，认为学习"诺亚方舟"、"亚当夏娃"、"伊甸园"就很时髦。其实，它们也不过是西方（其实是东方希伯莱文化）古代的而已。人类文化原本就是一个不断传承、积累的过程，是在不断的"复古"和创新中，是在一边继承、一边发展中前进的。难以想象，一个不学习古代文化的人可以成为一个有深厚文化底蕴、有大智慧和创新能力的现代人！任何人的创新都是站在前人的肩膀上的。任何文化都是有传承性的。然而，今天很多人却觉得好像我们不用传承古代的，我们传承的是西方的。西方有没有古代的呢？有人满口柏拉图、亚里士多德叫得很响。甚至大讲《圣经》、圣·奥斯丁、莎士比亚、达·芬奇等，其实他们都是西方古代的。因此我认为,那些反对"复古"的人其实并不是反对复"古",换句话说,他们并不反对西方文化的"古",只是反对中国文化的"古"! 在他们眼里,中国传统文化就是"毒药",就是"坏东西"。只要给你扣上了一个"复古"的帽子,你就完了,你就成了"复古主义"。传统文化是负面的,应该被打倒的,自从打倒"孔家店",这几近成了全国人民的共识。究其实,就是这个"复古"问题在作祟。

学习中国的就是"蒙昧",学习西方的就是"开化"。学英语、学《圣经》、学"亚当夏娃"、学"伊甸园"、学柏拉图、学亚里士多德就是"开化",学古文、学《诗经》、学"夸父女娲"、学"桃花源"、学孔子、学孟子就是"蒙昧",这种思想本身就有问题。诚然,中国传统文化既有精华,也有糟粕;同样,西方文化也既有精华,也有糟粕。然而,为什么有人会将中国古代文化视为"蒙昧",而将西方文化视为"开化"呢? 究其实,从某种意义上来说,这就是季羡林先生所批判的一种"崇洋媚西"的"贾桂"心态。所以,我认为,讲"蒙昧"也好,讲"保守"也好,这都是近现代以来我们对中国传统文化的一种偏见。我们痛恨中国传统文化、丑化中国传统文化。丑化了中国传统文化,我们的传统文化就"失落"了。"失落"了传统文化,我们就"失语"了,就失去了文化家园。不幸的是,这种心态不是一个人有的,很多家长一听说读经是"蒙昧"的,是"复古"、"保守"的,就不要小孩学了。丑化中国传统文化将来是会害人的。韩国人从来就不丑化他们的传统文化,印在韩国钞票上的李退溪就如同我们朱熹这样一个人,韩国人是不是"蒙昧"? 这个问题值得深思。

张:您开设"中国文化原典"课程已有十余年的历史了。请问您是如何教"十三经"的? 您取得了哪些成效? 您的经验和心得是什么? 您能就"如何读经"给我们热爱读经的朋友们提出一些好的建议吗?

曹:十年来,我一直是在研究生教学中做实验。说实在话,推动大家读经是一件很难的事情。我要求研究生阅读原汁原味的中国文化原典,教材直接选用阮元主持校刻的《十三经注疏》本,不用今译今注本。我之所以要选用这个原汁原味的版本,是想让大家体会一下求学的门径。具体说来,有两点:

一、"自学"加"课堂点拨"。我讲"十三经"主要是让同学们自己在下面读,课堂上我只是抽查,随意抽签读,检查大家的学习效果。我的用心,就是试图作一个教学改革尝试,让同学们能读到原汁原味的东西,获得实实在在的知识与智慧,而不是大讲空论,凌空蹈虚。不是在岸上大讲游泳理论,而是让同学跳下水去学游泳。同时我会重点讲解一些大家读起来比较困难、比较难懂的和需要发挥的地方。遇到一些重大的文化问题、理论问题,我会从旁边给予必要的指导与点拨。

二、"补课"。初读"十三经"的确很艰难,但只要大家咬牙坚持下来,还是很有收获的。翻过"十三经"和没翻过"十三经"是不一样的;用过"十三经"和没用过"十三经"是不一样的。以前同学们连"十三经"是哪"十三经"都不知道,现在都很清楚了,而且有些篇章还是仔细体会过了的,大致框架和基本内容是知道的。这对于我们学生"补课"是很有好处的。至少可以避免一些学习上的常识性的错误,如古文经学与今文经学的问题很多人弄不清,读错字的现象比比皆是。虽然"十三经"这门课程只讲授一个学期,但是对于开设其他公选课如文学史、文学批评史都是很有帮助的。如在讲授"十三经"的同时,我还开设了"中国文学批评史研究"课程,我要求同学们背诵《文心雕龙》(起码背十篇)、《文赋》、《诗品序》等中国文论典籍,这实质上也是读经的一种延伸。旨在进一步巩固同学们对传统文化的体验,使学习的知识更扎实一点。通过读"十三经",同学们在知识上、文化体验上、学风上、见解上都得到了开拓,学术功底大大加强。无论是写文章,还是开会发言,同学们对中国文化典籍信手拈来,文采斐然。

关于"如何读经",我认为最好要注意以下几点:

第一,面和点结合。如《周易》,我们先读《周易正义序》、《周易正义卷首》、《四库全书总目·周易正义十卷提要》,对《周易》有个总体的概貌式的印象。接着我们有选择性地读《乾》、《坤》、《屯》、《巽》等,大致了解卦爻辞的基本内容。最后我们读《系辞》、《说卦》等。这样面点结合,就能对《周易》有个比较全面的认识与了解。

第二,泛读和背诵结合。"十三经"的内容很丰富,我提倡泛读。但有的内容如《礼记》的《礼运》、《大学》、《中庸》,包括中国古代文论中的《文心雕龙》、《文赋》、《诗品序》等是要求背的。学习经典能背一点最好。如《周易》"天行健,君子以自强不息","地势坤,君子以厚德载物",这几句话已成为清华大学的校训,任何人多读两遍都能背下来的。

第三,持之以恒,贵在坚持。今天很多人拿着经典就头疼,读不下去。我的经验是:读不懂不要怕!不论读不读得懂,先读了再说。读一遍不懂,读两遍;读两遍不懂,读三遍;"书读百遍,其义自见"。要把经典当成"案头本"、"桌上书"、"枕边书",常常翻、常常读。学经典,贵在坚持。开始可能很困难,可能读不懂,但坚持多读几遍,仔细品味,慢慢就进入其境界了。当然,实在困难,可查阅工具书,请教老师,或参考别的注释本,但仍然要以自己的沈潜诵读为根本。没有自己的深沉的文本体验,是学不好古代典籍的。犹如不跳下水去,是永远学不会游泳的。如果同学够"枕藉观之","酝酿胸中,久之自然悟入"(严沧浪语),相信有朝一日能够进窥中国文化与文学之堂奥。这里还有几个例子可供大家参考。国学大师黄侃先生很爱读经,他有本《手批白文十三经》。据说他有个很特殊的习惯,每年冬天都读一遍"十三经"。"十三经"是他的案头书、桌上书。杨明照先生同样如此,我跟着他学了二十多年了。二十多年来,《十三经注疏》就一直放在他的书桌上,有空他就常常翻阅。我现在讲授"十三经",每讲一次,就重新将它翻阅一遍,常翻、常读,就熟了。这都是他们的经验,可供大家参考。

张:自2004年起,四川大学文学与新闻学院的博士生入学考试不论专业和研究方向,都将"中国文化原典"作为入学的"敲门砖",甚至会推向四川大学文学与新闻学院硕士研究生入学考试以及四川大学全校本科生教学,这在四川大学招生和教学史上都是一项重大举措。请问:学院及学校为什么会做出这样的决定?您们的期望是什么?

曹:我们之所以要将"中国文化原典"列为考试科目,是因为中国文化原典有重大的意义,同时,这也是鉴于"没有学术大师时代"的考虑。仔细琢磨一下学术大师的成功之路,他们大多具备非常厚实的基础,这个基础就是博古通今,学贯中西。而我们今天的教育,既不博古,也不通今;既不通中,也不贯西。这并不是说我们不学古代的东西,不学西方的东西,而是学得不够——《诗经》、《楚辞》、《论语》、《史记》我们大家多少都会学一点,但对中国文化原典读得不够;英语我们也学了不少,但我们很多人看不懂外文原文,引证的大多是翻译过来的二手货,甚至是三手货、四手货。因此我主要是从两个方面着手努力的:一方面,大力倡导用英文读西方文化与文学典籍。为了加强"西化",从1998年开始,我直接用英文版教材给研究生开设"文学研究方法论:当代西方文论导读",要求每位同学都必须在课堂上用英文抽读西方文论著作。现在川大的赵毅衡、王晓路等教授也用这种方法上西方文论。另一方面,大力倡导用古文(不用今译)读中国文化与文学典籍。不过,传统文化典籍仅在课堂上学习是远远不够的。若想真正将它进一步推广,可能需要采取一些行政手段、教育手段。换句话说,要有一根"指挥棒"。虽然我们手上这根"指挥棒"很小,但我想藉这根"指挥棒"来引导这个潮流,藉考试和教学来使用这根"指挥棒"。倡导既尊重传统文化、学习传统文化,也尊重西方文化、学习西方文化,既学好中文原典,也学好西文原典这样一种朴实的学习风气、一种严谨而广博的教育方式。而这也是我们四川大学一贯坚持的学生必须具有深厚的人文底蕴这样一种教育思想。

我们研究生入学考试要考中国文化典籍,这就迫使很多考生考前去读。这一招特别管用!很多人从来都没读过,但考试之前读了,颇有收获。众所周知,我们研究生教育旨在培养出优秀人才来。如果等研究生入学之后才学习"十三经",就很晚了。现在我们藉考试这根"指挥棒",迫使大家考前就熟读,等入学后我们再教"十三经",大家就好学多了。与入学后才从头学起相较,就有了一个"先行"的基础,这样就能取得一举两得、一石二鸟的效果。

现在我们已经把这项工作推向本科生。《中华读书报》(2006年1月25日)已经刊登了有关四川大学将在全校学生中开设中国文化典籍课的消息。从今年9月开始,四川大学全校一万多新生,包括文、理、工、医都须上"中国文化原典"这门必修课。我主编的这门课的教材《中华文化》,由复旦大学出版社出版。这本教材的主要内容就是以传统的经、史、子、集经典阅读为基础,来学习传统文化,实质上就是读经。这门课是由学校来推动的,我们想借此慢慢地扭转一种风气。同时,这也体现了我们四川大学扎实严谨的学风和融汇中西的教育传统(四川大学最早的校名为"中西学堂")。

张: 曹老师,当您在关注"中国文化经典"时候,也有成千上万的中华文化爱好者在关注着您。您有什么话要对我们热爱读经、研经的朋友们讲吗?

曹: 对我们热爱读经、研经的朋友们,我想说:

第一,读经并不是我们的目的,就如同学习西方也不是我们的目的一样。我们学习中国古代原典和学习西方原典,一个根本目的就是创新。请大家记住,我们读经绝不是复古,我们学习西方也不是赶时髦。以前,我们有人认为东方的就是坏,西方的就是好;中国的就是坏,外国的就是好。我们读经,其实也是为了"纠偏"。我们应该以开放的、世界的眼光,吸取前人、包括东方的、西方的全世界人类的优秀成果。

第二,读经是一种文化涵养和文化修养的体现。读经的实际功利目的恐怕不一定马上就能得到的。一个读过经,有很深文化积淀的人,站出来就不一样。女孩子读了,淑女就出来了;男孩子读了,就有"书卷气",就很有文化,正所谓"腹有诗书气自华"。因此读经不要有太多的功利目的,这主要是涵养、修养的问题。

第三,读经对我们现实生活也是有很多好处的,包括我们写东西、我们的谈吐。举个简单的例子,连战、宋楚瑜来大陆演讲,他们这些人不是搞学问的,是搞政治的。但从他们的言谈举止看,他们是读过了一些东西的,所以他们的演讲很不错,这就反映出了读经与不读经的区别。若想做个像毛泽东、像鲁迅那样出口成章、才华横溢、有文化、有气质、有风度、有修养的人,那就去读经吧!

上编：导读大纲

一、中华始祖

我国古籍关于中华始祖的传说源远流长,如有巢氏、燧人氏、伏羲氏、天皇氏、地皇氏、人皇氏、太昊氏、炎帝(神农氏、列山氏)、黄帝(有熊氏、轩辕氏、帝鸿氏、缙云氏)、帝颛顼(高阳氏)、帝喾(高辛氏)、尧(陶唐氏)、舜(有虞氏)等远古圣贤"帝王",他们都是中华民族历代相传、名垂古今的人文初祖。其中尤以《史记》所载"五帝"——黄帝、颛顼、帝喾、尧、舜(《史记·五帝本纪》),时代相对较晚,历史文化影响至为深远。

五帝时代,距今约5 000多年到4 000年,属于考古学上的新石器时代晚期。这一时期承漫长的原始社会早中期之后,农业、手工业有了显著进步,经济社会发展大为加快。在社会的物质生活、精神生活和组织制度方面,相传炎黄诸帝有诸多重大发明、创造。如炎帝(与黄帝大致同时而略早)教民耕稼、"和药济人";"黄帝穿井","造火食旃冕",其妻嫘祖发明蚕桑丝织,而文字图象、甲子律吕、舟车弓矢和衣履服饰,则为其臣下的发明创造;尔后颛顼到尧舜时期,更发明了集市贸易、规矩准绳、城郭宫室(《世本·作篇》)。传说固然神奇,却并非先民的向壁虚造,而是有相当的史实作为内涵,因而在考古发掘中大致得到印证。如新石器时代晚期遗址中的蚕茧化石、独木舟、诸多水井和大量器物,无不展示了这一时期物质文化方面的巨大进步。许多器物制作考究精致,而用陶、石、骨、木和金属制作的乐器、礼器及造型艺术品,其器形、文饰、色彩的设计施用,更反映了高超的审美水平、丰富的艺术情趣和强烈的宗教意识,生动地再现了我们祖先多姿多彩的精神生活。这一时期,人口随经济的发展大量繁衍,各地间的物质交换乃至远程贸易出现,碰撞、冲突也在发生发展,加上自然环境因素的变迁,促成和加快了先民族群的交流、迁徙、重组以至融合,导致若干互动圈和大规模社会共同体——部落联盟或曰邦国联盟的形成,而炎黄诸帝为首的族群逐渐成为其核心。族群互动日益频仍,文化及其因素遂由之传播。考古证明,在此期东亚大陆广阔的地域范围内,文化趋同已为明显征兆。这种出土资料与文献传说之间的呼应,揭示出我国统一多民族国家的文化根基早在远祖时代即已开始奠下,可谓由来已久,极为深厚。

五帝时代,也是中国古代文明起源和形成的关键时期。文献传说当时已建立起跨族群、地域的联盟体制和最高首领由推举产生、更替的"禅让"制,还有该首领"巡狩天下"之制,以及相应的监察、刑罚之制。以上反映了其时社会组织制度的日益复杂化,原始的共同体正在转变为国家,而文明时代的本质特征就是国家。考古揭示,这一时期,金属器、文字符号和众多古城陆续出现,标志着文明的因素在社会生活中日益占据主导地位。金属器较石、木、骨器的性能、效率空前提高,揭示了人类在认识物质世界、掌控自然力方面的划时代进步。文字符号的发明,意味着脑、体力劳动分工的发展深化。那些由高大的夯土墙垣和深掘的堑壕加以防卫的古城,不仅标志着社会矛盾的发展激化和战争的频繁,而且需要大量的劳动力进行长时间的大规模工程方能建成。凌驾于社会之上、掌控着如此巨量人力的权威人物与组织,正在演变为文明时代的帝王和国家机器。当禹启父子推翻"禅让",建立君主世袭制时,就标志着这一演变过程的终结和古代国家的正式形成。

炎黄诸帝等人文初祖,是传说中先民的杰出代表。其划时代创举和重大贡献,是中华民族数千年灿烂文化的源头活水。中国人历来尊祖敬宗、慎终追远。追溯先祖们筚路蓝缕、肇造中华文明的这一段历史,不仅可以触摸其文化脉搏,深切感受中华文化浩瀚长河古老而永恒的生命力,而且可以开启我们的心智,加深领悟历史规律,增强我们的自豪感和自信心,增强我们民族的认同感和凝聚力。

经典选读

1. 《尚书·尧典》★、《禹贡》★,[清]阮元校刻《十三经注疏》本,中华书局1982年。

2. 《大戴礼记·五帝德》、《帝系》,[清]王聘珍《大戴礼记解诂》,中华书局1983年。

3. 《世本·作篇》,[清]秦嘉谟辑补本,载《世本八种》,商务印书馆1957年。

4. [西汉]司马迁《史记·五帝本纪》★,中华书局1959年。

思考题

1. 文献传说里中华人文初祖的代表性人物有哪些?他们各有何重要贡献?
2. 五帝时代文化传播、趋同的原因和意义为何?
3. 文明时代有何本质特征?为什么?
4. 为什么说五帝时代是中国古代文明起源和形成的关键时期?
5. 学习中华始祖文化有何意义?

参考资料

1. 徐旭生《中国古史的传说时代》,广西师范大学出版社2003年。
2. 范文澜《中国通史》第一册第一章,人民出版社1978年。
3. 王玉哲《中华远古史》第三章第五节、第四章第一节,上海人民出版社2000年。

4. 丘克斌《"三皇""五帝"的各种说法》,《文史知识》1983年7期。
5. 刘起釪《我国古史传说时期综考》(上)、(下),《文史》1988年总第28、29期。

(彭邦本)

二、远古风骚

　　最早的"诗"萌发于原始宗教活动之中。《吕氏春秋·古乐》记载:"昔葛天氏之乐,三人操牛尾,投足以歌八阕。"其"歌"之辞,虽然可以姑且称之为最早的"诗",但实际上应是咒语,它与乐、舞相配合,共同为宗教巫术目的服务。《礼记·郊特牲》记载有相传为伊耆氏的《蜡辞》:"土返其宅,水归其壑,昆虫毋作,草木归其泽!"《山海经·大荒北经》也记载有驱逐旱魃神的咒语:"神北行! 先除水道,决通沟渎。"这些咒语是韵语,它与诗歌的发展显然有密切的关系。

　　随着人类文明的不断进步,真正意义上的"诗"开始产生,比如《周易·中孚》中所保留的这段文字:"鹤鸣在阴,其子和之。我有好爵,吾与尔靡之。"在《周易》中,这类例子随手可得。遗憾的是,如此精美的诗句与占卜之术紧紧地纠缠在一起,成为神学的婢女。此种情形随着《诗经》的成书而根本改观。《诗经》是我国最早的一部诗集,相传为孔子所编定。《诗经》收诗305篇,还有6篇有目无辞。《诗经》中,一部分作品为贵族文人所作,但作者绝大部分已不可考;另一部分则是由民间采集而来并经乐官加工整理的民歌。

　　作为我国最早的一部诗歌总集,《诗经》中的绝大部分作品产生于西周初至春秋中叶的黄河流域,其中既有宫廷、官府的制作,也有经官方音乐机关收集整理的民间作品。总体来说,这些作品显著地反映出黄河流域文化(特别是周文化)的特征。由于礼乐制度的确立,《诗经》中某些篇章的宗教祭祀意义逐渐隐而不显,而后人的理性解释则掩盖了其与巫术活动的原始关系。这种误读是一种极有价值的创造性阐释,它为我国现实主义文学奠定了基石,并使赋、比、兴告别了原始迷狂,成为纯粹的文学手法。

　　随着人类文明的不断积累,中国传统诗歌在战国后期出现了新局面,这便是《楚辞》的出现。《楚辞》是战国时期以屈原为代表的楚国人创作的诗歌,它是《诗经》三百篇以后的一种新诗体。荆楚的历史极为悠久,至战国时期,它已经从一个古老的氏族社会逐渐发展成为一个强盛的封建王国。由于特殊的地理位置、历史发展和社会状况,楚文化具有与中原文化相区别的一些显著特点。楚地较多地保存了原始的宗教与艺术,巫风盛行,并由此派生出大量的巫舞与原始宗教诗歌;楚地没有中原地区那样严格的礼法束缚,楚人热烈、奔放,富于浪漫主义激情。这一切,为《楚辞》的产生提供了文化背景,并使《楚辞》具有浓郁的浪漫主义风格。

《楚辞》的核心作家是屈原。作为一位曾一度从政的楚国贵族,屈原并不是一般意义上的诗人。在政治上连续遭受失败之后,他只能在诗歌中抒写内心的苦闷。屈原的出现,标志着诗歌由集体歌唱转变到个人单独歌唱的新时代。作为一位伟大的诗人,屈原所达到的成就是空前的。他的追求,在本质上是战国时期文化精神的象征;而其最可贵之处,在于对理想的痴迷。屈原在自己作品中表现出来的是一种迷惘而伤感的追求,它的魅力在于用神话的方式表现了永远困扰人类心灵的一种迷惑:理想是可望而不可及的。在描述人类精神生活的这一悲壮历程中,屈原突出地表现了一种巨大的精神力量,体现了生命的崇高价值,体现了人类追求真、善、美的巨大热情和坚定性,这正是人类意志力量的一种表现。因此,人们不仅没有被悲剧所压倒,反倒受到了伦理上的震动和审美上的感染。

《诗经》与屈原作品合称"风骚",成为中国古代诗歌的最高典范。它们不仅为中国传统诗歌提供了现实主义与浪漫主义的样板,同时也对民族精神和民族文化心理素质的形成和发展有深刻的影响。

经典选读

1. 《诗经》*,[清]阮元校刻《十三经注疏》本,中华书局1982年。
2. 《楚辞》*,[宋]洪兴祖《楚辞补注》,中华书局1983年。

思考题

1. 如何评价《诗经》在中国文学史上的地位?
2. 如何评价屈原作品的文化精神?
3. 以《诗经》与《楚辞》为例,说明南北文化的差异性。

参考资料

1. [宋]朱熹《诗集传》,上海古籍出版社1958年标点本。
2. [清]马瑞辰《毛诗传笺通释》,《皇清经解续编》本。
3. [宋]朱熹《楚辞集注》,上海古籍出版社1979年标点本。
4. 金开诚等《屈原集校注》,中华书局1996年。
5. 向熹《诗经词典》,四川人民出版社1997年修订本。

(刘黎明)

三、多元一统

中华民族是由数十个不同种族团结融合为一个整体的华夏民族。透过各个朝代的调适凝和,又汇流各种不同种族血缘与文化而形成独步世界的中华文化,因此她的开放、包容特性是举世罕见的。可以说中国历史,就是一部多元种族与文化融通凝聚而成的历史。

中华民族每遭逢一次巨大的存亡绝续的变局,总会发挥坚忍不拔的民族韧性,充分吸收外来文化,而形成一已的文化特色,这不能不说是世界文化史上的大奇迹。从上古时期到先秦,中国以华夏汉族为主干,融入了东夷、西戎、南蛮、北狄等不同民族,这就是秦汉时代的中国人。到了魏晋南北朝时期,五胡乱华,中原板荡,又成功地融合了匈奴、鲜卑、羯、氐、羌等不同民族,这就是隋唐时代的中国人。宋代虽说积弱不振,但文治艺术精致发达,融合了契丹、西夏、女真、蒙古等民族,这就是明朝的中国人。满族入主中国,以武力统治中国,经过二百余年,经过学习、吸收,逐渐融入了以汉族文化为主干的中华文化之中,这就是现代的中国人。

中国文化传衍五千年,战乱频仍,从春秋战国、魏晋南北朝、唐末五代的最大动荡时期,甚至蒙古、满洲等异族入主中原,中国人已形成一种遭逢乱世盼望安定、祈求统一的思维,这种牢不可破的观念,是在历史演变之中自然而然形成的传统。在追求统一的历史进程中,对于多元民族所表现出的言语异声、服饰异制、饮食嗜欲异俗等不同现象,该采取何种方式来对待,《礼记·王制》提出了求同存异、相互尊重的圆通方式,解决了这个难题。所谓"中国戎夷,五方之民,皆有性也,不可推移",就是承认各族之间彼此有个别的差异性,在教化与行政推行下,能够"修其教,不易其俗,齐其政,不易其宜",最终是中华民族团结更紧密,凝聚成一现代化的新中国,同时兼顾到"中国、夷、蛮、戎、狄,皆有安居、和味、宜服、利用、备器",而且"五方之民,言语不通,嗜欲不同",充分尊重各种族的地方民俗特性。

道德意识在中国人追求大一统进程中也是不能忽略的重要因子。从中国历史上民族融合的观察,凡是不行仁政,以力服人者,江山大多不能长保永固。蒙古族崛起北方,成吉思汗以凌厉铁骑横破欧亚大陆,睥睨沃野,不可一世,元帝国仅能"以马上得天下",因无偃武修文之效,"不能以马上治天下",最后帝业仅维系了九十年而已。天下如何才能统一安定呢?儒家仁爱为本的开创始祖孔子提出了这样的见解:"有国有家者,不患寡而患不均,不患贫而患不安。盖均无贫,和无寡,安无倾,夫如是,故远人不服,则修文德以来之,既来之,则安之。",这就是修己以安人的德治之教。处在列国讲求纵横力诈、弱肉强食的时代,孟子进一步发挥,"如有不嗜杀人者,则天下之民皆引领而望之矣。诚如是也,民归之,犹水之就下,沛然谁能御之",这也是主张以德服人的王道精神。

总之,在多元民族融合一统下,文化认同是作为华夷之分的界线。只要在中华文化认同下,对内大家都是炎黄子孙,承认对方不同差异,尊重彼此风俗习惯,以文明教化修养,知书达礼,展现泱泱大国风范,对外多元文化的世界,要能使远邦外国心悦诚服,愿意与中国人交朋友,为共创世界和平福祉而携手合作。

经典选读

1.《周易·系辞》★,黄寿祺、张善文《周易译注》修订本,上海古籍出版社2001年。

2.《公羊传》,[清]阮元校刻《十三经注疏》本,中华书局1982年。

3.《礼记·王制》★,王文锦《礼记译解》本,中华书局2001年。

4.《论语·季氏》★、《孟子·梁惠王》★,[宋]朱熹《四书章句集注》本,中国书店1994年。

5.[汉]董仲舒《春秋繁露》,苏舆《春秋繁露义证》,中华书局1992年。

6.[西汉]司马迁《史记·西南夷列传》,中华书局1959年标点本。

7.[宋]欧阳修、宋祁《新唐书·突厥上》,中华书局1975年标点本。

思考题

1. 试讨论中国历史上如何使外族心悦诚服的经过。

2. 中国"以德服人"的思想在现代世界有何意义?

3. 台湾是中国领土不可分割的一部分,借鉴古人的智慧,要如何才能达到和平统一的终极目标?

参考资料

1. 钱穆《中国文化史导论》修订本,商务印书馆2002年。

2. 孟森《明史讲义》,中华书局2006年。

3. 杨学琛《中国民族史》,台北文津出版社1994年。

4.《刘节文集》,中山大学出版社2004年。

(吴铭能)

四、大同世界

建立一个完美世界是人类社会永恒的梦想。这种观念起自人们对现实生活的不满,也推动着人们对新世界的追求。在欧洲,这种社会被冠之以"理想国"、"乌托邦"、"太阳城"等各种名目;在中国,"大同"世界或"桃花源"则是这一理想的表述形式。

中国现存文献中最早提及理想社会的是《诗经》里的《硕鼠》篇。作者在诗里表达了对现实社会中不公正现象的愤怒之情,表示要"誓将去女",到那"乐土"、"乐国"、"乐郊"去。但是,"乐土"("乐国"、"乐郊")何在,又"乐"在何处,作者并没有交代,但它却是中国"大同"思想的萌芽。

在汉代,"大同"思想繁盛一时。这一时期完成的儒家文献《礼记·礼运》篇借助于孔子之口,将此前的中国历史分为"大同"与"小康"两个阶段。在"大同"社会中,"天下为公,选贤与能,讲信修睦",私有财产毫无意义:"货恶其弃于地也,不必藏于己;力恶其不出于身也,不必为己。"每个人都各得其所,社会和平、安定。相反,自"大道既隐"之后,"天下为家,各亲其亲,各子其子,货力为己",即使有夏禹、商汤这样的圣王,也不过是"小康"之世。"大同"思想是当时一部分不满足于现状的士人对于理想社会的想像。

这一时期描述理想社会的另一概念是"太平"。东汉公羊学派的经学家何休在《春秋公羊解诂》一书中,借助于对《春秋》的解释,将历史描述为从"据乱世"到"升平世"再到"太平世"的发展过程。其中,"太平世"是历史发展的最高阶段。在这一阶段,儒家的理想已经由中国扩展到整个世界,因而,"天下远近大小若一"。此外,据称由东汉的道士干吉(或称于吉)传下来的《太平经》(又名《太平清领书》)中,也表达了类似的理想。所谓"太平",即"治太平均,凡事悉理,无复奸私"之意。具体说来,就是一个无灾异、无病疫、无战争,君明臣贤,家富人足,各得其乐的太平世道。此后,"太平"思想和佛教中的"弥勒"信仰等,均成为中国农民起义的指导思想之一,可谓影响深远。

东晋时期的文学家陶渊明在《桃花源诗并记》里描述了一个与世隔绝的社会——"桃花源"。那里"土地平旷,屋舍俨然,有良田美池桑竹之属。阡陌交通,鸡犬相闻。其中往来种作,男女衣着,悉如外人;黄发垂髫,并怡然自乐"。尽管"桃花源"不像"大同"或"太平"思想那样具有"澄清天下之志",而只是一个类似于老子笔下的"小国寡民"的社会,但它却深深地触动了国人的心灵。此后,"桃花源"成为中国文学中一个反复吟诵的主题,如唐朝的李白、王维、韩愈,宋代的王安石、苏轼、黄庭坚、陆游等,都有诗篇传世。

中国文化史上还存在着一类"准理想社会",主要便是宋元以后的民间故事、通俗小说中所描写的一些农民起义根据地,如《水浒传》里的"水泊梁山"、《隋唐演义》里的"瓦岗寨"等。与前述那些理想社会不同的是,这些社会是由那些被迫"落草为寇"的英雄们组成的,维系着这一小社会的是他们的江湖义气和兄弟情谊。虽然有很多想像的成分,但毕竟还有一定的现实背景,因此,它们只能是"准理想"而且不能持久。

中国人有关理想社会的想象到了19世纪末20世纪初发展到一个新阶段。其中,康有为的《大同书》和孙中山对于"大同之治"的向往最具代表性。"大同"之世的思想虽然已经在《礼记·礼运》篇中出现,但在历史上,这篇文献一直未得到应有的重视。近代以来,人们"重新发现"了它。洪秀全在《原道醒世训》中便引用其中的话:"大道之行也,天下为公"。20世纪初,康有为写作了《大同书》,系统地阐述了自己的理想社会观。他不但描述了大同社会的形态,而且还具体讨论了达到这一"无邦国,无帝王,人人平等,天下为公"的社会的具体途径,其中不乏他游历欧美诸国之后的实际经历。因此,他的"大同"观不但融合了儒家、佛教等传统思想,也明显受到西方达尔文进化论和欧美民主思想的影响。

经典选读

1.《礼记·礼运》*,王文锦《礼记译解》本,中华书局2001年。

2.《太平经》,王明《太平经合校》本,中华书局1985年;俞理明《太平经正读》本,巴蜀书社2001年。

3. [东汉]何休《春秋公羊经传解诂》,北京图书馆出版社2003年。

4. [晋]陶渊明《桃花源记》,见逯钦立辑《陶渊明集》,中华书局1979年。

5. [清]洪秀全《原道醒世训》,见扬州师范学院编《洪秀全选集》,中华书局1976年。

6. [清]康有为《大同书》,汤志钧导读本,上海古籍出版社2005年。

思考题

1. 论述中国传统理想社会观的演变过程。

2. "桃花源"的观念与"太平世"的观念有何异同?

3. 可以说康有为的《大同书》是"近代"的理想社会观吗?为什么?

参考资料

1. 蒙文通《孔子和今文学》,收《蒙文通文集》第三卷《经史抉原》,巴蜀书社

1995年。

2. 萧公权《近代中国与新世界：康有为变法与大同思想研究》，江苏人民出版社1997年。

3. ［日］三石善吉《中国的千年王国》，上海三联书店1997年。

4. 陈正炎等《中国古代大同思想研究》，上海人民出版社1986年。

（王东杰）

五、士人传统

士的本义是指一切成年男子，后来常常用于贵族官员的通称。据汉代《白虎通义·爵》解释说："士者，事也，任事之称也。""士"初为氏族正式成员，"事"初即当为渔猎耕作之事。随社会进化，生事日繁。国家产生之后，"士"逐渐成了贵族官员之称；社会的公共管理，也形成了政事。在中国古代世袭社会中，士既是贵族，又往往担任行政官员，同时也是文化精英。春秋晚期封建贵族世袭制度逐渐解体后，社会上前所未有地出现了由低级贵族和庶人构成的士民阶层。这标志着由士、农、工、商构成的中国传统社会基本结构——"四民社会"的大致形成。与农、工、商阶层的最大不同在于，士阶层凭借自身拥有的知识资源承担起了政治精英与文化精英的双重角色。故孟子说："无恒产而有恒心者，惟士为能。"（《孟子·梁惠王上》）春秋战国时期，诸子蜂起，百家争鸣，反映了士民阶层在中国历史舞台上的崭新崛起。随着秦汉以后大一统帝国的初具规模，融入了帝国官僚体制的士民阶层摇身变成了士大夫阶层。与出身于王室或世家大族的贵族官员不同，士大夫代表了官僚集团中比较特殊的一部分，即通过参加帝国官员的选拔而获得官僚资格的学者官员。在隋唐科举制度建立后，这部分士大夫官员更是在帝国官僚集团中逐渐取得了主导权力。直至辛亥革命后帝制废除，士大夫阶层才逐渐从历史舞台消失，取而代之的是现代技术官僚与知识分子。

《圣经·新约》中有一句名言说，上帝的物当归上帝，恺撒的物当归恺撒。在西方传统社会中，精神权力与世俗权力相互对立，分别由教士与世俗官员来承担和执行。但是在中国传统社会中，士往往兼道统与政统、教权与政权、学者与官员于一身，因而形成了中国源远流长的士大夫政治文化传统。在这一独具特色的传统中，士人遵循"学而优则仕"的行为准则顺利通过各级官员选拔考试后获得担任帝国官员的候补资格。值得注意的是，官员选拔考试的内容往往关注于应试者的古典文化素养，而不是与行政职能关系更加密切的专门知识。这充分体现了孔子所谓"君子不器"的士人传统的一大特色。因为在中国传统政治文化中,"礼治"是比"法治"更值得追求的理想统治形式。礼的根本精神是"和而不同"。因此推行"礼治"的帝国官员应当通过艰苦的古典教育训练来精通礼的精神而不是记诵熟谙具体繁琐的法律条文。

  在这一独特的政治文化土壤之中,代表中国古代知识群体的士人阶层呈现出特色鲜明的文化性格。孔子所最先揭示的"士志于道"构成了中国传统士人文化性格的基本内涵。孔子的弟子曾参更明白地解释说:"士不可以不弘毅,任重而道远。仁以为己任,不亦重乎?死而后已,不亦远乎?"(《论语·泰伯》)这意味着士必须自觉继承文化传统,弘扬人文精神,以内在超越的方式追求现世社会的和谐安宁。另一方面,中国传统士人还始终坚持"道高于势"的批判精神。孔子说:"天下有道则见,无道则隐。"(《论语·泰伯》)孟子也说:"天下有道,以道殉身;天下无道,以身殉道。"(《孟子·尽心上》)在他们看来,士与世俗政权的合作只能建立在"道"的共同基础之上。因此,一旦当他们守护的文化理念与世俗政治权力发生冲突时,他们必须坚持以道为己任,甚至不惜以身殉道。

  汉末党锢领袖如李膺"高自标持,欲以天下风教是非为己任",又如陈蕃、范滂则皆"有澄清天下之志"。北宋初主持庆历新政的范仲淹起而提倡士当"先天下之忧而忧,后天下之乐而乐"。晚明东林党人也提出"家事、国事、天下事,事事关心"的口号批评弊政激扬士风。中国传统士人的精神风貌在此得到了淋漓尽致的展现。这一悠久的士人传统至今已经成为现代中国知识分子最可珍贵的精神遗产。

经典选读

  1.《论语·泰伯》★、《孟子·尽心上》★,[宋]朱熹《四书章句集注》本,中国书店 1994 年。

  2.《礼记·儒行》,王文锦《礼记译解》本,中华书局 2001 年。

  3.[南朝宋]范晔《后汉书·党锢传》★、《逸民传》,中华书局标点本 1965 年。

  4.[北齐]颜之推《颜氏家训》,王利器《颜氏家训集解》,中华书局 1997 年。

  5.[南朝宋]刘义庆《世说新语》,余嘉锡《世说新语笺疏》,中华书局 1983 年。

思考题

  1. 谈谈你对中国古代士大夫政治特点的认识?

  2. 比较中国古代士人与现代知识分子的异同?

  3. 你对中国传统士人人生理想如何评价?

参考资料

  1. 余英时《士与中国文化》,上海人民出版社 1987 年。

  2. 张岱年等《中国知识分子的人文精神》,河南人民出版社 1994 年。

3. 阎步克《士大夫政治演生史稿》，北京大学出版社 1996 年。
4. 赵园《明清之际士大夫研究》，北京大学出版社 1999 年。
5. 孙立群《中国古代的士人生活》，商务印书馆 2003 年。
6. 许纪霖《中国知识分子十论》，复旦大学出版社 2003 年。
7. 缪钺《二千多年中国士人的两个情结》，《缪钺全集》第一卷（下），河北教育出版社 2004 年。

（周　鼎）

六、学 术 源 流

学术是一个国家的精神支柱。古人云："国于天地，有与立焉。"（《左传·昭公元年》）一个国家要想繁荣富强、政通人和，必须拥有一整套赖以立国的思想基础，而这套立国的思想基础必须依靠学术发展才能确立起来。

作为历史悠久的文明古国，中国灿烂而不间断的历史文化，与我们自古就有重视学术的传统是密不可分的。正所谓"文武之道，未坠于地"（《论语·子张》），学术的精神薪火相继，代有传人。学术的积累更是空前绝后，蔚为大观，从上古的《三坟》、《五典》、《八索》、《九丘》，到儒学的六经、七经、九经、十三经，再到正史的前四史、十七史、二十四史，无一不是中国学术博大精深的明证。

那么，如此博大精深的学术传统，是如何形成的呢？这就需要我们"辨章学术，考镜源流"（章学诚《校雠通义》），对中国学术的流变进行一番必要的梳理。

关于中国学术的起源，自古以来有两种不同的说法：一种是《汉书·艺文志》提出的"诸子出于王官"说，一种是《淮南子·要略》提出的"为救时之敝"说。这两种说法都有一定的道理。首先，夏、商、周三代的学校都是天子办的"官学"，而最高学府"太学"，本来就是王宫的一部分。传授学问的老师，大约都是某一职务上办事能干的官员，所传授的学问也是某一方面的专门知识，所以《礼记·曲礼》有"宦学事师"的说法。其次，王道衰微、天下大乱之际，也正是"私学"兴盛之时，故《庄子·天下》说："百家众技也，皆有所长，时有所用"，所以出现了学术兴替、百家争鸣的局面。

中国学术思想的流变，可以分为三大阶段、六次更替。

第一阶段是从先秦到汉魏。这一阶段包括了两次大的学术更替。第一次是先秦时期的百家争鸣。其时儒、道、阴阳、名、法、墨、农、杂等各家此起彼伏、纷纷攘攘，四处宣传自己的学术主张。最后儒、道、法三家从诸子百家中脱颖而出，先后实践了自己的政治理想。先是秦国以法家思想统一天下，随后是汉初以黄老思想安定天下，最后汉武帝以"罢黜百家，独尊儒术"结束了诸子纷争的时代。随之而来的第二次学术更替是汉代的今文经学与古文经学之争。今古文之争是由于书写儒家经典所用的字体不同，而引发的关于章句、注解、典章制度、人物评价等一系列的争执。这些争论成为两汉学术的主要特点，直至东汉末年，经学大师郑玄的出现，才使两派趋于融合。

第二阶段是从魏晋到清代中期。这一阶段的学术有两个重要的标志：一个是佛教的传入，一个是理学的兴起。佛教最迟在东汉末年已传入中国，随后迅速盛行，到隋唐时期达到鼎盛。在这一过程中，还产生了玄学与道教，它们与佛教互相融合，此消彼长，形成了中国学术的第三次更替。正当佛教经过七百多年的同化，日趋中国化之际，儒学内部也开始酝酿着新的突破，终于在宋初诞生了理学。理学精细邃密，体系庞大，是中国古典哲学的巅峰。理学内部有两个重要的流派，一个是程朱理学，一个是陆王心学，两派的反复争持构成了中国学术的第四次更替。明末清初，理学和心学出现了合流之势，代之而起的是一股经世致用的新学风，顾炎武、黄宗羲、王夫之是这一时期学术的代表人物。到乾嘉时期，朴学盛极一时。朴学大师们潜心考据，埋头注疏，以实事求是的精神专研学术，取得了前人望尘莫及的成绩。但他们远离现实，罕言义理，表现出对宋明理学矫枉过正的缺陷。是为中国学术的第五次更替。

第三阶段是从清末到现代。这一阶段中国所有的学术论争都与两条线索有关：一条是中学和西学，一条是传统和现代。这两条线索交织在一起，构成了中国近现代学术的基本特征，并将在很长一段时间内继续支配中国的学术进程。所以，我们把这一阶段统称为第六次更替。

经典选读

1. 《庄子·天下》★，[清]郭庆藩撰，王孝鱼点校《庄子集释》，中华书局1961年。
2. 司马谈《论六家要指》★，中华书局1959年标点本《史记》。
3. 《淮南子·要略》，何宁《淮南子集释》，中华书局1998年。
4. [东汉]班固《汉书·艺文志》★，中华书局1962年标点本《汉书》。

思考题

1. 关于中国学术的起源，有哪些主要观点？这些观点有何区别和联系？
2. 先秦学术的主要特点是什么？
3. 佛教传入中国后，对中国学术产生了哪些重要影响？

参考资料

1. 梁启超《论中国学术思想变迁之大势》，上海古籍出版社2001年。

2. 梁启超《中国近三百年学术史》，东方出版社1996年。
3. 钱穆《中国近三百年学术史》，商务印书馆1997年。
4. 冯天瑜、邓建华、彭池《中国学术流变》，华东师范大学出版社2003年。

（李晓宇）

七、儒家思想

儒家思想是中国文化的正统和核心，它集中体现着中国文化的基本精神，并深刻影响着中国历史的发展进程。如果没有儒家思想就没有中国文化，这是无可非议的事实。

那么，儒家思想究竟包含着哪些基本内容呢？对此，《汉书·艺文志》曾有一个极其精要的概括，它认为儒家"游文于六经之中，留意于仁义之际，祖述尧、舜，宪章文、武，宗师仲尼，以重其言，于道最为高！"这段话中有四个关键词："六经"、"仁义"、"尧舜文武"、"仲尼"，这就是儒家思想的四个基本要素。

"六经"是指儒家的六部经典：《诗》、《书》、《礼》、《乐》、《易》、《春秋》。据说它们都曾经过孔子亲手删订和整理。其中的《诗》即《诗经》，是一部古代的诗歌总集，共305篇，它体现了儒家言辞温柔、性情敦厚的特点。《书》即《尚书》，是一部古代重要政治文献的汇编，它体现了儒家通晓历史、关注政事的特点。《礼》是指《仪礼》，讲儒生必须习练的礼节，体现了儒家恭顺节俭、端庄谨慎的特点。《易》即《周易》，本来是一本占筮用的书，因含有丰富的哲理，受到孔子的推崇。它体现了儒家圣洁平和、洞察精微的特点。《春秋》是鲁国的编年体史书，经孔子编定，意寓褒贬，体现了儒家借鉴历史、明辨是非的特点。《乐》早已亡佚，也有人认为《乐》本来就不是一部书，而是配合《诗》、《礼》演奏的音乐。据说《乐》是意在表现儒家宽广博大、平易善良的特点。

"仁"、"义"是儒家思想的两个核心范畴。尽管各个时代的儒者对这两个范畴都进行过不同的诠释和发挥，但万变不离其宗，归结起来无非是说："仁"是指人之所以为人的道理。这个道理抽象来说，是良知、良能，具体来说，就是指人与生俱来的亲亲之爱。"义"是指按照人之所以为人的道理来做事。所以，《中庸》讲："仁者，人也"；"义者，宜也"。《孟子》讲："仁，人心也；义，人路也。"（《孟子·告子上》）在儒家看来，"仁义"不仅是每个人都应该做到的，也是每个人都能够做到的，所以孟子曰："人皆有所不忍，达之于其所忍，仁也；人皆有所不为，达之于其所为,义也。"(《孟子·尽心下》)这是教人要内心存仁,行事循义,即所谓"居仁由义"(《孟子·尽心上》),方能无愧于天地良心。

"尧、舜、文、武"是儒家所尊崇的古代圣王的典范,但这四位圣王在儒家思想中的象征意义却略有差别。"尧舜之道"所寄托的是儒家"内圣外王"的政治诉求与社会理想。"内圣"是指内修圣人之德,"外王"是指外施王者之政。把"内圣"和"外王"统一起来,就是"修身"、"齐家"、"治国"、"平天下"的《大学》之道,而尧、舜的事迹正是这种"以德服人"的最高典范。"文武之道"所象征的是周代的典章制度和礼乐教化。孔子对周代的礼乐制度推崇备至,曾说过:"周监于二代,郁郁乎文哉!吾从周。"(《论语·八佾》)所以,在儒家看来,"文武之道"宽猛相济,是社会制度的最高典范。

"仲尼"即孔子(前551—前479),名丘,字仲尼,鲁国昌平乡鄹邑人(今山东曲阜东南)。儒家学派的创始人。他的思想后来成为中国几千年传统文化的精神支柱,司马迁曾称赞说:"孔子布衣,传十余世,学者宗之。自天子王侯,中国言六艺者折中于夫子,可谓至圣矣!"(《史记·孔子世家》)我们可以毫不夸张地说,孔子之前数千年的文化,因为有孔子而得以流传;孔子之后数千年的文化,因为有孔子而得以开启。所以后人曾感叹道:"天不生仲尼,万古长如夜!"

以上是儒家思想的一个基本概要。虽然,儒家思想进入近代以后受到新文化的猛烈批判,但是近现代思想家、革命家提出的"大同世界"的理想、"天下为公"的口号,却无不出自儒家思想。因此,我们有理由相信,无论现代社会如何进步,都不可能对儒家思想中的仁义、良知、忠孝、诚信、和谐等基本理念提出反命题。相反,随着时代的进步,我们只会更加亲近,而不是更加疏远儒家思想。

经典选读

1.《大学》★,[清]阮元校刻《十三经注疏》本,中华书局1980年。
2.《中庸》★,[清]阮元校刻《十三经注疏》本,中华书局1980年。
3.《论语》★,[清]阮元校刻《十三经注疏》本,中华书局1980年。
4.《孟子》★,[清]阮元校刻《十三经注疏》本,中华书局1980年。

思考题

1."六经"的特点是什么?
2."仁"、"义"的基本含义是什么?
3.简要论述儒家思想与现代精神的异同?

参考资料

1.张岂之等《中国儒学思想史》,陕西人民出版社1990年。
2.庞朴主编《中国儒学》,东方出版中心1997年。

3. 舒大刚主编《中国历代大儒》,吉林教育出版社 1997 年。
4. 蒙培元、任文利《国学举要:儒卷》,湖北教育出版社 2002 年。
5. (美)杜维明著,曹幼华、单丁译《儒家思想新论:创造性转换的自我》,江苏人民出版社 1991 年。

(李晓宇)

八、道家精神

1918 年 8 月 20 日,鲁迅先生在致许寿裳的一封信中提到:"前曾言中国根柢全在道教,此说近颇广行。以此读史,有多种问题可以迎刃而解。"1927 年 9 月 24 日,他又在《小杂感》一文中说:"人往往憎和尚,憎尼姑,憎回教徒,憎耶教徒,而不憎道士。懂得此理者,懂得中国大半。"(《而已集》)这里我们暂且不论鲁迅先生这些话的褒贬是否得当,仅就他关于"中国根柢全在道教"的这个论断本身而言,却是正确无误的。而我们要理解这个论断,就必须先从"道家精神"说起。

严格说来,"道家"与"道教"是两个不同的概念。所谓"道家",是指以老子、庄子为代表的一个先秦学术流派,而"道教"则是东汉末期开始逐渐形成的一种本土宗教。但是,道家和道教之间又有极深的渊源。一方面,道家为道教提供了精妙的道论,成为道教最重要的理论基础。另一方面,道教在继承道家思想的过程中,又不断发展和弘扬了道家精神,成为道家精神的主要载体。

所谓"道家精神",如果要一言以蔽之,就是"道法自然"。道家的"自然",并不是我们今天常说的"自然界"或"自然科学"的那个"自然"。我们今天意义上所说的"自然"是指物我二元对立后,被人对象化打量的实物。然而,道家决不会在实物的意义上去谈"自然",在道家看来,"自然"不是一个东西,而是指一种本然的状态。这种状态,"有情有信,无为无形","神鬼神帝,生天生地"(《庄子·大宗师》),是天地万物的本源。所以,道家主张"人法地,地法天,天法道,道法自然"。(《老子》第二十五章)这里的"道法自然"不是说"道"的背后还有一个更大的"自然",而是说"道"即是"自然","自然"是"道"的本性。

从"道法自然"的观念出发,道家提出了一套"无为而治"的政治思想。这套思想后来与法家刑名之学结合,形成了一种极其高明的统治术——"黄老之术",受到汉初统治者的推崇,盛极一时。道家所谓的"无为",不是要人无所事事、碌碌无为,而是教人要顺应自然而不妄为。所以,司马谈说:"道家无为,又曰无不为。"

(《论六家要指》)意谓修身治国,要效法"道"清静、自然、无为的本性。"道"让万物在天地间自生自灭,虽然大家谁也没看见过"道"究竟做了什么,但"道"实际上支配着天地间的一切,真正做到了无为而无所不为。如果人依循这样的"道",同样也可以做到"与时迁移,应物变化,立俗施事,无所不宜"(同上),最后达到"指约而易操,事少而功多"的效果。道家的这一统治方略也称为"道治",它与儒家的"德治"和法家的"法治"一起,构成了中国传统政治思想的三大流派。

与经世型的儒家文化相比,道家文化更具有超世型的特点。因此,儒道思想的互补,塑造了中国人一种特有的心理现象。谁要是能正确处理好儒道两种思想的关系,他就进退自如,无往不利。例如,孔子的"天下有道则见,无道则隐"(《论语·泰伯》),孟子的"穷则独善其身,达则兼善天下"(《孟子·尽心上》)。相反,谁要是处理不好二者的关系,就进退维谷,滑稽可笑。例如,在中国历史上,我们经常可以看到有人位高权重、利欲熏心之时,仍不忘醉心山水,以示不愿为世俗所累;有人宦海沉浮、心灰意冷之际,仍心存魏阙,表现出对仕途的迷恋。

总之,如果说儒家思想是中国传统文化的主流意识,主导着中国文化的发展方向,那么,道家精神就是渗透在中国文化中的潜意识,于暗中支配着中华民族的命运。因此,在这个意义上,我们可以认为"中国根柢全在道教"。

经典选读

1. 《老子》★,陈鼓应《老子今注今译》,商务印书馆2003年。
2. 《庄子》★,[清]郭庆藩撰,王孝鱼点校《庄子集释》,中华书局1961年。
3. 《列子》,杨伯峻《列子集释》,中华书局1979年。

思考题

1. 简述道家和道教的区别。
2. 何谓道家的"自然"?
3. 为什么说"道家无为,又曰无不为"?

参考资料

1. 《道教史》,许地山撰,上海古籍出版社1999年。
2. 《周秦道论发微》,张舜徽著,中华书局1982年。
3. 《道教概说》,李养正著,中华书局1989年。
4. 《中国道教史》(修订本),卿希泰主编,四川人民出版社1996年。
5. 《道教通论——兼论道家学说》,牟钟鉴、胡孚琛、王葆玹主编,齐鲁书社1991年。

(李晓宇)

九、兵 家 智 慧

"国之大事,在祀与戎。"戎者,军事也。军事在我国古代政治生活中占有突出的地位。兵家智慧就是古代军事、战争实践的理论结晶。记载古代兵家智慧的兵书,是我国众多文化典籍中的一块瑰宝。

兵书是战争的产物。我国古代的兵书起源较早,殷商时代的甲骨文和金文中,就已经出现记载军事与战争的内容。在西周时代,专门化的军事著作——兵书已经出现。《左传》等文献曾引用西周时的兵书《军志》、《军政》的内容,这是我国古代兵学诞生的标志。我国现存最早的兵书是春秋时期孙武的《孙子兵法》,它是我国古代兵书最杰出的代表作,历来被称为兵经与兵学之祖。战国时期,兵家已经成为诸子百家中的一个独立学派,这一时期产生了一批具有重要影响力的兵学著作,如孙膑《孙膑兵法》、吴起《吴子兵法》、《六韬》、尉缭《尉缭子》、田穰苴《司马法》等。

汉代对历史上的兵书进行了系统的收集、整理与辑录,对兵书的发展起到了重要作用。三国魏晋南北朝时期,战争频繁,对兵书非常重视。如曹操注《孙子兵法》,对孙武的军事思想作了阐发与补充。西晋马隆《握奇经》、司马彪《战略》等也较知名。隋唐时期比较著名的兵书有:记载所谓唐太宗李世民与著名将领李靖论兵问答的《李卫公问对》、李筌的《太白阴经》与《阴符经疏》。宋代边疆危机严重,文人论兵现象突出,兵学得到进一步发展。曾公亮、丁度等编成《武经总要》,国家颁定《武经七书》,确定《孙子兵法》、《吴子兵法》、《司马法》、《六韬》、《黄石公三略》、《尉缭子》、《李卫公问对》七部兵书的经典地位,开设武举与武学,七书成为军事教育与考试的教科书。此外还有许洞《虎钤经》、何去非《何博士备论》、陈规《守城录》、陈傅良《历代兵制》等重要兵书。明清时期的兵学成就也很突出,主要的兵书有赵本学《续武经总要》、王鸣鹤辑《登坛必究》、何良臣《阵纪》、戚继光《纪效新书》、记载火药兵器技术的《火龙神器阵法》等。

我国古代的兵书卷帙浩繁,军事实践活动丰富多彩,其间蕴藏的军事思想博大精深,体现出中华民族的非凡智慧,是我国乃至世界文化宝库中的珍贵遗产。在战争观上,兵家认为战争从本质上讲是政治的继续,战争与军事必须以政治为后盾,"善用兵者,修道而保法,故能为胜败之政"。(《孙子兵法》)军事与政治要互相配合,"兵者,以武为植,以文为种;武为表,文为里。"(《尉缭子》)提出富国强兵的主张,强调军事与经济的互动关系。主张慎战与备战并重,"兵者,百岁不一用,然不可一日忘也"。(《鹖冠子》)要居安思危,有备无患。提倡重道慎战,强调义兵必胜,坚持"以战止战"的立场(《司马法》)。在治军方面,要赏罚分明,恩威并施,"爱在下顺,威在上立"。(《尉缭子》)在战略与战术的运用上,提出了一系列主张:要讲究攻防转换,奇正结合,灵活多变;战争中能够知己知彼,以虚击实,攻其无备,出其不意;作战应讲求谋略,上兵伐谋,兵不厌诈;要善于侦察、用间,合理利用地形等自然因素,等等。所有这些主张,均是我国古代兵家智慧的精髓所在。

兵家智慧来自战争实践并指导战争实践,我国古代历史上许多以少胜多、以劣胜优的著名战例,将兵家智慧演绎得淋漓尽致,也进一步丰富了兵家智慧的内容。中国古代的兵家思想,在现代军事理论、战争实践以及社会其他领域中,仍然具有非常重要的借鉴意义,是我们取用不尽的智慧源泉。

经典选读

1. 孙武撰、曹操等注、郭化若译《十一家注孙子》*,上海古籍出版社1978年。
2. 《孙膑兵法》,银雀山汉墓竹简整理小组整理本,文物出版社1975年;张震泽《孙膑兵法校理》本,中华书局1984年。
3. 《司马法》,李零《司马法译注》本,河北人民出版社1995年。
4. 《尉缭子》,李解民《尉缭子译注》本,河北人民出版社1995年。
5. 《李卫公问对》,吴如嵩、王显成《李卫公问对校注》本,中华书局1983年。
6. [唐]李筌《太白阴经》,张文才、王陇《太白阴经全解》本,岳麓书社2004年。
7. [宋]陈规《守城录》,林正才《守城录注译》本,解放军出版社1990年。

思考题

1. 列举五部中国古代的兵书。
2. 选取我国古代的一部兵书,对其军事思想以及从中体现出的兵家智慧作一分析。
3. 以我国古代的一次战役为例,分析对兵家智慧的运用。

参考资料

1. 黄朴民《孙子评传》,广西教育出版社1994年。
2. 李零《〈孙子〉古本研究》,北京大学出版社1995年。
3. 仝晰纲《青铜的战神——齐鲁兵家文化研究》,学林出版社1999年。
4. 黄朴民《刀剑书写的永恒——中国传统军事文化散论》,国防大学出版社2002年。

5. 许保林《中国兵书知见录》，解放军出版社1988年。
6. 赵国华《中国兵学史》，福建人民出版社2004年。

（何玉红）

十、玄 学 思 潮

建安五年(200年)，汉代经学最后一位大师郑玄的去世，标志着两汉经学的终结。郑玄一生最大的贡献，莫过于平息了今文经学与古文经学长达三百多年的纷争。随着经学内部纷争的平息，那些长期被繁琐经学所压抑的形上话题逐渐凸显出来，与东汉末年的社会动荡和士人的痛苦迷惘交织在一起，汇成了一股不可遏抑的玄风，横扫整个魏晋时代。

究竟何谓"魏晋玄学"？学术界的看法并不统一。从字面上说，"玄"是玄远的意思，"玄远"即玄妙幽远，借指哲理的深远和微妙。那么，什么样的哲理才称得上"深远微妙"呢？这至少要具备两个条件：一是关注天地万物的本原，二是远离人情俗事的干扰。有一则关于玄学开创者王弼的轶事，可以视为对上述两个条件的最好诠释：有一次，王弼去拜见大将军曹爽，请求与曹爽单独谈话。曹爽以为他有密事禀报，于是命左右的人退下，"而弼与论道移时，无所他及"。(《三国志·魏志》卷二十八《钟会传》注)这里王弼所表现出的"论道移时"代表的即是第一个条件，而"无所他及"代表的是第二个条件。

魏晋玄学思潮的流行大致可以分为四个时期：

第一个时期是正始年间，以何晏、王弼为代表的玄学开创期，史称"正始之音"。这一时期的特点是主张"贵无"，即"以无为本"，认为"无"才是万物存在的根据。

第二个时期是以嵇康、阮籍等"竹林七贤"为代表的竹林时期。这一时期的特点是主张"越名教而任自然"，竹林名士们以任性旷达、不拘礼教的行事作风，表达了他们对社会现实的强烈不满。

第三个时期是以裴頠和郭象为代表的元康时期。裴頠主张"崇有"，重在批判当时因"贵无"而造成的放荡无礼的社会风气，认为一切的根据都在"名教"之中，而不应在"自然"中去寻找根据。郭象是魏晋玄学的集大成者。他的"独化论"认为在现实社会之外不存在一个理想的超现实社会，现存的就是合理的，"有"就是"无"，"名教"就是"自然"，万物自己存在，自己变化，并不存在一个终极的根据。他把这一思想归结为一个命题，即"独化于玄冥之境"。

第四个时期是以张湛、僧肇等为代表的东晋时期。这一时期的特点是玄学与佛学的交融。佛教传入中国的初期，人们对佛学的了解十分肤浅，于是出现了一种用玄学概念来比拟、解释佛经的方法，称之为"格义"。例如，用玄学的"无"来解释佛学的"空"。后来，随着佛教经典的大量迻译，这种情况逐渐发生了逆转，有些僧人反过来把佛学思想渗透到玄学中，独标新理，超拔于众名士之上。例如，支遁用"逍遥义"取代了向秀、郭象的"逍遥义"。最后，僧肇用正宗的"般若"空宗思想，立"不真空义"，完成了从玄学到佛学的过渡。

综观整个魏晋玄学，基本上是围绕着四个核心问题展开的。首先是"才性之辩"，即探讨才能和性格的关系。这一问题是由汉末清议派品题和月旦人物的风气发展而来，后来形成了士人们经常争论的四个命题：才性同、才性异、才性合、才性离。其次是"有无之辩"，主要分为"贵无"和"崇有"两派，探讨万物存在的根据是"无"还是"有"。再次是"言意之辩"，探讨语言和思想的关系，分为"言不尽意"和"言尽意"两派。最后是"名教自然之辩"，探讨如何处理现实和理想的关系，主要有"名教出于自然"、"越名教而任自然"和"名教即自然"三种观点。

历史上，对魏晋玄学的评价总是褒少贬多，最常见的批评是"清谈误国"。但是，在中国思想史的进程中，魏晋玄学的地位是无与伦比的。玄学家们以超尘拔俗的形上之思，粉碎了汉代神学的荒谬，确立了个人的主体和尊严，开启了自由、理性、独立的一代新风。凭借这些，他们便已有足够的理由傲视历史的苍穹。

经典选读

1. [魏]王弼《周易略例》★，楼宇烈《王弼集校释》，中华书局1980年。
2. 《庄子》，[晋]郭象注，[唐]成玄英疏《南华真经注疏》，中华书局1998年。
3. [南朝宋]刘义庆《世说新语》，余嘉锡《世说新语笺疏》（修订本），上海古籍出版社1993年。

思考题

1. 魏晋玄学关于"自然"与"名教"的关系有哪几种观点？
2. 什么是"言意之辩"？
3. 简述魏晋玄学与佛学的关系。

参考资料

1. 鲁迅《魏晋风度及其他》，上海古籍出版社2000年。
2. 汤用彤《魏晋玄学论稿》，上海古籍出版社2001年。
3. 牟宗三《才性与玄理》，台湾学生书局1974年。
4. 汤一介《郭象与魏晋玄学》（增订本），北京大学出版社2000年。
5. 王葆玹《正始玄学》，齐鲁书社1987年。

6. 高晨阳《儒道会通与正始玄学》,齐鲁书社2000年。
7. 康中乾《有无之辨——魏晋玄学本体思想再解读》,人民出版社2003年。

(李晓宇)

十一、宗教信仰

中国是一个多民族和多宗教的国家,从世界宗教到原始的萨满教同时存在,其中佛教、基督教与伊斯兰教都是外来的。但外来宗教一经传入,即与中国悠久的文化传统相互融合,成为具有民族特色的宗教。

由于宽容的态度和实用主义精神,中国历史上没有哪一种宗教可以占有具有严格的排他意义的"国教"地位。因此,许多宗教在民间信仰中已经大大走样,形成一种多元合一的、实用的、自成体系的民间宗教信仰系统。民间的宗教信仰系统不关心对世界的全面看法,也不试图解释人类的存在和未来的前景,它不是一种全面综合的、严格的学说体系,而只是种种"有用"的观念与"有用"的法术之集合。我们以佛教为例。从历史上看,佛教传入中国的过程,其实也就是佛教融于中国文化的过程,佛教通过比附、迎合、改造、创新、调和等等手法去迎合中国固有的民间文化,这就造成了中国佛教的世俗化倾向。在中国历史上,人数众多的佛教信徒在信仰方面往往是徒具宗教形式,极少宗教精神的。他们并不重视精神的解脱,而是关心现世的幸福和现实的利益。

从分类学的角度看,民间宗教可以指非官方的秘密教派,也可以指正规的、有文本传统的道教、佛教等宗教的民间散布形态。从内涵的角度看,民间宗教主要包括信仰(神灵、鬼怪信仰,祖先信仰,灵魂信仰等等)、仪式(各种祭祀,各种节庆,各种人生礼仪,各种巫术,各种占卜术等等)、象征(神系的象征,自然物的象征,文字的象征等等)和传说(对神灵来历方面的解说,对现象、事物起源方面的解说,对种种仪式意义方面的解说)。所有这些构成了有别于主流文化的"小传统"——人们通常将与之相对应的"大传统"定义为:以都市为中心、以绅士阶层和政府为支撑力量的文化。显然,作为民间宗教信仰的"小传统"是与"大传统"有区别的,而且与制度化的佛教、道教也是有区别的。但是,正是这种"小传统"在具体社会生活中发生着实际的影响力,有时甚至对历史进程发生重大的影响,许多在民间宗教外衣下进行的全国性民众暴动就是生动的例证。

在历史上,民间宗教信仰几乎涉及了当时社会生活的所有方面,而且在官方的反复打击下未被扼杀,这实际上反映了民间欲望的多样性以及顽强性。随着科学的发展和人类社会制度的不断完善,许多古老的宗教形式正在消亡,但这种消亡不是生物学意义上的"死亡",它们的某些因素已经融入世俗生活之中。民间的宗教信仰有着极其悠久的历史和顽强的生命力,即使在科学已经相当发达的今天,我们依然可以在现实生活中觉察到它的存在,在某些交通闭塞、教育落后的地区甚至有比较大的影响。比如,我们现在依然可以在民间生活中发现使用巫术的生动事例。这种似乎使我们有些沮丧的现实,实际上是向我们提出一个十分严肃的问题:巫术所以产生的思想根源乃是人类思维方法中的根本方式之一,恐怕永远无法完全肃清;人类所能做到的,大概只能是尽力缩小它的活动范围、尽力降低它的负面影响而已。

了解民间宗教信仰方面的一些基本知识,具有重大的理论意义与现实意义。首先,各种各样的民间宗教信仰作为一种来源古老的文化事项,它既是一个信仰方面的问题,也是许多民间习俗形成的原因,对民间宗教信仰的深入研究不仅可以对各种文化有一种更为深入的把握,也可以加深对今日各民族社会习俗的认识。其次,各种各样的民间宗教信仰之负面作用,无论过去,还是现在,都是显而易见的,因此,科学地描述、解释这些宗教信仰与行为,能使我们更为有效地革除旧习,倡导科学的人生观。

经典选读
1. 《魏书·释老志》,中华书局1975年标点本。
2. [唐]释道世《法苑珠林》,《四部丛刊》初编本。
3. [北宋]张君房《云笈七签》,《四部丛刊》初编本。

思考题
1. 如何理解"大传统"与"小传统"之间的关系?
2. 结合具体事例分析民间宗教信仰的实用性特征。
3. 具体分析某一节日的源流演变。

参考资料
1. 宗力、刘群《中国民间诸神》,河北人民出版社1987年。
2. 朱狄《原始文化研究》,上海三联书店1988年。
3. 刘晓明《中国符咒文化大观》,百花洲文艺出版社1995年。
4. 高国藩《中国巫术史》,上海三联书店1999年。
5. 张荣明《方术与中国传统文化》,学林出版社2000年。

(刘黎明)

十二、禅宗文化

禅宗是中国人在接受、消化了外来佛教的基础上,在中国思想文化土壤上创立起来的完全中国化的佛教,鲜明地反映了中国传统思想文化特色,是中国文化里一道独特而靓丽的风景。同时,作为中国化佛教的禅宗,自成立之后,对中国及周边国家(如日本、韩国)的文化都有深远的影响。因此,要进行中国古代文、史、哲、艺术等方面的研究,不弄清楚它们与禅宗文化的关系及所受的影响,就不能得出令人信服的结论,也不可能总结出符合历史实际的规律。比如以提倡白话文著名的胡适,在写中国哲学史的过程中,就感到中国佛教特别是中国禅宗典籍与史实的繁杂,不得不对中国禅宗作专门研究,只写出了《中国哲学史大纲》上卷,一直未能完成其下卷。

"禅"和"禅宗"是两个不同的概念,前者是一种修行方法,后者是指以菩提达磨为初祖,探究心性本源,以期"见性成佛"之佛教大乘宗派。禅宗的传承,以释迦牟尼为其远祖,直承于菩提达磨,成宗派于慧能。其发展大致可以分为以下几个时期:从达磨至慧能的二百五十年,可称为成立时期;从南岳、青原以至唐末五代的二百五十年间,可称为发达时期;两宋三百二十年,是守成时期;元明至清乾隆之世,其间四百五十年,为衰颓期。第二次世界大战以后,禅在英、德、法、美等国得到了特别的发展。尽管推广者多是日本僧侣,但内容则归根于中国的禅宗。禅宗在当代引起了人们越来越多的关注,甚至将禅引入心理治疗,或作为消除烦恼、修心养性的方法。

禅宗提倡教外别传、不立文字、直指人心、见性成佛。所谓"教"指经教,即佛陀之言教。作为一个宗教派别,禅宗不崇拜任何偶像,不信仰任何外在的神和天国。在世界范围内,几乎找不到一个与之相同的宗教。禅宗唯一信仰的是"自心",强调"迷即众生,悟则成佛",成佛与否,全在一心之迷与悟:迷在自心,悟在自心,苦乐在自心,解脱在自心。自心是自我的本质,是禅宗神化的唯一对象,是它全部信仰的基石。无论是神秀的"身是菩提树,心如明镜台。时时勤拂拭,莫使有尘埃",还是慧能的"身非菩提树,心镜亦非台。本来无一物,何处有尘埃?"都提倡通过发掘本有的佛性而获得解脱,而不是通过对佛的膜拜而获得解脱,即从外在的求救回到内心的自我超越的现实。也就是说,坐禅的目的是通过对自身内心空寂或清净的感受进行体验,从而进入一种"不生不灭"的无差别的终极境界，从而得到解脱。特别是从中唐以后，盛行拳拳棒喝之机法，禅之意义扩大，不必静坐敛心才是禅，即搬柴运水、吃饭穿衣等平常动作亦可称之为禅。

在佛教的所有派别中，禅宗是最豁达、最具情趣的一个。它否定佛教经典、佛祖权威，无视戒律，不循旧则。无求于人而又洒脱放旷，把平等、独立、自由、个性等当作理想人格；自然、田园、劳动、恬淡，丛林中弥漫着宁静而协调的诗情画意。禅宗的这类精神和境界，以及由此出发而展开的处世方式、人生追求、直觉观照、审美情趣、超越精神，凸现着人类精神澄明高远的境界，对于许多文人士大夫也有强烈的吸引力，并深刻地影响着他们的思想与行为。比如禅对中国文学主题、题材、构思、表现手法及语言等等方面都有深远影响，"以禅入诗"、"以禅喻诗"便是禅对诗的渗透，金代诗人元好问《赠嵩山隽侍者学诗》中有两句说得很明白："诗为禅客添花锦，禅是诗家切玉刀。"

禅宗文献主要有以下三类：一、僧传，即对于中国佛教有贡献的僧人传记，如《高僧传》、《续高僧传》、《宋高僧传》等。二、语录，为禅宗祖师说法开示之记录书，如《坛经》、《庞居士语录》、《镇州临济慧照禅师语录》等。三、灯录，介于僧传与语录之间的一种文体，为禅宗首创，实际上是禅宗思想史，如《祖堂集》、《景德传灯录》、《五灯会元》等。

经典选读

1.《坛经》★，杨曾文校《敦煌新本六祖坛经》，上海古籍出版社1993年。
2. [五代]释静、筠禅师《祖堂集》，张华点校本，中州古籍出版社2001年。
3. [宋]释普济《五灯会元》，苏渊雷点校本，中华书局1984年。
4. [元]德辉重编《百丈清规》，[日]高楠顺次郎编辑《大正新修大藏经》第四十八册，台北佛陀教育基金会出版部1990年。

思考题

1. 禅的思维对我们有何借鉴意义？
2. 何谓"以禅入诗"？表现在哪些方面？
3. 何谓"以禅喻诗"？主要有哪些方面？
4. 阅读下列几首诗，谈谈你对诗歌中禅意的理解：
① [唐]寒山诗
  吾心似秋月，碧潭清皎洁。
  无物堪比伦，教我如何说？
② [唐]王维《终南别业》
  中岁颇好道，晚家南山陲。
  兴来每独往，胜事空自知。

　　　　行到水穷处,坐看云起时。
　　　　偶然值林叟,谈笑无还期。
　　③ 王维《竹里馆》
　　　　独坐幽篁里,弹琴复长啸。
　　　　深林人不知,明月来相照。
　　④ 王维《辛夷坞》
　　　　木末芙蓉花,山中发红萼。
　　　　涧户寂无人,纷纷开且落。
　　⑤ 顾大猷《秋晚客鸡鸣寺》
　　　　古寺崔嵬俯帝城,攀跻渐觉旅愁轻。
　　　　楼台寒入三山色,砧杵秋高万户声。
　　　　向夕张琴依竹坐,有时待月伴僧行。
　　　　从来禅室多心赏,几席无尘梦亦清。

参考资料

1. 葛兆光《禅宗与中国文化》,上海人民出版社 1986 年。
2. 周裕锴《中国禅宗与诗歌》,上海人民出版社 1992 年。
3. 杜继文、魏道儒《中国禅宗通史》,江苏古籍出版社 1993 年。
4. 葛兆光《中国禅思想史》,北京大学出版社 1995 年。
5. 孙昌武《禅思与诗情》,中华书局 1997 年。
6. 周裕锴《禅宗语言》,浙江人民出版社 1999 年。

（谭　伟）

十三、理 学 心 学

　　陈寅恪先生曾说过:"佛教经典言:'佛为一大事因缘出现于世。'中国自秦以后,迄于今日,其思想之演变历程,至繁至久。要之,只为一大事因缘,即新儒学之产生,及其传衍而已。"(《冯友兰中国哲学史下册审查报告》)这里所谓的"新儒学",指的就是"宋明理学"。

　　宋明理学是一门探讨儒家社会的伦理秩序及道德准则的终极根据的学问。其流派众多,大师辈出,从"宋初三先生"胡瑗、孙复、石介,到"北宋五子"周敦颐、邵雍、张载、程颢、程颐;从"濂洛关闽"四大学派,到遍及天下的王门后学,实在是令人叹为观止。再加上各家各派学理精深,体系庞大,更是难以尽述。这里仅撮要介绍一下宋明理学中最重要的两个派别:程朱理学和陆王心学。

程朱理学的代表人物是程颢、程颐和朱熹。朱熹是二程的四传弟子。因为他们三人都有一个共同的主张,即以"理"作为一切存在的终极根据,用朱熹的话来说,就是:"未有天地之先,毕竟是先有此理"(《朱子语类》卷一),所以称为"理学"。但是,作为形上根据的"理"在形下事物中的表现各不相同,譬如世间万物有方有圆、有长有短,并不完全一致。程朱一派认为这是因为"理一分殊",即具有同一性的"理"蕴藏在各种不同的事物之中,所以他们主张"格物致知"、"即物穷理",从不同事物中探求出同一的"理"。程朱理学这种比较侧重"道问学"的知识主义的进路,为后来陆王心学对其的抨击留下了一个致命的把柄。

陆王心学的代表人物是南宋的陆九渊和明代的王阳明。因为他们都主张以"心"取代程朱的"理",故称"心学"。陆九渊的"心即理"、王阳明的"心外无理",都继承了孟子"万物皆备于我"的思想,认为人的内心已经具足了宇宙万物存在的所有根据,不假外求,像程朱所主张的那样通过"格物致知"的方式,向外寻求这个根据,是南辕北辙,背道而驰。所以,他们主张"尊德性而后道问学"。

淳熙二年(1175年)的"鹅湖之会"上,理学和心学之间终于为此爆发了一场激烈的争论。会上,陆九渊之兄陆九龄率先发难,赋诗言志曰:"孩提知爱长知钦,古圣相传只此心。大抵有基方筑室,未闻无址忽成岑。留情传注翻榛塞,着意精微转陆沉。珍重友朋相切琢,须知至乐在于今。"陆九渊认为陆九龄的诗第二句还有不妥,于是又和诗一首,进行补充:"墟墓兴哀宗庙钦,斯人千古不磨心。涓流积至沧溟水,拳石崇成泰华岑。易简工夫终久大,支离事业竟浮沉。欲知自下升高处,真伪先须辨只今。"("鹅湖之会"详见《陆九渊集》卷三十四)为什么陆九渊认为陆九龄的第二句诗不妥呢?因为心学认为"心"是人人生来就有的,不必等待别人来传心,只须自己发明本心即可。这就是为什么陆九渊认为自己的心学是"易简工夫终久大",而朱熹教人"即物穷理"是枉费精神的"支离事业"。那么,朱、陆二人的根本分歧在哪里呢?曾跟随陆九渊一起参加过"鹅湖之会"的朱泰卿后来回忆说:"朱子欲先博览而后返之守约,象山欲先发明其本心而后使之博览,以此不合。"(《宋元学案》卷七十七)由此可见,是应该"博而后返"还是"先发明本心",是应该先"尊德性"还是先"道问学",这是朱、陆争执的一个焦点。

王阳明是明代"心学"最重要的代表人物,他继续发展了陆九渊的心学思想。他认为《大学》里的"致知",不是朱熹解释的"知识"的"知",而是"良知"的"知"。所以他主张"致良知",强调"知行合一"的道德实践,并提出了著名的"王门四句教":"无善无恶心之体,有善有恶意之动,知善知恶是良知,为善去恶是格物。"他的这些思想直至近代仍受到很多思想家、革命家、政治家的推崇和效法。

总之,以程、朱、陆、王为代表的宋明理学家们,在传统儒学山穷水尽之时,传承道统,融会新知,重新确立了儒家思想在中国文化中的主导地位,把中华民族的思维水平向前推进了一大步,无愧于他们提出的"为天地立心,为生民立命,为往圣继绝学,为万世开太平"的豪言壮语。

经典选读

1. [唐]韩愈《原道》★,《韩愈全集校注》,四川大学出版社1996年。
2. 《周敦颐集》★,谭松林、尹红整理,岳麓书社2002年。
3. [宋]程颢、程颐《二程集》,中华书局1981年。
4. [宋]张载《张载集》★,中华书局1978年。
5. [宋]朱熹《四书章句集注》★,中华书局1983年。
6. 《朱熹集》★,郭齐、尹波点校,四川教育出版社1996年。
7. [宋]陆九渊《陆九渊集》★,钟哲点校本,中华书局1980年。
8. [明]王守仁《王阳明全集》★,吴光、钱明、董平、姚延福编校,上海古籍出版社1992年。
9. 《宋元学案》,《黄宗羲全集》(增订版)第3—6册,沈善洪主编,浙江古籍出版社2005年。
10. 《明儒学案》,《黄宗羲全集》(增订版)第7、8册,沈善洪主编,浙江古籍出版社2005年。

思考题

1. 程朱理学和陆王心学的根本分歧是什么?
2. 简述"尊德性"与"道问学"的关系。
3. 何谓"致良知"?

参考资料

1. 《宋明理学史》,侯外庐、邱汉生、张岂之主编,人民出版社1997年。
2. 《宋明理学》,陈来著,辽宁教育出版社1991年。

(李晓宇)

十四、礼乐教化

我国最早的字典《说文解字·示部》说:"礼,履也,所以事神致福也。""礼"字繁体作"禮",字形从"豊",是一种祭祀时所用的器皿,说明"礼"源于鬼神祭祀。后来,礼发展为区分社会等级、建立人与人交往秩序的一系列规范,包括等级制度、贵贱身份、伦理道德、社会规范等内容，正如《左传》所言："礼，经国家，定社稷，序民人，利后嗣者也。"董仲舒进一步解释礼的内涵："礼者,继天地,体阴阳而慎主客,序尊卑、贵贱、大小之位而差外内、远近、新故之级也。"通过礼建立一套确立不同阶层权力的社会规则，把人们的行为限制在一定的规则范围以内，以避免社会冲突。一般而言，礼是统治阶级意志的表现，是维护统治秩序的工具；但礼与法又有区别，礼是一种防患于未然的教育，法是惩治于已然的处罚，胡适有个生动的比喻：礼如养生防病，法如吃药治病。礼在古代世界成为对特权阶层的一种优遇，所谓"礼不下庶人，刑不上大夫"。古代把音乐也视为与礼相辅相成的一种教化手段，认为礼体现的是社会的差异性，乐体现的是万物间的阴阳交感与和谐；礼规范人们的行为，乐可以调和人民的性情；礼近于义，而乐近于仁。儒家主张礼乐相互结合，既用礼端正人们的外在行为方式，使之合于社会等级秩序，也用乐缓和人与人的关系，陶冶人的内心，提高人的修养，最终达到从内心认同社会秩序和价值标准的目的，从而实现治国平天下的理想，这就是儒家崇尚的礼乐文化。

　　古代国家的礼制包括吉、嘉、宾、军、凶五部分，称为五礼。吉礼是祭祀天地鬼神之礼，国之大事唯祀与戎，自古中国人就很重视祭祀，报本致敬的祖宗鬼神之祭是古人的一件大事，而周期性祭祀天地则是皇帝的特权，是强化天命所归、王权天授的重要权力仪式。嘉礼是人际交往的吉庆之礼，包括和睦亲族兄弟的飨燕饮食之礼，年轻人进入社会的冠笄成年之礼，男婚女嫁的婚礼，朋友交往的宴射之礼，促进地方社会和谐的乡饮酒之礼等。宾礼是与侯国、番邦、外国交往的外交礼节，不同季节、不同场合有不同的外交仪节，所谓春见曰朝，夏见曰宗，秋见曰觐，冬见曰遇。军礼为行军征伐之礼，包括出师前的祭祀、誓师，战胜后的郊劳、露布、献俘等仪节。凶礼是指抚慰灾殃祸亡的礼仪，包括哀悼死者的丧礼，救治疾疫的荒礼、抚恤灾害的吊礼、存恤寇败的禬礼、抚问战乱的恤礼。五礼是国家层面的礼制，民间家族、宗族也有礼仪制度，这就是约束家族、宗族成员行为的家礼、家范；尤其在宋代，士大夫通过家礼、家范加强地方控制，重建地方秩序，也密切了家族成员的联系，族权就是建立在这些家礼、家范、乡约上的。司马光《涑水家仪》、朱熹《家礼》、吕祖谦《家范》就是宋代地方基层礼制的代表。

　　《礼记·乐记》集中阐释了儒家的音乐教化思想，音乐的产生是人的内心情感以声音的方式表达出来，有节奏韵律的声音就是音乐。"声音之道与政通"，音乐和社会政治密切相关。人的情感不同，表现出来的音乐也不同，人民对国家政治的感受可以从音乐中感知，"治世之音安以乐，其政和；乱世之音怨以怒，其政乖；亡国之音哀以思，其民困"，《左传》记载吴国季札通过观听各国音乐推知其国运，正是基于乐与政通的道理。不同的音乐对人的心灵有不同的感召作用，"志微噍杀之音作而民思忧，啴谐慢易、繁文简节之音作而民康乐，粗厉猛起、奋末广贲之音作而民刚毅,廉直劲正庄诚之音作而民肃敬,宽裕肉好、顺成和动之音作而民慈爱,流辟邪散、狄成涤滥之音作而民淫乱",主张用好的音乐净化人的心灵,促进教化。儒家认为礼、乐都应该有节制,崇尚中和平正的音乐,"大乐必易,大礼必简。乐至则无怨,礼至则不争",认为这种具中和之美的音乐能够提升人的道德水准;反对没有节制的郑卫之声,称之为淫声,淫声必然会祸乱国家。

儒家希望通过礼乐的教化作用,实现一个不争不怨的和谐社会,所谓"揖让而治天下者,礼乐之谓也",这就是传统儒家礼乐文明的理想。

经典选读

1. 《周礼》★,孙诒让《周礼正义》,王文锦、陈玉霞点校本,中华书局1987年。
2. 《仪礼》★,李景林、邵汉明、王素玲《仪礼译注》本,吉林文史出版社1995年。
3. 《礼记》之《王制》、《礼运》、《乐记》、《冠义》、《昏义》★,王文锦《礼记译解》本,中华书局2001年。
4. [宋]朱熹《家礼》,《朱子全书》标点本,上海古籍出版社、安徽教育出版社2000年。

思考题

1. 什么叫"礼"? 谈谈礼、乐、法的区别。
2. "五礼"、"三礼"各指什么?
3. 中国古代怎样认识乐的作用?

参考资料

1. 王国维《殷周制度论》,见《观堂集林》卷二十,中华书局1984年。
2. 章太炎《检论》之《礼隆杀论》《辨乐》《订礼俗》,见陈平原编《中国现代学术经典·章太炎卷》,河北教育出版社1996年。
3. 杨向奎《宗周社会与礼乐文明》,人民出版社1997年。
4. 费康成《中国家族传统礼仪》(图文本),上海社会科学院出版社2003年。
5. 蔡仲德《音乐之道的探求——论中国音乐美学史及其他》,上海音乐出版社2003年。
6. 顾希佳《礼仪与中国文化》,人民出版社2001年。

(韦 兵)

十五、孝道文化

孝是子女善待父母长辈的伦理道德行为的通称。由于它不仅涉及家庭伦理,而且与社会治理有密切的联系,所以孝的内涵十分丰富。就其本身而言,孝大体上包括"尊亲"、"弗辱"、"能养"三个方面的内涵。也就是说,孝不仅讲求衣食住行等口体之养,而且要求尊敬爱戴父母,继志述事,不毁伤身体以辱亲,要立身扬名以显亲,还要厚其丧、重其祭等等。孝具有超时空的特殊性,古往今来,在中国文化圈内,孝道受到了特别的重视。

孝本源于原始的亲子之爱。古人云:"鸟有反哺之义,羊有跪乳之恩。"《孝经》则说:"父子之道,天性也。"知恩图报,寸草春晖,凡有血气,莫不如此。故《孝经》将孝道定义为天经地义的事情:"夫孝,天之经,地之义,民之行也。"在祖先崇拜中,在祭祖仪式上,人们以报本返始、慎终追远、继志述事的心境表达了孝的基本精神。西周建立以血缘关系为纽带、以嫡庶之分为基础的宗法制度,使孝成为一种正式的人伦规范和礼仪制度,经过儒家,尤其是《孝经》的阐释与发挥,孝道成为中华文化的基本精神之一,历来被视为"百行之首"、"百善之本"。

孝道文化博大精深,在家庭伦理上表现为顺从父母兄长,在礼仪上表现为重丧葬、祭祀之礼,在法律上表现为"五刑之属三千,而罪莫大于不孝",在选举上,"举孝廉",在赋役上,减免孝子徭赋,在君臣、国民关系上则表现为移孝于忠,以为"求忠臣必于孝子之门"等等。在历史上,魏文侯、晋元帝、晋孝武帝、梁武帝、梁简文帝、唐玄宗、清世祖(顺治)、清圣祖(康熙)、清世宗(雍正)等君王和众多的学者注解《孝经》,阐释其义。此外,还有文人编《女孝经》、写《劝孝歌》、编《孝子传》、写孝道故事,绘《百孝图》等等来弘扬孝道。历代史书,尤其是正史著作,专列《孝义传》、《孝感传》、《孝友传》等名目来表彰孝行。在朝廷的宗庙里,在万千官僚、百姓的家庙祠堂中,历来上演着无数以丧、祭为中心的色彩斑斓的孝道文化。儒学以仁学为核心,视孝为仁的根本,因此,孝道文化体现了儒学的基本精神,从而成为以儒学为核心的中国文化的要义所在。

需要指出的是,不仅中国土生土长的道家、道教重孝,以为"绝仁弃义,民复孝慈",编写《文昌孝经》、《文昌帝君劝孝文》等,宣扬孝道,就是从印度移植演变而来的中国佛教,也在上千年的历史演化中重视孝道。佛教《佛说父母恩难报经》、《盂兰盆经疏》、《佛说孝子经》等专讲孝道,就是最好的说明;世界文化遗产大足石刻也有《父母恩重经变相》等突出父母养育之劳、教子知恩报恩的生动图像。可以说,佛道二教的孝道故事,同样是数不胜数的;其对人们的劝善劝孝,也是非常突出的。

古代统治者大力提倡孝道虽然有他们借以欺骗民众,以巩固其统治的一面,专制形态下的孝道也有剥夺子女独立人格、束缚人们思想的负面内容,但以尊老敬亲、忠君爱国为核心的孝道文化对于家庭的稳定与社会的和谐同样作出了重要贡献。孝道文化已经作为一种民族道德观念和文化心理深深地积淀在中国人的心中。在儒学复兴、建设社会主义新道德的今天,我们必须吸取传统孝道文化之精华,树立一种敬老爱亲、长幼有序、修身立身、家庭美满、社会和谐、热爱祖国、珍爱生命的社会主义新风尚。

经典选读

1. 《孝经》★,汪受宽《孝经译注》本,上海古籍出版社 2004 年。
2. [汉]戴德《大戴礼记》之《曾子大孝》、《曾子本孝》、《曾子立孝》、《曾子事父母》,[清]王聘珍《大戴礼记解诂》,中华书局 1983 年。
3. [汉]安世高译《佛说父母恩难报经》,《大正新修大藏经》第 16 卷,[日]东京大正一切经刊行会,大正十四年(1925 年)。
4. [唐]宗密《佛说盂兰盆经疏》,《大正新修大藏经》第 39 卷,[日]东京大正一切经刊行会,昭和二年(1927 年)。
5. [清]朱珪(校)、[清]蒋予蒲(重订)《文昌孝经》,《藏外道书》第 4 册,巴蜀书社 1992 年。

附:[清]陈少梅绘《陈少梅二十四孝图》,天津人民美术出版社 2005 年。

思考题

1. 孝的内涵是什么?
2. 孝道文化对中国文化的贡献主要体现在什么地方?
3. 孝道文化在当今社会有什么意义?

参考资料

1. [清]曾国荃《宗圣志》,山东友谊出版社 1989 年。
2. 林安弘《儒家孝道思想研究》,台北文津出版社 1992 年。
3. 肖群忠《孝与中国文化》,人民出版社 2001 年。
4. 骆承烈《中国古代孝道资料选编》,山东大学出版社 2003 年。
5. 沈效敏《曾子与〈孝经〉》,山东文艺出版社 2004 年。
6. 臧知非《人伦本原:〈孝经〉与中国文化》,河南大学出版社 2005 年。

(金生杨)

十六、科举制度

科举制度是中国古代独创的一种主要通过考试的方法来选拔官员的制度。一般认为,它开始于我国隋朝炀帝统治的大业元年,即公元 605 年;至清朝光绪三十一年即公元1905年被废除，总共在历史上绵延了1300年之久，对我国古代的政治、经济、军事、思想文化、社会风尚乃至民族性格都产生了广泛而深远的影响。

　　从字面上理解，科举制度就是分科举人、分科考试的制度。但实际上，这还不足以区别科举制度与以前的官员选拔制度。在隋朝以前，我国的官员选拔制度先后经历了先秦时期的世卿制度、汉代的察举制度和魏晋南北朝的九品中正制度三个主要发展阶段。其中察举制和九品中正制皆有分科举人、考试选官的情况。科举制度明显不同于以前选拔制度的特征，在于政府允许普通读书人自愿报名参加考试，不必通过名士的品评、官吏的推荐，而且考试成绩成为进入仕途的关键。

　　科举制度的科目主要分常科和制科两种。每年分科举行的称为常科（宋代则确立了三年一考的制度），皇帝下诏临时举行的称为制科。常科是最主要的，在隋朝开始时只有明经、进士科，唐朝时则有秀才、明经、俊士、进士、明法、明字、明算、三史、三传、开元礼等，其中明经、进士二科最为有名。明经科考试侧重帖经墨义，相当于现在的填充题，较为容易，且录取名额多；进士科考试侧重诗赋，名额又少，故不易中举。当时流传的"三十老明经，五十少进士"，是二科难易程度的形象概括。到宋朝，经过一些改革和反复后，进士科逐渐被确立为唯一的常科科目。制科名目也多，著名的有贤良方正、直言极谏、博通坟典、达于教化等，但其地位远不如进士科。

　　从程序上看，科举考试在唐朝主要有在地方举行的州试（又称发解试）和在中央尚书省礼部举行的省试，到宋朝则发展为州试、省试和殿试（皇帝主持）三级，其中前两级在明清时期分别称为乡试和会试。州试（乡试）一般在每年的秋天举行，考中者一般称举人，第一名为解元；之后进京参加省试（会试）和殿试，一般在第二年的春天次第举行，考中的一般称进士，第一名分别称为省元（会元）和状元。如果运气不错，每一级都是第一，则叫"连中三元"。在唐代，省试通过后只是有了出身，即具备了做官的资格，尚需经过中央尚书省的吏部选试（铨试），合格者才授予官职。宋朝以后，虽然增加了殿试一级，但已无吏部铨试一关，考中者可直接授官。

　　科举考试的内容则因科目和时代的不同，而有很大的差异和变化。以长期推行、影响最大的进士科为例，它主要测试考生经学水平、诗赋写作能力和对时势的见解。唐朝侧重诗赋能力的考试；宋朝经过改革后，则逐渐转为侧重儒家经学义理的考试，元朝开始则确立了程朱理学在考试中的主导地位，明清时期进一步以八股文为考试的专用文体，八股文成为士人的"敲门砖"。八股文渊源于宋元时期的经义之文，其标准格式是：先做破题、承题、起讲和领题，之后进入文章的主体,包括起股、中股、后股和束股四部分。每一股又分两小股,其文字繁简、声调缓急,都要相对成文,合共八股(实际写作中则不一定真要有八股)。八股文由此得名。

科举制度自隋朝诞生后,历代有因有革,存废之争也不时响起。到了近代,在西方政治制度和文化教育的全面冲击下,科举制度遭到前所未有的挑战和批判,最后在"欲补救时艰,必自推广学校始;而推广学校,必自先停科举始"的呼声中,寿终正寝,于1905年退出了历史舞台。

作为历史的产物,科举制度自有其弊。如考试范围偏窄,主要限于儒家经书,限于人文社科领域,无有自然科技的内容;至明代又专以八股取士,限制了读书人的独立思考,以至有"八股之害,甚于焚书"之说。这些都是无可否认的弊端。但总的说来,它否定了家庭出身和他人的推荐,确立了知识文化的优先性,促成了普遍持久的读书风尚,无疑是历史的重大进步;它在考试科目、程序、内容、方式、纪律以及最后的录取任用等方面都有严格的规定,是一种"标准化考试",具有相当的客观性和公正性;它以儒家经典为考试的重点,这对于儒家文化的传承、中华文化的绵延不断,是有力的制度保障;它不但在中国长期推行,也"走出国门",东亚的日本、韩国和越南先后在长短不等的时间里推行过科举制度,在近代西方文官制度的建立和完善过程中,科举制度也扮演过重要角色。正因为如此,西方世界才将科举制度誉为中国贡献给人类的"第五大发明"。

经典选读

1. [唐]杜佑《通典·选举典》★,王文锦等点校本,中华书局1988年。
2. [宋]郑樵《通志·选举略》,王树民点校本,中华书局1995年。
3. [元]马端临《文献通考·选举考》★,浙江古籍出版社2000年。

附:八股文选(三篇)★

思考题

1. 科举制度产生于何时?它与以前的官员选拔制度有怎样的联系和区别?
2. 如何评价科举制度的历史作用?
3. 谈谈你对八股文的认识。

参考资料

1. 王道成《科举史话》,中华书局1988年。
2. 金诤《科举制度与中国文化》,上海人民出版社1990年。
3. 王炎平《槐花黄,举子忙——科举与士林风气》,东方出版社1998年。
4. 启功、张中行、金克木《说八股》,中华书局2000年。
5. 王炳照、徐勇主编《中国科举制度研究》,河北人民出版社2002年。

6. 刘海峰、李兵《中国科举史》，东方出版社中心2004年。

7. 刘海峰《为科举制平反》，载《书屋》2005年第1期，又见《新华文摘》2005年第8期。

8.《新京报》主编《科举百年》，同心出版社2006年。

（粟品孝）

十七、学校教育

"玉不琢，不成器；人不学，不知道"，《礼记·学记》这句话极其凝练地表达了教育在人类进步和文明社会中的重要性。一般认为，家庭、学校和社会是三个既有区别又相互联系的教育空间，其中学校教育最有组织性，最为正规化，是整个教育活动的核心场所。

中国古代的学校教育源远流长。早在夏、商、西周时期，已有所谓"庠"、"序"、"校"等学校组织，为官府垄断，是为官学。至春秋战国起，伴随社会巨变，"天子失官，学在四夷"，私学大量涌现。之后官学和私学并行发展，交互影响。至唐朝五代，一种介于官学和私学之间的新的教育组织——书院，也逐渐发展起来，到宋代更是名扬天下，形成制度。从此，官学、私学和书院三足鼎立，共同成为中华文化传承延续、发展创新的重要载体。

从教育内容上看，我国古代的学校教育大致可分为三大历史阶段。先秦时期，特别是春秋战国之时，"百家争鸣"，学校教育丰富多样，并没有哪一种学说能够主导学校的教育内容。经过秦汉之际的探索后，在汉武帝时期终于确立了儒家经学的统治地位，"独尊儒术"的国策促使学校教育开始以儒家经典的学习和研讨为主。宋朝以降，伴随理学的广泛传播和上升为统治思想，学校教育便主要以程朱理学为主导，并一直延续到清朝末年。

从空间分布上看，我国古代的学校教育很早就形成了一个纵贯中央到地方的教育体系。中央最有名的高等学府是西汉开始建立的太学和西晋创办的国子学（后或称国子监），二者长期并存，其中太学招有平民子弟，更为发达；国子学则是纯粹的贵族学校，愈到后来愈为衰落。之外，还有一些专科性的学校，如南朝建立的律学，隋朝增建的书学和算学，唐宋时期又增以医学、道学、武学、画学等。地方学校的分布更为广泛。自西汉蜀郡太守文翁创办"蜀学"之后，"天下郡国皆立学校官"，州郡一级的政区往往都建立了地方官学。经过北宋时期范仲淹、王安石、蔡京主持下的三次大规模兴学之后，地方官学开始在州郡下面的县一级政区普及开来。

十七、学校教育

在各种学校体制中,书院是最具中国特色的教育组织。大致说来,书院是在综合和改造官学和私学的基础上建立起来的,它肇始于唐朝,在南宋时期形成制度,元明清时期继续发展并不断官学化(但它始终没有被纳入官学系统),制度也日趋完善,直到清朝光绪(1875—1908)末年书院制度废止。作为教育组织的书院,在中国历史上存在达一千年以上。

书院在办学体制上不同于官学和私学。它坚持开放的办学形式,其生徒没有地域和身份的限制,并采取自学为主、自由讲学、师生相互答疑问难的教学形式,而且经常名师云集,甚至形成不同学派学者自由会讲的制度,学术研究和教学活动紧密结合。书院还将道德教育放在首位,着力彰显人文精神,这集中体现在朱熹在江西白鹿洞书院制定的学规即《白鹿洞书院揭示》上,它要求生徒严格遵守儒家的道德规范。这一学规为宋代以后大多数书院和官学所遵循,在书院教育史上影响深远。由于书院不同于官学,它保持了相对的政治独立性,所以其师生往往以特有的良知和道义充当社会批评的斗士,明朝东林书院师生关心社会、激烈反对宦官专权,就是最突出的事例。

有必要指出的是,随着中国文化的向外传播,书院制度也被移植到国外。它最早是在明代开始向外移植的,首先是与我国相邻的"东国"朝鲜,之后发展到日本、东南亚,甚至欧美地区,为传播中华文明,促进世界文明的向前发展,作出了自己的贡献。

传统的学校发展到清朝末年,在西式学校和教育体制的冲击下,纷纷改造为新式学堂。以今观之,当时的变革势所必然,不可阻遏,但其中的非理性处,也在在有之。如书院制度之被完全废止,就颇为可惜,诚如胡适所感叹的:"书院之废,实在是吾中国一大不幸事。一千年来学者自动的研究精神,将不复现于今日。"

经典选读

1.《礼记·学记》*,[清]孙希旦《礼记集解》,沈啸寰、王星贤点校本,中华书局1998年。

2.[宋]朱熹《白鹿洞书院揭示》*,见《朱熹集》卷七十四,郭齐、尹波点校本,四川教育出版社1996年。

3.[元]马端临《文献通考·学校考》,浙江古籍出版社2000年。

附:[清]张之洞《四川省城尊经书院记》,收载胡昭曦《四川书院史》(修订本),四川大学出版社2006年。

思考题

1. 中国古代的学校教育有哪些主要的形式?它们各有什么区别和联系?

2. 书院起于何时？作为教育组织,它有什么特色？

3. 在构建新世纪中国大学文化的过程中,如何挖掘和转化传统学校教育特别是书院教育的优秀传统？

参考资料

1. 毛礼锐、瞿菊农、邵鹤亭编《中国古代教育史》,人民教育出版社1983年。
2. 吴霓《中国古代私学诸问题研究》,中国社会科学出版社1996年。
3. 陈谷嘉、邓洪波主编《中国书院制度研究》,浙江教育出版社1997年。
4. 邓洪波编《中国书院楹联》、《中国书院揽胜》、《中国书院章程》、《中国书院学规》,湖南大学出版社1999—2000年。
5. 王建军《中国教育史新编》,广东高等教育出版社2003年。
6. 邓洪波《中国书院史》,东方出版社中心2004年。
7. 李兵、朱汉民《书院文化是中国古代大学文化的核心》,见《光明日报》2005年11月23日。

（粟品孝）

十八、汉字源流

我国是一个历史悠久的文明古国,文字的使用已有几千年的历史,在我国幅员辽阔的土地上有许多民族,共同缔造了绚丽灿烂的古代文明。但公元以前的文字主要是古代的汉字,中国的汉字,从古自今,是一脉相承流传下来的。汉字的发展是一个不断继承与扬弃的过程,在这个过程中,汉字的形体发生了很大的变化,中国的汉字是如何起源的,往后又有哪些变化和发展,这些都是中国传统文化的重要研究对象。

美国学者摩尔根在《古代社会》中提出,人类文明社会"始于标音字母的发明和文字的使用",这就是说,对文字起源的探索,将直接关系到古代文明何时开端这样的重大问题,因此有不少学者致力于这方面的工作。但由于材料缺乏,学术界至今仍没有比较明确的认识。目前所能见到的,最古老且成系统的汉语古文字是殷墟甲骨文,这样大家就很容易产生一个误解,认为甲骨文就是我国最古老的文字了。其实甲骨文所代表的商代晚期文字,已经是发展相当成熟的文字系统了,把甲骨文看成中国最早的文字,是不妥当的。可以肯定地说,甲骨文以前,文字的形成还有一个相当长的时期。

古书里有不少关于文字起源的记载,《周易·系辞下》说:"上古结绳而治,后世圣人易之以书契。""结绳而治"就是有大事就在绳子上结大结,小事就结小结,这种方法在我国一些少数民族中也曾使用过。后来,结绳被"书契"即文字代替了。关于文字出现的时代,古代最流行的是黄帝时仓颉造字的传说。黄帝的时代,按文献记载估计,大约在公元前二千五、六百年间。

但古书的记载,并无事实可以证明,我们要探索中国文字的真正起源,只能求助于考古材料。

从新石器时代晚期一直到春秋晚期,我国境内某些古文化的陶器上发现了刻划的一些符号和图形,1992年在山东省邹平丁公又发现了新石器时代龙山文化的类似象形字的刻划陶片,共有11字,排成五行,多不可识,这些都被学者认为与汉字的起源有关。

我们目前所知最早的汉字系统是殷墟甲骨文。殷墟甲骨文单就字数而言,已发现的单字超过了五千。而且,我们现在能见到的甲骨,不过是当时全部甲骨的一小部分,还有许多被埋藏在地下,尚未发掘出来,即使能看到全部甲骨,由于甲骨文本身性质的限定,当时使用的文字也不会全部出现在甲骨上。所以商代晚期的文字肯定会超过五千之数,而我们今天常用的汉字不过六千左右,由此可见,殷墟甲骨文已是相当成熟的文字系统。

在甲骨文之外,商代晚期还有铜器铭文,即金文。商代金文字形与甲骨文基本相同,篇幅较小,一般是几字到十几字,殷墟晚期开始出现数十字的金文。到了西周时期,金文有了长足的发展,多有百字以上的铭文,到西周晚期,更是出现了如像毛公鼎这样近五百字的长篇铭文。西周金文在字形上继承了殷商文字,但有较多的发展。西周早期的金文,笔划中间粗,首尾露出锋芒,学者或称为"古文体",西周中晚期的金文,笔划首尾一致,学者称为"玉箸体"。

到了春秋战国时期,文字形体变化更大,春秋时期的金文流行"篆体",笔划宛转细长,带有很浓厚的美术意味,已开美术字的先河。战国时期,文字系统大别为二,西方的秦国继承了西周以来的传统文字体系,从类似籀文的石鼓文,一直演变为秦小篆。东方的六国则演变出形体各异的所谓"古文",与秦文字有较为明显的区别。战国晚期,与小篆并行,秦国又出现了写书简便的"隶书",到两汉时期,隶书逐步代替了篆书,成为当时通行的主要字体。隶书对小篆的字形作了很大的改易,使许多繁复的字形变成了便于书写的简易文字。汉代成熟的隶书,字形与楷书已很接近,在此基础上,大约在汉魏之际,形成了楷书,又经过了约二百年左右的发展,楷书又最终代替隶书,成为占统治地位的主要字体。

经典选读

1. [东汉]许慎《说文解字·叙》★,[清]段玉裁《说文解字注》,成都古籍书店影印本 1981 年。

2. [东汉]班固《汉书·艺文志》★,中华书局 1983 年标点本。

3. 《周礼·春官·保氏》,[唐]贾公彦《周礼注疏》,清阮元校刻《十三经注疏》本,中华书局 1982 年。

思考题

1. 你觉得学习汉字源流这一课程,有哪些重要意义?

2. 汉字起源问题在古代文明起源的探索中,占有怎样的地位?目前的研究状况如何?

3. 汉字的发展变化可以分为哪几个主要的阶段?

参考资料

1. 李学勤《文字起源研究与古代文明》,《中国古代文明十讲》,复旦大学出版社 2004 年。

2. 李学勤《古文字学初阶》,中华书局 1997 年。

3. 裘锡圭《汉字形成问题的初步探索》,《文字改革》1962 年第 8 期,收入《古代文史研究新探》,江苏古籍出版社 1992 年。

4. 高明《中国古文字学通论》,北京大学出版社 1996 年。

5. 考古编辑部《专家笔谈丁公遗址出土陶文》,《考古》1993 年第 4 期。

(彭裕商)

十九、古典文论

中国古代文论,源远流长,自成体系,韵味独具,成果卓著,是世界文论的三大体系(欧洲文论、印度文论、中国文论)之一。

中国古代文论经历了一个漫长的历史发展过程。先秦诸子论诗谈美,"百家争鸣",而儒家的基于伦理道德的中庸思想和道家的旨在归真返朴的自由境界则分别奠定了中国文论的两块基石。在"罢黜百家,独尊儒术"的政治与文化专制氛围下,两汉文论呈现出一种为伦理道德而扭曲文学和文论的倾向。魏晋六朝迎来了中国古代文论的第一次高峰,"诗赋欲丽"、"诗缘情而绮靡"的主文畅情观念促进了伦理文化向审美文化的转型与文学艺术的全面勃兴。隋唐两宋文论大略而言,约分两大派。一为复古载道派,主张文艺为政治服务,为伦理教化服务,一为缘情妙悟派,倡导文学的审美特性,探讨文学的本质规律。明清文论多元并立,以李贽、汤显祖、公安三袁等为代表的反叛思想浪潮的勃兴,削弱了文道论的正统地位;以王夫之、叶燮、王士禛等为代表的传统诗论走向了理论上的成熟与总结;以桐城派为代表的散文理论,以陈维崧、朱彝尊、张惠言、周济为代表的词论,以李渔为代表的戏剧理论,以金圣叹为代表的小说理论也异彩纷呈。清末至"五四",奔流了数千年的中国文学理论在西方思想文化和文学的冲击下,逐渐大河改道,昔日的"一江春水向东流"变成了"一江春水向西淌",基本上全面接受了西方文论话语体系。

中国古代文论在长期的历史发展过程中,曾涌现了一批有代表性的著作。如《乐记》、《毛诗序》、曹丕《典论·论文》、陆机《文赋》、挚虞《文章流别论》、刘勰《文心雕龙》、钟嵘《诗品》、皎然《诗式》、白居易《与元九书》、司空图《与李生论诗书》、《二十四诗品》、欧阳修《六一诗话》、叶梦得《石林诗话》、李清照《词论》、葛立方《韵语阳秋》、张戒《岁寒堂诗话》、姜夔《白石道人诗说》、胡仔《苕溪渔隐丛话》、严羽《沧浪诗话》、魏庆之《诗人玉屑》、元好问《论诗三十首》、张炎《词源》、李东阳《怀麓堂诗话》、谢榛《四溟诗话》、李贽《童心说》、王世贞《艺苑卮言》、胡应麟《诗薮》、王骥德《曲律》、李渔《闲情偶寄》、王夫之《姜斋诗话》、金圣叹《读第五才子书法》、叶燮《原诗》、王士禛《带经堂诗话》、沈德潜《说诗晬语》、刘大櫆《论文偶记》、袁枚《随园诗话》、翁方纲《石洲诗话》、章学诚《文史通义》、周济《介存斋论词杂著》、刘熙载《艺概》等。

文学理论的思维方式、言说方式及理论形态,既可以是逻辑的、哲学的,也可以是诗性的、审美的。在世界三大文论体系中,西方文论话语以逻辑的、哲学的体系见长;印度文论以修辞性的庄严论、诗性的情味论和韵论为特色;中国古代文论话语虽不乏哲学的、逻辑的体系(如《文心雕龙》、《原诗》、《闲情偶寄》等),但却体现出了鲜明的诗性特征,且这种诗意的、审美的言说是全方位的。其基本特征是"立象尽意",通过形象性的描述来追求"象外之象"、"言外之意"、"韵外之致"。文论家如陆机、韩愈、白居易、苏轼、黄庭坚、"前七子"、"后七子"、"公安派"、"竟陵派"、"唐宋派"、"桐城派"等既是理论家又是文学家;文论的基本范畴和核心概念如"言"、"象"、"意"、"道"、"虚"、"实"、"气"、"韵"、"神"等及其话语规则"言不尽意"、"虚实相生"、"以少总多"、"神用象通"等都不是逻辑的、思辨的,而是直觉的、体验的;文论著作如中国古代文论史上最具代表性的文论巨著《文心雕龙》和创作论专篇《文赋》以及《二十四诗品》就分别是骈文、赋和诗,而不是论说文体,而一些以诗论诗的诗论以及诗话、词话、戏曲、小说评点的言说也都是感悟式的、充满诗意的。中国古代文论的诗性言说特征,既是中国古代早期文化诗性智慧的自然延伸与发展,又是中国古代文论诗性精神的必然显现与结晶。古代文论诗性特征的历史地位及理论价值,已经在中国古代文学及文化的发展进程中得到确证,并将对中国文学及文化的发展继续发挥作用。

经典选读

1. 《毛诗序》★,见阮元校刻《十三经注疏》本《毛诗正义》,中华书局1982年。
2. [三国魏]曹丕《典论·论文》,[梁]萧统编[唐]李善注《文选》卷五十二,中华书局1977年。
3. [晋]陆机《文赋》,张少康《文赋集释》,人民文学出版社2002年。
4. [南朝梁]刘勰《文心雕龙》★,范文澜《文心雕龙注》,人民文学出版社1958年。
5. [南朝梁]钟嵘《诗品》,陈延杰《诗品注》,人民文学出版社1980年。
6. [唐]司空图《与李生论诗书》,郭绍虞主编《中国历代文论选》,上海古籍出版社1979年。
7. [唐]司空图《二十四诗品》,乔力《二十四诗品探微》,齐鲁书社1983年。
8. [明]李贽《童心说》,《李贽文集》,社会科学文献出版社2000年。
9. [清]李渔《闲情偶寄》,浙江古籍出版社1985年。

思考题

1. 中国文学理论的基本发展特征是什么?
2. 世界三大文论体系是什么?
3. 什么是中国文论话语的诗性特征?
4. 怎样进行中西文学理论的比较?
5. 怎样把中国文学理论应用到今天的文学作品创作和评论中?

参考文献

1. 郭绍虞主编《中国历代文论选》,上海古籍出版社1982年。
2. 陶秋英编选《宋金元文论选》,人民文学出版社1984年。
3. 曹顺庆主编《两汉文论译注》,北京出版社1988年。
4. 范文澜《文心雕龙注》,人民文学出版社1958年。
5. 陈延杰《诗品注》,人民文学出版社1980年。
6. 杨明照《文心雕龙校注拾遗》,上海古籍出版社1982年。
7. 王先霈、周伟民《明清小说理论批评史》,花城出版社1988年。

(曹顺庆)

二十、诗词艺术

中国是诗的国度,从《诗经》、《楚辞》到唐诗、宋词、元曲,占据着中国文学史中最重要的地位。中国文学是充满诗意的文学,不仅狭义的"诗"是诗,赋、骈文有诗的特征,戏剧是诗剧(大段的唱词是诗),小说也离不了诗词曲。

诗歌是以特殊的方式特殊的语言表达诗人对人生与自然的所思所感所悟,中国古代诗词在展现中国人的人生与人心方面更有无可比拟的优长。人生的各种情境,被以诗的形式刻画得精炼、细腻、意味隽永。

在古代中国,写诗与读诗,主要是一种文人雅趣名士风流。孔子说:"文质彬彬,然后君子。"而君子的文采风流和儒雅谈吐,须得诗艺之助,所以他又说:"不学诗,无以言。"古典人文教育因此形成了以诗艺为必修功课的传统。诗歌是嗜好,是工具,还可以是表达感情的方式甚至思维方式。

古今凡能被称为"诗"者,无不是用一种特殊的方式特殊的语言,表达着诗人对人生与自然的所思所感所悟。诗歌艺术是人类精神寄托心灵安顿的方式之一。人若培养起一颗诗心,生活与生命就会更加有声有色。他将从单调的日常生活中解脱出来,从人生的种种算计种种烦恼中超脱出来,去发现去感受人生与自然的诗情画意,这就是一种升华与超越。

诗歌创作是非常个性化的精神活动,诗歌欣赏也是非常个性化的精神体验,难以强求一律。不同的人有不同的审美趣味,西谚曰:"趣味无争辩。"古今各种诗歌流派,各种艺术风格,主要都是由于审美趣味不同而形成的。

虽然中国古代早有"诗言志"和"诗缘情"之说,但诗歌却很难定义。至少,它不能像科学名词那样,能有一个古今通用人皆认同的定义。不同时代不同流派不同风格的诗人,他们对诗歌的理解也会南辕北辙大相径庭。即使从形式上说,也难以归纳出诗人普遍认同的法则。例如,我们今日名为广义诗歌的诗词曲,在古人那里,就有明显的分别,诗不能为词,词亦不能为曲。而在当代,诗与非诗的界定,就更难有标准化的统一答案。我们只能模糊描述:所谓诗歌艺术,是一种运用比散文语言更凝炼、更富于想象与联想的语言,表现人类心灵感受或感悟的方式。但要真正理解诗歌是什么,并不是靠定义或诗学理论,而是靠我们对古今诗歌的广泛阅读与欣赏。

阅读与欣赏诗歌艺术,有一些基本的要求和方法。从诗艺的角度讲,古今诗歌艺术的要素,例如语言、文体、格律以及各种表现手法,是首先应该必备的常识。其次,应有一种超功利的心态。艺术欣赏不是技能学习,它给人以精神享受,而不是追求实用价值。这就要求我们超越物质世界的种种欲求,让心灵自由遨游于艺术世界,并从中得到升华。关于诗歌的阅读与欣赏,古人曾总结出"知人论世"、"以意逆志"、"以史证诗"、"讽诵玩味"等,这对我们或多或少会有一些启示。但如上所述,诗歌创作是非常个性化的精神活动,诗歌欣赏同样也是非常个性化的审美体验。诗人总是生活在特定的时空世界,如果不了解其人其世,我们如何能体会他们所表现的思想情感?这就需要"知人论世"、"以史证诗"。但是,诗的艺术时空与现实的时空,并非完全相同,事实上,诗人呈现给我们的常常是他自己所感觉的世界,而非现实世界的复印本。这里有巨大的想象空间,不是靠历史知识或语文知识就可以填补的。这就需要我们"以意逆志"、"以心会心"。但人与人心不能完全相同,所感所悟之意亦不可能存在唯一的结果。所以古人曾有"诗无达诂"的说法。这涉及阐释学的诸多问题。按照现代接受美学的观念,文本原意也许并不重要,重要的是读者反应各不相同,所谓"一千个读者有一千个哈姆雷特"。所以,尽管诗歌欣赏离不开"文本细读",离不开"知人论世",但更重要的是读者自己的感觉与理解。"误读"是难以避免的。也许,正是历代有意或无意的"误读",才赋予古典诗歌以经久不衰的艺术生命。从这个意义上说,诗歌欣赏也是创造性的精神活动。它需要读者有开放的心灵与自由的想象,更需要直觉感悟而不是理性思维。

宋人严羽说"诗有别材,非关书也;诗有别趣,非关理也"(《沧浪诗话·诗辨》),李清照强调词"别是一家"(《词论》),中国诗歌有其特殊的语言艺术与独特的表达方式,阅读与理解忌胶柱鼓瑟,重含英咀华,取其意境而不求甚解。应通过大量阅读而对词语的音调、色彩、修辞以及联想效果等产生一种敏感,体会、感悟中国诗歌的独特魅力,启迪诗情,激活诗兴,开拓视野,陶冶性灵。

中华诗词艺术博大精深而又真实可感,它涉及诗歌观念、构成要素、表现艺术、诗学常识、阅读态度的诸多话题,如"语言、格律与节奏"、"诗与音乐"、"诗与画"、"诗与戏剧"、"意象"、"意境"、"象征与隐喻"、"色彩"、"时间与空间"、"古典与今典"、"通感与博喻"、"风格与流派"等。

经典选读

1. [清]彭定求、杨中讷等编《全唐诗》,中华书局1960年排印本。
2. 唐圭璋编《全宋词》,中华书局1965年。
3. [南宋]严羽《沧浪诗话》,郭绍虞《沧浪诗话校释》本,人民文学出版社1983年。
4. [清]何文焕《历代诗话》,中华书局1981年。

思考题

1. 选取你熟悉的诗、词、曲各一首,领会其不同的情调特征。
2. 前人论诗常说"一切景语皆情语也",这应当如何理解?
3. 诗中的想象和联想有何作用?试举出你所熟悉的诗歌加以分析。
4. 今人写诗(旧体诗和新诗)可以用典吗?你认为如何用较好?

参考资料

1. 沈祖棻《唐人七绝诗浅释》，上海古籍出版社1981年。
2. 沈祖棻《宋词赏析》，上海古籍出版社1980年。
3. 叶嘉莹《我的诗词道路》，河北教育出版社2000年。
4. 张中行《诗词读写丛话》，中华书局2005年。
5. 王红、谢谦主编《中国诗歌艺术》，高等教育出版社2004年。
6. 周啸天《古典诗词鉴赏方法》，四川人民出版社2003年。

（王 红　谢 谦）

二十一、古代散文

散文在古代是指与韵文、骈文相区别的散体文章，包括经传史书在内。先秦时代的散文，一般分为史传散文与诸子散文两大类。

史传散文也叫历史散文。《尚书》是目前完整传世的最早著作，它实质上是一部商周时代的史料汇编，以政府公开发布的文诰誓命为主。而经过孔子编订的鲁国编年史《春秋》，则体现了编撰者记事意识的自觉，它"以事系日，以日系月，以月系时，以时系年"（杜预《春秋左传集解·序》），首尾联贯地按照时间顺序编排历史事件。《左传》以之为纲，丰富了事件的人物、经过、言语等细节，其叙事的俭约生动，结构的完整严谨，人物形象的复杂丰满，记言中体现的行人辞令之美，代表了先秦史传散文的最高水平。此外，以记言为主的国别史《国语》，主要记录纵横之士游说诸侯的《战国策》，也都对后代的文学创作产生了深远的影响。

诸子散文是先秦各家学派思想的文字载体。儒家的《论语》是对孔子及其弟子们日常言行简短的记录汇编，《孟子》收辑了一些富于辩论性的文字，篇幅较长；《荀子》则以论证的清晰、透辟、严整见长。道家的《老子》韵散相间，大量使用排比、对偶等句式，似先秦歌谣；《庄子》是公认最富诗意的说理文字，其中形象的奇幻怪诞，语言的汪洋恣肆，意境的瑰玮深沉，与博奥玄妙的哲理思辨相互辉映，使人在玄想时空无限，天道高远的同时，沉浸于世界的神秘、复杂、微妙，获得丰富的审美体验。《庄子》不仅为后世文人提供了一种精神归宿，而且在意象、语言等许多方面都为追求个性的文艺创作者提供了参照。法家的《韩非子》全力阐述政治主张，冷峻严密，还在说理中大量使用寓言故事，增强了议论的感性力量。

秦汉以降,散文大致沿着纪传与说理两个方向发展。

司马迁的《史记》被后世的"古文"家奉为楷模。作为第一部纪传体通史,它奠定了中国史著编撰的基本体例即本纪、世家、列传、表、书,五体交织,对历史予以全方位多侧面的展示,从而成为"史家之极则"(郑樵《通志·总序》)。其传记塑造人物栩栩如生,善于营造戏剧性的冲突来增强情节的感染力,利用看似微不足道的细节来强化人物的性格,最为后世古文创作者与小说家赞赏。东汉班固的《汉书》是我国第一部纪传体断代史,它叙事谨严,风格有别于《史记》,而能自成一格。

贾谊是汉初的散文大家,以专题政论文见长,其代表作如《过秦论》,见解深刻,行文铺张扬厉,论说的力度很强,有纵横家遗风。两汉其他重要的散文作家作品还有西汉淮南王刘安等的《淮南子》、刘向的《说苑》、东汉王充的《论衡》、王符的《潜夫论》等。

骈文经过魏晋南北朝的发展,在唐代成为使用最普遍的文章样式,其工整的对偶,华丽的词藻固然增强了文字的美感,但也给思想的自由表达带来了局限。中唐以来,不断有人提出复古宗经的主张。韩愈、柳宗元明确以"载道"、"明道"作为写作的宗旨,试图以恢复古文写作作为思想与政治领域恢复"道"的助力。在这个口号之下,他们创作了一批与时代政治、社会风尚密切相关的文章,如韩愈的《原道》、《师说》、《论佛骨表》,柳宗元的《封建论》等;在重"道"的同时,他们也重视"文"本身,韩愈主张"惟陈言之务去"(《答李翊书》),强调作者需要有充沛的道德与情感力量,"气盛则言之长短与声之高下皆宜"(同上),并认为应当有真实情感——"不平之鸣"(《送孟东野序》)的表达。柳宗元的永州游记,其"凄神寒骨"正体现了时代先觉者孤傲而悲苦忧愤的情绪状态。

这场被今人普遍称为"古文运动"的文体复兴在北宋真正达到了高潮。欧阳修文道并重,以平澹典要的文风寄寓感慨遥深的意蕴,开创一代文风;其主张得到苏洵、苏轼、苏辙、曾巩等人的呼应;王安石作为政治家,也以重道崇经为写作的指导思想。这一批作者造就了北宋散文创作的高潮,古文终于取代骈文成为主导文体。尤其是苏轼之文,纵横曲折,跌宕变化,任性洒脱,显示了作者洒脱的个性,雄放的气势和过人的才情。

通过唐宋古文运动,赠序、墓铭、游记等体裁发展成熟,为后人的写作提供了更大空间。

复古派是明代中后期影响最广泛的文学流派。在对秦汉之文的摹拟中,复古派着意固守规矩,剽袭古语,仿效声口,多有意艰深文浅陋之讥。王慎中、唐顺之等人以此作为反拨的对象,主张学习唐宋古文,世称"唐宋派"。在创作方面,归有光较为突出,他善于把握日常生活中看似平凡的细节,在平淡的笔触下蕴涵深情,记身边人事,生动传神。小品文的创作在晚明取得了很高的成就。公安派以"性灵说"作为文学主张的核心,要求创作摆脱固定的格套,释放真实的性情,显现作者独特的个性。其代表作家袁宏道的一些书信、游记短文,似乎信笔道来,挥洒自如,富有意趣。明亡以后,张岱的小品文创作一方面继承晚明意趣,同时又在今昔悲凉与繁华的对照中增添了易代沧桑。

桐城文派是清代影响时间最长,影响人数最多的古文流派。在康熙年间由方苞开创,后继者主要有刘大櫆和方苞,均为桐城人。方苞要求文章讲究"义法","义"即内容纯正,"法"即文辞雅洁,从根本上说,仍是文以明道的主张。姚鼐将其发挥为"义理、考据、词章"的统一,体现了清代谨严的学术趋向对古文创作的影响。

概而言之,由于文体的实用性,中国古代散文的发展状况与时代的学术思潮、政治现实,保持着千丝万缕的联系。

经典选读

1. 《左传》★,杨伯峻《春秋左传注》,中华书局1990年。
2. 《史记》★,中华书局1959年标点本。
3. [清]严可均辑《全上古三代秦汉三国六朝文》,中华书局1958年。
4. [清]姚鼐编《古文辞类纂》,中国书店1986年。
5. [清]吴楚材等编《古文观止》,中华书局1959年。

思考题

1. 有人称中国古代散文为"杂文学",如何理解?
2. 举例分析史传散文的文学价值。
3. 《庄子》对后世的文学创作有哪些影响?
4. 唐宋古文运动的得失何在?
5. 晚明小品文与其他文章写作相比,独特性主要体现在哪些方面?

参考书目

1. [明]张岱著,夏咸淳、程维荣校注《陶庵梦忆》,上海古籍出版社2001年。
2. 高步瀛选注《唐宋文举要》,上海古籍出版社1982年。
3. 袁行霈主编《中国文学史》,高等教育出版社1999年。
4. 郭预衡《中国散文史》,上海古籍出版社2000年。
5. 刘洪仁等选注《唐宋八大家文选》,巴蜀书社2001年。
6. 刘盼遂、郭预衡主编《中国历代散文选》,北京出版社2002年。
7. 陈平原《中国散文小说史》,上海人民出版社2004年。

(李 瑄)

二十二、历代辞赋

赋是汉代最流行的文体。在两汉四百年间,一般文人多致力于这种文体之写作,因而盛极一时,后世往往将其视为汉代文学之代表。

赋,原本是《诗经》中的一种表现手法,即铺陈描写。赋作为一种文体,早在战国时代后期便已经产生。最早写作赋体作品并以赋名篇当是荀子。据《汉书·艺文志》载,荀子有赋十篇(现存《礼》、《知》、《云》、《蚕》、《箴》五篇),是用通俗"隐语"铺写五种事物。旧传楚国宋玉也有赋体作品,如《风赋》、《高唐赋》、《神女赋》等,辞藻华美,且有讽谏用意,较之荀赋,似与汉赋更为接近,但或疑为后人伪托。赋体之进一步发展,当受到战国后期纵横家散文和新兴文体《楚辞》之巨大影响。赋体之主要特点是铺陈写物,"不歌而诵",接近于散文,但在发展中它吸收了《楚辞》的某些特点,如华丽之辞藻,夸张之手法,因而丰富了自己的体制。正由于赋体之发展与《楚辞》有着密切关系,所以汉代往往将辞赋连称,西汉初年所谓"骚体赋",确实与《楚辞》相当接近,颇难明显区分。

汉初之赋家,继承《楚辞》之余绪,这时流行的主要是所谓"骚体赋"。自汉高祖初年至武帝初年,儒家思想尚未占据统治地位。当时诸王纳士,著书立说,文化思想还比较活跃。这一时期之辞赋,主要仍是继承《楚辞》的传统,内容多是抒发作者的政治见解和身世感慨,在形式上初步有所转变。其代表作家主要是贾谊,此外还有淮南小山等人。汉文帝、景帝时期的枚乘,是一位在汉赋发展史上具有重要地位的人物,他的《七发》虽未以赋名篇,却已形成了汉大赋的体制。《七发》通篇是散文,偶然杂有《楚辞》式的诗句,且用设问的形式构成章句,结构宏大,辞藻富丽。从汉初的所谓骚体赋到司马相如、扬雄等人的汉大赋,《七发》是一篇承前启后的重要作品。

从武帝至宣帝的九十年间,是汉赋发展的鼎盛期。《汉书·艺文志》著录汉赋九百余篇,大部分是这一时期的作品。从流传下来的作品看,内容大部分是描写汉帝国威震四邦的国势,新兴都邑的繁荣,水陆产品的丰饶,宫室苑囿的富丽以及皇室贵族田猎、歌舞时的壮丽场面等等。其代表作家则是司马相如。《文选》所载《子虚》、《上林》两赋是其代表作。近人据《史记》、《汉书》本传,考定二赋或本是一篇,即《天子游猎赋》。这两篇作品以游猎为题材,对诸侯、天子的游猎盛况和宫苑的豪华壮丽,作了极其夸张的描写,而后归结于歌颂大一统汉帝国的权势和汉天子的尊严。在赋的末尾,作者采用了让汉天子享乐之后又反躬自省的方式,委婉地表达了作者惩奢劝俭的用意。司马相如的这两篇赋在汉赋发展史上有极重要的地位,它以华丽的词藻,夸饰的手法,韵散结合的语言和设为问答的形式,大肆铺陈宫苑的壮丽和帝王生活的豪华,充分表现出汉大赋的典型特点。其后,扬雄(西汉末年)的《甘泉》、《河东》、《羽猎》、《长杨》四赋,班固(东汉前期)的《两都赋》,张衡(东汉中期)的《二京赋》,都是比较著名的汉大赋作品。

此后,随着社会矛盾的不断激化,文人的危机感不断加深,促进了抒情小赋的出现,这在汉赋的发展史上是一个很大的转机。

汉赋是继《诗经》、《楚辞》之后,在中国文坛上兴起的一种新的文体,是两汉四百年间文人创作的主要文学样式。那些描写宫苑、田猎、都邑之大赋,充分展示了国土之广阔,水陆物产之丰盛,宫苑建筑之华美,都市之繁荣,以及汉帝国之文治武功,这在当时并不是毫无意义的。另外,汉大赋虽然炫博耀奇,堆垛词藻,以至好用生词僻字,但在丰富文学作品之词汇、锻炼语言辞句、描写技巧等方面,都取得了一定的成就。从文学发展史上看,两汉辞赋的繁兴,对中国文学观念的形成,起到一定促进作用。中国的韵文从《诗经》、《楚辞》开始,中经西汉以来辞赋的发展,到东汉开始初步把文学与一般学术区分开来。《汉书·艺文志》中除《诸子略》以外,还专设《诗赋略》,除了所谓儒术、经学以外,又出现了"文章"的概念。至魏晋则出现了"诗赋欲丽"(曹丕《典论·论文》),"诗缘情而绮靡,赋体物而浏亮"(陆机《文赋》)等对文学基本特征的探讨和认识,文学观念由此日益走向明晰化。

从魏晋时期开始,赋体文学日益骈化,作家大量使用对句,且更加追求工丽,于是便形成了骈赋,曹植的《洛神赋》被视为骈赋的奠基之作。此后,较著名的骈赋有陶渊明的《闲情赋》、江淹的《恨赋》、谢惠连的《雪赋》,而庾信的《哀江南赋》则被视为骈赋的登峰造极之作。尔后,这种骈赋被赋予严格的韵律要求和结构要求,从而形成了唐代的律赋,律赋的主要意义在于科举取士方面。

骈赋与律赋的形式要求,有时会扼杀文人的才情,因此,对它的突破也便是一种历史的必然,从唐宋时期开始出现的文赋就是这种突破的产物。文赋废弃了骈律的严格限制,骈散结合,体裁自由,注重气势流动一贯,而且往往融叙事、状物、抒情、论理为一体,苏轼的《赤壁赋》是这方面的代表作。文赋的出现为赋体文学注入了新的活力。此后,各种赋体共存共进,历久而弥新。

经典选读

司马相如《子虚赋》★、曹植《洛神赋》★、谢庄《月赋》★、江淹《别赋》★。参[梁]萧统编 [唐]李善注《文选》,中华书局1977年。

思考题
1. 赋如何从一种文学表现手法发展成为一种文体?
2. 如何理解汉赋在中国文学发展史上的地位?
3. 赋是韵文的一种,举例说明赋在押韵方面有哪些特点?

参考资料
1. 费振刚等辑《全汉赋》,北京大学出版社 1997 年。
2. 龚克昌《汉赋研究》,山东文艺出版社 1990 年。
3. 马积高《赋史》,上海古籍出版社 1998 年。
4. 曹明纲《赋学概论》,上海古籍出版社 1998 年。

(刘黎明)

二十三、传统戏曲

中国传统戏曲是中国文学艺术的瑰宝,是我们民族文化不可多得的精神遗产和美的精华。它与古希腊戏剧、印度梵剧并称世界三大古老戏剧。中国传统戏曲如海纳百川,汇聚仪式、歌舞、倡优、诗词、说唱艺术诸多养料,在经历了漫长曲折的孕育后,于公元 11 世纪进入成熟定型期,明清以后不断繁荣发展。大器晚成的中国传统戏曲,今天仍活跃于戏曲文化舞台,成为普通民众日常生活的一部分,并在世界文化的交流与对话中,扮演着代表东方文化智慧的重要角色,在现代文明构建中发挥着不可估量的作用。

中国传统戏曲走过了从南戏、元杂剧、明清传奇到花部乱弹地方戏的形态递变,每一阶段都涌现了大批杰出的戏曲作家和作品。宋元南戏在发展中,出现了《张协状元》、《宦门子弟错立身》、"荆刘拜杀"等名篇。元杂剧以关汉卿、马致远、王实甫为代表,名家辈出,产生了《窦娥冤》、《西厢记》、《汉宫秋》、《赵氏孤儿》等经典剧目。明清传奇则以南戏改编的《琵琶记》、汤显祖《牡丹亭》、洪昇《长生殿》、孔尚任《桃花扇》等众多剧目为代表,造就了明清戏曲史的辉煌。清代中叶以后,花雅之争带来了戏曲史发展方向的一次重要变革——由剧本创作为中心转移到以舞台表演为中心、由雅部为中心转移到花部为中心,各种花部地方戏蓬勃兴起,折子戏总集《缀白裘》收录了大量的经典名剧名段以及如《花鼓》、《下山》等地方小戏。以这些剧目为代表,中国传统戏曲以歌舞演故事,揭露社会黑暗,抨击封建统治阶级,伸张民间正义,表达普通民众的生活愿望和生命欲求;向人们展示社会生活的各个层面,教人为善、为忠、为义、为孝;歌颂青年男女冲破封建礼教束缚、追求自由幸福爱情、自主婚姻的反抗精神,传达出个性解放、人性觉醒的进步呼声,具有深刻的思想价值。

中国传统戏曲在发展演变中逐步形成了生、旦、净、丑的角色行当类型和综合性、写意性、虚拟性、程式性的民族特色;其音乐结构由曲牌联套体发展到板式变化体,唱腔或缠绵婉转、或明快激烈,声情并茂;中国传统戏曲悲喜相沓、美善相兼的美感特质,以俗为美、以谑为美、以善为美、以圆为美的美学品格,凝聚了中国传统文化乃至哲学思想的精华。

"天地大舞台,舞台小天地",传统戏曲是我们民族精神、民族文化历经沧桑的一面镜子,这面镜子积淀着我们从祖先那里继承的坚韧、顽强、乐观的民族精神和文化品格,也遗存着我们民族性中的某些惰性心理和性格弱点。所以,了解中国戏曲,不仅是面对一个古老而神秘的艺术世界,更重要的是它向我们展开了一个既联接传统、又指向未来、具有现代意义和理想精神的世界。在今天飞速发展的现代化进程中,我们可以通过这一昭示着生生不已民族精神和丰厚文化遗产的镜像,去跨越历史、超越传统,而只有跨越了历史、超越了传统,我们才能真正地走向未来。

经典选读

1. [明]臧懋循编《元曲选》,中华书局 1958 年。
2. [元]王实甫《西厢记》,参阅王季思校注、张人和集评《集评校注西厢记》,上海古籍出版社 1987 年。
3. [元]高明《琵琶记》,钱南扬校注本,中华书局 1960 年。
4. [明]汤显祖《牡丹亭》,徐朔方、杨笑梅校注本,人民文学出版社 1963 年。
5. [明]徐渭《四声猿》,《徐渭集》,中华书局 1983 年。
6. [清]洪昇《长生殿》,徐朔方校注本,人民文学出版社 1983 年。
7. [清]孔尚任《桃花扇》,王季思等注本,人民文学出版社 1959 年。

思考题

1. 如何认识中国戏曲的起源问题?
2. 怎样看待中国传统戏曲的角色类型和人物形象?试举例加以说明。
3. 如何理解中国戏曲所表现的伦理精神?
4. 中国传统戏曲具有怎样的民族特色?
5. 如何认识中国戏曲的文化价值?你认为戏曲现代化出路何在?

参考资料

1. 王国维《宋元戏曲考》,商务印书馆 1925 年。
2. [日]青木正儿《中国近世戏曲史》,作家出版社 1952 年。

3. 吴梅《中国戏曲概论》,中国戏剧出版社1983年。
4. 张庚、郭汉城《中国戏曲通史》,中国戏剧出版社1980年。
5. 周贻白《中国戏曲发展史纲要》,上海古籍出版社1979年。
6. 许金榜《中国戏曲文学史》,中国文学出版社1994年。
7. 廖奔、刘彦君《中国戏曲发展史》,山西教育出版社2000年。
8. 李修生主编《古本戏曲剧目提要》,文化艺术出版社1997年。

(丁淑梅)

二十四、古 典 小 说

在中华文化的诸种文学体裁中,古代小说是一片神奇瑰丽、万紫千红的园地。

中国古代小说源远流长。农业文明为它规定了根本的生存环境,远古神话为它酝酿了最初的思维方式,巫史传统为它设置了基本的文化背景,先秦诸子为它提供了丰富的思想资源,宗教文化为它输送了多元的观念形态,民间文艺为它铸就了主要的生成机制。

随着西汉王朝确立的大一统的政治体系和以儒家学说为主体的一体多元思想的长期延续,随着文化生态的多样化和文化典籍的大规模收集整理,小说逐步由"君子不为"的"小家珍说"演变为部分士大夫感兴趣的文学类型,由"街谈巷语,道听途说"之类的"丛残小语"进化为有一定内容厚度、思想深度和叙事技巧的艺术作品。今知汉代小说便有《燕丹子》、《越绝书》、《吴越春秋》等杂传体小说,《列仙传》、《蜀王本纪》、《徐偃王志》等传说类小说;还有一批成书年代有争议,当在汉魏六朝间的作品,如《汉武故事》、《汉武内传》、《飞燕外传》等。魏晋南北朝时期,由于长期的分裂战乱,"独尊儒术"的局面解体,玄学勃兴并深刻影响士大夫,道教和佛教都得到广泛传播,带来了思想的解放、人性的觉醒和文学的自觉。这一时期,出现了大量记载神仙方术、妖魅鬼怪的志怪小说,如《搜神记》、《搜神后记》、《拾遗记》、《幽明录》等;还出现了许多记载人物琐闻轶事的志人小说,以《世说新语》为代表。到了唐代,形成了中国古代文学的黄金发展期。在时代精神的召唤下,在以李白、杜甫为光辉典范的唐诗和以韩愈、柳宗元为杰出代表的唐文的启示下,文人创作小说的自觉意识更加强烈,形成了新的小说体式——传奇。它们"叙述宛转,文辞华艳,与六朝之粗陈梗概者较,演进之迹甚明,而尤显者乃在是时则始有意为小说。"(鲁迅《中国小说史略》)唐代传奇的出现,是中国小说史上的一次飞跃,标志着中国小说进入了成熟的阶段。

　　在文人撰写的文言小说逐步演进的同时,作为民间通俗文艺之一的"说话"艺术也不断发展。宋元时期,随着商品经济的繁荣和市民阶层的壮大,"说话"艺术更加兴盛,涌现出一大批既用作"说话"底本,又具有阅读功能的小说文本——话本(包括讲史话本和小说话本)。它们以鲜明的平民意识、浓郁的生活气息、丰富多彩的情节、生动明快的语言而深受民众喜爱,表现出旺盛的艺术生命力。它们确立了白话小说这种崭新的文体,堪称小说史上的一大变迁。及至明清两代,以白话小说为主体的小说创作更是蔚为大观,名家辈出,杰作联翩。明代长篇小说的代表作是"四大奇书"——《三国演义》、《水浒传》、《西游记》、《金瓶梅》,它们分别开创了古代长篇小说的四个重要领域——历史演义、英雄传奇、神魔小说、世情小说;短篇小说的代表作则是"三言"(《喻世明言》、《警世通言》、《醒世恒言》)、"二拍"(《拍案惊奇》、《二刻拍案惊奇》)。清代长篇小说的代表作是《儒林外史》、《红楼梦》这两部伟大作品;短篇小说的代表作则是文言小说的巅峰之作《聊斋志异》。可以肯定地说,小说已经是文备众体,空前繁荣,成为这五百余年间中国文学的代表性文体,取得了与唐诗、宋词、元曲并称的崇高地位。

　　综观漫长的中国小说发展史,可谓千峰竞秀,万木争春。而其中最杰出、最富创造性、最脍炙人口的,乃是明代的"四大奇书",清代的两大章回杰构,合称"六大长篇";加上《聊斋志异》,总称"七大名著"。它们代表了古代小说的最高成就,犹如七座巍峨的高峰,直插云霄。它们为我们提供了一系列栩栩如生的艺术形象:《三国演义》中的诸葛亮、曹操、关羽、刘备、张飞、赵云、周瑜、司马懿,《水浒传》中的鲁智深、林冲、武松、李逵、三阮、吴用,《西游记》中的孙悟空、猪八戒、唐僧、牛魔王,《金瓶梅》中的西门庆、潘金莲、李瓶儿、庞春梅,《儒林外史》中的周进、范进、马二先生、匡超人、严贡生、严监生、杜少卿,《红楼梦》中的贾宝玉、林黛玉、薛宝钗、史湘云、王熙凤、贾母、贾政、晴雯、袭人……他们为我们留下了不计其数的精彩情节:温酒斩华雄、三顾茅庐、赤壁之战、三气周瑜、空城计、拳打镇关西、风雪山神庙、智取生辰纲、武松打虎、三打祝家庄、大闹天宫、三打白骨精、真假美猴王、范进中举、马二先生游西湖、匡超人投机取巧、刘姥姥进大观园、凤姐弄权、宝玉挨打、黛玉葬花、晴雯之死、查抄宁国府……它们给我们的深刻启示,是对国家统一的向往、对清平政治的渴望、对历史经验的总结、对理想道德的追求,是报国安民的雄心、反抗黑暗的勇气、独立人格的磨砺、诗意人生的憧憬……它们不仅是中国文学的永久典范,而且是世界文学的不朽珍品。

古代小说既是中华民族智慧的结晶,又对中华民族的精神生活和民族性格产生了深远的影响。它决不仅仅属于过去,而是铭刻于一代又一代中国人的心灵之中。作为中华文化的有机组成部分,它将伴随我们走向未来,再创辉煌。

经典选读

1. [晋]干宝《搜神记》,汪绍楹校注本,中华书局1979年。
2. [晋]陶潜《搜神后记》,汪绍楹校注本,中华书局1981年。
3. [南朝宋]刘义庆《世说新语》,余嘉锡《世说新语笺疏》,中华书局1983年。
4. [南朝梁]殷芸《小说》,周楞伽辑注本,上海古籍出版社1984年。
5. 汪辟疆校录《唐人小说》,上海古籍出版社1978年。
6. 张友鹤选注《唐宋传奇选》,人民文学出版社1982年。
7. 钟兆华《元刊全相平话五种校注》,巴蜀书社1990年。
8. 欧阳健、萧相恺编订《宋元小说话本集》,中州古籍出版社1987年。
9. 《明代小说辑刊》,巴蜀书社1995年。
10. 《古本小说集成》,上海古籍出版社1991年。

思考题

1. 你认为《三国演义》的主要思想精华有哪些?
2. 怎样评价《水浒传》中的"忠义"观念?
3. 怎样认识《西游记》中的孙悟空形象?
4. 试谈《儒林外史》的讽刺艺术。
5. 试析贾宝玉形象的美学意义。

参考资料

1. 沈伯俊《三国演义新探》,四川人民出版社2002年。
2. 沈伯俊编《水浒研究论文集》,中华书局1994年。
3. 张锦池《西游记考论》,黑龙江教育出版社1997年。
4. 黄霖《金瓶梅考论》,辽宁人民出版社1989年。
5. 李厚基、韩海明《人鬼狐妖的艺术世界——〈聊斋志异〉散论》,天津人民出版社1982年。
6. 陈美林《吴敬梓研究》,南京师范大学出版社2006年。
7. 郭豫适《论红楼梦及其研究》,上海古籍出版社1992年。

(沈伯俊)

二十五、史家传统

中国是一个有悠久历史文化传统的国家。中国历史资料之丰富独步全球，其史学传统源远流长，孔子是一个重要的代表。"周监于二代，郁郁乎文哉，吾从周"，就是一种历史传承意识的展现。

春秋时代，世衰道微，邪说暴行有作，臣弑其君者有之，子弑其父者有之，孔子惧，作《春秋》，其产生的效应是，"孔子成《春秋》而乱臣贼子惧"，因为《春秋》寓含褒贬之义，被写进去的人物恶名永远留下来，甚至贻害到后代子孙，迄今有谁敢承认他是秦桧的后裔呢？这说明历史的庄严神圣，有凛然不可侵犯的超越性。春秋晋国正卿赵盾因避晋灵公的杀害而出亡，未离开国境，其堂弟赵穿弑杀灵公。史官董狐便在史策上书"赵盾弑其君"，其理由是赵盾为执政大臣，灵公被杀害尚未离开国境，又不惩办凶手，应负责任。齐大夫崔杼杀了齐庄公，太史记下"崔杼弑其君"，崔杼于是把太史杀了，太史的弟弟继续写"崔杼弑其君"，崔杼又把太史的弟弟杀了，太史另一个弟弟再写"崔杼弑其君"，崔杼继续把太史另一个弟弟杀了，剩下的幼弟仍然不屈服，又直书其事，崔杼不敢再杀了。以上两件事，说明人间曲直是非的标准，有一定的价值评判，绝不是帝王将相强暴胁迫可以须臾妥协，为史官的超然独立性留下了典型。

明代焦竑进一步说，"上而宫寝燕息之微，下而政务得失之大，以至当世之大人显者，势力烜赫，或可逭于王诛，而卒莫逃于史笔"，任凭一个暴君或大人物，无论如何耀武扬威，当时享尽荣华富贵，终究是无法逃出史学家的春秋之笔，这就是中国史家传统的神圣尊贵处啊！

由此看来，史学家的职责是很重大的。古人说得很明白，"不得其人，不可以语史，得其人而不专其任，不可以语史"，史学家是一种专业的职务，苏东坡更以为史学家的权责，可以与上天、君王鼎足并列。

中国史学从《春秋》以来的"寓褒贬"传统之外，另有《公羊传》大一统的观念。《春秋》大一统的观念，在外族入侵与改朝换代之际，就有所谓的"正统"说法，表现最为突出，左思作《三都赋》，"抑吴都、蜀都，而申魏都，以晋承魏统耳"，陈寿撰写《三国志》，以魏国为正统代表，基本上也是根据这样的思路。宋代对此观念有了激烈的讨论，北宋史学家欧阳修《正统论》系针对宋太宗命薛居正撰五代史，以为"五代之得国者，皆乱贼之君，而独梁而黜之者，因恶梁者之私论也"，"夫梁固不得为正统,而唐、晋、汉、周,则何以得之?"如果梁为伪政权,则汉、周等亦当为伪,则宋统所承就无着。因此欧阳修《新五代史》与司马光《资治通鉴》均援此例。欧阳修对此进一步解释,"《春秋》于大恶之君,不诛绝之者,不害其褒善贬恶之旨也,为不没其实,以著其恶而信乎后世,与其为君而不得掩其恶,以息人之为恶,能知《春秋》之此意,然后知予不伪梁之旨也。"可知欧阳修持论所本,要以不没其实,正所以彰显其恶。南宋朱熹对欧阳修与司马光均帝魏持异议,改帝蜀,修《通鉴纲目》,"因年以著统,凡正统之年岁下大书,非正统者两行分注"。《朱子语类》特记载此事:"问《纲目》主义。曰主在正统。问何以主在正统?曰三国当以蜀汉为正,而温公乃云某年某月诸葛亮入寇,是冠履倒置,何以为训?缘此遂欲起意成书,推此意修正处极多。"明、清以后对此问题的讨论仍然不断,但大抵都主张欧阳、司马二人的意见为正。

讲到史学家的条件,唐代刘知幾提出了史才、史学、史识,作为史家三长,是一个成熟史学家应具有的三要素,到了元代揭傒斯增补了史德,认为史学家的心术才是更重要的,心术如果不正,往往持论就会有偏颇,不能反映真正的历史真相。不过揭氏这样的说法并没有引起太大的重视,清代章学诚著《文史通义》特列《史德篇》,专门讨论,这是他的一大贡献。

经典选读

1. 《左传》《公羊传》《穀梁传》*,中华书局影印阮元校刻《十三经注疏》本。
2. [西汉]司马迁《史记·太史公自序》,中华书局1959年标点本。
3. [唐]刘知幾《史通·直书》,[清]浦起龙《史通通释》本,上海古籍出版社1978年。
4. [宋]欧阳修《欧阳修全集·正统论》,中华书局2001年。
5. [清]章学诚《文史通义·史德》*,叶瑛《文史通义校注》本,中华书局2004年。
6. 《四库全书总目·史部正史类一·三国志》,中华书局2003年。

思考题

1. 学习历史的意义何在?
2. 正统观念对于史学研究有什么影响?
3. 以日本右翼势力喜欢篡改历史,硬是不承认有"南京大屠杀"这回事为例,谈谈我们现代人要透过什么途径才能够了解历史的真相?

参考资料

1. 陈芳明《宋代正统论的形成背景及其内容》,见《台湾学者中国史研究论丛》(思想与学术),中国大百科全书出版社2005年。

2. 钱穆《中国近三百年学术史》第九章《章实斋》,商务印书馆1997年。
3. 饶宗颐《中国史学上之正统论》,上海远东出版社1996年。
4. [清]焦竑《澹园集》之《论史》、《经籍志论》,中华书局1999年。

(吴铭能)

二十六、金 石 之 学

铜器(金)和石刻(石)是近代考古学传入中国之前我国传统考古学研究的主要对象,一般都把它称之为"金石学"。根据《中国大百科全书·考古学》卷的解释,金石学是"在尚未进行科学发掘的情况下,以零星出土的古代铜器和石刻为主要研究对象的学问。偏重于著录和考证文字资料,希图达到证经补史的目的"。其研究对象除了铜器、石刻外,还包括竹木、简牍、玉器、陶瓦器、甲骨及铜器以外的其他金属器等各种器物,故又称"古器物学"。除了以铜器、石刻为主的各种器物外,金石学亦研究古代桥梁、城寨、庙宇、宫殿、住宅、官署、水利工程、墓葬、壁画等各种遗迹,涉及的方面、范围相当广泛。

金石学研究"肇始"于汉代。两汉至五代宋初是我国金石学的酝酿时期。汉魏南北朝时期的古器物学研究,有三个方面的内容比较突出:礼乐制度和与之相关的度量衡制度史材料的研究;货币制度史材料的研究;历史地理材料的研究。

隋唐五代时期的古器物学研究,材料零星,但数量多,方面广,既研究石刻,也研究铜器、陶器、玺印、钱币等器物;既研究有铭文的材料,又研究没有铭文的材料;出现像封演这样的金石学学者。石刻研究特别发达,是唐代金石学的一大特点,这与当时古文字学、书法绘画艺术的兴盛有直接的关系。

两宋是我国金石学的形成时期,古器物学研究取得了很大的成就,出现了一批影响深远的金石学家和金石学著作。北宋时以研究石刻为主的有欧阳修的《集古录》,研究铜器的有吕大临的《考古图》和官修《宣和博古图》;南宋时研究石刻的有赵明诚的《金石录》和洪适的《隶释》、《隶续》,研究铜器铭文的有薛尚功的《历代钟鼎彝器款识法帖》,研究钱币的有洪遵的《泉志》等。据不完全统计,宋人撰作的考古专著近150种,其中现存31种,收集和保存了大量的考古材料,提供了大量有价值的研究结论,大量的器物定名(鼎、鬲、甗等)、器物部位定名(钮、侈口、鏊等)、器物纹饰定名(饕餮、蟠螭、夔、云雷)都是宋人确定的并沿用至今,创造了若干有价值的研究方法,如器物定名法、断代研究方法、考释古文字方法、著录材料的方法等。政治上的变法运动,是宋代金石考古之学得到巨大发展,并正式形成一门专门学问的主要原因;南宋时期特殊民族矛盾发展起来的"爱国主义"思潮和迁都之议,亦对宋代金石学的发展起了一定的推动作用。

元明两代是金石学的中衰时期,主要表现在:专著的数量较前代急剧减少,著作的类型、品种大大减少,著作规模、篇幅不大,研究水平普遍低下。稍有新意的就是义例学的出现和兴起,代表性著作有元代潘昂霄的《金石例》和明代王行的《墓铭举例》。明赵崡的《石墨镌华》和陈昕《吴中金石新编》是本阶段水平较高的金石著作。元明两代金石学的衰落,与蒙古人对传统汉文化不重视,知识分子地位低下,宋明理学的消极影响,以及八股取士科举制度的消极影响有直接关系。

清代是我国金石学的复兴和进一步发展时期,主要体现在以下4个方面:1)专著数量急剧增加。清代现存金石学专著579种、作者352人。而整个清代以前,现存金石学著作仅72种、作者62人。2)巨型专著大量出现。官修《西清古鉴》、《西清续鉴甲编》、《西清续鉴乙编》、《宁寿鉴古》四书合计96卷,收器4 000多件;李佐贤《古泉汇》、李佐贤、鲍康《续泉汇》和《补遗》合计80卷,共收古钱近6 000种;陈介祺《十钟山房印举》收古代印章10 000多种;吴式芬撰《攈古录》收石刻拓片目录18 000种,缪荃孙《艺风堂金石文字目》收石刻10 800种;王昶《金石萃编》录石刻金文并跋尾1 500多种、陆增祥《八琼室金石补正》收带跋尾之石刻材料2 000多种。3)分科研究细密化,新材料、新型著作大量涌现,如专门收集、著录和研究瓦当、玺印文字、古铜镜、古砖铭、墓志、兵符、陶器文字、封泥、古代度量衡、石刻通论、古钱书录提要、陶明器、甲骨文等均是本阶段新出现的。4)研究方法的进步和研究的深入发展。罗振玉、王国维是这一阶段金石学研究集大成的学者。

金石学强调研究遗物遗迹的最终目的,是通过实物史料研究古代历史,这与近现代考古学的目标是一致的;强调研究古代遗迹遗物,要从不同的角度作全面深入的研究;强调研究历史时期考古材料,必须与文献记载相结合才能提出问题、解决问题,这些都是值得肯定的。但金石学只研究有文字的材料,而不研究中国史前考古材料,所据主要是偶然出土、贩购和地面调查所获材料,局限性很大。近代考古学传入中国后,虽仍有学者进行金石的整理和研究,但作为一门专门学问已不复存在,金石学已成为中国历史考古学的前身和重要组成部分。

经典选读

1. [宋]刘敞《先秦古器记·序》,《公是集》卷三十六,影印文渊阁《四库全书》第1095册,台北商务印书馆1986年。

2. [宋]吕大临《考古图·序》,中华书局1987年。

3. 宋代官修《宣和博古图》，影印文渊阁《四库全书》第 840 册，台北商务印书馆 1986 年。

4. [宋]赵明诚《金石录·后序》，金文明校证本，广西师范大学出版社 2005 年。

5. [宋]欧阳修《集古录》卷九跋咸通十二年《唐孔府君神道碑》，《石刻史料新编》第一辑第二十四册，台北新文丰出版公司 1979 年。

6. [宋]郑樵《通志·金石略序》*，王树民点校本，中华书局 1995 年。

7. [清]叶昌炽《语石》，陈公柔、张明善点校本，中华书局 1994 年。

8. [清]王昶《金石萃编·序》，《石刻史料新编》第一辑第一册，台北新文丰出版公司 1979 年。

思考题

1. 什么是金石学？金石学的特点及其与近代考古学的区别与联系。
2. 宋代金石学研究的主要成就。
3. 宋代金石学发达的主要原因。
4. 元明金石学的衰落体现在哪些方面？试析元明金石学衰落的主要原因。
5. 清代金石学的进一步发展主要体现在哪些方面？

参考资料

1. 朱剑心《金石学》第一编第三至五章，文物出版社 1981 年。
2. 阎文儒《中国考古学史》第一至五章，广西师范大学出版社 2004 年。
3. 张政烺《中国考古学史讲义》，《张政烺文史论集》，中华书局 2004 年。
4. 张勋燎《唐代关于石鼓文的研究及其评价》，四川大学历史系编《徐中舒先生九十寿辰纪念文集》，巴蜀书社 1990 年。
5. 张勋燎《唐五代时期的金石学》，罗开玉、罗伟先主编《华西考古研究》（一），成都出版社 1991 年。
6. 王国维《宋代之金石学》，见《静庵文集续编》，收入《王国维遗书》第五册，上海古籍书店 1983 年。
7. 暴洪昌《清代金石学及其史学价值》，《中国社会科学》1992 年第 5 期。

（白　彬）

二十七、琴棋书画

琴棋书画作为中国传统四艺，体现了中国艺术独有的魅力，也是中国文化中的一笔宝贵的精神财富。

在琴、棋、书、画四艺中,琴一直占据着非常尊崇的地位。这里的"琴",既指古琴和琴乐,也可泛指音乐。中国古乐的产生,跟原始歌舞有关,所谓"击石拊石,百兽率舞"(《尚书·尧典》),"昔葛天氏之乐,三人操牛尾,投足以歌八阕"(《吕氏春秋·古乐篇》)。随着周代的制礼作乐,以乐礼教和,"乐"成为统治者教化人心,达致天地、君臣、人心之"和"的重要工具。特别是以孔子为代表的儒家,将"乐"纳入到其伦理教化体系中,《乐记》强调乐由心生,礼乐相济,声音之道与政通。《乐记》成了儒家的"五经"之一,同时儒家把"礼、乐、射、御、书、数"当作君子必备之六艺。

就书画而言,中国古人常常认为书画同体。原始的彩陶艺术,既是图画,又孕育了最初的"书"的雏形。而当仓颉"仰观垂象,因俪鸟龟之迹,遂定书字之形","是时也,书画同体而未分,象制肇创而犹略。无以传其意,故有书;无以见其形,故有画"(张彦远《历代名画记》卷一)。其后,当"写字"不再仅为实用,而具有了审美的意义,"书"也就成了一种艺术。而画,从新石器时代的彩陶,到春秋战国时的壁画、帛画,秦汉的宫观墓室壁画、工艺装饰画、画像砖,再到魏晋时出现第一批有名有姓的画家,中国绘画也经历了一个逐渐由江湖入庙堂的过程。

至于棋(多指围棋),本为竞技性游戏,它摹拟的是人类为争夺生存空间而发生的战争,与以摹物抒怀为指归的琴书画有很大差异。但在棋的发展过程中,又逐渐被纳入到艺术体系中。班固《弈旨》中说围棋"上有天地之象,次有帝王之治,中有五霸之权,下有战国之事,览其得失,古今略备。"南朝沈约《棋品序》称围棋"可与和乐等妙,上艺齐工",围棋,正式被纳入到"艺"的范畴。

当然,中国古代之"艺"并不等同于现代意义上的"艺术"。在古代中国,"艺"首先是指"技艺"。《说文解字》解"艺"(藝)为"种也"。"艺"是一种技术性的行为,所以人们多以"技艺"、"才艺"、"术艺"并称。当儒家把"艺"纳入到修身、教化之范畴,"艺"便逐渐有了"技艺"与"道艺"之分。琴、棋、书、画都有一个逐渐精神化、审美化,由技艺入道艺的过程。这种演变肇始于东汉魏晋,到唐宋完成。最早将琴棋书画并称的是唐代张彦远《法书要录》,其卷三评介唐初僧人辩才的艺术才能时说:"辩才博学工文,琴、棋、书、画,皆得其妙。"《宋史》大规模地将操琴棋书画之艺的人纳入到"文苑",让"艺"堂而皇之地进入文学领域,承认"艺"与"文"一样,是一种精神性的行为,包含着审美意义。

这种演变趋势与价值取向充分地体现在中国古代的琴棋书画理论中。蔡邕《琴操》谓"昔伏羲氏作琴,所以御邪僻,防心淫,以修身理性,反其天真也。"琴是用于修炼心性的。琴本身的形制,也与天地阴阳王道人事相通,所谓"琴长三尺六寸六分,像三百六十日也。广六寸,像六合也。……上圆下方,法天地也。五

弦宫也,像五行也。大弦者,君也,宽和而温。小弦者,臣也,清廉而不乱……"宋代的《棋经十三篇》开宗明义地指出:

> 夫万物之数,从一而起。局之路,三百六十有一。一者,天数之主,据其极而运四方也。三百六十以象周天之数。分而为四隅,以象四时,隅各九十路,以象其日。外周七十二路,以象其候。夫棋三百六十,黑白相半,以法阴阳。局之线道谓之枰,线道之间谓之卦。局方而静,棋圆而动……

这体现了中国传统艺术思维的一种普遍模式。当需要提升各类艺、文之地位时,各种文论、艺论无一例外地都是将艺术之"形"与天地之"象"联系在一起,使艺、文通于大象,通于道。就像仓颉作书可令天雨粟,鬼夜哭。孙过庭《书谱》说书乃"同自然之妙有,非力运之能成。"刘熙载《艺概·书概》中说得更为明白:"圣人作《易》,立象以尽意;意,先天,书之本也。象,后天,书之用也。"书如此,画亦然,《历代名画记·叙画之源流》:"夫画者,成教化,助人伦,穷神变,测幽微,与六籍同功,四时并运,发于天然……"琴、棋、书、画皆立象以尽意,与天地人相通,成天地之境、道德之境、审美之境,这正构成了中国艺术精神之根本。

经典选读

1. [东汉]蔡邕《琴操》,见《中国古代乐论选辑》,人民音乐出版社1981年。
2. [宋]张拟《棋经十三篇》,见[宋]李逸民编《忘忧清乐集》,上海文化出版社1997年。
3. [唐]孙过庭《书谱》,房弘毅整理,中国书店出版社2005年。
4. [唐]张彦远《历代名画记》,见俞剑华编《中国古代画论类编》,人民美术出版社1998年。

思考题

1. 何谓书画同体?
2. 简述围棋与琴书画的相通之处与差异?
3. 简述技艺与道艺之关系?
4. 以蔡邕《琴操》为例,谈谈其所体现的思维方式与艺术精神?

参考资料

1. 敏杰、刘骆生等《琴棋书画》(四卷),博雅经典系列丛书,内蒙古人民出版社2003年。
2. 刘再生《中国古代音乐史简述》,人民音乐出版社1989年。
3. 何云波《围棋与中国文化》,人民出版社2001年。
4. 何云波《弈境——围棋与中国文艺精神》,北京大学出版社2006年。
5. 欧阳中石等《书法与中国文化》,人民出版社2001年。

6. 姜澄清《中国书法思想史》，河南美术出版社2001年。
7. 陈传席《中国绘画美学史》，人民美术出版社2000年。

（何云波）

二十八、古代科技

中国古代在科学技术方面创造了一种完全不同于西方世界的模式。从总体上看，中国古代科技与西方相比，偏重于实践经验而轻于理论抽象，这可能是东、西方思维特点不同造成的，并不具有高下之分。在对构成西方科学革命的主干学科数学、天文学、物理学进行考察可以发现，古代中国在这些方面的建树和西方相比分属两个并立的知识体系，他们各具特点，各有所长。在数学方面，中国很早就提出了著名的勾股定理这样的几何原理，但并未像西方一样发展出严密的演绎几何学，中国的数学成就集中在算数和代数上。天文方面，古希腊在研究天体运动时采用黄道坐标，用角度计量，是真实的和周年的运动；中国天文学则注重天北极，采用赤道坐标体系，量度的标准是入宿度和去极度，相当于现代天文学的北极距和赤经差。在缺乏欧几里得几何方法的情况下，中国天文学一样达到了很高的精确度，其特点是擅长以代数方法来解决几何问题。物理学方面，中国在光学、声学、磁学方面有很高的成就，在先秦的墨子时代就提出了小孔成像、镜面成像、凸镜成像等光学原理；中国人很早就发现了声音的共振现象，明代朱载堉发现了十二平均律这样重要的音律原理；先秦时代就已发现磁石指南的特性，并根据这一原理制成了指南针、指南车，宋代沈括对地磁偏角现象进行了论述，曾公亮在论述指南鱼的制作中运用了地磁场磁化法。但在力学和运动的研究上似乎不如西方。在一些重实践的应用性学科上，古代中国取得了明显的成就。医学方面，把人的身体、人与自然作为一个整体来看待，创造了极具特色的辩证施治的医疗理论和包括针灸在内的实践技术体系。化学方面，古代的炼丹家虽然出发点是为了寻求长生不老、点石成金之术，但客观上进行了大量化学实验，论述了大量化学现象，提出了一些化学原理，积累了丰富的化学知识，火药的发明就归功于炼丹家的探索。工程技术方面，水利技术、杠杆、齿轮的运用、深钻技术等都是古代中国人在生产实践中的发明。

15世纪以前，中国在科技方面一直处于世界的领先地位，许多重大的发明都是由中国人创造出来传向西方的，西方世界长期受益于中国人的各项技术与发明。但15世纪以后,中国的科学技术出现了停滞,并逐渐被西方所赶超。研究中国科技史的英国学者李约瑟在撰写《中国科学技术史》的过程中一直为一个问题所困惑:15世纪以前创造出辉煌科技成就的中国人为什么产生不出现代科学?这就是著名的"李约瑟难题"。这个问题后来被以另一种较为简单的方式提出来:中国科技为何在15世纪以后落后了?对这个问题许多学者都力图找出答案,他们为此分析了各种原因:1.中国人缺乏归纳法的科学思维(任鸿隽);2.东方农业社会亚细亚生产方式阻碍了科技的发展(魏特夫);3.鄙视劳动,无法产生试验科学(竺可桢);4.实用主义盛行,不重视理论抽象(钱宝琮);5.科举制度毒害中国知识分子的心灵,等等。但这些原因都不足以完全解决中国在近代落后的原因,"李约瑟难题"还将留给中国人无尽的思考。

经典选读

1. 《周礼·考工记》,见孙诒让《周礼正义》,王文锦、陈玉霞点校本,中华书局1987年。
2. 《周髀算经》、《九章算术》,钱宝琮点校《算经十书本》,中华书局1963年。
3. 《黄帝内经》,河北医学院《黄帝内经素问校释》,人民卫生出版社1982年;郭霭春《黄帝内经灵枢校注》,天津科技出版社1989年。
4. [宋]沈括《梦溪笔谈》,胡道静《梦溪笔谈校正》本,上海古籍出版社1987年。
5. [宋]李诫《营造法式》,《丛书集成初编》本。
6. [明]宋应星《天工开物》,钟广言注译本,广东人民出版社1976年。
7. [清]阮元编《畴人传》,中华书局1990年影印本。

思考题

1. 中国科技与西方相比有何不同特点?
2. 什么是"李约瑟难题"?
3. 分析中国科技落后的原因?

参考资料

1. [英]李约瑟《中国科学技术史》,《中国科学技术史》翻译小组译,科学出版社1975—1978年。
2. 中国科学院《自然辩证法通讯》杂志社编《科学传统与文化——中国近代科学落后的原因》,陕西科学技术出版社1983年。
3. 自然科学史研究所《中国古代科技成就》,中国青年出版社1995年。
4. 席泽宗《科学史十论》,复旦大学出版社2003年。
5. 何丙郁、何冠彪《中国科技史概论》,中华书局香港分局1983年。
6. [日]薮内清《中国·科学·文明》,梁策译,中国社会科学出版社

1987年。

7. 刘钝、王扬宗编《中国科学与科学革命——李约瑟难题及其相关问题研究论著选》，辽宁教育出版社2002年。

8. 赵令扬、冯锦荣编《亚洲科技与文明》，香港《明报》出版有限公司1995年。

（韦　兵）

二十九、天 文 历 法

　　古代先民在社会生活实践中，通过观测天象来确定季节，此即所谓"观象授时"，在这一过程中积累了大量天文历法知识。四季的变化主要是由于太阳高度的变动而造成的，古人可以通过观测日出、日落时太阳方位的变化来确定季节；但这种直接观测太阳位置的方法受到天气等因素的影响而甚为不便，于是也结合观测日出前、日落后某些特定恒星位置的变化来推定季节。北斗在公元前3000年至公元前2000年期间非常靠近北极，黄河流域可以终年看到它夜晚在地平线上常显不隐，日落后的初昏观测斗杓所指是厘定季节的重要标准，《鹖冠子·环流》"斗柄东指，天下皆春；斗柄南指，天下皆夏；斗柄西指，天下皆秋；斗柄北指，天下皆冬"，北斗成为确定季节的天然指针。河南濮阳西水坡45号墓距今6 000年的仰韶文化遗址中已经发现用蚌壳拼成的龙、虎图形，以及用人胫骨拼成的北斗图形，说明当时已利用四象中的东宫苍龙、西宫北虎二象以及北斗来观象授时。大火星（天蝎座α星）也是观象授时的重要标准星，据古史传说，颛顼时代就有专门观测大火星以确定季节的天文官"火正"。《尧典》又以鸟、火、虚、昴四星日落后初昏南中以定春夏秋冬四季。据《夏小正》用以授时的星象还有鞠、参、南门、织女等。这些都属于太阳历体系的观测方法，通过"迎日推策"，确立回归年的长度约为365.24日，《尧典》举其成数为366日。后来，为了方便农时，将一个回归年分为二十四等份，此即中国传统的二十四节气，完整的二十四节气见于西汉初年的《淮南子》。此外，中国古代还很重视观测月亮盈亏变化，其周期接近30日，称为朔望月，古四分历所用数据为29.53，以之为阴历一个月的长度。所以，中国古代历法是一种阴阳合历，其特点是对太阳运动周期回归年与月相变化周期朔望月都要加以考虑，使二者协调，所谓"日星为纪，月以为量"。但回归年与朔望月周期不可通约，不是简单的倍数关系，为了使有十二个朔望月的历年与回归年相协调，古人发展出了十九年七闰的办法，通过安插闰月协调回归年与朔望月。

为了理解、观测天文现象,中国古代发展出了独特的宇宙论学说、天球坐标体系和星官体系。宇宙论中影响最大的就是盖天说,认为天圆地方,地似倒扣的盘,天如盖在上面的一把斜倚的伞,天如推磨一般左旋,日月五星右行。此外,还有浑天说、宣夜说、昕天说、穹天论、安天论等宇宙论学说,但影响均不如盖天说。同时,中国古代还建立了一套三垣二十八宿的天象坐标体系,三垣是指紫微垣、太微垣、天市垣;二十八宿是指绕天一周的二十八个天区,各宿均有距星,以入宿度(赤经差)和去极度(北极距)来描述星体位置。二十八宿起源甚早,战国早期曾侯乙墓出土的漆箱上已有完整的二十八宿体,其确立时代应该比这更早;其来源有人认为是从古巴比伦传入的,有人认为源自中国本土;其划定的标准有人认为是以赤道为准,有人认为是以黄道为准,这些在学术界还有争议。为了观测和描述的方便,古人将天空中的恒星分为许多星群,并将这些星群联想为不同的事物,冠以不同的名称,形成所谓星官体系,古代有甘氏、石氏、巫氏三家星官,公元三世纪,太史令陈卓整理三家星官,形成一个包括283个星官,1 464颗星的星官体系。唐代《步天歌》将陈卓星官体系的1 464颗星以浅近的七言诗写出,由于通俗易懂,在民间非常流行,成为观星识星的入门书。

占星术和历法颁定是古代天学最主要的两项内容,它们对中国古代政治影响颇为巨大。由于天人感应的观念,古人认为天象的变化预示人间的祸福吉凶,中国古代占星术通过对彗星、日食等异常天象的占卜来预测战争胜负、年成丰歉、国家盛衰、帝王君主的安危善恶,即所谓军国星占(Judical astrology),这与古希腊以个人出生时日月五星的位置来推定人的穷通夭寿的生辰星占(Horoscope astrology)不同。皇帝还通过每年向天下推行历法,颁正布朔,显示王朝具有的制定时间节律的垄断性特权,这是王朝代上天行使治权的一种体现,奉不奉正朔成为判定是否归顺王朝的重要标志。天象的变化被认为预示上天意志,研究天象的星占历法之学是解释天意、探测上天意志的"通天"之学,谁掌握了这种解释权谁就在一定意义上掌控了天意,这使天文知识成为政治运作中的"稀缺资源",皇帝一直都未放松对这种知识的垄断,严格禁止民间私习天文。天文历法与中国古代政治文化的密切关联,江晓原先生在总结中国传统天文学的特点时,称之为"政治天文学"。而民间则将天文历法与生活日用相结合,发展出星命、择吉等民间"小传统"的知识体系。

经典选读

1.《尚书·尧典》★,顾颉刚、刘起釪《尚书校释译论》,中华书局2005年。
2.《大戴礼记·夏小正》,夏纬英《夏小正经文校译》,农业出版社1981年。

3. [西汉]司马迁《史记》之《历书》、《天官书》,中华书局 1959 年点校本。

4. [西汉]刘安《淮南子·天文》,刘文典《淮南鸿烈集解》本,中华书局 1989 年。

5. [东汉]班固《汉书·律历志》,中华书局 1962 年点校本。

6. [唐]王希明《步天歌》,影印文渊阁《四库全书》本。

7. [唐]瞿昙悉达《开元占经》,中国书店 1989 年影印本。

思考题

1. 列举几种古人推定季节的标准星。
2. 解释一下军国星占与生辰星占。
3. 简述天文与古代政治的关系。

参考资料

1. 席泽宗《科学史十论》,复旦大学出版社 2003 年。
2. 陈遵妫《中国天文学史》,上海人民出版社 1980—1989 年。
3. 薄树人《薄树人文集》,科学技术大学出版社 2003 年。
4. 陈美东《中国科学技术史(天文卷)》,科学出版社 2003 年。
5. 陈久金《陈久金集》,黑龙江教育出版社 1993 年。
6. 江晓原《天学真原》,辽宁教育出版社 1991 年。
7. 黄一农《天文社会学十讲》,复旦大学出版社 2004 年。
8. 冯时《中国天文考古学》,社会科学文献出版社 2001 年。
9. 钱宝琮《太一考》,《燕京学报》1932 年第 12 期。
10. 竺可桢《二十八宿起源的时代和地点》,《思想与时代》1944 年第 34 期。
11. 夏鼐《从宣化辽墓的星图论二十八宿和黄道十二宫》,《中国古代天文文物论集》,文物出版社 1989 年。
12. 葛兆光《众妙之门——北极与太一、道、太极》,《中华文化》第三辑,三联书店 1991 年。

(韦 兵)

三十、五行观念

五行观念是中国古代先民理解世界构成的一种思想,认为纷繁的物质世界是由金、木、水、火、土五种基本元素构成的,五种基本元素相生、相胜的关系形成了世界的运动和变化。五行观念深刻地影响了中国人的思维方式,并渗透到古代政治、文化的各个方面。

　　五行观念最早是一种对纷繁物质世界进行抽象和分类的方法,其起源甚早,有学者认为商周时已有萌芽。《尚书·洪范》传为周初箕子所作,其中五行排列顺序是水、火、木、金、土,既非相胜也非相生关系,保留了五行的原始形态,显示五行本来是先民对物质世界进行分类和抽象的朴素观念,并没有后世相生、相胜的数术意味。春秋以降,五行观念逐渐定型,《左传》、《国语》中有"六府"(水、火、金、木、土、谷)、"五材"(金、木、水、火、土)的说法,而且有了"五行之官"(木正句芒、火正祝融、金正蓐收、水正玄冥、土正后土)的信仰;值得注意的是,《左传》"六府"的五行排列顺序已经含有相胜关系的意味。战国时期,"尚五"的观念流行,五行和声音、味觉、色彩、方位、身体等社会生活的各方面相附会,有了五音、五味、五色、五藏的分类方法。战国晚期,邹衍继承前代的五行观念,将五行学说进一步加以系统化、数术化,不仅将五行观念推演到对宇宙万物的分类比配上,论述了五行之间相胜的关系(水胜火,火胜金,金胜木,木胜土,土胜水),而且以五行相胜的秩序来解释历史上的王朝兴衰更迭,认为黄帝以来各朝各代都与五行中的某一特定的行相关联对应,国家的服色、正朔等都要与这一特定的行相配合;王朝更替的背后还有宇宙规律层面上新朝五行之气战胜旧朝五行之气的背景,这就是以历史循环论为特点的"终始五德"学说。秦、汉帝国建立过程中,把邹衍的终始五德学说付诸政治实践,形成了一整套解释王朝天命合法性的政治神学。根据这一学说,周为火德,秦为水德,秦灭周就是以水德胜火德,秦服色为黑,数尚六,以十月建亥为岁首,颜色中的黑色、数字中的六、干支中的亥在五行中都属于水。此后,每当改朝换代都有一番关于王朝德运的讨论,这一传统一直延续了千余年,到我国宋朝以后才渐告式微。

　　五行观念对中国古代的音律、天文、占卜、医学等都产生了重要影响,这些门类的知识都以五行观念为基本语言进行实践操作和理论总结。在中医理论中,以金、木、水、火、土五行配合肺、肝、肾、心、脾五藏,以五行生克观念来诊断疾病,辩证施治。在古代相术中,人被认为禀五行之气而生,按五行把人划分为五种类型,如木人细长身直,劲直怀仁;土人圆面大腹,宽和有信。在八字推命术中,日干支与五行相配,如天干甲乙为木,丙丁为火;地支寅卯为木,巳午为火。将人出生时的年、月、日、时的天干地支排出,以干支所属五行的生克、衰旺来推人的祸福寿夭。

　　总之,五行观念深刻地影响了中国的政治思想和社会生活,如近人顾颉刚先生所言:"五行,是中国人的思想律,是中国人对宇宙系统的信仰,二千余年来它有极强固的势力。"

附:中国古代五行配位体系

	木	火	土	金	水
天干	甲乙	丙丁	戊己	庚辛	壬癸
地支	寅卯	巳午	辰戌丑未	申酉	子亥
季节	春	夏		秋	冬
方位	东	南	中	西	北
颜色	青	赤	黄	白	黑
声音	角	徵	宫	商	羽
数字	八	七	十	九	六
人体	肝	心	脾	肺	肾
味觉	酸	苦	甘	辛	朽
嗅觉	膻	焦	香	腥	咸
五星	岁星	荧惑	镇星	太白	辰星
伦常	仁	礼	信	义	智

经典选读

1. 《尚书·洪范》★,[唐]孔颖达《尚书正义》,阮元校刻《十三经注疏》本。
2. 《吕氏春秋·十二纪》,上海书店 1986 年影印《诸子集成》本。
3. 《礼记·月令》,[清]孙希旦《礼记集解》,沈啸寰、王星贤点校本,中华书局 1998 年。
4. [汉]董仲舒《春秋繁露》,[清]苏舆《春秋繁露义证》,钟哲点校本,中华书局 1992 年。
5. [汉]刘安《淮南子》之《时则》、《天文》,上海书店 1986 年影印《诸子集成》本。
6. [东汉]班固《汉书·五行志》,中华书局 1975 年标点本。
7. [东汉]班固《白虎通德论》,[清]陈立《白虎通疏证》,吴则虞点校本,中华书局 1994 年。
8. [隋]萧吉《五行大义》,刘国忠《五行大义研究》点校辑佚本,辽宁教育出版社 1999 年。

思考题

1. 列举五行相胜、相生的秩序,并举出一两个古人用五行与社会生活中的事物相配比的例子。
2. 五行说对中国古代政治有何影响?
3. 五行说反映了先民一种怎样的思维模式?

参考资料

1. 梁启超《阴阳五行说之来历》,见《古史辨》第五册,上海古籍出版社 1982 年。

2. 顾颉刚《五德终始说下的政治和历史》,见《古史辨》第 5 册,上海古籍出版社 1982 年。

3. 庞朴《阴阳五行探源》,载《中国社会科学》1984 年第 3 期。

4. 刘复生《宋朝"火运"论略——兼谈"五德转移"政治学说的终结》,载《历史研究》1997 年第 3 期。

5. 艾兰、汪涛、范毓周主编《中国古代思维模式与阴阳五行说探源》,江苏古籍出版社 1998 年。

6. 刘浦江《"五德终始"说之终结——兼论宋代以降传统政治文化的嬗变》,载《中国社会科学》2006 年第 2 期。

(韦 兵)

三十一、姓 氏 源 流

中华文明源远流长,姓氏是最广泛的社会现象之一。姓氏是一种深富文化传统内蕴的特殊社会现象,经过漫长的历史发展,它由家族血缘关系、精神纽带和文化传承标志,演变为单纯的个人符号。

中国是世界上最早使用姓氏的国家之一。早在传说中的炎帝、黄帝之时,我们的祖先就有了姓和氏。至今,我国有姓氏的历史已有数千年,有人统计,在历代文献中,姓氏有 5662 个,其中单姓 3484 个,复姓 2032 个,三字姓 146 个。姓产生于母系社会,在姓出现之初,它只是代表一个母系群体的"公名",其最方便的来源之一就是群体最熟悉的地名。如黄帝的姬姓来源于其氏族居住区内的姬水,炎帝的姜姓来源于姜水,虞舜居住在姚山,便以姚为姓。群体崇拜的图腾的名称是姓的另一个重要来源。上古时代,人们对自身的起源缺乏理性认识,也不能合理解释人与自然的关系,于是就把某一自然现象(如鸟兽、林木、土石、雷电等)当作本氏族的祖先。氏是从姓衍生出来的氏族分支,产生于父系社会。周朝实行分封制和"赐姓命氏",产生了大量的氏。

在上古时代,姓与氏既有联系,又有区别。正如《通鉴外纪》所说:"姓者统其祖考之所自出,氏者别其子孙之所自分。""姓"的概念产生于母系氏族社会,原本就是氏族的族称,其主要作用在于"明血缘"和"别婚姻",是全体氏族成员与生俱来终生使用的。"氏"是姓所衍生的氏族分支,并在宗法社会中成为贵族男子用以显示宗法身份的专称,其主要作用在于"别贵贱",随着一个人的社会地位而变化。南宋郑樵《通志·氏族略》说:"三代之前,姓氏分而为二,男子称氏,妇人称姓。氏所以别贵贱,贵者有氏,贱者有名无氏。……姓所以别婚姻,故有同姓异姓庶姓之别;氏同姓不同者,婚姻可通;姓同氏不同者,婚姻不可通。三代之后,姓氏合而为一。"在先秦时期,姓氏只属于周天子、诸侯国君、大夫和士阶层,奴隶们是不配享有氏称的。只是后来随着部分奴隶逐渐获得人身自由,才有了以专业技术为氏的权利。这种具有等级制的规定,使姓氏本身带有了高低贵贱的色彩。先秦的姓氏,和宗法制度有着密切的联系,贵族有姓氏,一般平民和奴隶则只有名字。商代时,只有贵族才称姓,因而最初所谓"百姓"指的是全体贵族。周代贵族之中,女子称姓,以别婚姻;男子称氏,以明贵贱。战国时期,社会动荡,公子王孙有不少沦为平民,以氏作为"别贵贱"也就失去了现实的依据。秦始皇统一中国后,推行郡县制和户籍制,阶级地缘政治代替了氏族血缘政治,姓与氏合而为一。

我国是一个多民族的国家,今天的汉族是以华夏民族为主体,与各兄弟民族长期融合而形成的。自汉朝以来,汉族姓氏种类的数目从西汉初的1800多种增加到明末的2200多种,再增加到清代道光年间的2800多种。姓氏的增加见证了我国历史上汉民族与周边民族的大融合。历史上,姓氏有时因为种种原因而改变。为表恩宠和奖惩,皇帝有时赐姓给臣子,有时是赐国姓,有时赐别姓,也有时因惩罚而赐恶姓。另外,有的为了家族的生存而被迫改姓,司马迁因李陵之祸而受宫刑,他的两个儿子为避免祸患,改姓后隐居乡里。哥哥司马临在"司马"之"马"字前加两点,改姓"冯",弟弟司马观在"司"字左边加一竖,改姓"同",为避讳而改姓的情况更是屡见不鲜。姓氏的改变,在很大程度上体现了国家政权的无上权威。炎黄子孙以传说中的黄帝和炎帝作为中华民族的共同祖先,司马迁在《史记》中认为,天下同姓,天下一家,炎黄子孙,根同一系,本出一源,说明了整个中华民族之间血浓于水的亲情关系。随着社会的发展进步,姓和氏明血缘、别贵贱的功能日趋淡化,加上近代以后民主、科学的观念日益深入人心,姓氏也就变成了单纯的个人符号。

经典选读

1.《世本·氏姓》,汉宋衷注《世本》,《丛书集成初编》本,商务印书馆1937年。
2. [汉]班固《白虎通·姓名》,[清]陈立《白虎通疏证》,吴则虞点校本,中华书局1994年。
3. [汉]王符《潜夫论·志氏姓》,汪继培笺,彭铎校正《潜夫论笺》,中华书局1979年。
4. [汉]应劭《风俗通义·姓氏》,王利器《风俗通义校注》,中华书局1981年。
5. [唐]林宝《元和姓纂》,清孙星衍、洪莹等校补本,中华书局1994年。
6. [宋]郑樵《通志·氏族略》,上海古籍出版社1990年。
7. [清]钱大昕《十驾斋养新录·姓氏》,江苏古籍出版社2000年标点本。

思考题

1. "姓"和"氏"在古代有什么区别和联系？
2. 举例说明"姓氏"是如何体现中华文化的？
3. 考察几个你所知道的姓氏的来源。

参考文献

1. 陈明远、汪宗虎《中国姓氏大全》，北京出版社1987年。
2. 雁侠《中国早期姓氏制度研究》，天津古籍出版社1996年。
3. 籍秀琴《中国姓氏源流史》，台北文津出版社1998年。
4. 何晓明《姓名与中国文化》，人民出版社2001年。
5. 完颜绍元《中国姓名文化》，上海古籍出版社2001年。

（雷汉卿）

三十二、古代女性

造化造人，有男有女。男性为阳，女性为阴。阴阳结合，生生不息。神州之人，构成中华民族，构成巨大的社会。

初始的社会是原始群居，母系氏族是早期的原始群居形态。德高年长的祖母是母系氏族社会的首领，负责管理氏族社会，处理氏族社会的重大事务。传说中的女娲可能就是母系氏族的首领。她用黄土造人，炼石补天，就是母系氏族女性首领作用的反映，也是女性在氏族社会中地位的反映。

随着氏族社会经济的发展，男性在劳动中的作用比女性大，男性地位逐渐提高。随着家庭和私有制的出现，男性取代女性成为氏族首领，社会步入父系氏族社会。在此后的漫长进程中，男性一直居于社会的领导地位。

自原始社会后期至辛亥革命，中国社会是以农业为主的社会形态。社会劳动分工是男子负责主要田间农业劳动，女性负责种桑兼蚕(采棉)织布、一些辅助农业劳动和家务劳动，也就是"男耕女织"。这个分工是合理的。女性在社会经济中起着重要的作用，在社会发展中起着重要的作用。

封建社会漫长，儒家思想是统治思想。儒家大肆宣扬封建礼教，倡导以忠孝治天下。封建礼教要求女性要具备"四德"。四德又称四教，即妇德、妇言、妇容、妇功，也就是要求女性的思想与言行都要符合儒家礼教的规范。四德被视为女性的最高标准，视为法律。郑玄说："法度莫大于四教。"（《诗·召南·采蘋》笺）女性都按四教的要求，特别是上层的社会女性，更是奉为金科玉律。干宝说："其后妃躬行四教。"(《文选·晋干宝〈晋纪总论〉》)封建社会用四教来教养女性,从思想、言行和仪态诸方面来规范女性,把女性养成"贤淑"之人。把女性的活动范围限定在闺阁之内。"已婚的女性的责任是协助丈夫处理好家务,相夫教子"。以求得家庭的稳定,以求得封建社会的和谐美好。

封建社会是男尊女卑的社会。封建礼教宣扬女性要"三从",即女性年幼时顺从父兄,出嫁后顺从丈夫,丈夫死后服从儿子。婚姻方面,男女皆要"父母之命,媒妁之言"。女性要"嫁鸡随鸡","从一而终",再嫁视为"不贞"、"失节"。女性不能干预丈夫处理社会事务和家庭事务,女性只能绝对服从丈夫。在教育方面,反对女性的知识教育与才能培养,认为"女子无才便是德"。在身体方面,要女性缠脚,以脚小为美,认为三寸金莲,一步三摇,最有风姿。其实是要把女性关在家中。封建礼教是套在女性身上的枷锁。

但是,古代的思想和文化是多元的。很多女性追求男女平等,追求自由,而不少男性也尊重女性,反对男尊女卑。所以古代就有"巾帼不让须眉"之论。一些女性自幼受到良好教育,品德高尚,才华卓越。她们关心社会,敢作敢为,为社会做出了重要贡献。她们追求自由,追求平等真挚和"相敬如宾"的爱情,追求幸福生活。班昭才学高超,续修《汉书》。武曌建立大周,登上皇帝宝座。梁红玉擂鼓抗击金军。秋瑾留学日本,成为反封建的英勇斗士。她们都是古代女性的杰出代表。而劳动女性受封建礼教的不良影响相对于上层女性要小,"女织"对社会的作用与贡献都极大,与男性的"男耕"相等。中华文明是男性与女性携手共同创造的。

历史的演进是复杂的。女性文化的发展演化也呈现纷繁复杂的景象。而中华民族的精神融合一切进步思想与文化,特别是儒家关于女性的正反两方面的思想,形成中华女性文化的主流。女性文化的主流培育出中华女性特有的善良、温柔、勤劳、聪明、坚韧、宽厚的性格。而中华女性共同的性格也是中华女性文化最光辉的体现,是民族精神的重要组成部分。

经典选读

1.《礼记·内则》,[清]阮元校刻《十三经注疏》本,中华书局1980年影印本。

2.[汉]刘向《列女传》、《续古列女传》,影印文渊阁《四库全书》本448册,台北商务印书馆1986年。

3.[唐]宋若莘、宋若昭《女论语》,四川大学古籍整理研究所编《诸子集成续编》,四川人民出版社1998年。

4.[唐]陈邈妻郑氏《女孝经》,四川大学古籍整理研究所编《诸子集成续编》,四川人民出版社1998年。

5.[清]爱新觉罗·福临《御宝内则演义》,影印文渊阁《四库全书》本,台北商务印书馆1986年。

思考题

1. 你怎样评价封建社会对妇女所提出的"四德"？
2. 试从汉字文化的角度谈谈女性与中国文化的关系？
3. 《礼记·内则》对女性有哪些具体要求？
4. 试通过从"女"旁的汉字谈谈女性文化。

参考文献

1. 田家英《中国妇女生活史话》，湖南出版社1982年。
2. 谭正璧《中国女性文化史话》，百花文艺出版社1984年。
3. 陈东原《中国妇女生活史》，上海书店1984年。
4. 齐文颖主编《中华女性文献纵览》，北京大学出版社1995年。
5. 毛秀月《女性文化闲谈》，团结出版社2000年。
6. 胡元翎《拂去尘埃——传统女性角色的文化巡礼》，河北人民出版社2003年。
7. 郭锦桴《中华文化与女性》，河北人民出版社2003年。

（刘文刚）

三十三、婚 姻 风 尚

我们现在所说的婚姻，一是指男女两性的结婚行为，二是指由其所产生的夫妻关系。这两个意思，都来自东汉时为儒家经典作注的郑玄(127—200)所说："昏姻之道，谓嫁娶之义"；"婿曰昏，妻曰姻"。"昏"即婚，因娶妻之礼在黄昏举行；"婿"则指丈夫。此外，在古代，婚姻还指夫妇双方的父母，又指两家的亲戚即宗亲和姻亲。

中华传统文化中的婚姻风尚，具有复杂多样性，我们可以从婚姻形态和嫁娶礼俗这两方面着眼来了解。

在婚姻形态上，对于远古中国乱婚说、母权论等，已经有学者质疑。上面所引郑玄之语，说的则是一夫一妻制的情形。而据考古发现，在仰韶文化中期(公元前4000—前3500年)之前，尚无一夫一妻制的资料。其后，出现了双间或多间套房、两成年男女及小孩的合葬墓，表明有一夫一妻的个体家庭存在。但一夫一妻制取代对偶婚以前的婚姻形态，为时很长。文献及民俗传说表明，夏代仍尚存氏族婚遗风。考古遗迹和殷墟甲骨文证明，商代开始进入一夫一妻制时代。而一夫一妻制成为主导的婚姻形态，则是到了周代以后。周代是父系嫡长继承的宗法社会，礼制和法律都重视区分嫡庶界限，名分上只准许一男一妻。尽管这在生活中得以实行的主要是民间家庭,而贵族阶层除妻子(主位配偶)外还可根据其身份而占有数量不等的妾(次位配偶)。这种状态在周代以后亦然。正妻之外,纳妾之风不绝,形成一夫一妻多妾制,这在文献资料及唐、明、清诸代法规中都可看到。

在嫁娶礼俗上,在对偶婚产生以前尚无婚礼可言。起初是通过掠夺而娶妻(《周易·贲卦》里有"匪寇婚媾")。随一夫一妻制扩大,周代以降而至东汉,婚礼被视为"礼之本",于是在士阶层以上,逐渐形成了为儒家所归纳的六礼,即纳采、问名、纳吉、纳征、请期、亲迎,包括了从议婚、订婚,到迎娶、成婚的有媒也有聘的过程(这一过程中的部分内容,有学者根据甲骨文资料而认为在商代贵族婚娶礼仪中也可以看到)。关于六礼的要略及流变情形,本文的附表1和表2有所介绍。晋代以后的嫁娶变化,大体不出六礼的范围。但在汉族与各少数民族之间,在儒家订婚礼、官制婚礼、民间婚俗这三者之间,一直就是互相作用而互有错位的。特别是庶民婚娶礼仪,宋代以后对于六礼所含名目和内容有简约趋势,甚至新郎亲迎新娘之礼也有废而不行的情形。不过,宋代以后对于女子出嫁的礼节则内容渐增而细化,为经典的六礼所不载,而且各地有异。到清代晚期,汉族民间婚礼大体有说媒、订亲、换帖、送彩礼、定婚期、过嫁妆、嫁娶、拜堂、闹房、回门等程序。

中华传统文化中的婚姻风尚,很大程度上受到儒家和宗法制婚姻价值观的制约,其复杂多样性中含有不少负面因素(例如休妻理由上的"七出"和明代以后改嫁的普遍忌讳等等);而婚姻风尚对于中华传统文化则有着内核般深广而持久的影响;这些都是我们应予注意和值得探讨的。

附:表1　六礼要略

	要　略	备　考	
纳采	男家派使者携求婚礼物到女家,表示已选择其女。	男家先派媒人向女家传话,得同意后,再行纳采礼。	1. 因古人认为婚礼的价值在于"将合二姓之好,上以事宗庙,而下以继后世",故而六礼每一程序皆在庙祭告祖先而受命。 2. 除纳征外,皆以雁为礼。 3. 六礼之中,以亲迎礼为最繁复。 4. 若公婆已死,则妇入夫家三月之时,到庙中用菜祭祀公婆。称为"庙见"。
问名	向女家主人问明其女的名,以便回去占卜其吉凶。	女家主人在庙里设筵席向男使者行醴礼。	
纳吉	男家卜得吉兆,派使者携礼物往告女家,表示己方决定联姻。		
纳征	男家派使者将聘礼送往女家,女家受纳,婚事确定。	男家依其身份而决定送给女家的礼物及聘金。庶人送缁帛,士大夫送玄纁束帛加鹿皮。	
请期	男家卜得结婚吉日,派使者告知女家,请其同意。		

三十三、婚姻风尚

（续表）

	要　略	备　考
亲迎	婚期当天,男子奉父命乘车往女家迎娶。女家父母在庙里设筵席,在自家门外拜迎女婿。女婿执雁而入,揖让,升堂,再拜,放下雁。女婿下堂出门,为妇驾车,车轮转三周后,交由御者代驾;自己另车前行,先到家门外等待妇车。	妇到夫家,夫作揖请妇进门。夫妇共食牺牲品,"合卺"(将一瓠分成两瓢,各执一半)而饮酒。第二天早晨,妇沐浴妆扮后拜见舅姑(公婆),向其分献枣栗与干肉,然后向其献食。公婆用酒食慰劳媳妇。	5. 婿若没有亲迎,则在妇入夫家三月之时,往见妇之父母。

附：表2　六礼流变

	俗　称	取　舍　变　异	
纳采	提亲、说媒、说亲	东汉纳采礼物可选用玄纁、羊、雁、清酒等30种。唐代则有合欢、嘉禾、阿胶、九子蒲、朱苇、双石、绵絮、长命缕、干漆这9种。宋代庶人可用雉及鸡、鹜代替雁。唐代以降规定品官应先使媒氏通书,女家同意后,才行纳采礼。	1. 周代婚礼不用乐也不贺。但汉宣帝明令解除不贺之禁,后多聚集宾客庆贺,酒宴舞乐。 2. 东汉末以降,有六礼乃至合卺皆废的现象,但至南北朝时期,六礼仍为官方所颁行。 3. 据《大唐开元礼》,品官至庶人皆行六礼。 4. 据《政和五礼新仪》,宋代品官行六礼。但因六礼繁缛,北宋已有士庶只存其纳采、纳吉、纳征、亲迎四礼。至南宋《朱子家礼》,存其纳采、纳征(改称为纳币)、亲迎三礼。 5. 元代据《朱子家礼》而颁布婚礼七条:议婚、纳采、纳币、妇见舅姑、庙见(改为三日、在祠堂)、婿见妇之父母。 6. 明代初年,诏令民间嫁娶按《朱子家礼》。品官婚礼按《大明集礼》,纳采与问名并行。 7. 《大清通礼》规定汉官七品以上行议婚、纳采、纳币、请期、亲迎五礼。庶人行纳采、纳币、请期、亲迎四礼。但清代后期民间有"空函往复,并纳采、纳币而废"的情形。
问名	合婚、换庚帖	宋代以后庶人婚礼,问名并于纳采。问名后由男家在宗庙占卜而测吉凶,行至宋代;其后让位于南北朝时萌芽的合八字风俗,其盛行则在明清两代。	
纳吉	订婚	南宋《朱子家礼》舍去纳吉,因卜法式微,纳采之后即行纳征。	
纳征	过定、下财	秦汉时聘礼可含聘金。魏晋南北朝时复重实物。唐代纳征则有雁、羊、酒、黄白米、玄纁、束帛。北宋改称纳征为纳成,聘礼重金银首饰。明清聘礼为金银、衣食等实物。	
请期	催嫁	宋代以后庶人婚礼,请期并于纳征。	
亲迎	迎娶	汉以后魏晋南北朝皇太子婚礼中不亲迎。隋唐以降皇太子亲迎,以六礼为归依。唐代以降,民间有"娶妇舆轿迎至大门"习俗。	

经典选读

1. 《周易·贲》★,《周易正义》卷三,[清]阮元校刻《十三经注疏》本,中华书局影印本1980年。

2. 《诗经·卫风·氓》★,《毛诗正义》卷三之三,[清]阮元校刻《十三经注疏》本,中华书局影印本1980年。

3. 《仪礼·士昏礼》★,《仪礼注疏》卷四、卷五、卷六,[清]阮元校刻《十三经注疏》本,中华书局影印本1980年。

4. 《礼记·昏义》★,《礼记正义》,[清]阮元校刻《十三经注疏》本,中华书局影印本1980年。

5. 《白虎通·婚娶》,[清]陈立撰《白虎通疏证》,吴则虞点校本,中华书局1994年。

附:[宋]孟元老《东京梦华录·娶妇》,邓之诚注本,中华书局2004年。

[清]徐珂《清稗类钞》第五册婚姻类,中华书局2003年。

尚秉和《历代社会风俗事物考·婚娶》,岳麓书社1991年。

思考题

1. 试简述中国历史上的一夫一妻制与一夫一妻多妾现象。

2. 什么是"六礼"？其要略有哪些？

3. 传统婚俗的内容在现实生活中有所遗存吗？请举出一两个事例说明。

参考资料

1. 顾颉刚《由"烝"、"报"等婚姻方式看社会制度的变迁》,载《文史》第14、15辑,中华书局1982年。

2. 王玉波《中国婚礼的产生与演变》,载《历史研究》1990年第4期。

3. 赵志坚《中国古代的婚姻形式补续》,载《历史教学》1996年第11期。

4. 陈鹏《中国婚姻史稿》,中华书局1990年。

5. 张邦炜《婚姻与社会——宋代》,四川人民出版社1989年。

(刘世龙)

三十四、图 书 文 化

文字的发明和使用,是人类进入文明社会的标志。数千年前,我们的祖先就创造了文字,并用以著书立说,言志抒情,涌现出大量的典籍,造就了辉煌灿烂的古代图书文化。

三十四、图书文化

人际间的交流,信息的记录和传递,是先民们生活的迫切需要。据文献记载,远古时代经历过由结绳、图画到文字(书契)三个阶段。《易·系辞下》说:"上古结绳而治,后世圣人易之以书契。"汉代学者郑玄以为"事大,大结其绳;事小,小结其绳"(《周易正义》引郑注),这当然是出于想象,具体的结绳之法,已不可考。结绳记事只能表达极简单的概念,而且容易忘记,故后来人们用画图的方式记事,较结绳进步多了。汉代纬书中记载的"河图",可能就是先民记事的图画。八卦介于图画和文字之间。将图画简化为符号,就成了文字。传说文字是黄帝时仓颉创造的。国学大师章太炎(炳麟)《造字缘起说》说:"《荀子·解蔽篇》曰:'好书者众矣,而仓颉独传者,壹也。'依此,是仓颉以前已有造书者。……仓颉者,盖始整齐画一,下笔不易增损。由是率尔著形之符号,始为约定俗成之书契。"此说甚是。将不规则的表意符号约定俗成为一个相对固定的形态,就成了文字。

有了文字,也就有了书籍。古人或刻龟甲记事,称甲骨文;或铸在金属器皿上,称金文;或书写在竹简、木板、布帛上,再将它们连接起来,就是最古老的书籍。东汉人蔡伦(?—121)总结经验,发明了纸,造纸术成为我国古代四大发明之一,对人类文明的进程作出了伟大的贡献。从此人们用纸书写,告别了笨重的竹简木牍,使文化传播得到了长足的发展。

约在唐代末年,人们开始用雕版的方法印刷书籍。北宋庆历间,毕昇又发明了活字术,宣告我国古代四大发明的另一项发明——印刷术的诞生。在宋代,国家由国子监负责校刻图书,所刻称"监本";各地方政府、学校也纷纷印书,统称"官刻"。私人印书谋利,书坊遍布全国各地,所刻称"坊本",福建麻沙镇、杭州、四川眉山,是当时全国著名的三大刻书中心。此外许多富家也刻书,所刻称"家刻"。三种方式齐头并进,刻书之多,宋人曾用"汗牛充栋"、"山积云委"形容之。不仅宋人著作,就连宋以前的书籍也被大量整理刊行,形成极为壮观的刻书文化。元、明、清三代将刻书文化发扬光大,到现在,除了少量的唐写本(如敦煌卷子)外,流传下来的图书都是经宋及以后历代刊刻而成的,大约有十万种之多。保存古代文献数量如此之巨,在世界上独一无二。我们所说的古代图书文化,主要指这一部分而言。其中的宋、元刻本,许多不仅是人类文明史上的重要典籍、精美绝伦的图书,而且是价值连城的国宝级文物。

我国很早就有收藏图书的风气,藏书家不仅爱书如命,而且亲自校勘,形成丰富多采的藏书文化。南宋时期,不少民间藏书家的收藏甚至超过国家的藏书量。像四川眉山的孙氏藏书楼,由唐历宋,达数百年之久。宁波范氏天一阁创始于明代,一直保存到现在。清末常熟瞿氏、湖州陆氏、杭州丁氏、聊城杨氏,被称为当时的藏书"四大家"。今国家图书馆的善本书,许多就是由瞿氏后人捐赠的。

丁氏的书被完好地保存在南京图书馆，而陆氏的藏书则全部被日本人购去，至今收藏在东京静嘉堂文库。世界上许多国家的图书馆，也都藏有中国古籍。

由于典籍在流传过程中造成文字的错讹残脱，就需要整理，孔子曾整理过《诗经》、《尚书》等书，他是我国最早的古籍整理专家。东汉末年刘向、刘歆父子校书，是历史上第一次由国家组织的大规模古籍整理。明初所编《永乐大典》，清康熙时所编《全唐诗》，乾隆间所编《四库全书》，嘉庆时所编《全唐文》，以及解放后的二十四史校点，近年所编《全宋文》、《全宋诗》等，都是历史上规模巨大的古籍整理活动。在古籍整理和研究中，我们的祖先很早就开创并不断发展、丰富了几种专门的学问：校雠学、目录学、版本学、辨伪学及辑佚学，近代以来统称"文献学"。

书籍是人类进步的阶梯。没有文化的民族是没有希望的。我们祖先的哲学、历史、政治、经济、文学、艺术等等，靠图书这个物质载体保存至今。图书既是极其宝贵的精神遗产，也是我们应当世代守望的精神家园。

经典选读

1. 《周易正义》卷七、卷八《系辞》上、下，中华书局影印阮元校刻《十三经注疏》本。
2. [东汉]班固《汉书》卷三十《艺文志序》★，中华书局校点本。
3. [南朝宋]范晔《后汉书》卷78《蔡伦传》，中华书局校点本。
4. [南朝梁]阮孝绪《七录序》，《广弘明集》卷三，《四部丛刊》初编本。
5. 《梦溪笔谈校证》卷十八《伎艺》，[宋]沈括著，胡道静校注，上海古籍出版社1987年新一版。

思考题

1. 说说书籍是如何产生的。
2. 造纸术、印刷术分别是什么时代发明的？造纸术和活字印刷术的发明人是谁？试论这两项伟大发明在人类文明史上的地位。
3. 你喜欢收藏图书吗？如何理解"图书既是极其宝贵的精神遗产，也是我们应当世代守望的精神家园"这两句话？

参考资料

1. [清]纪昀等《四库全书总目》，中华书局影印本。
2. 叶德辉《书林清话》，中华书局1987年标点本。
3. 黄建国、高跃新主编《中国古代藏书楼研究》，中华书局2002年。
4. 李玉安、黄正雨《中国藏书家通典》，中国国际文化出版社2005年。
5. 祝尚书《晁公武与四川图书业》，《中国典籍与文化》1995年第1期。

（祝尚书）

三十五、敦 煌 文 献

地处河西走廊西端的敦煌,在宋代另开海外贸易之前,一直是一个繁华的国际性都会,一个繁荣的文化和商业交往的十字路口。它具有沙漠的背景和浪漫的异族情调,是东方和西方文明之间、佛教和中国文学艺术之间的一个交汇点。敦煌壁画及敦煌文书的语言状况亦反映出这一地区的国际性。许多著名的佛教翻译家和朝圣者都曾在历史上的一些重要时期来到敦煌。在汉代到唐代的绝大部分时间,敦煌和中国的其他地区之间(尤其与首都长安)保持着不间断的联系,存在着艺术和文学方面的双向影响。20世纪初,被封存在莫高窟内达八百余年之久的大量敦煌古文书材料首次被发现,这一事件被视为世界奇迹,从而导致了一个国际性的综合学科——敦煌学的建立。

据估计,敦煌文书的总数在20 000——40 000件之间,散藏于世界各地:大英博物馆、法国国家图书馆、俄国、中国、日本和其他国家的许多个人以及研究机构。这批文书资料,内容广涉史地、美术、建筑、乐舞、宗教、文学、语言文字、科技、版本等诸多领域,它对中国史乃至世界文化史的研究都起到了巨大助推作用。各国学者在敦煌遗书研究、敦煌石窟研究、敦煌史地研究三方面所取得的成果,整体展现了特定时代中国社会和文化的面貌,大大修改了各相关学科的传统描写。占有本土文化优势的中国学者,则在敦煌文学资料的整理和研究方面贡献卓著。这批文献全面反映了唐五代文学的状况,为重新认识中国文学的性质、传播方式及其演变规律等问题,提供了新的基点。这批文学作品被区分为变文、讲经文、话本、曲子辞、词文、诗歌、俗赋等体裁。从流传情况看,这批作品大多是历代不见披载而仅见于敦煌遗书的佚作,可以使我们大致了解唐五代时期普通人的日常生活,其文献价值弥足珍贵:由于它保存了大批下层人士和民间的作品,从而为中国的作家文学提供了一批在同一时空下可作比对的资料,使我们得以恢复与重构线索完整的中国文学发展的历史,使后世话本小说、词话、宝卷、鼓子词等表演艺术都有源可寻、有迹可察。它以通俗鲜活的民间语汇、清新多样的体裁类型刷新了中国文学的种种记录。但是,这批宝贵的敦煌作品资料的意义并不止于对传统的作家文学研究加以补充,不妨说,它还向我们提供了一种新的视野和新的思维:重视作家文学与俗文学之间的双向交流,亦即精英文化和庶民文化的互动;注意汉文学与少数民族文学的比较研究,以及文献、文物(例如洞窟壁画和摩崖石刻)、民间遗存三者的比较研究。它要求我们在研究单一的现象时,必须将它放入其所生成并与别的因素密切互峙的历史全景中去透视。总之,这类敦煌文献"提供了大量崭新的研究资料,其有助于开拓学术领域、增长新知的功效尤为巨大"(项楚《敦煌诗歌导论·绪论》)。

经典选读

1. 敦煌变文,项楚《敦煌变文选注》(增订本),中华书局2006年;黄征、张涌泉《敦煌变文校注》,中华书局1997年。
2. [唐]王梵志诗,项楚《王梵志诗校注》,上海古籍出版社1991年。
3. [唐]寒山诗,项楚《寒山诗注》,中华书局2000年版。
4. 敦煌赋,张锡厚录校《敦煌赋汇》,江苏古籍出版社1996年。

思考题

1. 敦煌全部俗文学作品可分为哪几种体裁?试就其中的一种说明其文化渊源。
2. 中国小说和戏剧受到佛教叙事文学哪些重要影响?试举例说明。
3. 敦煌文学资料对于中国文学研究的意义。

参考资料

1. 任半塘编《敦煌歌辞总编》,上海古籍出版社1987年。
2. 项楚《敦煌诗歌导论》,台北新文丰出版股份有限公司1993年。
3. [美]梅维恒著,杨继东、陈引驰译《唐代变文》(上、下),中国佛教文化出版有限公司1999年。
4. 王昆吾《隋唐五代燕乐杂言歌辞研究》,中华书局1996年。
5. 贺世哲主编《敦煌石窟全集》(第七册),商务印书馆(香港)1999年。
6. [美]梅维恒著,王邦维、荣新江、钱文忠译《绘画与表演——中国的看图讲故事和它的印度起源》,北京燕山出版社2000年。
7. 戴蕃豫《中国佛教美术史》,书目文献出版社1995年。

(何剑平)

三十六、游 侠 武 术

游侠当起于古代的武士,约在战国时期,文士与武士分途渐显,好文者为文士,善武者为武士。从现存文献看,"游侠"一词最早出现在《韩非子·五蠹》篇中,文中有"游侠私剑之属"的说法。之后对游侠进行较为准确界定和描绘的是司马迁,其《史记·游侠列传》概括说:"今游侠,其行虽不轨于正义,然其言必信,其行必果,已诺必诚,不爱其躯,赴士之厄困。既已存亡死生矣,而不矜其能,羞伐其德,盖亦有足多者焉。"班固《汉书》也为"游侠"专门列传,不过对游侠的观念并没有超越韩非子和司马迁。此后正史中就再也没有给游侠专门列传。

这并不是说历史上再无游侠,只能说正史在有选择地记录历史,这与游侠的本质及其特定的生存空间有关。韩非所说"侠以武犯禁"、司马迁说侠"时捍当世之文网",都概括了游侠与官府之间天然的矛盾,后世武侠小说建构出来的与官府遥相对应的"江湖"颇能准确地反映这一本质特征。汉初游侠的势力和影响很大,不过从汉文帝、景帝到武帝,开始限制和打击游侠,游侠的发展空间被大大压缩,从此也拉开了历代统治者打压游侠势力的历史序幕。尤其是在和平时期,在偃武修文、法纪治平基本策略的影响下,无论是"游"还是"侠",自然都是不被允许的行径,如唐宋元明清的兴盛时期,传统游侠势力的发展就相对寂寞得多。但在乱世纷争、法禁松弛的时期,由于各方势力的陪护及民众生存的艰难,游侠的发展有可能反弹,如汉末魏晋南北朝或在其他时代的交替时期,游侠的发展就相对活跃。

游侠现象为统治者屡禁而不止,正史虽不为之列传,但游侠轨迹总屡屡渗透于正史或其他历史资料当中,或明或暗地显露着它的冰山一角。其生存的历史韧性也依然是由它的本质特性决定的。司马迁在论述游侠存在的原因时说了这样一句话:"缓急,人之所时有也。"这种"缓急"、困厄需要解决,或可依靠官府,但能得到官府的维护而救急解难非平头百姓可指望,而且这种急难往往正是官府所为,所以可以指靠的力量就直接指向了某种程度上与官府相对的力量——游侠。

一方面是来自于官府的限制和打压,一方面是来自民众的期待和需求,造成了"游侠"这样的一种历史生存面貌:游侠首先是一种社会势力,在历史当中或盛或衰地存在着,其次,历史当中为人们所津津乐道的"游侠"已经演变成一种文化或一种精神。这种"游侠"精神在一定程度上是作为某种"平等"或"自由"的替代物为人们所热衷和期待、从而出现在历史当中的,它是对长久且根深蒂固的等级制度的臆想式的抵抗。同时,这种游侠精神也是社会长久以来重文轻武导致民众文雅有余、孔武严重缺失的生存样态的反弹,在民族的历史生存竞争中,自身的强势是一道屏障,舍此无以自保,这也就是清末民初许多志士仁人强烈呼唤游侠的文化依据。

这里再提一下与游侠密切相关的"武术",这里所说的"武术",不是狭义的技击套路和武术派别,而是广义上的"武文化"。

武术经过长久的历史发展,形成了林林总总、各式各样的套路和派别,成为传统文化的一枝奇葩,但在历史发展当中,它并没有多少时候是因为得到当局的提倡和维护得到发展的,相反,古代的统治者通常是禁武的,这也就是历史上的武术派别往往都是来自民间的原因。在偃武修文的古代社会,尚武很少能置换出读经而获得的发展机遇,加之统治者的特别限制,武术渐渐向强身、养生的途径发展,而不是形成社会上的尚武习俗和崇武精神。不过,尚武在游侠的发展历程和精神取向中保存得较为完备,因为这是游侠保持超常能力和影响力的重要凭借。游侠没有统治者拥有的强力和权力,其施展影响通常靠的是个人的能力,其中重要的就包括武艺,后世武侠小说中的主人公往往被塑造为武艺最高强的人物正是这一情形的反映。武术的民间发展路线和游侠的尚武在统治的主流秩序之外建立了一个少被异化的精神空间,这是很值得庆幸的。说得极端一点,当过于强调文治、主流人群经过长久浸淫而显得文弱的时候,这种社会的文化结构当中一定存在着严重的精神缺失。值得骄傲的是在中华民族的历史长河中武术文化在不断日新月异,绽放着异彩。

经典选读

1. 《韩非子·五蠹》*,《韩非子集释》,陈奇猷校注本,中华书局1961年。
2. [西汉]司马迁《史记·游侠列传》*,中华书局1959年标点本。
3. [东汉]班固《汉书·游侠传》,中华书局1962年标点本。
4. [汉]荀悦《汉纪》,[晋]袁宏《后汉纪》,张烈点校本,中华书局2002年。
5. [宋]张耒《游侠论》,《张耒集》,李逸安、孙通海、傅信点校本,中华书局1998年。

思考题

1. 谈谈游侠有什么样的人格特点?
2. 对比古代游侠与武侠小说中的侠客,简要谈谈两者的异同。
3. 有人说儒、隐、侠是中国知识分子的三大性格要素,谈谈你的理解。

参考资料

1. 梁启超《中国之武士道》,《饮冰室专集》之二十四,中华书局1989年。
2. 陶希圣《辩士与游侠》,商务印书馆1930年。
3. 余英时《士与中国文化》,上海人民出版社1987年。
4. 刘若愚《中国的侠》(中译本),上海三联书店1991年。
5. 陈平原《千古文人侠客梦》,人民文学出版社1992年。
6. 汪涌豪《中国游侠史》,复旦大学出版社2001年。

(张朝富)

三十七、饮食服饰

衣食为民生最基本的内容,可以说是人类最早创造的文化,它包含着物质与精神两个方面,中国在这两方面都铸就了辉煌的成就。

从 250 万年前的云南元谋人遗址到 60、70 万年前的北京人遗址,都发现了炭屑、灰烬和烧骨,这是远古中国人原始烹饪的发端。万年以前,陶器出现。七千多年以前,种植业、养殖业已陆续出现在大江南北,这对中国人饮食的丰富和优化意义非凡。在河南舞阳贾湖遗址(距今约 9000—7000 年)出土的陶片上的沉淀物,表明陶器盛放过以稻米、蜂蜜、水果为原料混合发酵而成的饮料。进入阶级社会以后,中国社会出现了金字塔式的饮食文化层次,居于高端的上层社会饮食层不断推动着饮食文化的发展。商朝的青铜酒器,无论是在数量、体量还是在制作工艺上都领先于当时的世界各国,而商朝晚期统治阶级的集体酗酒则成为其亡国的重要原因之一,由此有了周公的《酒诰》以及关于"酒德"的思考。公元前 316 年,秦灭巴蜀,此前流行于两地的饮茶方式开始向外传播,直至唐朝中期,成为全国式的生活方式,同时,陆羽编写刊行了全世界的第一部茶书——《茶经》,这成为中国古代茶文化体系形成的标志。从先秦时期开始,内容涉及饮食的专著就层出不穷,且多与农学、医药学联系在一起,创立了"食医合一"、"饮食养生"等丰富的文化理论,如北魏贾思勰的《齐民要术》,是一部关于食料生产和烹饪技法的综合性实用科技书;唐代孙思邈《备急千金要方》中有现存我国历史上最早的饮食疾疗的论述。由于版图辽阔,各地的水土不同、气候不同,导致各地出产不同,人们的饮食习惯和结构也有了明显的差异,经过万年的积淀,形成了东北饮食圈、京津饮食圈、黄河下游饮食圈、长江下游饮食圈、东南饮食圈、中北饮食圈、黄河中游饮食圈、长江中游饮食圈、西南饮食圈、西北饮食圈和青藏高原饮食圈,还形成了众多的菜系,其中以苏菜、粤菜、川菜、鲁菜声名最著。中华饮食历史之悠久、原料之丰富、刀功之精细、烹饪之讲究、菜品之多样、滋味之多变、器具之精美、礼仪之周全、内涵之丰美,世间难有其匹。

在寻求用于充饥的物质来源的同时,远古的中国人出于御寒蔽体的需要,已经开始了服饰的创造。根据考古学家和服饰史专家的研究,中国旧石器时代中期,北京人已经具备利用兽皮保暖的能力。辽宁营口金牛山人则已用磨尖的石锥在兽皮上穿孔,然后用兽皮或兽筋加以串连,制成衣服,同时,金牛山人还将钻孔的骨板制成饰物。至此,服饰具备。到旧石器时代晚期,中国人已用骨针缝制皮衣和串连饰物,这可由辽宁海城小孤山遗址和北京房山山顶洞人遗址出土实物得到印证。新石器时代,丝、麻、葛、毛等手工纺织和绘绣工艺的出现,使人们的衣冠鞋靴已与各种饰物、发型配套。夏朝建立以后,奴隶主阶级开始突出服饰的装身功能,制定了与其等级制度相适应的服饰制度,并将其作为"礼"的重要内容加以尊崇,在以后的历朝历代,这种制度不断地被强化。先秦时期的儒家经典《周礼》、《仪礼》对已有服饰制度都有所总结,西汉戴圣所编《礼记》,多取材于周秦古书,其中有关礼制在服饰上的反映,直接影响了其后中国人的服饰观念和风格。以后,在历朝的正史中,多有《舆服志》,主要记述有关统治阶层的车骑服饰制度,特别是参加朝觐、祭祀、巡行等重大礼仪活动的规则。《舆服志》的体裁首见于《后汉书》,以后《晋书》、《旧唐书》、《宋史》、《金史》、《元史》、《明史》、《清史稿》都有《舆服志》,《新唐书》则有《车服志》,而自《明史》开始,《舆服志》的篇幅明显增加,除皇帝、后妃、皇太子、亲王、文武官员、命妇的冠服内容外,还增加了内外官亲属、内使、侍仪以下、士庶、乐工、军隶、外藩、僧道等冠服内容。在服饰发展的实际过程中,各民族的服饰元素在不同的历史时期得到了不断的整合,使服饰的内容和形式都处于创新的变化之中。从丰富系统的文献记载,到众多相关的出土文物、传世文物,面料精美、做工考究、款式多样、礼制严格,均可证明古代中国确实是"衣冠大国"。

经典选读

    1.《尚书·酒诰》,李民等《尚书译注》本,上海古籍出版社2004年。

    2.《礼记》*,王文锦《礼记译解》本,中华书局2001年。

    3.[北魏]贾思勰《齐民要术》,石汉声《齐民要术今释》本,中华书局1956年。

    4.[唐]陆羽《茶经》,程启坤等校注本,上海文化出版社,2003年。

    5.《后汉书》、《晋书》、《旧唐书》、《宋史》、《金史》、《元史》、《明史》、《清史稿》之《舆服志》,《新唐书·车服志》,中华书局1975年标点本。

    附:[清]李渔《闲情偶记》

思考题

    1.《酒诰》一文在中国古代酒德论中居于何种地位?

    2.为什么说《茶经》的刊行是中国古代茶文化体系形成的标志?

    3.举例说明中国传统服饰对时装的影响?

参考资料

    1.林乃燊《中国饮食文化》,上海人民出版社1989年。

2. 顾颉刚《〈酒诰〉校释译论》,《文史》第 33 辑,中华书局 1990 年。
3. 王仁湘《饮食与中国文化》,人民出版社 1994 年。
4. 徐海荣《中国饮食史》(1—6),华夏出版社 1999 年。
5. 关剑平《茶与中国文化》,上海人民出版社 2001 年。
6. 孙机《中国古舆服论丛》(增订本),文物出版社 2001 年。
7. 华梅《服饰与中国文化》,人民出版社 2001 年。
8. 沈从文《中国古代服饰研究》,上海书店出版社 2002 年。
9. 黄能馥、陈娟娟《中国服饰史》,上海人民出版社 2004 年。

(缪元朗)

三十八、传统节日

  传统节日是一个民族庆祝或祭祀的日子。中华民族的传统节日是数千年文化积淀的产物,经历了产生、发展、定型的漫长过程。
  中国传统节日的起源主要是和历法有关。上古时代,先民在历法的岁时周期(一年 365 天)选取一些具有标志性和纪念性的日子,按照习俗和传统在这些日子进行特定的民俗活动,这就是节日的由来。后来随着阴阳合历的历法制度的创立,历法的岁时周期,即节气,仍旧按照春去秋来季节循环的太阳运行周期而排列;而节日,由于要举行与国计民生休戚相关的重大社会活动,逐步固定为明确的日期,依照的是按月相纪日的纪时系统。这样,节日与节气时间不再重合,功能也开始分化。节日从此从历法系统中独立出来,发展了自己的意义体系。
  中国传统节日的发展经过以下五个阶段:一,发生期。先秦时期,流传到后代的许多节日,如春节、上巳、端午、中秋等节日元素已基本形成,节俗主要建立在原始崇拜、禁忌迷信、宗教祭祀的基础上,信仰色彩浓郁。二,定型期。两汉时期,中国的许多重要节日,如除夕、元旦、元宵、上巳、端午、七夕、重阳等基本定型,节日活动的内容也发生较大变化——对历史人物的纪念取代了原始崇拜和信仰,礼俗对节俗有较大渗透。三,融合期。魏晋南北朝时期,民族的大迁移、大融合推动了民族文化的大交流,促进了节日文化的融合与发展;佛教在中国的生根发展、道教的发展壮大,为节日文化增添了宗教的气氛和内容;魏晋玄学及清谈之风,又给节日带来宴饮游乐的风尚。四,高峰期。唐宋时期,节日文化空前发展,民俗节日从禁忌迷信的神秘气氛中解脱出来,向礼仪性、娱乐性的方向前进,节日内容日益丰富多彩,演变成为真正的良辰佳节。五,稳定期。明清时期,节日风俗更讲究礼仪性和应酬性,游乐性也继续发展,但总的说来没有太大的变化,中国传统节日至此基本定型。

节日是民族文化最集中凝练的表现。一些传统节日具有悠久的历史,至今还保持着旺盛的生命力,成为恒定的民族心理积淀。这些节日是:

一,春节。又称新年、元日、元旦,在农历的正月初一。它是庆祝一年之始的节日,起源可追溯到夏商时期,节俗有拜年、守岁、挂春联、贴门神、放爆竹等。

二,元宵节。又称上元节、灯节,在农历的正月十五。此节渊源于古代以祈求生殖为主旨的星神祭祀,六朝以来增加了娱乐的内容,节俗有赏灯、吃元宵、猜灯谜、走桥等。

三,上巳节。在农历三月的第一个巳日,曹魏时期起固定为三月三日。它起源于上古时期全民参与的以招魂续魄、拂除不祥、祈福祛疾、祈子求嗣为目的的祭祀活动,节俗有水中洗浴、曲水流觞、春游踏青等。

四,寒食节。在从冬至算起的第一百零五天,以不吃热食得名。此节起源于先民一年一度熄旧火、升新火的斋戒仪式,节俗有吃冷食、荡秋千等。

五,清明节。在阳历每年的 4 月 4 日至 6 日之间。清明本是二十四节气之一,到了唐代,作为寒食节的一天成为全民游乐的节日。节俗有扫墓、踏青、插柳等。

六,端午节。也称端五、端阳,在农历的五月初五。这是一个旨在避邪的节日,节俗有龙舟竞渡、吃粽子、佩菖蒲、悬艾、饮雄黄酒、采制药物等。

七,七夕节。又称乞巧节、女儿节,在农历的七月初七。此节自东汉以来逐渐流行,主要活动内容是祈求子嗣。晋代以后,又渗入牛郎织女的传说。节俗有穿针乞巧、品尝瓜果等。

八,中秋节。在农历的八月十五。该节自唐代开始出现,到了宋代成为一个大节。这是一个在秋分祭月古老礼俗上形成的一个赏月的节日,以家人团聚为主要内容。节俗有赏月、吃月饼等。

九,重阳节。在农历的九月初九。它起源于汉末,盛行于六朝,是一个以避邪为主要内容的节日。节俗有登高、插茱萸、吃重阳糕等。

总之,中华民族的传统节日源流深远,意味隽永,内涵丰富,是中华文化重要的组成部分,值得我们好好地继承、发掘和体会。

经典选读

1.《礼记·郊特牲》,[清]孙希旦《礼记集解》,沈啸寰、王星贤点校本,中华书局 1998 年。

2.《礼记·月令》,[清]孙希旦《礼记集解》,沈啸寰、王星贤点校本,中华书局 1998 年。

3.[西汉]司马迁《史记·天官书》,中华书局 1997 年标点缩印本。

4.[东汉]应劭《风俗通义》,王利器校注《风俗通义校注》,中华书局 1981 年。

5.[晋]司马彪《续汉书·礼仪志》,[清]汪文台辑《七家后汉书》,河北人民出版社,1987 年。

6.[南朝梁]宗懔《荆楚岁时记》,宋金龙校注本,山西人民出版社 1987 年。

7.[宋]孟元老《东京梦华录》,邓之诚注《东京梦华录注》,中华书局 1982 年。

8.[宋]吴自牧《梦粱录》,张社国、符均校注本,三秦出版社 2003 年。

思考题

1. 节日和节气有什么区别和联系?

2. 谈谈你所知道的某种节俗,探讨这种节俗的民俗学意义。

参考资料

1. 牟元圭《中国岁时节日的起源与演变》,《寻根》1999 年第 1 期。

2. 刘宗迪《从节气到节日:从历法史的角度看中国节日系统的形成和变迁》,《江西社会科学》2006 年 2 期。

3. 杨琳《中国传统节日文化》,宗教文化出版社 2000 年。

(伍晓蔓)

三十九、养 生 文 化

中华养生文化远绍黄老,上下五千年;影响广大,纵横数万里。她为中华民族的身心健康、个体生命的养护与延益以及民族的繁衍做出过并正在做出卓越的贡献,其影响力甚至超越了时代和国界,成为了全人类共有的财富。

我国最早的医学圣典《黄帝内经》开篇的"上古天真论"便非常明确地表达了中华先祖养生的重要理念和方法,其中说:

上古之人,其知道者,法于阴阳,和于术数,饮食有节,起居有常,不妄作劳,故能形与神俱,而尽终其天年,度百岁乃去。今时之人不然也,以酒为浆,以妄为常,醉以入房,以欲竭其精,以耗散其真,不知持满,不时御神,务快其心,逆于生乐,起居无节,故半百而衰也。

战国时代道家学派的大师庄周(公元前369—前286)有《庄子》一书传世,载有黄帝问道于古仙广成子的故事,晋·葛洪(283-363)著《神仙传》更详加论说,其中说:

> 黄帝……请问治身之道,广成子答曰:"至道之精,杳杳冥冥,无视无听,抱神以静,形将自正。必静必清,无劳尔形,无摇尔精,乃可长生。慎内闭外,多知为败。我守其一,以处其和,故千二百岁而形未尝衰。得我道者,上为皇,失吾道者,下为土。将去汝入无穷之门,游无极之野,与日月参光,与天地为常,人其尽死而我独存矣。"

以上两段引文显示,中华养生文化医道同源,皆出于对道家始祖老子"长生久视"思想的阐发。比孔子年长的老子留下千古传诵的《道德经》,其书阐论了较为完整而深入的养生理法,使后世养生家难出其右,大多踪迹其说。道家道教的养生文化传统随着历史的演进,发展成为中华养生文化不容置疑的宏大主流。

黄帝、老子的道和他们的养生论所开启的中华养生文化,在悠远的历史长河留下了灿烂的篇章。兹就其大者,略述二、三。

第一、葛洪的养生思想。葛洪是东晋最有名的养生学家,著有《抱朴子》内外篇,蕴涵了丰富的宗教哲学和养生内容。书中有如下几个重要的关涉养生的理法:

> 以药物养身,以术数延命,寿命在我者也。(《论仙》)
> 若德行不修,而但务方术,皆不得长生也。(《对俗》)
> 古之初为道者,莫不兼修医术,以救近祸焉。(《杂应》)

除了以上的三个重要原则,他还总结了东晋以前众多的养生修炼之术。指出养生之道多途,多至282种,而最重要的有3种,即行炁(气)、房中、服药。后来的文献显示,这三种养生方法一直占据着重要的地位,以至于其他的养生术诸如存思、守一、导引、坐忘等皆隐而不显,直到内丹学说的全面兴起,这些养生理法才被批判性地继承并扬弃了,它们一同随着唐代外丹烧炼炉火的熄灭而变为支流。

第二、钟吕的内丹道。钟离权与吕洞宾是宋元以来内丹诸派实际或依托的初祖,他们均为唐末五代时人,亦均有著作传世。他们后来被神化为八仙中的二仙。他们及其后学的内丹道大致分为南宗、北宗、西派、东派和中派,有清修也有双修,是道教千余年来修炼养生论中最重要的法门,直到现在仍是最有价值的养生之道和人类身心的自我超越之道。

钟吕内丹道最核心的是精炁神论,其修炼法程是著名的三阶次,即"炼形成气,炼气成神,炼神合道",非常专门和复杂,并带有一定的宗教性和神秘性,使中华养生文化的这一精华裹在宗教的外衣里,虽然流传久远但社会影响相当有限,虽然博大精深但常人难窥其堂奥。如何批判地继承、创造性地发挥其作用,是摆在我们面前的重要任务之一。

第三、医家与道门的思想体系共同构成了中华养生文化的主体,因医药学的专门化而演绎出中华传统中医,使医以疗疾、道以养生成为人们的普遍观点,其实医与道实是血肉相连,融通互贯的。它们的基础理论均是由道流衍而出的阴阳五行论,可以说它们是同源而异流,各有侧重;其内容均非常丰富,是中华养生文化不可或缺的两个组成部分。

经典选读

1. 《黄帝内经·素问》,河北医学院《黄帝内经素问校释》本,人民卫生出版社1982年。
2. 《道德经》★,清宁子《老子道德经》通解本,(福州)海风出版社1997年。
3. 《庄子》★,陈鼓应《庄子今注今译》本,台湾商务印书馆1976年。
4. 《悟真篇》,王沐《悟真篇浅解》本,中华书局,1990年。
5. [晋]葛洪《抱朴子·内篇》,王明《抱朴子内篇校释》本,中华书局1985年。
6. 《周易参同契》、《黄庭经》、《坐忘论》、《灵宝毕法》,均出自《道藏》,文物出版社、上海书店、天津古籍出版社1988年。

思考题

1. 中华养生文化的主要内容和特点是什么?
2. 内丹养生为何成为道家养生的主流?
3. 中华养生文化的现代价值是什么?

参考资料

1. 陈撄宁《道教与养生》,华文出版社1989年。
2. 盖建民《道教医学》,宗教文化出版社2001年。
3. 孟乃昌《周易参同契考辨》,上海古籍出版社1993年。
4. 李约瑟《中国科学技术史》,科学出版社1990年。
5. 张觉人《中国炼丹术和丹药》,四川人民出版社1981年。
6. [明]高濂《遵生八笺》,人民卫生出版社1994年。

(张 钦)

四十、中外交流

  人类文明的发展史,也是人类文明不断传播和交流的历史。历史时期,中华文明以其博大的胸怀,积极吸收和借鉴外来文化,从而赋予中国文化新的生机与活力;同时,中国文化源源不断地走向世界各地,为世界文明的繁荣作出了巨大的贡献。

  中外文化的交流具有悠久的历史。早在秦汉时期,随着统一中央王朝的建立,对外交流就逐渐多了起来。西汉武帝时,张骞出使西域,从而开辟了历史上著名的丝绸之路,史称"凿空"。丝绸之路成为中外经济文化交流的重要通道,西域使节与商团来到中原,史载"商胡贩客,日款于塞下"(《后汉书·西域传》)。丝绸之路的畅通,将大宛、月氏等国的良马、苜蓿等物品以及西域的音乐、舞蹈引进中国;中原的丝绸、陶器等传向西域。东汉时,班超派甘英出使大秦,进一步扩大了中原王朝对世界的认识和了解。在这一时期,印度的佛教也传入中国,开始进入中原人民的生活世界。魏晋南北朝继两汉之承,如鸠摩罗什等一批西域高僧东来传经,中原僧侣如法显也开始西行求法,佛教典籍大量传入中原,加速了佛教在中国的传播。佛教的传入,对中国的政治、经济、文化、思想、风俗、社会生活等带来深刻的影响。与此同时,也将印度、波斯等地的艺术等带入中原;中国的养蚕、丝织等技术远传到波斯、拜占庭等国。

  隋唐时期,中外文化交流空前繁荣。中国的高僧如玄奘等西行印度求法,鉴真等东向日本传法,促使中外佛教文化交流达到鼎盛。西域的宗教、艺术、器物等进一步流入中原,丝绸之路异常繁华;东亚的高丽、新罗、日本等国不断派遣人员来到中国,中国的汉字、儒学、律令、佛教传入朝鲜半岛和日本,促使东亚汉文化圈的形成。西亚阿拉伯半岛许多国家的商贾也飘洋过海,与中国开展海上贸易,伊斯兰教开始在中国传播,海上丝绸之路成为另一条中外文化交流的重要通道。两宋时期,由于西北陆路交通受阻,海上交通进一步发展,宋朝同中亚、南亚、东亚等国家建立了密切的海外贸易和文化交流的纽带。

  元朝建立了空前统一的大帝国,中外文化交流的广度和深度得到进一步发展。元朝中西交通畅通,中外人员往来频繁。中国人凭借便利的交通,西游至中亚、西亚乃至西欧等地;马可波罗等欧洲人进入中国,将其在中国的见闻传向欧洲世界,引发了欧洲对东方世界特别是中国的无比向往。随着中外交流的发展,西亚等国的天文、历法、数学、医学、宗教等也传入中国。

郑和下西洋是明朝对外交流中的一段佳话。明永乐、宣德时期，明成祖、明宣宗先后七次派遣郑和率领庞大的船队，到东南亚以及印度洋周边的国家进行访问。郑和的船队一度到达阿拉伯半岛和东非地区，促进了中国同这些地区的经济文化交流。郑和下西洋以其规模之庞大、行程之遥远，成为中国海外交通史上的空前壮举，加深了中国对广大亚非国家的了解，扩大了中国人对海外世界的认识，郑和也被称为当时世界上最伟大的航海家。

明清时期中外文化交流中另一件值得称道的是耶稣会士的来华传教和天主教在中国的传播。以意大利传教士利玛窦为代表的西方传教士进入中国，将西方的物理学、数学、天文学等知识传入中国，揭开了西学东渐的序幕。来华传教士又将中国的政治、经济、文化、风俗等介绍到西方国家，出现东学西传的盛况，增进了西方世界对中国的认识和了解。中国文化的西传，为18世纪欧洲的启蒙运动的兴起产生了重大影响，在当时欧洲许多国家，兴起了一股研究"汉学"的高潮。中国造纸、印刷术、火药、指南针四大发明的西传，也促使近代西方国家的强盛。但由于清朝"闭关"锁国等政策的影响，中国对外交流的限制越来越多，中外文化交流日趋衰落，这也是近代中国落后的一个重要原因。

经典选读

1. ［东汉］班固《汉书·西域传》，中华书局1962年。
2. ［晋］法显《佛国记》，中华书局1991年。
3. ［唐］玄奘、辩机著，季羡林等校注《大唐西域记校注》，中华书局2000年。
4. ［宋］赵汝适著，杨博文校释《诸蕃志校释》，中华书局1996年。
5. ［元］周大观著，夏鼐校注《真腊风土记校注》，中华书局1981年。
6. ［明］严从简著，余思黎点校《殊域周咨录》，中华书局1993年。
7. ［法］沙里昂注，冯承钧译《马可波罗行纪》，中华书局2004年。
8. ［葡］曾德昭著，何高济译，李申校《大中国志》，上海古籍出版社1998年。

思考题

1. 试述张骞出使西域以及丝绸之路的开辟在中外文化交流中的作用。
2. 谈谈佛教传入中国的历程以及对中国社会的影响。
3. 郑和下西洋在世界航海史上有什么重要意义？
4. 明清传教士在中外文化交流中发挥了什么作用？

参考资料

1. 向达《唐代长安与西域文明》，三联书店1957年。
2. 荣新江《中古中国与外来文明》，三联书店2001年。

3. 林梅村《古道西风:考古新发现所见中西文化交流》,三联书店2000年。
4. 张国刚《明清传教士与欧洲汉学》,中国社会科学出版社2001年。
5. 余太山《两汉魏晋南北朝正史西域传研究》,中华书局2003年。
6. [美]谢弗著,吴玉贵译《唐代的外来文明》,中国社会科学出版社1995年。
7. [法]安田朴著,耿升译《中国文化西传欧洲史》,商务印书馆2000年。
8. [法]布尔努瓦著,耿升译《丝绸之路》,山东画报出版社2001年。
9. 王天有、万明编《郑和研究百年论文选》,北京大学出版社2004年。

(何玉红)

下编：经典选读

经　　部

一、群经之首——《周易》

【题解】《周易》是上古的占筮著作,简称《易》。汉代的谶纬学著作《易纬乾凿度》说"易一名而含三义,所谓易也,变易也,不易也"。东汉的古文经学家郑玄(127—200)有《易赞》和《易论》,也指出"易一名而含三义:易简一也,变易二也,不易三也"。也就是说有"简易"、"变易"和"不易"三种意思。

《周易》一书由《经》和《传》两部分组成。《经》主要由"卦"(六十四卦)和"爻"(三百八十四爻)组成。传说"卦"是伏(庖)牺氏所画,东汉古文经学家许慎(约公元58—147)在《说文解字·叙》中说:"古者庖牺氏之王天下也,仰则观象于天,俯则观法于地,视鸟兽之文与地之宜。近取诸身,远取诸物,于是始作《易》八卦,以垂宪象。"

"八卦"的具体名称是:乾☰ 坤☷ 震☳ 巽☴ 坎☵ 离☲ 艮☶ 兑☱。这八种卦象分别代表了自然界天、地、雷、风、水、火、山、泽八种物象。《易纬乾凿度》甚至认为"八卦"就是"天、地、雷、风、水、火、山、泽"八个字。为了帮助人们记住"八卦"符号,古人编了一个卦象口诀,如宋代理学家朱熹(1130—1200)《周易本义·八卦取象歌》说:"乾三连,坤六断;震仰盂,艮俯碗;离中虚,坎中满;兑上缺,巽下断。"关于"卦"的含义,唐代孔颖达在《五经正义·周易正义》中解释说:"卦者,挂也。言悬挂物象以示于人,故谓之卦。"

由八卦两两重叠即成六十四卦,古人叫做"重卦"。谁是"重卦"的发明者,古今说法不一,经学家郑玄说是神农氏,史学家司马迁说是周文王,还有人说就是伏羲氏。六十四卦既然是两两重叠,书写时就是上下相叠,如"泰卦"作(下乾上坤)、"井卦"作(下巽上坎)等。在上的三画叫外卦(上卦),在下的三画叫内卦(下卦)。关于六十四卦的次序,《周易·序卦》篇有详细解释,逐一说明了从第一卦"乾"卦到最后一卦"未济"卦的理由。

卦的每一画叫"爻","爻"分阳爻━和"阴爻"━━。六十四卦的每一卦有六爻组成,共有三百八十四爻。卦有卦辞,爻有爻辞(参下文)。以上就是《经》的内容。

《传》包括解释卦辞和爻辞的文辞,即《彖上》、《彖下》、《象上》、《象下》、《系辞上》、《系辞下》、《文言》、《序卦》、《说卦》、《杂卦》。这十篇文章是用来进一步阐发卦辞和爻辞的,所以叫"十翼","翼"是辅助的意思,旧称是孔子所作。

今天看来卦辞特别是爻辞,不仅折射出上古的社会风俗,而且其押韵的文辞更是表现了汉语讲究音韵美的特点,是研究中国古典诗歌发展历程的珍贵语料。

《周易》最通行的注本有:唐孔颖达等所撰《周易正义》(其中包括三国魏王弼和晋韩康伯的注解),有《十三经注疏》本。唐李鼎祚《周易集解》(收入《津逮秘书》、《雅语堂丛书》、《四库全书》和《丛书集成初编》)。北京市中国书店1984年有影印本。宋朱熹《周易本义》,有《四库全书》本。新注本有高亨《周易古经今注》、《周易大传今注》、黄寿祺《周易译注》等可以参考。

(雷汉卿)

乾

☰(下乾上乾)

乾[1]:元,亨,利,贞[2]。《彖》曰[3]:大哉乾"元"[4],万物资始[5],乃统天[6]。云行雨施[7],品物流形[8]。大明终始[9],六位时成[10]。时乘六龙以御天[11]。乾道变化[12],各正性命[13]。保合大和,乃利贞[14]。首出庶物,万国咸宁[15]。《象》曰[16]:天行健,君子以自强不息[17]。

[1]乾:卦名。 [2]元:大也。亨:即"享"字,通也。利:即"利益"之"利"。贞:占问。 [3]《彖(tuàn)》曰:《彖》指《彖传》,是对卦名、卦体、卦义加以解说的文字。 [4]大:盛大,广大。 [5]资:依赖。万物依赖它而发端。 [6]统:属,属于。 [7]行:兴起。施:降落。 [8]品物:众物。流形:运动变化而形成。 [9]大明:太阳。终始:日落日出。 [10]六位:上下四方之位。时:于是。 [11]时乘六龙以御天:太阳(大明)驾六龙运行于天空。乘,驾。御,行。 [12]乾道:天道,即天象之自然规律。变化:指四时、昼夜、风云、雷电、霜雪等种种变化。 [13]各正性命:相当于说各得其所。性:属性。命:寿命。 [14]保:保持。合:成。大:读为"太"。太和指四时之气调协。乃利贞,有利于万物而使其各得其所。利,施利于万物;贞,正。指万物各自的属性。 [15]首:始。出:生。庶物:众物、万物。咸:皆,都。宁:宁定,安吉。 [16]《象》曰:《象》指《象传》,它是对卦爻辞加以诠释的文字。 [17]天行健,君子以自强不息:天道刚健,君子观此卦象,以天为法,从而自强不息。天行:天道。

初九[1]:潜龙,勿用[2]。《象》曰:"潜龙勿用",阳在下也[3]。
九二:见龙在田,利见大人[4]。《象》曰:"见龙在田",德施普也[5]。
九三:君子终日乾乾,夕惕若。厉无咎[6]。《象》曰:"终日乾乾",反复道也[7]。
九四:或跃在渊,无咎[8]。《象》曰:"或跃在渊",进无咎也。
九五:飞龙在天,利见大人。《象》曰:"飞龙在天",大人造也[9]。
上九:亢龙,有悔[10]。《象》曰:"亢龙有悔",盈不可久也[11]。
用九[12]:见群龙无首,吉[13]。《象》曰:"用九",天德不可为首也。

一、群经之首——《周易》

[1] 初九:爻题。"初"表示爻位,由下往上数,依次为初、二、三、四、五、上。"九"为爻数,表示阳爻,又以"六"表示阴爻。全经同此。 [2] 潜:藏于水中。勿用,没有发挥作用。 [3] 阳在下:初九为阳爻,居一卦之下位。 [4] 见:读为"现"。大人:贵族的通称。龙出现于田中,比喻大人活动于民间,人见之则有利。 [5] 普:读为"溥",大也。这句意为德泽普施于世。 [6] 乾乾:勤勉努力。惕:警惕。若:语助词,形容词词尾。惕若犹惕然。厉:危。咎:灾。君子昼则勤勉,夜则警惕,虽处危境,亦无咎灾。一说"夕惕若厉"是夜晚休息之意。如《淮南子·人间》:"终日乾乾,以阳动也;夕惕若后,以阴息也。" [7] 反复:往来行之而不舍。道:正道。 [8] 或跃:谓将欲跳跃而尚在犹疑。 [9] 造:为。指有所作为。 [10] 亢(kàng):极高曰亢。亢龙:指龙飞得太高。 [11] 盈:满。指到了极点。 [12] 用九:乾卦特有的爻题。 [13] 见:同"现"。首:首领。或解为"终"。

《文言》曰[1]:"元"者,善之长也[2];"亨"者,嘉之会也[3];"利"者,义之和也[4];"贞"者,事之干也[5]。君子体仁,足以长人[6];嘉会,足以合礼;利物,足以和义[7];贞固,足以干事[8]。君子行此四德者[9],故曰"乾:元、亨、利、贞"。

[1]《文言》:即解说《乾》、《坤》两卦的《文言传》。 [2] 善之长:善之首。 [3] 嘉:美好。会:合。 [4] 和:反应、体现。 [5] 干:主干、根本。 [6] 体:履行、践行。长人:为人君长。 [7] 利物:实指利人。 [8] 贞固:正而坚,即坚持正道。干:主持、主办。 [9] 四德:指上文所说的仁、礼、义、正。

初九曰:"潜龙勿用",何谓也?子曰[1]:"龙,德而隐者也。不易乎世[2],不成乎名[3],遯世无闷,不见是而无闷[4]。乐则行之,忧则违之[5],确乎其不可拔,潜龙也[6]。"

[1] 子:孔子。 [2] 易:移易。君子德操坚定,不为时人所转移。 [3] 不成乎名:君子隐居,不求成名。 [4] 遯:隐。不见是,言行不为世人所赞同。无闷,无烦恼。 [5] 违:离去,避开。君子对于所喜欢的事情就实践它,对于忧虑的事情就避开它。 [6] 确:坚定。拔:转移、动摇。

九二曰:"见龙在田,利见大人",何谓也?子曰:"龙德而正中者也[1]。庸言之信,庸行之谨[2]。闲邪存其诚[3],善世而不伐[4],德博而化[5]。《易》曰:'见龙在田,利见大人',君德也。"

[1] 正中:九二居于下卦之中位,所以说"正中",指能行中正之道。 [2] 庸:常,恒,犹言始终、一贯。言之信,言必守信。行之谨,行必谨慎。 [3] 闲:防范。存,保持。 [4] 善世:使世人归于善。伐,夸耀。 [5] 博:广大。化,教导,感化。

九三曰:"君子终日乾乾,夕惕若,厉无咎",何谓也?子曰:"君子进德修业[1]。忠信所以进德也。修辞立其诚,所以居业也[2]。知至至之,可与言幾也[3]。知终终之,可与存义也[4]。是故居上位而不骄,在下位而不忧,故乾乾因其时而惕[5],虽危无咎矣。"

[1] 进德修业:增进美德,建立功业。 [2] 修:修饰。辞:言论。立:确立。居:积蓄。 [3] 知至:指预知事物如何进展。至之,指自己行动如何进展,即采取相应的行动。言幾:讨论隐微之理。幾,事物的迹象、先兆。 [4] 知终:指预知事物发展的终极结果。终之,指自己的行为做到某种结果。存义,使自己的行动保持适宜。义,合宜的道德、行为或道理。 [5] 因其时:随时。

九四曰:"或跃在渊,无咎",何谓也?子曰:"上下无常,非为邪也[1]。进退无恒,非离群也[2]。君子进德修业,欲及时也[3],故无咎。"

[1] 常:常则。为,是。邪,指违离正道。 [2] 恒,常规。离,丧失。群,犹言世俗。 [3] 及时:待时而动。

九五曰:"飞龙在天,利见大人",何谓也?子曰:"同声相应,同气相求[1]。水流湿,火就燥,云从龙,风从虎,圣人作而万物睹[2]。本乎天者亲上,本乎地者亲下[3],则各从其类也。"

[1] 求:追求,召引。一说"求"与"仇"、"俅"同,意思是合、聚合。 [2] 万物:实指万人。 [3] 本:立足、依托,犹言扎根。

上九曰:"亢龙有悔",何谓也?子曰:"贵而无位[1],高而无民,贤人在下位而无辅,是以动而有悔也。"

[1] 贵:指身居尊贵之位。无位,指没有居于尊位的美德。

"潜龙勿用",下也[1]。"见龙在田",时舍也[2]。"终日乾乾",行事也。"或跃在渊",自试也[3]。"飞龙在天",上治也[4]。"亢龙有悔",穷之灾也[5]。乾元"用九"[6],天下治也。

[1] 下:即"阳在下",指阳气微弱。 [2] 时舍:暂时居住。舍,居。 [3] 试:检验。君子活动于社会下层,自试其才能,所以说"自试也"。 [4] 上治:居于君主之位而治理天下。 [5] 穷之灾:穷困之灾难。 [6] 乾元:天之元德,即天之善德。

"潜龙勿用",阳气潜藏。"见龙在田",天下文明[1]。"终日乾乾",与时偕行[2]。"或跃在渊",乾道乃革[3]。"飞龙在天",乃位乎天德[4]。"亢龙有悔",与时偕极[5]。乾元"用九",乃是天则[6]。

[1] 文明:文采光明。 [2] 偕:共同、一道。 [3] 乾道:天道。革,更改、变化。 [4]

位:站立。这里引申为居于、处于。 [5]偕极:俱达到最高点。 [6]天则:自然法则,客观规律。

《乾》"元"者,始而亨者也。"利贞"者,性情也。乾始能以美利利天下[1],不言所利,大矣哉[2]!大哉乾乎!刚健中正,纯粹精也[3]。六爻发挥,旁通情也[4]。"时乘六龙",以"御天"也。"云行雨施",天下平也。君子以成德为行,日可见之行也[5]。"潜"之为言也,隐而未见,行而未成,是以君子"弗用"也。

[1]乾始:指乾元之德。美利,美好的利益恩惠。利天下,德泽沾溉天下。 [2]不言,不自夸。 [3]纯粹精:色不杂曰纯,米不杂曰粹,米至细曰精,这里用来形容天德。 [4]发:运动。挥,移动,变化。旁通:广通。情,天地万物的情理。 [5]成德:成就德业。为行,作为立身行事之目的。

君子学以聚之[1],问以辩之[2],宽以居之[3],仁以行之[4]。《易》曰:"见龙在田,利见大人",君德也。

[1]聚:积累知识。 [2]问:审问疑难。辩,通"辨",辨明事理。 [3]宽:宽宏包容。居:为人处事。 [4]仁以行之:以仁爱之心指导行事。

九三:重刚而不中[1],上不在天,下不在田[2],故乾乾因其时而惕,虽危无咎矣。

[1]重刚:"刚"指阳爻,九二为阳爻,为刚,九三又为阳爻,故称"重刚"。不中,指不居于上下卦之中位。 [2]天:上卦之中位是第五爻,为天位,故九五云"飞龙在天"。田,下卦之中位是第二爻,为地位,故九二云"见龙在田"。

九四:重刚而不中,上不在天,下不在田,中不在人,故"或"之[1]。"或"之者,疑之也,故"无咎"。

[1]或,同"惑"。

夫"大人"者,与天地合其德,与日月合其明,与四时合其序,与鬼神合其吉凶[1],先天而天弗违,后天而奉天时[2]。天且弗违,而况于人乎?况于鬼神乎?

[1]与天地合其德:指德配天地。与日月合其明,指贤明可与日月相比。与四时合其序,指政教法度如四时有序。与鬼神合其吉凶,指其断事之灵验可比鬼神。 [2]先天:指在上天垂象示人之前而采取行动。天弗违,天不违反其预见。后天,指在上天垂象示人之后而采取行动。奉天时,依天时而行事。

"亢"之为言也,知进而不知退,知存而不知亡,知得而不知丧。其唯圣人乎!

知进退存亡而不失其正者,其唯圣人乎!

坤

☷☷(下坤上坤)

坤[1]:元亨。利牝马之贞[2]。君子有攸往[3],先迷后得主[4],利。西南得朋,东北丧朋[5]。安贞吉[6]。

[1] 坤:卦名。 [2] 牝(pìn)马:母马。 [3] 君子:指问卦者。有攸往,有所行往。 [4] 迷:迷失道路。 [5] 朋:朋友。一说"朋"为货币。上古以贝为币,十贝为朋。 [6] 安贞:占问安否。安贞吉,占卜时遇到此卦则吉利。

《彖》曰:至哉坤元[1],万物资生,乃顺承天[2]。坤厚载物,德合无疆[3]。含弘光大,品物咸亨[4]。牝马地类,行地无疆。柔顺利贞[5],君子攸行,先迷失道,后顺得常[6]。西南得朋,乃与类行[7]。东北丧朋,乃终有庆[8]。安贞之吉,应地无疆[9]。《象》曰:地势坤[10]。君子以厚德载物[11]。

[1] 至:极。"至哉"与"乾"卦之"大哉"相近。坤元,地德之善,指长养万物的纯阳之气。 [2] 资:依赖。承,奉,遵奉。 [3] 合:和合。 [4] 弘:大。光,通"广"。亨:通,指万物畅达。 [5] 牝马地类:牝马是阴性之物,与地同类。行地无疆,牝马行于地上,可至于无疆。利贞,利于持守正道。 [6] 常:常道,正道。 [7] 类:众。 [8] 庆:吉庆。 [9] 应地无疆:适应地之广大无边,无往而不利。 [10] 坤:顺。 [11] 君子以厚德载物:大地无物不载,无物不容,君子应当效法,以宽厚仁德育人。

初六:履霜,坚冰至[1]。《象》曰:"履霜坚冰",阴始凝也,驯致其道,至坚冰也[2]。

六二:直方大[3],不习无不利[4]。《象》曰:六二之动,直以方也[5]。"不习无不利",地道光也[6]。

六三:含章,可贞[7],或从王事,无成有终[8]。《象》曰"含章可贞",以时发也。"或从王事",知光大也[9]。

六四:括囊,无咎无誉[10]。《象》曰:"括囊无咎",慎不害也[11]。

六五:黄裳,元吉[12]。《象》曰:"黄裳元吉",文在中也[13]。

上六:龙战于野,其血玄黄[14]。《象》曰:"龙战于野",其道穷也[15]。

用六:利永贞[16]。《象》曰:用六"永贞",以大终也。

[1] 履霜,坚冰至:履践秋霜,知冬日坚冰将顺次而至。 [2] 驯:同"顺"。这句意为顺推自然规律。 [3] 直方大:直方,正直端方;"大"字疑是衍文。 [4] 习:修习、研习。 [5] 以:且。 [6] 光:通"广",谓地道广大,兼载万物。 [7] 含:怀有。章:文

采,指美德。可贞:即宜贞,利贞。　　[8]终:好结果。　　[9]知:同"智"。光:通"广"。
[10]括:束结。囊,大口袋。比喻人遇事缄口不言。无咎无誉,没有过咎,也无称誉。
[11]慎不害:谨慎故无灾害。　　[12]裳:裙也,裤也。黄裳,喻尊贵。元,大。　　[13]
文:指美德。　　[14]玄:青色。玄黄,青黄混合之色。　　[15]穷:困穷。　　[16]永贞:
占问长期之吉凶。

《文言》曰:坤至柔而动也刚,至静而德方[1]。后得主而有常,含万物而化
光[2]。坤道其顺乎,承天而时行[3]。积善之家必有余庆,积不善之家必有余殃。
臣弑其君,子弑[4]其父,非一朝一夕之故,其所由来者渐矣,由辩之不早辩也[5]。
《易》曰:"履霜,坚冰至",盖言顺也[6]。

　　[1]柔:柔顺。刚:刚健。静:静止。方,耿介方正。　　[2]得主:谓得乾阳以为之主。化
光,化育广大。　　[3]承天而时行:承天道而四时运动。　　[4]弑:杀,以下杀上。　　[5]由:
由于。辩:通"辨",察觉,发觉。　　[6]顺:指事物发展的自然顺序。

"直"其正也,"方"其义也。君子敬以直内,义以方外[1],敬义立而德不孤。
"直方大,不习无不利",则不疑其所行也[2]。

　　[1]直内:使内心正直。方外,使外在行为端方。　　[2]不疑其所行:人皆信其所行而
不疑。

阴虽有美,"含"之以从王事,弗敢成也[1]。地道也,妻道也,臣道也,地道无
成而代有终也[2]。

　　[1]弗敢成:不有其成,不占有其功。　　[2]代:交替。地道无成而代有终也,谓地道无
成,成在于天,但地道亦能顺承天道,年年交替而取得生养万物之结果。

天地变化,草木蕃。天地闭,贤人隐。《易》曰:"括囊,无咎无誉",盖言谨也。
　　君子黄中通理[1],正位居体[2],美在其中而畅于四支[3],发于事业,美之
至也。

　　[1]黄中:黄为美色,黄中即修美于内。通理,通达事理。　　[2]正位:以正道居其位。居
体,犹言得体。　　[3]畅:达。支,同"肢"。

阴疑于阳必战[1],为其嫌于无阳也[2],故称"龙"焉。犹未离其类也,故称
"血"焉[3]。夫玄黄者,天地之杂也,天玄而地黄。

　　[1]疑:通"拟"。谓阴势盛极欲比拟于阳。　　[2]为其嫌于无阳也:"无"字疑是衍文。
嫌:疑也,一本作"兼",胜过。　　[3]犹未离其类也,故称"血"焉:血属于阴类;上六之阴虽嫌
于阳,然其本身仍属阴类而未离阴类,血属阴类,故言。

屯

☳(下震上坎)

屯[1]:元亨,利贞。勿用有攸往[2]。利建侯[3]。《彖》曰:屯,刚柔始交而难生[4]。动乎险中,大亨贞[5]。雷雨之动满盈[6],天造草昧[7]。宜建侯而不宁[8]。《象》曰:云雷,屯[9]。君子以经纶[10]。

[1] 屯(zhūn):卦名。 [2] 勿用有攸往:不可有所行往。 [3] 建侯:天子封侯建国或命新侯嗣立。 [4] 刚柔始交:谓阴阳二气始相交接。 [5] 动:萌动、孕育。 [6] 满盈:充塞、充盈。 [7] 草昧:指"草木"。 [8] 不:通"否",大。宁,平安。 [9] 屯:聚集。 [10] 经纶:经营筹划。

初九:磐桓,利居贞[1]。利建侯。《象》曰:虽盘桓,志行正也。以贵下贱,大得民也[2]。

六二:屯如邅如[3],乘马班如[4]。匪寇,婚媾[5]。女子贞不字[6],十年乃字。《象》曰:六二之难,乘刚也[7]。十年乃字,反常也。

六三:即鹿无虞[8],惟入于林中,君子几不如舍,往吝[9]。《象》曰:"即鹿无虞",以从禽也[10]。君子舍之,往吝穷也[11]。

六四:乘马班如,求婚媾。往吉,无不利。《象》曰:求而往,明也。

九五:屯其膏[12],小贞吉;大贞凶[13]。《象》曰:"屯其膏",施未光也[14]。

上六:乘马班如,泣血涟如[15]。《象》曰:"泣血涟如",何可长也[16]。

[1] 磐(pán)桓:即盘桓,进退徘徊。贞:正。利居贞:言人当徘徊之时,利在居于正道。 [2] 以贵下贱:指贵者以谦虚的态度对待庶民,听取庶民的意见。 [3] 屯如邅(zhān)如:如,语辞;屯邅,即"迍邅",行进迟疑。 [4] 班如:"班"同"般",即"盘",进退回旋的样子。 [5] 匪:同"非"。寇:寇抢、盗劫。婚媾:婚姻。 [6] 贞:占问。字:许嫁。 [7] 乘:凌驾。乘刚,阴爻六二凌驾于阳爻初九之上。 [8] 即鹿:逐鹿。虞,掌山林之官,在贵族行猎时,为之赶出鸟兽。 [9] 几:求。舍:舍弃。吝,难。 [10] 从:随行,引申为追逐。 [11] 穷:没办法,无计可施。 [12] 屯:聚集。膏,肥肉,喻财货。 [13] 小贞:占问小事。大贞:占问大事。 [14] 光:通"广"。全句意为聚集财货本该普遍施舍,但却未能普遍施舍。 [15] 泣血:流泪。涟如,泪流不止的样子。 [16] 何可长也:不可长久。

贲

☲(下离上艮)

贲[1]:亨。小利有攸往[2]。《彖》曰:贲亨,柔来而文刚[3],故亨。分,刚上而文柔,故小利有攸往。刚柔交错,天文也。文明以止,人文也[4]。观乎天文,以察时变[5];观乎人文,以化成天下[6]。《象》曰:山下有火,贲[7]。君子以明庶政,无敢折狱[8]。

[1] 贲(bì):卦名。 [2] 小利有攸往:有所往则小利。 [3] 文:文饰。 [4] 文明以止:用文明来约束人类行止。人文,指社会典章制度。 [5] 观乎天文,以察时变:考察自然物象,可洞察预知时序的变化。 [6] 观乎人文,以化成天下:考察社会典章制度的得失,可以化育成就天下之人。 [7] 山下有火:贲之上卦为艮,下卦为离,艮为山,离为火。 [8] 明:察。庶政:各项政事。折狱:判决诉讼案件。

初九:贲其趾[1],舍车而徒[2]。《象》曰:"舍车而徒",义弗乘也。
六二:贲其须[3]。《象》曰:"贲其须",与上兴也[4]。
九三:贲如,濡如[5],永贞吉[6]。《象》曰:"永贞之吉",终莫之陵也[7]。
六四:贲如皤如,白马翰如[8]。匪寇,婚媾。《象》曰:六四,当位疑也[9]。"匪寇婚媾",终无尤也[10]。
六五:贲于丘园[11],束帛戋戋[12],吝,终吉[13]。《象》曰:"六五之吉",有喜也[14]。
上九:白贲,无咎[15]。《象》曰:"白贲无咎",上得志也[16]。

[1] 贲:饰以花纹。趾:足。 [2] 徒:步行。 [3] 须:胡须。 [4] 与:助。上:君上。 [5] 贲如:有花纹的样子。濡:借为"嬬",柔和的样子。 [6] 永贞:占问长期之吉凶。 [7] 陵:读为"凌",侵凌。 [8] 皤:白色。翰:马长毛。 [9] 当位:处于有利的地位。 [10] 尤:怨尤、患害。 [11] 丘园:喻女家所住之地。 [12] 束帛:帛、绸;古代一束帛长二百尺。戋(jiān)戋,少的样子。 [13] 吝:难,困难。 [14] 有喜:指有婚姻之喜。 [15] 白贲:装饰清素。 [16] 上:喻在上位之人。

井

䷯(下巽上坎)

井[1]:改邑不改井[2],无丧无得[3],往来井井[4]。汔至,亦未繘井[5],羸其瓶,凶[6]。《彖》曰:巽乎水而上水,井[7]。井养而不穷也[8]。改邑不改井,乃以刚中也[9]。汔至,亦未繘井,未有功也。羸其瓶,是以凶也。《象》曰:木上有水[10],井;君子以劳民劝相[11]。

[1] 井:卦名。由巽卦和坎卦组成。 [2] 改:更易迁徙。邑,城镇村邑。 [3] 丧:减少。得:增加。 [4] 往:谓人们徙去。来:谓人们迁来。井井:水井依然是水井。 [5] 汔(qì):几乎、将要。至:汲绳提至井口。亦未:犹未,尚未。繘(yù):繘是辘轳上汲水的绳子,其作用是将水从井里提出来。"汔至亦为繘井"是说汲绳将提至井口而尚未提出。 [6] 羸:倾

覆坠毁。　[7] 巽:入。上水:将水抽上。　[8] 井养而不穷:井水养人,而永不穷竭。　[9] 刚中:井卦之九二为阳爻,为刚,居于下卦之中位,九五也为阳爻,为刚,居于上卦之中位,是为刚中,象井中之四壁坚刚。　[10] 木上有水:井之下卦为巽,上卦为坎,巽为木,坎为水。[11] 劳:慰劳、抚慰。劝,勉励。相,助。劝相,劝勉而使民相助。

初六:井泥不食,旧井无禽[1]。《象》曰:"井泥不食",下也[2]。"旧井无禽",时舍也[3]。

九二:井谷射鲋,瓮敝漏[4]。《象》曰:"井谷射鲋",无与也[5]。

九三:井渫不食,为我心恻[6];可用汲,王明,并受其福[7]。《象》曰:"井渫不食",行恻也[8]。求王明,受福也[9]。

六四:井甃,无咎[10]。《象》曰:"井甃无咎",修井也。

九五:井洌,寒泉食[11]。《象》曰:寒泉之食,中正也[12]。

上六:井收勿幕,有孚,元吉[13]。《象》曰:元吉在上,大成也[14]。

[1] 泥:淤泥堵塞。不食,无法饮用。禽:同"擒",获得。　[2] 下:初六阴柔居初,故曰"下",言其卑弱不足以自养民。比喻井底之水混杂泥沙不能被人饮用。　[3] 时舍:当时舍弃不用。　[4] 井谷:井底。射鲋,以弓箭射鱼。鲋,小鱼。瓮敝漏,水瓮残破漏水。　[5] 与:助。　[6] 渫(xiè):淘取污泥。恻,悲。　[7] 用:以。王明:君王贤明。这几句意思是:如果说君王贤明,治理井邑,则可以共同享受到饮用井水的福气。　[8] 行恻:其行可悲。[9] 求王明:谓祈求君王贤明而治理井水。　[10] 甃(zhòu):修治井壁。　[11] 洌:清洁。寒泉,言泉水从井底涌出,显得清凉,可以饮用。　[12] 中正:九五居于上卦之中,比喻刚正守中。　[13] 收:汲水完毕,收其井绳与瓶。幕,盖上井口。勿幕,井口不盖。孚:罚。有孚,要惩罚。井水汲毕,要盖井口以保清洁,若不盖井口则要处罚。元吉,大吉。　[14] 在上:指高居尊位的上六。大成,指井水养人的功劳大成。

(据中华书局影印阮元校刻《十三经注疏》本《周易正义》　雷汉卿)

系辞上(节录)

天尊地卑[1],乾坤定矣[2]。卑高以陈[3],贵贱位矣[4]。动静有常[5],刚柔断矣[6]。方以类聚[7],物以群分[8],吉凶生矣。在天成象,在地成形,变化见矣。是故刚柔相摩[9],八卦相荡[10],鼓之以雷霆[11],润之以风雨;日月运行,一寒一暑。乾道成男,坤道成女。乾知大始[12],坤作成物[13]。乾以易知,坤以简能[14];易则易知,简则易从;易知则有亲,易从则有功;有亲则可久,有功则可大;可久则贤人之德,可大则贤人之业。易简而天下之理得矣。天下之理得,而成位乎其中矣[15]。

[1] 尊:高。卑:低。　[2] 定:确定。　[3] 陈:陈列,排列。　[4] 位:使占据其应有的位置。　[5] 常:规律。　[6] 断:划分,区分。　[7] 方:道,指抽象的理念。一说:"方"当作

"人",篆文形似而误。 [8]物:具体的事物。 [9]相摩:互相摩擦。 [10]相荡:互相推移,来回运动。 [11]鼓:振动。 [12]大(tài)始:指开始形成万物的混沌之气。 [13]成物:养育万物。 [14]简能:简单则能完善。 [15]成:成就。位:居,处。

　　圣人设卦观象[1],系辞焉而明吉凶[2],刚柔相推而生变化[3]。是故吉凶者,失得之象也;悔吝者,忧虞之象也;变化者,进退之象也;刚柔者,昼夜之象也。六爻之动,三极之道也[4]。是故君子所居而安者[5],《易》之序也[6];所乐而玩者[7],爻之辞也。是故君子居则观其象而玩其辞,动则观其变而玩其占,是以自天祐之,吉无不利。……

　　[1]设卦观象:创建八卦及六十四卦,观察卦爻之象。 [2]系辞:联系卦爻辞。 [3]相推:互相推移。 [4]三极:指天、地、人三才。 [5]居:平素家居。安:安适。一说:当读"案",即"按",考察。 [6]序:卦序或六爻的序位。一说:"序"当作"象",指卦象。 [7]玩:反复体会、揣摩。

　　《易》与天地准[1],故能弥纶天地之道[2]。仰以观于天文,俯以察于地理,是故知幽明之故[3];原始反终[4],故知死生之说。精气为物[5],游魂为变[6],是故知鬼神之情状。与天地相似,故不违;知周乎万物[7],而道济天下[8],故不过;旁行而不流[9],乐天知命[10],故不忧。安土敦乎仁[11],故能爱。范围天地之化而不过[12],曲成万物而不遗[13],通乎昼夜之道而知[14],故神无方而《易》无体[15]。

　　[1]准:符合,相当。 [2]弥纶:统摄,涵盖。 [3]幽明:指有形和无形的事物。 [4]原始反终:探究事物发展的始末。 [5]精气:阴阳精灵之气。古人认为天地间万物皆秉之以生。 [6]游魂:指浮游的精气。 [7]知:"智"的古字。 [8]济:成就。 [9]旁行:遍行。流:放纵,无节制。 [10]乐天知命:指乐从天道的安排,安守命运的分限。 [11]安土:安居本土。敦:厚。 [12]范围:效法。 [13]曲成:多方设法使有成就,委曲成全。 [14]知:"智"的古字。聪明、智慧。 [15]无方:没有方向、处所的限制,谓无所不至。无体:没有固定的形态,谓无所不容。

　　一阴一阳之谓道[1],继之者善也[2],成之者性也[3]。仁者见之谓之仁,知者见之谓之知[4],百姓日用而不知,故君子之道鲜矣[5]。显诸仁[6],藏诸用[7],鼓万物而不与圣人同忧[8],盛德大业至矣哉[9]!富有之谓大业[10],日新之谓盛德[11]。生生之谓易[12],成象之谓乾[13],效法之谓坤[14],极数知来之谓占[15],通变之谓事[16],阴阳不测之谓神[17]。

　　[1]一阴一阳之谓道:阴阳矛盾对立,相互转化,是谓规律。 [2]继:前后相续,接连不断。 [3]成:完成,实现。 [4]知:即"智"。 [5]鲜(xiǎn):少,指掌握的人很少。 [6]显:显露。诸:"之于"的合音。"显诸仁"似乎对应前面的"仁者见之"一句。 [7]藏:隐藏,潜匿。"藏诸用"似乎对应前面的"百姓日用而不知"一句。 [8]鼓:激发,振作。"鼓万物而

不与圣人同忧"意谓一阴一阳的规律激发万物,不以圣人的忧患意识为转移。　[9] 盛德大业:盛大的德行和功业。　[10] 富有:包罗万象,无所不有。　[11] 日新:日日更新。　[12] 生生:孳生不绝,繁衍不已。　[13] 成象:成为感官可以觉知的形象或现象。　[14] 效法:模仿,学习。　[15] 极数知来:穷尽卦爻之数的变化,预知将来的事态发展。　[16] 通变:通晓变化之理。　[17] 阴阳不测:阴阳变化难以意料。

夫《易》广矣大矣,以言乎远则不御[1],以言乎迩则静而正[2],以言乎天地之间则备矣。夫乾,其静也专[3],其动也直[4],是以大生焉。夫坤,其静也翕[5],其动也辟[6],是以广生焉。广大配天地,变通配四时,阴阳之义配日月,易简之善配至德。……

　　[1] 不御:没有止境。　[2] 迩(ěr):近。　[3] 专(tuán):同"抟",聚集。　[4] 直:伸直。　[5] 翕(xī):收缩。　[6] 辟(pì):打开。

子曰:"夫《易》何为者也?夫《易》开物成务[1],冒天下之道[2],如斯而已者也。"是故圣人以通天下之志,以定天下之业,以断天下之疑。是故蓍之德圆而神[3],卦之德方以知[4],六爻之义易以贡[5]。圣人以此洗心[6],退藏于密[7],吉凶与民同患。神以知来,知以藏往[8],其孰能与此哉[9]!古之聪明睿知,神武而不杀者夫[10]。是以明于天之道,而察于民之故,是兴神物[11],以前民用[12]。圣人以此齐戒[13],以神明其德夫[14]。是故阖户谓之坤[15],辟户谓之乾,一阖一辟谓之变,往来不穷谓之通,见乃谓之象[16],形乃谓之器,制而用之谓之法,利用出入[17],民咸用之谓之神[18]。

　　[1] 开物成务:指通晓万物的道理,并按这道理行事而得到成功。　[2] 冒:包容,统括。　[3] 蓍(shī):草名,我国古代常用它的茎占筮。圆而神:蓍的形体圆,其性质则神。　[4] 方以知(zhì):卦的形体方,其性质则智。蓍与卦能预知未来,故称其为神智。　[5] 六爻之义易以贡:六爻的意义通过变化来告诉人吉凶。一说:"贡"当作"工",意谓六爻的意义简单而工巧。　[6] 洗心:洗涤心胸,比喻除去恶念或杂念。　[7] 退藏于密:高亨先生认为:"此谓占筮之后,记其事,退而藏之于密处,以为来日之借鉴也。甲骨卜辞即殷王朝所藏之卜事记录,是其证。"　[8] 神以知(zhī)来,知(zhì)以藏往:神用以预知未来,智用以珍藏往事。　[9] 与:及,达到。　[10] 知:同智。杀:残暴。　[11] 神物:神灵、怪异之物,这里指蓍草。　[12] 以前民用:用以作为民用的前导。　[13] 齐戒:即斋戒,修身自警。　[14] 神明其德:使其德性变得神明。　[15] 阖(hé):闭合。　[16] 见(xiàn):显露,显现。　[17] 利用出入:朱子曰:"利用出入者,便是人生日用都离他不得。"(《朱子语类》卷七十五)　[18] 咸:皆,都。

是故《易》有大极[1],是生两仪[2]。两仪生四象[3]。四象生八卦。八卦定吉凶,吉凶生大业。是故法象莫大乎天地[4];变通莫大乎四时[5];县象著明莫大乎日月[6];崇高莫大乎富贵;备物致用[7],立成器以为天下利[8],莫大乎圣人;探赜索隐[9],钩深致远,以定天下之吉凶,成天下之亹亹者[10],莫大乎蓍龟[11]。是故天生神物,圣人则之[12];天地变化,圣人效之;天垂象[13],见吉凶,圣人象之;河出图,洛出书[14],圣人则之。《易》有四象,所以示也。系辞焉,所以告也;定之以吉凶,所以断也。……

[1] 大极:即太极,古代哲学家称最原始的混沌之气。谓太极运动而分化出阴阳,由阴阳而产生四时变化,继而出现各种自然现象,是宇宙万物之原。 [2] 两仪:指天地。 [3] 四象:指春、夏、秋、冬四时。体现于卦上,则指少阳、老阳、少阴、老阴四种爻象。 [4] 法象:对自然界一切事物现象的总称。 [5] 变通:谓事物因变化而通达。 [6] 县(xuán)象:天象,多指日月星辰。 [7] 备物:备办各种器物。 [8] 成器:工具,器物。 [9] 探赜(zé)索隐:探索幽深隐微的事理。赜:幽深奥妙。 [10] 亹(wěi)亹:勤勉奋进的样子。 [11] 蓍龟:蓍草和龟甲,这里指占卜。 [12] 则之:仿效,效法。 [13] 垂象:显示征兆。古人迷信,把某些自然现象附会人事,认为是预示人间祸福吉凶的迹象。 [14] 河出图,洛出书:黄河出现河图,洛水出现洛书,都是吉祥的征兆。汉人认为图是八卦,书是《尚书·洪范》的原型。

子曰:"书不尽言,言不尽意[1]。"然则圣人之意,其不可见乎?子曰:"圣人立象以尽意,设卦以尽情伪[2],系辞焉以尽其言。变而通之以尽利,鼓之舞之以尽神。"乾坤,其《易》之缊邪[3]?乾坤成列,而《易》立乎其中矣。乾坤毁,则无以见《易》。《易》不可见,则乾坤或几乎息矣[4]。是故形而上者谓之道,形而下者谓之器[5]。化而裁之谓之变[6],推而行之谓之通[7],举而错之天下之民谓之事业[8]。是故夫象,圣人有以见天下之赜,而拟诸其形容[9],象其物宜[10],是故谓之象。圣人有以见天下之动,而观其会通[11],以行其典礼[12],系辞焉以断其吉凶,是故谓之爻。极天下之赜者存乎卦,鼓天下之动者存乎辞;化而裁之存乎变;推而行之存乎通;神而明之存乎其人;默而成之[13],不言而信,存乎德行。

[1] 书不尽言,言不尽意:书写难以穷尽语言,语言难以充分表达全部的思想。 [2] 情伪:真假,真诚与虚伪。 [3] 缊(yùn):通"蕴",或作"深奥"解,或作"意蕴"解。一说"缊"当作"经",读作"径",门径、关键。 [4] 息:灭绝,消失。 [5] 形而上:无形,抽象。形而下:实在,具体。 [6] 化而裁之:谓随事物变化而相裁节。 [7] 推而行之:推广并施行。 [8] 错:通"措",施行,运用。 [9] 形容:形状。 [10] 物宜:指事物的性质、道理、规律等。 [11] 会通:会合变通。 [12] 典礼:制度礼仪。 [13] 默而成之:谓躬行不言,默而成事。

系辞下(节录)

八卦成列[1],象在其中矣;因而重之[2],爻在其中矣;刚柔相推,变在其中矣;系辞焉而命之[3],动在其中矣。吉凶悔吝者[4],生乎动者也;刚柔者,立本者也[5];变通者,趣时者也[6]。吉凶者,贞胜者也[7];天地之道,贞观者也[8];日月之道,贞明者也[9];天下之动,贞夫一者也。夫乾确然[10],示人易矣;夫坤隤然[11],

示人简矣。爻也者,效此者也。象也者,像此者也;爻象动乎内,吉凶见乎外,功业见乎变,圣人之情见乎辞。天地之大德曰生,圣人之大宝曰位。何以守位[12]?曰仁。何以聚人?曰财。理财正辞、禁民为非曰义[13]。

[1] 成列:排成行列。 [2] 因而重之:凭借八卦的重叠。 [3] 系辞焉而命之:联系卦爻辞而告诉人吉凶。 [4] 悔吝(lìn):这里指灾祸。 [5] 立本:确立根基;建立根本。 [6] 趣(qū)时:谓努力与当时的形势、环境及条件相适应。 [7] 贞胜:谓守正执一,则可以御万变而无不胜。 [8] 贞观:谓以正道示人。贞:正,常。观:示。 [9] 贞明:谓日月能固守其运行规律而常明。 [10] 确然:刚强坚定的样子。 [11] 隤(tuí)然:柔顺随和的样子。 [12] 守位:保持地位或职位。 [13] 正辞:端正言辞。

　　古者包牺氏之王天下也[1],仰则观象于天,俯则观法于地,观鸟兽之文[2],与地之宜[3],近取诸身,远取诸物,于是始作八卦,以通神明之德,以类万物之情[4]。作结绳而为网罟[5],以佃以渔[6],盖取诸《离》。包牺氏没,神农氏作,斲木为耜[7],揉木为耒[8],耒耨之利[9],以教天下,盖取诸《益》。日中为市,致天下之民,聚天下之货,交易而退,各得其所,盖取诸《噬嗑》[10]。神农氏没,黄帝、尧、舜氏作,通其变,使民不倦,神而化之,使民宜之。《易》穷则变,变则通,通则久。是以"自天祐之,吉无不利"[11]。黄帝、尧、舜垂衣裳而天下治[12],盖取诸《乾》《坤》。刳木为舟[13],剡木为楫[14],舟楫之利,以济不通,致远以利天下,盖取诸《涣》。服牛乘马[15],引重致远,以利天下,盖取诸《随》。重门击柝[16],以待暴客[17],盖取诸《豫》。断木为杵,掘地为臼,臼杵之利[18],万民以济[19],盖取诸《小过》。弦木为弧[20],剡木为矢,弧矢之利,以威天下,盖取诸《睽》。上古穴居而野处,后世圣人易之以宫室,上栋下宇,以待风雨,盖取诸《大壮》。古之葬者,厚衣之以薪[21],葬之中野[22],不封不树[23],丧期无数[24]。后世圣人易之以棺椁[25],盖取诸《大过》。上古结绳而治[26],后世圣人易之以书契[27],百官以治,万民以察,盖取诸《夬》。

　　[1] 包(páo)牺氏:即"伏羲氏"。古代传说中的三皇之一,风姓,相传其始画八卦,又教民渔猎,取牺牲以供庖厨,因称"庖牺"。 [2] 鸟兽之文:鸟兽的花纹和脚印。 [3] 地之宜:谓土地之所宜,这里指植物。因为不同的土质适宜于不同植物生长。 [4] 类:比拟,模仿。 [5] 罔(wǎng)罟(gǔ):捕鱼及捕鸟兽的工具。 [6] 佃:通"畋(tián)",打猎。 [7] 斲(zhuó):砍,削。耜(sì):古代耕地翻土的农具,耒下铲土的部件,初以木制,后以金属制作,可拆卸置换。 [8] 揉(róu):使木弯曲或伸直。耒(lěi):指耒耜的木把。一说:耒、耜为独立的两种翻土农具。 [9] 耨(nòu):锄。 [10] 噬(shì)嗑(hé):《周易》卦名之一。震下离上,谓颐中有物,啮而合之,象征以刑法治国。这里指聚合天下货物在市集交易。 [11] 语出《周易·大有》。 [12] 垂衣裳:定衣服之制,示天下以礼,寓意帝王无为而治。 [13] 刳(kū):挖空。 [14] 剡(yǎn):削尖。 [15] 服牛乘马:役使牛马驾车。 [16] 重(chóng)门击柝(tuò):层层设门,敲梆子巡夜。 [17] 以待暴客:防备和抵御强盗、盗贼。 [18] 臼(jiù)杵(chǔ):舂粮食或他物的容器和捣棒。 [19] 济:得益。 [20] 弦(xián):安上弓弦。

一、群经之首——《周易》

[21] 厚衣(yì)之以薪:用柴草厚厚地包裹尸体。　[22] 中野:原野之中。　[23] 封:堆土为坟。树:植树为饰。　[24] 丧期无数:服丧的期限没有限定。　[25] 椁(guǒ):古代套于棺外的大棺。　[26] 结绳:上古无文字,在绳索上打结以记事。　[27] 书契:指文字。

是故《易》者,象也;象也者,像也[1]。彖者[2],材也[3];爻也者,效天下之动者也。是故吉凶生而悔吝著也。……

[1] 像:模仿。　[2] 彖(tuàn):《周易》中断卦之辞称"彖"。　[3] 材:通"裁",裁断。

《易》之兴也,其于中古乎[1]?作《易》者,其有忧患乎?是故《履》[2],德之基也。《谦》[3],德之柄也。《复》[4],德之本也。《恒》[5],德之固也。《损》[6],德之修也。《益》[7],德之裕也。《困》[8],德之辨也。《井》,德之地也[9]。《巽》[10],德之制也。《履》和而至[11]。《谦》尊而光[12]。《复》小而辨于物[13]。《恒》杂而不厌[14]。《损》先难而后易。《益》长裕而不设[15]。《困》穷而通。《井》居其所而迁[16]。《巽》,称而隐[17]。《履》以和行,《谦》以制礼,《复》以自知,《恒》以一德,《损》以远害,《益》以兴利,《困》以寡怨,《井》以辨义,《巽》以行权[18]。

[1] 中古:指周文王之世。　[2]《履》:指礼仪制度,所以说它是德行的基础。　[3]《谦》:指谦虚,所以说它可以像柄一样一直秉持。　[4]《复》:指回复善道,所以说它是德行的根本。　[5]《恒》:指坚持不懈,所以说它可以巩固德行。　[6]《损》:指减少过失,所以说它是德行的修养。　[7]《益》:指增加善念美行,所以说它是德行的扩充。　[8]《困》:指处于困境。因为处于困境之中,最能考验人的德行,所以说《困》可以辨识人的善恶。　[9]《井》:指以水养人,象征德行的地位。一说:"地"当作"施",《井》象征以德施人。　[10]《巽》:指回避谦让,所以说它是德行的控制。　[11] 和而至:和而不争,以达到礼的要求。　[12] 尊而光:受尊重而光荣。　[13] 小而辨于物:从小做起,遍及一切事物。辨:"遍"的假借字。　[14] 杂而不厌:指行善多而不自满。　[15] 长裕而不设:美德长久充裕,不需要临时设计。　[16] 居其所而迁:居住在适宜的处所,迁施惠泽给别人。　[17] 称而隐:获得别人的称誉就隐退,即功成身退。　[18] 行权:改变常规,权宜行事。

《易》之为书也不可远[1],为道也屡迁[2],变动不居[3],周流六虚[4],上下无常,刚柔相易,不可为典要[5],唯变所适[6]。其出入以度外内[7],使知惧。又明于忧患与故[8]。无有师保[9],如临父母。初率其辞而揆其方[10],既有典常[11]。苟非其人,道不虚行。《易》之为书也,原始要终[12],以为质也[13]。六爻相杂,唯其时物也[14]。其初难知,其上易知[15],本末也。初辞拟之,卒成之终[16]。若夫杂物撰德[17],辩是与非,则非其中爻不备[18]。噫!亦要存亡吉凶[19],则居可知矣。知者观其彖辞,则思过半矣。

[1] 远:远于人。　[2] 屡迁:多次变易。　[3] 变动不居:谓事物不断变化,没有固定的形态。　[4] 六虚:指《易》六十四卦每卦六爻的位置。爻分阴阳,每卦之爻变动无定,故爻位称

虚。　[5]典要：经常不变的准则、标准。　[6]唯变所适：犹言跟着变化走。　[7]其出入以度外内：从本卦到变卦的变化计量内卦和外卦之间的联系。出入：出于本卦，入于变卦。内外：本卦为内，变卦为外。古人占筮，以先得之卦为"本卦"，然后以本卦的卦爻互变而成新卦，所得谓之"变卦"。因为在卦爻互变的过程中，经常会出现已得的吉卦忽然变为凶卦的情况，所以下一句说"使知惧"。　[8]故：事情。另外，解为"原因、缘故"，似乎也通。　[9]师保：古时辅弼帝王和教导王室子弟的官，有师有保，统称"师保"。　[10]初率其辞而揆(kuí)其方：起初遵循卦爻辞，揣摩其中的道理。　[11]典常：常道，常法。　[12]原始要终：探究事物发展的始末。　[13]质：指一卦之体。　[14]唯其时物：象征一定时间内的事物。　[15]其初难知，其上易知：只看初爻很难理解，看到上爻之后就容易明白了。　[16]初辞拟之，卒成之终：初爻之辞比拟事物的开端，上爻之辞决定事情的结局。　[17]杂物撰(suàn)德：杂聚各种事物，计算他们的德性。撰：通"算"。　[18]中爻：中间四爻。　[19]要(yāo)：探求。

　　二与四同功而异位，其善不同[1]；二多誉，四多惧，近也[2]。柔之为道，不利远者[3]；其要无咎，其用柔中也[4]。三与五同功而异位，三多凶，五多功，贵贱之等也[5]。其柔危，其刚胜耶[6]？《易》之为书也，广大悉备。有天道焉，有人道焉，有地道焉。兼三材而两之[7]，故六。六者非它也，三材之道也。道有变动，故曰爻；爻有等，故曰物[8]；物相杂，故曰文[9]；文不当[10]，故吉凶生焉。《易》之兴也，其当殷之末世，周之盛德耶？当文王与纣之事耶？是故其辞危。危者使平，易者使倾[11]。其道甚大，百物不废。惧以终始[12]，其要无咎，此之谓《易》之道也。

　　[1]二与四同功而异位，其善不同：第二爻与第四爻阴柔的功用相同而位置不同，因而它们的好处也有所不同。　[2]二多誉，四多惧，近也：第二爻多为赞誉之辞，第四爻多为戒惧之辞，这是因为第四爻靠近至尊的第五爻(君位)的缘故。　[3]柔之为道，不利远者：阴柔之道，不利于远大的志向。　[4]其要无咎，其用柔中也：它的要点是但求无过，它的行事是柔顺居中。　[5]三多凶，五多功，贵贱之等也：第三爻多为凶险之辞，第五爻多为纪功之辞，这是因为第五爻的地位高贵，所以要归功于它，而第三爻的地位卑贱，所以要归罪于它。　[6]其柔危，其刚胜耶：如果第三爻和第五爻是阴爻，象征柔弱的人做强硬的事，则很危险，如果第三爻和第五爻是阳爻，象征刚强的人做强硬的事，则或许能够胜任吧？　[7]兼三材而两之：同时包含天、地、人三才之道，并把它们对立起来。例如，天分昼夜，地分峰谷，人分男女。材：通"才"。两：对立为两个极端。　[8]物：与每一爻具体对应的事物。　[9]文：易卦的图案，即卦象。　[10]当：相称，合适。　[11]危者使平，易者使倾：战战兢兢的就让他平安，掉以轻心的就叫他灭亡。　[12]惧以终始：戒惧于事情的起因和结果。

　　夫乾，天下之至健也，德行恒易以知险[1]。夫坤，天下之至顺也，德行恒简以知阻[2]。能说诸心[3]，能研诸侯之虑[4]，定天下之吉凶，成天下之亹亹者[5]。是故变化云为[6]，吉事有祥。象事知器[7]，占事知来。天地设位，圣人成能[8]。人谋鬼谋，百姓与能[9]。八卦以象告，爻彖以情言[10]，刚柔杂居，而吉凶可见矣。变动以利言，吉凶以情迁[11]。是故爱恶相攻而吉凶生，远近相取而悔吝生[12]，情伪相感而利害生[13]。凡《易》之情,近而不相得则凶[14],或害之,悔且吝。将叛者其辞惭[15],中心疑者其辞枝[16],吉人之辞寡[17],躁人之辞多[18],诬善之人其辞游[19],失其守者其辞屈[20]。

　　[1]德行恒易以知险:乾的德性和行为是恒久平易,并在平易中使人意识到危险。　[2]德行恒简以知阻:坤的德性和行为是恒久简易,并在简易中使人意识到阻碍。　[3]能说(yuè)诸心:可以愉悦人的心情。说:通"悦"。一说:"说"通"阅"。　[4]能研诸侯之虑:可以参与研究诸侯的谋划。一说:"侯之"为衍文,当作"能研诸虑",意谓可以竭尽人的思虑,即殚精竭虑。　[5]亹(wěi)亹:勤勉奋进的样子。　[6]云为:言论和行为。一说:指有为。　[7]象事:模拟事物。　[8]设位:确立位次。成能:成就才能。　[9]人谋:圣人的谋划。鬼谋:指卜筮。与:参与。一说:通"举",推举。　[10]以象告:以卦象告知。以情言:以情理告知。　[11]变动以利言:六爻的变化运动以"利"或"不利"来表达。以情迁:因情况而转移。　[12]远近相取而悔吝生:人们因关系亲近和疏远的取舍而导致悔恨、灾祸的产生。　[13]情伪相感而利害生:因真诚和虚伪的相互影响而导致利益与损害的产生。　[14]近而不相得:靠近而不融洽。　[15]惭:羞愧。　[16]中心:心中。枝(qí):模棱两可。　[17]吉人:善良的人。　[18]躁人:急躁的人。　[19]诬善之人其辞游:诬蔑善人的人言辞虚漫浮游而没有真凭实据。　[20]失其守者其辞屈:失掉操守的人因为理亏而言辞屈服。

(据中华书局影印阮元校刻《十三经注疏》本《周易正义》　黄玉顺)

二、皇极经世——《尚书》

　　【题解】《尚书》原称《书》,战国后儒家称《书经》,西汉时始用今名,是我国上古历史文献和史迹记述的汇编,为儒家经典之一。"尚"古通"上",上古之书故名《尚书》。

　　《尚书》所记上起虞舜时代,下至春秋秦穆公,着重记录了君主训誓臣民和近臣告诫君主的言语。按时代先后分为《虞书》、《夏书》、《商书》和《周书》四部分,共计58篇。《虞书》反映了尧舜时代的历史,其中《尧典》、《舜典》着重记载尧和舜的事迹,前者包括了古代科技的一些内容,《皋陶谟》以讨论治国方略为主。《夏书》反映了大禹治洪水和夏王伐有扈两件大事,其中《禹贡》还是一篇不可多得的地理名著。《商书》记载了殷商的历史,其中《盘庚》完整地记述了商王迁殷,保存了商代的原始资料,弥足珍贵。《周书》则较完整地记下了周代起源、发展和兴盛的全过程。

　　刘勰在《文心雕龙·书记篇》曾这样说:"圣贤言辞,总为《尚书》。""二帝三王治天下之大经大法,皆载此书。"《尚书》长期以来是儒家用以宣扬尧舜二帝及夏商周三王和孔子提倡的修身齐家治国平天下的"道统",自汉以来,一直被视为中国传统社会的政治、哲学经典,既是帝王的教科书,也是贵族子弟及士大夫必须遵守的"大经大法"，成为历代统治阶级的理论基础，在中国历史上有着深远影响。

《尚书》有今文古文之分和真伪之争，现在通行的《十三经注疏》本《尚书》是《今文尚书》与伪《古文尚书》的合编。其主要注本有唐孔颖达《尚书正义》，今有《十三经注疏》影印本和标点本。清孙星衍《尚书今古文注疏》采辑历代学者成果，引据宏富，信而有征。台北新文丰出版公司 1984 年出版的杜松维编定的《尚书类聚初集》八册，分类汇刊有关《尚书》的代表作多种，精选版本，极便阅读。

（粟品孝）

虞书·尧典

曰若稽古帝尧[1]，曰放勋[2]，钦、明、文、思、安安[3]。允恭克让，光被四表，格于上下[4]。克明俊德[5]，以亲九族。九族既睦，平章百姓[6]。百姓昭明[7]，协和万邦。黎民于变时雍[8]。

[1] 曰若：语首助词，无实意。稽：考察。 [2] 放勋：传说中尧的姓名。 [3] 东汉经学家马融曰："威仪表备谓之钦，照临四方谓之明，经天纬地谓之文，道德纯备谓之思"；安安，即晏晏，宽和大度的样子。以上均为对尧的赞美。 [4] 允：确实。恭：忠于职守。克：能。让：推贤尚善为让。光：横，二者古同声通用，充满的意思。被：充溢。四表：四方极远之地。格：至。 [5] 俊：大。这是讲尧能推明发扬其大德。 [6] 平章：辨别。百姓：百官。 [7] 昭明：昭，也是明的意思。 [8] 黎民：庶民。于：语气词，无实意。变：变化。时雍：调和。

乃命羲和，钦若昊天[1]，历象日月星辰，敬授民时。分命羲仲，宅嵎夷，曰旸谷。寅宾出日[2]，平秩东作[3]。日中，星鸟，以殷仲春[4]。厥民析，鸟兽孳尾[5]。申命羲叔，宅南交。平秩南为，敬致[6]。日永，星火，以正仲夏[7]。厥民因，鸟兽希革[8]。分命和仲，宅西，曰昧谷。寅饯纳日，平秩西成。宵中，星虚，以殷仲秋[9]。厥民夷，鸟兽毛毨[10]。申命和叔，宅朔方，曰幽都。平在朔易。日短，星昴，以正仲冬。厥民隩，鸟兽鹬毛[11]。帝曰："咨！汝羲暨和。期三百有六旬有六日[12]，以闰月定四时，成岁。允厘百工，庶绩咸熙[13]。"

[1] 命：任命。羲和：掌管天文历象的官员，就是下文羲仲、羲叔、和仲、和叔四位官员。钦：敬。若：顺。昊：大。 [2] 宅：居。嵎夷：为当时东方民族的总称。旸谷：传说中日出之地。寅：敬。宾：引导，迎接；一说为祭祀。出日：日出。 [3] 平秩：使之有秩序。东作：春天的农事活动。下文南为、西成、朔易分别指夏天、秋天、冬天的农事。 [4] 日中：昼夜长度相同，这里指春分。星鸟：星是指昏中之星，即日落后南方天空中中天的星宿。春分日鸟宿昏中。古人观察昏中之星以定季节，鸟及下文的火、虚、昴昏中，为当时二分二至的标准星，被称为"四仲中星"。殷：正。 [5] 厥：其。析：伪《孔传》解为"老壮分析"。孳尾：孳是指兽类的

生殖,尾是指禽鸟的生殖。胡厚宣、杨树达等据甲骨文和《山海经》认为,析、因、夷、隩均为四方神名,历代注家皆误。 [6] 申:再,又。南交:南方极远之地。南为:夏天的农事活动。敬致:伪《孔传》:"敬行其教,以致其功。" [7] 日永:白昼最长的日子,指夏至日。星火:大火星(心宿二)昏中。 [8] 希革:旧注认为是夏天鸟兽羽毛稀少。 [9] 昧谷:传说中日落之地。饯:送。纳日:日入。宵中:夜晚和白天一样长,指秋分日。星虚:虚宿昏中。 [10] 毛毨(xiǎn):旧注认为鸟兽秋天毛盛。 [11] 朔方:北方。幽都:传说中北方极远之地。朔易:收藏修治,指冬天的农事活动。日短:白昼最短。星昴:昴宿昏中。旧注奥(yù)为室,鹬(róng)毛:细软之毛。即冬天人躲进室中,鸟兽长出了细软的毛以御寒。 [12] 咨:发语词。暨:与。期:周年,即一个回归年。回归年长度约为365.24日,《尧典》举其成数为"三百有六旬有六日",即366日,这也可能是当时所知道的回归年的长度。 [13] 允:确实。厘:治理整饬。百工:百官。庶:众。绩:功。咸:皆。熙:兴盛。

帝曰:"畴咨若时登庸[1]?"放齐曰:"胤子朱启明。"帝曰:"吁!嚚讼[2],可乎?"

帝曰:"畴咨若予采[3]?"欢兜曰:"都!共工方鸠僝功[4]。"帝曰:"吁!静言庸违[5],象恭滔天[6]。"

[1] 畴:谁。咨:语助词。若:顺。时:是,此。登庸:进用提拔。 [2] 胤子:嗣子。吁:叹词。嚚:口不道忠信之事为嚚。讼:争。 [3] 采:事;一说官。此句是尧问:谁能承担我的职事官? [4] 都:叹美之辞。共工:传说中的人物,怒触不周山,使天柱折断。方:旁也,是大的意思。鸠:聚。僝(zhuàn):见。 [5] 静言:巧善之言。庸:用。违:通"回",意为邪僻。[6] 象恭:貌似恭敬。滔天:滔,慢也;指其不信天命。

帝曰:"咨!四岳,汤汤洪水方割,荡荡怀山襄陵,浩浩滔天[1]。下民其咨,有能俾乂[2]?"佥曰:"于!鲧哉[3]。"帝曰:"吁!咈哉,方命圮族[4]。"岳曰:"异哉!试可乃已[5]。"

帝曰,"往,钦哉!"九载,绩用弗成[6]。

[1] 咨:感叹词。四岳:官名。汤汤:水势盛大的样子。方割:方,大;割:害。怀:包围。荡荡:水奔涌动荡的样子。襄陵:襄:上;陵:高地。洪水漫上高地。 [2] 咨:嗟叹忧苦。俾:治;乂:治。 [3] 佥:皆。鲧(gǔn):传说中治水的人物。 [4] 咈(fú):违戾。方命:违背命令。圮(pǐ):毁。 [5] 异:通"已",吴汝纶释为叹词。"试可乃已",意为试用看可不可以,再任用。 [6] 钦:敬。绩:功。

帝曰:"咨!四岳。朕在位七十载,汝能庸命,巽朕位[1]?"岳曰:"否德忝帝位[2]。"曰:"明明扬侧陋[3]。"师锡帝曰[4]:"有鳏在下,曰虞舜[5]。"帝曰:"俞[6],予闻,如何?"岳曰:"瞽子,父顽,母嚚,象傲[7];克谐以孝,烝烝乂,不格奸[8]。"帝曰:"我其试哉!女于时,观厥刑于二女[9]。"厘降二女于妫汭,嫔于虞[10]。帝曰:"钦哉!"

[1]庸命:遵命。巽:践。　[2]否(pǐ):不。忝:辱。　[3]明明:推尊贤明之人。扬:举。侧陋:隐没的贤才。　[4]师:众。锡:予。这句话的意思是:大家对帝尧说。　[5]鳏(guān):老而无妻曰鳏。　[6]俞:然。　[7]嚚:盲。顽:愚顽。象:舜异母弟。　[8]克:能。谐:和。烝烝:美,厚。格:及。　[9]刑:通"型",示范。　[10]厘:整饬。降:下嫁。妫(guī)、汭(ruì):均为河名。嫔:妇,指为舜之妻。

（据中华书局影印阮元校刻《十三经注疏》本《尚书正义》　韦　兵）

周书·洪范

武王胜殷,杀受[1],立武庚[2],以箕子归[3]。作《洪范》[4]。

[1]受:即纣,古音同。　[2]武庚:纣王之子。　[3]箕子:纣王的诸父,一说是纣王的庶兄,封于箕。　[4]《洪范》:"洪",大;"范",法则。《尚书孔氏传》曰:"归镐(hào)京,箕子作之。"按:以上文字是本篇的《书序》。

惟十有三祀[1],王访于箕子[2]。王乃言曰:"呜呼！箕子,惟天阴骘下民[3],相协厥居[4],我不知其彝伦攸叙[5]。"

箕子乃言曰:"我闻在昔,鲧陻洪水[6],汩陈其五行[7]。帝乃震怒,不畀洪范九畴[8],彝伦攸斁[9]。鲧则殛死[10],禹乃嗣兴[11],天乃锡禹洪范九畴[12],彝伦攸叙。

"初一曰五行,次二曰敬用五事[13],次三曰农用八政[14],次四曰协用五纪[15],次五曰建用皇极[16],次六曰乂用三德[17],次七曰明用稽疑[18],次八曰念用庶征[19],次九曰向用五福[20],威用六极[21]。

[1]惟:句首语气词。有:同"又",古人用在整数与零数之间,表示整数之外再加零数。祀:年,商曰祀。十有三祀:指周武王十三年,即武王克殷后两年。　[2]访:谋划,咨询。[3]阴骘(zhì):默默地使安定。一说:阴,覆也;骘,同"升",生也。　[4]相协厥居:使他们和睦相处。相:使。协:和睦。厥:其。　[5]彝伦:常理。攸:助词,相当于"所以"。叙:次序,用作动词,相当于制定、规定。　[6]鲧(gǔn):大禹的父亲。陻(yīn):堵塞。　[7]汩陈:错乱陈列。五行:指水、火、木、金、土五种为人们所利用的物质。　[8]畀(bì):给予。九畴:即"初一"至"次九"的九类治国的大法。　[9]斁(dù):败坏。攸:连词,相当于"于是",下同。　[10]殛(jí):流放。　[11]嗣兴:继承并振兴。　[12]锡:通"赐",下同。[13]敬:慎重。五事:指古代统治者修身的五件事,详见下文。　[14]农:勤勉。八政:古代国家施政的八个方面,详见下文。　[15]协用:正确使用。五纪:五种记时的方法,详见下文。　[16]建:建立。皇极:帝王统治天下的准则,详见下文。　[17]乂(yì):治理。三德:三种品德,详见下文。　[18]明:明察事理。稽疑:指用卜筮决疑,详见下文。　[19]念:思考,考虑。庶征:各种征候,详见下文。　[20]向:同"飨",款待。一说:劝勉。五福:五种幸福,详见下文。　[21]威:畏惧。六极:六种极凶恶之事,详见下文。一说:极,同"殛",惩罚。

"一、五行:一曰水,二曰火,三曰木,四曰金,五曰土。水曰润下[1],火曰炎上[2],木曰曲直[3],金曰从革[4],土爰稼穑[5]。润下作咸,炎上作苦,曲直作酸,从革作辛[6],稼穑作甘。

[1]润下:指水性就下以滋润万物。曰:语助词,无实义,下同。 [2]炎上:火向上燃烧。 [3]曲直:弯曲和平直。 [4]从革:指依从人的意愿而改变(其形状)。 [5]爰(yuán):同"曰"。稼:耕种。穑:收获。"稼穑"泛指农业生产。 [6]辛:辣味。

"二、五事:一曰貌[1],二曰言,三曰视,四曰听,五曰思。貌曰恭,言曰从[2],视曰明,听曰聪,思曰睿[3]。恭作肃[4],从作义[5],明作哲[6],聪作谋[7],睿作圣[8]。

[1]貌:容貌。 [2]从:正当合理。 [3]睿(ruì):通达,明智。 [4]作:则。肃:恭敬。 [5]乂:治理。 [6]哲(zhì):同"哲",明智。 [7]谋:谋划。 [8]圣:圣明。

"三、八政:一曰食[1],二曰货[2],三曰祀[3],四曰司空[4],五曰司徒[5],六曰司寇[6],七曰宾[7],八曰师[8]。

[1]食:吃饭,指农业。 [2]货:财货,指工商业。 [3]祀:祭祀。 [4]司空:官名,主管工程。 [5]司徒:官名,主管教化。 [6]司寇:官名,主管刑狱、纠察。 [7]宾:贵客,指礼宾之事。 [8]师:军队,指军事。

"四、五纪:一曰岁,二曰月,三曰日,四曰星辰[1],五曰历数[2]。

[1]星:二十八宿。辰,一说指十二辰;一说指日、月、星的统称;一说指日、月的交会点。 [2]历数:推算岁时节候的方法。

"五、皇极:皇建其有极[1]。敛时五福[2],用敷锡厥庶民[3]。惟时厥庶民于汝极[4]。锡汝保极[5]:凡厥庶民,无有淫朋[6],人无有比德[7],惟皇作极[8]。凡厥庶民,有猷有为有守[9],汝则念之[10]。不协于极[11],不罹于咎[12],皇则受之[13]。而康而色[14],曰[15]:'予攸好德[16]。'汝则锡之福。时人斯其惟皇之极[17]。无虐茕独[18],而畏高明[19],人之有能有为,使羞其行[20],而邦其昌[21]。凡厥正人[22],既富方谷[23],汝弗能使有好于而家[24],时人斯其辜[25]。于其无好德[26],汝虽锡之福,其作汝用咎[27]。无偏无陂[28],遵王之义;无有作好[29],遵王之道;无有作恶,遵王之路。无偏无党,王道荡荡[30];无党无偏,王道平平[31];无反无侧[32],王道正直。会其有极[33],归其有极[34]。曰:皇极之敷言[35],是彝是训[36],于帝其训[37]。凡厥庶民,极之敷言,是训是行,以近天子之光[38]。曰:天子作民父母,以为天下王。

[1]皇:君王。建:建立。极:中正的准则。 [2]敛:聚集。时:此,下同。五福:内容不详,或指下文第九条所说的"五福"。 [3]用:以。敷锡:施赐。厥:助词,无义,下同。庶民:众民。 [4]惟:只。于:重视。 [5]保极:遵守法则,保守中道。 [6]淫朋:邪党,也指互相勾结,朋比为奸。 [7]人:百官。比德:指结党营私的行为。 [8]惟皇作极:只以君王建立的中道为准则。 [9]猷(yóu):谋略。为:作为。守:操守。 [10]念:常思,惦念。 [11]协:合。 [12]罹(lí):陷入。咎:罪过。 [13]受:宽容。 [14]而:代词,你,你的。一说:连词,表并列关系。康:安。色:脸色,表情。一说:温和。 [15]曰:有人说。一说是你说。 [16]攸:通"由",遵行。一说:助词,无义。好德:美好的品德。一说:喜好德。 [17]斯:则,下同。惟:思。 [18]茕(qióng)独:孤独无依的人。 [19]高明:显贵的人。 [20]羞:进用。行:指上一句的"能"和"为"。 [21]而:则。一说:你。 [22]正人:官员。 [23]富(fù):同"富",多。方:犹"常"。谷:俸禄。 [24]好:善,好处。家:国家。 [25]辜:归罪。 [26]无好德:"无好"与前"有好"相对。一说:"德"字衍。 [27]作:使。用:行。咎:恶。一说:"汝用咎"即咎汝,宾语前置。 [28]偏:不平。陂(pō):本作"颇",为唐玄宗所改。颇:不正。 [29]好(hào):私好。 [30]荡荡:广大貌;博大貌。 [31]平平:谓治理有序,安详娴熟。 [32]反:反常。侧:倾斜。 [33]会其有极:意谓君王要会聚有中正准则的臣子。 [34]归其有极:意谓臣子要归附有中正准则的君王。 [35]皇极之敷言:即所陈述有关皇极的话。敷:铺叙,铺陈。 [36]彝:常规,一成不变的法度。训:训诫。 [37]帝:天帝。训:顺从,下同。 [38]光:光辉。

"六、三德:一曰正直,二曰刚克[1],三曰柔克。平康正直,强弗友刚克[2],燮友柔克[3]。沈潜刚克[4],高明柔克[5]。惟辟作福[6],惟辟作威,惟辟玉食[7]。臣无有作福作威玉食。臣之有作福作威玉食,其害于而家,凶于而国。人用侧颇僻[8],民用僭忒[9]。

[1]刚克:以刚强取胜。 [2]强弗友:刚强不可亲的人。 [3]燮(xiè)友:和顺可亲的人。 [4]沈潜:抑制。一说:指乱臣贼子。 [5]高明:推崇。一说:指显贵大臣。 [6]辟(bì):君王。 [7]玉食:美食。 [8]人:指百官。用:因此。侧:倾斜。颇:不正。僻:邪僻,偏离正道。 [9]僭(jiàn)忒(tè):越礼逾制,心怀疑贰。

"七、稽疑:择建立卜筮人[1],乃命卜筮。曰雨,曰霁[2],曰蒙[3],曰驿[4],曰克[5],曰贞[6],曰悔[7],凡七。卜五,占用二[8],衍忒[9]。立时人作卜筮,三人占,则从二人之言。汝则有大疑[10],谋及乃心,谋及卿士,谋及庶人,谋及卜筮。汝则从,龟从,筮从,卿士从,庶民从,是之谓大同。身其康强[11],子孙其逢吉[12],汝则从,龟从,筮从,卿士逆,庶民逆,吉。卿士从,龟从,筮从,汝则逆,庶民逆,吉。庶民从,龟从,筮从,汝则逆,卿士逆,吉。汝则从,龟从,筮逆,卿士逆,庶民逆,作内吉[13],作外凶。龟筮共违于人,用静吉[14],用作凶。

[1]卜筮:古时预测吉凶,用龟甲称卜,用蓍草称筮,合称卜筮。 [2]霁(jì):雨过天晴。 [3]蒙:雾气迷蒙。 [4]驿:通"圛(yì)",云气稀疏。 [5]克:古代灼龟甲卜吉凶,其裂纹

相交错者谓之克。　[6] 贞:《易》的内卦,即下三爻。　[7] 悔:《易》卦的外卦,即上三爻。[8] 卜五,占用二:前五种是占卜所得的龟兆,后两种是占筮所得的卦象。　[9] 衍忒:推算变化。　[10] 则:假如,下同。　[11] 康强:健康。　[12] 逢:大。　[13] 作内:做国内的事。　[14] 静:静止不动。

"八、庶征:曰雨,曰旸[1],曰燠[2],曰寒,曰风。曰时五者来备[3],各以其叙[4],庶草蕃庑[5]。一极备[6],凶;一极无,凶。曰休征[7]:曰肃[8],时寒若[9];曰乂[10],时旸若;曰晢[11],时燠若;曰谋[12],时寒若;曰圣[13],时风若。曰咎征[14]:曰狂[15],恒雨若[16];曰僭[17],恒旸若;曰豫[18],恒燠若;曰急[19],恒寒若;曰蒙[20],恒风若。曰王省惟岁[21],卿士惟月[22],师尹惟日[23]。岁月日时无易[24],百谷用成[25],乂用明[26],俊民用章[27],家用平康。日月岁时既易,百谷用不成,乂用昏不明[28],俊民用微[29],家用不宁。庶民惟星,星有好风,星有好雨[30]。日月之行,则有冬有夏。月之从星,则以风雨[31]。

　　[1] 旸(yáng):日出,指晴天。　[2] 燠(yù):温暖。　[3] 曰:疑此字涉上文而衍,不当有。备:完备,齐备。　[4] 叙:次序。　[5] 蕃庑(wú):茂盛。　[6] 一:五者之一。极:过度。　[7] 曰:疑衍,不当有。休征:吉祥的征兆。　[8] 肃:恭敬。　[9] 时:及时。寒:各本皆作"雨",惟底本作"寒",据上下文,似也当作"雨"。若:象。　[10] 乂(yì):治理。　[11] 晢(zhì):明智。　[12] 谋:谋略。　[13] 圣:通达。　[14] 曰:疑衍,不当有。咎征:过失的报应。　[15] 狂:狂妄。　[16] 恒:长久。　[17] 僭:差错。　[18] 豫:诳骗。　[19] 急:与"谋"相当,指不知谋略,急于自用。　[20] 蒙:昏暗不明。　[21] 曰:疑衍,不当有。省:视察,察看。一说:通"眚",失误。惟:同"为",是。王省惟岁:君王视察政事,像岁统领日月。一说:君王出现失误,恶果影响全年。　[22] 卿士:指卿、大夫。　[23] 师尹:各属官之长。[24] 岁月日:三者有统属关系,岁统领日与月,月统属于岁,日又统属于月,比喻君臣关系。易:改变。　[25] 用:介词,犹言以,表示凭借或者原因。　[26] 明:开明。　[27] 俊民:贤人,才智杰出的人。章:表彰,提拔。　[28] 昏(hūn):同"昏"。　[29] 微:隐匿。　[30] 好(hào):喜好。星有好风,星有好雨:古人认为箕星好风,毕星好雨。　[31] 月之从星,则以风雨:月进入箕星的星域就多风,进入毕星的星域就多雨。

"九、五福:一曰寿,二曰富,三曰康宁,四曰攸好德[1],五曰考终命[2]。六极:一曰凶、短、折[3],二曰疾,三曰忧,四曰贫,五曰恶[4],六曰弱[5]。"

　　[1] 攸:通"由",遵行。　[2] 考:老。考终命:老而善终。　[3] 凶:儿童未换牙就死了。短:未等到二十岁加冠就死了。折:没结婚就死了。三者皆谓早死。　[4] 恶:邪恶。　[5] 弱:愚懦,不勇壮刚毅。

(据中华书局影印阮元校刻《十三经注疏》本《尚书正义》　李晓宇)

三、风雅初开——《诗经》

【题解】《诗经》是我国最早的一部诗歌总集,在先秦只称《诗》、《诗三百》或《三百篇》,到了西汉以后成为儒家经典,才被叫做《诗经》。

《诗经》收录了从西周初年到春秋中叶的305首诗,当初全是乐歌,按照乐曲的不同分为"风"、"雅"、"颂"三类。"风"即"国风",共有160篇,大多是各地民间歌谣,音乐上体现了地方曲调。具体包括以下15个地区:

周南11篇——今洛阳以南到江汉一带民歌。
召南14篇——今河南西南部及长江中上游一带民歌。
邶风19篇——今河南北部及河北南部一带民歌。
鄘风10篇——今河南新乡一带民歌。
卫风10篇——今河南淇水一带民歌。
王风10篇——今河南洛阳一带民歌。
郑风21篇——今河南新郑一带民歌。
齐风11篇——今山东北部一带民歌。
魏风7篇——今山西西南一带民歌。
唐风12篇——今山西太原以南至汾水流域一带民歌。
秦风10篇——今山西兴平一带民歌。
陈风10篇——今河南洛阳一带民歌。
桧风4篇——今河南密县一带民歌。
曹风4篇——今山东定陶一带民歌。
豳风7篇——今山西邠县一带民歌。

可见"国风"的产生就地域说东起山东,西至陕西,南达江汉,北抵河北,包括了整个黄河中下游广大地区。

朱熹《诗集传·序》说:"凡《诗》之所谓'风'者,多出于里巷歌谣之作,所谓男女相与咏歌,各言其情者也。"这一说法虽然不够全面,但"国风"中占比重最大的是关于爱情和婚姻的诗歌则是事实。

"雅"分"小雅"和"大雅"。"小雅"74篇,是西周后期和东周初期的作品。"大雅"31篇,大部分是西周前期的作品,一部分是西周后期的作品。"雅"都是朝廷乐歌,内容包括政治诗、史诗、祭祀诗、宴飨诗等。《诗大序》说:"雅者,政也,言王政之所由兴废。政有大小，故有小雅焉，有大雅焉。"

"颂"诗共有40篇，都是庙堂祭祀乐歌。其中"周颂"31篇，为西周初期的作品，内容大多是歌颂周代统治者及其先公先王的。"鲁颂"4篇是鲁国贵族歌颂鲁僖公的诗。"商颂"5篇，古文经学家认为是商朝贵族祭祀先公先王的乐歌，今文经学家则认为是宋国贵族赞颂宋襄公的诗。《诗大序》说"颂者，美盛德之形容，以其成功告于神明者也"。《诗集传》也说："若夫'雅'、'颂'之篇，则皆成周之世，朝廷郊庙乐歌之辞，其语和而庄，其义宽而密，其作者往往圣人之徒。"

《诗经》305篇不仅涵盖的地域广阔，而且从时间来说前后达500年，那么这些诗歌是如何汇集起来的？大概有三种情况：

① 采诗。古代帝王为了考察风俗的好坏、政治的得失，专门设立采诗官定期到各地采集诗歌，然后献给太师（乐官），太师配上乐曲后再献给天子。《礼记·王制》："天子五年一巡守……命太师陈诗以观民风。"《汉书·食货志》："孟春之月，群居者将散，行人振木铎徇于路以采诗，献之太师，比其音律，以闻于天子。"

② 献诗。周代有公卿士大夫向天子献诗的制度。《国语·周语上》："故天子听政，使公卿至于列士献诗，瞽献曲，史献书。"

③ 作诗。一些祭祀诗以及记述统治者游猎出兵或宫室落成之类的诗有可能出自巫祝、史官之手。

关于《诗》的编纂者，汉代司马迁认为就是孔子，《史记·孔子世家》说：

> 古者诗三千余篇，及至孔子，去其重，取可施于礼义。上采契、后稷，中述殷、周之盛，至幽、厉之缺。始于衽席，故曰《关雎》之乱，以为"风"始，《鹿鸣》为"小雅"始，《文王》为"大雅"始，《清庙》为"颂"始。三百五篇孔子皆弦歌之，以求合韶、武、雅、颂之音。

唐代孔颖达在《毛诗正义》已经指出"未可信也"。理由是《左传》襄公二十九年记载：吴公子季札访问鲁国时观看周乐，鲁国的乐师为他演奏了"风"、"雅"、"颂"，而生于鲁襄公二十二年（公元前551年）的孔子只有八岁。所以说《诗三百》不可能是孔子编定的，孔子可能只是做过一番整理工作，《诗经》的编辑者应该是当时的乐官。

《诗》都是能唱的乐歌，歌词、舞蹈、音乐紧密结合，后来乐谱失传，音乐、舞蹈分离，只有歌词流传下来而代代传诵。在中国文学史上，《诗经》第一次通过创作实践提出了"赋、比、兴"的文学表现方法。关于赋、比、兴的含义，朱熹《诗集传》解释说：

> 赋者，敷陈其事而直言之者也。比者，以彼物比此物也。兴者，先言他物以引起所咏之词也。

用今天的话说，"赋"就是直接叙事、刻画和抒情；"比"就是打比方；"兴"就是先说别的事物以便引出诗人真正要说的事物。一般说来，虽然某些诗侧重使用赋、比或兴,但是多数诗篇则是交互运用。就"风"、"雅"、"颂"三类诗而言,"风"和"小雅"多用比、兴手法,"大雅"和"颂"则多用"赋"这一手法。据谢榛《四溟诗话》卷二的统计,《诗经》中用"比"的有110处,用"兴"的有370处。

　　作为一种配乐、配舞的乐歌,《诗》除了用于诸侯朝会、贵族宴饮和郊庙祭典而外,在外交场合公卿大夫们还可以"赋诗言志"。可以说《诗》是中国文化的百科全书,孔子说"不学《诗》,无以言"(《论语·季氏》),又说"《诗》可以兴,可以观,可以群,可以怨。迩之事父,远之事君。多识于鸟兽草木之名"(《阳货》)。据统计,《诗经》中有草木105种,木名75种,鸟名39种,兽名67种,虫名29种,鱼名20种,器用名300多种(胡朴安《诗经学》)。

　　在秦代,《诗》也在禁毁焚烧之列,汉代以后重新传授,传授《诗》的共有四家,即齐、鲁、韩、毛。齐人辕固所传的叫齐诗,鲁人申培所传的叫鲁诗,燕人韩婴所传的叫韩诗,鲁人毛亨所传的叫毛诗。四家解诗多有不同的地方。自东汉郑玄给毛诗作笺注以后,学毛诗的逐渐增多,其他三家逐渐衰亡,并先后亡佚。现在的《诗经》就是毛亨所传的毛诗。

　　《诗经》较好的历代注本有:汉毛亨传、东汉郑玄笺、唐孔颖达疏《毛诗正义》,宋朱熹《诗集传》,清马瑞辰《毛诗传笺通释》等。今人注译本很多,陈子展《诗经直解》值得参考。

(雷汉卿)

周南·关雎[1]

关关雎鸠[2],在河之洲[3]。窈窕淑女[4],君子好逑[5]。
参差荇菜[6],左右流之[7]。窈窕淑女,寤寐求之[8]。
求之不得,寤寐思服[9]。悠哉悠哉[10],辗转反侧[11]。
参差荇菜,左右采之。窈窕淑女,琴瑟友之[12]。
参差荇菜,左右芼之[13]。窈窕淑女,钟鼓乐之[14]。

[1]关雎(jū):篇名。《诗经》每篇都用第一句里的几个字(一般是两个字)作为篇名。西周初期,周公旦居住在东都洛邑(在今河南洛阳东北),统治东方诸侯。周南当是在周公统治下的南方(今洛阳以南直到湖北)的诗歌。《关雎》是一首情歌,写一个男子思慕一个女子,并设法去追求她。　[2]关关:鸟的和鸣声。雎鸠:一种水鸟。　[3]洲:水中的陆地。　[4]窈窕:美好的样子。淑:品德好。　[5]逑:配偶。　[6]参差(cēn cī):长短不齐。荇(xìng):一种水草,可以吃。　[7]向左边右边寻找。流:顺水流而取。　[8]寤(wù):睡醒。寐(mèi):睡着了。　[9]服:想。思服:想念。　[10]悠:思,思念。　[11]辗转:转动。反侧

翻来覆去。　　[12]琴瑟:古代的乐器。琴有五弦或者七弦,瑟有二十五弦。友:亲爱。这是说用琴瑟作乐来表达爱她之意。　　[13]芼(mào):选择。　　[14]用钟鼓奏乐来使她快乐。

周南·桃夭[1]

　　桃之夭夭[2],灼灼其华[3]。之子于归[4],宜其室家[5]。
　　桃之夭夭,有蕡其实[6]。之子于归,宜其家室。
　　桃之夭夭,其叶蓁蓁[7]。之子于归,宜其家人。

　　[1]这是一首祝贺女子出嫁的短诗,轻快活泼。诗人热情地赞美新娘,并祝她婚后生活幸福。　　[2]夭夭(yāo yāo):少壮的样子。　　[3]灼灼(zhuó zhuó):花盛的样子,形容桃花火一样红艳。华:同"花"。　　[4]之:这,指示代词。子:指女子。于:动词词头。归:出嫁。后世就用"于归"指出嫁。　　[5]能使夫妻关系和睦、家庭和美。宜:和顺,用作动词,使……和顺。室家:泛指夫妻。下文的"家室"、"家人"同义。　　[6]有:形容词词头。蕡(fén):大的样子。实:果实。　　[7]蓁蓁:树叶繁盛的样子。

邶风·柏舟[1]

　　泛彼柏舟,亦汎其流[2]。耿耿不寐[3],如有隐忧[4]。微我无酒[5],以敖以游[6]。
　　我心匪鉴[7],不可以茹[8]。亦有兄弟,不可以据[9]。薄言往愬[10],逢彼之怒。
　　我心匪石,不可转也。我心匪席,不可卷也。威仪棣棣[11],不可选也[12]。
　　忧心悄悄[13],愠于群小[14]。觏闵既多[15],受侮不少。静言思之,寤辟有摽[16]。
　　日居月诸[17],胡迭而微[18]?心之忧矣,如匪澣衣[19]。静言思之,不能奋飞[20]。

　　[1]柏舟:柏木做的船。关于这首诗的题旨,说法很多。有的说诗人是朝廷的一个官员,这首诗是抒发他在黑暗势力打击下,不得其志的苦闷和忧愤。有的说是"妇之见弃于其夫",或者是"寡妇矢志不嫁"。近人还有认为是"写妇女在家庭生活中的苦闷的"。我们从全诗考察,似是借女子诉说家庭生活中的不幸遭遇,以寄托诗人自己政治上失意的幽愤情绪。诗中"群小"、"威仪"、"奋飞"这一类话正暗示了作者的身份,并非一般家庭矛盾。　　[2]汎其流:顺水而流。汎即泛。　　[3]耿耿:烦躁不安,心事重重。　　[4]隐忧:深忧。隐:通"殷",痛。　　[5]微:非,不是。　　[6]敖:同"遨"。这两句意思是:不是我没有酒,也不是没地方可以遨游。　　[7]匪:非,不是。鉴:镜子。　　[8]茹:容纳、含藏。这两句意思是:我的心不是那明镜,好的坏的都可以容纳。　　[9]据:依靠。　　[10]薄、言:动词词头。愬:告诉,这里意思是诉苦。　　[11]威仪:庄重的仪容举止,这里是指威严。棣(dì)棣:雍容娴雅的样子。　　[12]选(xùn):通"巽",屈挠退让。　　[13]悄悄:忧心的样子。　　[14]被小人怨恨。愠(yùn):怒、怨恨。群

小:众小人。　　[15] 觏(gòu):遇到、遭受。闵(mǐn):忧患、苦难。　　[16] 辟:通"擗",捶胸。摽(biào):拍胸的声音。　　[17] 居、诸:都是语气助词。　　[18] 胡:何,为什么。迭:更迭、交替。微:日月亏损为"微"。这里用日月亏损比喻君臣昏暗。　　[19] 关于这句有两种不同的说法。一说"澣",洗。这两句意思是:心中有忧愁,像没有洗的衣服一样(有污垢),比喻诗人心中不净。一说"匪"通"彼","澣衣"即"翰音",古时称鸡为"翰音"。诗人说自己像鸡一样,任人宰割,不能飞去,所以下文说"不能奋飞"。　　[20] 奋飞:展翅高飞。

邶风·击鼓[1]

击鼓其镗[2],踊跃用兵[3]。土国城漕[4],我独南行。
从孙子仲[5],平陈与宋[6]。不我以归[7],忧心有忡[8]。
爰居爰处[9]？爰丧其马？于以求之[10]？于林之下。
死生契阔[11],与子成说[12]。执子之手,与子偕老。
于嗟阔兮[13],不我活兮[14]。于嗟洵兮[15],不我信兮。

　　[1] 这首诗反映的是卫国士兵远戍陈宋,久役不得归,对家室的思念之情。　　[2] 镗:鼓声。　　[3] 兵:武器,刀枪之类。　　[4] 土:土功,古代主要指筑城。　　[5] 从:跟从。孙子仲,此次出征领兵的将官。　　[6] 平:联合。　　[7] 不我以归:不允许我回家。　　[8] 忡:忧愁的样子。　　[9] 爰:疑问代词。　　[10] 以:何也。　　[11] 契:合,在一起。阔:疏,分开。这里"契阔"是偏义复词,只有"契"的意义。这句话意思是生和死都要在一起。　　[12] 成说:成言,等于说订下誓约。　　[13] 于(xū)嗟:同"吁嗟",叹词,表示悲叹。阔:疏,这里指离别。　　[14] 活:通"佸"(huó),相会。这两句是说,可叹如今两分离,(家人)不能和我相聚。　　[15] 洵(xún):通"敻",疏远。

卫风·硕人[1]

硕人其颀[2],衣锦褧衣[3]。齐侯之子,卫侯之妻。东宫之妹[4],邢侯之姨[5],谭公维私[6]。

　　[1] 卫庄公夫人初嫁到卫国,卫人以这首歌来赞扬她的美丽华贵。　　[2] 硕:大。硕人:身材高大的人。颀(qí):长。　　[3] 褧(jiǒng):古代女子出嫁途中所穿的用麻布制成的罩衣,以御灰尘。　　[4] 东宫:指齐国太子得臣。　　[5] 姨:男子称妻的姊妹为姨。　　[6] 维:犹同"硕人其欣"之"其"。私:古时女子称姊妹的丈夫为私。

手如柔荑,肤如凝脂,领如蝤蛴[1],齿如瓠犀[2],螓首蛾眉[3],巧笑倩兮[4],美目盼兮[5]。

　　[1] 领:脖颈。蝤蛴(qiú qí):天牛的幼虫,色白身长。　　[2] 瓠(hù):葫芦类。犀:葫芦的子。因其洁白整齐,常以比喻女子的牙齿。　　[3] 螓(qín):虫名,似蝉而小,头宽广而方正。蛾眉,蚕蛾的触角,细长而曲。　　[4] 倩:一种说法认为是指笑时两腮出现的酒窝;一种则认

为是指笑靥美好的样子。 [5]盼:眼睛黑白分明。

硕人敖敖[1],说于农郊[2]。四牡有骄[3],朱帻镳镳[4]。翟茀以朝[5]。大夫夙退[6],无使君劳。

[1]敖敖:身长的样子。 [2]说(shuì):停息。农郊:近郊,一说东郊。 [3]牡:公马。骄:马高大雄壮也。 [4]朱:红色。帻(fén):系在马衔两边的布巾或绸巾。镳镳(biāo biāo):借为飘飘。 [5]翟(dí):以雉(野鸡)羽为装饰的车。茀(fú):遮盖车箱的竹席,上面用野鸡毛为装饰。 [6]夙:早也。

河水洋洋[1],北流活活[2]。施罛涉涉[3],鳣鲔发发[4],葭菼揭揭[5],庶姜孽孽[6],庶士有朅[7]。

[1]洋洋:水盛大的样子。 [2]活活(guō guō):水流声。 [3]施:设置。罛(gū):大的渔网。涉涉(huò huò):撒网入水声。 [4]鳣(zhān):鳇鱼,一说为赤鲤。鲔(wěi):鲟鱼,一说鲤属。发发(bō bō):形容鱼跃的声音。 [5]葭(jiā):初生的芦苇。菼(tǎn):初生的荻。揭揭:高的样子。 [6]庶:众也。庶姜:指随嫁的众女。孽孽:装饰华丽的样子。 [7]庶士:指齐国护送庄姜的众臣。朅(qiè):威武健壮的样子。

卫风·氓[1]

氓之蚩蚩[2],抱布贸丝[3]。匪来贸丝,来即我谋[4]。送子涉淇[5],至于顿丘[6]。匪我愆期[7],子无良媒。将子无怒[8],秋以为期[9]。

[1]这是一首弃妇诗,反映了传统社会里妇女的痛苦,不仅是对那薄幸的男子而且是对男权社会的强烈的控诉。 [2]氓(méng):民,这里指诗中的男主角。蚩蚩(chī chī):忠厚的样子。 [3]布:币。上古以布为货币。贸:交易,买。 [4]来就我商量[婚事]。即:就。 [5]涉:渡。淇:河名,在今河南北部。 [6]顿丘:地名,在今河南清丰县。 [7]愆(qiān):错,过。愆期:过期,指拖延日期。 [8]将(qiāng):愿。 [9]以秋天为结婚的时期。"秋"是"以"的宾语。

乘彼垝垣[1],以望复关[2]。不见复关,泣涕涟涟[3]。既见复关,载笑载言[4]。尔卜尔筮[5],体无咎言[6]。以尔车来[7],以我贿迁[8]。

[1]乘:登。垝(guǐ):毁坏,倒塌。垣:墙。 [2]复关:地名,是那个男子居住的地方。 [3]涕:泪。涟涟:泪流的样子。 [4]载:动词词头。 [5]卜:在龟甲上钻个小坑,用火炙烧,根据龟甲上烧出的裂纹来判断吉凶。筮(shì):用蓍(shī)的茎来占卦。 [6]体:卦体,就是用龟蓍占卜所显示的现象。咎言:不吉利的话。 [7]以:介词。用。 [8]贿:财物。

桑之未落[1],其叶沃若[2]。于嗟鸠兮[3]!无食桑葚[4]。于嗟女兮!无与士耽[5]。士之耽兮,犹可说也[6]。女之耽兮,不可说也。

　　[1]这句话表时间,即桑叶未落的时候。　　[2]沃若:润泽的样子。若:词尾。连上句比喻自己年轻貌美。　　[3]于(xū)嗟:感叹词。于:同"吁"。鸠:斑鸠。兮(xī):语气词,相当于现代汉语的"啊"。　　[4]桑葚(shèn):桑的果实。据说斑鸠吃了桑葚能醉,这句话比喻女子不要沉溺在爱情里。　　[5]士:未婚男子的通称。耽(dān):沉溺在欢乐里,这里有"迷恋"之意。　　[6]说:解说。连上句说男子薄情,还可以解说(依孔颖达说)。

　　桑之落矣,其黄而陨[1]。自我徂尔[2],三岁食贫[3]。淇水汤汤[4],渐车帷裳[5]。女也不爽[6],士贰其行[7]。士也罔极[8],二三其德[9]。

　　[1]其黄:指其叶黄。陨(yǔn):落下。这两句比喻自己容颜衰老。　　[2]徂(cú):往。徂尔:往你那里去。　　[3]三岁:三年。食贫:吃的东西缺乏。　　[4]汤汤(shāng shāng):水大的样子。　　[5]渐:浸湿。帷裳:指车围子。连上句是说被遗弃后渡淇水回来的情况。　　[6]爽:差错。　　[7]贰:不专一,用如动词。行:行为。　　[8]罔:无。罔极:等于说无常,没准儿。　　[9]这里是说变了心。二三:用如动词,有改变、反覆的意思。

　　三岁为妇,靡室劳矣[1]。夙兴夜寐[2],靡有朝矣[3]。言既遂矣[4],至于暴矣[5]。兄弟不知,咥其笑矣[6]。静言思之[7],躬自悼矣[8]。

　　[1]没有家务劳动,意思是丈夫还爱自己,不让自己从事家务劳动。靡:没有。室劳:家务劳动。　　[2]夙(sù)兴:早起。夜寐:晚睡。这句说自己却早起晚睡,从事家务劳动。　　[3]无有片刻之暇。朝(zhāo):早晨。这里指短时间。　　[4]你的心愿已经满足了。言:句首语气词。既:已经。遂:顺心,满意。　　[5]暴:横暴。　　[6]咥(xì):笑的样子。笑:讥笑。　　[7]言:动词词头。　　[8]躬:自身,自己。悼:伤心。

　　及尔偕老[1],老使我怨。淇则有岸,隰则有泮[2]。总角之宴[3],言笑晏晏[4],信誓旦旦[5],不思其反[6]。反是不思[7],亦已焉哉[8]!

　　[1]及:同。偕老:夫妻共同生活到老。　　[2]隰(xí):窪湿的地方。泮(pàn):水边。连上句是说:淇水和窪湿之地都有个边缘。言外之意是自己的愁怨却没有个尽头。　　[3]总:扎。小孩子的头发扎成抓髻叫"总角"。宴:快乐。　　[4]晏晏:温和,柔顺。连上句是说:两人在童年的时候是很好的。　　[5]信誓:表示诚信的誓言。旦旦:通"怛怛",诚恳的样子。　　[6]反:违反,变心。连上句是说:那时发下的誓言很诚恳,没想到他以后会变心。　　[7]反是:违反这誓言。是:指示代词,指"誓"。　　[8]已:罢了,算了。连上句是说:他既然违反了誓言不思念旧情,那就算了吧。

卫风·伯兮[1]

　　伯兮朅兮[2],邦之桀兮。伯也执殳[3],为王前驱[4]。

自伯之东[5],首如飞蓬。岂无膏沐[6]?谁适为容[7]!
其雨其雨,杲杲出日[8]。愿言思伯[9],甘心首疾[10]。
焉得谖草[11]?言树之背[12]。愿言思伯,使我心痗[13]。

[1]这是一首妻子怀念远出的丈夫的抒情诗。 [2]伯:妻子对丈夫的称呼。揭(qiè):威武的样子。 [3]殳(shū):古代兵器名,杖类,长一丈二尺。 [4]前驱:即先锋之意。 [5]之:往也。 [6]膏:润发的油。沐:古人用以洗发的淘米汁。 [7]适(dí):专主,作主。这句的意思是为谁装饰打扮? [8]杲杲(gǎo gǎo):日出明亮。 [9]愿:思念。言:助词,无义。 [10]首疾:头痛。 [11]谖(xuān)草:同萱草,古时传说,一种使人忘忧的草。 [12]言:动词词头,无实义。树:栽种。背:北面的厅堂。 [13]痗(mèi):病。

王风·葛藟[1]

绵绵葛藟[2],在河之浒[3]。终远兄弟,谓他人父。谓他人父,亦莫我顾[4]!
绵绵葛藟,在河之涘[5]。终远兄弟,谓他人母。谓他人母,亦莫我有!
绵绵葛藟,在河之漘[6]。终远兄弟,谓他人昆[7]。谓他人昆,亦莫我闻!

[1]一说这是一首流浪他乡的乞人歌;一说是父母兄弟离散,流离失所、寄人篱下的青年痛苦的呼声。 [2]绵绵:连绵不断的样子。 [3]浒(hǔ):水边。 [4]顾:顾念,哀怜,与下两章之"有"、"闻"意思相近。 [5]涘(sì):水边。 [6]漘(chún):水边。 [7]昆:兄。

郑风·将仲子[1]

将仲子兮[2],无逾我里[3],无折我树杞[4],岂敢爱之[5]?畏我父母。仲可怀也[6],父母之言,亦可畏也。
将仲子兮,无逾我墙,无折我树桑,岂敢爱之?畏我诸兄。仲可怀也,诸兄之言,亦可畏也。
将仲子兮,无逾我园,无折我树檀,岂敢爱之?畏人之多言。仲可怀也,人之多言,亦可畏也。

[1]关于这首诗,旧有讽世守礼、拒绝逼婚诸说。今人多以为是一首情歌。郑:周代诸侯国名。 [2]将(qiāng):请。仲子:男子的字。 [3]逾:跳过。里:居,即宅院。 [4]折:踩断。树杞:杞树。下文"树桑"、"树檀"结构相同。又一说认为"树"是种植的意思。"树杞"即种的杞树。 [5]爱:吝惜。之:指杞树。 [6]怀:思念。

郑风·有女同车[1]

有女同车,颜如舜华[2]。将翱将翔,佩玉琼琚[3]。彼美孟姜[4],洵美且都[5]。

有女同行,颜如舜英[6]。将翱将翔,佩玉将将[7]。彼美孟姜,德音不忘[8]。

[1]这首诗是在赞美同车的姑娘孟姜。 [2]舜:木槿。华:花。 [3]琼:美玉。琚:佩玉名。 [4]孟:长女称孟。姜:姓。 [5]洵:确实,真的。都:美盛。 [6]英:花。 [7]将将:同"锵锵",象声词。 [8]德音:好声誉。德音不忘:犹言德音不已。

郑风·子衿[1]

青青子衿[2],悠悠我心[3]。纵我不往[4],子宁不嗣音[5]?
青青子佩[6],悠悠我思。纵我不往,子宁不来?
挑兮达兮[7],在城阙兮。一日不见,如三月兮。

[1]这首诗表现的是女子等候情人时的焦急心情。 [2]衿(jīn):衣的交领。 [3]悠悠:忧思的样子。 [4]纵:虽然。 [5]嗣音:继续不断地传来音信。 [6]佩:佩玉。 [7]挑达:往来相见的样子。

郑风·溱洧[1]

溱与洧[2],方涣涣兮[3]。士与女,方秉蕑兮[4]。女曰观乎?士曰既且[5]。且往观乎?洧之外,洵訏且乐[6]。维士与女[7],伊其相谑[8],赠之以勺药[9]。

溱与洧,浏其清矣[10]。士与女,殷其盈矣[11]。女曰观乎?士曰既且。且往观乎?洧之外,洵訏且乐。维士与女,伊其将谑[12],赠之以勺药。

[1]旧有人以为是朋友游春之诗;今人多以为此为上巳节(夏历三月初三)祓于水滨时之情歌。 [2]溱(zhēn)、洧(wěi):郑国两水名。 [3]涣涣:春水盛的样子。 [4]秉:执。蕑,同"蘭"。 [5]既:已经。且:通"徂",往。 [6]洵:确实。訏(xū):大。 [7]维:语助词。 [8]伊:语助词。谑:开玩笑。 [9]勺药:香草名。三月开花,芳香可爱。 [10]浏:水清的样子。 [11]殷:众多。盈:满。 [12]将:相。

唐风·绸缪[1]

绸缪束薪[2],三星在天[3]。今夕何夕,见此良人[4]?子兮子兮[5],如此良人何[6]?
绸缪束刍[7],三星在隅[8]。今夕何夕,见此邂逅[9]?子兮子兮,如此邂逅何?
绸缪束楚[10],三星在户。今夕何夕,见此粲者[11]?子兮子兮,如此粲者何?

[1]一说这首诗写一对相爱的男女在夜间相会的情景;一说这是写新婚的诗。 [2]绸缪(chóu móu):缠绕,捆扎。束:量词。一束。 [3]三星:古人也称参星。 [4]良人:好人。 [5]子兮子兮:诗人感动自呼。 [6]如此良人何:把这个好人怎么办呀! [7]刍(chú):喂牲

口的草。　　[8]隅:角,角落。　　[9]邂逅(xiè hòu):这里作名词,不期而遇的人。　　[10]楚:丛木名。　　[11]粲:鲜明的样子。粲者:等于说漂亮的人。

秦风·蒹葭[1]

蒹葭苍苍[2],白露为霜。所谓伊人[3],在水一方[4]。溯洄从之[5],道阻且长[6]。溯游从之[7],宛在水中央[8]。

[1]秦:在今陕西、甘肃一带。这是一首怀念人的诗,诗中写追寻所怀念的人,但终是可望而不可及。　　[2]蒹(jiān):荻,像芦苇。葭(jiā):芦苇。苍苍:茂盛的样子。　　[3]伊人:那人。伊:指示代词。　　[4]在河的那一边。　　[5]溯(sù):逆着河流向上游走。洄:弯曲的水道。从:就,靠近。　　[6]阻:险阻,难走。　　[7]游:指直流的水道。　　[8]宛:仿佛。

蒹葭萋萋[1],白露未晞[2]。所谓伊人,在水之湄[3]。溯洄从之,道阻且跻[4]。溯游从之,宛在水中坻[5]。

[1]萋萋:茂盛的样子。　　[2]晞(xī):干。　　[3]湄(méi):水和草交接的地方,也就是岸边。　　[4]跻(jī):升高。　　[5]坻(chí):水中高地。

蒹葭采采[1],白露未已[2]。所谓伊人,在水之涘[3]。溯洄从之,道阻且右[4]。溯游从之,宛在水中沚[5]。

[1]采采:茂盛鲜明的样子。　　[2]已:止,指干了。　　[3]涘(sì):水边。　　[4]右:向右拐弯,也就是说道路弯曲。　　[5]沚(zhǐ):水中陆地。

豳风·七月[1]

七月流火[2],九月授衣[3]。一之日觱发[4],二之日栗烈[5]。无衣无褐[6],何以卒岁[7]?

三之日于耜[8],四之日举趾[9]。同我妇子[10],馌彼南亩[11]。田畯至喜[12]。

[1]豳(bīn):也作"邠",国名,在今陕西旬邑县西至彬县一带。这篇诗描写了上古时代农民受到剥削压迫的情况。他们终年辛勤劳动,而绝大部分的劳动都是为"公"的,最好的生产果实都被统治阶级占去,自己却不得温饱,过着悲惨的生活。　　[2]七月:夏历七月。流:向下行。火:星宿名,或称"大火",就是"心宿"。周时夏历六月,心宿于黄昏时分出现在南方,方向最正,位置最高。到了七月,就偏西向下了。　　[3]授衣:把裁制衣服的工作交给妇女们去做。　　[4]一之日:指周历一月的日子,就是夏历的十一月。下文的"二之日"是夏历十二月,"三之日"是夏历一月(正月),"四之日"是夏历二月。夏历三月不叫五之日,只称为春。从四月到十月就依照夏历的说法,也就是现在的农历。觱发(bǐ bō):大风触物的声音。　　[5]

栗烈:等于说凛冽,寒冷。 [6]褐:粗毛编织的衣服,当时贫苦人的衣服。 [7]靠什么来过完这一年呢？意思是没法过冬。卒:终了。 [8]于:为,这里指修理。耜(sì):农具,犁的一种。 [9]趾:脚。举趾:指举足下地,开始耕种。 [10]同:偕同,动词。我:家长自称。妇子:妇人和小孩子。 [11]馌(yè):送饭。南亩:泛指田地。 [12]农官来到田间,看到大家都在劳动,心中欢喜。田畯(jùn):农官。

七月流火,九月授衣。春日载阳[1],有鸣仓庚[2]。女执懿筐[3],遵彼微行[4],爰求柔桑[5]。春日迟迟[6],采蘩祁祁[7]。女心伤悲,殆及公子同归[8]。

[1]春:指夏历三月。载:开始。阳:天气暖和。 [2]仓庚鸣叫。有:动词词头。仓庚:鸟名,就是黄莺。 [3]懿筐:深筐。 [4]遵:循,顺着……走。微行:小道。 [5]爰:在这里。柔桑:嫩桑叶。 [6]迟迟:缓慢的样子,指白天长。 [7]蘩:白蒿。用煮蘩的水滋润蚕子,蚕就容易出来。祁祁:众多,指采蘩的人多。 [8]只怕被公子强迫带回家。殆:只怕。公子:指国君之子。

七月流火,八月萑苇[1]。蚕月条桑[2],取彼斧斨[3],以伐远扬[4],猗彼女桑[5]。七月鸣鵙[6],八月载绩[7]。载玄载黄[8],我朱孔阳[9],为公子裳。

[1]萑(huán):荻的别名,是苇的一种。苇:芦苇。萑苇:在这里用作动词,指收割萑苇。八月萑苇长成,收割下来,可以做蚕箔(养蚕用的竹席)。 [2]蚕月:养蚕的月份,指三月。条桑:截取桑树的枝条,以备采摘桑叶。 [3]斨(qiāng):方孔的斧子。 [4]远扬:长得长而高扬的枝条。 [5]猗:借作"掎"(yǐ),牵引,拉着。女桑:就是柔桑。 [6]鵙(jué):鸟名,又叫伯劳。 [7]载:开始。绩:把麻拧成麻线,准备织布用。 [8]载:助词。玄:黑红色。"玄"和"黄"都用作动词,指染成玄色、黄色。 [9]朱:大红。孔:很。阳:鲜明。

四月秀葽[1],五月鸣蜩[2]。八月其获[3],十月陨萚[4]。一之日于貉[5],取彼狐狸[6],为公子裘。二之日其同[7],载缵武功[8]。言私其豵[9],献豜于公[10]。

[1]秀:植物开花。葽(yāo):一种植物,又叫远志。 [2]鸣蜩(tiáo):蝉叫。 [3]其:动词词头。获:收获。 [4]萚(tuò):动词,草木的叶落地。陨萚:指叶子落下来。 [5]于:为,这里指猎取。貉(hé):像狐狸的一种兽。 [6]上古时"狐"和"狸"分别指两种动物。 [7]同:会合众人(在打猎之前)。 [8]载:助词。缵(zuǎn):继续。武功:打猎之事。 [9]言:动词词头。私:用作动词,指(打猎的人)私人占有。豵(zōng):一岁的猪,这里泛指小兽。 [10]豜(jiān):三岁的猪,这里泛指大兽。公:公家,指王公贵族。

五月斯螽动股[1],六月莎鸡振羽[2]。七月在野[3],八月在宇[4],九月在户,十月蟋蟀,入我床下。穹室熏鼠[5],塞向墐户[6]。嗟我妇子[7],曰为改岁[8],入此室处[9]。

[1]斯螽(zhōng):蝗虫一类。股:腿。古人把这类虫振动翅膀发出的声音看成是腿和腿

摩擦出来的。　[2]莎(suō)鸡:纺织娘。振羽:振翅发声。　[3]在野:和后面的"在宇"、"在户"、"入我床下"的主语都是蟋蟀。　[4]宇:屋檐。这里指屋檐下。　[5]穹(qióng):穷究,指把所有的鼠穴都找到。窒:堵塞,指堵鼠穴。熏:用烟熏。　[6]向:朝北的窗户。冬天把它堵住,以免寒风吹入。墐(jìn):涂。农民编柴竹做门,冬天涂上泥。　[7]嗟(jiē):叹词,表示感慨。　[8]曰:句首语气词。为:算是。改岁:更改年岁,指过年。这是指周历,与上文的"卒岁"指夏历不同。　[9]处:居住。以上是说住处的简陋。

六月食郁及薁[1],七月亨葵及菽[2]。八月剥枣[3],十月获稻。为此春酒[4],以介眉寿[5]。

七月食瓜,八月断壶[6],九月叔苴[7],采荼薪樗[8]。食我农夫[9]。

　　[1]郁(yù):一种植物,果实像李子。薁(yù):一种野葡萄。这两种植物的果实都可以吃。　[2]亨(pēng):煮,后来写作"烹"。葵:菜名。菽(shū):豆,这里指豆叶。　[3]剥(pū):打。枣子和稻米都是酿酒的原料。　[4]春酒:冬天酿酒,经过春才做成,所以叫春酒。　[5]介:求。眉寿:长寿。人老了眉毛上有长毛,叫秀眉,所以称长寿为眉寿。　[6]断:指摘下。壶:葫芦。　[7]叔:拾取。苴:麻的种子,可以吃。　[8]荼(tú):苦菜。薪樗(shū):采伐臭椿。薪:用作动词。樗:臭椿。荒年其叶可食。　[9]食(sì):给……吃,这里指养活。

九月筑场圃[1],十月纳禾稼[2]。黍稷重穋[3],禾麻菽麦[4]。嗟我农夫,我稼既同[5],上入执宫功[6]。昼尔于茅[7],宵尔索绹[8],亟其乘屋[9],其始播百谷[10]。

　　[1]场:打谷场。圃:菜园。筑场圃:筑场于圃。古代场、圃同地,春夏为圃,秋冬为场。　[2]纳:把粮食放入谷仓。禾稼:泛指一般的谷物。　[3]重(tóng):通"穜",早种晚熟的谷。穋(lù):通"稑",晚种早熟的谷。　[4]禾:这里专指一种谷物,就是现在的小米。菽:豆。　[5]同:集中,这里指农民把收打下的谷物集中送入公家的谷仓。　[6]上入:到公家去。执:指服役。宫:室,这里指统治者的住宅。功:事。这句是说为统治者服家内的劳役。　[7]昼:白天。尔:你,这里不是指代一个具体的对象。于:往。茅:草名,这里用作动词,指采取茅草。　[8]宵:夜里。索:绳索,这里用作动词,意思是搓。绹:绳。　[9]亟(jí):急。乘:升,登。乘屋:指登上屋顶去修屋顶(这里是指修理农忙时所居住的盖在田野中的屋子)。　[10]其始:指岁始,即是春初。

二之日凿冰冲冲[1],三之日纳于凌阴[2]。四之日其蚤[3],献羔祭韭[4]。九月肃霜[5],十月涤场[6]。朋酒斯飨[7],曰杀羔羊[8],跻彼公堂[9]。称彼兕觥[10]:万寿无疆[11]!

　　[1]冲冲(chōng chōng):凿冰的声音。　[2]凌阴:冰窖。凌:冰。　[3]蚤:通"早",这里指早朝,是一种祭祀仪式。　[4]献上羔羊:用韭菜祭祀。这是对司寒之神的祭祀(上古藏冰取冰都要祭祀司寒之神),然后打开冰窖,取出冰使用。　[5]肃霜:等于说肃爽,指天高气爽。　[6]涤场:把打谷场清扫干净。　[7]朋酒:两壶酒。斯:指示代词,复指酒。飨:乡人聚在一起饮酒。　[8]曰:句首语气词。　[9]跻(jī):登。公堂:公共场所。　[10]称:举

起。兕(sì):古代犀牛一类的兽。觥(gōng):饮酒器。兕觥:形状像兕头的觥。 [11]无疆:无限,无止境。

豳风·东山[1]

我徂东山[2],慆慆不归[3]。我来自东,零雨其濛[4]。我东曰归[5],我心西悲。制彼裳衣,勿士行枚[6]。蜎蜎者蠋[7],烝在桑野[8]。敦彼独宿[9],亦在车下。

我徂东山,慆慆不归。我来自东,零雨其濛。果臝之实[10],亦施于宇[11]。伊威在室[12],蟏蛸在户[13]。町畽鹿场[14],熠燿宵行[15]。不可畏也,伊可怀也。

我徂东山,慆慆不归。我来自东,零雨其濛。鹳鸣于垤[16],妇叹于室。洒扫穹窒,我征聿至[17]。有敦瓜苦[18],烝在栗薪[19]。自我不见,于今三年。

我徂东山,慆慆不归。我来自东,零雨其濛。仓庚于飞,熠燿其羽。之子于归,皇驳其马[20]。亲结其缡[21],九十其仪[22]。其新孔嘉[23],其旧如之何?

[1]今人多以为是戍卒还乡途中思家之作。 [2]徂(cú):往。 [3]慆慆:久也。 [4]零雨:落雨。 [5]曰:语助词。 [6]士:从事。行枚:衔枚。古时行军,士卒口中衔枚以防止喧哗。 [7]蜎蜎(yuān yuān):蠕动的样子。蠋(zhú):野蚕。 [8]烝:发语词。 [9]敦:瓜圆状,此处指身体蜷缩的样子。 [10]果臝(luǒ):蔓生葫芦科植物。 [11]施:蔓延。 [12]伊威:虫名,常活动于潮湿之处。 [13]蟏蛸(xiāo shāo):长脚小蜘蛛。 [14]町畽(tīng tuǎn):房舍旁的空地。 [15]熠燿:闪耀的样子。宵行:一种能发光的虫,夜行。 [16]鹳(guàn):水鸟名,似鹤。垤(dié):小土堆。 [17]征:征夫。聿(yù):语助词。 [18]瓜苦:即"瓠瓜"。苦,通"瓠"。古时结婚行合卺之礼,以一瓠分为两瓢,夫妇各执一瓢盛酒漱口。此诗之"瓜苦"当指合卺之瓠。 [19]栗薪:堆积之薪。 [20]皇驳:马毛淡黄者为皇,淡红者为驳。 [21]缡(lí):佩巾。古时女子出嫁,母亲训戒,并替她结好佩巾的带子。 [22]九十其仪:言结婚仪式的细节十分繁多。 [23]孔:很。连下句是说:女子出嫁时很美,谁知道远隔三年之后的她现在如何。

小雅·鹿鸣[1]

呦呦鹿鸣[2],食野之苹[3]。我有嘉宾,鼓瑟吹笙。吹笙鼓簧[4],承筐是将[5]。人之好我,示我周行[6]。

呦呦鹿鸣,食野之蒿。我有嘉宾,德音孔昭[7]。视民不恌[8],君子是则是效[9]。我有旨酒,嘉宾式燕以敖[10]。

呦呦鹿鸣,食野之芩[11]。我有嘉宾,鼓瑟鼓琴。鼓瑟鼓琴,和乐且湛[12]。我有旨酒,以燕乐嘉宾之心。

[1]这是一首统治者大宴群臣宾客的诗篇。 [2]呦呦(yōu yōu):鹿鸣声。 [3]苹:植物名,俗称艾蒿。 [4]簧:乐器名,笙之大者。 [5]承:捧。将:献。 [6]周行:至美之

道。　[7]德音:先王道德之教。孔:很。昭:明。　[8]视:通"示"。佻(tiāo):通"佻",轻佻。　[9]则:效法。君子是则是效,言君子效法之。　[10]式:劝令之辞,应当。燕:通"宴"。敖:通"遨",游玩。　[11]芩(qín):植物名,俗称蔓苇。　[12]湛(dān):通"媅",尽情欢乐。

小雅·常棣[1]

常棣之华[2],鄂不韡韡[3]。凡今之人,莫如兄弟。
死丧之威[4],兄弟孔怀[5]。原隰裒矣[6],兄弟求矣[7]。
脊令在原[8],兄弟急难[9]。每有良朋[10],况也永叹[11]。
兄弟阋于墙[12],外御其务[13]。每有良朋,烝也无戎[14]。
丧乱既平,既安且宁。虽有兄弟,不如友生[15]?
傧尔笾豆[16],饮酒之饫[17]。兄弟既具,和乐且孺[18]。
妻子好合,如鼓瑟琴。兄弟既翕[19],和乐且湛[20]。
宜尔室家,乐尔妻帑[21]。是究是图[22],亶其然乎[23]?

[1]这是一首申述兄弟应该互相友爱的诗。　[2]常棣:即棠棣,即今郁李。　[3]鄂:与"萼"同,花萼。不:即"柎",花萼的底部、根部。韡韡(wěi wěi):光明的样子。　[4]威:畏。[5]孔:很。怀:忧伤。　[6]原隰(xí):野地。裒(póu):聚集。　[7]求:寻找。此两句指到坟上祭祀哭叫。　[8]脊令(jí líng):即鹡鸰,鸟名。鹡鸰成群而飞,好比兄弟成群共处。[9]急难:兄弟有灾难就急于相救。　[10]每:虽。　[11]况:增加。等于说徒增。永叹:长叹。　[12]阋(xì):相争,争吵。　[13]务:亦作"侮"。　[14]烝:发语词。戎:相助。[15]友生:朋友。　[16]傧(bīn):陈列。笾(biān):古时祭祀和宴会用以盛干食品的竹器。豆:盛肉菜的食器。　[17]饫(yù):古代君主燕饮同姓的私宴。　[18]孺:相亲。　[19]翕(xī):合。　[20]湛(zhàn):深厚。　[21]帑(nú):儿子。　[22]究:深入探究,钻研。图:思虑,谋划。　[23]亶(dǎn):诚然,确实。

小雅·采薇[1]

采薇采薇[2],薇亦作止[3]。曰归曰归,岁亦莫止[4]。靡室靡家[5],狁之故[6]。不遑启居[7],狁之故。
采薇采薇,薇亦柔止[8]。曰归曰归,心亦忧止。忧心烈烈[9],载饥载渴。我戍未定[10],靡使归聘[11]。
采薇采薇,薇亦刚止[12]。曰归曰归,岁亦阳止[13]。王事靡盬[14],不遑启处。忧心孔疚[15],我行不来[16]!
彼尔维何[17]?维常之华[18]。彼路斯何[19]?君子之车[20]。戎车既驾[21],四牡业业[22]。岂敢定居?一月三捷[23]。

驾彼四牡,四牡骙骙[24]。君子所依[25],小人所腓[26]。四牡翼翼[27],象弭鱼服[28]。岂不日戒[29]? 玁狁孔棘[30]!

昔我往矣[31],杨柳依依[32]。今我来思[33],雨雪霏霏[34]。行道迟迟[35],载渴载饥。我心伤悲,莫知我哀!

[1]这是一位饱尝服役之苦的戍边战士在归途中所作的诗。 [2]薇:野豌豆苗,可以吃。 [3]作:初生,这里指刚刚发芽。止:语助词,下同。 [4]莫:同"暮"。 [5]靡:通"无",没有。这句意思是说,终年常年在外征战,有家也等于没有家。 [6]玁狁(xiǎn yǔn):我国古代北方的一个少数民族,也有人认为是匈奴的先人。 [7]遑:闲暇。启居:安居。启:跪,周人跪坐。 [8]柔:柔嫩。 [9]烈烈:猛火炽烈的样子,这里是指忧伤的样子,等于说"忧心如焚"。 [10]定:止,停歇。 [11]聘:问候。 [12]刚:坚硬。 [13]阳:天暖,俗称农历十月为小阳春。 [14]王事:王命差遣的公事。盬(gǔ):休止。 [15]孔:很。疚:病痛。 [16]来:一说是归的意思;一说通"勑",慰劳、劝勉,这句是说自戍边以来无人慰劳。 [17]尔:通"苶",花很繁盛的样子。维:表示判断,相当于"乃、是"。 [18]常:木名,即是常棣。华:同"花"。 [19]路:通"辂",古代的车名,多指帝王用的大车。斯:语助词,相当于前一句的"维"。 [20]君子:将帅。 [21]戎车:兵车。 [22]牡:雄性的兽类,这里指驾车的雄马。业业:高大的样子。 [23]捷:通"接",接战、交战。 [24]骙骙(kuí):强壮的样子。 [25]依:靠,这里指乘车。 [26]小人:这里指士兵。腓(féi):隐蔽。 [27]翼翼:行列整齐的样子。 [28]象弭:用象牙做的弭。弭是弓两端接弦的地方。鱼服:用鱼皮做的箭袋。 [29]日:天天,每天。戒:防备、戒备。 [30]棘:通"急",这里的意思是猖狂。 [31]往:这里指离开家。 [32]依依:柳条迎风飘动的样子。 [33]来:归,回来。思:语助词。 [34]雨:动词,下雨或下雪。霏霏:雨雪很盛的样子。 [35]迟迟:缓慢的样子。

小雅·斯干[1]

秩秩斯干[2],幽幽南山[3]。如竹苞矣[4],如松茂矣。兄及弟矣,式相好矣[5],无相犹矣[6]。

似续妣祖[7],筑室百堵[8],西南其户。爰居爰处[9],爰笑爰语。

约之阁阁[10],椓之橐橐[11]。风雨攸除[12],鸟鼠攸去,君子攸芋[13]。

如跂斯翼,如矢斯棘[14],如鸟斯革[15],如翚斯飞[16],君子攸跻[17]。

殖殖其庭[18],有觉其楹[19]。哙哙其正[20],哕哕其冥[21]。君子攸宁。

下莞上簟[22],乃安斯寝。乃寝乃兴,乃占我梦。吉梦维何? 维熊维罴[23],维虺维蛇[24]。

大人占之[25]:维熊维罴,男子之祥[26];维虺维蛇,女子之祥。

乃生男子,载寝之床。载衣之裳,载弄之璋。其泣喤喤[27],朱芾斯皇[28],室家君王。

乃生女子,载寝之地。载衣之裼[29],载弄之瓦[30]。无非无仪[31],唯酒食是议,无父母诒罹[32]。

[1]这是一首歌颂宫室落成的诗。　[2]秩秩:水流的样子。干:涧。　[3]幽幽:深远的样子。　[4]苞:草盛的样子,与下句"茂"同意。　[5]式:发语词。　[6]犹:也作"尤",过失,罪过。　[7]似:嗣也,延续,继承。妣(bǐ):这里指祖母和祖母辈以上的女性祖先。　[8]堵:古代墙壁的面积单位。　[9]爰:连词,表示承接关系,相当于"于是"。　[10]约:束。之:指筑墙板。阁:扎缚牢固整齐的样子。　[11]椓(zhuó):敲,捶。指用杵捣筑。橐橐(tuó tuó):板筑时用杵捣土的声音。　[12]攸:连词,于是。　[13]芋:通"宇",居住。　[14]棘:棱角整饬,锋刃锐利。　[15]革:通"翺"(gé),翅膀。　[16]翚(huī):具有五彩的锦鸡。　[17]跻:登也。　[18]殖殖:平正的样子。　[19]觉:高大。楹:厅堂的前柱,也泛指柱子。　[20]哙哙(kuài kuài):宽敞明亮的样子。哙通"快"。正(zhēng):白昼。　[21]哕哕(huì huì):深暗的样子。冥:夜。　[22]莞(guān):蒲草编的席子。簟(diàn):竹席。　[23]罴(pí):熊的一种,比熊大。　[24]虺(huǐ):古称"土虺"的蝮蛇。　[25]大(tài)人:对占梦官的称呼。　[26]祥:吉兆。　[27]喤喤(huáng huáng):象声词,形容婴儿哭声洪亮。　[28]芾(fú):古代礼服上的蔽膝。皇:辉煌。　[29]裼(tì):婴儿的包被。　[30]瓦:古代泥土烧制的纺锤。　[31]非:过失。仪:善。　[32]诒(yí):留给。罹:忧患,苦难。

大雅·生民[1]

厥初生民[2],时维姜嫄[3]。生民如何?克禋克祀[4],以弗无子[5]。履帝武敏,歆[6],攸介攸止[7],载震载夙[8]。载生载育,时维后稷[9]。

诞弥厥月[10],先生如达[11]。不拆不副[12],无菑无害[13],以赫厥灵[14]。上帝不宁,不康禋祀,居然生子[15]。

[1]这首诗是周人祭祀祖先神后稷的祭歌。诗中记录了后稷诞生的传说,称颂后稷发明和改进农业的功绩。　[2]厥:其。　[3]时:通"是",指示代词,这。维:表示判断,等于说"是、为"。姜嫄(yuán):远古传说中有邰氏的女子,周人始祖后稷的母亲。姜是姓,嫄是谥号,取"本原"的意思。　[4]克:能。禋(yīn):焚柴生烟,把牺牲及玉帛放在柴上,烟气上达于天,以表达对上天的精诚。这里也泛指虔诚的祭祀。　[5]弗:通"祓(fú)",通过祭祀除去灾难。弗无子,指通过祭祀免除无子的灾难。　[6]履:踩,踏。帝:上帝。武敏:足迹的脚拇指处。武:足迹;敏:拇指。歆:欣喜。　[7]攸:乃。介:止息,这里指停下来休息。　[8]载:动词词头。震:通"娠",怀孕。夙:通"肃",指怀孕后生活有规律。　[9]时、维:见注[3]。　[10]诞:发语词,有感叹、赞叹的意思。弥:满。　[11]先生:首生,头胎生子。达:小羊。这句意思是说头胎生子就像生羊羔一样容易。　[12]胎儿裹在胎衣里生出。拆:通"坼(chè)",裂开。副:分开。　[13]菑:同"灾"。　[14]赫:显示。灵:神异。　[15]"上帝不宁,不康禋祀,居然生子"三句是姜嫄自疑的话。宁:安宁。康:安乐。居然:徒然。因为婴儿的胎衣没破,因此姜嫄有这样的疑问。

诞寘之隘巷[1],牛羊腓字之[2]。诞寘之平林,会伐平林[3]。诞寘之寒冰,鸟覆翼之[4]。鸟乃去矣,后稷呱矣[5]。实覃实讦[6],厥声载路[7]。

诞实匍匐[8]，克岐克嶷[9]。以就口食[10]。蓺之荏菽[11]，荏菽旆旆[12]。禾役穟穟[13]，麻麦幪幪[14]，瓜瓞唪唪[15]。

诞后稷之穑[16]，有相之道[17]。茀厥丰草[18]，种之黄茂[19]。实方实苞[20]，实种实褎[21]。实发实秀[22]，实坚实好[23]，实颖实栗[24]。即有邰家室[25]。

[1]寘(zhì)：同"置"，放。这里意思是遗弃。因为后稷出生怪异，因此被遗弃；后稷名叫"弃"，也是因为这个原因。 [2]腓：遮蔽。字：喂奶。 [3]恰好有人伐木，(因此不便遗弃)。 [4]鸟张开翅膀遮盖住他。 [5]呱：小孩的哭声。 [6]实：通"寔"，这个。覃(tán)：长。訏：大。这句是说后稷的哭声又长又洪亮。 [7]载：充满。 [8]匍匐：爬行。 [9]岐：知意，懂事。嶷(yí)：站立。 [10]就：求。 [11]蓺：同"艺"，种植。荏菽(rěn shū)：大豆。 [12]旆旆(pèi)：枝叶茂盛的样子。 [13]役：禾穗。穟穟(suì)：禾穗美好的样子。 [14]幪幪(měng)：茂盛的样子。 [15]瓞(dié)：小瓜。唪唪：通"菶菶(běng)"，茂盛的样子。 [16]穑：耕种等农事。 [17]相：辅佐、扶助。这句意思是说后稷种植庄稼有助成的方法，就是下文所说的"茀厥丰草，种之黄茂"等。 [18]茀(fú)：拔除。丰草，这里是说乱草、杂草。 [19]黄茂：嘉谷，指又黄熟又肥大的谷种。 [20]方：普遍，这里指禾苗很多。苞：茂盛。这句是说禾苗又多又茂盛。 [21]种：肥大。褎(yòu)：禾苗长大。这句是说禾苗又大又长。 [22]发：禾苗挺拔。秀：禾初生穗。 [23]坚：籽粒饱满。 [24]颖：穗下垂的样子。栗：就是"栗栗"，果实成熟下垂的样子。 [25]即：到。有：名词词头，没有意义；邰(tái)：古国名，在今陕西武功西南。相传舜把后稷封在这里。家室：这里用作动词，指成立家室。

诞降嘉种[1]，维秬维秠[2]，维穈维芑[3]。恒之秬秠[4]，是获是亩[5]。恒之穈芑，是任是负[6]。以归肇祀[7]。

诞我祀如何？或舂或揄[8]，或簸或蹂[9]。释之叟叟[10]，烝之浮浮[11]。载谋载惟[12]。取萧祭脂[13]，取羝以軷[14]。载燔载烈[15]，以兴嗣岁[16]。

卬盛于豆[17]，于豆于登[18]。其香始升，上帝居歆[19]。胡臭亶时[20]。后稷肇祀。庶无罪悔[21]，以迄于今[22]。

[1]降：这里意思是天赐。嘉：好。 [2]秬(jù)：黑黍。秠(pī)：古代的良种黍，一壳里面有两粒米。 [3]穈(mí)：一种品质优良的黍，赤苗。芑(qǐ)：一种品质优良的黍，白苗。 [4]恒：通"亘"，满，周遍。这句是说遍地种满了秬和秠。 [5]获：收获。亩：按亩来计算产量。 [6]任：抱。负：背。 [7]归：回家。肇：开始。 [8]舂(chōng)：舂米脱糠。揄(yú)：舀取。 [9]簸：扬米去皮。蹂：通"揉"，用手揉搓使米与糠分开。 [10]释：淘米。叟叟：淘米的声音。 [11]烝：通"蒸"。浮浮：热气上腾的样子。 [12]谋：打算。惟：思虑。 [13]萧：香蒿。祭脂：祭祀用的油脂。古人祭祀，取香蒿和祭脂合烧，以求香气远闻。 [14]羝(dī)：公羊。軷(bá)：祭祀路神。 [15]燔(fán)：烤，这里指烤肉(动词)。烈：炙烤，这里指烤肉(动词)。 [16]嗣岁：来年。 [17]卬(áng)：同"仰"，举。盛(chéng)：放在祭器里的谷物，泛指一般的祭品。豆：古代的一种食器，形状像高足盘。 [18]登：古代的一种食器，想着像豆，但稍浅。 [19]居：安。歆：享用。 [20]胡：大。臭(xiù)：气味。胡臭：指气味浓烈。亶(dǎn)：诚信、诚实。时：善，好。 [21]罪：祸殃。悔：灾祸。 [22]迄：到。

周颂·载芟[1]

载芟载柞[2],其耕泽泽[3]。千耦其耘[4],徂隰徂畛[5]。侯主侯伯[6],侯亚侯旅[7],侯彊侯以[8]。有嗿其馌[9],思媚其妇[10],有依其士[11]。有略其耜[12],俶载南亩[13],播厥百谷。实函斯活[14],驿驿其达[15]。有厌其杰[16],厌厌其苗[17],绵绵其麃[18]。载获济济[19],有实其积,万亿及秭[20]。为酒为醴[21],烝畀祖妣[22],以洽百礼[23]。有飶其香[24],邦家之光。有椒其馨[25],胡考之宁[26]。匪且有且[27],匪今斯今,振古如兹[28]。

[1]这篇是周王在秋收以后,用新谷祭祀宗庙时所唱的乐歌。 [2]载:动词词头。芟(shān):除草。柞(zé):砍伐树木。 [3]泽泽(shì):土分解离散的样子。 [4]耦:二人并耕。 [5]徂(cú):往也。隰(xí):新开垦的田。畛(zhěn):田间小路。 [6]侯:发语词。主:家长。伯:长子。 [7]亚:次也,指长子以下的兄弟们。旅:子弟。 [8]彊:强有余力的人。以:指老弱的人。 [9]嗿(tǎn):众人饮食声。馌(yè):给耕种者送食。 [10]思:发语词。媚:喜爱。 [11]依:众多。 [12]略:锋利。耜(sì):犁头。 [13]俶(chù):起土。载(zī):耕作。 [14]实:种子。函:含也,谷种含在土里。斯:则,就。 [15]驿驿:长势旺盛的样子。达:幼苗出土的样子。 [16]厌:茂盛的样子。杰:超出一般者,特美者。 [17]厌厌:禾苗整齐茂盛的样子。 [18]绵绵:连续不断的样子。麃(biāo):耘田,除草。 [19]济济:众多的样子。 [20]秭(zǐ):数词。古时十亿为秭,或千亿为秭。 [21]醴:甜酒。 [22]烝:进献。畀(bì):给予。 [23]洽:合。 [24]飶(bì):食物的香气。 [25]椒:犹"飶",食物的香气。馨:香气远闻。 [26]胡考:长寿,高寿。宁:安宁。 [27]匪:非。且:此。意思是现在才有此事。 [28]振古:自古。全句意为自古就有这丰年之庆。

商颂·玄鸟[1]

天命玄鸟,降而生商[2],宅殷土芒芒[3]。古帝命武汤[4],正域彼四方[5]。
方命厥后[6],奄有九有[7]。商之先后[8],受命不殆[9],在武丁孙子[10]。武丁孙子,武王靡不胜[11]。
龙旂十乘[12],大糦是承[13]。邦畿千里[14],维民所止[15],肇域彼四海[16]。
四海来假[17],来假祁祁[18]。景员维河[19],殷受命咸宜[20],百禄是何[21]。

[1]一般认为,这首诗是商民族的一首祭歌,有说是祭高宗,有说祭成汤,有说祭高宗。这是一首具有强烈史诗意味的祭歌。 [2]玄鸟:燕子。相传有娀氏的女子简狄行浴水边,有黑色的燕子衔卵飞过,卵落下来,简狄拾到卵含在嘴里,不小心吞了下去,有了身孕,生下了商的始祖契。 [3]宅:居住。殷土:商地。殷人在盘庚迁都前国号称商,迁都后国号称殷,其后人因此称商地为殷地。芒芒:通"茫茫",广大的样子。 [4]古帝:天帝。武汤:即商王朝的建立者汤,因有武功又被称作"武汤"或"武王"。 [5]正:通"征",征伐。域:邦国、封

邑。　[6]厥:其,指武汤。后:指武汤之后的历代商王。　[7]奄(yǎn)有:尽有。九有:即九域,指九州。　[8]先后:先君。　[9]殆:通"怠",懈怠。　[10]武丁:汤第九代孙盘庚的弟弟小乙的儿子,在位近六十年,复兴了中衰的商朝。"在武丁孙子"等于说"有孙子武丁"。　[11](孙子武丁,)对于武王的事业没有不能胜任的。胜:任,胜任。　[12]龙旂(qí):画有龙形图案的旗帜。乘:古代一车四马为乘。　[13]糦(xī):黍稷,指酒食。是:指示代词,复指前面的"大糦"。　[14]邦畿:天子的直辖区。　[15]止:居住。　[16]肇:开辟。　[17]假:至。　[18]祁祁:众多的样子。　[19]景:山名,今河南偃师县。员:周围。维:表判断。为:是。这句说景山四周是大河。　[20]咸:全,都。　[21]是:指示代词,复指前面的"百禄"。何:通"荷",承受。

毛 诗 序[1]

　　《关雎》,后妃之德也[2],风之始也[3],所以风天下而正夫妇也[4]。故用之乡人焉[5],用之邦国焉[6]。风,风也,教也,风以动之[7],教以化之[8]。

　　诗者,志之所之也[9],在心为志,发言为诗,情动于中而形于言[10],言之不足,故嗟叹之,嗟叹之不足,故咏歌之[11],咏歌之不足,不知手之舞之足之蹈之也。

　　情发于声,声成文谓之音[12],治世之音安以乐,其政和;乱世之音怨以怒,其政乖[13];亡国之音哀以思,其民困[14]。故正得失,动天地,感鬼神,莫近于诗[15]。先王以是经夫妇[16],成孝敬,厚人伦,美教化,移风俗。

　　故诗有六义焉:一曰风[17],二曰赋[18],三曰比[19],四曰兴[20],五曰雅[21],六曰颂[22],上以风化下,下以风刺上,主文而谲谏[23],言之者无罪,闻之者足以戒,故曰风。至于王道衰,礼义废,政教失,国异政,家殊俗,而变风变雅作矣[24]。国史明乎得失之迹[25],伤人伦之废,哀刑政之苛,吟咏情性,以风其上,达于事变而怀其旧俗也。故变风发乎情,止乎礼义。发乎情,民之性也;止乎礼义,先王之泽也。是以一国之事,系一人之本,谓之风;言天下之事,形四方之风,谓之雅。雅者,正也,言王政之所由废兴也。政有大小,故有小雅焉。颂者,美盛德之形容,以其成功告于神明者也。是谓四始[26],诗之至也[27]。

　　然则《关雎》《麟趾》之化[28],王者之风,故系之周公。南,言化自北而南也[29]。《鹊巢》《驺虞》之德[30],诸侯之风也,先王之所以教,故系之召公。《周南》《召南》[31],正始之道,王化之基。是以《关雎》乐得淑女,以配君子,忧在进贤,不淫其色;哀窈窕,思贤才,而无伤善之心焉[32]。是《关雎》之义也。

　　[1]汉人传诗者有齐、鲁、韩、毛四家。齐诗是齐国辕固生所传,鲁诗是鲁国申培所传,韩诗是燕国韩婴所传,合称为三家诗。毛诗是赵国人毛苌所传。三家诗都有序,但至今都亡佚了,只有毛诗序还存在。这里选的是《诗毛氏传》在《国风》第一篇《关雎》题下的一篇序言。有关这篇序言的作者问题,有很多种说法,目前尚无定论。　[2]后妃:天子之妻。旧说《关雎》

这篇诗是写后妃事,指周文王妃太姒。　[3]风:指《诗经》中的十五国风。这句是说《关雎》是十五国风中的第一篇。　[4]风:教化。　[5]根据《仪礼》,乡大夫行乡饮酒礼时,要以《关雎》来合乐,用以教化人民。乡:一万两千五百家为一乡。　[6]根据《仪礼》,诸侯行燕礼、饮燕臣子和宾客时,要歌《关雎》,用以教化臣子。　[7]动:感动。　[8]化:感化。　[9]志:志意、怀。所之:所向、所往。　[10]形:表现。　[11]"言之不足……故咏歌之"这四句指发言之后,意犹未尽,就咨嗟叹息来延续它,咨嗟叹息还嫌不足,就要引声长歌。　[12]文:指宫、商、角、徵、羽这五声的称谓。　[13]乖:乖戾、反常。　[14]困:艰难、窘迫。　[15]莫近:莫过。　[16]以:用。经:常道,这里用作动词。经夫妇:意思是使夫妇之道入于正常。　[17]风:根据下文的解释,这里是指风化、讽刺。　[18]赋:用作动词,是铺陈直叙的意思。赋作为一种文学体裁,它的特点是"直书其事"、"体物写志"。　[19]比:比喻。　[20]兴:起的意思。兼有发端和比喻的双重作用。　[21]雅:根据下文的解释,"雅"是正的意思。"大小雅所合的音乐,当时谓之正声"周王朝公卿士大夫的诗歌,都归入雅诗之内。　[22]颂:周王朝和鲁、宋两国在祭祀时用以赞神的舞歌。"颂"的本义是形容,也就是借着舞蹈表现诗歌的情态。王国维认为颂的乐曲比起风、雅来,速度要徐缓些。　[23]谲谏:用隐约的言辞谏劝而不直言。　[24]变:即是下文"达于事变"的变,指的是世风由盛变衰,政教纲纪大坏。变风变雅,就是记录衰败世风的诗歌。在国风中,邶风以下的十三国风是变风,但豳风中有描写西周初期周公东征的事;大雅中《民劳》以后的诗,小雅中《六月》以后的诗是变雅,但其中也有赞扬美政的。作:兴起、产生。　[25]国史:王室的史官。　[26]四始:指风、大雅、小雅、颂。　[27]诗之至也:意思是指诗理至极,都在这里。　[28]《关雎》是《诗经·国风·周南》的第一篇,《麟趾》是《诗经·国风·周南》的最后一篇。　[29]《毛传》:"谓其化从歧周被江、汉之域也。"　[30]《鹊巢》是《诗经·国风·召南》的第一篇,写诸侯之女出嫁的事。《驺虞》是《诗经·国风·召南》的最后一篇,写诸侯打猎的事。　[31]南是商代诸侯国名。西周周公、召公分陕而治,以陕原(在今河南省西部陕县的西南)为界,周公主陕以东,召公主陕以西,就是分别统治了商代诸侯国南国的地域,所以周、召二公辖境各称南。二公统治南国之地,就采南国之音以为风。由于周、召二公的辖地都是采邑,不是诸侯国名,因为不能称南国之音为"国风",必须系以南国旧名,称之为"周南"、"召南"。　[32]《论语·八佾》:"子曰:《关雎》乐而不淫,哀而不伤。"文中"忧在进贤……而无伤善之心焉"这几句话就是根据《论语》而来。

(据中华书局影印阮元校刻《十三经注疏》本《毛诗正义》　雷汉卿)

四、礼乐文明——《周礼》、《仪礼》、《礼记》

【题解】　《周礼》、《仪礼》和《礼记》是三部荟萃儒家礼乐文化思想的经典,涉及政治、文化、法律、宗教、仪式、制度等诸多方面。东汉郑玄分别给这三书作注,遂有"三礼"之名。三礼中最早成为"儒经"的是《仪礼》。汉代置五经博士,即有《仪礼》。唐立三礼为经,才加上了《周礼》和《礼记》。

《周礼》有6篇:《天官》记邦治之官六十三职,其职统摄六官,以吏治为专职,兼掌宫中事务。《地官》记邦教之官七十八职,其职以教化为务,凡地方组织、均土分民、征赋等均在其掌。《春官》记邦礼之官六十九职,凡礼、乐、卜祀、文史、星历、车旗之属均领之。《夏官》记邦治之官七十职,其职专掌军事与封建,兼及王之车旗、弓矢、护卫等。《秋官》记邦禁之官六十六职,其职主刑法、狱讼、刑禁,兼及盟约、宪令、辟除、外交等。《冬官》亡佚,以《考工记》补,《考工》记诸工事制作,并详其尺度,所记有治木、冶金、设色、刮摩、搏埴等工官31种。《周礼》六官合天地四时之数,周天三百六十度,天官统有三百六十官,这种理想化的官制是出于对宇宙秩序的模仿。《周礼》真伪历来聚讼纷纭,汉代刘歆、郑玄皆以为成于西周,是"周公致太平之迹";其实,《周礼》可能成书于战国时期,是当时儒者结合古代制度并加以理想化和系统化而制定的一套官制,它在历史上可能并未完整地实行过。

《仪礼》17篇,包涵的礼仪内容分属冠、昏、乡、射、朝、聘、丧、祭八类,其中冠、昏、丧、祭是人生经历的礼节,士相见、乡、射、朝、聘是贵族间社会交往或进行国事活动的仪式。其实行者,既有士阶层,也有卿大夫、诸侯,甚至天子,因此该书有着比较完备的体系,这正如朱熹指出的:"礼书如《仪礼》,尚完备于他书。"此书保存了先秦时期特别是士大夫阶层典礼仪节的基本情况,是古代贵族社会生活的一面镜子,对了解当时的政治制度和人们的社会生活,有着较高的价值;对后来的士大夫阶层也有着很大影响。

《礼记》是战国至秦汉间讲礼文章的选集,涉及社会组织、生活习俗、道德规范、文物制度等。汉代比较流行的有两个本子,一是戴德的《大戴礼记》,共58篇;二是戴德之侄戴圣的《小戴礼记》,49篇,后者流传更广。梁启超将其内容分为以下几类:通论礼意及学术者;专释《仪礼》者(如《冠义》、《昏义》就是对《仪礼》的《士冠礼》、《士昏礼》的释义);杂记孔子和弟子、时人杂事问答者;记格言者。《礼记》全面系统地宣传儒家的礼治主义,包含了儒家的政治、哲学、伦理等许多重要思想,对后世影响深远,其作用远远超过《周礼》和《仪礼》。其中《大学》和《中庸》两篇后来被单独抽出,与《论语》和《孟子》合为"四书",朱熹专作《四书章句集注》,成为宣扬理学思想的重要经典。

三礼注本除了收入《十三经注疏》的《周礼注疏》、《仪礼注疏》和《礼记正义》外,较好的还有:孙诒让《周礼正义》86卷,胡培翚《仪礼正义》40卷等。此外,还有综合研究礼学的集大成之作,如秦蕙田《五礼通考》、黄以周《礼书通故》等。

(韦 兵)

周礼·天官冢宰·大宰(节录)

大宰之职,掌建邦之六典,以佐王治邦国[1]。一曰治典,以经邦国,以治官府,以纪万民[2];二曰教典,以安邦国,以教官府,以扰万民[3];三曰礼典,以和邦国,以统百官,以谐万民;四曰政典,以平邦国,以正百官,以均万民[4];五曰刑典,以诘邦国,以刑百官,以纠万民[5];六曰事典,以富邦国,以任百官,以生万民[6]。

[1] 六典:指下文所讲的治、教、礼、政、刑、事六种经国之大典,《周礼》六官分掌六典,大宰则总领六典而辅佐君主治国。　[2] 经、纪:直而有常谓之经,小而有所系谓之纪。　[3] 扰:顺。　[4] 平、均:物各当其分谓之平,远近达到平等谓之均。　[5] 诘、纠:责之使屈谓之诘,约其缓散谓之纠。一说诘就是禁,弹正纠察的意思。　[6] 富、任、生:富指财物充积,任指量其力之所能胜任,生就是生养的意思。

以八灋治官府[1]。一曰官属[2],以举邦治;二曰官职[3],以辨邦治;三曰官联[4],以会官治;四曰官常[5],以听官治;五曰官成[6],以经邦治;六曰官灋[7],以正邦治;七曰官刑[8],以纠邦治;八曰官计[9],以弊邦治[10]。

[1] 灋:古"法"字,凡典礼文制均谓之法。　[2] 官属:就是指周礼六官分职任事。　[3] 官职:六官所治之事谓之职。　[4] 官联:合其事以共治之谓之联,就是指官方事务中的相互协调合作。　[5] 官常:六官各领其职能,不得超越职权范围,与"官联"相对而言。　[6] 官成:"官府之成事品式也",即各职能部门按规定应有的各种业绩。　[7] 官灋:谓"职所主之法度",即各职能部门的行政法规。　[8] 官刑:儆戒官员的惩罚手段。　[9] 官计:对官员的考核,年终曰岁计,三年曰大计。　[10] 弊:审断。

以八则治都鄙[1]。一曰祭祀,以驭其神;二曰灋则[2],以驭其官;三曰废置[3],以驭其吏;四曰禄位[4],以驭其士;五曰赋贡[5],以驭其用;六曰礼俗[6],以驭其民;七曰刑赏,以驭其威[7];八曰田役,以驭其众。

[1] 都鄙:距王城四百至五百里为都鄙。　[2] 灋则:指都鄙的职官制度。　[3] 废、置:废,退,罢弃屏退。置,立,举贤。　[4] 禄:月俸。位:爵次。　[5] 赋贡:上敛下谓之赋;下奉上谓之贡。　[6] 礼俗:婚丧嫁娶的礼仪。　[7] 此句意为以掌控生杀权力加强权威。

以八柄诏王[1],驭群臣。一曰爵[2],以驭其贵;二曰禄,以驭其富;三曰予,以驭其幸[3];四曰置,以驭其行[4];五曰生,以驭其福[5];六曰夺[6],以驭其贫;七曰废[7],以驭其罪;八曰诛,以驭其过。

[1] 柄:所以操以治事,引申为权威,八柄为王者秉持以行权威赏罚之事。诏:告。　[2] 爵:公、侯、伯、子、男的等第。　[3] 予:赐予。幸:恩幸,恩泽。　[4] 行:贤行。　[5] 生:

养。　[6]夺:臣有大罪,没其家产。　[7]废:流放。

(据中华书局影印阮元校刻《十三经注疏》本《周礼注疏》　韦　兵)

仪礼·士昏礼[1]

　　昏礼。下达[2]。纳采,用雁[3]。主人筵于户西[4],西上,右几[5]。使者玄端至[6]。摈者出请事[7],入告。主人如宾服迎于门外[8],再拜[9]。宾不答拜[10]。揖入。至于庙门[11],揖入。三揖[12],至于阶,三让。主人以宾升西面[13]。宾升西阶,当阿[14],东面致命[15]。主人阼阶上北面再拜[16]。授于楹间南面[17]。宾降,出。主人降,授老雁[18]。

　　[1]士:先秦时期贵族的最低等级,位次于大夫。又指农工商之外学文习武的人。昏:日暮。这里的昏即后来的"婚",因婚礼在黄昏举行。礼:仪式,用来表示敬意和隆重,婚礼是其中的一种。　[2]下达:男家派人向女家传话提亲。达:通。　[3]纳采:男家使女家纳其采择。纳:接受。采:采择,选取。此处说的"纳",与下文"纳吉"、"纳征"的"纳",都是因为恐怕女家不受。用雁:用雁作见面礼。　[4]主人:女家主人,一般为女之父。筵:筵席。户西:祢(ní)庙的室门之西,尊贵之位。户:单扇的门。关于祢庙,参看下文注。　[5]西上:使席的首端朝西。右几:几在席的右边。几:席地而坐时可供倚靠的长方形器具,类似于现今炕桌。　[6]使者:男家的媒人。玄:黑色。端:多在祭祀场合穿的周代礼服。　[7]摈者:迎接宾客的人。摈(bìn):同"傧"。请:问。　[8]宾:男家的使者。门:大门。　[9]再拜:施行拜礼两次,表示很恭敬。拜时要跪。　[10]宾不答拜:宾不回礼。因为男家使者不敢当其盛礼。　[11]至于庙门:到达庙门前。庙是廟的简化字,廟的古文为廎。这里的庙是祢(古作禰)庙。祢庙是奉祀亡父的场所,即父庙。《公羊传·隐公元年》东汉何休注:"生称父,死称考,入庙称祢"。又据《礼记·王制》,天子七庙,士一庙。　[12]三揖:行三次拱手礼。　[13]以:与。一说:及。　[14]阿:房屋的正梁。一说:屋宇。　[15]致命:传达言词、使命;这里是致辞。　[16]阼(zuò)阶:主人迎接宾客的台阶,在大堂前东面,又称东阶。　[17]授于楹间:在东西两楹(堂前立柱)之间,宾将雁授予主人。　[18]老:群吏的尊者;卿大夫的家臣。以上自"下达"至"授老雁",记述纳采的礼节。

　　摈者出请。宾执雁,请问名[1]。主人许。宾入授[2],如初礼[3]。

　　[1]问名:问女之姓名。　[2]授:授雁,宾客将雁授予主人。　[3]如初礼:如同纳采之礼。以上自"摈者出请"至"如初礼",记述问名的礼节。

　　摈者出请,宾告事毕。入告,出请醴宾[1]。宾礼辞许[2]。主人彻几改筵[3],东上[4],侧尊甒醴于房中[5]。主人迎宾于庙门外,揖让如初升[6]。主人北面再拜。宾西阶上北面答拜。主人拂几授校[7],拜送。宾以几辟[8],北面设于坐左,之西阶上答拜[9]。赞者酌醴[10],加角柶面叶[11],出于房。主人受醴,面枋筵前西北面[12]。宾拜受醴,复位。主人阼阶上拜送。赞者荐脯醢[13]。宾即筵坐,左执觯[14],祭脯醢,以柶祭醴三[15],西阶上北面,坐啐醴,建柶,兴[16]。坐奠觯[17],遂拜。主人答拜。宾即筵奠于荐左[18],降筵北面,坐取脯[19]。主人辞[20]。宾降,授人脯[21],出。主人送于门外,再拜。

　　[1]醴(lǐ):一宿酿成的甜酒,这里用作动词。　[2]宾礼辞许:宾先推辞,而后同意。辞:推辞;辞谢。许:应允;认可。　[3]彻:撤去。改:更易。　[4]东上:使席的首端朝东。　[5]侧:通"特",单独。尊:置酒。甒(wǔ):一种盛酒的瓦器。　[6]升:升阶。　[7]校:几的脚。授校:把几的脚授给宾。　[8]以:用。辟:通"避",避让。　[9]坐:席,席位。左:席面朝南,东为左。之:往;到……去。　[10]赞者:辅助行礼的人。　[11]角柶:形状像匙的一种礼器,用角制成。面:前。叶:角柶的大端,形状如叶,用来舀取醴。　[12]枋:通"柄"。筵前:宾席的南边。　[13]荐:进献。脯:干肉。醢(hǎi):肉酱。　[14]觯(zhì):一种酒器,形状多样,用陶、木、兽角或青铜等制成。　[15]以柶祭醴三:用柶从觯中取醴,注地祭先人,共三次。　[16]坐啐醴建柶兴:宾坐下尝醴,把柶竖立着放入觯中,而后起身。啐(cuì):尝,小饮。建:竖立。兴:起身。　[17]奠:置放。　[18]荐:祭品。这里指脯醢。　[19]取:拿。拿走主人所赐干肉,回去报告主人。　[20]辞:谦辞。　[21]人:宾的随从。以上自"摈者出请"至"再拜",记述女家主人向男家使者行醴礼的过程。

　　纳吉,用雁[1],如纳采礼。

　　[1]纳吉:男家主人将其使者所问到的女名,在祢庙中占卜,得吉兆后,又派使者往女家告吉。以上一句,记述纳吉的礼节和纳采相同。

　　纳征[1],玄纁束帛、俪皮[2],如纳吉礼。

　　[1]纳征:男家派出使者到女家送聘礼。征:成,征聘。　[2]纁:浅赤色。束:量词,布、帛长度,以二丈为一端,二端为一两,五两(十端,即20丈)为一束。一说:五两中玄色的三两,纁色的二两,所以为"玄纁束帛"。俪皮:两张鹿皮。俪:成对。以上一句,记述纳征的礼物内容特别,但礼节和纳采相同。

　　请期,用雁[1]。主人辞[2],宾许告期。如纳征礼。

　　[1]请期:询问婚期。实际上男家占卜求得结婚吉日后,才派使者往女家。　[2]主人:女之父。辞:推辞。以上一句,记述请期的礼节。

　　期初昏[1],陈三鼎于寝门外[2],东方北面北上[3]。其实特豚合升[4],去蹄[5],举肺、脊二[6],祭肺二[7];鱼十有四;腊一肫[8],髀不升[9]。皆饪[10]。设扃鼏[11]。设洗于阼阶东南[12]。馔于房中[13]:醯酱二豆[14],菹醢四豆[15],兼巾之[16];黍稷四敦[17],皆盖。大羹湆在爨[18],尊于室中北墉下[19],有禁[20],玄酒在西[21],绤幂加勺[22],皆南枋。尊于房户之东,无玄酒。篚在南[23],实四爵合卺[24]。

[1]期:娶妻之日。昏:黄昏。　　[2]鼎:烹煮用器,圆腹三脚两耳,多为青铜制品。寝:夫的居室,在祢庙的西边。　　[3]北上:北边为上位。　　[4]实:容器内的物品。特豚:一只小猪。特:一,单独。升:供祭祀的牲体,在镬(大锅)里煮后放进鼎里,称为升。合升:杀牲时剖成两半(称为胖),煮后相合而升入鼎里。　　[5]去蹄:去除蹄子不用,因为污秽。　　[6]举肺:食用的肺。别称离肺,因切割时留一点连着肺中央。又称哜(jì)肺,因食用时只是尝一下。脊二:小猪的脊被一分为二。　　[7]祭肺:祭祀用的肺。又称刌(cǔn)肺、切肺,因用时切断。　　[8]腊(xī):干肉。肫(chún):通"纯",完整的干肉。　　[9]髀(bì):牲体后腿股骨最上端部分。　　[10]饪:熟。　　[11]扃(jiōng):鼎上贯穿两耳的横杠,抬鼎时用。幂(mì):鼎上的覆盖物。　　[12]洗:盥洗用的器皿。士的洗为铁制。　　[13]馔(zhuàn):摆放食物。　　[14]醯(xī)酱:以醋和酱。醯:醋。豆:形似高足盘的盛食物用具,多为陶制。　　[15]菹(zū):腌菜。　　[16]兼巾之:用一条巾遮住。兼:并。　　[17]黍(shǔ):黍子。稷(jì):粟,小米。敦(duì):青铜制食器。　　[18]大羹湆在爨:在灶上煮羹汁。湆(qì):羹汁。爨(cuàn):灶。　　[19]塾:墙。　　[20]禁:祭祀时承放酒樽的礼器,形似方的案。　　[21]玄酒:祭祀时当酒用的清水,色黑。　　[22]绤(xì):粗葛布。幂(mì):覆盖。　　[23]篚(fěi):筐类竹器。　　[24]实:盛。爵:青铜制酒器,有两柱三足。合卺(jǐn):将一瓠剖分为两瓢而成的酒器,不用时可合而为一。以上自"期初昏"至"合卺",记述迎来新娘前男家的准备。

　　主人爵弁[1],纁裳缁袘[2]。从者毕玄端[3]。乘墨车[4]。从车二乘[5]。执烛前马[6]。妇车亦如之[7],有裧[8]。至于门外[9]。主人筵于户西,西上右几。女次纯衣纁袡[10],立于房中南面。姆纚笄宵衣在其右[11]。女从者毕袗玄[12],纚笄被颖黼[13],在其后。主人玄端迎于门外,西面再拜。宾东面答拜。主人揖入,宾执雁从。至于庙门,揖入。三揖,至于阶。三让,主人升西面。宾升北面奠雁,再拜稽首[14],降出。妇从降自西阶。主人不降送[15]。婿御妇车,授绥[16],姆辞不受[17]。妇乘以几[18]。姆加景[19]。乃驱[20],御者代。婿乘其车,先俟于门外[21]。

　　[1]主人爵弁:主人头上戴爵弁。主人:婿,婿为妇的主人。爵弁:一种文冠。爵:通"雀",因为弁的颜色像雀头一样赤而微黑。弁:一种用皮革做成的帽子。　　[2]袘(yì):裳的下缘。古人上衣下裳。　　[3]从者:随从,士的仆隶。毕:都,全部。　　[4]墨车:漆墨色的车,大夫乘用的车。士乘墨车,表示礼盛。　　[5]从车:随从者乘用的车。　　[6]执烛前马:徒役持火炬在马前面照路。烛:火炬。　　[7]妇车:夫家为新娘准备的车。妇:已嫁的女子。　　[8]裧(chān):车帷。　　[9]至于门外:到达女家大门外。　　[10]女次纯衣纁袡:待嫁女编结好发饰,穿着镶纁边的丝衣。次:妇女分次第长短地编结头发,作为妆饰。纯衣:丝衣,纯即丝。袡(rán):衣边。　　[11]姆:女师,传授妇道的女人。纚(xǐ):冠织,用于束发的布帛。笄(jī):簪子,用于别住挽起来的头发。宵:通"绡",生丝。宵衣即黑色丝衣。　　[12]女从者毕袗玄:待嫁女的随从都穿黑色衣裳。袗(zhěn):衣纯色。　　[13]被颖黼:披着绣有黑白花纹的单罩衫。被:披在身上。颖(jiǒng):通"褧"(jiǒng),用麻或轻纱制的单衣,防尘用。黼(fǔ):礼服上所绣黑白相间的花纹。　　[14]稽首:叩头到地的跪拜礼。稽:停留。　　[15]主人不降送:女之父不下堂相送其女。　　[16]婿御妇车授绥:婿驾新娘的车,把车绳交给她。婿:古作壻,女婿。绥:车上的绳子,登车时可拉。　　[17]姆辞不受:女师代新娘推辞,不接受。　　[18]妇乘以几:新娘踩着几登上车。乘:登,升。　　[19]姆加景:女师为新娘披上出门用的防

四、礼乐文明——《周礼》、《仪礼》、《礼记》

尘罩衣。 [20]乃驱:于是驾车。 [21]先:婿乘自己的车先走。俟(sì):等待。以上自"主人爵弁"至"俟于门外",记述婿到女家亲迎新娘的过程。

妇至,主人揖妇以入。及寝门,揖入,升自西阶[1]。媵布席于奥[2]。夫入于室即席。妇尊西,南面[3]。媵、御沃盥交[4]。赞者彻尊幂[5]。举者盥出,除幂[6],举鼎,入陈于阼阶南,西面北上[7]。匕俎从设[8]。北面载[9],执而俟[10]。匕者逆退[11],复位于门东[12],北面西上。赞者设酱于席前,菹醢在其北。俎入设于豆东,鱼次腊[13],特于俎北[14]。赞设黍于酱东,稷在其东,设湆于酱南。设对酱于东[15],菹醢在其南北上[16]。设黍于腊北,其西稷,设湆于酱北。御布对席[17]。赞启会却于敦南[18],对敦于北[19]。赞告具[20]。揖妇即对筵。皆坐皆祭,祭荐黍稷肺[21]。赞尔黍授肺脊皆食[22]。以湆酱[23],皆祭举食举也[24],三饭卒食[25]。赞洗爵酳[26],酳主人[27]。主人拜受。赞户内北面答拜。酳妇亦如之。皆祭[28]。赞以肝从[29]。皆振祭哜肝[30],皆实于菹豆。卒爵皆拜[31]。赞答拜受爵。再酳如初,无从[32]。三酳用卺,亦如之。赞洗爵酳于户外尊,入户西北面奠爵拜。皆答拜。坐祭卒爵拜。皆答拜。兴[33]。主人出。妇复位。乃彻于房中[34],如设于室。尊否[35]。主人说服于房[36],媵受。妇说服于室,御受。姆授巾。御衽于奥[37],媵衽良席在东[38],皆有枕北止[39]。主人入,亲说妇之缨[40]。烛出。媵馂主人之馀[41],御馂妇馀。赞酌外尊酳之[42]。媵侍于户外[43],呼则闻[44]。

[1]升自西阶:从西阶升堂。本来主人应该从东阶升堂,为引导新娘才改为这样做。 [2]媵(yìng):送,陪送出嫁。这里指随嫁的女子,一般为姪(新娘的侄女)和娣(新娘的妹妹)。奥:室内的西南隅。 [3]妇尊西南面:新娘站在酒器的西面,朝南。尊:一种盛酒礼器。 [4]御:婿的仆役。沃:浇。盥:浇水洗手。交:相互。 [5]赞者彻尊幂:辅助行礼的人撤下遮住尊的巾。幂:覆盖东西的巾或幔。 [6]举者:抬鼎人。除幂:撤下葛布。 [7]西面北上:鼎面朝西,以北为上位。 [8]匕(bǐ):一种取食用具,长柄浅斗,像汤勺。俎(zǔ):盛祭品的礼器。 [9]北面:抬鼎人面朝北。载:将祭祀牲体从鼎内盛到俎里。 [10]执而俟:拿着俎等待。 [11]逆:反,倒着。 [12]复位于门东:回到门东边原来的位置。 [13]次:近,旁边。 [14]特:单独,一头牲畜。 [15]设对酱于东:在夫席对面的妇席前相反位置上为妇设酱,因夫西妇东相对。 [16]其南:酱的南边。 [17]御布对席:仆役为妇设席。对席:与夫相对的妇席。 [18]赞:赞者,即辅助行礼的人。启:揭开。会:盖子。却:卻的简化字,仰。敦(duì):盛黍稷的器具。 [19]对敦:与夫相对的敦,即妇的敦。因婿面朝东以南为右,妇面朝西以北为右。 [20]赞告具:赞者报告食物准备已妥。 [21]祭:祭祀先人。荐:薦的简化字,这里指祭祀用的菹醢。肺:举肺,即食的肺。 [22]赞尔黍授肺脊皆食:尔:爾的简化字,同"迩",近,移动。 [23]以:用。 [24]举:即举肺。举肺食用前也要先祭。此句两个"举"都指举肺。 [25]卒:终,完毕。 [26]酳:斟酒。 [27]酳(yìn):饭后用少量酒洁口。 [28]皆祭:饮酒前都用酒祭祀先人。 [29]赞以肝从:赞者将肝随酒进送。 [30]皆振祭哜肝:都把肝振动几下祭祀先人,然后尝一尝肝。哜(jì):嚌的简化字,稍微尝一点。参见前文注。 [31]卒爵:饮干爵中的酒。 [32]无从:没有肝随酒进

送。　[33]兴:起来,起身。　[34]乃彻于房中:于是撤下食物到房中。　[35]尊否:尊不撤。　[36]说服:说通"脱",脱下礼服。　[37]御衽于奥:仆役在室内西南隅设置卧席。衽(rèn):卧席,用作动词。　[38]良席:丈夫的席。妇称夫为良。　[39]北止:足向北。止:足,脚。　[40]缨:女子行笄礼时佩戴的一种五色带。说:解脱。　[41]餕(jùn):吃别人剩下的食物。馀:剩,多出来。　[42]外尊:房外户东所设的甒。之:这里指媵和御。　[43]侍:通"待",等待,等候。　[44]呼则闻:夫呼唤就可听见。以上自"妇至"至"呼则闻",记述新娘到夫家后当晚的礼节。

夙兴[1],妇沐浴纚笄,宵衣以俟见。质明[2],赞见妇于舅姑[3]。席于阼,舅即席。席于房外南面。姑即席。妇执笲枣栗[4],自门入,升自西阶,进拜,奠于席。舅坐抚之[5],兴,答拜。妇还[6],又拜。降阶,受笲腶脩[7],升进,北面拜,奠于席。姑坐,举以兴,拜授人[8]。

　　[1]夙(sù)兴:早晨起床。　[2]质明:黎明。　[3]见:介绍,推荐。这里有传话、报告的意思。舅姑:公公和婆婆,即丈夫的父母。　[4]笲(fán),盛干果等食品用的竹器。　[5]抚之:抚摸笲中的枣子和栗子。　[6]还(xuán):旋转,转身。　[7]腶(duàn)脩:捶治加姜桂而制成的干肉。　[8]人:主人的属吏。　以上自"夙兴"至"拜授人",记述媳妇见公婆的礼节。

赞醴妇[1],席于户牖间[2]。侧尊甒醴于房中。妇疑[3],立于席西。赞者酌醴,加柶面枋,出房席前北面。妇东面拜受。赞西阶上北面拜送。妇又拜。荐脯醢。妇升席,左执觯,右祭脯醢,以柶祭醴三,降席东面,坐啐醴建柶,兴拜。赞答拜。妇又拜,奠于荐东,北面坐取脯降出,授人于门外[4]。

　　[1]赞醴妇:赞者代舅姑向妇行醴礼。　[2]牖(yǒu):木窗。　[3]疑(níng):止息,安定。　[4]人:女家送嫁来的人。以上自"赞醴妇"至"授人于门外",记述赞者向妇行醴礼的过程。

舅姑入于室,妇盥馈[1]。特豚合升,侧载[2]。无鱼腊,无稷,并南上[3]。其他如取女礼[4]。妇赞成祭[5]。卒食一酳,无从。席于北墉下,妇彻,设席前,如初,西上[6]。妇馂,舅辞易酱[7]。妇馂姑之馔。御赞祭豆、黍、肺、举肺、脊[8]。乃食,卒,姑酳之。妇拜受,姑拜送。坐祭,卒爵,姑受奠之。妇彻于房中,媵御馂,姑酳之。虽无娣[9],媵先[10]。于是与始饭之错[11]。

　　[1]馈:向尊者进献食物。这里是向舅姑。　[2]侧载:舅姑的两俎各盛小猪的一半。侧:通"特",单独。　[3]并南上:都以南方为上位。　[4]取:通"娶"。　[5]妇赞成祭:媳妇帮着公婆完成食前祭先人之礼。　[6]西上:西边为上位。因舅姑在室内西边。　[7]辞:说话,告诉。易:换。　[8]这句的意思是,仆役帮着媳妇用菹、醢、黍、祭肺、举肺和脊祭祀先人。豆:这里指盛在豆里的菹、醢。　[9]虽:假使。娣(dì):新娘的妹妹。　[10]媵:这里仅

四、礼乐文明——《周礼》、《仪礼》、《礼记》　　　　·145·

指姪。　[11] 于是与始饭之错：于是媵和御(夫的仆役)交错吃舅姑开始用过而剩下的食物。以上自"舅姑入于室"至"于是与始饭之错"，记述媳妇向公公和婆婆进食的过程。

　　舅姑共飨妇以一献之礼[1]。舅洗于南洗[2]，姑洗于北洗。奠酬[3]。舅姑先降自西阶，妇降自阼阶。归妇俎于妇氏人[4]。

　　[1] 飨：用酒食招待人。献：主人向宾客敬酒。　[2] 南洗：设在阼阶东南的洗具。　[3] 奠：放置。酬：这里指婆婆给新娘敬的酒。　[4] 归：通"馈"，送。妇氏人：娘家的送嫁人。以上自"舅姑共飨妇以一献之礼"至"归妇俎于妇氏人"，记述公公和婆婆招待媳妇的过程。

　　舅飨送者以一献之礼[1]，酬以束锦[2]。姑飨妇人送者[3]，酬以束锦。若异邦[4]，则赠丈夫送者以束锦[5]。

　　[1] 送者：女家送嫁的有司。　[2] 束锦：20丈(一束)的锦。锦：有彩色花纹的丝织品。[3] 妇人送：女家送嫁的女仆隶。　[4] 邦：诸侯的封国。当时士可娶异邦女子，但大夫不可。　[5] 丈夫送者：女家送嫁的男子。以上自"舅飨送者以一献之礼"至"则赠丈夫送者以束锦"，记述公公和婆婆酬谢媳妇娘家来人的事情。

　　若舅姑既没[1]，则妇入三月，乃奠菜[2]。席于庙奥[3]，东面，右几。席于北方，南面[4]。祝盥[5]。妇盥于门外[6]。妇执笲菜[7]。祝帅妇以入[8]。祝告称妇之姓曰："某氏来妇，敢奠嘉菜于皇舅某子[9]"。妇拜扱地[10]，坐，奠菜于几东，席上，还，又拜如初。妇降堂[11]，取笲菜入。祝曰："某氏来妇，敢告于皇姑某氏。"奠菜于席，如初礼。妇出，祝阖牖户[12]。老醴妇于房中，南面[13]，如舅姑醴妇之礼。婿飨妇送者、丈夫妇人[14]，如舅姑飨礼。

　　[1] 没：死。　[2] 奠菜：以菜祭祀。　[3] 席于庙奥：在祢庙的西南隅为公公的神灵布席。　[4] 右几席于北方南面：在右边设几，在北墙下为婆婆的神灵布席，席面朝南。　[5] 祝：祭祀时主持祭礼的人，即男巫。　[6] 门外：庙门外。　[7] 笲菜：用笲盛菜。　[8] 帅：带领，率领。　[9] 敢：谦辞，冒昧。嘉：好，美好。皇：对先代或亡亲的敬称。某：公公的姓。[10] 扱地：手至地。扱(qī)：及，至。　[11] 降堂：从堂降至西阶而未下地。　[12] 阖(hé)：关闭。　[13] 老：公卿大夫，又指卿大夫的家臣。　[14] 丈夫妇人：女家送嫁来的男子。以上自"若舅姑既没"至"如舅姑飨礼"，记述如果舅姑已死则媳妇入夫家三月在祢庙祭祀的礼节。

　　记。《士昏礼》[1]。凡行事，必用昏昕[2]，受诸祢庙[3]。辞无"不腆"[4]，无"辱"[5]。挚不用死[6]。皮帛必可制[7]。腊必用鲜，鱼用鲋[8]，必殽全[9]。

　　[1] "记"以下都是补记以上《士昏礼》所没有或不足的内容。　[2] 昕(xīn)：黎明，天明。六礼中，除亲迎在黄昏外，都在黎明进行。　[3] 受诸祢庙：在祢庙受命。诸：相当于"之于"，"之"是代词，这里指"命"。　[4] 辞：言词。腆：丰厚。　[5] 辱：受屈，屈辱。用作谦辞时，是

说让对方受屈辱了。　　[6]挚(zhì):即俗字贽,求见人时的礼物,这里指雁。　　[7]皮:俪皮。帛:束帛。可制:可以制成衣物。　　[8]鲋:鲫鱼。有夫妇相依附的意思。　　[9]骰(yáo):通"肴",骨体。以上自"记《士昏礼》"至"必骰全",记述婚礼的时间、场所、用词、用物等。

女子许嫁,笄而醴之称字[1]。祖庙未毁[2],教于公宫三月[3]。若祖庙已毁[4],则教于宗室[5]。

[1]笄:用作动词,行加笄礼。醴:用作动词,行醴礼。称字:用给女子取的字来称呼她。　　[2]祖庙未毁:如果许嫁女有曾经做过国君之祖在四世(祢、祖、曾祖、高祖)之内,其庙尚未迁毁。祖庙:供祀祖先的宫庙。这里特指许嫁女的高祖以下做过国君者的庙。　　[3]公宫:即上文的祖庙。公:先秦时对各诸侯国国君的通称,如齐桓公等。宫:庙;又用来称宗庙(帝王、诸侯祭祀祖宗的庙宇)。　　[4]祖庙已毁:许嫁女四世祖之内没有做国君的,其庙已经迁毁。　　[5]宗室:大宗之家。以上自"女子许嫁"至"则教于宗室",补记对许嫁女子行加笄礼和教育的事。

问名,主人受雁,还,西面对[1]。宾受命[2],乃降[3]。

[1]还:回,即回到阼阶。对:答,即向男家使者回答女之名。　　[2]命:名,即女之名。　　[3]乃降:于是下堂。以上两句补记问名的礼节。

祭醴,始扱一祭[1],又扱再祭。宾右取脯[2],左奉之[3],乃归执以反命[4]。

[1]扱(chā):挹取;舀,即用柶从觯中舀醴。　　[2]右:右手。　　[3]左:左手。奉:拿着。　　[4]反命:复命。反:回复。以上补两句记祭醴和取脯的礼节。

纳征,执皮,摄之内文[1],兼执足[2],左首[3]。随入西上[4],参分庭[5],一在南。宾致命,释外足见文[6]。主人受币[7]。士受皮者[8],自东出后[9],自左受遂坐[10],摄皮逆退,适东壁[11]。

[1]执皮摄之内文:拿着鹿皮,把它折起来(毛纹向内)。摄(zhé):折叠。文:花纹。　　[2]兼执足:两手抓住鹿皮的足部。兼:并。　　[3]左首:鹿皮的头向左。　　[4]随入:拿鹿皮的人跟随进去。据前文所说"俪皮",鹿皮为两张,因而有两人跟进。　　[5]参分庭:庭分为三部分。参(cān):配合成三的事物;三分。　　[6]释外足见文:松开鹿皮外足,展现鹿皮的毛纹。见(xiàn):显示,显露。　　[7]币:帛等聘享的物品,即前文的"玄纁束帛"。　　[8]士:这里指主人的属吏。士分为三等,上士、中士和下士。若其为下士或中士,则主人为上士。　　[9]后:这里指持鹿皮人的身后。　　[10]自左受遂坐:从左边接受鹿皮而后坐下。遂:副词,于是,就。　　[11]适:到……去。以上自"纳征"至"适东壁",补记纳征时授受鹿皮的礼节。

父醴女而俟迎者[1]。母南面于房外。女出于母左。父面西戒之[2],必有正焉[3],若衣若笄。母戒诸西阶上,不降[4]。

[1]迎者:来女家迎接新娘的新郎。　[2]戒:告诉,告诫。　[3]正:通"证",凭证,以物(即下文的衣、笄)为凭。　[4]不降:母不下西阶。以上自"父醴女而俟迎者"至"不降",补记等待亲迎时父为女行醴礼和父母如何告诫其女。

妇乘以几,从者二人[1],坐持几相对[2]。

[1]从者:夫家的随从。　[2]坐:两膝着地,臀部压在脚跟,因那时还没有凳椅。持:扶。以上一句,补记亲迎时乘车方法。

妇入寝门[1],赞者彻尊幂,酌玄酒[2],三属于尊[3],弃馀水于堂下阶间加勺[4]。

[1]寝门:夫家寝室的门。　[2]玄酒:用勺舀取涗(shuì)水(过滤过的洁净水)作为玄酒。关于玄酒,参见前注。　[3]属(zhǔ):通"注",灌注。　[4]馀水:酌取玄酒后剩下的涗水。加勺:把勺加在尊上。以上一句,补记新娘进夫家寝门后赞者注酒的事。

笲缁被纁里[1],加于桥[2]。舅答拜,宰彻笲[3]。妇席荐馔于房[4],飨妇,姑荐焉[5]。妇洗在北堂,直室东隅[6]。篚在东北面盥。妇酢舅[7],更爵自荐[8]。不敢辞洗[9]。舅降,则辟于房[10]。不敢拜洗[11]。凡妇人相飨,无降[12]。

[1]缁被纁里:缁色的表面、纁色的里子。被:表。　[2]桥:笲盖,因其曲面似桥。　[3]宰:家臣。　[4]妇席荐馔于房:媳妇的筵席和食品都在东房(前文没说筵席和食品在何处)。荐:祭品,食品。馔:陈设和准备食物。　[5]姑荐焉:婆婆进上食品。荐:进。焉:代词,相当于"之"。　[6]直:面对。　[7]妇酢舅:媳妇用酒回敬公公。　[8]更爵:更换爵(酒器)。[9]不敢辞洗:公公向媳妇进酒前要洗爵,媳妇不敢辞谢。　[10]辟:回避。辟,同"避"。[11]不敢拜洗:媳妇不敢行拜表示感谢。　[12]无降:不下堂盥洗。因上文说"洗在北堂"。以上自"笲缁被纁里"至"无降",补记媳妇见公婆和公婆酒食招待媳妇的礼节。

妇入三月,然后祭行[1]。

[1]祭行:助丈夫进行祭礼。

庶妇[1],则使人醮之[2]。妇不馈[3]。

[1]庶妇:庶子娶的媳妇。　[2]使人:公婆让人代己。醮(jiào):饮酒而尽,用作动词,这里是说行醮礼(参见下文注)。之:代词,指庶妇。　[3]妇不馈:庶妇不向公婆进献食物。以上一句,补记庶妇有别于嫡子媳妇见公婆的礼节。

昏辞曰[1]:"吾子有惠[2],贶室某也[3]。某有先人之礼[4],使某也请纳采[5]。"对曰[6]:"某之子蠢愚[7],又弗能教[8]。吾子命之[9],某不敢辞。"致命曰:

"敢纳采[10]。"

[1] 昏辞:纳采时男家使者将男家主人的话传给女家主人。曰(yuē):说。　[2] 吾子:男子之间对对方的敬称,这里指女之父,即女家主人。子:对男子的通称;士大夫的通称。　[3] 贶(kuàng):赐予。室:妻子。某:婿名。　[4] 某:婿父的名。　[5] 某:男家使者名。　[6] 对:回答。　[7] 某:女父名。子:女儿。惷(chǔn)惷:愚蠢。　[8] 弗:副词,不。　[9] 吾子:这里指使者。命之:指使者请纳采。　[10] 敢:谦词,冒昧的意思。以上自"昏辞曰"至"敢纳采",补记纳采时男家使者与女家主人的对话。

问名,曰:"某既受命[1],将加诸卜,敢请女为谁氏[2]?"对曰:"吾子有命[3],且以备数而择之[4]。某不敢辞。"

[1] 某:男父名。受命:接受任务、命令,这是男父对女家主人表示敬意的谦辞。　[2] 敢请:敢问。谁氏:问名的谦辞,因为名之前为氏姓。　[3] 吾子:使者。有命:有问名之命。　[4] 且:姑且,暂且。备数:充数,这是女父的谦辞。以上补记问名时男家使者与女家主人的对话。

醴[1],曰:"子为事故至于某之室[2]。某有先人之礼,请醴从者[3]。"对曰:"某既得将事矣[4],敢辞[5]。""先人之礼,敢固以请。""某辞不得命[6],敢不从也!"

[1] 醴:即前文所说女家主人为男家使者行醴礼。　[2] 事:婚事。某:女父名。室:祢庙;宗庙。　[3] 从者:男家使者的随从,这里表谦,实指使者。　[4] 某:使者名。既得将事:已办完事情。将事:从事某项任务或工作。将:行。　[5] 辞:辞别。　[6] 某:使者名。命:命令,指示。这里指女家主人的允许。　以上自"醴"至"敢不从也",补记女家主人向男家使者行醴礼时双方的对话。

纳吉,曰:"吾子有贶命[1],某加诸卜[2],占曰'吉',使某也敢告[3]。"对曰:"某之子不教[4],唯恐弗堪[5]。子有吉[6],我与在[7],某不敢辞。"

[1] 吾子:女之父,您。贶命:赐予女名,即前文所说问名时女父告诉使者的其女名。　[2] 某:男家主人名。　[3] 某:使者名。　[4] 某:女父名。子:女儿。　[5] 堪:经得起,忍受。　[6] 子:使者。　[7] 与:兼。意思是我也有吉。以上补记纳吉时男家使者与女家主人的对话。

纳征,曰:"吾子有嘉命[1],贶室某也。某有先人之礼[2],俪皮束帛,使某也,请纳征。"致命曰:"某敢纳征[3]。"对曰[4]:"吾子顺先典[5],贶某重礼[6],某不敢辞,敢不承命!"

[1] 嘉:美好。　[2] 礼:礼物。　[3] "致命曰:'某敢纳征'"一句,被学者疑为错简,故应放在此段文字最后。　[4] 对曰:回答说。这里是女家主人。　[5] 吾子:男父。顺:循。典:法则,制度;这里指礼仪制度。　[6] 某:女父名。以上补记纳征时男家使者与女家主人

四、礼乐文明——《周礼》、《仪礼》、《礼记》

的对话。

请期,曰:"吾子有赐命[1],某既申受命矣[2]。惟是三族之不虞[3],使某也请吉日[4]。"对曰:"某既前受命矣[5],唯命是听。"曰:"某命某听命于吾子[6]。"对曰:"某固唯命是听[7]。"使者曰:"某使某受命吾子,不许某敢不告[8]!期曰某日[9]。"对曰:"某敢不敬须[10]!"

[1] 吾子:指女父。赐命:谦词。　[2] 某:男父名。申:重复,再三。这里是说从纳采开始已经数次受命。　[3] 惟:思,考虑。三族:父昆弟、己昆弟、子昆弟。不虞:意料不到的事。[4] 某:使者名。　[5] 某:女父的名。　[6] 某命某听命于吾子:前一个"某"是男家主人名。后一个"某"是使者名。吾子:女之父。　[7] 某:女父名。　[8] 某:使者名。　[9] 期:婚期。　[10] 须:等待。以上补记请期时男家使者与女家主人的对话。

凡使者归,反命曰:"某既得将事矣,敢以礼告[1]。"主人曰:"闻命矣。"

[1] 礼:礼物,这里指男家使者由女家带回的脯(肉干)。以上补记男家使者复命时的对话。

父醮子[1],命之曰:"往迎尔相[2],承我宗事[3]。勖帅以敬先妣之嗣[4]。若则有常[5]。"子曰:"诺[6]。唯恐弗堪,不敢忘命。"

[1] 父醮子:男家之父为其子迎亲前在寝室行醮礼。据郑玄注,酌而无酬酢叫做醮。行醮礼时受酒者饮之而尽,但不回敬。　[2] 尔:你。相:辅助,帮助。妇为夫助。　[3] 宗事:宗庙之事。　[4] 勖(xù):勉励,勉力。帅:带领,引导。先妣(bǐ):已故的母亲或祖母和祖母以上的女性祖先。嗣(sì):继承,继续。　[5] 则:准则,法则。若:你。　[6] 诺:是,表示同意。以上补记亲迎前父醮子时的对话。

宾至[1],摈者请对曰[2]:"吾子命某以兹初昏[3],使某将请承命[4]。"对曰[5]:"某固敬具以须[6]。"

[1] 宾至:婿到达女家迎亲。宾:此处指婿。　[2] 请:问。"对曰"以下一句是婿的话,由摈者转达给女父。　[3] 吾子:指女父。某:婿父名。兹(zī):指示代词,此,这里。　[4] 某:婿名。将:行。承:奉。　[5] 此处"对曰"以下一句是女父的回话,由摈者转达给婿。　[6] 某:女父名。具:准备。以上补记新郎到达女家亲迎时的对话。

父送女,命之曰:"戒之敬之[1],夙夜毋违命[2]。"母施衿结帨[3],曰:"勉之敬之,夙夜无违宫事[4]。"庶母及门内施鞶[5],申之以父母之命,命之曰:"敬恭听宗尔父母之言[6],夙夜无愆[7],视诸衿鞶[8]。"

[1] 戒:谨慎。　[2] 夙夜:朝夕,日夜。毋(wú):副词,不要。　[3] 施:加上。衿(qīn):

缨,五彩丝绳。一说:衣小带。帨(shuì):佩巾。　　[4] 宫事:家事。宫:房屋,住宅。　　[5] 庶母:父之妾。及:至。门内:庙门内。鞶(pán):佩玉的革带;这里指鞶囊,即鞶上用来盛帨巾细物的小囊。　　[6] 宗:尊奉。　　[7] 愆(qiān):过失,罪过。　　[8] 视:通"示",以事或者物来示人;表示。诸:之于,"之"为代词,父母之命。以上自"父送女"至"视诸衿鞶",补记父母送女出嫁时的告诫。

　　婿授绥[1],姆辞曰:"未教不足与为礼也[2]"。

　　[1] 婿授绥:见前文注。姆:女师。　　[2] 足:配,值得。以上一句补记女师在新郎授绥时的话。

　　宗子无父[1],母命之[2]。亲皆没[3],已躬命之[4]。支子则称其宗[5]。弟称其兄[6]。

　　[1] 宗子:嫡长子及继承先祖嫡系之子为宗子。　　[2] 母命之:由母亲命使者前往。　　[3] 没:死。　　[4] 躬:亲自。　　[5] 支子:嫡妻的次子以下及妾的儿子。称其宗:假称宗子代表的身份说话。　　[6] 弟称其兄:宗子的同母弟假称其嫡长兄的名义。兄:嫡长兄,即宗子。以上补记派遣使者的几种情形。

　　若不亲迎[1],则妇入三月,然后婿见[2],曰[3]:"某以得为外昏姻[4],请觌[5]。"主人对曰[6]:"某以得为外昏姻之数[7],某之子未得濯溉於祭祀[8],是以未敢见[9]。今吾子辱[10],请吾子之就宫[11],某将走见[12]。"对曰:"某以非他故[13],不足以辱命[14],请终赐见[15]。"对曰:"某得以为昏姻之故[16],不敢固辞[17],敢不从!"主人出门[18],左西面。婿入门[19],东面奠挚[20],再拜出。摈者以挚出请受[21]。婿礼辞许,受挚入[22]。主人再拜受。婿再拜送出。见主妇[23]。主妇阖扉立于其内[24]。婿立于门外,东面。主妇一拜。婿答再拜。主妇又拜。婿出[25],主人请醴[26]。及揖让入[27]。醴以一献之礼。主妇荐。奠酬无币[28]。婿出,主人送再拜。

　　[1] 若不亲迎:如果婿因故不能亲迎。　　[2] 婿见:婿见妇之父母。　　[3] "曰"以下至"敢不从",都是婿在妇家大门外通过摈者与女家主人(在寝室)的对话。　　[4] 某:婿名。外昏姻:别族而通婚姻。女氏称昏,婿氏称姻。　　[5] 觌(dí):见。　　[6] 主人:女之父。　　[7] 某:女父名。　　[8] 子:女。濯溉:洗涤祭器,即在宗庙进行祭祀。　　[9] 是以未敢见:因此未敢见婿,这是女父的谦词。　　[10] 今吾子辱:现在让您受屈。　　[11] 请吾子之就宫:请您回到您家。之:往。就:归于。宫:婿家。　　[12] 走见:急往相见。走:跑。　　[13] 某:婿名。非他:不是外人。　　[14] 不足以辱命:不值得让您受屈往婿家。　　[15] 终:终归。　　[16] 某:女父名。　　[17] 固:坚持。辞:推辞。　　[18] 门:寝门。　　[19] 婿入门:入大门。　　[20] 东面奠挚:面朝东放上礼物。因婿有子道,不敢授雉于女父。挚:贽,礼物,这里为雉。　　[21] 以挚出请受:拿着礼物出大门,请婿收受。这样做是为了按女父见婿而行见宾客之礼。

[22]入:婿再次入大门,用宾礼见女父。　　[23]主妇:女之母。　　[24]阖扉:关寝门。
[25]婿出:将要出大门而没有出。　　[26]醴:通"礼"。这里不是行醴礼,而应是女家主人用酒食招待婿,如同公婆招待新媳妇。　　[27]及揖让入:主人与婿揖让而进入寝门。及:与。
[28]币:束帛等为礼物。以上自"若不亲迎"至"主人送再拜",补记没有亲迎的女婿三月后往见岳父岳母的礼节。

(据中华书局影印阮元校刻《十三经注疏》本《仪礼注疏》　刘世龙)

礼记·王制(节录)

　　凡居民材[1],必因天地寒暖燥湿[2]。广谷大川异制,民生其间者异俗,刚柔轻重迟速异齐,五味异和,器械异制,衣服异宜。修其教,不易其俗;齐其政,不易其宜[3]。中国戎夷,五方之民,皆有性也,不可推移。东方曰夷,被发文皮,有不火食者矣。南方曰蛮,雕题交趾[4],有不火食者矣。西方曰戎,被发衣皮,有不粒食者矣。北方曰狄,衣羽毛穴居,有不粒食者矣。中国、夷、蛮、戎、狄,皆有安居、和味、宜服、利用、备器,五方之民,言语不通,嗜欲不同。达其志,通其欲,东方曰寄,南方曰象,西方曰狄鞮,北方曰译[5]。

　　[1]居:储积以备用。材:人们日用所须的物品。　　[2]本句意思是:地势高必然干燥,地势低必然湿润,能根据所处地势情况而备用物质。　　[3]广谷大川……不易其宜:自天地初分,形制已有不同,民生异俗,理有固然,饮食、器械、衣服都不一样,圣王怎能够强制要求一致呢?只要掌握纲纪教化,使各人遵守礼乐刑政的效用,其他风俗留点弹性又有什么关系呢!　　[4]雕:刻。题:额。谓雕刻额头,以丹青颜色熏染。交趾:足拇指相向。　　[5]达其志……北方曰译:言语不同,必要能够相互沟通,嗜欲不同,也必要满足欲望,所以翻译沟通满足各所需求,就非常的重要,先王设立寄、象、鞮(dī)、译等人员负责。寄,能把风俗的差异讲明白。象,能模仿风俗差异不同之处。鞮,能分别服饰的不同。译,能分辨言语的分歧。据说这四者都是古代主通翻译的专职官员。

(据中华书局影印阮元校刻《十三经注疏》本《礼记正义》　吴铭能)

礼记·礼运(节录)

　　昔者仲尼与于蜡宾[1],事毕,出游于观之上[2],喟然而叹[3]。仲尼之叹,盖叹鲁也。言偃在侧曰[4]:"君子何叹?"孔子曰:"大道之行也,与三代之英[5],丘未之逮也[6],而有志焉。大道之行也,天下为公。选贤与能[7],讲信修睦[8],故人不独亲其亲,不独子其子,使老有所终,壮有所用,幼有所长[9],矜寡孤独废疾者[10],皆有所养。男有分[11],女有归[12]。货,恶其弃于地也,不必藏于己;力,恶其不出于身也,不必为己。是故谋闭而不兴[13],盗窃乱贼而不作,故外户而不闭[14],是谓大同。今大道既隐,天下为家,各亲其亲,各子其子,货力为己,大人世及以为礼[15]。城郭沟池以为固[16],礼义以为纪[17];以正君臣,以笃父子[18],以睦兄弟,以和夫妇,以设制度,以立田里[19],以贤勇知[20],以功为己。故谋用是作,而兵由此起。禹、汤、文、武、成王、周公,由此其选也。此六君子者,未有不谨于礼者也。以著其义[21],以考其信[22],著有过,刑仁讲让[23],示民有常[24]。如有不由此者[25],在埶者去[26],众以为殃[27],是谓小康。"

　　[1]与:参与。蜡(zhà)宾:年终祭祀的陪祭者。　[2]观(guàn):古代宫门外的双阙。　[3]喟(kuì)然:感叹、叹息的样子。　[4]言偃(yǎn):孔子弟子,姓言,名偃,字子游。　[5]三代:指夏商周三代。英:杰出的人物,这里指后面的禹、汤、文、武、成王、周公。　[6]逮(dài):赶上。　[7]与:通"举"。　[8]讲信修睦:讲求信用,修好和睦。　[9]长:成长。　[10]矜:通"鳏",老而无妻的男人。寡:老而无夫的女人。孤:没有父母的儿童。独:没有子女的老人。废疾:有残疾而不能做事的人。　[11]分(fèn):职业。　[12]归:出嫁。这里指夫家。　[13]谋:计谋。　[14]外户:从外面关闭的门。　[15]世及:世袭,世代相传。　[16]沟池:护城河。　[17]纪:纲纪,准则。　[18]笃:使纯厚。　[19]田里:田地和住处。　[20]贤:优待。勇知:智勇之士。知:同"智"。　[21]著:显露。　[22]考:成全。　[23]刑:同"型",树立榜样。　[24]常:准则。　[25]由:用。此:指礼。　[26]埶:同"势",指职位。去:失去。　[27]殃:祸患,灾难。

(据中华书局影印阮元校刻《十三经注疏》本《礼记正义》　李晓宇)

礼记·学记(节录)

　　发虑宪[1],求善良[2],足以謏闻[3],不足以动众[4]。就贤体远[5],足以动众,未足以化民[6]。君子如欲化民成俗[7],其必由学乎[8]!

　　[1]发虑宪:执政者深谋远虑,发布政令。发:发布,发动。虑:考虑,计划。宪:法度,政令。　[2]求善良:物色品德善良的人,一说是寻求善政良法。求:招徕。善良:品德善良之人,一说是善政良法。　[3]謏(xiǎo):小。闻:声闻,名声。　[4]动众:使大众感动、震动。　[5]就:亲近,接近。贤:贤人,贤能。体:体恤,关怀。远:远人,被疏远的贤人。　[6]化民:感化、教化民众。　[7]君子:在古代文献中,君子有两种含义:一是品德高尚者,二是在位统治者。这里指后者。　[8]学:教育、学习、学校。

　　玉不琢[1],不成器;人不学,不知道[2]。是故古之王者,建国君民[3],教学为先。《兑命》曰[4]:"念终始,典于学[5]。"其此之谓乎[6]!

　　[1]琢(zhuó):雕刻。　[2]道:道理。　[3]君民:统治臣民。君:君临,统治。　[4]兑:应为"说"(yuè),《兑命》即《说命》,《古文尚书》中的篇名。　[5]念终始,典于学:要自始至终常常想到教育之事。典:经常。　[6]其此之谓乎:就是这个意思。

　　虽有嘉肴,弗食,不知其旨也[1]。虽有至道,弗学,不知其善也。是故学然后知不足,教然后知困[2]。知不足,然后能自反也[3];知困,然后能自强也[4]。故曰:教学相长也。《兑命》曰:"学学半[5]。"其此之谓乎!

[1]旨:甘,美味。 [2]困:困顿,不通达。 [3]自反:反躬内省。 [4]自强:自我勉励,发奋图强。 [5]学学半:教和学各占一半,相互促进,同等重要。前一"学"读作 xiào,本为敩(xiào),教的意思。后一"学"则是学习的意思。

古之教者[1],家有塾,党有庠,术有序,国有学[2]。比年入学[3],中年考校[4]。一年视离经辨志[5],三年视敬业乐群[6],五年视博习亲师[7],七年视论学取友[8],谓之小成[9];九年知类通达[10],强立而不反[11],谓之大成。夫然后足以化民易俗,近者说服[12],而远者怀之,此大学之道也。记曰[13]:"蛾子时术之[14]。"其此之谓乎!

[1]古之教者:古代的教育体制。 [2]塾、庠(xiáng)、序、学:均是古代的学校,所处的地方和规模有别。据《周礼》记载:古代二十五家为闾,五百家为党,万二千五百家为遂(即术,音 suì),党属于乡,遂在远郊之外。古代做官的退休后归教于闾里,朝夕坐于门,门侧之堂称塾。 [3]比年:每年。 [4]中年:每隔一年。 [5]视:考查。离经辨志:分析经典章句,辨别明确志向。 [6]敬业乐群:专注所学,乐于群居。 [7]博习亲师:广泛学习,尊敬老师。 [8]论学取友:辩论所学,善交益友。 [9]小成:较之下文的九年之成(大成)而言。 [10]知类通达:学识渊博,并能融会贯通。 [11]强立而不反:临事不惑,且不违背师训。 [12]说(yuè)服:悦服,心悦诚服。 [13]记:古书。 [14]蛾子时术之:小蚁学习大蚁时时衔土而构成绩大蚁巢,比学者应该经常不停地努力学习,终、会有成。蛾(yǐ):通"蚁",即蚍蜉,大蚁。术:学习。

大学始教,皮弁祭菜[1],示敬道也。宵雅肄三,官其始也[2]。入学鼓箧[3],孙其业也[4]。夏楚二物,收其威也[5]。未卜禘,不视学[6],游其志也[7]。时观而弗语,存其心也[8]。幼者听而弗问[9],学不躐等也[10]。此七者,教之大伦也[11]。记曰:"凡学,官先事,士先志[12]。"其此之谓乎!

[1]皮弁(biàn):冠名,祭祀的冠服。祭菜:祭祀先圣先师所用的果蔬之类。 [2]宵雅肄(yì)三,官之始也:《诗经·小雅》之《鹿鸣》、《四牡》、《皇皇者华》三篇为君臣宴乐之诗,学校开学时就要求学生唱读,以为今后当官做准备。宵:小。宵雅:小雅,《诗经》中的篇名。肄:学习。 [3]鼓箧(qiè):击鼓集众,而后打开书箧。 [4]孙:同"逊",恭顺、敬重。 [5]夏楚:惩罚的教刑。夏:同"槚(jiǎ)",苦茶。楚:荆条。本句的意思是:以夏楚责打犯礼者,使其威风收敛,变得庄重有礼,循规蹈矩。 [6]卜禘(dì):祭祀之前先占卜。卜:占卜。禘:禘祭,天子和诸侯在夏天进行的大祭之礼。视学:指天子、诸侯视察学校。 [7]游其志:自由发展他们的志向。 [8]存其心:让学生用心思考,自我领悟。 [9]听而弗问:用心听讲但无须发问。 [10]躐(liè)等:不循序渐进,逾越等级次序。 [11]大伦:大的原则。 [12]凡学,官先事,士先志:大凡学习,为官者先教以为官之事,为士者先教以立士之志。

大学之教也,时教必有正业[1],退息必有居学[2]。不学操缦[3],不能安弦[4];

不学博依[5],不能安诗;不学杂服[6],不能安礼;不兴其艺[7],不能乐学。故君子之于学也,藏焉,修焉,息焉,游焉[8]。夫然,故安其学而亲其师,乐其友而信其道,是以虽离师辅而不反[9]。《兑命》曰:"敬孙务时敏,厥修乃来[10]。"其此之谓乎!

……

[1]时教:平时的教学。正业:正课,相当于课堂学习,主要学儒家经典。 [2]退息:离校自由活动。居学:私居之学,相当于课外学习。 [3]不学操缦:不先学调弦杂弄。 [4]不能安弦:手指不便按正琴瑟之弦。 [5]博依:杂曲之类。 [6]杂服:冕服皮弁之类。 [7]兴:喜欢。艺:技艺,前面所指操缦、博依、杂服等事。 [8]藏:入学就业。修:修习正业。息:退而私居。游:游心于学。 [9]辅:朋友。 [10]敬孙务时敏,厥修乃来:专心致志,谦逊好学,及时努力,学业才能有所成就。敬:敬业。孙:同"逊",谦逊。敬孙:敬道逊业。务:务必,一定。时:及时。敏:疾速。厥:代词,其,指代学业。来:达到。

大学之法:禁于未发之谓豫,当其可之谓时[1],不陵节而施之谓孙[2],相观而善之谓摩[3]。此四者,教之所由兴也[4]。

[1]当其可:抓住时机进行教育。 [2]不陵节:不超越一定程度。施:教。孙:顺应,循序。 [3]相观而善:相互学习,各取所长。摩:观摩,相互切磋。 [4]本段讲的是教育的四条原则,即预防、适时、循序和观摩。

发然后禁,则扞格而不胜[1];时过然后学,则勤苦而难成;杂施而不孙[2],则坏乱而不修;独学而无友,则孤陋而寡闻;燕朋逆其师[3];燕辟废其学[4]。此六者,教之所由废也。

[1]扞(hàn)格:抵触抗拒。 [2]杂施:所教杂乱。不孙:不遵循顺序。 [3]燕朋:不交善友。燕:亵狎。 [4]燕辟:亵狎之谈,谈论之事多邪僻。

君子既知教之所由兴,又知教之所由废,然后可以为人师也。故君子之教喻也[1],道而弗牵[2],强而弗抑[3],开而弗达[4]。道而弗牵则和,强而弗抑则易,开而弗达则思,和易以思,可谓善喻矣[5]。

[1]喻:通晓。 [2]道:同"导",引导。 [3]强:勉励,鼓励。 [4]开:启发。达:得出结论。 [5]善喻:善于诱导。

学者有四失,教者必知之。人之学也,或失则多[1],或失则寡[2],或失则易[3],或失则止[4]。此四者,心之莫同也[5]。知其心,然后能救其失也。教也者,长善而救其失者也[6]。

[1]多:贪多好胜,不求甚解。 [2]少:孤陋寡闻。 [3]易:浅尝辄止。 [4]止:畏

难不前。　　[5] 心之莫同：心性不同。　　[6] 长善：发挥优点。救其失：克服缺点。

　　善歌者，使人继其声；善教者，使人继其志。其言也，约而达[1]，微而臧[2]，罕譬而喻[3]，可谓继志矣。

　　[1] 约：简练。达：通达。　　[2] 微：细微。臧(zāng)：完善。　　[3] 罕譬而喻：教师讲课时，用很少的例子和比方就能使学生有透彻的理解。罕譬：较少譬喻。喻：通晓，明白。

　　君子知至学之难易[1]，而知其美恶[2]，然后能博喻[3]。能博喻，然后能为师。能为师，然后能为长[4]。能为长，然后能为君[5]。故师也者[6]，所以学为君也。是故择师不可不慎。记曰："三王四代唯其师[7]。"其此之谓乎！

　　[1] 至学之难易：学业有深浅故有难易之分。　　[2] 美恶：资质才能的好坏。　　[3] 博喻：多方诱导。　　[4] 长：官长。　　[5] 君：国君。　　[6] 师：随老师学习。　　[7] 三王：夏禹、商汤、周文王。四代：指虞、夏、商、周。唯：慎重选择。

　　凡学之道，严师为难[1]。师严然后道尊，道尊然后民知敬学，是故君之所不臣于其臣者二：当其为尸[2]，则弗臣也；当其为师，则弗臣也。大学之礼，虽诏于天子，无北面[3]，所以尊师也。

　　[1] 严：尊重、尊敬。　　[2] 尸：祭主，装扮为祖先神受祭的人称为"尸"。　　[3] 虽诏于天子，无北面：教师即使被天子召见，给天子讲学，也无须行北面君臣之礼。

　　善学者，师逸而功倍，又从而庸之[1]。不善学者，师勤而功半，又从而怨之。善问者如攻坚木，先其易者，后其节目[2]。及其久也，相说以解[3]。不善问者反此。善待问者如撞钟[4]，叩之以小者则小鸣，叩之以大者则大鸣，待其从容[5]，然后尽其声[6]。不善答问者反此。此皆进学之道也。
　　……

　　[1] 又从而庸之：又从而归功于教师。　　[2] 节目：木头最坚硬难砍部分。　　[3] 相说以解：师徒相悦，问题得到很好的解决。说：同"悦"。　　[4] 善待问者：善于对待提问者。　　[5] 其：指代学生。　　[6] 尽其声：做充分的解答说明。

（据中华书局影印阮元校刻《十三经注疏》本《礼记正义》　粟品孝）

礼记·乐记[1]（节录）

　　凡音之起[2]，由人心生也。人心之动，物使之然也。感于物而动，故形于声[3]。声相应，故生变；变成方[4]，谓之音。比音而乐之[5]，及干戚羽旄[6]，谓之乐[7]。

　　[1]《乐记》是儒家关于乐的理论的经典性著作。旧说出于西汉儒者所记;也有说是孔子的弟子(或再传弟子)公孙尼子所作,流传至东汉,马融始把它编入《礼记》。又或说《乐记》本有二十三篇,编入《礼记》的只有十一篇。但这些传说都未必真确。因为本篇的记载,亦见于《史记·乐书》,而现存于《乐书》中的文字还比本篇完整。并且篇中所有的意见虽大体相同,但按其思想背景则不甚一致。大抵是汉世儒者杂缀先秦旧籍,将有关乐论的记述汇编为一。　[2] 音:今之歌曲也,即包括有词的歌和无词的曲。　[3] 声:犹今声音。案《乐记》中"音"和"声"是两个概念,故郑《注》曰:"宫、商、角、徵、羽杂比(相杂而按一定的规律排列)曰音,单出曰声。"但这两个概念的区别在《乐记》中并不十分严格,其内涵每每相混,如第二节的"音"就当理解为"声",这类例子不少。　[4] 成方:陈澔曰:"犹言成曲调也。"刘台拱说即下文所言"成文"。翁方纲说:"方"是音之应"节",节即"格调"。按成文,即是变成一定的格调;而开始有声音符号的效用。　[5] 比音:排列声音符号。　[6] 干戚羽旄:都是古代的舞具。干戚用于武舞,羽旄用于文舞。　[7] 乐:在《乐记》中是音乐和舞蹈(有时还包括诗歌)相结合的总称。

　　乐者,音之所由生也,其本在人心之感于物也。是故其哀心感者,其声噍以杀[1];其乐心感者,其声啴以缓[2];其喜心感者,其声发以散[3];其怒心感者,其声粗以厉;其敬心感者,其声直以廉[4];其爱心感者,其声和以柔。六者,非性也,感于物而后动[5]。是故先王慎所以感之者。故礼以道其志,乐以和其声,政以一其行[6],刑以防其奸。礼乐刑政,其极一也,所以同民心而出治道也。

　　[1] 噍(jiāo):焦急。杀(shài):衰微。　[2] 啴(chǎn):宽也。　[3] 发:扬也。　[4] 廉:清白。　[5] 这里是说六种不同的心理反应,可解明"声相应故生变"的道理。　[6] 政是令行禁止,使社会行为纳于一概。

　　凡音者,生人心者也。情动于中,故形于声。声成文[1],谓之音。是故治世之音安以乐,其政和[2]。乱世之音怨以怒,其政乖。亡国之音哀以思,其民困。声音之道,与政通矣。宫为君,商为臣,角为民,徵为事,羽为物[3],五者不乱,则无怗懘之音矣[4]。宫乱则荒,其君骄。商乱则陂[5],其官坏。角乱则忧,其民怨。徵乱则哀,其事勤。羽乱则危,其财匮。五者皆乱,迭相陵,谓之慢。如此,则国之灭亡无日矣。郑卫之音[6],乱世之音也,比于慢矣。桑间濮上之音[7],亡国之音也。其政散,其民流,诬上行私而不可止也。

　　[1] 成文:意同"成方",参见第一节注[4]。　[2] 治世之音安以乐,其政和,或从"安"断句,下同此。读为:治世之音安,以乐其政和。乱世之音怨,以怒其政乖。亡国之音哀,以思其民困。　[3] 这里以五音分配于君臣民事物。　[4] 怗懘(zhān chì):不和谐的意思。　[5] 陂(bēi):倾斜。　[6] 郑卫之音:指春秋时期郑卫两国的民间音乐。孔子曾指斥"郑声淫",并提出要"放郑声"(《论语·卫灵公》)。　[7] 桑间濮上之音:郑《注》曰:"濮水之上,地有桑间者,亡国之音于此水出也。"又曰:"桑间在濮阳(今属河南省)南。"据《史记·乐书》正义说,

四、礼乐文明——《周礼》、《仪礼》、《礼记》

殷纣王命一个叫延的乐师作长夜靡靡之乐,殷纣亡国的时候,乐师延带着乐器投濮水而死。到春秋时候,晋国的乐师涓夜过此水,闻水中作此乐,便记录下来,后来便把这首乐曲演奏给晋平公听。晋平公的乐师旷没等他演奏完,就按着他的乐器说:"此亡国之音也,得此必于桑间濮上乎?纣之所由亡也。"《韩非子》卷三《十过》篇及《乐书》之末亦载此事,文互有详略。

凡音者,生于人心者也;乐者,通伦理者也[1]。是故知声而不知音者,禽兽是也[2];知音而不知乐者,众庶是也。唯君子为能知乐。是故审声以知音,审音以知乐,审乐以知政,而治道备矣。是故不知声者不可与言音,不知音者不可与言乐。知乐,则几于知礼矣。礼乐皆得,谓之有德。德者得也。

[1] 伦是人伦;理是物理。　[2] 禽兽有声而不成文。

是故乐之隆,非极音也;食飨之礼[1],非致味也[2]。清庙之瑟[3],朱弦而疏越[4],一倡而三叹[5],有遗音者矣[6]。大飨之礼[7],尚玄酒而俎腥鱼,大羹不和[8],有遗味者矣。是故先王之制礼乐也,非以极口腹耳目之欲也,将以教民平好恶而反人道之正也。

[1] 食飨之礼:指食礼和飨礼,用于宗庙祭祀或招待宾客。　[2] 致:极也。　[3] 清庙:《诗经·周颂》中的一篇,是周人祭祀文王演奏的乐章,以瑟伴奏。　[4] 越:指瑟底下的小孔。孔疏则发出的声音迟缓。　[5] 一倡而三叹:一人唱而三人和声。　[6] 遗音:即下文遗味,遗是遗失不在,意谓不在乎"音"和"味"。　[7] 大飨之礼:是诸侯王在宗庙祭祀祖先所用的礼。　[8] 大羹:郑《注》曰:"肉湆(即肉汁)不调以盐菜。"

人生而静,天之性也;感于物而动,性之欲也。物至知知[1],然后好恶形焉。好恶无节于内,知诱于外,不能反躬[2],天理灭矣[3]。大物之感人无穷,而人之好恶无节,则是物至而人化物也[4]。人化物也者,灭天理而穷人欲者也。于是有悖逆诈伪之心,有淫泆作乱之事[5]。是故强者胁弱,众者暴寡,知者诈愚,勇者苦怯,疾病不养,老幼孤独不得其所,此大乱之道也。

[1] 知知:王念孙说:上一"知"字是心智之知,下一"知"字是"应接"的意思。另一说法认为"知知"谓知而又知,即不断地去了解认识,不断地接受外界事物的影响。　[2] 反躬:意思是自己内省其心,以良知制裁其冲动。　[3] 理:犹性也。　[4] 人化物:意思是人的心智随物迁化,而受物欲的支配。　[5] 泆:溢滥。

是故先王之制礼乐,人为之节[1],衰麻哭泣[2],所以节丧纪也;钟鼓干戚,所以和安乐也;昏姻冠笄,所以别男女也;射乡食飨,所以正交接也。礼节民心,乐和民声,政以行之,刑以防之。礼乐刑政,四达而不悖[3],则王道备矣。

[1] 节:分限或法度。　[2] 衰麻:指代丧服制度。　[3] 四达:指礼乐刑政各自通行。

乐者为同,礼者为异[1]。同则相亲,异则相敬[2]。乐胜则流[3],礼胜则离[4]。合情饰貌者礼乐之事也[5]。礼义立,则贵贱等矣[6];乐文同,则上下和矣;好恶著,则贤不肖别矣。刑禁暴,爵举贤,则政均矣。仁以爱之,义以正之,如此,则民治行矣。乐由中出,礼自外作。乐由中出故静[7],礼自外作故文[8]。大乐必易,大礼必简。乐至则无怨[9],礼至则不争。揖让而治天下者,礼乐之谓也。暴民不作,诸侯宾服,兵革不试,五刑不用,百姓无患,天子不怒,如此,则乐达矣。合父子之亲,明长幼之序,以敬四海之内,天子如此,则礼行矣。大乐与天地同和[10],大礼与天地同节。和故百物不失,节故祀天祭地,明则有礼乐,幽则有鬼神。如此,则四海之内,合敬同爱矣。

[1] 好恶之心,形见于"乐",人心同,故"乐"者为同。礼有尊卑贵贱的等级,等级不同,故"礼者为异"。 [2] 同声相应故相亲,贵贱有等故相敬。 [3] 胜:过分。流:流慢,无复尊卑之敬。 [4] 离:隔阂。 [5] 合情:感情和合融洽,这是乐的作用。饰:翁方纲以为当据《释文》作"饬",饬貌,谓人知检点,重仪表,这是礼的作用。 [6] 等:等级。 [7] 静:王引之云:当为"情"字,是真挚的心。另一说法陈澔引刘氏曰:"欣喜欢爱之和出于中,……和则情意安舒,故静。" [8] 文:指姿态风度,威仪交错。 [9] 至:是通行无阻。 [10] 大乐:儒家理想中最完美的乐。

……

昔者,舜作五弦之琴以歌南风,夔始制乐以赏诸侯。故天子之为乐也,以赏诸侯之有德者也。德盛而教尊,五谷时孰,然后赏之以乐。故其治民劳者,其舞行缀远[1];其治民逸者,其舞行缀短。故观其舞,知其德;闻其谥,知其行也。大章[2],章之也。咸池,备矣。韶,继也。夏,大也。殷周之乐,尽矣[3]。

[1] 舞行:舞的行列。缀远:是舞位的标志间隔甚远,亦即舞者甚稀。 [2] 大章:及下《咸池》、《韶》、《夏》皆古佚乐名。据说分别是尧、黄帝、舜、禹时代的乐曲。 [3] 孔颖达云:自夏以前,皆以文德王于天下;殷周二代,唯以武功。文德武功,已尽人事,后世如有乐名,当不出于此二者。

天地之道,寒暑不时则疾,风雨不节则饥。教者,民之寒暑也,教不时则伤世[1]。事者,民之风雨也,事不节则无功。然则先王之为乐也,以法治也,善则行象德矣[2]。夫豢豕为酒[3],非以为祸也,而狱讼益繁,则酒之流生祸也[4]。是故先王因为酒礼,一献之礼,宾主百拜[5],终日饮酒而不得醉焉,此先王所以备酒祸也。故酒食者所以合欢也,乐者所以象德也,礼者所以缀淫也[6]。是故先王有大事[7],必有礼以哀之。有大福[8],必有礼以乐之。哀乐之分[9],皆以礼终[10]。乐也者,圣人之所乐也,而可以善民心,其感人深,其移风易俗,故先王著其教焉。

[1] 教:指乐教。伤世:损害世道人心。 [2] 法治:郑玄说是以乐为施治的方法。但依

四、礼乐文明——《周礼》、《仪礼》、《礼记》

上下文义,当为效法治绩,亦即"象德"之意。象德:可见曰象;德,指其精神物质的建设皆已成功。　[3]豢豕为酒,饲猪制酒。本为养生之用。　[4]流:是逾越分限。前文有"乐胜则流"。　[5]一献、百拜:是形容其多少,非实指其礼数。　[6]缀:这里读如"辍",是停止的意思。　[7]大事:指死丧之事。　[8]大福:指吉庆之事。　[9]分:限度。　[10]以礼终:意思是止于礼。

　　夫民有血气心知之性,而无哀乐喜怒之常,应感起物而动,然后心术形焉[1]。是故志微噍杀之音作[2],而民思忧,啴谐慢易、繁文简节之音作[3],而民康乐。粗厉猛起[4]、奋末广贲之音作[5],而民刚毅。廉直劲正庄诚之音作,而民肃敬。宽裕肉好顺成和动之音作[6],而民慈爱。流辟邪散狄成涤滥之音作[7],而民淫乱。

　　[1]心术:指心所产生的各种感情。　[2]志微:细小之意。　[3]繁文简节:是"词语"多而"音节"简。　[4]起:是歌之始。　[5]末:是歌之终。贲:读为"愤",广贲,意气充实的样子。　[6]肉:玉璧的边。好(hào):玉璧中间的圆孔。以璧之肉好喻音之圆转而润泽也。[7]狄成:王引之云:当读为"逖戉",轻佻、淫泆的意思。涤滥:指如水之涤荡放滥,往而不返也。

　　是故先王本之情性,稽之度数[1],制之礼义。合生气之和[2],道五常之行[3],使之阳而不散,阴而不密[4],刚气不怒,柔气不慑,四畅交于中而发作于外[5],皆安其位而不相夺也。然后立之学等,广其节奏[6],省其文采[7],以绳德厚[8]。律小大之称[9],比终始之序[10],以象事行。使亲疏贵贱长幼男女之理,皆形见于乐,故曰:乐观其深矣。

　　[1]度数:指五音由"九"为基数自乘之,得八十一,为宫;宫减三分之一,得五十四,为徵;徵增三分之一,得七十二,为商,商减二分之一,得四十八,为羽;羽增三分之一,得八十四,为角。又十二律,亦以"九"为基数,是阳律黄钟,减其三分之一,得六,是阴律林钟;林钟加三分之一,又为阳律大簇之度数;大簇减三分之一,则为阴律南吕之度数;南吕加三分之一为阳律姑洗;姑洗减三分之一又为阳律应钟,等等。这就是所谓度数。　[2]生气:古人认为天地间的万物都是阴阳二气相互作用变化而生成的,故称之为"生气"。　[3]道(dǎo):引导。[4]阳是发挥的,阴是聚敛的。但均须加以节制。　[5]四:谓上述阴、阳、刚、柔四者。畅:通也。　[6]广:增益之。　[7]省:犹审也。文采:谓节奏合也。　[8]绳:量度。　[9]小大:指十二律的度数。律:是稽合的意思。称:相称。　[10]比:比并。终始之序:指歌舞的章节。

　　土敝则草木不长,水烦则鱼鳖不大[1],气衰则生物不遂[2],世乱则礼慝而乐淫[3]。是故其声哀而不庄,乐而不安,慢易以犯节[4],流湎以忘本。广则容奸,狭则思欲[5],感条畅之气而灭平和之德[6]。是以君子贱之也。

　　[1]水烦:一说指常被搅动之水;一说谓"泽梁之入无时"。　[2]气:谓生气,即阴阳之

气。　　[3]慝:邪恶的行为。《史记·乐书》作"废"字。　　[4]慢易犯节:慢易本是康乐之声,然而至于犯节,则成淫乐。　　[5]郑玄云:"广"指缓慢之音,"狭"指急促之音。　　[6]条畅:《史记》及《说苑》皆作"涤荡","涤荡"即倜傥、跌宕,与平和之气相反。这里的"气"指人的思想、情绪。

凡奸声感人,而逆气应之,逆气成象,而淫乐兴焉。正声感人,而顺气应之,顺气成象,而和乐兴焉。倡和有应,回邪曲直,各归其分。而万物之理,各以类相动也。是故君子反情以和其志,比类以成其行。奸声乱色,不留聪明[1],淫乐慝礼,不接心术,惰慢邪辟之气不设于身体[2]。使耳目鼻口心知百体,皆由顺正以行其义。

　　[1]聪明:指视听之间。　　[2]设:安置。

然后发以声音,而文以琴瑟[1],动以干戚[2],饰以羽旄[3],从以箫管[4]。奋至德之光,动四气之和[5],以著万物之理。是故清明象天,广大象地,终始象四时[6],周还象风雨[7]。五色成文而不乱[8],八风从律而不奸[9],百度得数而有常[10],小大相成[11],终始相生[12]。倡和清浊,迭相为经[13]。故乐行而伦清,耳目聪明,血气和平,移风易俗,天下皆宁。

　　[1]文:指声音琴瑟相和而成章。　　[2]干戚用于武舞,故曰"动"。　　[3]羽旄用于文舞,故称"饰"。　　[4]从:随伴。　　[5]四气:旧说是四时和气。今按:当指前文所言"四畅交于中"之气。　　[6]象四时:指旋律之更迭。　　[7]象风雨:指其驰骤的形势。　　[8]五色:谓五声。案古人的观念,以为颜色和声音都分别是和五行相应的。　　[9]旧说:八音应乎八风。这里盖指金石丝竹土木匏革所制成的乐器,发出不同的声音,皆依一定宫律而不相侵犯。　　[10]百度:谓乐之节奏也。　　[11]小大:即清浊。羽音轻清而小,宫音重浊而大。相成:指其"和声"。　　[12]终始相生:指乐章的旋律。　　[13]经:纲纪。这里指五音十二律各为经纪。

故曰:乐者乐也。君子乐得其道,小人乐得其欲[1]。以道制欲,则乐而不乱;以欲忘道,则惑而不乐。是故君子反情以和其志,广乐以成其教,乐行,而民乡方[2],可以观德矣。德者性之端也[3];乐者,德之华也。金石丝竹,乐之器也。诗言其志也,歌咏其声也,舞动其容也。三者本于心,然后乐气从之[4]。是故情深而文明,气盛而化神。和顺积中而英华发外[5],唯乐不可以为伪。

　　[1]欲:欲望所支配的心理冲动。　　[2]方:犹道也。　　[3]端:端倪。　　[4]乐气:当作"乐器"。　　[5]英华:本指草木之美者,这里是形容乐之美。

乐者,心之动也。声者,乐之象也[1]。文采节奏[2],声之饰也。君子动其本,乐其象,然后治其饰[3],是故先鼓以警戒,三步以见方[4],再始以著往,复乱以饬

四、礼乐文明——《周礼》、《仪礼》、《礼记》

归[5]。奋疾而不拔[6],极幽而不隐[7]。独乐其志,不厌其道,备举其道,不私其欲。是故情见而义立,乐终而德尊。君子以好恶,小人以听过[8]。故曰:生民之道,乐为大焉。

[1] 乐心不可见,托于声而成象。　[2] 文采:指音乐的组织结构及其变化。　[3] 讲究文采节奏。　[4] 郑玄说:武舞之先,三举足,以见其舞之渐。方:积渐之意。　[5] 王念孙云:乐之终,诗之终,皆有"乱"。按,"乱"辞如《离骚》之末有"乱曰",彷归,是鸣金收兵。　[6] 拔:仓促、慌忙的意思。　[7] 隐:蒙蔽。　[8] 听:审判。过:错误。

……

文侯曰:"敢问溺音何从出也?"子夏对曰:"郑音好滥淫志,宋音燕女溺志[1],卫音趋数烦志[2],齐音敖辟乔志[3];此四者皆淫于色而害于德,是以祭祀弗用也。《诗》云[4]:'肃雍和鸣,先祖是听。'夫肃肃,敬也;雍雍,和也。夫敬以和,何事不行。为人君者谨其所好恶而已矣。君好之,则臣为之。上行之,则民从之。《诗》云[5]:'诱民孔易。'此之谓也。

[1] 燕女溺志,孔《疏》曰:"燕,安也。溺,没也。言宋音所安唯女子,所以使人意志没矣。"又燕女,王夫之解为纤柔之声。　[2] 趋数:读为"促速",音调急促而迅速使人心烦。　[3] 敖辟:傲僻。乔:读为"骄"。　[4] 引自《诗经·周颂·有瞽》。　[5] 引自《诗经·大雅·板》。

然后,圣人作为鼗鼓、椌楬、埙、篪[1],此六者,德音之音也。然后钟磬琴瑟以和之,干戚旄狄以舞之[2]。此所以祭先王之庙也,所以献酬酳酢也[3],所以官序贵贱各得其宜也[4],所以示后世有尊卑长幼之序也。

[1] 鼗:鼓名。椌楬(qiāng qià),即柷敔。埙:古代的吹奏乐器,土制,如鹅卵,六孔。篪(chí):乐器名,竹制,如七孔笛。　[2] 狄:山鸡尾羽。　[3] 酳(yìn):食毕以酒漱口,古时宴会或祭祀时的一种礼节。酢(zuò):报祭,谢神的祭祀。　[4] 官序:犹言序官,即序列官位的高低贵贱。

钟声铿,铿以立号,号以立横[1],横以立武。君子听钟声则思武臣。石声磬[2],磬以立辨[3],辨以致死。君子听磬声则思死封疆之臣。丝声哀,哀以立廉,廉以立志。君子听琴瑟之声则思志义之臣。竹声滥[4],滥以立会,会以聚众。君子听箫管之声则思畜聚之臣。鼓鼙之声讙[5],欢以立动,动以进众。君子听鼓鼙之声则思将帅之臣。君子之听音,非听其铿铃而已也[6],彼亦有所合之也[7]。"

[1] 横:充也,谓气作充满也。　[2] 石:谓磬。末"磬"字为象声词。　[3] 辨:分明。　[4] 滥:郑玄云:滥犹擥聚之意。《史记·乐书》集解引王肃曰:"滥,会诸音。"　[5] 鼙(pí):一种小鼓。讙(huān):喧闹。　[6] 铿铃:亦写作"铿锵"。　[7] 彼亦有所合之也,陈澔曰:"彼,谓众声也。合之,契合于心也。"

……

君子曰：礼乐不可斯须去身[1]。致乐以治心[2]，则易直子谅之心油然生矣[3]。易直子谅之心生则乐，乐则安，安则久，久则天，天则神。天则不言而信，神则不怒而威，致乐以治心者也。致礼以治躬则庄敬，庄敬则严威。心中斯须不和不乐，而鄙诈之心入之矣，外貌斯须不庄不敬，而易慢之心入之矣[4]。故乐也者，动于内者也；礼也者，动于外者也。乐极和，礼极顺。内和而外顺，则民瞻其颜色，而弗与争也，望其容貌，而民不生易慢焉。故德辉动于内[5]，而民莫不承听，理发诸外[6]，而民莫不承顺。故曰：致礼乐之道，举而错之，天下无难矣。

[1]斯须：须臾。 [2]致：犹深审也。 [3]易直子谅：孔《疏》曰："易，谓和易。直：谓正直。子：谓子爱。谅：谓诚信。"又"子谅"，《韩诗外传》作"慈良"。 [4]易慢：轻易怠慢。 [5]辉："辉"的异体字，郑《注》曰："颜色润泽也。" [6]理：这里指符合于礼的仪表举止。

乐也者，动于内者也；礼也者，动于外者也。故礼主其减[1]，乐主其盈[2]。礼减而进[3]，以进为文[4]；乐盈而反[5]，以反为文。礼减而不进则销，乐盈而不反则放[6]。故礼有报而乐有反[7]。礼得其报则乐，乐得其反则安；礼之报，乐之反，其义一也。

[1]减：一说为简也，据郑《注》，礼繁则人易倦，故当主减。一说"礼主其减"是指礼仪的原则在乎克己而尊重别人，故为"减"，"减"是自抑损。 [2]乐主其盈：指乐的性质是在抒发性情，故为"盈"，"盈"是满足。 [3]进：谓自勉强也。 [4]文：美也，善也。 [5]反：一说为《史记·乐书》集解引王肃曰："反本也。"即返回本性。一说为抑损。 [6]放：沉湎忘本。 [7]报：郑玄说，当读为"褒"，是鼓励的意思。

夫乐者，乐也，人情之所不能免也[1]。乐必发于声音，形于动静[2]，人之道也[3]。声音动静，性术之变[4]，尽于此矣。故人不耐无乐[5]，乐不耐无形[6]，形而不为道不耐无乱[7]。先王耻其乱，故制《雅》《颂》之声以道之[8]，使其声足乐而不流[9]，使其文足论而不息[10]，使其曲、直、繁、瘠、廉、肉、节奏足以感动人之善心而已矣[11]。不使放心邪气得接焉[12]，是先王立乐之方也[13]。

[1]这一句意思是，乐，是使人快乐的，追求快乐是不可避免的人之常情。 [2]动静：动作。 [3]道：情理。人之道：等于说人之常情。 [4]术：表达方式。"声音动静，性术之变，尽于此矣"的意思是，人表达情性的方式无论怎么变化，都不会超出声音和动静这两种。 [5]耐：古时的"能"字。下面两个"耐"字也是这个意思。 [6]形：表现。 [7]形而不为道不耐无乱，意思是（乐）表现出来了但不符合道，就不能不引起混乱。 [8]雅颂：作者认为，雅颂是符合统治阶级道德规范的盛世之乐。道(dǎo)：通"导"，引导。 [9]足乐(lè)：足以使人快乐。流：淫邪放纵。 [10]文：这里指歌辞。息：泯灭。 [11]瘠：简单。廉：细小。肉：洪亮。 [12]放心邪气：放纵的心和邪恶的情感。 [13]方：这里指立乐的宗旨。

四、礼乐文明——《周礼》、《仪礼》、《礼记》

　　是故乐在宗庙之中,君臣上下同听之则莫不和敬;在族、长、乡、里之中[1],长幼同听之则莫不和顺;在闺门之内[2],父子兄弟同听之则莫不和亲。故乐者,审一以定和[3],比物以饰节[4],节奏合以成文[5]。所以合和父子君臣,附亲万民也,是先王立乐之方也。

　　[1]族、长、乡、里:都是古代行政区域单位。根据周制,一百家为族,二百五十家为长,一万二千五百家为乡,二十五家为里。　[2]闺门:指家庭。　[3]审:确定。一:指宫音。古代音乐有宫、商、角、徵(zhǐ)、羽五个音阶,以宫音为起点,宫音确定了,其他各音也就随之确定了,从而形成高低和谐的乐音,所以说"审一以定和"。也有认为"一"是指乐曲的基调。　[4]物:这里指各种乐器。比、饰:这里都是配合的意思。这句话是指定好乐音以后,就配合各种乐器(来演奏)。　[5]文:这里指乐曲。

　　故听其雅颂之声,志意得广焉[1];执其干戚[2],习其俯、仰、诎、伸[3],容貌得庄焉[4];行其缀兆[5],要其节奏[6],行列是正焉[7],进退得齐焉[8]。故乐者,天地之命[9],中和之纪[10],人情之所不能免也。

　　[1]志意:这里指人的心境、胸怀。广:扩大、增广。　[2]干:盾。戚,一种武器,就是钺。　[3]诎(qū):同"屈"。俯、仰、诎、伸,这里指各种舞姿。　[4]容貌:指仪表。　[5]缀:指舞蹈者聚集的行列。兆:指舞蹈者行动的区域。　[6]要(yāo):会,配合。　[7]正:平正,不偏斜。　[8]齐:协和统一。　[9]命:教化。天地之命:指天地对人的教化。　[10]中和:是儒家的道德标准。中:有不偏不倚的意思。和:有和谐适度的意思。纪:纲纪。

(据中华书局影印阮元校刻《十三经注疏》本《礼记正义》　雷汉卿)

礼记·中庸(节录)

　　天命之谓性[1],率性之谓道[2],修道之谓教[3]。道也者,不可须臾离也[4],可离非道也。是故君子戒慎乎其所不睹,恐惧乎其所不闻。莫见乎隐[5],莫显乎微,故君子慎其独也[6]。喜怒哀乐之未发,谓之中;发而皆中节,谓之和;中也者,天下之大本也;和也者,天下之达道也。致中和[7],天地位焉[8],万物育焉。

　　[1]性:本性。　[2]率:依循。　[3]修:实行。教:教化。　[4]须臾:片刻。　[5]莫见乎隐:没有隐微不显露。见:同"现"。　[6]慎独:在独处中谨慎不苟。　[7]致:达到。　[8]位:各得其位。

　　仲尼曰:"君子中庸,小人反中庸[1],君子之中庸也,君子而时中[2];小人之中庸也,小人而无忌惮也。"……

　　[1]反:违反。　[2]时中:谓立身行事,合乎时宜,无过与不及。

子路问强[1]。子曰:"南方之强与[2]?北方之强与?抑而强与[3]?宽柔以教,不报无道,南方之强也,君子居之。衽金革[4],死而不厌,北方之强也,而强者居之。故君子和而不流[5],强哉矫[6]!中立而不倚,强哉矫!国有道,不变塞焉[7],强哉矫!国无道,至死不变,强哉矫!"……

[1]子路:姓仲,名由,字子路。孔子弟子,好勇。 [2]与:同"欤"。语气词,表示疑问语气。 [3]抑而强与:还是你所期望的那种强呢? 抑:连词,还是。而:你。 [4]衽(rèn)金革:以兵器、甲胄为卧席。形容时刻保持警惕,随时准备迎敌。 [5]不流:不同流合污。 [6]矫:强大的样子。 [7]不变塞:不改变自己穷困时的操守。

凡事豫则立[1],不豫则废。言前定则不跲[2],事前定则不困,行前定则不疚,道前定则不穷。在下位不获乎上,民不可得而治矣。获乎上有道,不信乎朋友,不获乎上矣;信乎朋友有道,不顺乎亲,不信乎朋友矣;顺乎亲有道,反诸身不诚,不顺乎亲矣;诚身有道,不明乎善,不诚乎身矣。诚者,天之道也;诚之者[3],人之道也。诚者不勉而中,不思而得,从容中道[4],圣人也。诚之者,择善而固执之者也。

[1]豫:事先准备。 [2]跲(jiá):窒碍。 [3]诚之:实现诚。 [4]中(zhòng)道:合乎道义。

博学之,审问之[1],慎思之,明辨之,笃行之[2]。有弗学,学之弗能,弗措也[3];有弗问,问之弗知,弗措也;有弗思,思之弗得,弗措也;有弗辨,辨之弗明,弗措也;有弗行,行之弗笃,弗措也。人一能之己百之[4],人十能之己千之。果能此道矣,虽愚必明,虽柔必强。

[1]审:详尽。 [2]笃:踏实。 [3]有弗学,学之弗能,弗措也:意谓除非不学,学了还没学会,就不要罢休。 [4]己百之:自己用百倍的努力。

自诚明[1],谓之性。自明诚,谓之教。诚则明矣,明则诚矣。唯天下至诚,为能尽其性;能尽其性,则能尽人之性;能尽人之性,则能尽物之性;能尽物之性,则可以赞天地之化育[2];可以赞天地之化育,则可以与天地参矣[3]。其次致曲[4]。曲能有诚,诚则形[5],形则著,著则明,明则动,动则变,变则化。唯天下至诚为能化[6]。

[1]自诚明:由至诚之心到完美的德性。 [2]赞:辅佐、帮助。 [3]参:参与,参加。 [4]致曲:细致入微。 [5]形:表露。 [6]化:感化。

至诚之道,可以前知。国家将兴,必有祯祥[1];国家将亡,必有妖孽[2]。见乎蓍龟[3],动乎四体[4]。祸福将至,善,必先知之;不善,必先知之。故至诚如神。

[1] 祯(zhēn)祥:吉祥的征兆。　[2] 妖孽:指物类反常的现象,古人以为是不祥之兆。 [3] 蓍(shī)龟:古人以蓍草与龟甲占卜凶吉,因以指占卜。　[4] 四体:四肢。

诚者自成也[1],而道自道也[2]。诚者物之终始,不诚无物。是故君子诚之为贵。诚者非自成己而已也[3],所以成物也。成己,仁也;成物,知也。性之德也,合外内之道也,故时措之宜也[4]。……

[1] 自成:自己完成。　[2] 自道:自己遵守。　[3] 成己:成就自己。　[4] 时措:因时制宜,得其时而用。

大哉圣人之道,洋洋乎发育万物[1],峻极于天[2]。优优大哉[3]!礼仪三百,威仪三千,待其人然后行[4]。故曰:苟不至德,至道不凝焉[5]。故君子尊德性而道问学[6],致广大而尽精微,极高明而道中庸。温故而知新,敦厚以崇礼[7]。是故居上不骄,为下不倍[8];国有道,其言足以兴;国无道,其默足以容[9]。《诗》曰:"既明且哲,以保其身[10]。"其此之谓与!……

[1] 洋洋:盛大的样子。　[2] 峻极:极高。　[3] 优优:丰多美盛的样子。　[4] 礼仪三百,威仪三千,待其人然后行:意谓礼的大纲有三百条,礼的细节有三千条,须有适当的人才能实行。　[5] 凝:稳定。　[6] 尊德性:以道德修养为主。道问学:以探求知识为主。　[7] 敦厚:诚朴宽厚。　[8] 倍:同"背",违背。　[9] 容:容身。　[10] 语见《诗经·大雅·烝民》。

唯天下至诚,为能经纶天下之大经[1],立天下之大本,知天地之化育。夫焉有所倚?肫肫其仁[2]!渊渊其渊[3]!浩浩其天[4]!苟不固聪明圣知达天德者,其孰能知之?……

[1] 经纶:整理丝缕、理出丝绪和编丝成绳,统称经纶。引申为筹划治理国家大事。大经:常道,常规。　[2] 肫(zhūn)肫:诚恳。　[3] 渊渊:深广,深邃。　[4] 浩浩:广大无际。

(据中华书局影印阮元校刻《十三经注疏》本《礼记正义》　李晓宇)

礼记·大学(节录)

大学之道[1],在明明德[2],在亲民[3],在止于至善[4]。知止而后有定[5],定而后能静,静而后能安,安而后能虑,虑而后能得。物有本末,事有终始。知所先后,则近道矣。

[1] 大学:大人之学,指治国平天下的学问。　[2] 明明德:彰明人与生俱来的光明之德。　[3] 亲民:亲近爱抚民众。　[4] 止于至善:达到至善的境地。　[5] 知止:知道止于至善的道理。

古之欲明明德于天下者,先治其国。欲治其国者,先齐其家,欲齐其家者,先修其身。欲修其身者,先正其心。欲正其心者,先诚其意。欲诚其意者,先致其知。致知在格物[1]。物格而后知至,知至而后意诚,意诚而后心正,心正而后身修,身修而后家齐,家齐而后国治,国治而后天下平。

[1] 致知:获得知识。格物:与事物要接触,谓研究事物原理。

自天子以至于庶人,壹是皆以修身为本[1]。其本乱而末治者,否矣。其所厚者薄[2],而其所薄者厚[3],未之有也。此谓知本,此谓知之至也。

[1] 壹是:一律。 [2] 所厚者薄:意谓轻视修身。厚:重视。薄:轻视。 [3] 所薄者厚:意谓重视治国平天下。

所谓诚其意者,毋自欺也。如恶恶臭,如好好色,此之谓自谦。故君子必慎其独也。小人闲居为不善,无所不至,见君子而后厌然[1],揜其不善而著其善[2]。人之视己,如见其肺肝然,则何益矣。此谓诚于中,形于外,故君子必慎其独也。曾子曰:"十目所视,十手所指,其严乎[3]!"富润屋,德润身,心广体胖[4],故君子必诚其意。……

[1] 厌(yǎn)然:掩藏的样子。 [2] 揜(yǎn):掩盖。 [3] 严:严肃。 [4] 心广体胖(pán):心中坦然,身体舒泰。

所谓修身在正其心者,身有所忿懥[1],则不得其正,有所恐惧,则不得其正,有所好乐,则不得其正,有所忧患,则不得其正。心不在焉,视而不见,听而不闻,食而不知其味。此谓修身在正其心。

[1] 身:应作"心"。忿懥(zhì):发怒。

所谓齐其家在修其身者,人之其所亲爱而辟焉[1],之其所贱恶而辟焉,之其所畏敬而辟焉,之其所哀矜而辟焉,之其所敖惰而辟焉[2]。故好而知其恶,恶而知其美者,天下鲜矣。故谚有之曰:"人莫知其子之恶,莫知其苗之硕[3]。"此谓身不修不可以齐其家。

[1] 辟(pì):偏心。 [2] 敖(ào)惰:傲慢怠惰。 [3] 莫知其苗之硕:不满足自己稻苗的硕大。

所谓治国必先齐其家者,其家不可教而能教人者,无之。故君子不出家而成教于国。孝者,所以事君也;弟者,所以事长也;慈者,所以使众也。《康诰》曰:"如保赤子[1]。"心诚求之,虽不中不远矣。未有学养子而后嫁者也[2]。一家仁,一国兴仁;一家让,一国兴让;一人贪戾,一国作乱:其机如此。此谓一言偾事[3],一人定国。尧、舜率天下以仁,而民从之。桀、纣率天下以暴,而民从之。其所令反其所好[4],而民不从。是故君子有诸己而后求诸人,无诸己而后非诸人。所藏乎身不恕[5],而能喻诸人者[6],未之有也。故治国在齐其家。《诗》云:"桃之夭夭,其叶蓁蓁。之子于归,宜其家人[7]。"宜其家人,而后可以教国人。《诗》云:"宜兄宜弟[8]。"宜兄宜弟,而后可以教国人。《诗》云:"其仪不忒,正是四国[9]。"其为父子兄弟足法,而后民法之也。此谓治国在齐其家。

[1] 语见《尚书·周书·康诰》。 [2] 学养子而后嫁者:学会了抚养小孩才出嫁的女人。 [3] 偾(fèn)事:败事。 [4] 所令反其所好:号令和喜好相反。 [5] 所藏乎身不恕:自己身上有不宽恕的地方。 [6] 喻:开导。 [7] 语见《诗经·周南·桃夭》。夭夭:美盛的样子。蓁(zhēn)蓁:茂盛的样子。 [8] 语见《诗经·小雅·蓼萧》。 [9] 语见《诗经·曹风·鸤鸠》。意谓他的仪表没有差错,纠正了四方的国家。

所谓平天下在治其国者,上老老而民兴孝[1],上长长而民兴弟[2],上恤孤而民不倍[3],是以君子有絜矩之道也[4]。所恶于上,毋以使下[5];所恶于下,毋以事上;所恶于前,毋以先后;所恶于后,毋以从前;所恶于右,毋以交于左;所恶于左,毋以交于右:此之谓絜矩之道。……

[1] 老老:敬养自己的老人。 [2] 长长:尊重自己的长辈。 [3] 恤孤:照顾孤弱的人。 [4] 絜(xié)矩:道德上的规范。絜,度量;矩,画方形的用具,引申为法度。 [5] 所恶于上,毋以使下:我厌恶在上的人对我的那种态度,我就不拿这种态度对待在下的人。

(据中华书局影印阮元校刻《十三经注疏》本《礼记正义》 李晓宇)

礼记·冠义

凡人之所以为人者,礼义也。礼义之始,在于正容体、齐颜色、顺辞令[1]。容体正,颜色齐,辞令顺而后礼义备,以正君臣、亲父子、和长幼。君臣正、父子亲、长幼和,而后礼义立。故冠而后服备[2],服备而后容体正、颜色齐、辞令顺。故曰:冠者,礼之始也。是故古者圣王重冠。

[1] 齐:整饬。顺:使和顺。 [2] 冠(guàn):行成年加冠礼,古代男子年二十而冠。

古者冠礼:筮日筮宾[1],所以敬冠事,敬冠事所以重礼,重礼所以为国本也。故冠于阼,以著代也[2]。醮于客位[3],三加弥尊,加有成也[4]。已冠而字之[5],成人之道也。见于母,母拜之;见于兄弟,兄弟拜之。成人而与为礼也。玄冠玄端,奠挚于君[6],遂以挚见于乡大夫、乡先生,以成人见也[7]。

[1]筮日筮宾:以筮草卜选择吉日,选择仪式主持人。 [2]阼(zuò):东面的台阶。著:明。明其将代父而为主。 [3]醮(jiào):敬酒。客位:户牖间的位置。 [4]加冠仪式中先后要加缁布冠、皮弁、爵弁三次冠,一次比一次尊贵,寓意将来会一步步拥有成就。 [5]字:取表字。幼年称名,成年称字。 [6]奠挚:挚通贽,礼物。奠挚是将礼物奠放在地上,示不敢授于尊者,表示礼敬。 [7]以成人见:以成人的身份拜见。

　　成人之者,将责成人礼焉也[1]。责成人礼焉者,将责为人子、为人弟、为人臣、为人少者之礼行焉。将责四者之行于人,其礼可不重与! 故孝弟忠顺之行立,而后可以为人,可以为人而后可以治人也,故圣王重礼,故曰:冠者礼之始也。嘉事之重者也,是故古者重冠。重冠故行之于庙,行之于庙者所以尊重事。尊重事而不敢擅重事[2],不敢擅重事所以自卑而尊先祖也。

[1]成人之者,将责成人礼:这句话意思是说,冠礼这种成年礼仪,就是要求经历这一仪式的人按成人的礼仪行事,即下文讲的按为人子、为人弟、为人臣,为人少者的礼仪行事。 [2]尊重事而不敢擅重事:重视加冠仪式,以此勉励鞭策成年的后辈;但不敢专擅为己功,自谦卑以敬祖宗。

(据中华书局影印阮元校刻《十三经注疏》本《礼记正义》　韦　兵)

礼记·昏义

　　昏礼者,将合二姓之好,上以事宗庙[1],而下以继后世也。故君子重之。是以昏礼[2],纳采、问名、纳吉、纳征、请期[3],皆主人筵几于庙[4],而拜迎于门外,入揖让而升,听命于庙[5],所以敬慎重正昏礼也[6]。

[1]宗庙:祭祀同族祖先的庙。又指君王、诸侯祭祀祖宗的庙宇。 [2]是以:因此。 [3]本段中纳采、问名、纳吉、纳征、请期这五礼的含义,均请参见《仪礼·士昏礼》的相关注释。 [4]主人:女家主人,一般指女之父。 [5]听命于庙:在祢庙里听受男家使者所传男家主人的话。 [6]敬慎重正:恭敬、谨慎、尊重、规范。

　　父亲醮子而命之迎[1],男先于女也。子承命以迎。主人筵几于庙,而拜迎于门外。婿执雁入[2],揖让升堂,再拜奠雁[3],盖亲受之于父母也[4]。降出[5],御妇车[6],而婿授绥[7],御轮三周[8]。先俟于门外[9]。妇至,婿揖妇以入,共牢而食[10],合卺而酳[11],所以合体[12],同尊卑,以亲之也。

[1]父亲醮子:父亲亲自为儿子行醮礼。请参见《仪礼·士昏礼》的相关注释。迎:迎接新娘。 [2]执:握,持,拿着。 [3]奠:放置。 [4]盖:因为。 [5]降出:下西阶,出门。 [6]御:驾驶。 [7]绥:车上的绳子,登车时可拉。 [8]御轮三周:夫驾着车让轮子转三圈。 [9]俟(sì):等待。 [10]牢:祭祀和宴享所用的牲畜。牛羊猪齐全叫太牢,只有羊猪叫少牢。 [11]合卺(jǐn):将一瓠分成的两瓢,各执一半而饮酒。酳(yìn):小饮酒。 [12]

合体:合二而为一体。

敬慎重正,而后亲之,礼之大体,而所以成男女之别,而立夫妇之义也。男女有别,而后夫妇有义;夫妇有义,而后父子有亲;父子有亲,而后君臣有正。故曰:昏礼者礼之本也。

以上自篇首"昏礼者"至"昏礼者礼之本也",说明婚礼的要点和重要意义。

夫礼始于冠[1],本于昏,重于丧祭,尊于朝聘,和于乡射[2],此礼之大体也。

[1]冠:男子20岁举行的加冠礼,表示已成人。 [2]乡射:古时在乡的下一级州举行的射箭比赛之礼。12 500户为一乡,2 500户为一州。

夙兴[1],妇沐浴以俟见[2];质明[3],赞见妇于舅姑[4],妇执笲、枣栗腶脩以见[5],赞醴妇[6],妇祭脯醢[7],祭醴,成妇礼也。舅姑入室,妇以特豚馈[8],明妇顺也。厥明[9],舅姑共飨妇[10],以一献之礼奠酬[11]。舅姑先降自西阶,妇降自阼阶[12],以著代也[13]。

[1]夙:清早。兴:起床。 [2]沐:洗头发。浴:洗身。 [3]质明:天明。 [4]赞:赞者,即辅助行礼的人。见:介绍,推荐。这里有传话、报告的意思。舅姑:公公和婆婆,即丈夫的父母。 [5]笲(fán):盛干果等食品用的竹器。腶(duàn)脩:捶治加姜桂而制成的干肉。 [6]赞醴妇:赞者代舅姑向妇行醴礼。醴(lǐ):一宿酿成的甜酒,这里用作动词。 [7]脯:干肉。醢(hǎi):肉酱。 [8]特豚(tún):一头小猪。 [9]厥明:第二天。 [10]飨(xiǎng):用酒食招待人。 [11]献:主人向宾客敬酒。奠:放置。酬:酬:这里指婆婆给新娘敬的酒。 [12]阼(zuò)阶:主人迎接宾客的台阶,在大堂前东面。 [13]著:明,显露。代:接替。上文说媳妇由阼阶而降,而阼阶本来为主人升降之处,所以表示这媳妇将接替婆婆而操持家务。

成妇礼,明妇顺,又申之以著代[1],所以重责妇顺焉也[2]。妇顺者,顺于舅姑,和于室人[3];而后当于夫[4],以成丝麻布帛之事,以审守委积盖藏[5]。是故妇顺备,而后内和理;内和理,而后家可长久也;故圣王重之。

[1]申:重复。 [2]重:厚重。焉也:句尾语气词,表示肯定。 [3]室人:丈夫的姊妹。 [4]当:适合。 [5]审:详细,确实。守:管理。委(wèi)积:积聚在仓廪里的物资。盖藏:需要遮盖或储藏的果蔬肉干等。 以上自"夙兴"至"故圣王重之",说明新妇顺从舅姑的意义。

是以古者,妇人先嫁三月[1],祖庙未毁[2],教于公宫;祖庙既毁,教于宗室。教以妇德、妇言、妇容[3]、妇功[4]。教成祭之[5],牲用鱼,芼之以蘋藻[6],所以成妇顺也。

[1] 先嫁:出嫁之前。 [2]"祖庙"及以下的"公宫"、"宗室",均请参见《仪礼·士昏礼》的相关注释。 [3] 容:仪容。 [4] 功:事功,这里指家事。 [5] 祭之:祭其所出之祖。 [6] 芼(mào):菜,这里用作动词,指用菜伴和。蘋:大萍,今称"四叶菜"、"田字草",蕨类植物。藻:水草。以上自"是以古者"至"所以成妇顺也",说明妇人的顺从是通过教育。

古者天子后立六宫、三夫人、九嫔、二十七世妇、八十一御妻,以听天下之内治[1],以明章妇顺[2];故天下内和而家理。天子立六官、三公、九卿、二十七大夫、八十一元士,以听天下之外治,以明章天下之男教;故外和而国治。故曰:天子听男教,后听女顺;天子理阳道,后治阴德;天子听外治,后听内职。教顺成俗,外内和顺,国家理治,此之谓盛德。

[1] 听:管理,处理。 [2] 章:显露,表彰。

是故男教不修,阳事不得[1],适见于天[2],日为之食;妇顺不修,阴事不得,适见于天,月为之食。是故日食则天子素服[3],而修六官之职[4],荡天下之阳事[5];月食则后素服[6],而修六宫之职,荡天下之阴事。故天子之与后,犹日之与月,阴之与阳,相须而后成者也[7]。天子修男教,父道也;后修女顺,母道也。故曰:天子之与后,犹父之与母也。故为天王服斩衰[8],服父之义也;为后服资衰[9],服母之义也。

[1] 得:适合,适当。 [2] 适:適的简化字,通"谪"(zhé),惩罚,谴责。 [3] 素:白而没有染色的。 [4] 修:治理,整治,研究。 [5] 荡:洗涤,清除。 [6] 后:君王的正妻。 [7] 须:需要。 [8] 服:穿戴。斩衰(cuī):一种毛边的丧服,用生麻布制成,服期三年。斩:剪裁布料,这里指丧服不缉下边。衰:通"缞"(cuī),丧服。 [9] 资衰:即齐缞,一种缝边齐整的丧服,用熟麻布制成,服期三年、一年、三月各不等。资:通"齐",丧服缉下边。以上自"古者天子后立六宫"至"服母之义也",用阴阳二义来阐发王室婚姻及伦理的要旨。

(据中华书局影印阮元校刻《十三经注疏》本《礼记正义》 刘世龙)

五、微言大义——《左传》、《公羊传》、《穀梁传》

【题解】 春秋末期,孔子根据鲁国史官所编的《鲁春秋》,并参考周王室及各诸侯国史官的记载,修订而成《春秋》,亦称《春秋经》。它是我国古代第一部编年体史书,西汉以来被奉为儒家"五经"之一。该书所记起于鲁隐公元年(公元前722年),终于鲁哀公十四年(公元前481年),共242年的历史,内容为周王室及各诸侯国(以鲁国为主)政治、军事活动以及日食、水灾等自然现象。因其文字过于简约,措词也很隐晦,故极难通晓,所以后人从不同角度对其加以解释。《左传》、《公羊传》、《穀梁传》便是其中著名的三传。

《左传》全称《春秋左氏传》,或称《左氏春秋》。传为左丘明及其后学所作。左丘明,春秋时鲁国人,曾任鲁国太史,约与孔子同时。《左传》不仅记载了鲁国的历史,而且还系统地叙述了当时几个主要诸侯国家的历史;不但记载了春秋时代的许多历史事件,而且也保存了春秋以前的一些史事和传说。其文辞简洁优美,叙述生动形象,文章结构严谨,其中有不少名篇广为流传,脍炙人口,在文学上有极高的价值。《左传》注本很多,主要有晋杜预《春秋左传集解》、唐孔颖达《春秋左传正义》以及今人杨伯峻《春秋左传注》(中华书局 1990 年修订本)和李梦生《左传译注》(上海古籍出版社 2004 年)等。

《公羊传》亦称《春秋公羊传》、《公羊春秋》。旧说创始于孔子门人子夏的弟子战国齐人公羊高,现在一般认为由西汉初的公羊氏及其弟子胡毋生等整理。该书用问答体解说《春秋》所记史事,着重从政治而非历史的角度阐述这些记载的是非观,并把它看成孔子政治理想的体现,作为指导后世帝王行事的准则。在体例上,略于史事记载,重在阐释其"微言大义",有着鲜明的政治伦理倾向。汉代公羊学大师公孙弘、董仲舒等大肆发挥和宣扬其中的"大一统"、"三世说"的政论,对当时及后世的社会政治有极大影响。其注本主要有东汉何休的《春秋公羊解诂》、唐代徐彦的《公羊传疏》、清代陈立的《春秋公羊义疏》,以及今人王维堤、唐书文《春秋公羊传译注》(上海古籍出版社 2004 年)。

《穀梁传》亦称《春秋穀梁传》、《穀梁春秋》。旧说为战国时鲁人穀梁赤"受经于子夏,为经作传"。实际应是孔门讲习《春秋》的若干代学者集体的论议,整理编著的年代不晚于汉初。全书采用问答体解说《春秋》,重点在阐述经义即《春秋》的政治意义,与《公羊传》大抵同调,可以相互参证。其行文清新宛约,说理透彻,不少地方有新义。文章优于《公羊传》,逊于《左传》。其注家不多,影响远不及前两传,比较重要的主要有东晋范宁的《春秋穀梁传集解》、唐人杨士勋的《春秋穀梁传注疏》以及今人承载《春秋穀梁传译注》(上海古籍出版社 1999 年)。

(粟品孝)

春秋·隐公元年

元年[1],春[2],王正月[3]。

[1]元年:鲁国隐公执政的第一年,时为周平王四十九年,即公元前 722 年。 [2]春:春

天。　　[3] 王:周平王,公元前 770 年即位,公元前 720 年去世。

【左传】元年,春,王周正月[1]。不书即位,摄也[2]。

　　　[1] 王周:为区别商朝而言周,即周王。　　[2] 书:写。摄:代理。本为桓公即位,因其年幼,由兄隐公代掌国政,所以不书即位之礼。

【公羊传】元年,春,王正月。元年者何[1]?君之始年也[2]。春者何?岁之始也[3]。王者孰谓[4]?谓文王也。曷为先言王而后言正月[5]?王正月也。何言乎王正月?大一统也[6]。公何以不言即位?成公意也。何成乎公之意?公将平国而反之桓[7]。曷为反之桓?桓幼而贵,隐长而卑,其为尊卑也微,国人莫知[8]。隐长又贤,诸大夫扳隐而立之[9]。隐于是焉而辞立,则未知桓之将必得立也[10]。且如桓立,则恐诸大夫之不能相幼君也[11],故凡隐之立为桓立也。隐长又贤,何以不宜立[12]?立適以长[13],不以贤;立子以贵,不以长。桓何以贵?母贵也。母贵则子何以贵?子以母贵,母以子贵[14]。

　　　[1] 元年:天子即位后的第一年。按:依据《公羊传》,天子才能称元年,诸侯不得称元年。今隐公乃诸侯而称元年,故有此疑问。　　[2] 君:指鲁隐公。　　[3] 岁:年。　　[4] 孰:谁。　　[5] 曷:为什么。　　[6] 大一统:全国统一。统:统一。　　[7] 平国而反之桓:把国家治理好后就把王位交还给桓公,以平息隐公执政引发的不平之声。平:使太平。　　[8] 微:微妙,不显。国人:国中凡人。莫知:没有不知道的。　　[9] 扳:扳动,扭转。这里是极力推举的意思。　　[10] 辞:谦让。因为当时的公子并非只有一人,隐公因此谦让。　　[11] 且如:假设。相:辅佐。凡:凡上所虑二事,即若自己辞立,则桓公未必得立;桓公若得立,则恐诸大夫不能相幼君。　　[12] 宜:应该,合宜。　　[13] 適:通"嫡",嫡夫人之子,地位尊贵。　　[14] 妾子立,则母得为夫人。桓公母原为右媵,因桓公以公子身份得立,遂贵为夫人,故有此说。

【穀梁传】元年,春,王正月。虽无事,必举正月,谨始也[1]。公何以不言即位?成公志也[2]。焉成之?言君之不取为公也。君之不取为公,何也?将以让桓也。让桓正乎?曰不正[3]。《春秋》成人之美,不成人之恶。隐不正而成之,何也?将以恶桓也[4]。其恶桓,何也?隐将让而桓弒之[5],则桓恶矣。桓弒而隐让,则隐善矣。善则其不正焉,何也?《春秋》贵义而不贵惠,信道而不信邪[6]。孝子扬父之美,不扬父之恶[7]。先君之欲与桓,非正也,邪也[8]。虽然,既胜其邪心以与隐矣,已探先君之邪志,而遂以与桓,则是成父之恶也[9]。兄弟,天伦也[10]。为子受之父,为诸侯受之君,已废天伦,而忘君父,以行小惠,曰小道也[11]。若隐者,可谓轻千乘之国,蹈道则未也[12]。

　　　[1] 谨:郑重。　　[2] 成公志:成全隐公让位桓公的愿望。　　[3] 正:正确,合乎正道。隐公长桓公幼,故曰不正。　　[4] 恶:厌恶。意即不明让者之善,则取者之恶不显。　　[5] 弒:以

下杀上为弑。恶：与善相对。　[6]义：指出于国家统治方面考虑的道义。惠：指为了个人目的的私恩小惠。信：通"伸"，伸张。　[7]扬：发扬，传扬。　[8]先君：鲁惠公，为隐公、桓公的父亲。与：给予。　[9]虽然：即便这样。此句谓隐公让桓公是成父之恶名，而天子之位归于隐公则是以正道制邪心。　[10]兄弟，天伦也：兄先弟后，是天然的次序。　[11]意思是隐公为世子，又受命于惠公，他即位是受之于天的。然而他让位给桓公，致使弟先于兄、国让于私，是废天伦、忘君父之举。　[12]千乘之国：一车四马为一乘，千乘之国指拥有一千辆这样马车的国家。这里喻指大国。蹈：踏，践行。

齐桓公伐楚盟屈完

《左传·僖公四年》（公元前656年）

　　四年春[1]，齐侯以诸侯之师侵蔡[2]，蔡溃，遂伐楚[3]。楚子使与师言曰[4]："君处北海，寡人处南海[5]，唯是风马牛不相及也[6]，不虞君之涉吾地也[7]，何故？"管仲对曰："昔召康公命我先君大公曰[8]：五侯九伯[9]，女实征之[10]，以夹辅周室[11]。赐我先君履[12]。东至于海，西至于河，南至于穆陵，北至于无棣[13]。尔贡包茅不入，王祭不共，无以缩酒，寡人是征[14]。昭王南征而不复[15]，寡人是问[16]。"对曰："贡之不入，寡君之罪也，敢不共给。昭王之不复，君其问诸水滨[17]！"师进，次于陉[18]。

　　[1]四年：鲁僖公四年，公元前656年。　[2]齐侯：齐桓公。师：军队。　[3]溃：溃败。伐：攻打。　[4]楚子：楚成王。　[5]北海、南海：泛指北方、南方边远的地方。楚国位于南部，边界虽未至南海，但相对齐国位于北部之北海而言南海。　[6]风马牛不相及：喻毫不相干，这里是说齐楚二国相距甚远，互不相干。风：公畜与母畜在发情期间互相追逐挑逗。　[7]虞：预料，料想。涉：趟水而过，这里指进入、侵犯。　[8]召（shào）康公：周文王的庶子，名奭（shì），曾和周公旦共同辅佐周成王时，召是他的封地，在今陕西凤翔县，康为其谥号。先君：本国已故的君主。大公：姜太公，名尚，曾助周灭商有功，被封为齐国第一位国君。　[9]五侯：公、侯、伯、子、男五等爵位。九伯：九州的长官。五侯九伯泛指列国诸侯。　[10]女：通"汝"，你。实：语气词，命令。征：征讨，讨伐。实征之：可以征伐他们。　[11]夹辅：辅佐。　[12]履：践踏，此指齐国可以征伐的范围。　[13]海：渤海和黄海。河：指黄河。穆陵、无棣：皆为齐地名。此为管仲自夸齐国疆域广大。　[14]贡：贡物。包：裹束。茅：菁茅。入：进贡。共（gòng）：通"供"，供给。缩酒：渗滤酒渣。是征：征取这种贡物。宾语前置。　[15]周成王孙子昭王，南巡乘船渡汉水时溺死，时在公元前948年。齐桓公提此300年前的往事，以作攻打楚国的借口。　[16]问：责问。　[17]诸：之于。　[18]次：军队临时驻扎。陉（xíng）：楚国地名，在今河南偃师县。

　　夏，楚子使屈完如师[1]。师退，次于召陵[2]。齐侯陈诸侯之师[3]，与屈完乘而观之。齐侯曰："岂不谷是为？先君之好是继[4]。与不谷同好，如何？"对曰："君惠徼福于敝邑之社稷[5]，辱收寡君[6]，寡君之愿也。"齐侯曰："以此众战[7]，谁能御之[8]？以此攻城，何城不克[9]？"对曰："君若以德绥诸侯[10]，谁敢不服？君若以力，楚国方城以为城[11]，汉水以为池，虽众，无所用之。"

屈完与诸侯盟[12]。

[1]屈完：楚国大夫。如：到，去。 [2]召陵：楚地，在今河南郾城县东。 [3]陈：陈列，布阵。 [4]这两句是"岂为不谷，为继先君之好"的倒装句。不谷：不善，诸侯的谦称。是：助词，起宾语提前的作用。 [5]惠：恩惠，表示敬意。徼(yāo)：求。敝邑：对自己国家的谦称。 [6]辱：表示谦敬的副词，意为对方这样做是受屈了。 [7]众：即上文提到的诸侯之师。 [8]御：防守、抵抗。 [9]克：攻克。 [10]绥：安抚。 [11]方城：楚国北境的山区一带。 [12]盟：订立盟约。

齐晋鞌之战
《左传·成公二年》（公元前589年）

癸酉，师陈于鞌[1]。邴夏御齐侯，逢丑父为右。晋解张御郤克，郑丘缓为右[2]。齐侯曰："余姑翦灭此而朝食[3]。"不介马而驰之[4]。郤克伤于矢，流血及屦，未绝鼓音[5]，曰："余病矣[6]！"张侯曰："自始合，而矢贯余手及肘，余折以御，左轮朱殷，岂敢言病。吾子忍之[7]！"缓曰："自始合，苟有险，余必下推车，子岂识之？然子病矣[8]！"张侯曰："师之耳目，在吾旗鼓，进退从之[9]。此车一人殿之，可以集事[10]，若之何其以病败君之大事也[11]？擐甲执兵，固即死也[12]。病未及死，吾子勉之[13]！"左并辔，右援枹而鼓[14]，马逸不能止[15]，师从之。齐师败绩[16]。逐之，三周华不注[17]。

[1]癸酉：为干支纪日，为鲁成公二年(公元前589年)六月癸酉。师：这里指齐晋两国的军队。陈：摆开阵势，后作"阵"。鞌(ān)：齐地，在解山东省济南市西北。 [2]邴(bǐng)夏、逢(páng，现一般写作逄)丑父：均为齐大夫，其中逢丑为姓。御：驾车。右：车右，又叫戎右。古代战车，将领居左，御者居中(如果将领是君主或主帅则居中，御者居左)，负责保卫协助将领的人居右，故称为右或车右。解(xiè)张(即下文之张侯)、郑丘缓、郤(xì)克：三人均为晋大夫，其中郑丘为姓，郤克为此战晋军的主帅。 [3]姑：姑且。翦：通"剪"，剪除，消灭。朝食：吃早饭。 [4]介：甲，动词，给战马披上铠甲。驰之：使之驰，即驱马前进。 [5]伤于矢：被箭射伤。屦：鞋。绝：断。意即血一直流到鞋上仍然击鼓不息。 [6]病：指受重伤。 [7]合：两军交锋。贯：穿入。折：折断射中自己的箭杆。朱：红色。殷(yīn)：红中带黑的颜色。吾子：对对方的尊称。 [8]苟：如果。险：指地势不平。识：知道。 [9]从：听从。本句大意是说：全军都跟着旗帜和鼓声而决定进退。 [10]殿：镇守。集事：成事。集：使成功。 [11]若之何：怎么。以：因为。败：败坏。 [12]擐(huàn)甲执兵：穿上铠甲，拿起武器。擐：穿。执：持。固：本来。即：走向，靠近。 [13]及：到。勉：努力。 [14]并：合并。辔：缰绳。援：接过来。枹(fú)：鼓槌。鼓：动词，打鼓。张侯驾车，本来用两手执缰，现在把缰绳合到左手。 [15]逸：跑散。 [16]败绩：溃败。 [17]周：遍。这里用作动词，意为围绕。

韩厥梦子舆谓己曰[1]:"且辟左右[2]。"故中御而从齐侯[3]。邴夏曰:"射其御者,君子也[4]。"公曰:"谓之君子而射之,非礼也[5]。"射其左,越于车下。射其右,毙于车中[6]。綦毋张丧车[7],从韩厥,曰:"请寓乘[8]。"从左右,皆肘之,使立于后[9]。韩厥俛定其右[10]。

[1] 韩厥:晋大夫,子舆乃其父,当时已死。　　[2] 辟:避开,后作"避"。　　[3] 中御:居中驾车。从:跟从,这里有跟踪追击的意思。韩厥是司马,本应在左,这时却代替御者居中驾车。[4] 二句是说,邴夏认为韩厥的仪态风度像贵族,所以请齐侯射杀他。　　[5] 非礼:不合乎礼节。　　[6] 越:坠落。毙:向前倒下。　　[7] 綦毋(qí wú)张:晋大夫,姓綦毋,名张。丧:丢失。[8] 寓乘:搭车。　　[9] 肘:动词,用肘撞。这是韩厥听从梦中父亲的警告而如此安排,以免綦毋张遇害。　　[10] 俛(fǔ):低下身子。右:原来在车右位置上被射倒的人。

　　逢丑父与公易位[1]。将及华泉,骖絓于木而止[2]。丑父寝于辀中[3],蛇出于其下,以肱击之,伤而匿之[4],故不能推车而及。韩厥执絷马前,再拜稽首,奉觞加璧以进[5],曰:"寡君使群臣为鲁、卫请,曰:'无令舆师陷入君地。'下臣不幸,属当戎行,无所逃隐[6]。且惧奔辟而忝两君,臣辱戎士,敢告不敏,摄官承乏[7]。"丑父使公下,如华泉取饮[8]。郑周父御佐车,宛茷为右,载齐侯以免[9]。韩厥献丑父,郤献子将戮之。呼曰:"自今无有代其君任患者,有一于此,将为戮乎[10]!"郤子曰:"人不难以死免其君[11]。我戮之不祥,赦之以劝事君者[12]。"乃免之[13]。

[1] 易:交换。　　[2] 骖(cān):古代用马驾车,在辕马两旁的马叫骖。絓(guà):通"挂",后作"掛",绊住之意。木:树。　　[3] 寝:睡觉。辀(zhàn):旧时用木条横排编成的轻便的车子。　　[4] 肱(gōng):从肘到肩的部位,这里泛指胳膊。匿:藏。　　[5] 絷(zhí):绊马绳。再拜:拜两拜。稽首:臣对君所行之礼,下跪低头至地。奉:捧。觞:酒器。璧:中有圆孔的圆形玉器。全句意思是,韩厥对被俘的齐侯(实际是逢丑父冒充的)行臣仆之礼,以示尊重。　　[6] 请:求情。臣下不幸,正好在军队里任职。下臣:韩厥对自己的谦称。属:正好。当:遇。戎行(háng):兵车的行列,指齐军。无所逃隐:没有地方逃避隐藏。言外之意即不得不尽职作战。这以下均是韩厥的外交辞令。　　[7] 忝:作动词,使蒙受耻辱。辱:作动词,使受辱,表示不称职。敢:副词,大胆、冒昧。不敏:不才。摄官承乏:在人才紧缺的情况下暂时代理官职。这些都是谦词。　　[8] 如:到。　　[9] 郑周父、宛茷(fá):均为齐人。佐车:副车。免:逃走,脱身。[10] 戮:杀。任患:承担患难。　　[11] 难:意动用法,以之为难。免:使动用法,使之免于灾祸。劝:鼓励。　　[12] 赦:赦免。　　[13] 免:释放。

子产不毁乡校
《左传·襄公三十一年》(公元前542年)

　　郑人游于乡校,以论执政[1]。然明谓子产曰[2]:"毁乡校,何如?"子产曰:"何为?夫人朝夕退而游焉[3],以议执政之善否。其所善者,吾则行之。其所恶者,吾则改之。是吾师也,若之何毁之[4]?我闻忠善以损怨,不闻作威以防怨[5]。岂不遽止[6],然犹防川[7],大决所犯,伤人必多,吾不克救也[8]。不如小决使道[9],不如吾闻而药之也[10]。"然明曰:"蔑也今而后知吾子之信可事也[11]。小人实不才[12],若果行此,其郑国实赖之[13],岂唯二三臣?[14]"

仲尼闻是语也[15],曰:"以是观之,人谓子产不仁[16],吾不信也。"

[1] 乡校:地方的学校。既是教育场所,又是乡人聚会议事的地方。执政:政事。这里是说乡人常于乡校议论政治的得失。 [2] 然明:郑国大夫鬷(zōng)蔑,字然明。 [3] 退:做完分内之事后回来。 [4] 若之何:为何。 [5] 忠善:忠于善,即尽力做好事。损:减少。这两句意思是尽量做好事,怨谤就会减少;毁除乡校,只会认为是摆弄威风之举。 [6] 遽(jù):迅速。 [7] 防:堵塞。川:河流。 [8] 克:能。 [9] 道:通"导",疏通,引导。 [10] 药:以之为药。 [11] 蔑:鬷(zōng)蔑,即是然明。信:的确,确实。可事:可以成事。 [12] 小人:自身。不才:没有才能。都是谦词。 [13] 赖:依靠。 [14] 二三:概指,这些。 [15] 仲尼:孔子的字。是:这。 [16] 仁:仁厚。

吴子使札来聘

《公羊传·襄公二十九年》(公元前544年)

吴无君、无大夫,此何以有君、有大夫?贤季子也[1]。何贤乎季子?让国也[2]。

其让国奈何?谒也、馀祭也、夷昧也,与季子同母者四[3]。季子弱而才[4],兄弟皆爱之,同欲立之以为君。谒曰:"今若是迮而与季子国[5],季子犹不受也。请无与子而与弟,弟兄迭为君,而致国乎季子[6]。"皆曰:"诺。"故诸为君者,皆轻死为勇,饮食必祝[7],曰:"天苟有吴国,尚速有悔于予身[8]!"故谒也死,馀祭也立;馀祭也死,夷昧也立;夷昧也死,则国宜之季子者也[9]。

[1] 聘:诸侯国之间互派使者问候的一种礼节。贤:作动词,以之为贤。季子:吴王寿梦的幼子,名札,因排行最小故取字季子。 [2] 让国:辞让国君之位。按:寿梦生前即欲立季子,季子固辞,方改立长子谒(号诸樊)。寿梦死后,谒又让位季子,季子弃其室而耕,乃止。 [3] 谒:寿梦长子,一作"遏",号诸樊。馀祭:寿梦次子,又称戴吴、馀蔡。夷昧:寿梦三子,又称夷末、馀昧。他们与季子同母。 [4] 弱而才:年纪弱小而有才华。 [5] 迮(zé):仓促。 [6] 弟兄迭为君,而致国乎季子:弟兄依次轮流作国君,最后将王位传到季子手上。迭:更替。 [7] 皆轻死为勇,饮食必祝:全都看轻生死,勇猛异常,而且饮食都要祷告,非常虔诚。 [8] 苟:如果。尚:佑助。悔:咎,过错。此指亡故。本句的意思是:如果上天能使吴国延长,就赶紧让我病亡,以便兄弟可以继任王位。 [9] 宜:应该。

季子使而亡焉[1]。僚者长庶也,即之[2]。季子使而反,至而君之尔[3]。阖庐曰[4]:"先君之所以不与子国,而与弟者,凡为季子故也。将从先君之命与,则国宜之季子者也。如不从先君之命与,则我宜立者也。僚恶得为君乎[5]?"于是使专诸刺僚,而致国乎季子[6]。季子不受,曰:"尔弑吾君[7],吾受尔国,是吾与尔为篡也[8];尔杀吾兄,吾又杀尔,是父子兄弟相杀,终身无已也[9]!"去之延陵[10],终身不入吴国。故君子以其不受为义,以其不杀为仁。

贤季子,则吴何以有君、有大夫?以季子为臣,则宜有君者也。

"札"者何?吴季子之名也[11]。

《春秋》贤者不名[12],此何以名?许夷狄者[13],不壹而足也[14]。

季子者所贤也,曷为不足乎季子?许人臣者必使臣,许人子者必使子也[15]。

[1] 使而亡:因出使而逃亡在外地。亡:逃亡。 [2] 僚:季子异母之兄。长庶:庶子之长者。即之:登上王位。全句意思是:本来应该由季子继位,但由于他出使而逃亡在外,王位就由其异母之兄、最年长的庶子僚继承了。 [3] 反:通"返",返回。全句意思是:季子出使归来后,就承认了僚的国君地位。 [4] 阖庐(hé lú):公子光即位之后的号,为谒的长子。 [5] 恶:怎么。 [6] 专诸:伍子胥为公子光杀吴王僚所找的勇士。致国乎季子:把王位给季子。 [7] 弑:以下杀上。 [8] 篡:不正当地获得。 [9] 已:停止。 [10] 延陵:吴邑,今江苏常州一带。季子的封地,故有"延陵季子"之说。 [11] 季子名札,称季札。 [12] 不名:不直称其名,以示尊敬。 [13] 许:准许、赞许。夷狄:当时对非周王分封地区的边地部族、诸侯国的称呼。吴国不是周王的封国,又处于东南边地,故有夷狄之称。 [14] 不壹而足:不因为一事一物就认为满足。与今意不同。 [15] 许人臣者必使臣,许人子者必使子:认可作人臣的,一定要使他像个臣子;认可作人子的,一定要使他像个人子。言外之意是:季子是夷狄之邦的臣子、儿子,就要在用语遣词上显示出这一点来,这就是所谓的"《春秋》笔法"。

西 狩 获 麟

《公羊传·哀公十四年》(公元前481年)

春,西狩获麟[1]。何以书?记异也。何异尔?非中国之兽也[2]。然则孰狩之?薪采者也[3]。薪采者,则微者也[4],曷为以狩言之?大之也[5]。曷为大之?为获麟大之也。曷为为获麟大之?麟者,仁兽也。有王者则至,无王者则不至[6]。有以告者,曰:"有麇而角者[7]。"孔子曰:"孰为来哉[8]!孰为来哉!"反袂拭面,涕沾袍[9]。颜渊死,子曰:"噫!天丧予[10]。"子路死,子曰:"噫!天祝予[11]。"西狩获麟,孔子曰:"吾道穷矣[12]。"

[1] 春:指鲁哀公十四年(公元前481年)春。狩:猎也。麟:麒麟,传说中表祥瑞之兽。 [2] 书:记载。中国:中原地区。 [3] 孰:谁。薪采者:采薪者,即樵夫。 [4] 微:位卑之人,此指庶人。 [5] 曷:何以,为什么。大:使之大。 [6] 仁:祥瑞。王:称王者,这里指圣明的国君。全句意思是:麒麟是祥瑞之兽,有圣明的国君就来,没有圣明的国君就不来。 [7] 麇(jūn):獐子。 [8] 孰为来哉:为什么来这里呢。 [9] 反袂拭面,涕沾袍:反过衣衫的里子擦眼泪。袂(mèi):衣袖。 [10] 天丧予:上天害了我。予:我。 [11] 天祝予:上天

断了我。祝:断。颜渊、子路皆为辅佐孔子之人,今皆死,故曰天亡孔子。　[12]吾道穷矣:我的学说完了。穷:尽。

　　《春秋》何以始乎隐？祖之所逮闻也[1],所见异辞[2],所闻异辞,所传闻异辞。何以终乎哀十四年？曰:"备矣[3]!"君子曷为为《春秋》？拨乱世,反诸正,莫近诸《春秋》[4]。则未知其为是与？其诸君子乐道尧、舜之道与[5]？末不亦乐乎尧、舜之知君子也？制《春秋》之义,以俟后圣[6],以君子之为,亦有乐乎此也。

　　[1]隐:鲁隐公,这里特指鲁隐公元年。祖之所逮闻:祖上能够听说的。逮:及,达到。　[2]异辞:不一样的说法。　[3]备:完备。　[4]拨乱世,反诸正,莫近诸《春秋》:澄清混乱的世道,以恢复正常的社会秩序,没有比《春秋》一书更有力量的了。诸:之于。　[5]乐道:喜欢谈论。　[6]制《春秋》之义,以俟后圣:孔子修《春秋》,蕴涵了丰富的褒善贬恶的道理,期待着后来的圣人去领会,去实践。这里的后圣隐指汉朝的帝王、名儒。俟:等待。

晋杀其大夫里克

《穀梁传·僖公十年》(公元前650年)

　　晋杀其大夫里克。称国以杀,罪累上也[1]。里克弑二君与一大夫[2],其以累上之辞言之何也？其杀之不以其罪也。其杀之不以其罪奈何？里克所为杀者,为重耳也[3]。夷吾曰[4]:"是又将杀我乎？"故杀之,不以其罪也。其为重耳弑奈何？晋献公伐虢,得丽姬[5]。献公私之,有二子,长曰奚齐,稚曰卓子[6]。丽姬欲为乱[7],故谓君曰:"吾夜者梦夫人趋而来[8],曰:'吾苦畏!'胡不使大夫将卫士而卫冢乎[9]？"公曰:"孰可使？"曰:"臣莫尊于世子[10],则世子可。"故君谓世子曰:"丽姬梦夫人趋而来,曰:'吾苦畏!'女其将卫士而往卫冢乎[11]!"世子曰:"敬诺[12]!"筑宫,宫成。丽姬又曰:"吾夜者梦夫人趋而来,曰:'吾苦饥!'世子之宫已成,则何为不使祠也[13]？"故献公谓世子曰:"其祠!"世子祠。已祠,致福于君。君田而不在[14]。丽姬以鸩为酒,药脯以毒[15]。献公田来,丽姬曰:"世子已祠,故致福于君。"君将食,丽姬跪曰:"食自外来者,不可不试也。"覆酒于地而地贲[16]。以脯与犬,犬死。丽姬下堂而啼呼,曰:"天乎天乎! 国,子之国也,子何迟于为君？[17]"君喟然叹曰:"吾与女未有过切,是何与我之深也[18]!"使人谓世子曰:"尔其图之[19]!"世子之傅里克谓世子曰:"入自明[20]! 入自明则可以生,不入自明则不可以生。"世子曰:"吾君已老矣,已昏矣! 吾若此而入自明,则丽姬必死;丽姬死,则吾君不安。所以使吾君不安者,吾不若自死。吾宁自杀以安吾君,以重耳为寄矣[21]!"刎脰而死[22]。故里克所为弑者[23],为重耳也。夷吾曰:"是又将杀我也。"

　　[1]累:连累。上:国君,这里指晋惠公。　[2]弑:以下杀上。二君:奚齐、卓子,为晋献

公与丽姬所生二子。一大夫：大夫苟息。　　[3] 重耳：晋献公之子。僖公五年(公元前 655 年)春,晋献公听信丽姬谗言,不明真相,杀太子申生,立幼子奚齐为嗣,又驱逐群公子,重耳及夷吾等分别逃亡蒲、屈。献公死后,大夫里克先后杀死奚齐、卓子和晋苟息,打算拥立重耳为国君,但齐、秦等国帮助在梁国逃难的公子夷吾回国即位,重耳继续流亡在外,直到僖公二十四年(公元前 636 年)才在秦国的帮助下返回晋国即位,称为晋文公。　　[4] 夷吾：重耳兄。[5] 虢(guó)：虢国,在今陕西宝鸡一带。丽姬：即骊姬,本为丽戎之女,献公攻打丽戎时所得,据为己有,不久立为夫人。　　[6] 私：作动词,留为己用。长：年长。稚：年幼。　　[7] 乱：指丽姬想要献公杀太子申生而立己子。　　[8] 夫人：申生之母,献公已去世的夫人齐姜。趋：快步走。　　[9] 苦：为……所苦。胡：疑问词,为何。将：率领。卫：守卫。冢：墓。　　[10] 莫尊于：没有比……尊贵的。世子：指太子申生。　　[11] 女：通"汝",你。　　[12] 诺：肯定的答复。[13] 祠：作动词,奉祠,祭祀。　　[14] 田：通"畋",打猎。　　[15] 鸩(zhèn)：传说中的毒鸟,用其羽毛浸酒,饮之则亡。这里指毒酒。药脯以毒：将毒药放入干肉中。脯：干肉。　　[16] 覆：倾倒。贲(fén)：通"坟",地面隆起。　　[17] 迟：以之为迟。　　[18] 吾与女未有过切：我和你为父子以来不曾有什么过结。此句是献公中丽姬计以为申生欲杀自己而发出的感叹。[19] 图：企图,图谋。　　[20] 自明：为自己辩明真相。　　[21] 寄：寄托。　　[22] 脰(dòu)：颈,脖子。　　[23] 所为弑者：之所以成为弑君者。

(据中华书局影印阮元校刻《十三经注疏》本《春秋左传正义》、《春秋公羊传注疏》、《春秋穀梁传注疏》　熊　英)

六、华夏圣经——《论语》

【题解】　班固《汉书·艺文志》说："《论语》者,孔子应答弟子时人及弟子相与言而接闻于夫子之语也。当时弟子各有所记,夫子既卒,门人相与辑而论纂,故谓之《论语》。"东汉刘熙《释名·释典艺》："《论语》,记孔子与弟子所语之言也。论,伦也,有伦理也。语,叙也,叙己所欲说也。"这段话告诉我们："论语"的"论"是论纂、编纂的意思,"语"是语言、话语的意思。"论语"就是把"接闻(直接听到)于夫子之语"编纂起来,《论语》一书就是经过整理编纂的对话集。

《论语》一书分二十篇,共有 508 章。这些篇章的排列不一定有什么道理；就是前后两章间也不一定有关联。同时也可以肯定这些篇章不是出于一人之手。学者研究认为,《论语》一书的作者就是孔子的学生,其中自然包括了再传弟子。它不仅记载了孔子的言语行事,也记载了孔子若干学生的言语行事,称得上是儒家学说的第一部教科书。它的写作非一人,成书非一时,是经过集体努力、长期积累而形成的一部著作。

《论语》是中国文学史上最早的语录体著作,语言生动,在当时富有口语色彩。

西汉时期《论语》有《鲁论》、《齐论》和《古论》三种传本。《鲁论》就是流传后世的二十篇《论语》,因为是鲁国人所传,故名。齐国人所传的叫《齐论》,共有二十二篇,比《鲁论》多《问王》和《知道》两篇。《古论语》是鲁恭王扩建宫室时在孔庙墙壁中发现的古文经之一,有二十一篇。《齐论》和《古论》相继亡佚,只有《鲁论》流传至今。古代有关《论语》的注本很多,比较重要的有《论语注疏》(魏何晏集解、宋邢昺疏。收入《十三经注疏》),宋朱熹《论语集注》(收入《四书集注》),清刘宝楠《论语正义》。近人杨树达《论语疏证》,杨伯峻《论语译注》,李泽厚《论语今读》,可供初学者参考。

(雷汉卿)

学而[1](节录)

子[2]曰:"学而时习之[3],不亦说乎[4]?有朋自远方来[5],不亦乐乎?人不知[6],而不愠[7],不亦君子乎[8]?"

[1] "学而"是篇名。《论语》本来没有篇名,后人摘取每篇第一句的两个字作为篇名。 [2] 子:男子的尊称。《论语》"子曰"的"子"都是指孔子而言。 [3] 时:在一定的时候,在适当的时候。习:一般人把它解为"温习",但在古书中,它还有"实习"、"演习"的意义,如《礼记·射义》的"习礼乐"、"习射"。《史记·孔子世家》:"孔子去曹适宋,与弟子习礼大树下。"这一"习"字,更是演习的意思。孔子所讲的功课,一般都和当时的社会生活和政治生活密切结合,像礼(包括各种礼节)、乐(音乐)、射(射箭)、御(驾车)这些,都需要演习、实习,在实践中去掌握。所以这"习"字以讲为实习为好。 [4] 亦:也,也是。说(yuè):喜悦,高兴,后来写作"悦"。 [5] 朋:上古朋和友是有区别的,同门(师)为朋,同志(志向相同)为友。 [6] 人不知:指别人不了解自己。 [7] 愠(yùn):怨恨,怒。 [8] 君子:《论语》的"君子",有时指"有德者",有时指"有位者",这里是指"有德者"。

有子曰[1]:"其为人也孝弟[2],而好犯上者[3],鲜矣[4];不好犯上,而好作乱者,未之有也[5]。君子务本[6],本立而道生。孝弟也者,其为仁之本与[7]!"

[1] 有子:姓有,名若,孔子的学生。 [2] 孝弟:孝,孝顺,善事父母。弟(tì):音读和意义跟"悌"相同,顺从和敬爱兄长。 [3] 犯:抵触,冒犯。 [4] 鲜(xiǎn):少。《论语》中的"鲜"都是这个意思。 [5] 未之有也:"未有之也"的倒装形式。在古代汉语里,否定句的宾语如果是指代词,那么这个指代词宾语一般放在动词前。 [6] 务:致力。 [7] 仁:孔子的一种最高道德的名称。与(yú):语气词,表感叹。

子曰:"巧言令色[1],鲜矣仁!"

[1] 巧言令色:花言巧语,伪善的面孔。令:善,美好。这里指装着和善。色:脸色,表情。

曾子曰[1]:"吾日三省吾身[2]:为人谋而不忠乎[3]?与朋友交而不信乎[4]?传不习乎[5]?"

[1] 曾子:名参(shēn),字子舆,孔子的学生。 [2] 日:每天。三省(xǐng):多次反省。省:自我检查,反省,内省。"三省"的"三"表示多次的意思。古代在有动作性的动词前加数字,这数字一般表示动作频率。而"三""九"等字,又一般表示次数的多。这里所反省的是三件事,和"三省"的"三"只是巧合。如果这"三"字是指以下三件事而言,依《论语》的句法应该这样说:"吾日省者三。"跟《宪问》的"君子道者三"句法一样。身:自身,自己。 [3] 为(wèi):介词。谋:策划,考虑。忠:尽心竭力。 [4] 信:诚。 [5] 传(chuán):传授。这里动词作名词用,指老师传授的知识。

子曰:"道千乘之国[1],敬事而信[2],节用而爱人[3],使民以时[4]。"

[1] 道:动词,治理的意思。千乘(shèng)之国:乘:古代用四匹马拉的兵车。春秋时代,打仗用车子,所以国家的强弱都用车辆的数目来计算。春秋时期,大国都没有千辆兵车。 [2] 敬事:"敬"字一般用于表示工作态度,因之常和"事"连用,恭敬、严肃的意思。 [3] 节用:节约费用。爱人:古代"人"字有广狭两义。广义的"人"指一切人群,包括士大夫以上各阶层的人和普通老百姓;狭义的"人"只指士大夫以上各阶层的人。这里和下文的"民"对言,用的是狭义。 [4] 使民以时:古代以农业为主,"使民以时"即是《孟子·梁惠王上》的"不违农时"。使:役使,使唤。以时:等于"学而时习之"的"时"。

子曰:"弟子[1],入则孝,出则悌[2],谨而信[3],泛爱众,而亲仁[4]。行有余力,则以学文。"

[1] 弟子:一般有两种意义:(一)年纪幼小的人,(二)学生。这里用的是第一种意义。 [2] 入、出:《礼记·内则》:"由命士(古代称受有爵命的士)以上,父子皆异宫",则知这里的"弟子"是指"命士"以上的人物而言。"入"是"入父宫","出"是"出己宫"。 [3] 谨:恭敬。 [4] 仁:即"仁人",和《雍也》第六的"井有仁焉"的"仁"一样。

子曰:"父在,观其志[1];父没[2],观其行;三年无改于父之道[3],可谓孝矣。"

[1] 其:指儿子,不是指父亲。下文"观其行"的"其"亦同。 [2] 没(mò):通"殁",死。 [3] 三年:这里的"三"当和"吾日三省吾身"的"三"作同样看待。三年表示长期。

有子曰:"礼之用[1],和为贵[2]。先王之道,斯为美[3],小大由之[4]。有所不行,知和而和,不以礼节之[5],亦不可行也。"

[1] 用:作用。 [2] 和:适当,恰当,恰到好处。 [3] 斯:指示代词,"此"。 [4] 由:奉行,遵从。之:代词,这里代"和为贵"。 [5] 节:节制。

为政(节录)

子曰:"为政以德,譬如北辰[1],居其所而众星共之[2]。"

[1]北辰:北极星。 [2]共:同"拱",环抱,环绕。

子曰:"道之以政[1],齐之以刑[2],民免而无耻[3];道之以德,齐之以礼,有耻且格[4]。"

[1]道:引导。一说同"道千乘之国"的"道",治理的意思。 [2]齐:告诫;戒饬。 [3]免:先秦古书若单用一个"免"字,一般都是"免罪"、"免刑"、"免祸"的意思。 [4]格:来,归服。

子曰:"吾十有五而志于学[1],三十而立[2],四十而不惑[3],五十而知天命,六十而耳顺[4],七十而从心所欲,不逾矩。"

[1]有:同又。古人在整数和小一位的数字之间多用"有"字,不用"又"字。 [2]立:在社会上立足。 [3]惑:迷惑。 [4]耳顺:三国魏何晏《论语集解》引东汉郑玄曰:"耳顺,闻其言而知其微旨也。"

孟武伯问孝[1]。子曰:"父母唯其疾之忧[2]。"

[1]孟武伯:姓仲孙,名彘,"武"是谥号。 [2]其:第三人称表示领位的代词,相当于"他的"、"他们的"。这里所指代的一说指父母,一说指儿女。

子游问孝[1]。子曰:"今之孝者,是谓能养。至于犬马,皆能有养。不敬,何以别乎?"

[1]子游:姓言,名偃,字子游,孔子的学生。

子曰:"视其所以[1],观其所由[2],察其所安[3],人焉廋哉[4]?人焉廋哉?"

[1]以:与;"所以"相当于所结交的朋友。一说"以犹为也",是做的意思;"所以"相当于所做的事情。 [2]所由:指所从由的道路。 [3]所安:所安心的事情。 [4]焉:哪里,何处。廋(sōu):隐藏,藏匿。

子曰:"温故而知新,可以为师矣。"
子曰:"君子不器[1]。"

[1]古代知识范围狭窄,孔子认为君子不能像器皿一样,只有一定的用途,而应该无所不通。

子曰:"君子周而不比[1],小人比而不周。"

[1] 周:忠信,引申为亲密。比:勾结。

子曰:"学而不思则罔[1];思而不学则殆[2]。"

[1] 罔:罔然而无所得。 [2] 殆(dài):疑惑。

子曰:"攻乎异端[1],斯害也已[2]。"

[1] 攻:攻击。异端:不同于自己学说、学派的其他学说、学派。 [2] 斯:代词,代"攻乎异端"。也已:语气助词,"已"有"止"的意思。

子曰:"由[1],诲女知之乎[2]?知之为知之,不知为不知,是知也[3]!"

[1] 由:仲由,字子路,孔子的学生。 [2] 诲:教导。女:第二人称代词,后来写作"汝"。 [3] 是:指示代词,指"知之为知之,不知为不知"。

子曰:"人而无信[1],不知其可也[2]。大车无輗,小车无軏[3],其何以行之哉?"

[1] 而:连词,这里含有假设的意思,等于说"如果"。 [2] 可:可以,行。 [3] 大车:指牛车。輗(ní):辕端横木,缚轭以驾牛者。小车:指马车。軏(yuè):辕端上曲,钩衡(衡,横木)以驾马者。

子张问[1]:"十世可知也[2]?"子曰:"殷因于夏礼[3],所损益[4],可知也;周因于殷礼,所损益,可知也。其或继周者,虽百世可知也。"

[1] 子张:孔子学生颛孙师,字子张。 [2] 十世:从下文孔子的回答看来,子张是问今后十代的礼仪制度,而非泛问。也:同"耶",表疑问。 [3] 因:沿袭,承袭。 [4] 损:减少。益:增加。车子没有輗或軏就无法套住牲口,也就不能前行。

子曰:"非其鬼而祭之[1],谄也[2]。见义不为,无勇也。"

[1] 鬼:古代人死都叫"鬼",一般指已死的祖先而言,但也偶有泛指的。 [2] 谄(chǎn):谄媚,阿谀。

八佾(节录)

子曰:"人而不仁,如礼何?人而不仁,如乐何[1]?"

[1] 人而不仁……如乐何:言人不仁必不能行礼乐。仁是礼、乐的前提,失去仁这一前

提,则礼、乐的价值意义也就不存在了。

林放[1]问礼之本。子曰:"大哉问!礼,与其奢也宁俭;丧,与其易也宁戚[2]。"

[1]林放:鲁国人。 [2]丧,与其易也宁戚:《礼记·檀弓上》:"子路曰:'吾闻诸夫子:丧礼,与其哀不足而礼有余也,不若礼不足而哀有余也。'"可以看作"丧,与其易也宁戚"的最早解释。易:轻率。戚:哀戚,悲伤。

子曰:"君子无所争,必也射乎!揖让而升,下而饮[1],其争也君子[2]。"

[1]升、下:二者相对而言,升指登堂,下指走下堂来。 [2]其争也君子:这是讲古代射礼。登堂而射,射后计算谁中靶多,中靶少的被罚饮酒。孔子认为这样的竞争是君子的竞争。关于古代射礼详见《仪礼·乡射礼》和《大射》。

子夏问曰[1]:"'巧笑倩兮[2],美目盼兮[3],素以为绚兮[4]。'何谓也?"子曰:"绘事后素。"曰:"礼后乎?"子曰:"起予者商也[5]!始可与言《诗》已矣。"

[1]子夏:姓卜,名商,字子夏,孔子的学生。 [2]倩:面颊长得好。 [3]盼:黑白分明。 [4]素:白色生绢。绚(xuàn):有文采。 [5]起:启发。予:第一人称代词,我。

子曰:"夏礼,吾能言之,杞不足征也[1];殷礼,吾能言之,宋不足征也[2]。文献不足故也[3]。足则吾能征之矣。"

[1]杞:国名,相传周武王伐纣后,封夏禹的后代东楼公于杞。征:证明。 [2]宋:国名,周武王灭商后,封商纣王子武庚于商旧都(今河南商丘)。成王时,武庚叛乱,被杀。又以其地封与纣的庶兄微子启,号宋公,为宋国。 [3]文献:《论语》的"文献"和今天所用的"文献"一词的概念有不同之处。《论语》的"文献"包括历代的历史文件和当时的贤者两项。今天的"文献"一词只指历史文件而言。

祭如在[1],祭神如神在。子曰:"吾不与祭[2],如不祭。"

[1]祭:祭先祖。 [2]与(yù):参与,参加。

仪封人请见[1],曰:"君子之至于斯也,吾未尝不得见也。"从者见之[2]。出曰:"二三子何患于丧乎[3]?天下之无道也久矣,天将以夫子为木铎[4]。"

[1]仪封人:仪:地名。有人说在今天的开封市内,未必可靠。封人:官名。春秋时为典守边疆的官。请见:请求接见。下文"从者见之"的"见之",是"使孔子接见他"的意思。古人初次见面要经过他人的介绍。 [2]从者:随从人员。 [3]丧(sàng):失掉官位。 [4]木铎:铜质木舌的铃子。古代公家有什么事要宣布,便摇这铃,召集大家来听。

里仁（节录）

子曰："里[1]，仁为美。择不处仁[2]，焉得知[3]？"

[1]里：居住。　[2]处(chǔ)：居住。　[3]知：《论语》的"智"字都写作"知"。

子曰："不仁者，不可以久处约[1]，不可以长处乐。仁者安仁，知者利仁[2]。"

[1]约：贫困。　[2]利：利用。

子曰："富与贵是人之所欲也；不以其道得之，不处也[1]。贫与贱是人之所恶也[2]；不以其道得之[3]，不去也[4]。君子去仁，恶乎成名[5]？君子无终食之间违仁[6]，造次必于是[7]，颠沛必于是[8]。"

[1]处：取，据有，享有。　[2]恶，音wù。　[3]贫与贱……不以其道得之："富与贵"可以说"得之"，"贫与贱"却不是人人都想"得之"的。这里也讲"不以其道得之"，可能是古人的不经意处，根据下文"不去也"，"得之"应该改为"去之"。　[4]去：离开，抛弃，摆脱。　[5]恶(wū)乎：于何处。　[6]终食之间：吃完一顿饭的时间。违：离开。和《公冶长》"弃而违之"的"违"同义。　[7]造次：仓猝，匆忙。于：介词。与、跟、同。是：代词，这里代的是"仁"。[8]颠沛：困顿挫折。

子曰："朝闻道，夕死可矣。"
子曰："君子之于天下也，无适也，无莫也[1]，义之与比[2]。"

[1]适、莫：宋邢昺疏："适，厚也；莫，薄也。"　[2]比：挨着，靠拢，为邻。

子曰："不患无位[1]，患所以立[2]；不患莫己知，求为可知也。"

[1]患：忧虑，担心。　[2]患所以立："立"和"位"古通用，这"立"字便是"不患无位"的"位"字。《春秋·桓公二年》"公即位"，《石经》作"公即立"，可以为证。

子曰："参乎！吾道一以贯之[1]。"曾子曰："唯。"子出，门人问曰："何谓也？"曾子曰："夫子之道，忠恕而已矣[2]。"

[1]一以贯之：以：介词，有"用"和"拿"的意思。"一"是"以"的宾语，提到前面去了。贯：贯穿、统贯。　[2]忠、恕：恕：孔子自己下了定义："己所不欲，勿施于人。""忠"则是"恕"的积极一面，用孔子自己的话，应该是："己欲立而立人，己欲达而达人。"

子曰："君子喻于义[1]，小人喻于利。"

[1] 喻:明白,懂得。

子曰:"见贤思齐焉[1],见不贤而内自省也[2]。"

[1] 贤:贤人。思齐:想要和他看齐。 [2] 内:内心。自省:自我检查,自我反省。

子曰:"德不孤[1],必有邻。"

[1] 德:有德行的人。

公冶长(节录)

子曰:"始吾于人也,听其言而信其行;今吾于人也,听其言而观其行。于予与改是[1]。"

[1] 于予与改是:予:孔子的学生宰予,字子我。改是:改变了这个(听其言而信其行)。孔子的学生宰予"昼寝(在白天睡觉)",使孔子改变了对人的态度,于是说了这样的话。

子贡曰[1]:"夫子之文章[2],可得而闻也[3];夫子之言性与天道[4],不可得而闻也。"

[1] 子贡:孔子的学生,姓端木,名赐,字子贡。 [2] 文章:孔子是古代文化的整理者和传播者,这里的"文章"该是指有关古代文献的学问而言。在《论语》中可以考见的有诗、书、史、礼等等。 [3] 闻:听到,听见。 [4] 言:谈论。性:人的本性。关于人的本性,孔子只说过"性相近也,习相远也"(见《论语·阳货》)一句话。天道:古代所讲的天道一般是指自然和人类社会吉凶祸福的关系。孔子不讲天道,对自然和人类社会的关系取存而不论的态度。

子贡问曰:"孔文子何以谓之'文'也[1]?"子曰:"敏而好学[2],不耻下问[3],是以谓之'文'也。"

[1] 孔文子:名圉,卫国大夫,谥号"文"。 [2] 敏:理解问题快。 [3] 耻:以……为耻。下问:向不如自己的人请教。

子谓子产[1]:"有君子之道四焉:其行己也恭[2],其事上也敬[3],其养民也惠[4],其使民也义[5]。"

[1] 谓:评论。子产:公孙侨,字子产,郑穆公之孙,为春秋时郑国的贤相。 [2] 行己:谓立身处事。 [3] 事上:事奉君上。 [4] 养民:教养人民。惠,仁爱。 [5] 使民:同"使民以时"的"使民"。义:合于道理。

子曰:"巧言、令色、足恭[1],左丘明耻之[2],丘亦耻之。匿怨而友其人[3],左丘明耻之,丘亦耻之。"

[1] 足恭:过度谦敬,以取媚于人。 [2] 左丘明:春秋时鲁国史官,相传他是《左传》的作者。 [3] 匿怨:内心藏着怨恨。友:结交。

颜渊、季路侍[1]。子曰:"盍各言尔志[2]?"子路曰:"愿车马衣轻裘[3],与朋友共[4],敝之而无憾[5]。"颜渊曰:"愿无伐善,无施劳[6]。"子路曰:"愿闻子之志。"子曰:"老者安之,朋友信之,少者怀之[7]。"

[1] 颜渊、季路:都是孔子的学生。颜渊:名回,字子渊。季路:即子路。侍:卑者陪伴在尊者身旁叫侍。 [2] 盍:"何不"的合音。 [3] 裘:皮衣。"轻"字是后人加上去的,当删。有很多证据可以证明唐以前的本子并没有这一"轻"字,详见清刘宝楠《论语正义》。 [4] 共:动词,指共同享用。 [5] 敝之而无憾:把它用坏了也不怨恨。敝:破,坏。憾:怨恨。 [6] 伐:夸耀。施:表白。 [7] 老者安之,朋友信之,少者怀之:对老年人,使他们安逸;对朋友,使他们信任我;对年轻人,使他们归依我。怀:归(依孔安国说)。

雍也(节录)

子曰:"贤哉,回也!一箪食[1],一瓢饮[2],在陋巷,人不堪其忧[3],回也不改其乐。贤哉,回也!"

[1] 箪(dān):古代盛饭的竹器,圆形。 [2] 饮:用如名词,饮料。 [3] 不堪:忍受不了。

子曰:"谁能出不由户[1]?何莫由斯道也[2]?"

[1] 由:经由;经过。户:单扇门。亦泛指门户。 [2] 莫:代词,没有谁。

子曰:"质胜文则野[1],文胜质则史[2];文质彬彬[3],然后君子。"

[1] 质:质朴。文:文采。 [2] 史:虚饰;浮夸。 [3] 文质彬彬:文华和质朴相得益彰。

子曰:"知之者不如好之者,好之者不如乐之者[1]。"

[1] 乐:以……为乐。

樊迟问知。子曰:"务民之义,敬鬼神而远之[1],可谓知矣。"

[1] 远:疏远,不去接近。

子曰:"知者乐水[1],仁者乐山;知者动,仁者静;知者乐,仁者寿。"

[1] 乐(yào):朱熹《论语集注》:"乐,喜好也。"

子曰:"君子博学于文[1],约之以礼[2],亦可以弗畔矣夫[3]!"

[1] 文:文献。 [2] 约:约束。 [3] 畔:同"叛"。

述而(节录)

子曰:"述而不作[1],信而好古,窃比于我老彭[2]。"

[1] 述:阐述前人成说。作:创作。 [2] 窃:私自。老彭:人名。有人说是老子和彭祖两人,有人说是殷商时代的彭祖一人,又有人说孔子说"我的老彭",其人一定和孔子相当亲密,未必是古人。

子曰:"默而识之[1],学而不厌[2],诲人不倦[3],何有于我哉[4]?"

[1] 识(zhì):记住。 [2] 厌:满足。 [3] 诲:教导。 [4] "何有"是"有什么"的意思,"何有于我哉"可译为"这些事情我做到了哪些呢"。

子曰:"德之不修[1],学之不讲[2],闻义不能徙[3],不善不能改,是吾忧也。"

[1] 修:培养。 [2] 讲:讲习,研究。 [3] 大意是:听到了应当做的事(义),却不能放下暂时可以不做的事,而改从应当做的事。

子曰:"志于道,据于德,依于仁,游于艺[1]。"

[1] 志于道……游于艺:大意是说,目标在"道",根据在"德",依靠在"仁",而游憩于礼、乐、射、御、书、数六艺之中。

子曰:"不愤不启,不悱不发[1];举一隅不以三隅反,则不复也。"

[1] 愤:心求通而未得之意。不启、不发:这是孔子自述其教学方法,必须受教者先发生困难,有求知的动机,然后去启发他。这样,教学效果自然好些。悱(fěi):口欲言而未能之貌。

子曰:"饭疏食[1],饮水[2],曲肱而枕之[3],乐亦在其中矣!不义而富且贵,于我如浮云。"

[1] 饭:动词,吃。疏食:粗粮。 [2] 水:古代常以"汤"和"水"对言,"汤"的意义是热水,

"水"就是冷水。　[3]肱(gōng):胳膊。枕:这里用作动词。

子不语怪、力、乱、神[1]。

[1]意思是:孔子不谈怪异、勇力、叛乱和鬼神。

子曰:"三人行,必有我师焉:择其善者而从之,其不善者而改之。"
子钓而不纲[1],弋不射宿[2]。

[1]纲:网上的大绳叫纲,用它来横断水流,再用生丝系钓,著于纲上来取鱼,这也叫纲。"不纲"的"纲"是动词。　[2]弋(yì):用带生丝的矢来射。宿:歇宿了的鸟。

子曰:"仁远乎哉?我欲仁,斯仁至矣!"
子曰:"君子坦荡荡,小人长戚戚[1]。"

[1]戚戚:忧惧貌,忧伤貌。

泰伯(节录)

曾子曰:"士不可以不弘毅[1],任重而道远。仁以为己任[2],不亦重乎?死而后已[3],不亦远乎?"

[1]弘:大,这里指心胸宽广。毅:刚强。　[2]仁以为己任:即"以仁为己任"。　[3]已:同《为政》"斯害也已"的"已"。

子曰:"兴于《诗》,立于礼[1],成于乐[2]。"

[1]立:同《为政》"三十而立"的"立"。　[2]成:齐备,完善。

子曰:"笃信好学,守死善道。危邦不入,乱邦不居[1]。天下有道则见[2],无道则隐。邦有道,贫且贱焉,耻也;邦无道,富且贵焉,耻也。"

[1]危邦、乱邦:《论语集解》引包咸云:"臣弑君,子弑父,乱也;危者,将乱之兆也。"　[2]见:同"现"。

子罕(节录)

子罕言利与命与仁[1]。

[1]罕:副词,少,表示动作频率。

子绝四:毋意[1],毋必[2],毋固[3],毋我。

[1] 意:猜测。 [2] 必:坚持;坚决。 [3] 固:固执。

子曰:"吾有知乎哉?无知也。有鄙夫问于我,空空如也;我叩其两端而竭焉[1]。"

[1] 叩:探问;询问。

子在川上曰:"逝者如斯夫[1],不舍昼夜[2]!"

[1] 逝者:消逝的事物。斯:指示代词,指川水。夫:感叹语气词。 [2] 不舍昼夜:是说川水日夜不停地流。舍:止。

子曰:"吾未见好德如好色者也。"

子曰:"三军可夺帅也[1],匹夫不可夺志也。"

[1] 三军:古代军队的编制单位。周朝的制度,诸侯中的大国可以拥有军队三军。

子曰:"岁寒,然后知松柏之后彫也[1]。"

[1] 彫:同"凋",凋谢,凋零。

先进(节录)

季路问事鬼神[1]。子曰:"未能事人,焉能事鬼?"曰:"敢问死[2]。"曰:"未知生,焉知死?"

[1] 事:侍奉。 [2] 敢:表敬副词,无实际意义。

子路、曾皙[1]、冉有[2]、公西华侍坐[3]。

子曰:"以吾一日长乎尔,毋吾以也[4]。居则曰[5]:'不吾知也[6]!'如或知尔[7],则何以哉[8]?"

子路率尔而对曰[9]:"千乘之国[10],摄乎大国之间[11],加之以师旅[12],因之以饥馑[13];由也为之,比及三年[14],可使有勇,且知方也[15]。"

夫子哂之[16]。

"求,尔何如?"

对曰:"方六七十[17],如五六十[18],求也为之,比及三年,可使足民[19]。如其礼乐[20],以俟君子[21]。"

"赤,尔何如?"

对曰:"非曰能之,愿学焉[22]。宗庙之事[23],如会同[24],端章甫[25],愿为小相焉[26]。"

"点,尔何如?"

鼓瑟希[27],铿尔[28],舍瑟而作[29],对曰:"异乎三子者之撰[30]。"

子曰:"何伤乎[31]?亦各言其志也[32]。"

曰:"莫春者[33],春服既成,冠者五六人[34],童子六七人[35],浴乎沂[36],风乎舞雩[37],咏而归[38]。"

夫子喟然叹曰:"吾与点也[39]!"

[1] 曾晳(xī):名点,曾参的父亲,也是孔子的学生。 [2] 冉有:孔子的学生冉求,字子有。 [3] 公西华:孔子的学生,姓公西,名赤,字子华。 [4] 这两句话历来有不同的解释,今依孔安国说,大意是:不要因为我的年纪比你们大,就不敢回答我的问题。乎:于。尔:你们。 [5] 居:平日、平常的意思。 [6] 知:了解。 [7] 或:无定代词,有人。 [8] 等于说:你们打算做些什么事情呢? [9] 率尔:轻率急忙的样子。 [10] 千乘之国:乘:兵车。拥有一千辆兵车的国家在当时只能算中等国家。 [11] 摄:逼近。摄乎大国之间:意思是处于大国中间不得伸展。 [12] 加:加到……上。之:指千乘之国。师旅:指侵略军队。 [13] 因之:等于说"继之"。饥馑:泛指荒年。 [14] 比:等到。 [15] 方:道义的方向。 [16] 哂(shěn):笑。 [17] 方六七十:这是古代的土地面积计算方式,"方六七十"不等于"六七十方里",而是每边长六七十里的意思。 [18] 如:或者。下文"如会同"的"如"同。 [19] 足民:使民富足。 [20] 如:至于。 [21] 俟:等待。 [22] 两句意为:我不敢说我能够做,但是,我愿在这方面学习。 [23] 宗庙之事:指诸侯祭祀祖先的事。 [24] 会:指诸侯会盟。同:指诸侯共同朝见天子。 [25] 端:古代礼服之名。章甫:古代礼帽之名。端和章甫这里都用如动词,即穿着礼服、戴着礼帽。这里指小相之服(依刘宝楠说)。 [26] 相(xiàng):在祭祀或会盟时,主持赞礼和司仪的人。按:宗庙会同,都是诸侯的事,公西华愿为小相,只是谦词。 [27] 希:稀。这里是说瑟的声音已近尾声。 [28] 铿:象声词。铿尔:等于说铿然,这里形容推瑟发出的声音。 [29] 舍:舍弃,这里指放下。作:站起来的意思。 [30] 撰:才具(才干),指从事政治工作的才能。 [31] 伤害什么呢? 意思是"有什么关系呢"。 [32] 亦:副词,这里有"只是""不过是"的意思。 [33] 莫(mù):后来写作"暮"。者:语气词。 [34] 冠(guàn)者:成年人。古时,到了二十岁的男子,须行冠礼,此后就算成年人了,所以用冠者指成年人。 [35] 童子:未冠的少年。 [36] 沂(yí):水名,在今山东曲阜县南。 [37] 风:用如动词,吹风,乘凉。舞雩(yú):古时求雨的坛。 [38] 咏:唱歌。 [39] 与(yù):赞成,同意。

颜渊(节录)

颜渊问仁。子曰:"克己复礼为仁[1]。一日克己复礼[2],天下归仁焉[3]。为仁由己,而由人乎哉?"颜渊曰:"请问其目[4]?"子曰:"非礼勿视,非礼勿听,非礼勿言,非礼勿动。"颜渊曰:"回虽不敏,请事斯语矣[5]。"

[1]克己复礼:约束自我,使言行合乎先王之礼。 [2]一日:一旦,表示如果有一天。 [3]归仁:称仁。 [4]其:代词,代"为仁"。目:条目,按内容分的细目。 [5]事:实践。

仲弓问仁[1]。子曰:"出门如见大宾[2],使民如承大祭[3]。己所不欲,勿施于人。在邦无怨,在家无怨。"仲弓曰:"雍虽不敏,请事斯语矣!"

[1]仲弓:孔子的学生冉雍,字仲弓。 [2]大宾:泛指国宾。 [3]承:承当。大祭:古代重大祭祀之称。包括天地之祭、禘祫(dì xiá)之祭等。

司马牛忧曰[1]:"人皆有兄弟,我独亡[2]!"子夏曰:"商闻之矣[3]:死生有命,富贵在天。君子敬而无失[4],与人恭而有礼。四海之内皆兄弟也,君子何患乎无兄弟也?"

[1]司马牛:名耕,字子牛,孔子的学生。 [2]亡:通无。 [3]闻之矣:听说过这样的话。 [4]敬:严肃。

哀公问于有若曰:"年饥[1],用不足[2],如之何?"有若对曰:"盍彻乎[3]?"曰:"二[4],吾犹不足,如之何其彻也?"对曰:"百姓足,君孰与不足? 百姓不足,君孰与足?"

[1]年:年成。 [2]用:同《学而》"节用而爱人"的"用"。 [3]彻:相传为周代的田税制度,实行十分抽一的税率。 [4]二:十分抽二。

樊迟问仁[1]。子曰:"爱人。"问知。子曰:"知人。"樊迟未达[2]。子曰:"举直错诸枉,能使枉者直[3]。"

樊迟退,见子夏,曰:"乡也吾见于夫子而问知[4],子曰:'举直错诸枉,能使枉者直。'何谓也?"子夏曰:"富哉言乎! 舜有天下,选于众,举皋陶[5],不仁者远矣。汤有天下,选于众,举伊尹[6],不仁者远矣。"

[1]樊迟:孔子的学生,名须,字子迟。 [2]达:明白。 [3]举直错诸枉,能使枉者直:把正直人提拔出来,位置在邪恶人之上,能够使邪恶人正直。 [4]乡:同"向";刚才,从前。 [5]皋陶(gāo yáo):舜的臣子。 [6]伊尹:汤的辅相。

子路(节录)

子路曰:"卫君待子而为政,子将奚先[1]?"子曰:"必也正名乎[2]!"子路曰:"有是哉,子之迂也[3]! 奚其正[4]?"子曰:"野哉[5],由也! 君子于其所不知,盖阙如也[6]。名不正,则言不顺;言不顺,则事不成;事不成,则礼乐不兴;礼乐不兴,则刑罚不中[7];刑罚不中,则民无所措手足[8]。故君子名之必可言也,言之必可行也。君子于其言,无所苟而已矣[9]!"

[1] 奚先:先做什么。奚:何。 [2] 正名:使名分正。正:使动用法。名:名分,名称。 [3] 迂:远,这里指远离实践。后代凡脱离实际,而只知道搬书本,都叫做迂。这句大意是:你竟迂到了这种程度。"子之迂也"是主语,"有是哉"是谓语。 [4] 为什么要"正"? 意思是没有正名的必要。其:句中语气词,加强反问语气。 [5] 野:鄙陋。 [6] 盖:句首语气词,有"大概"的意思。阙:通"缺"。如:词尾。阙如:指存疑,即阙而不论。 [7] 不中(zhòng):不得当。 [8] 措:放。无所措手足:没有放手脚的地方,意思是说不知如何是好。 [9] 苟:不严肃,跟"敬"相对。

子曰:"其身正,不令而行[1];其身不正,虽令不从。"

[1] 令:下命令。

子适卫[1],冉有仆[2]。子曰:"庶矣哉[3]!"冉有曰:"既庶矣,又何加焉[4]?"曰:"富之。"曰:"既富矣,又何加焉?"曰:"教之。"

[1] 适:去,往。 [2] 仆:动词,驾车。 [3] (卫国)人真多啊!庶:众,指人多。 [4] 何加:增添些什么? 意思是再做些什么。

子夏为莒父宰[1],问政。子曰:"无欲速[2],无见小利。欲速则不达[3],见小利则大事不成。"

[1] 莒父(jǔ fǔ):鲁国之一邑。宰:相当于县长之类的官。 [2] 不要图快。 [3] 达:到达。不达:指达不到目的。

子曰:"君子和而不同[1],小人同而不和。"

[1] 和:和谐。同:同一。

宪问(节录)

宪问耻[1]。子曰:"邦有道,谷;邦无道,谷,耻也[2]。"

[1] 宪:孔子的学生原宪,字子思。 [2] 谷:官俸。古人常以谷物计禄。

子曰:"古之学者为己,今之学者为人[1]。"

[1] 意思是:古代学者的目的在修养自己的学问道德,现代学者的目的却在装饰自己,给别人看。

子曰:"君子道者三,我无能焉[1]:仁者不忧,知者不惑,勇者不惧。"子贡曰:"夫子自道也[2]!"

[1] 意思是:我一件也没能做到。 [2] 自道:自己说自己。

子曰:"不患人之不己知,患其不能也[1]。"

[1] 其:指自己。

或曰:"以德报怨[1],何如?"子曰:"何以报德?以直报怨[2],以德报德。"

[1] 德:恩惠,恩德。 [2] 直:公正;正直。

子曰:"莫我知也夫!"子贡曰:"何为其莫知子也?"子曰:"不怨天,不尤人[1],下学而上达[2]。知我者其天乎!"

[1] 尤:责备,怪罪。 [2] 学习一些平常的知识,却透彻了解很高的道理。

卫灵公(节录)

子曰:"无为而治者,其舜也与[1]!夫何为哉?恭己正南面而已矣[2]。"

[1] 其:副词,表推测、估计,大概,或许。 [2] 南面:古代以坐北朝南为尊位,故无论天子、诸侯、卿大夫,当他作为长官出现的时候,总是面向南而坐。

子曰:"志士仁人,无求生以害仁[1],有杀身以成仁。"

[1] 害:损害。

子曰:"人无远虑,必有近忧[1]。"

[1] 远虑:长远的打算。近忧:迫身的忧患。

子曰:"躬自厚而薄责于人[1],则远怨矣!"

[1] 躬自厚:本当作"躬自厚责","责"字探下文"薄责"之"责"而省略。躬自:自己。

子曰:"君子求诸己[1],小人求诸人。"

[1] 求:要求。

子贡问曰:"有一言而可以终身行之者乎[1]?"子曰:"其'恕'乎[2]!己所不欲,勿施于人[3]。"

[1]一言:这里指一个字。 [2]其:表揣测的语气词。大概,或许。 [3]己所不欲,勿施于人:这是说明什么是"恕"。

子曰:"人能弘道,非道弘人[1]。"

[1]孔子说此话的真意何在,又如何叫"非道弘人",很难体会。这句话的字面意思是:人能够把道廓大,不是用道来廓大人。

子曰:"过而不改,是谓过矣[1]。"

[1]过:错误。第一个"过"用如动词,第二个"过"是名词。

季氏(节录)

孔子曰:"益者三友,损者三友[1]。友直[2],友谅[3],友多闻,益矣。友便辟[4],友善柔[5],友便佞[6],损矣。"

[1]损:有害。 [2]友:结交。 [3]谅:诚信,诚实。 [4]便(pián)辟:谄媚逢迎的人。 [5]善柔:表面恭维背后毁谤的人。 [6]便(pián)佞:巧言善辩、阿谀逢迎的人。

孔子曰:"君子有三戒[1]:少之时,血气未定,戒之在色;及其壮也,血气方刚,戒之在斗;及其老也,血气既衰,戒之在得[2]。"

[1]戒:警戒。 [2]得:贪得。

阳货(节录)

子曰:"性相近也,习相远也。"

子曰:"小子!何莫学夫《诗》?《诗》可以兴[1],可以观[2],可以群[3],可以怨[4]。迩之事父[5],远之事君;多识于鸟兽草木之名。"

[1]兴:为志意发端作引子。 [2]观:观察,观照。 [3]群:群居。 [4]怨:讥讽。 [5]迩:近。

子曰:"乡愿[1],德之贼也[2]!"

[1] 乡愿：《孟子》作"乡原"。指貌似谨厚，而实与流俗合污的伪善者。　[2] 贼：败坏，毁坏。

子曰："予欲无言。"子贡曰："子如不言，则小子何述焉？"子曰："天何言哉？四时行焉，百物生焉，天何言哉？"

宰我问："三年之丧，期已久矣。君子三年不为礼，礼必坏；三年不为乐，乐必崩。旧谷既没，新谷既升，钻燧改火[1]，期可已矣[2]。"

子曰："食夫稻[3]，衣夫锦，于女安乎？"

曰："安。"

"女安则为之！夫君子之居丧，食旨不甘[4]，闻乐不乐，居处不安[5]，故不为也。今女安，则为之！"

宰我出。子曰："予之不仁也！子生三年，然后免于父母之怀[6]。夫三年之丧，天下之通丧也。予也有三年之爱于其父母乎？"

[1] 钻燧改火：古代用的是钻木取火的方法，被钻的木四季不同，所谓"春取榆柳之火，夏取枣杏之火，季夏取桑柘之火，秋取柞楢之火，冬取槐檀之火"（马融引《周书·月令》文），一年一轮回。　[2] 期(jī)：同"朞"，一年。　[3] 稻：古代北方以稷（小米）为主要粮食，水稻和粱（精细的小米）是珍品，而稻的耕种面积更小，所以这里特别提出它来和"锦"为对文。　[4] 旨：美味。甘：可口。　[5] 居处不安：古代孝子要住临时用草料木料搭成的凶庐，睡在用草编成的垫子上，用土块做枕头。这里的"居处"是指平日的居住生活而言。　[6] 免于父母之怀：离开父母的怀抱。

子张（节录）

子夏曰："仕而优则学[1]，学而优则仕。"

[1] 仕：为官，任职。优：悠闲有余力。

子贡曰："君子之过也，如日月之食焉[1]：过也，人皆见之；更也[2]，人皆仰之[3]。"

[1] 日月之食：日食月食。　[2] 更(gēng)：改变。　[3] 仰：敬仰。

卫公孙朝问于子贡曰[1]："仲尼焉学[2]？"子贡曰："文、武之道[3]，未坠于地，在人[4]。贤者识其大者[5]，不贤者识其小者。莫不有文、武之道焉。夫子焉不学？而亦何常师之有[6]？"

[1] 公孙朝：卫大夫。公孙：复姓。　[2] 焉学：从哪里学。　[3] 文、武：指周文王和周武王。　[4] 在人：在于人们之中，是说人们还有记得的（依宋朱熹说）。　[5] 识：

同《述而》"默而识之"的"识"。其大者:其中之大者。其:指文武之道。下文"其小者"同。　[6]亦何常师之有:亦:又。何常师之有:等于说"有何常师"。之:代词,复指宾语"常师"。

(据中华书局影印阮元校刻《十三经注疏》本《论语注疏》　杜晓莉)

七、捍卫良知——《孟子》

【题解】　孟子(约前372—约前289,一说约前385—约前304),名轲,字子舆,一说字子居,一说字子车,邹人(今山东邹县东南)。受业于孔子之孙子思的门人。在邹出仕,不久即离开邹,先后游历过齐、宋、鲁、滕、魏等国,并一度担任过齐宣王的客卿。由于自己的学说和主张不被各国诸侯所采纳,晚年回到邹国,与弟子万章、公孙丑等著书立说,直至终老。(事迹见《史记》卷七十四)

孟子是继孔子以后,儒家最重要的一位代表人物,他的思想对后世影响非常大,被后人尊为"亚圣"。孟子的思想大致可以归纳为四个方面的内容:

一是"性善论"。这是孟子思想的一块基石。他认为人性本善,天生就具有恻隐、羞恶、恭敬、是非"四端之心",人要存心养性,不失其本心,才能俯仰无愧。

二是"义利之辨"。在治国方略上反对君主以一己私利损害民众的公义,提出"王何必曰利,亦有仁义而已矣。"(《孟子·梁惠王上》)

三是"王霸之辨"。反对霸道,主张王道,强调"保民而王",提出了"民为贵,社稷次之,君为轻"(《孟子·尽心下》)的民本思想。

四是"舜跖之辨"。把"鸡鸣而起,孳孳为善"的舜和"鸡鸣而起,孳孳为利"(《孟子·尽心上》)的跖进行对比,说明圣人和盗贼的区别只在"行善"和"图利"的一念之间,提倡对理想人格的追求和培养。

孟子的上述思想保存在《孟子》一书中,共七篇,为孟子及其弟子万章、公孙丑等著。常见的版本有《十三经注疏》本《孟子注疏》(东汉赵岐注,宋孙奭疏),清代焦循的《孟子正义》(收入《诸子集成》)。另外,中华书局1960年版的杨伯峻《孟子译注》,通俗易懂,便于初学。

(李晓宇)

梁惠王上(节录)

齐宣王问曰[1]:"齐桓、晋文之事可得闻乎[2]?"孟子对曰:"仲尼之徒无道桓、文之事者,是以后世无传焉,臣未之闻也。无以,则王乎[3]?"

曰:"德何如则可以王矣?"曰:"保民而王,莫之能御也。"

曰:"若寡人者,可以保民乎哉?"曰:"可。"

曰:"何由知吾可也?"曰:"臣闻之胡龁曰[4]:王坐于堂上,有牵牛而过堂下者。王见之,曰:'牛何之?'对曰:'将以衅钟[5]。'王曰:'舍之,吾不忍其觳觫[6],若无罪而就死地[7]。'对曰:'然则废衅钟与?'曰:'何可废也?以羊易之。'不识有诸?"

曰:"有之。"曰:"是心足以王矣。百姓皆以王为爱也[8],臣固知王之不忍也。"

王曰:"然。诚有百姓者[9]。齐国虽褊小[10],吾何爱一牛?即不忍其觳觫,若无罪而就死地,故以羊易之也。"曰:"王无异于百姓之以王为爱也[11]。以小易大,彼恶知之?王若隐其无罪而就死地[12],则牛羊何择焉?"

王笑曰:"是诚何心哉!我非爱其财,而易之以羊也,宜乎百姓之谓我爱也。"曰:"无伤也[13],是乃仁术也[14],见牛未见羊也。君子之于禽兽也,见其生,不忍见其死;闻其声,不忍食其肉。是以君子远庖厨也[15]。"

王说[16],曰:"《诗》云:'他人有心,予忖度之[17]。'夫子之谓也。夫我乃行之,反而求之,不得吾心。夫子言之,于我心有戚戚焉[18]。此心之所以合于王者,何也?"曰:"有复于王者曰:'吾力足以举百钧,而不足以举一羽;明足以察秋毫之末,而不见舆薪[19]。'则王许之乎?"

曰:"否。""今恩足以及禽兽,而功不至于百姓者,独何与[20]?然则一羽之不举,为不用力焉;舆薪之不见,为不用明焉;百姓之不见保,为不用恩焉。故王之不王,不为也,非不能也。"

曰:"不为者与不能者之形何以异[21]?"曰:"挟太山以超北海,语人曰'我不能',是诚不能也。为长者折枝,语人曰'我不能',是不为也,非不能也。故王之不王,非挟太山以超北海之类也;王之不王,是折枝之类也。老吾老以及人之老,幼吾幼以及人之幼,天下可运于掌。《诗》云:'刑于寡妻,至于兄弟,以御于家邦[22]。'言举斯心加诸彼而已。故推恩足以保四海,不推恩无以保妻子。古之人所以大过人者,无他焉,善推其所为而已矣。今恩足以及禽兽,而功不至于百姓者,独何与?权[23],然后知轻重;度[24],然后知长短。物皆然,心为甚。王请度之。抑王兴甲兵[25],危士臣,构怨于诸侯,然后快于心与?"……

[1] 齐宣王:齐威王之子,姓田,名辟疆。　[2] 齐桓、晋文:春秋五霸中的齐桓公、晋文公。　[3] 无以,则王乎:不得已,就谈谈王道吧。一说"无以"当作"不能"解。　[4] 胡龁(hé):齐国的大臣。　[5] 衅钟:古代杀牲以血涂钟行祭。　[6] 觳(hú)觫(sù):恐惧战栗的样子。　[7] 若:代词,它。　[8] 爱:吝啬。　[9] 诚有百姓者:真有这样的百姓。　[10] 褊(biǎn)小:狭小。　[11] 异:惊异,奇怪。　[12] 隐:怜悯。　[13] 无伤:没有关系。　[14] 仁术:施行仁政的策略。　[15] 庖厨:厨房。　[16] 说:通"悦"。　[17] 语见《诗经·小雅·巧言》。忖(cǔn)度(duó):推测。　[18] 戚戚:心动的样子。　[19] 舆薪:满车子的柴。比喻大而易见的事物。　[20] 与:通"欤"。语气词,表示疑问语气。　[21] 形:情形,表现。　[22] 语见《诗经·大雅·思齐》。刑:通"型",规范,教诲。寡妻:国君的嫡妻。　[23] 权:秤。这里用作动词,称量。　[24] 度:尺度。这里用作动词,推测,估计。　[25] 抑:难道。

公孙丑上(节录)

公孙丑问曰[1]:"夫子加齐之卿相[2],得行道焉[3],虽由此霸王,不异矣。如此,则动心否乎?"孟子曰:"否,我四十不动心。"

曰:"若是,则夫子过孟贲远矣[4]。"曰:"是不难,告子先我不动心[5]。"

曰:"不动心有道乎?"曰:"有。北宫黝之养勇也[6]:不肤挠[7],不目逃[8],思以一豪挫于人[9],若挞之于市朝[10],不受于褐宽博[11],亦不受于万乘之君;视刺万乘之君,若刺褐夫[12];无严诸侯[13],恶声至,必反之[14]。孟施舍之所养勇也[15],曰:'视不胜犹胜也;量敌而后进,虑胜而后会[16],是畏三军者也[17]。舍岂能为必胜哉?能无惧而已矣。'孟施舍似曾子[18],北宫黝似子夏[19]。夫二子之勇,未知其孰贤,然而孟施舍守约也[20]。昔者曾子谓子襄曰[21]:'子好勇乎?吾尝闻大勇于夫子矣:自反而不缩[22],虽褐宽博,吾不惴焉[23];自反而缩,虽千万人,吾往矣。'孟施舍之守气,又不如曾子之守约也。"

曰:"敢问夫子之不动心与告子之不动心,可得闻与?""告子曰:'不得于言,勿求于心;不得于心,勿求于气。'不得于心,勿求于气,可;不得于言,勿求于心,不可。夫志,气之帅也;气,体之充也。夫志至焉,气次焉,故曰:'持其志,无暴其气[24]。'"

"既曰'志至焉,气次焉',又曰'持其志,无暴其气'者,何也?"曰:"志壹则动气[25],气壹则动志也。今夫蹶者、趋者[26],是气也,而反动其心。"

"敢问夫子恶乎长?"曰:"我知言,我善养吾浩然之气。"

"敢问何谓浩然之气?"曰:"难言也。其为气也,至大至刚,以直养而无害,则塞于天地之间。其为气也,配义与道;无是,馁也[27]。是集义所生者,非义袭而取之也。行有不慊于心[28],则馁矣。我故曰告子未尝知义,以其外之也。必有事焉而勿正[29],心勿忘,勿助长也,无若宋人然。宋人有闵其苗之不长而揠之者[30],芒芒然归[31],谓其人曰:'今日病矣[32],予助苗长矣!'其子趋而往视之,苗则槁矣。天下之不助苗长者寡矣,以为无益而舍之者,不耘苗者也;助之长者,揠苗者也。非徒无益,而又害之。"……

[1]公孙丑:齐国人,孟子的弟子。 [2]加:担任。 [3]行道:推行仁道。 [4]孟贲(bēn):齐国的勇士,一说卫人。 [5]告子:名不害,孟子的弟子。一说是孟子的老前辈。 [6]北宫黝(yǒu):一名刺客。 [7]不肤桡(náo):肌肤被刺也不屈服,指不向人示弱。桡:通"挠"。 [8]目逃:眼睛受到突然刺激而避开,形容心存怯懦。 [9]思以一豪挫于人:认为受到别人一点点侮辱。豪:通"毫"。挫:辱。 [10]挞(tà):用鞭子或棍子打。市朝:市场和朝廷,指公共场合。 [11]受:指受挫。褐宽博:古代贫贱者所穿的宽大粗布衣服。亦借指贫贱者。 [12]褐夫:穿粗布衣服的人,古代用以指贫贱者。 [13]严:畏惧。 [14]恶声至,必反之:谁若以恶声加于己,己必以恶声报之。 [15]孟施舍:一名勇士。 [16]会:会战。 [17]三军:上、中、下三军,指军队。 [18]曾子:曾参,孔子的弟子。 [19]子夏:卜商,孔子的弟子。 [20]守约:简易可行。 [21]子襄:曾子的弟子。 [22]自反:反躬自问。缩:曲直的"直",指有理。 [23]不惴(zhuì):不恐吓他。 [24]暴:乱。 [25]壹:专一。 [26]蹶(jué)者、趋者:跌倒的人、走路太快的人。 [27]馁:丧失勇气,害怕。 [28]慊(qiè):满足,满意。 [29]必有事焉而勿正:一定要养气,但不要有特定的目的。 [30]闵:忧。揠(yà):拔起。 [31]芒芒:匆忙的样子。芒:通"忙"。 [32]病:疲倦。

孟子曰:"人皆有不忍人之心。先王有不忍人之心,斯有不忍人之政矣。以不忍人之心,行不忍人之政,治天下可运之掌上。所以谓人皆有不忍人之心者,今人乍见孺子将入于井[1],皆有怵惕恻隐之心[2]。非所以内交于孺子之父母也[3],非所以要誉于乡党朋友也[4],非恶其声而然也。由是观之,无恻隐之心非人也,无羞恶之心非人也,无辞让之心非人也,无是非之心非人也。恻隐之心,仁之端也;羞恶之心,义之端也;辞让之心,礼之端也;是非之心,智之端也。人之有是四端也,犹其有四体也。有是四端而自谓不能者,自贼者也;谓其君不能者,贼其君者也。凡有四端于我者,知皆扩而充之矣,若火之始然、泉之始达[5]。苟能充之,足以保四海;苟不充之,不足以事父母。"

[1]孺子:幼儿,儿童。 [2]怵惕:惊惧。恻隐:同情,怜悯。 [3]内(nà)交:结交。 [4]要誉:猎取荣誉。要:通"邀"。乡党:同乡,乡亲。 [5]然:同"燃"。泉之始达:泉水开始涌出。

离娄上(节录)

淳于髡曰[1]:"男女授受不亲[2],礼与?"孟子曰:"礼也。"曰:"嫂溺,则援之以手乎[3]?"曰:"嫂溺不援,是豺狼也。男女授受不亲,礼也。嫂溺援之以手者,权也[4]。"

[1]淳于髡(kūn):齐国人。 [2]授受:给予和接受。 [3]援之以手:伸手拉人一把以解救其困厄。 [4]权:变通。

离娄下(节录)

孟子曰:"人之所以异于禽兽者幾希[1],庶民去之,君子存之。舜明于庶物[2],察于人伦[3];由仁义行,非行仁义也[4]。"

[1]幾(jī)希:相差甚微。 [2]庶物:众物,万物。 [3]人伦:人与人之间的尊卑长幼等关系。 [4]非行仁义:不是强制推行仁义。

万章下(节录)

孟子曰:"伯夷[1],圣之清者也;伊尹,圣之任者也[2];柳下惠[3],圣之和者也;孔子,圣之时者也。孔子之谓集大成。集大成也者,金声而玉振之也[4]。金声也者,始条理也;玉振之也者,终条理也。始条理者,智之事也;终条理者,圣之事也。智,譬则巧也;圣,譬则力也。由射于百步之外也,其至,尔力也;其中,非尔力也。"

[1]伯夷:商末的贤人,孤竹君长子。因不肯食周粟,饿死于首阳山。 [2]伊尹:商汤的贤臣。任:指以天下为己任。 [3]柳下惠:春秋时期鲁国大夫。相传他与一女子共坐一夜,不曾淫乱。后用来比喻有操行的男子。 [4]金声而玉振:谓以钟发声,以磬收韵,奏乐从始至终。

告子上(节录)

告子曰:"性犹湍水也[1],决诸东方则东流,决诸西方则西流。人性之无分于善不善也,犹水之无分于东西也。"孟子曰:"水信无分于东西,无分于上下乎?人性之善也,犹水之就下也。人无有不善,水无有不下。今夫水,搏而跃之[2],可使过颡[3];激而行之,可使在山。是岂水之性哉?其势则然也。人之可使为不善,其性亦犹是也。"

[1]湍(tuān):水势急而旋。 [2]搏(bó):拍打。 [3]颡(sǎng):额头。

告子曰:"生之谓性[1]。"孟子曰:"生之谓性也,犹白之谓白与?"曰:"然。""白羽之白也,犹白雪之白,白雪之白,犹白玉之白欤?"曰:"然。""然则犬之性犹牛之性,牛之性犹人之性欤?"

[1] 生之谓性:天生的叫做性。

告子曰:"食色,性也。仁,内也,非外也;义,外也,非内也。"
孟子曰:"何以谓仁内义外也?"
曰:"彼长而我长之,非有长于我也;犹彼白而我白之,从其白于外也,故谓之外也。"
曰:"异于白马之白也,无以异于白人之白也;不识长马之长也,无以异于长人之长欤?且谓长者义乎?长之者义乎?"
曰:"吾弟则爱之,秦人之弟则不爱也,是以我为悦者也,故谓之内。长楚人之长,亦长吾之长,是以长为悦者也,故谓之外也。"
曰:"耆秦人之炙[1],无以异于耆吾炙,夫物则亦有然者也,然则耆炙亦有外与?"

[1] 耆(shì):同"嗜",爱好。

公都子曰[1]:"告子曰:'性无善、无不善也。'或曰:'性可以为善,可以为不善,是故文、武兴则民好善[2],幽、厉兴则民好暴[3]。'或曰:'有性善,有性不善,是故以尧为君而有象[4],以瞽瞍为父而有舜[5],以纣为兄之子且以为君,而有微子启、王子比干[6]。'今曰'性善',然则彼皆非欤?"
孟子曰:"乃若其情则可以为善矣[7],乃所谓善也。若夫为不善,非才之罪也。恻隐之心,人皆有之;羞恶之心,人皆有之;恭敬之心,人皆有之;是非之心,人皆有之。恻隐之心,仁也;羞恶之心,义也;恭敬之心,礼也;是非之心,智也。仁义礼智,非由外铄我也[8],我固有之也,弗思耳矣。故曰:求则得之,舍则失之。或相倍蓰而无算者[9],不能尽其才者也。《诗》曰:'天生蒸民,有物有则。民之秉彝,好是懿德[10]。'孔子曰:'为此诗者,其知道乎!故有物必有则,民之秉彝也,故好是懿德。'"

[1] 公都子:人名,事迹不详。 [2] 文、武:周文王、周武王。 [3] 幽、厉:周幽王、周厉王。 [4] 象:舜弟,有劣迹。 [5] 瞽(gǔ)瞍(sǒu):舜父,有劣迹。 [6] 微子启:商纣王的庶兄,因见纣淫乱将亡,数谏,纣不听,遂出走。王子比干:商纣王的叔父,因屡次劝谏纣王,被剖心而死。 [7] 乃若:发语辞,至于。 [8] 外铄(shuò):外力赋予的美丽。 [9] 倍蓰(xǐ):谓数倍。倍,一倍。蓰,五倍。无算:无法计算。 [10] 语见《诗经·大雅·烝民》。蒸:众。则:法则。秉彝:持执常道。好:喜好。懿德:美德。

孟子曰:"仁,人心也。义,人路也。舍其路而弗由,放其心而不知求,哀哉!人有鸡犬放,则知求之,有放心而不知求[1]。学问之道无他,求其放心而已矣。"

[1] 放心:放纵之心。

公都子问曰:"钧是人也[1],或为大人,或为小人,何也?"孟子曰:"从其大体为大人,从其小体为小人。"曰:"钧是人也,或从其大体,或从其小体,何也?"曰:"耳目之官不思,而蔽于物。物交物,则引之而已矣[2]。心之官则思,思则得之,不思则不得也。此天之所与我者。先立乎其大者,则其小者不能夺也。此为大人而已矣。"

[1] 钧:通"均",同。 [2] 引:引诱。

孟子曰:"有天爵者[1],有人爵者[2]。仁义忠信,乐善不倦,此天爵也。公卿大夫,此人爵也。古之人,修其天爵而人爵从之。今之人,修其天爵以要人爵。既得人爵而弃其天爵,则惑之甚者也,终亦必亡而已矣。"

[1] 天爵:天然的爵位。指高尚的道德修养,因德高则受人尊敬,胜于有世俗的爵位。
[2] 人爵:爵禄,指人所授予的爵位。

尽心上(节录)

孟子曰:"尽其心者,知其性也。知其性,则知天矣。存其心,养其性,所以事天也。殀寿不贰[1],修身以俟之,所以立命也。"

[1] 殀(yāo):短命而死。不贰:不三心二意。

孟子曰:"万物皆备于我矣,反身而诚[1],乐莫大焉。强恕而行[2],求仁莫近焉。"

[1] 反身而诚:反躬自问,自己是忠诚踏实的。 [2] 强恕而行:不懈地推己及人。

孟子曰:"人之所不学而能者,其良能也。所不虑而知者,其良知也。孩提之童[1],无不知爱其亲者,及其长也,无不知敬其兄也。亲亲[2],仁也。敬长,义也。无他,达之天下也。"

[1] 孩提:幼小,幼年。 [2] 亲亲:爱自己的亲人。

孟子曰:"君子有三乐,而王天下不与存焉:父母俱存,兄弟无故[1],一乐也;仰不愧于天,俯不怍于人[2],二乐也;得天下英才而教育之,三乐也。君子有三乐,而王天下不与存焉。"

[1] 故:灾难病患。　[2] 怍(zuò):羞惭。

孟子曰:"杨子取为我[1],拔一毛而利天下,不为也。墨子兼爱,摩顶放踵利天下[2],为之。子莫执中[3],执中为近之。执中无权[4],犹执一也。所恶执一者,为其贼道也,举一而废百也。"

[1] 杨子:杨朱,战国诸子之一,主张"为我"。　[2] 摩顶放踵(zhǒng):从头顶到脚跟都磨伤。形容不辞辛苦,舍己为人。　[3] 子莫:鲁国贤人。　[4] 权:变通。

王子垫问曰[1]:"士何事?"孟子曰:"尚志[2]。"曰:"何谓尚志?"曰:"仁义而已矣。杀一无罪,非仁也;非其有而取之,非义也。居恶在?仁是也。路恶在?义是也。居仁由义[3],大人之事备矣。"

[1] 王子垫:齐国王子。　[2] 尚志:高尚其志,崇尚志节。　[3] 居仁由义:内心存仁,行事循义。

桃应问曰[1]:"舜为天子,皋陶为士[2],瞽瞍杀人,则如之何?"孟子曰:"执之而已矣。""然则舜不禁与?"曰:"夫舜恶得而禁之?夫有所受之也。""然则舜如之何?"曰:"舜视弃天下犹弃敝蹝也[3]。窃负而逃[4],遵海滨而处[5],终身䜣然[6],乐而忘天下。"

[1] 桃应:孟子弟子。　[2] 皋(gāo)陶(yáo):舜时的司法官。　[3] 敝蹝(xǐ):破烂的鞋子。　[4] 窃负而逃:偷偷地背着父亲逃走。　[5] 遵:循着,沿着。处:居住。　[6] 䜣(xīn):同"欣",喜悦。

孟子曰:"天下有道,以道殉身[1];天下无道,以身殉道[2]。未闻以道殉乎人者也[3]。"

[1] 以道殉身:"道"为己所用,指施行"道"。　[2] 以身殉道:为道而死。　[3] 殉乎人:迁就人。

尽心下(节录)

孟子曰:"民为贵,社稷次之[1],君为轻。是故得乎丘民而为天子[2];得乎天子为诸侯;得乎诸侯为大夫。诸侯危社稷,则变置;牺牲既成,粢盛既洁[3],祭祀以时,然而旱干水溢,则变置社稷。"

[1] 社稷:古代帝王、诸侯所祭的土神和谷神。社,土神;稷,谷神。后代指国家。　[2] 丘:众。一说:小。　[3] 粢(zī)盛:古代盛在祭器内以供祭祀的谷物。

浩生不害问曰[1]:"乐正子[2],何人也?"孟子曰:"善人也,信人也。""何谓善?何谓信?"曰:"可欲之谓善[3]。有诸己之谓信[4]。充实之谓美[5]。充实而有光辉之谓大。大而化之之谓圣[6]。圣而不可知之之谓神。乐正子,二之中,四之下也[7]。"

[1] 浩生不害:齐国人,姓浩生,名不害。　[2] 乐正子:名克,孟子弟子。　[3] 可欲:别人对他的行为有好感。　[4] 有诸己:意谓善良是自己本来拥有的。　[5] 充实:意谓加强这些善,使其更完满。　[6] 大而化之:谓光大德业,以化万民。　[7] 二之中:在善和信的中间。四之下:在美、大、圣、神四等的下面。

(据中华书局影印阮元校刻《十三经注疏》本《孟子注疏》　李晓宇)

八、百善之本——《孝经》

【题解】　《孝经》有今文、古文两种。秦始皇焚书时,《孝经》为河间人颜芝所藏,汉初,由芝子贞献出,是为《今文孝经》。汉武帝时,鲁恭王坏孔子旧宅,于壁间得蝌蚪文《孝经》,是为《古文孝经》。通行本为今文。

历史上于《孝经》作者有七说:一孔子所作,二曾参所作,三曾参弟子所作,四子思所作,五孔门七十子之徒所作,六后人傅会,七汉儒所作。关于《孝经》的成书年代,历史上也有成于先秦、成于西汉两种说法,蔡邕《明堂论》引魏文侯《孝经传》、《吕氏春秋》的《孝行》、《察微》篇都引用《孝经》,所以今人多以为成于战国。

今文《孝经》共十八章,依次为开宗明义、天子、诸侯、卿大夫、士、庶人、三才、孝治、圣治、纪孝行、五刑、广要道、广至德、广扬名、谏诤、感应、事君、丧亲。《古文孝经》比《今文孝经》多四章。今、古文《孝经》除了文字上或增或减,分章上有所不同,《古文孝经》多《闺门章》二十二字外,在义理上并无不同。

《孝经》是一部论述孝道思想及孝治等社会功能的著作。宋郑畊老言,《孝经》全文有"一千九百三字",与今本同。孔子之后,儒家以"孝"为道德的根本观念,《孝经》是其代表。《孝经》按等级地位,将孝分为天子、诸侯、卿大夫、士、庶人五等。《礼记·祭义》引曾子曰:"孝有三:大孝尊亲,其次弗辱,其次以养。"这又从孝的内涵出发,将孝分为三等,与《孝经》表述虽异,实质则一。清陈澧《东塾读书记》指出:"《孝经》大义,在天子、诸侯、卿大夫、士,皆保其天下国家,其祖考基绪不绝,其子孙爵禄不替。庶人谨身节用,为下不乱。如此则天下世世太平安乐,而惟孝之一字,可以臻此。"《孝经》在我国历史留下了极其深远而广泛的影响,以《孝经》为核心,形成了独具中国特色的孝道文化。汉代号称"以孝治天下",纬书《孝经钩命诀》称孔子自云"吾志在《春秋》,行在《孝经》"。郑玄《六艺论》则说:"孔子以六艺题目不同,指意殊别,恐道离散,后世莫知根源,故作《孝经》以总会之。"自汉代起,《孝经》就成为上至天子,下到庶民,入学之初必读的儒家经典之一。到了唐代,唐玄宗以《今文孝经》为准,御注《孝注》,使《孝经》成为《十三经注疏》中唯一一部由皇帝亲自作注的经书。

《孝经》研究的著作主要有:唐玄宗注、宋邢昺疏《孝经注疏》(《十三经注疏》本),宋朱熹《孝经刊误》(《朱子全书》本),皮锡瑞《孝经郑注疏》(上海古籍出版社1993年版)等。今人译注本有黄得时《孝经今注今译》(台湾商务印书馆1979年版)、汪受宽《孝经译注》(上海古籍出版社2004年版)等。

(金生杨)

开宗明义章[1]

仲尼居[2],曾子侍[3]。

子曰[4]:"先王有至德要道[5],以顺天下[6],民用和睦[7],上下无怨[8]。汝知之乎?"

曾子避席曰[9]:"参不敏[10],何足以知之?"

子曰:"夫孝,德之本也[11],教之所由生也[12]。复坐[13],吾语汝。身体发肤,受之父母,不敢毁伤,孝之始也。立身行道[14],扬名于后世,以显父母,孝之终也。夫孝,始于事亲[15],中于事君[16],终于立身。《大雅》云[17]:'无念尔祖[18],聿修厥德[19]。'"

[1] 开宗明义:开张《孝经》宗旨,显明孝道义理。　[2] 仲尼:孔子(前551—前479)名丘,字仲尼。居:坐着。　[3] 曾子:名参(前505—前436),孔子弟子。其人天资鲁钝,但刻苦力学,能传孔子之道,事亲至孝,后世尊为"宗圣"。侍:陪侍。　[4] 子:为古代男子的通称,又谓师为子,此专指孔子。　[5] 先王:先代帝王,指唐尧、虞舜、夏禹、商汤、周文王、周武王、周公等历史上著名的圣君贤王。至德要道:至美之德,要约之道。　[6] 顺:使动用法,指使天下之心顺从教化。　[7] 用:因此。　[8] 上下:指尊卑之间,尤指在上位做官者与在下位做民者。　[9] 避席:离开座位。避有回避的意思,古人席地而坐,避席指离席而起以示恭敬。　[10] 不敏:不聪敏,这是曾参的谦词。　[11] 夫:发语词,无实意。本:根本,指孝为至德要道的根本。　[12] 教之所由生也:一切教化都是从孝道产生的。　[13] 复坐:返回原位坐下。　[14] 立身:自我成就,事业成功。行道:遵行天道,张扬正义。　[15] 事亲:孝顺父母。　[16] 事君:事奉君王,为国尽忠。　[17] 大雅:《诗经·大雅》。这里指《诗经·大雅》中的《文王篇》。　[18] 无念尔祖:思念你的祖先。　[19] 聿修厥德:继承祖先德业,将其发扬光大。聿(yù):述,继述。厥:代词,古代厥、其二字通用。

士　章[1]

资于事父以事母而爱同[2],资于事父以事君而敬同。故母取其爱,而君取其敬,兼之者父也[3]。故以孝事君则忠[4],以敬事长则顺[5]。忠顺不失,以事其上,然后能保其禄位[6],而守其祭祀,盖士之孝也。《诗》云:"夙兴夜寐,无忝尔所生[7]。"

[1] 士:官名,古时诸侯设置上士、中士、下士之等,地位次于卿大夫,为古代最低一级的贵族。　[2] 资:取。　[3] 兼之:兼而有之,两样俱全。此处指孝道中,父兼有爱和敬两个方面,而母只要求爱,君只要求敬。　[4] 以孝事君则忠:指用对父母的孝顺之心去侍奉君主,就能够做到忠诚。　[5] 长:兄长。此处指比自己地位高的人,即长上、上级、上司。顺:顺从。　[6] 禄位:俸禄、职位。　[7] 夙:早晨。兴:起,指起床。寐(mèi):睡觉。忝(tiǎn):羞辱。所生:指生养己身的父母。语出《诗经·小雅·小宛》。

庶 人 章[1]

用天之道[2],分地之利[3],谨身节用[4],以养父母,此庶人之孝也。故自天子至于庶人[5],孝无终始[6],而患不及者[7],未之有也。

[1] 庶:众。庶人:又称庶民,指普通百姓。　[2] 用:运用、利用。天之道:指春生(春天耕种)、夏长(夏天耘苗)、秋收(秋天收获)、冬藏(冬天储藏),顺着四季节候而行的自然规律。　[3] 分地之利:指分别山林、川泽、丘陵、坟衍、原隰五种土质差别,视其高下,随所宜而播种、养育相应的作物、牲畜,以获得最大的收益。分:分辨,区别。　[4] 谨身节用:处身行世恭敬小心,节省用度。　[5] 自天子至于庶人:从最富贵的天子到最贫贱的庶民百姓,泛指不分尊卑贵贱贫富差异的所有人。　[6] 孝无终始:指孝没有终始、贵贱的差别,无时不在。　[7] 患不及:担心做不到。患:担心。及:到,至。

圣 治 章[1]

曾子曰:"敢问圣人之德无以加于孝乎[2]?"

子曰:"天地之性,人为贵[3]。人之行,莫大于孝。孝莫大于严父[4],严父莫大于配天[5],则周公其人也[6]。昔者周公郊祀后稷以配天[7],宗祀文王于明堂以配上帝[8]。是以四海之内,各以其职来祭[9]。夫圣人之德,又何以加于孝乎?故亲生之膝下[10],以养父母日严[11]。圣人因严以教敬[12],因亲以教爱。圣人之教不肃而成[13],其政不严而治[14],其所因者本也[15]。父子之道,天性也,君臣之义也[16]。父母生之,续莫大焉[17]。君亲临之[18],厚莫重焉[19]。故不爱其亲而爱他人者,谓之悖德[20];不敬其亲而敬他人者,谓之悖礼。以顺则逆,民无则焉[21]。不在于善,而皆在于凶德[22],虽得之,君子不贵也[23]。君子则不然,言思可道[24],行思可乐[25],德义可尊[26],作事可法[27],容止可观[28],进退可度[29],以临其民[30]。是以其民畏而爱之,则而象之[31]。故能成其德教[32],而行其政令。

《诗》云:'淑人君子,其仪不忒[33]。'"

[1]圣治:圣人的治理。 [2]敢:谦词,相当于"冒昧地"。加:好,高于。无以加于孝乎:没有什么比孝道更好的吗? [3]天地之性,人为贵:指天地间有生命的物质中,人是最为贵重的。性:与生通用,生命,生灵。 [4]严:尊敬。 [5]配天:配,匹配,配亨,此指父亲生时拟父为天,死后在祭天时以父配享。 [6]周公:周文王之子,周武王之弟,姓姬名旦,辅助武王夺取商纣政权,辅佐成王制礼作乐,为周王朝的建立与巩固立下了汗马功劳,为儒家尊奉为形象完美的圣人。 [7]郊祀:在南郊圜丘的祭祀,指祭天。后稷:周人的始祖,名弃。帝舜时,弃任农师,教民播种百谷,后世祀之,以为谷神。 [8]宗祀:聚集宗族祭祀祖先。文王:周武王、周公之父,号西伯。他继承先辈的事业,发展周的势力,三分天下有其二,为周朝的建立打下了坚实的基础。明堂:古代帝王宣明政教的地方,大凡朝会、祭祀、庆赏、选士、养老、教学等重大事务都在此举行。上帝:天帝,分王五方为青、赤、白、黑、黄五帝。 [9]各以其职来祭:指诸侯们各自按照其职贡规定进献相应的贡品,来协助天子祭祀。 [10]亲生之膝下:指亲爱之心产生于人年幼之时。膝下:人在孩童之时依于父母膝旁,喻指人年幼之时。 [11]养:奉养。日严:一日比一日尊严恭敬。 [12]因:凭借,以……为基础。 [13]教:教化。不肃而成:不严厉但却很有成效。 [14]不严而治:不苛刻但却使天下得到治理。政:政治法令,指对国家的管理。 [15]所因者:所凭借者。 [16]君臣之义也:指父慈子孝的关系中蕴含了君礼臣忠这样的义理。 [17]续莫大焉:指再没有比传宗接代这件事更为重要的了。续:接续,指传宗接代。 [18]临:以上临下,降临。 [19]厚:指恩惠厚重。 [20]悖(bèi):违背。悖德:违背公认的道德准则。 [21]以顺则逆,民无则焉:指行教本来是用以顺人心的,今则违背道德和礼仪,那么人民就没有什么准则规范了。逆:指上文所言"悖德"、"悖礼"的行为。 [22]在:居处。善:善行,指上文所言的孝行。凶德:指上文所言的"悖德"、"悖礼"行为。本句意思是:指不切身履行爱敬父母的善行,而实行违背道德、礼仪的恶行。 [23]虽:即使。得:得志。贵:重视,以之为贵。 [24]言:说的话。思:考虑。可道:能得到他人的称道。 [25]行:行为,做的事。可乐:能使人感到喜悦。 [26]德义:立德行义。 [27]作事:所建立的事业。法:效法。 [28]容止:容貌举止。观:看,瞻仰。 [29]进退:一进一退,既指礼仪上的行止,又指仕途上的任官去辞。有度:有法度,经得起推敲。 [30]临:统治、管理。 [31]则:作为法则。象:模仿、效法。 [32]德教:用道德进行教化。 [33]淑人:品行善良的人。仪:仪容、仪表。忒(tè):差错。语出《诗经·曹风·鸤(shī)鸠》。

纪 孝 行 章[1]

子曰:"孝子之事亲也,居则致其敬[2],养则致其乐[3],病则致其忧[4],丧则致其哀[5],祭则致其严[6]。五者备矣,然后能事亲。事亲者,居上不骄[7],为下不乱[8],在丑不争[9]。居上而骄则亡[10],为下而乱则刑[11],在丑而争则兵[12]。三者不除,虽日用三牲之养[13],犹为不孝也。"

[1]纪:纪录。孝行:孝道行为。 [2]居:日常家居。致:表现、奉献。 [3]养:赡养,指照顾父母的饮食、穿着、起居等。乐:欢心,指内心和表情、神态都愉悦。 [4]病:指父母

生病时。忧:忧心,担忧。　[5]丧:逝世,指父母去世后办理丧事。哀:伤心,痛心。　[6]祭:祭祀,指祭祀去世的父母祖先。严:严肃,庄重。　[7]居上:身居高位。骄:骄傲自满,不庄敬。　[8]为下:为人属下,身居下位。乱:反叛,犯上作乱。　[9]丑:类,众,卑贱。在丑:指处在低贱的地位。争:忿争。　[10]亡:危亡,灭亡。　[11]刑:刑罚、刑戮。　[12]兵:名词用作动词,指兵刃加于身,互相杀戮。　[13]三牲:古人祭祀时供享用的牛、羊、猪,称"太牢",是最高等级的供奉。此处指给父母供给食物等待遇极为丰厚。

谏　诤　章[1]

　　曾子曰:"若夫慈爱、恭敬、安亲、扬名[2],则闻命矣[3]。敢问,子从父之令[4],可谓孝乎?"

　　子曰:"是何言与[5]?是何言与?昔者天子有争臣七人[6],虽无道[7],不失其天下[8];诸侯有争臣五人[9],虽无道,不失其国[10];大夫有争臣三人[11],虽无道,不失其家[12]。士有争友[13],则身不离于令名[14]。父有争子[15],则身不陷于不义[16]。故当不义,则子不可以不争于父,臣不可以不争于君。故当不义则争之。从父之令,又焉得为孝乎?"

　　[1]谏诤:直言规劝以制止他人的过失。　[2]若夫:句首语气连词,用以引出下文。　[3]闻命:谦词,听命,听到教诲。　[4]令:教导,命令,意见,要求。　[5]是何言与:这是什么话?含有否定、惊诧之意。与,欤,疑问副词。　[6]昔者:以前,从前。争臣:即诤臣,直言敢谏之臣。天子有争臣七人:指古代君主有太师、太保、太傅"三公"及左辅、右弼、前疑、后丞"四辅"共七位负有规谏其得失的臣子。　[7]虽:即使。无道:没有德政。　[8]失:丧失。　[9]诸侯有争臣五人:指古代诸侯有孤卿、司徒、司马、司空、上大夫等五位负有规谏其得失的下属。　[10]国:诸侯国。　[11]大夫有争臣三人:指大夫有家相、宗老、侧室三位负有规谏其得失的下属。　[12]家:指在古代分封制下,士大夫所分得的采邑。　[13]争友:能直言规劝过失的朋友。　[14]不离:不远于。令名:好的名声。令:善,好。　[15]争子:能够规劝父母过失的子女。　[16]陷:没,掉进。不义:没有道义。

感　应　章[1]

　　子曰:"昔者明王事父孝[2],故事天明[3];事母孝,故事地察[4];长幼顺,故上下治。天地明察,神明彰矣[5]。故虽天子必有尊也[6],言有父也;必有先也[7],言有兄也。宗庙致敬,不忘亲也[8];修身慎行,恐辱先也[9]。宗庙致敬,鬼神著矣[10]。孝悌之至[11],通于神明,光于四海[12],无所不通。《诗》云:'自西自东,自南自北,无思不服[13]。'"

　　[1]感应:古人认为人与神灵之间能相互影响、相互呼应。此处指尽孝道能感天动地。[2]明王:圣明的帝王。　[3]明:明察,指了解得十分明白清楚。　[4]察:明察。　[5]神

明:古人迷信中认为的一种超自然的具有人格意志的力量。彰:彰显,指神明的庇祐与降福。[6]必有尊也:指必然还有比天子更为尊贵的人。 [7]必有先也:指必然还有比天子先行降生之人。 [8]宗庙:祭祀祖先的地方。不忘亲:不忘记祖先的恩德。 [9]辱先:使祖先蒙受羞辱,玷污祖先的英名。 [10]著:显著。 [11]孝悌:子女敬顺父母曰孝,弟敬顺兄长曰悌。至:极至。 [12]光:像阳光一样照射覆盖,指充斥、充满。四海:泛指天下。 [13]无思不服:没有人不归服。语出《诗经·大雅·文王有声》。

（据中华书局影印阮元校刻《十三经注疏》本《孝经注疏》 金生杨）

九、六经之门——《尔雅》

【题解】 《尔雅》是我国最早而且是第一部按义类编排的综合性词典,也是唯一一部在晚唐初期由政府升列为"经书"的上古汉语词典。《尔雅》的"尔"是近的意思,"雅"是正的意思,指雅正之言,即作为政治、文化、社交活动中使用的词汇。《尔雅》这一书名的含义就是以雅正之言解释古语词、方言词,使之近于规范即"雅正"。

《汉书·艺文志》著录《尔雅》三卷二十篇。原有《序篇》,唐宋间亡佚,今本存十九篇。《尔雅》十九篇按内容分为两大部分:《释诂》、《释言》、《释训》三篇为普通语词(一般语词)部分,对古代的普通语词作语文上的解释;《释亲》、《释宫》、《释器》、《释乐》、《释天》、《释地》、《释丘》、《释山》、《释水》、《释草》、《释木》、《释虫》、《释鱼》、《释鸟》、《释兽》、《释畜》十六篇为百科名词部分,对古代的专科词目作通俗的解说。全书共计13,113字。解释的大部分是单音词,也有一些复音词。

从《尔雅》一书的内容来看,这部书编纂的目的是为了帮助人们阅读古书和辨识名物。《尔雅》的主要内容之一是以雅释古,即用当时作为规范的雅正之言,解释当时已经认为是时代较远的古籍中的词语。当时的古籍包括儒家经典,也包括儒家经典之外的古书。和其他古籍相比,《尔雅》对儒家经典《诗经》中词语的解释要更多一些。《尔雅》另一个主要内容是以雅释俗,或以俗释雅。在《释诂》、《释言》等篇中有以雅言解释方言词语的,目的是为了阅读古书。《释草》以下七篇收集解释了大量草木虫鱼鸟兽之名(包括雅名和俗名)。

关于《尔雅》的成书时代,历来有不同的说法。概括起来,主要有五种:

(1)西周成书说,即周公作说。最早见于三国魏张揖《上〈广雅〉表》。(2)战国初期成书说,即孔子门人作说。东汉郑玄《驳五经异义》说:"玄之闻也,《尔雅》者,孔子门人所作,以释六艺之言,盖不误也。"(3)战国末年成书说。(4)西汉初年成书说(北宋欧阳修《诗本义》)。(5)西汉中后期成书说。

诸说之中,以战国末年成书说和西汉初年成书说较为合理。就目前的研究来看,《尔雅》的初稿成于战国末、秦代初;到西汉初期,《尔雅》经全面修改而定稿。

《尔雅》这部书的主要作用和价值在于:它是两千多年以前出现的我国第一部词典,它有清楚的分类篇目和完整的编纂体系,有直训、陈说、描写、比拟、音训等多种释词方法。它汇集并解释了大量先秦古籍中的古词古义,是阅读、研究先秦古籍的重要工具书。《尔雅》还汇集解释了不少有关宫室、器物、乐器、天文、地理和动植物等方面的词汇,可以帮助人们了解古代社会文化。

现在能看到的最早的、完整的《尔雅》注本是晋代郭璞的《尔雅注》。唐宋以后为《尔雅》全书作注疏的有北宋邢昺等人的《尔雅疏》。清人研究《尔雅》的著作很多,最著名的是邵晋涵的《尔雅正义》和郝懿行的《尔雅义疏》。此外,从清代到近代,还有不少学者对《尔雅》作过专题研究,如清代戴震《尔雅文字考》、近人杨树达的《尔雅略例》等等,对研究《尔雅》都很有参考价值。今人徐朝华《尔雅今注》,胡奇光、方环海《尔雅译注》便于初学者参考。

(雷汉卿)

释诂(节录)

初[1]、哉[2]、首、基[3]、肇[4]、祖、元[5]、胎、俶[6]、落[7]、权舆[8],始也。

[1] 初:《说文·衣部》:"初,从衣从刀,裁衣之始也。" [2] 哉:通"才"。《说文·才部》:"才,草木之初也。"《书·武成》:"厥四月,哉生明。" [3] 基:《说文》:"基,墙始筑也。" [4] 肇(zhào):通"肁"。《说文·户部》:"肁,始开也。" [5] 元:本义是人的头部。人生头先出,引申为开始。 [6] 俶(chù):动作之始。 [7] 落:木叶陨坠之始。 [8] 权舆:草木始生。引申为开始之义。

林[1]、烝[2]、天[3]、帝[4]、皇[5]、王、后[6]、辟[7]、公、侯,君也。

[1] 林:君主。 [2] 烝:国君。 [3] 天:人的头顶。《说文》:"天,颠也。至高无上,从一、大。" [4] 帝:君王的称号。古又以帝指称天神。 [5] 皇:《说文》:"皇,大君也。" [6] 后:《说文》:"后,继体君也。" [7] 辟(bì):君王。

弘[1]、廓[2]、宏[3]、溥[4]、介[5]、纯[5]、夏[6]、幠[7]、庞[8]、坟[9]、嘏[10]、丕[11]、弈[12]、洪[13]、诞[14]、戎[15]、骏[15]、假[16]、京[17]、硕[18]、濯[18]、讦[19]、宇[20]、穹[21]、壬[22]、路[23]、淫[24]、甫[25]、景[26]、废[27]、壮[28]、冢[29]、简[30]、箌[31]、昄[32]、晊[33]、将[34]、

业[35]、席[36],大也。

[1] 弘:广大。 [2] 廓:宽大。作动词表扩大义。 [3] 溥:水大。引申为广大。《说文·水部》:"溥,大也。" [4] 介:大。 [5] 纯:大。 [6] 夏:大。 [7] 幠(hū):大。 [8] 厖(máng):石大。引申为大。 [9] 坟:大土堆。引申为大。 [10] 嘏(gǔ):远大。 [11] 丕:宏大。《说文·一部》:"丕,大也。" [12] 弈:阮校作"奕"。《说文·大部》:"奕,大也。" [13] 诞:大。 [14] 戎:大,扩大。 [15] 骏:高大的良马。引申为大。 [16] 假:大。 [17] 京:人工筑起的高丘。引申为高大。 [18] 濯(zhuó):盛大。 [19] 讶:广大。 [20] 宇:扩大。 [21] 穹:大。 [22] 壬:盛大。 [23] 路:大。 [24] 淫:郝懿行疏:"淫,浸淫,又久雨也。浸久有过度之义,故训为过;过有侈泰之义,故又训为大。" [25] 甫(fǔ):古代男子美称。美大义近,故又为大。 [26] 景:日光。引申为广大。 [27] 废:大。 [28] 壮:人体高大。引申为凡物大之称。 [29] 冢:高大的坟墓。引申为大。 [30] 简:大。 [31] 箌(zhào):草大。引申为大。 [32] 昄(bǎn):《说文·日部》:"昄,大也。" [33] 晊(zhì):本又作至。至为正字,有大义。 [34] 将(jiāng):壮大。 [35] 业:古代乐器架子横木上的大版,状如锯齿状,用以悬挂钟、鼓等。引申为高大。 [36] 席:宽大。

如[1]、适[2]、之[3]、嫁[4]、徂[5]、逝[6],往也。

[1] 如:到……去。 [2] 适:往,到。《说文·辵部》:"适,之也。" [3] 之:到,前往。 [4] 嫁:女子出嫁。引申为往。从此处到彼处。 [5] 徂:往。 [6]《方言》卷一:"逝,往也。秦晋语。"

赉[1]、贡[2]、锡[3]、畀[4]、予、贶[5],赐也。

[1] 赉(lài):赐予,赠送。 [2] 贡:或作赣(gòng)。《说文·贝部》:"赣,赐也。" [3] 锡:通"赐"。赐予。 [4] 畀(bì):给予。 [5] 贶(kuàng):赐给,赐予。

怡[1]、怿[2]、悦、欣、衎[3]、喜、愉、豫[4]、恺[5]、康[6]、妉[7]、般[8],乐也。

[1] 怡:和悦。 [2] 怿:喜悦。 [3] 衎(kàn):和乐、愉快。《说文·行部》:"衎,行喜貌。" [4] 豫:安乐。 [5] 恺(kǎi):安乐。《说文·心部》:"恺,乐也。"又:"恺,康也。" [6] 康:安乐。 [7] 妉(dān):安乐。 [8] 般(pán):快乐、游乐。

悦[1]、怿[2]、愉[3]、释[4]、宾[5]、协[6],服也。

[1] 悦:愉快。引申为悦服。 [2] 怿:喜悦。引申为悦服。 [3] 愉:安乐。引申为悦服。 [4] 释:通"怿",喜而心服。 [5] 宾:古代诸侯按时朝贡,天子以宾客之礼接待。因此引申有服从的意思。 [6] 协:睦,合作。引申为顺服。

遹[1]、遵、率[2]、循、由、从,自也[3]。遹、遵、率,循也。

[1] 遹(yù):遵循。 [2] 率:沿着。引申为遵循之义。 [3] 自:从,由。

九、六经之门——《尔雅》

黄发[1]、齯齿[2]、鲐背[3]、耇[4]、老,寿也。

[1]黄发:老人发白,白久则黄,因以黄发为寿高的征象。　[2]齯(ní)齿:老年人牙齿落尽之后又生出细小的牙齿,是长寿的象征。　[3]鲐(tái)背:背隆起,驼背。指高寿之人。　[4]耇(gǒu):老人面部的色素沉淀,俗称寿斑。

仇、雠[1]、敌[2]、妃、知[3]、仪[4],匹也。

[1]雠(chóu):对答。引申为相当、对等、俦匹的意思。　[2]敌:《方言》卷二:"敌,匹也。自关而西秦晋之间物力同者谓之敌。"　[3]知:相当,匹敌。　[4]仪:匹配。

绍[1]、胤[2]、嗣、续、纂[3]、绥[4]、绩[5]、武[6]、係[7],继也。

[1]绍:继承,接续。　[2]胤(yìn):后嗣。《说文·肉部》:"胤,子孙相承续也。"引申为继续。　[3]纂(zuǎn):继承。　[4]绥(ruí):古代帽带结子的下垂部分。　[5]绩:绩麻。引申为继承。　[6]武:足迹。引申为继续,继承。　[7]係:联接。引申为继承。

陨、磒[1]、湮[2]、下、降、坠、摽[3]、蘦[4],落也。

[1]磒:同"陨"。坠落。《说文·石部》:"磒,落也。"　[2]湮:沉没,沉落。　[3]摽(biào):落下。　[4]蘦(líng):通"零"。

乔[1]、嵩[2]、崇[3],高也。

[1]乔:高而上曲。　[2]嵩:山高。后泛指高大。　[3]崇:《说文·山部》:"崇,嵬高也。"本指山大而高。

卬[1]、吾、台[2]、予、朕[3]、身[4]、甫[5]、余、言[6],我也。

[1]卬(áng):第一人称代词。我。　[2]台(yí):我。　[3]朕:第一人称代词,相当于"我","我的"。秦以后,一般用于皇帝自称。　[4]身:自身。　[5]甫(fǔ):男子美称。　[6]言:上古汉语中还没有发现"言"作第一人称代词的例子。

朕、余、躬[1],身也。

[1]躬:自身,亲自。

战[1]、慄、震、惊、戁[2]、竦[3]、恐、慑[4],惧也。

[1]战:通"颤",发抖,恐惧。　[2]戁(nǎn):恐惧。　[3]竦:通"悚",惊惧。　[4]慑(shè):同"慴"。恐惧,害怕。

痛[1]、瘏[2]、虺颓[3]、玄黄[4]、劬劳[5]、咎[6]、顇[7]、瘽[8]、瘉[9]、鳏[10]、戮[11]、瘐[12]、癴[13]、悝[14]、痒[15]、疧[16]、疵[17]、闵[18]、逐[19]、疚[20]、痗[21]、瘥[22]、痱[23]、瘅[24]、瘵[25]、瘼[26]、齌[27]，病也。

[1]痛(pū)：疲困。 [2]瘏(tú)：劳累致病。 [3]虺颓(huī tuí)：生病的样子。 [4]玄黄：生病的样子。 [5]劬劳(qú láo)：劳苦，劳累。 [6]咎：过失，罪过。 [7]顇(cuì)：通"瘁"。憔悴，瘦弱。 [8]瘽(qín)：因劳成疾。 [9]瘉(yù)：劳困生病。 [10]鳏：病患疾苦。 [11]戮：羞辱，耻辱。 [12]瘐(shǔ)：内心忧郁而产生的疾病。 [13]癴(luán)：积忧成病，肌体消瘦。 [14]悝(lǐ)：忧郁成病。 [15]痒：忧思成疾。 [16]疧(zhī)：忧病不止。 [17]疵(cī)：小毛病。 [18]闵：忧伤。 [19]逐：通"疛"(zhǒu)，心腹病。 [20]疚：久病。 [21]痗(mèi)：忧病。 [22]瘥(cuó)：疫病。又读(chài)。病愈。 [23]痱：中风病。 [24]瘅(dàn)：因劳致病。《说文·疒部》："瘅，劳病也。" [25]瘵(zhài)：病，疾苦。 [26]瘼(mò)：病，疾苦。 [27]齌(jì)：因病而面容消瘦。

禄[1]、祉[2]、履[3]、戬[4]、祓[5]、禧[6]、禠[7]、祜[8]，福也。

[1]禄：《说文·示部》："禄，福也。" [2]祉(zhǐ)：福。 [3]履：通"禄"。福禄。 [4]戬(jiǎn)：吉祥，幸福。 [5]祓(fú)：除灾求福。 [6]禧：幸福，吉祥。 [7]禠(sī)：福。 [8]祜(hù)：厚福，大福。

禋[1]、祀[2]、祠[3]、烝[4]、尝[5]、禴[6]，祭也。

[1]禋(yīn)：烟祭。升烟以祭天。 [2]祠：春祭。 [3]烝：也作"丞"。冬祭。 [4]尝：秋祭。 [5]禴(yuè)：夏祭。

朝、旦、夙[1]、晨、晙[2]，早也。

[1]夙：早晨。 [2]晙(jùn)：明。天亮得早。

遘[1]、逢，遇也。遘、逢、遇，遻也[2]。遘、逢、遇、遻，见也。

[1]遘(gòu)：《说文·辵部》："遘，遇也。"故为遇见、遭遇之意。 [2]遻(wǔ)：遇到。《说文·辵部》："遻，相遇惊也。"

监[1]、瞻[2]、临[3]、涖[4]、頫[5]、相[6]，视也。

[1]监(jiàn)：照视。 [2]瞻：观察。 [3]临：察视，居上视下。 [4]涖(lì)：临视。 [5]頫(tiào)：远望。 [6]相：察看。《说文·木部》："相，省视也。"

烈[1]、绩，业也。

[1]烈：功业。

绩、勋,功也。

酬[1]、酢[2]、侑[3]、报[4]也。

[1]酬:客人给主人敬酒后,主人再次给客人敬酒。 [2]酢(zuò):客用酒回敬主人。引申为报答。 [3]侑(yòu):酬谢。 [4]报:报答,回报。

鹭[1]、假[2]、格[3]、陟[4]、跻[5]、登,陞[6]也。

[1]鹭(zhì):上升。 [2]假(xiá):上升。古代人死后讳称"登遐"或"登假",意思相当于后世所说跨鹤仙去。 [3]格:登。 [4]陟(zhì):登,由低处向高处升,与"降"相对。 [5]跻:上升,登上。 [6]陞:同"升"。

抠[1]、拭、刷,清也。

[1]抠(zhèn):擦、揩。

娠[1]、蠢[2]、震、戁[3]、妯[4]、骚[5]、感[6]、讹[7]、蹶[8],动也。

[1]娠:胎动。《说文·女部》:"娠,女妊身动也。" [2]蠢:昆虫爬动。 [3]戁(nǎn):摇动。 [4]妯(chōu):扰动、激动。 [5]骚:《说文·马部》:"骚,扰也。" [6]感:人心动。 [7]讹:通"吪"。行动,移动。 [8]蹶(guì):扰动。

崩[1]、薨[2]、无禄[3]、卒、徂落[4]、殪[5],死也。

[1]崩:山倒塌,特指古代帝王之死。 [2]薨:周代诸侯死亡。 [3]无禄:古代士死的讳称。即"不禄"。 [4]徂落:死亡。"徂"通"殂"。 [5]殪(yì):死。

释训(节录)

穆穆[1]、肃肃[2],敬也。

[1]穆穆:庄重肃穆的样子。 [2]肃肃:恭敬的样子。

肃肃、翼翼[1],恭也。

[1]翼翼:严肃谨慎的样子。

战战[1]、跄跄[2],动也。

[1]战战:恐惧发抖的样子。战通"颤"。 [2]跄跄:步趋有节奏的样子。

晏晏[1]、温温[2],柔也。

[1] 晏晏:柔顺、温和的样子。 [2] 温温:柔和的样子。

惴惴[1]、恌恌[2],惧也。

[1] 惴惴:恐惧的样子。 [2] 恌恌(xiāo xiāo):害怕。同"哓哓"。

洸洸[1]、赳赳[2],武也。

[1] 洸洸(guāng guāng):勇武的样子。 [2] 赳赳:雄健勇武的样子。

薨薨[1]、增增[2],众也。

[1] 薨薨:虫群飞动声。 [2] 增增:众多的样子。

委委[1]、佗佗[2],美也。

[1] 委委:行步委曲雍容自得的样子。 [2] 佗佗(tuó tuó):体态优美。《诗经·鄘风·君子偕老》:"委委佗佗,如山如河。"孔颖达正义:"委委佗佗,皆步行之美。"

赫赫[1]、跃跃[2],迅也。

[1] 赫赫:显赫盛大的样子。 [2] 跃跃(tì tì):跳跃的样子。

悄悄[1]、惨惨[2],愠也[3]。

[1] 悄悄:忧愁的样子。 [2] 惨惨:忧闷的样子。 [3] 愠:恼怒,怨恨。引申为仇恨。

瘖瘖[1]、瘐瘐[2],病也。

[1] 瘖瘖(guǎn guǎn):疲病的样子。 [2] 瘐瘐(yǔ yǔ):或作"愈愈"。忧惧的样子。

殷殷[1]、惸惸[2]、忉忉[3]、慱慱[4]、钦钦[5]、京京[6]、忡忡[7]、慅慅[8]、怲怲[9]、弈弈[10],忧也。

[1] 殷殷:忧伤的样子。 [2] 惸惸(qióng qióng):忧虑的样子。 [3] 忉忉(dāo dāo):忧思的样子。 [4] 慱慱(tuán tuán):忧劳不安的样子。 [5] 钦钦:忧思难忘的样子。极言思望殷切。 [6] 京京:忧虑不止的样子。 [7] 忡忡:忧虑不安的样子。 [8] 慅慅:忧思不绝的样子。 [9] 怲怲(bǐng bǐng):满怀忧愁的样子。 [10] 弈弈:心神不定的样子。

子子孙孙,引无极也[1]。

[1] 子子孙孙:世世代代。引,延续。极,尽头。

哀哀[1]、悽悽[2],怀报德也。

[1] 哀哀:悲伤不已。 [2] 悽悽:悲伤的样子。

如切如磋,道学也。如琢如磨[1],自修也。

[1]"如切如磋":这一引语出自《诗·卫风·淇奥》:"有匪君子,如切如磋,如琢如磨。"切,刻制骨器;磋,雕刻象牙。引申为在学习上共同商讨研究。这一引语出自《诗·卫风·淇奥》。琢,雕刻玉器;磨,磨制宝石。

"履帝武敏"[1],武,迹也;敏,拇也。

[1] 语出《诗·大雅·生民》。履,践踏。帝,天帝。武,足迹。敏,通"拇",足大指名。传说中周始祖后稷之母姜嫄踩到大神足迹的拇指上,心有所动,怀孕而生后稷。

美女为媛[1],美士为彦[2]。

[1] 媛:《说文·女部》:"媛,美女也。" [2] 彦(yàn):贤士,才德出众之人。

"式微式微"者[1],微乎微者也[2]。

[1] 出自《诗·邶风·式微》。式,发语辞。式微,幽暗,不明。后来泛指事物由盛而衰曰式微。 [2] 微乎其微。

襢裼[1],肉袒也。

[1] 襢裼(tǎn xī):脱衣露体。襢,同"袒"。

暴虎[1],徒搏也。

[1] 暴虎:空手搏虎。

冯河[1],徒涉也。

[1] 冯(pín)河:徒步渡河。比喻冒险蛮干,有勇无谋。

鬼之为言归也[1]。

[1] 之为言:古代训诂学术语。一般表示被训释词和训释词之间词义相通,而且有音同或音近的关系。相当于现代汉语的"所谓……就是……"。

释亲(节录)

父为考[1]，母为妣[2]。

[1] 考:父亲。　[2] 妣:母亲。

父之考为王父，父之妣为王母[1]。

[1] 王父,祖父;王母,祖母。

王父之考为曾祖王父，王父之妣为曾祖王母[1]。

[1] 曾:指隔两代的亲属。曾祖王父,曾祖父;曾祖王母,曾祖母。

曾祖王父之考为高祖王父，曾祖王父之妣为高祖王母。
父之世父[1]、叔父为从祖祖父[2]，父之世母[3]、叔母为从祖祖母。

[1] 世父:大伯父。后为伯父的通称。　[2] 从(zòng):同一宗族次于至亲者称从。从祖祖父,祖父的兄弟,即伯祖父、叔祖父。　[3] 世母:伯母。从祖祖母,祖母兄弟的妻子,即伯祖母、叔祖母。

父之晜[1]弟，先生为世父，后生为叔父。

[1] 晜(kūn):同"昆"。兄。

男子先生为兄，后生为弟。
谓女子，先生为姊，后生为妹。
父之姊妹为姑。
父之从父晜弟为从祖父[1]，父之从祖晜弟为族父[2]。族父之子相谓为族晜弟[3]。

[1] 从父晜弟:同祖父的兄弟,即堂兄弟。　[2] 从祖晜弟:同曾祖父的兄弟。　[3] 族晜弟:即同高祖父的兄弟。

族晜弟之子相谓为亲同姓。
兄之子、弟之子相谓为从父晜弟。
子之子为孙，孙之子为曾孙，曾孙之子为玄孙，玄孙之子为来孙，来孙之子为晜孙，晜孙之子为仍孙，仍孙之子为云孙。

王父之姊妹为王姑。曾祖王父之姊妹为曾祖王姑。高祖王父之姊妹为高祖王姑。父之从父姊妹[1]为从祖姑。父之从祖姊妹[2]为族祖姑。

[1] 从父姊妹,同祖父的姊妹,即堂姊妹。　[2] 从祖姊妹,同曾祖父的姊妹。

父之妾为庶母[1]。

[1] 庶母:与"嫡母"相对。

母之考为外王父,母之妣为外王母[1]。

[1] 外王父、外王母:即外祖父、外祖母。因是异姓,故称"外"。

母之王考为外曾王父,母之王妣为外曾王母。
母之晜弟为舅,母之从父晜弟为从舅。
母之姊妹为从母[1]。从母之男子为从母晜弟[2],其女子子为从母姊妹[3]。

[1] 从母:母亲的姐妹,即姨母。　[2] 从母晜弟:同祖母的兄弟,即姨表兄弟。　[3] 女子子:即女儿。从母姊妹:同祖母的姊妹。即姨表姊妹。

妻之父为外舅[1],妻之母为外姑[2]。

[1] 外舅:岳父。　[2] 外姑:岳母。

姑之子为甥[1],舅之子为甥,妻之晜弟为甥,姊妹之夫为甥。

[1] 甥:一般指姊妹之子。亦称姑之子、舅之子、妻之兄弟和姊妹之夫为甥。这反映了母系社会的婚姻关系。

妻之姊妹同出为姨[1]。女子谓姊妹之夫为私[2]。

[1] 同出:指已出嫁。　[2] 私:姊妹之夫。

男子谓姊妹之子为出[1]。女子谓晜弟之子为侄。

[1] 出:亲属称谓,指外甥。

女子同出[1],谓先生为姒[2],后生为娣[3]。

[1] 同出:同嫁一个丈夫。　[2] 先生:指年长的。　[3] 后生:指年幼的。

妇称夫之父曰舅[1],称夫之母曰姑[2]。姑舅在则曰君舅、君姑[3],没则曰先舅、先姑[4]。谓夫之庶母为少姑。

[1]妇:已婚妇女。舅:公公。 [2]姑:婆婆。 [3]君:敬称。 [4]没(mò):死。先:已经死去的。

子之妻为妇,长妇为嫡妇[1],众妇为庶妇。

[1]长妇:指长子之妻。

女子子之夫为婿,婿之父为姻[1],妇之父为婚[2]。

[1]姻:《说文·士部》:"婿家也。女之所因,故曰姻。"后泛指由婚姻而结成的亲戚。 [2]婚:本指妻之家。亦泛指因婚姻而结成的夫妻关系。

妇之父母、婿之父母,相谓为婚姻。两婿相谓为亚[1]。

[1]亚,通"娅"(yà)。姊妹之夫间的互称,即连襟。

释宫(节录)

宫谓之室,室谓之宫[1]。

[1]宫和室在先秦时是同义词,都是房屋、住宅的意思。

牖户之间谓之扆[1],其内谓之家[2]。东西墙谓之序[3]。

[1]牖,窗。扆(yǐ),或作"依"。君王宫殿中设在堂室之间画有斧形的屏风。 [2]家:住人的地方。 [3]序:正堂的东西墙。

西南隅谓之奥[1],西北隅谓之屋漏[2],东北隅谓之宧[3],东南隅谓之窔[4]。

[1]隅:角落。奥:隐蔽的地方,指室内的西南角。 [2]屋漏:室中西北角。 [3]宧(yí):房屋的东北角。 [4]窔(yào):幽深。

鸡栖于弋为榤[1],凿垣而栖为埘[2]。

[1]弋(yì):或作"杙"。小木桩。榤(jié):或作"桀"。木桩。 [2]垣(yuán):墙。埘(shí):墙上挖洞做成的鸡窝。

两阶间谓之乡[1],中庭之左右谓之位[2],门屏之间谓之宁[3],屏谓之树[4]。闑谓之门[5],正门谓之应门[6],观谓之阙[7]。宫中之门谓之闱[8],其小者谓之闱[9],小闱谓之闺[10]。衖[11]门谓之闳[12],门侧之堂谓之塾[13]。

[1] 两阶间:指堂的东西两阶间。乡(xiàng),向。 [2] 中庭:庭,通作"廷"。帝王布施政令、接受朝见的地方。位:列位。 [3] 宁(zhù):古代殿门和屏风间,君王视朝时所站立的地方。 [4] 树:门屏,影壁。 [5] 閍(bēng):庙名。门:庙门。 [6] 应(yīng)门:王宫的正门。 [7] 观(guàn):宗庙或宫廷大门外两旁的高建筑物,中间有通道。 [8] 闱(wéi):王宫内的侧门。 [9] 闺:宫中小门。 [10] 閤(gé):门旁小门。 [11] 衖(xiàng):同"巷"。小巷。 [12] 闳(hóng):巷门。 [13] 塾:宫门内东西两侧的房屋。

一达谓之道路[1],二达谓之歧旁[2],三达谓之剧旁[3],四达谓之衢[4],五达谓之康[5],六达谓之庄[6],七达谓之剧骖[7],八达谓之崇期[8],九达谓之逵[9]。

[1] 达:通,至。 [2] 歧旁:两岔的道路。 [3] 剧旁:通三面的大路。 [4] 衢(qú):四通八达的道路。 [5] 康:广大、宽阔。 [6] 庄:盛大。有时指大路。 [7] 剧骖(cān):七面相通的大路。 [8] 崇期:四通八达的路。 [9] 逵(kuí):或作"馗"。四通八达的道路。

室中谓之时[1],堂上谓之行,堂下谓之步[2],门外谓之趋[3],中庭谓之走[4],大路谓之奔[5]。

[1] 时:通"跱"(chí)。踟蹰,徘徊不前。这里的意思是缓步行走。 [2] 步:行走 [3] 趋:快走。 [4] 走:疾趋,即跑。 [5] 奔:跑。

室有东西厢曰庙[1],无东西厢有室曰寝[2],无室曰榭,四方而高曰台,陕而修曲曰楼[3]。

[1] 室:当作"堂"。厢:或作"箱"。正房两侧的房子。 [2] 寝:宗庙后殿藏先人衣冠的地方。 [3] 陕(xiá):同"狭"。狭窄。修:长。

释器(节录)

木豆谓之豆[1],竹豆谓之笾[2],瓦豆谓之登[3]。

[1] 豆:古代的一种盛食物的器皿,形似高足盘。 [2] 笾(biān):古代祭祀和宴会时盛果脯等的竹编食器。 [3] 登:古代盛放熟食的瓦制器具。

緵罟谓之九罭[1]。九罭,鱼罔也[2]。嫠妇之笱谓之罶[3]。

[1] 緵罟(zòng gǔ):网眼细密的鱼网。罭(yù):附有囊袋的鱼网。 [2] 罔:同"网"。渔猎用的工具。 [3] 嫠(lí)妇:寡妇。笱(gǒu):捕鱼的工具。口插有逆向竹片,鱼进入便不能再出来。

鸟罟谓之罗[1]，兔罟谓之罝[2]，麋罟谓之罞[3]，彘罟谓之羉[4]，鱼罟谓之罛[5]。

[1] 罗：捕鸟的网。 [2] 罝(jū)：捕兔网。 [3] 麋(mí)：麋鹿。罞(máo)：捕鹿网。 [4] 彘(zhì)：大猪。羉(luán)：捕野猪的网。 [5] 罛(gū)：大鱼网。

繴谓之罿[1]，罿，罬也[2]。罬谓之罦[3]，罦，覆车也。

[1] 繴(bì)：一种能自动捕鸟的网。罿(chōng)：捕鸟网。 [2] 罬(zhuó)：捕鸟兽的网，又名覆车网。 [3] 罦(fú)：覆车网。

肉谓之羹[1]，鱼谓之鮨[2]，肉谓之醢[3]，有骨者谓之臡[4]。

[1] 羹：用肉或菜做成的带汤的食物。 [2] 鮨(qí)：用鱼做成的糊状食物，鱼酱。 [3] 醢(hǎi)：用肉做成的糊状食物，肉酱。 [4] 臡(ní)：用带骨的肉做成的酱。

羽本谓之翮[1]，一羽谓之箴[2]，十羽谓之缚[3]，百羽谓之緷[4]。

[1] 羽本：羽毛的根部。翮(hé)：羽毛中间的硬管。 [2] 箴(zhēn)：量词，计算羽毛的单位。 [3] 缚(zhuàn)：量词，计羽的单位。 [4] 緷(gǔn)：量词，计算羽毛的单位。

象谓之鹄[1]，角谓之觷[2]，犀谓之剒[3]，木谓之剫[4]，玉谓之雕。金谓之镂[5]，木谓之刻，骨谓之切，象谓之磋，玉谓之琢，石谓之磨。

[1] 鹄(hú)：本作"㓁"。对象牙进行加工雕刻。 [2] 觷(xué)：加工兽角。 [3] 剒(cuò)：通"错"。对犀牛角进行加工。 [4] 剫(duó)：通作"度"。砍木，加工木料。 [5] 金：金属。

珪大尺二寸谓之玠[1]，璋大八寸谓之琡[2]，璧大六寸谓之宣[3]。

[1] 珪(guī)：同"圭"。帝王、诸侯所执的长形玉版，上圆或尖，下方，用作凭信。 [2] 璋：玉器名。形似半珪，上端斜削去一角。琡：音 chù。 [3] 璧：半圆形、中间有孔的玉器。宣：通"瑄"。六寸大璧。

肉倍好谓之璧[1]，好倍肉谓之瑗[2]，肉好若一谓之环[3]。

[1] 肉：古代圆形有孔的玉器或钱币孔外部分。好(hào)：古代圆形有孔的玉器或钱币孔空部分。 [2] 瑗(yuán)：孔大边小的璧。 [3] 若一：相等。

一染谓之縓[1]，再染谓之赪[2]，三染谓之纁[3]。黑谓之黝。斧谓之黼[4]。

[1] 縓(quàn)：浅红色。 [2] 赪(chēng)：比縓稍红的浅红色。 [3] 纁(xūn)：比赪稍

红的红色。　[4]黼(fǔ):古代礼服上黑白相间的花纹。

释乐(节录)

宫谓之重,商谓之敏,角谓之经,徵谓之迭,羽谓之柳。[1]

[1] 宫、商、角、徵(zhǐ)、羽是我国古代五声音阶的五个音级。宫、商、角、徵、羽曾有重、敏、经、迭、柳五种异名。

大瑟谓之洒[1],大琴谓之离[2]。

[1] 瑟:一种乐器,形似琴,通常有二十五根弦。洒:大瑟。　[2] 琴:拨弦乐器。又称七弦琴。

大鼓谓之鼖[1],小者谓之应[2]。

[1] 鼖(fén):或作"贲"。古代军用的大鼓。　[2] 应:和大鼓相应的小鼓。

大磬谓之馨[1]。

[1] 磬(qìng):古代一种用石或玉雕制的敲击乐器。馨(xiāo):郭璞注:"馨,形似犁錧(guǎn),以玉石为之。"錧,犁刃。

大笙谓之巢[1],小者谓之和[2]。

[1] 笙:簧管乐器。由簧片、簧管和斗子三部分组成。　[2] 和:小笙。

大钟谓之镛[1],其中谓之剽[2],小者谓之栈[3]。

[1] 镛(yōng):大钟。　[2] 中:中等大小。剽(piáo):唐陆德明《经典释文》:"剽者,声轻疾。"　[3] 栈:小钟。

大箫谓之言[1],小者谓之筊[2]。

[1] 箫:管乐器。古代称用若干个竹管编成的排箫为箫。　[2] 筊(jiāo):小箫。《尔雅》郭璞注:"十六管,长尺二寸。"

大管谓之簥,其中谓之篞,小者谓之篎[1]。

[1] 管:一种像笛子的管乐器。簥:音jiāo。篞:音niè。篎:音miǎo。

大籥谓之产[1],其中谓之仲,小者谓之箹[2]。

[1]籥(yuè):古管乐器。 [2]箹:音yuè。

徒鼓瑟谓之步[1],徒吹谓之和,徒歌谓之谣[2],徒击鼓谓之咢[3],徒鼓钟谓之修,徒鼓磬谓之寋[4]。

[1]徒:只,独。鼓:敲击、弹奏。下文同。 [2]谣:无音乐伴奏的歌唱。 [3]咢:《诗经·大雅·行苇》"或歌或咢",毛传:"徒击鼓曰咢。" [4]寋(jiǎn):本或作"謇"。

和乐谓之节[1]。

[1]和乐:使音乐和谐的乐器。节:即拊搏。又称搏拊。皮制,内盛糠,奏乐时用手击拍,使音乐有节奏。《礼记·明堂位》:"拊搏、玉磬、揩击、大琴、大瑟、中琴、小瑟,四代之乐器也。"

释天(节录)

穹苍[1],苍天也。

[1]穹苍:天。也称苍穹。穹:隆起的样子。苍:深蓝色。

春为苍天,夏为昊天,秋为旻天,冬为上天[1]。

[1]昊:音hào。旻:音mín。

春为青阳[1],夏为朱明[2],秋为白藏[3],冬为玄英[4]。

[1]青阳:指春季。 [2]朱明:指夏季。郭璞注:"气赤而光明。" [3]白藏:指秋季。郭璞注:"气白而收藏。" [4]玄英:指冬季。郭璞注:"气黑而清英。"

四气和,谓之玉烛[1]。

[1]玉烛:意为人君德美如玉而明若烛,四季之气和畅。

春为发生[1],夏为长嬴[2],秋为收成,冬为安宁。四时和通为正[3],谓之景风[4]。

[1]发生:《释文》:"李云:'万物各发生长也。'" [2]长(zhǎng)嬴:增长。 [3]通正:畅通,平正。 [4]景风:祥和之风。

谷不熟为饥[1],蔬不熟为馑,果不熟为荒,仍饥为荐[2]。

[1] 谷:粮食作物的统称。熟:成熟。 [2] 仍:重复、连年。荐:本作"薦"。

大岁在甲曰阏逢[1],在乙曰旃蒙,在丙曰柔兆,在丁曰强圉,在戊曰著雍,在己曰屠维[2],在庚曰上章,在辛曰重光,在壬曰玄默,在癸曰昭阳。

[1] 大(tài)岁:"大"本或作"太"。古代天文学中假设的星名,与岁星(木星)相应。阏逢:音 yān páng。 [2] 巳:当作"己"。

大岁在寅曰摄提格,在卯曰单阏,在辰曰执徐,在巳曰大荒落,在午曰敦牂,在未曰协洽,在申曰涒滩,在酉曰作噩,在戌曰阉茂,在亥曰大渊献,在子曰困敦,在丑曰赤奋若[1]。

[1] 牂:音 zāng。涒:音 tūn。

载[1],岁也。夏曰岁,商曰祀[2],周曰年[3],唐虞曰载。

[1] 载:年的别名。 [2] 祀:古代祭祀鬼神,每年不同季节有不同的祭祀,进行完毕说明过了一年,所以用"祀"来称年。 [3] 年:本义是禾熟。谷物每年成熟一次,引申为表时令的年。

南风谓之凯风[1],东风谓之谷风,北风谓之凉风,西风谓之泰风[2]。

[1] 凯风:和风。 [2] 泰风:"泰"或作"大(tài)"。西风。

焚轮谓之颓[1],扶摇谓之猋[2],风与火为庉[3],回风为飘[4],日出而风为暴[5],风而雨土为霾[6],阴而风为曀[7]。

[1] 焚轮:从上而下的暴风。颓(tuí):本或作"颓"。 [2] 扶摇:盘旋而上的暴风。猋(biāo):通"飚"。为扶摇二字的合音。 [3] 庉(tún):通"炖"。炽盛的样子。 [4] 回风:旋风。 [5] 暴:疾猛的大风。 [6] 雨(yù):散扬尘土。霾(mái):大风夹着尘土。 [7] 曀(yì):天色阴沉而多风。

天气下地不应曰雺[1],地气发天不应曰雾。雾谓之晦。

[1] 雺(wù):即今"雾"字。

螮蝀谓之雩[1],螮蝀,虹也。蜺为挈贰。

[1] 螮蝀(dì dòng):虹的别称。雩(yù):郭璞注:"俗名为美人虹。江东呼雩。"

弇日为蔽云[1]。疾雷为霆霓[2]。雨霓为霄雪[3]。

[1] 弇(yǎn):覆盖、遮蔽。弇日,指云气遮盖了日光。 [2] 霆:霹雳。霓为衍文。 [3] 霓(xiàn),同"霰"。

暴雨谓之涷[1],小雨谓之霡霂[2],久雨谓之淫[3],淫谓之霖[4],济谓之霁[5]。

[1] 涷(dōng):郭璞注:"今江东人呼夏月暴雨为涷雨。" [2] 霡霂(mài mù):濛濛细雨。 [3] 淫:过多。 [4] 霖:久下不停的雨。 [5] 济:停止。霁(jì):雨止。

北极谓之北辰[1],何鼓谓之牵牛[2],明星谓之启明[3],彗星为欃枪[4],奔星为彴约[5]。

[1] 北极:北极星。又名北辰。 [2] 何鼓:当作"河鼓"。星名,又称天鼓、牵牛,俗称牛郎星、扁担星。 [3] 明星:金星。早晨出现在东方时称启明,黄昏出现在西方时称太白或长庚。 [4] 欃(chán)枪:彗星的别名。 [5] 彴(báo)约:流星。

春祭曰祠,夏祭曰礿[1],秋祭曰尝,冬祭曰蒸。

[1] 礿:音 yào。

祭天曰燔柴[1],祭地曰瘗薶[2]。

[1] 燔(fán)柴:把玉帛、牺牲等放在柴堆上焚烧以祭天。 [2] 瘗薶(yì mái):或作"瘗埋"。把玉和牺牲埋到土里以祭地。

祭山曰庪县[1],祭川曰浮沈[2],祭星曰布[3],祭风曰磔[4]。

[1] 庪(guǐ):同"庋"。放置、收藏。引申为埋葬。县(xuán):同"悬"。将玉、牺牲或埋葬或挂在山上以祭山。 [2] 浮沈:将祭品沉入水中以祭河川。 [3] 布:散布祭品于地以祭星。 [4] 磔(zhé):割裂牺牲肢体以祭风。

是禷是祃,师祭也[1]。既伯既祷,马祭也[2]。

[1] 是禷(lèi)是祃(mà):《诗经·大雅·皇矣》文。禷,今本《诗经》作"类"。出兵时祭上帝。祃:到达所征之地祭祀造军法之神。师祭:出兵时的祭祀。 [2] 既伯既祷:《诗经·小雅·吉日》文。伯:祭马祖。祷:祷告。

禘,大祭也[1]。绎,又祭也[2]。周曰绎,商曰肜[3],夏曰复胙[4]。

[1] 禘(dì):天子诸侯在宗庙祭祀祖先的大祭,五年举行一次。 [2] 绎(yì):连续不断。用作祭名,表示正祭后,次日再举行的祭祀。 [3] 肜(róng):正祭后次日再举行祭祀。 [4] 复胙(zuò):胙,祭祀求福用的肉。复胙与绎、肜为同义词。

春猎为蒐,夏猎为苗,秋猎为狝,冬猎为狩[1]。

[1]蒐:音 sōu。狝:音 xiǎn。

宵田为獠[1],火田为狩[2]。

[1]田:打猎。宵田,夜间打猎。獠(liáo):或作"燎"。 [2]火田:用火焚烧草木而田猎。

缁广充幅[1]长寻曰旐[2],继旐曰旆[3],注旄首曰旌[4],有铃曰旂[5],错革鸟曰旟[6],因章曰旃[7]。

[1]缁(zī):黑色的帛。充幅:全幅,整幅。 [2]寻:八尺。旐(zhào):古代一种画有龟蛇的旗。 [3]旆(pèi):旗末状如燕尾的垂旒。 [4]注:附着。旄:旄牛尾。旌(jīng):古代旗的一种。 [5]旂(qí):古代的一种画有交龙、竿头系铃的旗。 [6]错:涂饰,画。革(jí):通"亟",急疾。旟(yú):古代一种画有鹰隼的旗。革鸟指飞翔急速的鹰隼之类的鸟。 [7]因:依据。章:指缯帛本来的花纹色彩。旃(zhān):同"旜"。古代一种赤色的曲柄旗。

释地(节录)

两河间曰冀州[1],河南曰豫州[2],河西曰雝州[3],汉南曰荆州[4],江南曰杨州[5],济河间曰兖州[6],济东曰徐州[7],燕曰幽州[8],齐曰营州[9]。

[1]两河:战国秦汉之时,黄河在今河南武陟县之下向东北流,经山东西北角,折北至河北沧县东北入海,稍呈南北流向,与上游今山西、陕西间的南北流向的一段黄河相对,合成两河。 [2]河:黄河。豫州:古九州之一。 [3]雝州:或作"雍州"。 [4]汉:汉水。荆州:古九州之一。 [5]江:长江。杨州:或作"扬州"。古九州之一。 [6]济:古济水。兖州:古九州之一。 [7]徐州:古九州之一。 [8]燕(yān):指战国时燕国属地,即今河北北部及辽宁西端。幽州:古九州之一。 [9]齐:指战国齐属地。即今山东泰山以北黄河流域及胶东半岛地区。营州:古九州之一。

东方有比目鱼焉,不比不行,其名谓之鲽[1];南方有比翼鸟焉,不比不飞,其名谓之鹣鹣[2];西方有比肩兽焉,与邛邛岠虚比[3],为邛邛岠虚齧甘草[4],即有难[5],邛邛岠虚负而走,其名谓之蟨[6];北方有比肩民焉,迭食而迭望[7];中有枳首蛇焉[8]。

[1]鲽(tà):比目鱼。 [2]鹣(jiān)鹣:传说中的比翼鸟。 [3]邛(qióng)邛岠虚:或作"蛩蛩距虚""蛩蛩巨虚"。兽名。相传前足长,后足短,善走而不善于求食。 [4]齧(niè):咬。 [5]即:如果。难(nàn):灾难。 [6]蟨(jué):或作"蹷"。兽名。与邛邛岠虚相互依存,因而成为比肩兽。 [7]比肩民:古代传说中仅有一目、一鼻、一臂、一脚的半体

人,需两两相配合才能行动。迭:更替,轮流。望:远望。 [8] 枳(zhī):通"枝"。枳首蛇:即两头蛇。

此四方中国之异气也[1]。

[1] 异气:异常之物。

邑外谓之郊[1],郊外谓之牧,牧外谓之野,野外谓之林,林外谓之坰[2]。

[1] 邑:国都。 [2] 坰(jiǒng):远野,都邑的远郊。

下湿曰隰[1],大野曰平,广平曰原,高平曰陆,大陆曰阜[2],大阜曰陵,大陵曰阿[3]。可食者曰原[4],陂者曰阪[5],下者曰隰[6]。田一岁曰菑[7],二岁曰新田,三岁曰畬[8]。

[1] 下湿:低湿之地。 [2] 阜(fù):土山,丘陵。 [3] 阿(ē):大的丘陵。 [4] 可食者:指宽广平整可以种植庄稼的土地。 [5] 阪(bēi):山坡,斜坡。 [6] 隰(xí):低湿的地方。 [7] 菑(zī):初耕一年的田。 [8] 畬(yú):已耕种三年的田。

东至于泰远,西至于邠国,南至于濮铅,北至于祝栗[1],谓之四极。

[1] 泰远、邠(bīn)国、濮铅、祝栗:是我国古代传说中东、西、南、北极远处的国家名。

觚竹、北户、西王母、日下[1],谓之四荒[2]。

[1] 觚(gū)竹、北户、西王母、日下:是上古时期的国家名。 [2] 四荒:指四方荒远之地。

九夷、八狄、七戎、六蛮[1],谓之四海[2]。

[1] 九夷、八狄、七戎、六蛮:是古代对东方、北方、西方、南方各族的泛称。 [2] 四海:指中国九州以外四周的海疆。这里意为四海之内,四邻各族居住之地。

释水(节录)

"河水清且澜漪"[1],大波为澜,小波为沦,直波为径[2]。

[1] 河水清且澜漪:语出《诗·魏风·伐檀》。澜,大波。今《诗经》作"涟"。指风吹水面形成的波纹。"澜"、"涟"音义相近。 [2] 径:阮元校作"泾"。《释名·释水》:"水直波曰泾。泾,径也。言如道径也。"

"济有深涉,深则厉,浅则揭"[1]。揭者[2],揭衣也;以衣涉水为厉[3],繇膝以下为揭[4],繇膝以上为涉,繇带以上为厉,潜行为泳[5]。

[1]"济有深涉,深则厉,浅则揭":语出《诗·邶风·匏有苦叶》。 [2]揭(qì):提起衣服,步行涉水。 [3]涉,步行渡水。厉,连衣涉水。 [4]繇(yóu):通"由",从。 [5]潜行:在水底潜游。

天子造舟[1],诸侯维舟[2],大夫方舟[3],士特舟[4],庶人乘泭[5]。

[1]造舟:将船并列水面,上面加上木板作桥。即今浮桥。 [2]维舟:相连系的四条船。 [3]方舟:并列的两条船。 [4]特舟:一条船。 [5]泭(fú):竹筏,木筏。

水注川曰谿[1],注谿曰谷[2],注谷曰沟,注沟曰浍[3],注浍曰渎[4]。
逆流而上曰泝洄[5],顺流而下曰泝游。正绝流曰乱[6]。

[1]谿,通"溪",山间小河沟。 [2]谷:两山间流水道。 [3]浍(kuài):田间小沟。 [4]渎(dú):小沟渠。 [5]泝:同"溯"。 [6]正绝流:直着横渡江河。

江河淮济为四渎[1]。
四渎者,发源注海者也。

[1]四渎:人们对四条独流入海大川的总称。即长江、黄河、淮河、济水。

水中可居者曰洲[1],小洲曰渚[2],小渚曰沚,小沚曰坻[3]。人所为为潏[4]。

[1]洲:水中的陆地。 [2]渚(zhǔ):水中小块陆地。 [3]坻(chí):水中的小洲。 [4]潏(yù):人工建造的水中高地。

释木(节录)

楙[1],木瓜。

[1]楙(mào):果木名,即木瓜。

柽[1],河柳。
旄[2],泽柳。
杨,蒲柳[3]。

[1]柽(chēng):生长在河边的柳树。又名河柳、西河柳、观音柳。 [2]旄(máo):生长于水泽中的柳树。又名泽柳。 [3]蒲柳,生长在水边的一种杨树。又称水杨、蒲杨。

枣,壶枣[1]、边要枣[2]。櫅[3],白枣。樲[4],酸枣。杨彻[5],齐枣。遵[6],羊枣。洗[7],大枣。煮[8],填枣。蹶泄[9],苦枣。晳[10],无实枣。还味,棯枣[11]。

[1] 壶枣:枣子形似上小下大的葫芦。 [2] 边要枣:枣子两边大中间细。 [3] 櫅:音jī。 [4] 樲:音èr。 [5] 杨彻:齐地所产的枣子。 [6] 遵:羊枣。郭注:"实小而圆,紫黑色,今俗呼之为羊矢枣。"郝疏:"羊枣者,小而圆,其味善,故曰羊。羊,善也。" [7] 洗:阮元校作"跣(xiǎn)"。 [8] 煮:指煮枣。郝疏:"'煮,填枣'者,须煮熟又镇压之,榨取其油。'镇'与'填'古字通也。" [9] 蹶泄(jué xiè):一种枣树,果实味苦。 [10] 晳(xī):一种不结果实的枣树。 [11] 还(xuán)味,棯(rěn)枣:还味,味道不好。棯(rěn),阮元校作"稔(rěn)",云:"稔,熟也。枣过熟者味短也,故名'还味'。"

句如羽[1],乔,下句曰朻[2],上句曰乔。如木楸曰乔,如竹箭曰苞[3],如松柏曰茂,如槐曰茂。

[1] 句(gōu):同"勾"。弯曲,卷曲。 [2] 朻(jiū):或作"樛(jiū)",树木向下弯曲。 [3] 苞(bāo):或作"枹(bāo)",丛生。

释虫(节录)

蛣蜣[1],蜣蜋。

[1] 蛣蜣(jié qiāng):甲虫名。又名蜣蜋。俗称屎克郎。

蝎[1],蛣蝠。

[1] 蝎(hé):木中蛀虫。又称蛣蝠(jié qū)。

蚍蜉[1],大蚁,小者蚁。

[1] 蚍蜉(pí fú):大蚂蚁。

土螽,木螽[1]。

[1] 螽:《说文·蚰部》:"飞虫螫人者。"今作"蜂"。"土蜂"指在地里作房的一种蜂。亦称马蜂。"木蜂"指在树上作房的一种蜂,形体比马蜂小。

蟦,蛴螬[1]。

[1] 蛴螬(qí cáo):金龟子的幼虫。

蝤蛴[1],蝎。

[1] 蝤(qiú)蛴:天牛的幼虫。黄白色,身长足短。蛀食树木枝干,是果树的主要害虫。又称蝎(hé)。

果蠃[1],蒲卢。螟蛉[2],桑虫。

[1] 果蠃(luǒ):土蜂。 [2] 螟蛉,稻螟蛉、桑螟等的幼虫的泛称。又称桑虫。

荧火,即炤[1]。

[1] 荧火即萤火虫,又称即炤(zhào)。

食苗心,螟[1]。
食叶,蟘[2]。
食节[3],贼。
食根,蟊[4]。

[1] 螟(míng):螟蛾的幼虫。 [2] 蟘(tè):蝗虫。 [3] 节:禾秆。 [4] 蟊(máo):蝼蛄。

有足谓之虫,无足谓之豸[1]。

[1] 豸(zhì):蚯蚓之类无足的昆虫。

释鱼(节录)

科斗[1],活东。

[1] 科斗:即蝌蚪。

蜃[1],小者珧[2]。

[1] 蜃(shèn):大蛤。又称海蚌。 [2] 珧(yáo):小的海蚌。

龟,俯者灵[1],仰者谢[2],前弇诸[3]果,后弇诸猎[4],左倪不类[5],右倪不若[6]。

[1]《周礼·春官·龟人》记载龟有天龟、地龟、东龟、西龟、南龟、北龟等六龟。天龟用来占卜,行走时头朝下,叫灵龟。 [2] 指地龟。行走时头上仰,也叫谢龟。 [3] 弇(yǎn):掩蔽,这里指龟甲掩盖。诸:同"者"。指东龟,行走时身体向前倾,也叫果龟。 [4] 指南龟。行走时身体向后仰,也叫猎龟。 [5] 倪:通"睨"。斜视。不:发语辞,无义。下文"右倪不若"之"不"同。 [6] 指北龟。行走时头向右偏,又叫若龟。

蝾螈[1]，蜥蜴[2]。蜥蜴，蝘蜓[3]。蝘蜓，守宫也。

[1] 蝾螈(róng yuán)：一种两栖动物，形似蜥蜴，尾侧扁。生活在水中，也见于草丛中。　[2] 蜥蜴：一种爬行动物，尾巴细长，易断，生活在草丛里，俗叫四脚蛇。　[3] 蝘蜓(yǎn tíng)：壁虎。又名守宫。一种爬行动物，尾巴圆锥形，易断，多能再生，趾上有吸盘，常在壁上活动。

鱼枕谓之丁[1]，鱼肠谓之乙，鱼尾谓之丙[2]。

[1] 鱼枕：鱼头骨。这里指鱼头骨形状如丁字。　[2] 郭沫若《甲骨文字研究·释干支》："要之乙、丙、丁均为鱼身之物，此必为其最初义。"

一曰神龟，二曰灵龟，三曰摄龟，四曰宝龟，五曰文龟，六曰筮龟，七曰山龟，八曰泽龟，九曰水龟，十曰火龟。

释鸟（节录）

鳲鸠[1]，鵠鵴[2]。

[1] 鳲(shī)鸠：又名鵠鵴、布谷、桑鸠、郭公。为农林益鸟。　[2] 鵠鵴：音 jiē jú。

雎鸠[1]，王雎。

[1] 雎(jū)鸠：水鸟名。一名雎鸠、王雎、鱼鹰。

春扈[1]，鳻鶞。夏扈，窃玄[2]。秋扈，窃蓝。冬扈，窃黄。桑扈，窃脂。棘扈，窃丹。行扈，唶唶[3]。宵扈，啧啧[4]。

[1] 扈(hù)：农桑候鸟的通称。或又写作"扈"。　[2] 窃：通"浅"。窃玄，指羽毛浅黑色的扈鸟。　[3] 唶(zé)唶：鸟鸣声。　[4] 啧(zé)啧，鸟鸣声。

蝙蝠[1]，服翼。

[1] 蝙蝠(biān fú)：又称服翼。哺乳动物，头和躯干像老鼠，前后肢有薄膜与身体相连，夜间在空中飞翔。古人认为属鸟类。

仓庚[1]，商庚。

[1] 仓庚：鸟名。即黄鹂。又称商庚、黄莺。羽毛黄中带黑，鸣声悦耳。

鹣鹣[1]，比翼。

[1] 鹣鹣(jiān jiān)：鸟名，即比翼鸟。

鸟鼠同穴，其鸟为鵌[1]，其鼠为鼵[2]。

[1] 鵌(tú)：一种与鼠同穴而居的鸟。 [2] 鼵(tū)：鼵鼠。又名"兀鼠""兀儿鼠"。鼵鼠与鵌鸟同穴而居。

鹳鷒[1]，鶝鶔，如鹊，短尾，射之，衔矢射人。

[1] 鹳鷒(guàn tuán)：鸟名。又称鶝鶔(fú róu)。即大嘴乌。

鸟之雌雄不可别者，以翼右掩左，雄；左掩右，雌。鸟少美长丑为鹠鹂[1]。

[1] 鹠鹂(liú lì)：亦作"留离"、"流离"。鸟名。即枭。

二足而羽谓之禽，四足而毛谓之兽。
仓庚，鵹黄也[1]。

[1] 鵹(lí)黄：本作"鵹黄"，即黄莺，亦称仓庚。

释兽（节录）

麋[1]：牡，麔[2]；牝，麎[3]；其子，麇[4]；其迹，躔[5]；绝有力，狄[6]。

[1] 麋(mí)：麋鹿。 [2] 麔(jiù)：雄性麋鹿。 [3] 麎(chén)：雌性麋鹿。 [4] 麇(yǎo)：麋鹿的幼仔。 [5] 躔(chán)：麋鹿的足迹。 [6] 狄：极其强壮有力的麋鹿。

鹿：牡，麚[1]；牝，麀[2]；其子，麛[3]；其迹，速[4]；绝有力，麉[5]。

[1] 麚(jiā)：雄鹿。 [2] 麀：(yōu)：雌鹿。 [3] 麛(mí)：鹿的幼仔。 [4] 速：鹿的足迹。 [5] 麉(jiān)：极其强壮有力的鹿。

麇[1]：牡，麌[2]；牝，麜[3]；其子，麆[4]；其迹，解；绝有力，豜[5]。

[1] 麇(jūn)：獐子。 [2] 麌(yǔ)：雄麇。 [3] 麜(lì)：雌麇。 [4] 麆(zhù)：麇的幼仔。 [5] 豜(jiān)：极为强壮有力的獐子。

狼：牡，貛[1]；牝，狼；其子，獥[2]；绝有力，迅。

[1] 貛(huān)：公狼。 [2] 獥(jiào)：狼的幼仔。

兔子,嬎[1];其迹,迒[2];绝有力,欣。

[1] 嬎(fàn):幼兔。　[2] 迒(háng):兔子的足迹。

熊虎醜[1],其子,狗;绝有力,麙[2]。

[1] 醜:类。　[2] 麙(yán):极为强壮有力的熊虎一类的动物。

羆[1],如熊,黄白文。

[1] 羆(pí):马熊,亦称人熊。形状如熊,可直立行走。

猰貐,类貙[1],虎爪,食人,迅走。

[1] 猰貐(yà yǔ):古代传说中的食人凶兽。类,像;貙(chū):虎类猛兽,似貍而大。

狻麑[1],如虦猫[2],食虎豹。

[1] 狻麑(suān ní):亦作"狻猊",狮子。　[2] 虦(zhàn)猫:浅毛虎。

狒狒[1],如人,被发,迅走,食人。

[1] 狒(fèi)狒:我国古代传说中的猿类动物。

猱,蝯[1],善援。

[1] 蝯(yuán):兽名。猴属。亦作"猿"。

猩猩,小而好啼[1]。

[1] 小而好啼:叫声像小儿啼哭。

释畜(节录)

驳[1],如马。倨牙[2],食虎豹。

[1] 驳(bó):猛兽名。　[2] 倨(jù)牙:曲牙。

膝上皆白,惟馵[1]。

[1] 馵(zhù):膝以上全白的马。又称后左足白的马。

四骹[1]皆白,驓。四蹢皆白,首[2]。前足皆白,騱[3]。后足皆白,翑[4]。前右足白,启。左白,踦[5]。后右足白,驤[6]。左白,馵。

[1] 骹(qiāo):小腿近足处较细部分。 [2] 蹢:蹄。首:当作"前"。 [3] 騱:音 xī。 [4] 翑:音 qú。 [5] 踦:音 qí。 [6] 驤:音 xiāng。

駵马白腹,騵[1]。骊马白跨,驈[2]。白州,驠[3]。尾本白,騯[4]。尾白,駺[5]。

[1] 駵:颈毛和尾毛黑色的红马。騵(yuán):赤毛白腹的马。 [2] 骊(lí):黑色的马。跨通胯。腰和大腿之间的部分。驈(yù):胯间有白毛的黑马。 [3] 州:通"尻"。臀部。驠:音 yàn。 [4] 騯(yàn):尾根毛白的马。 [5] 駺(láng):尾毛白的马。

馰颡[1],白颠[2]。

[1] 馰(dì):或作"的"。白色。颡(sǎng):额。 [2] 颠:头顶。

白达,素县[1]。

[1] 白达:鼻茎白的马。又名素县。

面颡皆白,惟駹[1]。

[1] 駹(mǎng):毛杂色而面额白的马。

黄白杂毛,駓[1]。阴白杂毛,骃[2]。

[1] 駓(pī):毛色黄白相杂的马。 [2] 阴:浅黑色。骃:毛色浅黑间白的马。

苍白杂毛,骓[1]。彤白杂毛,騢[2]。白马黄鬣,骆[3]。白马黑唇,駩[4]。

[1] 骓(zhuī):毛色苍白相杂的马。 [2] 騢(xiá):毛色赤白相杂的马。 [3] 骆:白身黑鬣的马。 [4] 駩(quán):白马黑脊叫駩。

黑唇,犉[1]。黑眥,牰[2]。黑耳,犚[3]。黑腹,牧。黑脚,犈[4]。其子,犊[5]。

[1] 犉(rún):黄毛黑唇的牛。 [2] 眥(zì):眼眶。牰(xiù):黑眼眶的牛。 [3] 犚(wèi):黑耳牛。 [4] 犈(quán):黑脚牛。 [5] 犊(dú):小牛。

羊[1]:牡,羒[2];牝,牂[3]。

[1] 羊:白羊。 [2] 羒(fén):白色的公羊。 [3] 牂(zāng):白色的母羊。

夏羊[1]:牡,羭;牝,羖[2]。

[1]夏羊:黑羊。 [2]羖(gǔ):黑色的公羊。

羳羊[1],黄腹。未成羊,羜[2]。绝有力,奋。

[1]羳(fán)羊:即黄羊。耳小,腹下毛黄。 [2]羜(zhù):幼羊。

未成毫,狗[1]。长喙,猃[2]。短喙,猲獢[3]。绝有力,狣[4]。

[1]狗:没有长毛的小狗。 [2]猃(xiǎn):一种长嘴的猎狗。 [3]猲獢(xiē xiāo):或作"歇骄"。一种短嘴的猎狗。 [4]狣(zhào):极强壮有力的猛犬。

尨[1],狗也。

[1]尨(máng):多毛狗。

马八尺为駥[1]。

[1]駥(róng):本作"戎"。身高尺八的马。

牛七尺为犉[1]。

[1]犉(rún):大牛。

羊六尺为羬[1]。

[1]羬(qián):大羊。

彘五尺为豟[1]。

[1]彘(zhì):猪。豟:音è。

狗四尺为獒[1]。

[1]獒(áo):身高体大的猛犬。

鸡三尺为鶤[1]。

[1]鶤(kūn):或作"鹍",大鸡。

(据中华书局影印阮元校刻《十三经注疏》本《尔雅注疏》 雷汉卿)

十、汉字渊薮——《说文解字》

【题解】《说文解字》又简称《说文》,是我国最早的一部字书。书中所收的汉字以小篆为主,另外还有少数"籀文"、"古文"、"或体"、"奇字"等,所谓"籀文"是指西周晚期的文字,"古文"是指战国时东方六国的文字,"或体"、"奇字"等是指一个字同时使用的不同形体。在释字体例上,该书于每字下,都是先说字义,再解说字形,有时还指出字音。

《说文解字》一书共收汉字9 353字,另外还有上面提到的"籀文"、"古文"等不同的形体1 163字。作者根据字形结构,将它们分别归入540部首,其体例类似现在的字典。

《说文解字》成书于东汉和帝永元12年(公元100年),作者许慎(公元30—124年),字叔重,汉召陵(今河南偃城)人,东汉时期著名的古文经学家、文字学家。《后汉书》有传(载《儒林传》)。

许慎著《说文解字》主要是为了纠正当时社会上任意说解文字的混乱现象。西汉以后,隶书成为主要的书体,到了东汉,当时人已大多不认识古文字,误以为隶书乃仓颉所造,并根据隶书的形体来说解文字结构,造成了很多混乱。许慎认为文字是"经艺之本,王政之始,前人所以垂后,后人所以识古",事关重要,所以立志著《说文解字》,以达到"理群类,解谬误,晓学者"的目的。许慎受学于汉代著名的古文经学家贾逵,上有师承,其对文字的解说大多数是正确的,其说解有些已超出汉代人的意识,如对"京"字的解说,谓:"人所为绝高丘也。"就不是一般汉代学者所能达到的。因此,《说文解字》一书历来为研治小学者所宗。但由于许慎没有见到甲骨文、商周金文等古文字,其书以小篆说解文字,自然也就不免有错误之处,如"为"字,解说为"母猴也",而甲骨文作以手牵象之形;"皮"字,解说为"从又,为省声",实则西周金文作手持鼓槌形,等等。但总的来说,《说文解字》一书的成绩是主要的。

《说文解字》一书,历代都有学者研究,五代南唐的徐铉、徐锴皆精研《说文》之学。铉于宋太宗时重加刊定,并增加了《说文》未收之字为新附字,世称大徐本。锴著《说文系传》,世称小徐本。清代中叶以后研究此书的学者尤多,其中最著名的主要有:段玉裁《说文解字注》,桂馥《说文义证》,王筠《说文释例》、《说文句读》,朱骏声《说文通训定声》,世称"说文四大家"。目前最为流行的是段玉裁的《说文解字注》。近有王宏源依据大徐本新勘的现代版《说文解字》(社会科学文献出版社2006年版),使用较为方便。

(彭裕商)

说文解字·叙

　　古者庖犧氏之王天下也[1],仰則觀象于天[2],俯則觀法于地[3],視鳥獸之文與地之宜[4],近取諸身,遠取諸物;于是始作《易》八卦[5],以垂憲象[6]。及神農氏,結繩為治[7],而統其事。庶業其繁[8],飾僞萌生[9]。黃帝之史倉頡[10],見鳥獸蹄迒之迹[11],知分理之可相別異也[12],初造書契[13]。百工以乂[14],萬品以察[15],蓋取諸夬[16]。夬"揚于王庭"[17],言文者宣教明化于王者朝廷,"君子所以施祿及下,居德則忌"也[18]。

　　[1]庖(páo)犧氏:即伏羲氏,传说中的古代帝王。　[2]象:天象。　[3]法:法则,规律。　[4]文:文理,指鸟兽的形状及皮毛上的花纹等。宜:此指地形地貌。　[5]以上见《易·系辞下》。　[6]垂:显示。宪象:法象,即天地万物的基本规律。　[7]结绳为治:就是有大事就在绳子上结个大结,小事就结个小结,这种方法在我国一些少数民族中也曾使用过。　[8]其:同"綦",极。　[9]饰:修饰。伪:人为之事。饰、伪,都是指人类所为的事务。萌生:犹言"众多"。　[10]黄帝:传说中的古帝王,即轩辕氏,见《史记·五帝本纪》。仓颉(jié):传说创造文字的人。　[11]迒(háng):野兽的足迹。　[12]分理:文理。　[13]书契:此指文字。　[14]乂(yì):治理。　[15]万品:各种事物。察:知晓,明白。　[16]夬(guài):《易经》中的一卦。　[17]《易经·夬卦》:"扬于王庭。"　[18]居德:犹言养德。文字是君子用来施行德泽于下的,然自身养德,则禁忌重文不重德。《易经·夬卦·象传》:"泽上于天,夬。君子以施禄及下,居德则忌。"

　　倉頡之初作書也,蓋依類象形,故謂之文[1]。其後形聲相益,即謂之字[2]。文者,物象之本;字者,言孳乳而寖多也。著于竹帛謂之書。書者,如也[3]。以迄五帝三王之世[4],改易殊體[5],封于泰山者七十有二代,靡有同焉[6]。

　　[1]文:最初的文字,即不能拆分的独体字。　[2]字:在文的基础上产生的合体字。　[3]如:象,象征。书象征作者的意思。　[4]五帝:指黄帝、颛顼(zhuān xū)、帝喾(kù)、帝尧、帝舜,见《史记·五帝本纪》。三王:指夏禹、商汤、周文武。　[5]五帝三王之间,于仓颉所造之文字多有更改,不可胜举。　[6]古时帝王封泰山禅梁父。七十二代,言在五帝三王之前还有为数众多的古代帝王,所用文字皆各不同。

　　《周禮》八歲入小學,保氏教國子[1],先以六書[2]。
　　一曰指事。指事者,視而可識,察而見意,"上"、"下"是也。
　　二曰象形。象形者,畫成其物,隨體詰詘,"日"、"月"是也。
　　三曰形聲。形聲者,以事為名,取譬相成[3],"江"、"河"是也。
　　四曰會意。會意者,比類合誼,以見指撝[4],"武"、"信"是也。
　　五曰轉注。轉注者,建類一首,同意相受,"考"、"老"是也。
　　六曰假借。假借者,本無其事,依聲託事,"令"、"長"是也。

[1] 国子:公卿大夫等贵族之子弟。　[2] 六书:造字的六种规律。即下文的"指事"、"象形"等。　[3] 事:事物。名:指文字。以事为名:即以事物为文字的表义部分。譬:譬喻,譬如,这里指与被造字音相近同的字。取譬相成:即以一个音相近同的字为表音部分。　[4] 谊:通"义"。扬(huī):通"挥"。

及宣王太史籀,著大篆十五篇[1],与古文或异。至孔子书《六经》,左丘明述《春秋传》,皆以古文[2],厥意可得而说也[3]。

[1] 大篆(zhuàn):即籀(zhòu)文,西周晚期的文字。　[2] 古文:战国时东方六国的文字。　[3] 说:解说。古文造字之意可得解说。

其后诸侯力政[1],不统于王。恶礼乐之害己,而皆去其典籍。分为七国,田畴异亩,车途异轨[2],律令异法,衣冠异制,言语异声,文字异形。秦始皇帝初兼天下,丞相李斯乃奏同之,罢其不与秦文合者。斯作《仓颉篇》,中车府令赵高作《爰历篇》,大史令胡毋敬作《博学篇》。皆取史籀大篆,或颇省改[3],所谓小篆也。

[1] 政:通"征"。力征:以武力相征伐。　[2] 轨:车两轮之间的距离,也因此代指道路的宽窄。　[3] 或颇省改:略微有简略改易。颇:略微。省:简化。

是时,秦烧灭经书,涤除旧典。大发吏卒,兴戍役。官狱职务繁,初有隶书,以趣约易,而古文由此绝矣。自尔秦书有八体:一曰大篆,二曰小篆,三曰刻符[1],四曰虫书[2],五曰摹印[3],六曰署书[4],七曰殳书[5],八曰隶书。

[1] 刻符:刻铸在兵器上的字体。　[2] 虫书:刻在符节上的字体。　[3] 摹印:加有鸟虫形笔划的字体。　[4] 署书:刻铸在印章上的字体。　[5] 殳书:用作题署的字体。

汉兴,有草书。尉律:学僮十七以上始试。讽籀书九千字[1],乃得为史。又以八体试之。郡移太史并课[2]。最者[3],以为尚书史。书或不正,辄举劾之。今虽有尉律,不课,小学不修,莫达其说久矣。

[1] 讽:背诵。籀:诵读并演绎其文义。　[2] 课:考试。并课:指同时考核讽籀书及八体书写两方面的才能。　[3] 最:上等,优秀。

孝宣皇帝时,召通《仓颉》读者,张敞从受之[1]。凉州刺史杜业,沛人爰礼,讲学大夫秦近,亦能言之[2]。孝平皇帝时,征礼等百余人,令说文字未央廷中,以礼为小学元士。黄门侍郎扬雄,采以作《训纂篇》。凡《仓颉》以下十四篇[3],凡五千三百四十字,群书所载,略存之矣。

[1] 受:受学,此指受学于通《仓颉》读者。　[2] 言之:言说《仓颉》之读,即通《仓颉》之

读。　[3]十四篇：指《仓颉篇》、《博学篇》、《爰历篇》、《凡将篇》、《急就篇》、《元尚篇》、《训纂篇》七部字书，每书各分上下篇，故称十四篇。

　　及亡新居摄[1]，使大司空甄丰等校文书之部。自以为应制作[2]，颇改定古文[3]。时有六书：一曰古文，孔子壁中书也。二曰奇字，即古文而异也。三曰篆书，即小篆。秦始皇帝使下杜人程邈所作也[4]。四曰左书，即秦隶书。五曰缪篆[5]，所以摹印也。六曰鸟虫书[6]，所以书幡信也[7]。

　　[1]公元9年，王莽篡汉，改国号为"新"，历时15年而灭亡，故称亡新。居摄：汉平帝死后，王莽立孺子婴为帝，自称摄皇帝，改年号为"居摄"。　[2]制作：制礼作乐等，古时乃天子之事，王莽以真龙天子自居，故自以为应制作。　[3]颇：间或。　[4]此句当在下文"即秦隶书"后，程邈所作乃隶书，非小篆。　[5]缪：缠绕之意。缪篆：笔划缠绕屈曲的书体，主要用在印章上。　[6]鸟虫书：笔划中有鸟虫形象的书体，相当于上文秦书八体的虫书。　[7]幡：旗幡。信：符节。

　　壁中书者，鲁恭王坏孔子宅[1]，而得《礼记》、《尚书》、《春秋》、《论语》、《孝经》。又北平侯张苍献《春秋左氏传》。郡国亦往往于山川得鼎彝，其铭即前代之古文，皆自相似。虽叵复见远流[2]，其详可得略说也。

　　[1]鲁恭王：汉景帝刘启的第五子刘余。　[2]叵(pǒ)：不可。

　　而世人大共非訾[1]，以为好奇者也，故诡更正文[2]，乡壁虚造不可知之书[3]，变乱常行，以耀于世。诸生竞逐说字，解经谊[4]，称秦之隶书为仓颉时书，云："父子相传，何得改易！"乃猥曰[5]："马头人为长，人持十为斗[6]，虫者，屈中也。"廷尉说律，至以字断法[7]："苛人受钱，苛之字止句也[8]。"若此者甚众，皆不合孔氏古文，谬于《史籀》。俗儒鄙夫，翫其所习[9]，蔽所希闻，不见通学，未尝睹字例之条[10]。怪旧艺而善野言[11]，以其所知为秘妙，究洞圣人之微旨。又见《仓颉篇》中"幼子承诏"[12]，因曰："古帝之所作也，其辞有神仙之术焉。"其迷误不谕，岂不悖哉！

　　[1]非：非议。訾(zǐ)：诽谤。　[2]诡：改变。诡、更，同义词连用。　[3]乡：向。　[4]说字：解说文字字形字义。谊：义。　[5]猥：苟且，任意。　[6]马头人："马"字上加一"人"字。人持十："人"字旁加一"十"字。都是依据当时流行的隶书的写法来说解文字，并不是小篆以前古文字的形体。　[7]以字断法：以当时隶书的字形说解法律。　[8]苛：通"诃"，责。苛人受钱：谓有治人之责者而受人钱财。止句："句"读为"钩"，当时"苛"字写成上面一"止"字，下面一"句"字，意谓止人而钩取其钱财。　[9]翫(wán)：即"玩"字，安习的意思。　[10]字例之条：指六书。　[11]旧艺：传统的学说。野言：不合规矩准绳的说法。　[12]《仓颉篇》四字一句，"幼子承诏"是其中的一句。

　　《书》曰："予欲观古人之象[1]。"言必遵修旧文而不穿凿。孔子曰："吾犹及史之阙文,今亡矣夫[2]。"盖非其不知而不问[3],人用己私,是非无正,巧说邪辞,使天下学者疑。

[1]此句见《尚书·皋陶谟》。象:法象,原文指衣服的色彩等级,此引以泛指古人的法则,包括文字。 [2]此句见《论语·卫灵公》。史之阙文:古时良史于字有疑则空缺之,以待能者,不敢穿凿。 [3]非:批评。

盖文字者,经艺之本,王政之始。前人所以垂后,后人所以识古。故曰:"本立而道生[1]。""知天下之至赜而不可乱也[2]。"今叙篆文,合以古籀[3];博采通人,至于小大;信而有证,稽谡其说[4]。将以理群类[5],解谬误,晓学者,达神旨。分别部居,不相杂厕也[6]。万物咸睹,靡不兼载。厥谊不昭[7],爰明以喻。其称《易》孟氏、《书》孔氏、《诗》毛氏、《礼》周官、《春秋》左氏、《论语》、《孝经》,皆古文也[8]。其于所不知,盖阙如也[9]。……

[1]此句见《论语·学而》。 [2]《易经·系辞上》:"言天下之至赜而不可恶也,言天下之至动而不可乱也。"这里是概括的说法。赜(zé):精微,深奥。至赜:最为深奥的道理。 [3]此言全书体例,以篆文为主,并结合籀文古文。 [4]稽:考证。谡:诠释。 [5]理:梳理。群类,指天地万物等。 [6]厕:放置。文字皆分别归于各部首,不相混淆。 [7]谊:此兼指字义、字形、字音。此言书中解说文字,兼顾字义、字形、字音三者。 [8]古文:此指古文经学家所传习之古文典籍。 [9]《论语·子路》:"君子于其所不知,盖阙如也。"阙:通"缺",谓缺而不言,以待能者。

此十四篇,五百四十部,九千三百五十三文,重一千一百六十三,解说凡十三万三千四百四十一字。其建首也,立一为耑[1]。方以类聚,物以群分[2]。同条牵属,共理相贯[3]。杂而不越,据形系联[4]。引而申之,以究万原[5]。毕终于亥[6],知化穷冥[7]。

[1]耑(duān):即"端"字,开始。立一为端:五百四十部以"一"部为开始。 [2]方:道术,学说。类同的学说相合。《易经·系辞上》:"方以类聚,物以群分,吉凶生矣。" [3]条、理,义同。属:连接。贯:贯穿。此言各部中字以义理相联缀。 [4]杂:繁杂。越:逾越,此指相互混入。虽繁杂但有条理,不相混淆。据形系联,指五百四十部在次序上大略以字形相连缀。 [5]究:穷极。原:即今"源"字。 [6]五百四十部以"亥"部结束。 [7]化:变化,指万物变化的规律。穷:究极。冥:幽暗,玄远之处。《易经·系辞下》:"穷神知化,德之盛也。""穷冥"即"穷神"。

于时大汉,圣德熙明[1],承天稽唐[2],敷崇殷中[3]。遐迩被泽,渥衍沛滂。广业甄微[4],学士知方。探赜索隐[5],厥谊可传。

[1]熙:光明。 [2]承奉天命:稽考唐尧故事以封禅。 [3]敷:布陈。殷:盛。中:犹成,告成功。此承上句,言稽考唐尧以封禅,用布陈尊崇之礼大盛,升中于天,以告成功。

[4] 甄:彰明。微:不显的学说。　　[5] 赜:通"赜(zé)",深远,与"隐"义近。《易经·系辞上》:"探赜索隐,钩深致远,以定天下之吉凶,成天下之亹(wěi)亹者,莫大乎蓍龟。"

粤在永元[1],困顿之年[2]。孟陬之月[3],朔日甲申[4]。曾曾小子,祖自炎神[5]。缙云相黄[6],共承高辛[7]。太岳佐夏[8],吕叔作藩[9]。俾侯于许,世祚遗灵[10]。自彼祖召[11],宅此汝濒[12]。窃卬景行[13],敢涉圣门,其弘如何[14],节彼南山[15]。欲罢不能,既竭愚才,惜道之味,闻疑载疑。演赞其志[16],次列微辞[17]。知此者稀,傥昭所尤[18],庶有达者[19],理而董之[20]。

[1] 粤:语辞。永元:东汉和帝的年号,公元89年—104年。　　[2]《尔雅·释天》:"太岁……在子曰困敦"。此指东汉和帝十二年庚子。　　[3]《尔雅·释天》:"正月为陬(zōu)。"　　[4] 朔日:初一。　　[5] 炎神:炎帝神农氏。许氏为炎帝之后。　　[6] 缙云氏:姜姓,许氏先祖,当黄帝时为缙云之官,佐助黄帝以治天下。　　[7] 共:共工,也为炎帝之后,许氏祖先,当高辛时显于天下。　　[8] 太岳:即四岳,共工之后。《国语·周语下》说共工从孙四岳佐禹治水。　　[9] 古书记载太岳封吕,吕侯历夏殷之季而国衰微,故周武王封吕文叔于许。吕叔即文叔。　　[10] 祚:禄。世祚:犹言世禄。灵:美、善。　　[11] 彼:指许。此言许氏有自许迁往汝南召陵的一支,就是许慎的先人。　　[12] 濒:水滨。召陵在汝水之滨。　　[13] 卬:即"仰"字。《诗·小雅·车辖》:"高山仰止,景行行止。"此概括二句之意。　　[14] 弘:通"宏",高大的样子。　　[15] 节:高峻的样子。《诗·小雅·节南山》:"节彼南山,维石岩岩。"　　[16] 演:推演。赞:赞明。志:通"识",知晓的学说。　　[17] 次:叙。次列:排列。　　[18] 傥(tǎng):如果。尤:错误。　　[19] 庶:希望。达者:犹言"通人"。　　[20] 董:纠正。

(据清段玉裁《说文解字注》,成都古籍书店1981年影印本　彭裕商)

史　部

一、史家绝唱——《史记》

【题解】《史记》原称《太史公书》,两汉时称《太史公》、《太史公记》,魏晋之际始称《史记》。它是我国第一部纪传体通史,也是一部优秀的文学名著。作者司马迁(约前145~约前86),字子长,汉武帝时左冯翊夏阳(今陕西韩城县)人,有"中国史学之父"的美誉,《汉书》有传。

《史记》共130篇,记载上起传说中的中华始祖黄帝、下至西汉武帝太初年间共约三千年的历史,尤详于战国、秦汉近百年的历史。其编排颇为考究。全书分为十二本纪,十二是地支;十表,十是天干;八书,八是卦数;三十世家,三十取《老子》"三十辐共一毂"的意思,表示那些"辅弼股肱之臣","忠信行道以奉主上"的有重大影响的人物,也喻重大事件;七十列传,七十表示人寿之大齐,"七十而知天命",列传是记人。十二本纪用编年体,按年代记载帝王世系和历代历年大事,是全书的总纲。十表是用简明的表格概括、排列错综复杂的史实,记录帝王、诸侯、贵族、将相大臣的世系、爵位废立与简要政治事迹。八书主要是记典章制度,如记水利的《河渠书》、记礼制的《礼书》等。三十世家主要记述西周、春秋、战国时期诸侯国的世系及历史,丞相、功臣、宗室、外戚的事迹,还有在某方面有特殊影响的人物如儒学鼻祖孔子、秦末农民起义领袖陈涉等。七十列传就是人物传记,专记历史上的重要人物,尤其是秦汉时期政治、军事、经济、文化等各领域,官僚、士大夫、平民等各阶层的代表人物,还有专门分类记述的《儒林列传》、《酷吏列传》、《游侠列传》、《货殖列传》。列传中还有六篇记载了少数民族地区和周边国家如匈奴、朝鲜、东越等的概况。列传末篇是《太史公自序》,相当于全书"后记",叙述作者的家世和事迹,说明了写书的经过和意旨,并概述了全书的基本内容。

《史记》以"本纪"和"列传"为主体,故称为"纪传体"。这是司马迁集先秦史学之大成,突破以年记事的"编年体"界限的综合创造,这种体例以其既提纲挈领又包容宏富的优点被历代正史所继承。《史记》本身也以其丰富、翔实、客观的特点而被后世史家尊为典范,班固称其"其文直,其事核,不虚美,不隐恶"。《史记》还以语言精炼、文笔优美,思想性和艺术性高度统一著称,是古典传记文学的典范之作。因其极高的史学和文学价值,《史记》已被译成英、法、俄等多种文字,成为世界名著。

注释《史记》的以南朝宋裴骃的《集解》、唐朝司马贞的《索隐》、张守节的《正义》最著名,后世习称为"《史记》三家注",原分别单行,北宋时开始与《史记》合刊为一编。今天通行的主要是中华书局1959年出版的顾颉刚等人的点校本。

(粟品孝)

五 帝 本 纪

黄帝者[1],少典之子[2],姓公孙,名曰轩辕。生而神灵,弱而能言[3],幼而徇齐[4],长而敦敏,成而聪明[5]。

[1] 黄帝:传说中的古代帝王,后世尊为中华民族的始祖之一。 [2] 少典:传说中有熊氏部落首领,黄帝为少典氏后代的子孙。 [3] 弱:古时小孩子出生后未满七个月为弱。 [4] 幼而徇齐:少年时就思虑敏捷。 [5] 成:古时男子年二十而行冠礼,意即为成年人。

轩辕之时,神农氏世衰[1]。诸侯相侵伐,暴虐百姓,而神农氏弗能征[2]。于是轩辕乃习用干戈[3],以征不享[4],诸侯咸来宾从[5]。而蚩尤最为暴[6],莫能伐。炎帝欲侵陵诸侯,诸侯咸归轩辕。轩辕乃修德振兵[7],治五气[8],蓺五种[9],抚万民,度四方[10],教熊罴貔貅貙虎[11],以与炎帝战于阪泉之野[12]。三战,然后得其志。蚩尤作乱,不用帝命[13]。于是黄帝乃征师诸侯[14],与蚩尤战于涿鹿之野[15],遂禽杀蚩尤[16]。而诸侯咸尊轩辕为天子,代神农氏,是为黄帝。天下有不顺者,黄帝从而征之,平者去之[17],披山通道[18],未尝宁居。

[1] 神农氏:炎帝,传说中教人耕作和医药的人。 [2] 征:讨伐。 [3] 习:习惯。干戈:概指古代的兵器,比喻战争。干:盾牌。戈:用青铜器或铁制成,有横刃。 [4] 不享:不进贡物,抗命不服。享:朝拜、朝贡。 [5] 宾从:追随。 [6] 蚩尤:黄帝时一个暴虐天下的酋长。 [7] 振兵:整军备战。 [8] 治:研究。五气:五行之气。 [9] 蓺(yì)五种:种植五谷。蓺:种植。五种:五谷,黍、稷、菽、麦、稻。 [10] 度(duó):考虑安抚的措施。 [11] 教熊罴貔貅貙虎:教士卒习战,以猛兽名为之命名,用以威慑敌人。罴(pí):熊的一种。貔(pí):熊的一种,又叫人熊、马熊。貅(xiū):虎一类的猛兽。貙(chū):比狸猫大而凶的野兽。 [12] 阪(bǎn)泉:地名,即坂泉,今河北省涿鹿县东南。 [13] 不用帝命:不听从黄帝教令。 [14] 师:率领。 [15] 涿鹿:山名,在今河北涿鹿县东南,山侧有轩辕城,传说中的黄帝之都。 [16] 禽:通"擒"。 [17] 平者去之:平服了便离开。去:离开。 [18] 披山通道:辟开山林草木、开通道路,形容生活、战斗的艰苦。

东至于海,登丸山[1],及岱宗[2]。西至于空桐[3],登鸡头[4]。南至于江[5],登熊、湘[6]。北逐荤粥[7],合符釜山[8],而邑于涿鹿之阿[9]。迁徙往来无常处,以师兵为营卫[10]。官名皆以云命,为云师[11]。置左右大监[12],监于万国。万国和[13],而鬼神山川封禅与为多焉[14]。获宝鼎,迎日推筴[15]。举风后、力牧、常先、大鸿以治民[16]。顺天地之纪[17],幽明之占[18],死生之说[19],存亡之难[20]。时播百谷草木,淳化鸟兽虫蛾[21],旁罗日月星辰水波土石金玉[22],劳勤心力耳目,节用水火材物[23]。有土德之瑞,故号黄帝[24]。

[1] 丸山:即凡山。在今山东昌乐县西南,临朐县东北。　[2] 岱宗:泰山,史称东岳,在今山东兖州博城县西北三十里。　[3] 空桐:山名,又名崆峒山,在今甘肃平凉县西北。　[4] 鸡头:山峰名,在今甘肃平凉崆峒山上。　[5] 江:长江。　[6] 熊:即熊耳山,在今河南卢氏县南。湘:湘山,今湖南岳阳市洞庭湖内的君山。　[7] 荤粥(xūn yù):部族名,即秦汉时的匈奴。　[8] 合符釜山:在釜山大会诸侯。合符:验证符契。釜山:在今河北怀来县境内。　[9] 邑于涿鹿之阿:黄帝将都城定于涿鹿山下的平地,即涿鹿城。邑:动词,建立都邑。阿:依山的广阔平地。　[10] 以师兵为营卫:让军队环绕为营以自卫。　[11] 官名皆以云命,为云师:以云命名官名,春官为青云、夏官为缙(红色)云、秋官为白云、冬官为黑云、中官为黄云。　[12] 大监(jiàn):官名,负责监察各地诸侯。　[13] 和:和同。　[14] 封禅:古代帝王祭告天地、表彰政绩、庆祝成功或太平的一种盛大祭奠,在泰山顶上祭天称为"封",在泰山下的小梁父山上祭地叫"禅",所以封禅又称"封泰山,祭梁父"。与:通"许",推许。多:数量众多,一作"朋"。与为多:黄帝之时,天下无事,因而封禅之事较多。　[15] 迎日:预先推算日、月、朔、望等未来的时辰。筴(cè):即"策",用以推断历数的蓍草。神筴:神蓍(shī)。黄帝得神蓍以推断历法,于是得知节气、日辰的到来。　[16] 举:任命。风后、力牧、常先、大鸿:皆人名,为黄帝的四个臣子。　[17] 天地之纪:天地阴阳四时的规律。　[18] 幽明之占:占卜阴阳之数。幽:阴。明:阳。占:数。　[19] 死生之说:养生送死的仪制。说:仪制。　[20] 存亡:安危。难:说法。"存亡之难"与"死生之说"相对应。　[21] 淳化:驯化。　[22] 此句意思是:广泛地观察研究日月、星辰、水波等自然现象以及土石、金玉等物质性能,使之有利于人民的生活。旁:广泛。罗:研究观察。波:一作"沃"。　[23] 节用:按照时节合理利用。　[24] 土德之瑞:土的颜色为黄色,所以黄帝以"黄"为其帝号。

　　黄帝二十五子,其得姓者十四人。

　　黄帝居轩辕之丘,而娶于西陵之女[1],是为嫘祖[2]。嫘祖为黄帝正妃,生二子,其后皆有天下:其一曰玄嚣,是为青阳,青阳降居江水[3];其二曰昌意,降居若水[4]。昌意娶蜀山氏女,曰昌仆,生高阳,高阳有圣德焉。黄帝崩,葬桥山[5]。其孙昌意之子高阳立,是为帝颛顼也[6]。

　　[1] 西陵:传说中的部族名。　[2] 嫘(léi)祖:人名,黄帝正妃。　[3] 降居:居住。江水:指江国,今河南省安阳县。　[4] 若水:地名,在今四川省,一说为水名,即今四川省雅砻江。　[5] 桥山:山名,在今陕西省黄陵县西北。　[6] 高阳:地名,在今河南杞县西,颛顼(zhuān xū)部族从此处而兴,故得天下之后也以此为号。

　　帝颛顼高阳者,黄帝之孙而昌意之子也。静渊以有谋[1],疏通而知事[2];养材以任地[3],载时以象天[4],依鬼神以制义[5],治气以教化[6],絜诚以祭祀[7]。北至于幽陵[8],南至于交阯[9],西至于流沙[10],东至于蟠木[11]。动静之物[12],大小之神,日月所照,莫不砥属[13]。

　　[1]静渊:镇定深沉。　[2]疏通:通达有远见。　[3]养材:生产物质财富。任地:开发土地,发挥土地的作用。　[4]载时以象天:记载时令以观察天象变化。或作:按季节行事来顺应自然。　[5]依:依凭,依靠。义:尊卑之义。依鬼神以制义:鬼神聪明正直,能兴云致雨,润养万物,因而依从他们的启示来制订尊卑之义。　[6]治气以教化:用教化来陶冶人们的气质。　[7]絜(jié):通"洁",古人祭祀前要斋戒沐浴,清洁身心以表示敬意。　[8]幽陵:即幽州,黄帝将天下分为九州,幽州即其中之一,今河北省北部与辽宁省南部一带。　[9]交阯(zhǐ):交州,泛指五岭以南和越南北部地区。　[10]流沙:古流沙泽,后称居延泽,居延海。后由于淤塞而分为两个湖(内蒙的苏古诺尔湖和嘎顺诺尔湖)。　[11]蟠木:地名,东海中的一个小岛。　[12]动静之物:动物和植物。　[13]砥属:四方皆平服归属。砥(dǐ):平服。属:服属。

　　帝颛顼生子曰穷蝉。颛顼崩[1],而玄嚣之孙高辛立,是为帝喾[2]。

　　[1]崩:古时对帝王去世的一种尊敬的说法。　[2]高辛:帝喾兴起的地方,部族所在地。他以此而兴,故将地名作为其号。"喾"(kù)为其名。

　　帝喾高辛者,黄帝之曾孙也。高辛父曰蟜极[1],蟜极父曰玄嚣,玄嚣父曰黄帝。自玄嚣与蟜极皆不得在位,至高辛即帝位。高辛于颛顼为族子[2]。

　　[1]蟜:读作jiǎo,又或作jiào。　[2]族子:侄子。

　　高辛生而神灵,自言其名。普施利物[1],不于其身[2]。聪以知远,明以察微。顺天之义,知民之急。仁而威,惠而信,修身而天下服。取地之财而节用之,抚教万民而利诲之[3],历日月而迎送之[4],明鬼神而敬事之。其色郁郁[5],其德嶷嶷[6]。其动也时[7],其服也士[8]。帝喾溉执中而遍天下[9],日月所照,风雨所至,莫不从服[10]。

　　[1]普施利物:让天下人普遍都能获得利益。普:普遍。利:利益。　[2]于:局限于。　[3]利诲:因势利导。　[4]历日月而迎送之:根据日月运行制作历法来推算季节朔望。　[5]郁郁:指神色庄重严肃的样子。　[6]嶷(yí)嶷:形容道德高尚。　[7]动:举动。时:符合天时。　[8]其服也士:也只是穿着士人一样的服饰,衣着简朴。　[9]溉:像水灌溉。执中:平等。遍:遍于天下。即帝喾的统治就像水灌溉天下一样,平均而中正,无所偏颇,恩德遍及天下。　[10]从服:跟从而信服。

　　帝喾娶陈锋氏女[1],生放勋。娶娵訾氏女[2],生挚。帝喾崩,而挚代立。帝挚立,不善[3],而弟放勋立,是为帝尧。

[1]陈锋氏:名庆都,帝喾的第三个妃子。　　[2]娵訾(zū zī)氏:名常仪,帝喾的第四个妃子。　　[3]不善:古本作"不著",即帝挚在位无明显的政绩。

　　帝尧者,放勋。其仁如天,其知如神[1]。就之如日[2],望之如云。富而不骄,贵而不舒[3]。黄收纯衣[4],彤车乘白马[5],能明驯德[6],以亲九族[7]。九族既睦,便章百姓[8]。百姓昭明,合和万国。

　　[1]知:通"智",智慧。　　[2]就之如日:靠近他就感受到太阳照耀的温暖。就:靠近。　　[3]舒:怠慢。　　[4]收:一种冕帽的名称,因其为黄色,故曰"黄收"。纯:又作"纴",通"缁",黑色。又王引之《经义述闻》谓"纯"当读"黇"(tǔn),其色浊,故纯衣当为深黄色衣服。　　[5]彤车乘白马:红色的车驾以白马。　　[6]能明驯德:能倡明和顺的品德。驯,同"顺"。　　[7]九族:众多的族姓。　　[8]便章:使之顺服。百姓:百官族姓,一说为群臣的父子兄弟。

　　乃命羲、和[1],敬顺昊天[2],数法日月星辰[3],敬授民时[4]。分命羲仲[5],居郁夷,曰旸谷[6]。敬道日出,便程东作[7]。日中,星鸟,以殷中春[8]。其民析[9],鸟兽字微[10]。申命羲叔[11],居南交[12]。便程南为,敬致[13]。日永[14],星火[15],以正中夏[16]。其民因[17],鸟兽希革[18]。申命和仲[19],居西土,曰昧谷。敬道日入[20],便程西成。夜中,星虚[21],以正中秋[22]。其民夷易[23],鸟兽毛毨[24]。申命和叔[25],居北方,曰幽都。便在伏物[26]。日短[27],星昴[28],以正中冬。其民燠[29],鸟兽氄毛[30]。岁三百六十六日[31],以闰月正四时。信饬百官[32],众功皆兴。

　　[1]羲、和:羲氏、和氏,世代掌管天地的官。　　[2]昊天:上天。　　[3]数法:历数之法。　　[4]授民时:向人民传授有关时令节气的知识。　　[5]羲仲:官名,主要管理东方的事务。　　[6]郁夷:极东的地方。旸(yáng)谷:地名,东方太阳升起的地方。　　[7]便程东作:有秩序地安排好春天耕作的农事,一说是指辨别测定春日太阳东升的时刻。　　[8]日中:即春分之日。星鸟:观察鸟星。鸟指春分黄昏时刻见于中天的朱鸟七宿中的第四星——星宿。古人在初昏时刻观察中天星座以确定节候。殷:正。中春:即仲春。中通"仲"。春分时候,星鸟毕现,以正仲春这个节气。　　[9]析:分工,指男女老幼各有分工。　　[10]字:产子。微:通"尾"。字微:雌雄交尾。　　[11]申:又。羲叔:官名,主要管理南方的事务。南为:南方的事务。　　[12]南交:南方最远的地方。　　[13]敬:敬行其教。致:以致其功。　　[14]日永:夏至之日。　　[15]星火:夏至黄昏时刻,见于中天的苍龙七宿中的"心宿",特指其中的主星"大火",又名商星。　　[16]中夏:夏至。　　[17]因:沿袭,指继续进行农业耕作。　　[18]鸟兽希革:鸟兽的羽毛稀少。革:通"改",换毛。　　[19]和仲:主西方之官。　　[20]敬道日入:恭敬地送太阳落土。　　[21]星虚:虚星为秋分黄昏时刻,见于中天的玄武七宿之四的虚宿。　　[22]中秋:秋分。　　[23]夷易:安适愉快。　　[24]毨(xiǎn):鸟兽新生的毛齐整。　　[25]和叔:主管北方的官名。　　[26]便在伏物:注意安排好冬天积蓄储藏的事情。　　[27]日短:指冬至之日。　　[28]昴:冬至黄昏时刻见于中天的白虎七宿中的第四星"昴宿"。　　[29]燠(yù):保暖。　　[30]氄(róng):长茸毛以保暖。　　[31]岁:一年。　　[32]饬:通"敕",下诏令。

尧曰："谁可顺此事[1]？"放齐曰："嗣子丹朱开明[2]。"尧曰："吁！顽凶[3]，不用。"尧又曰："谁可者？"讙兜曰："共工旁聚布功[4]，可用。"尧曰："共工善言[5]，其用僻[6]，似恭漫天[7]，不可。"尧又曰："嗟，四岳[8]，汤汤洪水滔天[9]，浩浩怀山襄陵[10]，下民其忧，有能使治者？"皆曰鲧可[11]。尧曰："鲧负命毁族[12]，不可。"岳曰："异哉[13]，试不可用而已[14]。"尧于是听岳用鲧。九岁，功用不成。

[1] 顺：担当，继承。此事：治理天下的大事。 [2] 开明：通达聪明。 [3] 凶：通"讼"，即好争讼。 [4] 讙(huān)兜：人名。共工：人名，担任水官。旁聚布功：广泛地聚集民众，防治水灾。 [5] 善言：善于言辞。 [6] 用：用意。僻：邪僻。 [7] 似恭漫天：貌似恭敬，内心却骄纵。 [8] 四岳：四时之官，主管山川方岳之事。 [9] 汤(shāng)汤：形容洪水浩荡的样子。 [10] 怀：包裹。襄：在……之上。形容洪水浩荡的样子。 [11] 鲧(gǔn)：人名，禹的父亲。 [12] 负：违背。命：王命。毁：毁败。族：类，特指善类。 [13] 异：通"已"，全部没有了。 [14] 已：退。试不可用而已：即赞成用鲧，如果无成的话就罢免他。

尧曰："嗟！四岳：朕在位七十载[1]，汝能庸命[2]，践朕位[3]？"岳应曰："鄙德忝帝位[4]。"尧曰："悉举贵戚及疏远隐匿者[5]。"众皆言于尧曰："有矜在民间[6]，曰虞舜。"尧曰："然，朕闻之。其何如？"岳曰："盲者子[7]。父顽[8]，母嚚[9]，弟傲[10]，能和以孝，烝烝治[11]，不至奸[12]。"尧曰："吾其试哉。"于是尧妻之二女[13]，观其德于二女[14]。舜饬下二女于妫汭[15]，如妇礼[16]。尧善之[17]，乃使舜慎和五典[18]，五典能从。乃遍入百官[19]，百官时序[20]。宾于四门[21]，四门穆穆[22]，诸侯远方宾客皆敬。尧使舜入山林川泽，暴风雷雨，舜行不迷[23]。尧以为圣，召舜曰："女谋事至而言可绩[24]，三年矣。女登帝位。"舜让于德不怿[25]。正月上日[26]，舜受终于文祖[27]。文祖者，尧大祖也[28]。

[1] 载：年。 [2] 汝：你们。庸命：顺应天命。 [3] 践：处于、实行。此句是反问句，即：你们诸侯中有能顺应天命，处于我的地位，统治天下之事的人吗？ [4] 鄙：卑下。忝(tiǎn)：让……蒙羞。 [5] 举：举荐。隐匿(nì)：地位低、名声小的人。 [6] 矜(guān)：同"鳏"，没有妻子的人。 [7] 盲者子：盲人的儿子。 [8] 顽：愚蠢无知，固执。 [9] 嚚(yín)：蠢而顽固，奸诈。 [10] 傲：骄傲，傲慢。 [11] 烝(zhēng)：进。烝烝治：进之于善。 [12] 奸：奸恶。 [13] 妻(qì)：以……为妻。妻之二女：将两个女儿嫁给他为妻。 [14] 德于二女：对待二女的德行。 [15] 饬：通"敕"，整齐。妫(guī)：妫水，在今河北。汭(ruì)：河流汇合或弯曲的地方。舜饬下二女于妫汭：舜以义理整齐二女之心，下二女之心于妫汭。 [16] 如：行。妇礼：妇道。 [17] 善之：以之为善。 [18] 慎和：制定。五典：五教，即父义、母慈、兄友、弟恭、子孝。 [19] 遍入百官：总领百官事务。 [20] 百官时序：百官事务井井有条。 [21] 宾：宾迎。四门：四方之门。宾于四门：诸侯朝拜时，舜在四方之门均宾迎之。 [22] 穆穆：宾客相欢的样子。 [23] 迷：迷路。 [24] 女：通"汝"，你的意思。谋事至：做事取得成功。言可绩：语言值得赞赏。 [25] 怿(yì)：通"怡"，心情快乐。让：让位。让于德：因德行不好而让位。 [26] 上日：即朔日，初一。 [27] 受：通"授"，指授位的仪式。终于：在……完成。文祖：尧文德帝的祖庙，即尧祖父的祭庙。即：舜在正月初一这天，在尧文德帝

的祖庙中正式称为天下的君主。　[28]大祖:太祖,开国始祖。

　　于是帝尧老,命舜摄行天子之政[1],以观天命。舜乃在璇玑玉衡[2],以齐七政[3]。遂类于上帝[4],禋于六宗[5],望于山川[6],辩于群神[7]。揖五瑞[8],择吉月日,见四岳诸牧[9],班瑞[10]。岁二月[11],东巡狩,至于岱宗,柴[12],望秩于山川[13]。遂见东方君长,合时月正日[14],同律度量衡[15],修五礼五玉三帛二生一死为挚[16],如五器,卒乃复[17]。五月,南巡狩;八月,西巡狩;十一月,北巡狩:皆如初[18]。归,至于祖祢庙[19],用特牛礼[20]。五岁一巡狩,群后四朝[21]。遍告以言[22],明试以功[23],车服以庸[24]。肇十有二州[25],决川[26]。象以典刑[27],流宥五刑[28],鞭作官刑[29],扑作教刑[30],金作赎刑[31]。眚灾过[32],赦[33];怙终贼,刑[34]。钦哉[35],钦哉,惟刑之静哉[36]!

　　[1]摄:代理。　[2]璇玑玉衡:用坚玉制造的类似后世浑天仪一样的天文观测仪器。璇:赤色的美玉。玑:仪器的旋转体。衡:仪器上观测天文的横杆。　[3]齐七政:观察日月星辰来校正历法。齐:规整。七政:指日、月、五星(金、木、水、火、土)。　[4]类:祭祀时,以事类告,即分类告知。上帝:上天。　[5]禋(yīn):祭祀名,把祭品放在火上烧,使香味随烟上达于天。六宗:星、辰、司中、司命、风师、雨师。　[6]望于山川:遥望而祭山川。　[7]辩:通"遍"。辩于群神:即遍祭群神。　[8]揖(yī):收起来。五瑞:公、侯、伯、子、男五爵所各自持有的瑞信(即形状上圆下方的玉圭,是表示诸侯等级的符信)。　[9]见:召见。四岳:官名。牧:官名。诸:那些,形容众多。　[10]班:颁赐。班五瑞:即将之前收起来的五瑞又由舜重新颁赐。　[11]岁二月:当年二月。　[12]柴(chái):祭祀的一种方式,即焚烧木柴以祭天。　[13]望秩于山川:按照官职的高低遥祭名山大川。秩:官职的高低。　[14]合:统一。时:四时气节。月:月之大小、天数。正:统一。日:日子。　[15]同律:统一。　[16]五礼:指吉礼(用于祭祀)、凶礼(用于丧葬)、宾礼(用于礼宾)、军礼(用于军事)、嘉礼(用于冠婚)。五玉:即公、侯、伯、子、男所持有的五瑞。三帛:三种代表地位的帛的颜色,高阳氏后代专用红色、高辛氏后代专用黑色,其余诸侯用白色。二生:活的羊羔和大雁,为卿大夫所掌握。卿执羔,大夫执雁。一死:死雉,为士所掌握,取宁死不失节之意。　[17]五器:即五瑞。复:退还。五瑞在礼终之后要退还给所持的人,三帛以下则不退。　[18]初:指巡狩东方时的礼节。　[19]祖祢(ní)庙:祖父和父亲的祀庙。祢:父亲的神主入庙后叫祢。　[20]特牛礼:以一头公牛作祭品,是祭祀时用的一种大礼,表示尊崇之意。　[21]后:尊长,特指诸侯。四朝:四方诸侯分来朝拜于京师。　[22]遍告以言:遍告天子治理之言。　[23]明试以功:以功绩作为考察检验诸侯的标准。　[24]车服以庸:对于功成的诸侯则赐给车驾、服饰,以表彰其成就。　[25]肇(zhào)十有二州:舜将天下分为十二州。　[26]决川:治理水害。决:疏通。　[27]象:法。典刑:常用的刑罚。　[28]流:流放。宥(yòu):宽恕。流宥五刑:以流放之法宽五刑。五刑:即墨(刺字)、劓(yì)(割鼻)、剕(fěi)(断足)、宫(阉割)、大辟(杀头)。　[29]鞭作官刑:官府中用皮鞭施行。　[30]扑:以槚楚作为刑具。槚楚:一种植物。教刑:刑罚中较轻的一种,对于不接受教育和道理的人进行的惩罚,通过罚其体而警其心。　[31]金作赎刑:对于没有罪大恶极的,可出金以赎罪。　[32]眚(shěng):过失。　[33]赦(shè):赦免。如果是过失导致的犯罪,可赦免。　[34]怙(hù):依靠。怙终贼:依靠自身的奸邪,而一辈子作恶,终

不悔改的人。刑:用刑。　[35]钦:慎重。　[36]唯刑之静:希望减少用刑。

谨兜进言共工,尧曰不可而试之工师[1],共工果淫辟[2]。四岳举鲧治鸿水,尧以为不可,岳强请试之[3],试之而无功,故百姓不便[4]。三苗在江淮[5]、荆州数为乱。于是舜归而言于帝,请流共工于幽陵[6],以变北狄[7];放谨兜于崇山[8],以变南蛮;迁三苗于三危[9],以变西戎;殛鲧于羽山[10],以变东夷[11]。四罪而天下咸服[12]。

[1]工师:一种官名。　[2]淫辟:道德低劣,娇纵邪恶。　[3]强:一再,反复。　[4]便:方便。　[5]三苗:炎帝后裔的一支,主要居住于今江浙一带,传说中德行卑下,好欺负弱小。　[6]流:流放。幽陵:即幽州。　[7]变:变革其风俗。　[8]放:流放。崇山:地名,在今湖南省大庸县西南,或说在今甘肃省渭源县或天水县。　[9]三危:山名,即卑羽山,在今甘肃敦煌地区。　[10]殛(jí):和"流"、"放"、"迁"同义,动词变化运用,都是流放的意思。羽山:山名,在今山东省蓬莱县东南。　[11]东夷:夷、蛮、戎、狄,都是古代对东南西北四方的部族或少数民族的称呼。　[12]四罪而天下咸服:按罪惩处了共工、谨兜、三苗、鲧四凶,天下人全都信服舜。

尧立七十年得舜,二十年而老[1],令舜摄行天子之政,荐之于天[2]。尧辟位凡二十八年而崩[3]。百姓悲哀,如丧父母。三年,四方莫举乐,以思尧。尧知子丹朱之不肖,不足授天下,于是乃权授舜[4]。授舜,则天下得其利而丹朱病[5];授丹朱,则天下病而丹朱得其利。尧曰"终不以天下之病而利一人",而卒授舜以天下。尧崩,三年之丧毕,舜让辟丹朱于南河之南[6]。诸侯朝觐者不之丹朱而之舜[7],狱讼者不之丹朱而之舜,讴歌者不讴歌丹朱而讴歌舜。舜曰"天也",夫而后之中国践天子位焉[8],是为帝舜。

[1]老:逝世。　[2]荐之于天:向上天推荐舜。古人迷信天意,故尧叫舜代理政事来观察舜继位是否符合天意。　[3]辟位:即避位,让出政权。　[4]权:权宜,权变。授:授帝位。　[5]病:利益受损。　[6]让辟:让位。南河:指黄河自潼关以下西东流向的一段。　[7]朝觐(jìn):诸侯在春秋两季朝拜天子。春曰朝,秋曰觐。之:到……去。　[8]中国:指国都之中,舜都所在地,或说即尧都平阳,或说蒲阪(今山西省永济县西)。践:登临。

虞舜者,名曰重华。重华父曰瞽叟[1],瞽叟父曰桥牛,桥牛父曰句望[2],句望父曰敬康,敬康父曰穷蝉,穷蝉父曰帝颛顼,颛顼父曰昌意:以至舜七世矣。自从穷蝉以至帝舜,皆微为庶人[3]。

[1]瞽(gǔ):盲人。　[2]句:古音读作"gōu"。　[3]微:地位卑微。庶人:平民百姓。

舜父瞽叟盲,而舜母死,瞽叟更娶妻而生象,象傲。瞽叟爱后妻子,常欲杀舜,舜避逃;及有小过,则受罪。顺事父及后母与弟[1],日以笃谨[2],匪有解[3]。

[1]顺事:恭敬、依从。　[2]笃(dǔ)谨:诚实恭敬。　[3]匪:没有。解:通"懈",松懈。

舜,冀州之人也[1]。舜耕历山[2],渔雷泽[3],陶河滨[4],作什器于寿丘[5],就时于负夏[6]。舜父瞽叟顽,母嚚[7],弟象傲,皆欲杀舜。舜顺适不失子道,兄弟孝慈。欲杀,不可得;即求,尝在侧[8]。

　　[1]冀州:古九州之一,相当于今山西,河南北部、河北省大部及辽宁西部。　[2]历山:其地所在有多种说法,一说在今山东济南市东南。　[3]雷泽:古泽名,在今山西省永济县南。　[4]陶:作陶器。　[5]什器:即什物,普通的生活用品。寿丘:在今山东省曲阜县境内。　[6]就时:逐时,即乘时进行一些适应气节的耕作或狩猎活动。负夏:地名,在今山东省兖州北。　[7]嚚(yín):愚蠢而顽固。　[8]求:寻找时机。尝:通"常",经常。在侧:指在身边服侍。

舜年二十以孝闻。三十而帝尧问可用者[1],四岳咸荐虞舜,曰可。于是尧乃以二女妻舜以观其内,使九男与处以观其外[2]。舜居妫汭,内行弥谨[3]。尧二女不敢以贵骄事舜亲戚[4],甚有妇道。尧九男皆益笃[5]。舜耕历山,历山之人皆让畔[6];渔雷泽,雷泽上人皆让居[7];陶河滨,河滨器皆不苦窳[8]。一年而所居成聚[9],二年成邑[10],三年成都[11]。尧乃赐舜绨衣[12],与琴,为筑仓廪[13],予牛羊。瞽叟尚复欲杀之,使舜上涂廪[14],瞽叟从下纵火焚廪。舜乃以两笠自扞而下[15],去,得不死。后瞽叟又使舜穿井,舜穿井为匿空旁出[16]。舜既入深,瞽叟与象共下土实井[17],舜从匿空出,去。瞽叟、象喜,以舜为已死[18]。象曰:"本谋者象。"象与其父母分[19],于是曰:"舜妻尧二女,与琴,象取之。牛羊仓廪予父母。"象乃止舜宫居[20],鼓其琴。舜往见之。象鄂不怿[21],曰:"我思舜正郁陶[22]!"舜曰:"然,尔其庶矣[23]!"舜复事瞽叟爱弟弥谨。于是尧乃试舜五典百官,皆治[24]。

　　[1]可用:可以为天子。　[2]处:与……相处。　[3]内行:家内的行为。弥谨:更加有德。　[4]事:对待。　[5]笃:忠实,真诚。　[6]畔:田地的边界。　[7]上人:上游的人。让居:也指礼让。　[8]苦窳(yǔ):破败。　[9]聚:即村落。　[10]邑(yì):集镇。　[11]都:都市,四邑为一都。　[12]绨(chī)衣:用细葛布织成的衣服。　[13]仓廪(lǐn):存储粮食的地方。　[14]上涂廪:爬到仓廪上去修缮它。涂:修缮。　[15]扞(hàn):滑落。　[16]匿:隐藏。空:通"孔",小洞。旁出:从井壁旁通向外面。　[17]实:填充。　[18]以:认为。　[19]分(fēn):分割舜的家产。　[20]宫:室,住所。　[21]鄂:通"愕",惊愕。不怿:不高兴。　[22]郁陶:愁闷。　[23]尔其庶矣:你真的已经不错了。庶:庶几,差不多。　[24]治:治理得很好。

昔高阳氏有才子八人,世得其利,谓之"八恺[1]"。高辛氏有才子八人,世谓之"八元[2]"。此十六族者,世济其美,不陨其名[3]。至于尧,尧未能举。舜举八恺,使主后土[4],以揆百事[5],莫不时序[6]。举八元,使布五教于四方,父义,母慈,兄友,弟恭,子孝,内平外成[7]。

[1]恺(kǎi):和善。 [2]元:善良。 [3]陨(yǔn):损伤,使……败落。 [4]后土:土地。主:管理。 [5]揆(kuí):管理,作为准则。 [6]时序:按时安排好。 [7]平:太平。成:化成。内平外成:诸夏太平,而夷狄化成。

昔帝鸿氏有不才子[1],掩义隐贼[2],好行凶慝[3],天下谓之浑沌[4]。少皞氏有不才子[5],毁信恶忠[6],崇饰恶言[7],天下谓之穷奇[8]。颛顼氏有不才子,不可教训,不知话言[9],天下谓之梼杌[10]。此三族世忧之。至于尧,尧未能去[11]。缙云氏有不才子[12],贪于饮食,冒于货贿[13],天下谓之饕餮[14]。天下恶之,比之三凶[15]。舜宾于四门[16],乃流四凶族[17],迁于四裔[18],以御螭魅[19],于是四门辟[20],言毋凶人也[21]。

[1]帝鸿:黄帝。 [2]掩:掩盖。义:义事。隐:私底下。贼:贼害。 [3]慝(tè):凶恶。 [4]浑沌:人名,即指谨兜,也有不开化,野蛮无知的意思。 [5]少皞(hào)氏:氏族名。 [6]毁:毁坏。恶:讨厌。 [7]崇饰:喜欢。 [8]穷奇:即共工氏。 [9]话言:语言。 [10]梼杌(táo wù):代指鲧(gǔn)。 [11]去:使……离开,去掉。 [12]缙(jìn)云氏:炎帝的一支,在黄帝时,这一支曾作为缙云官,因而被称为缙云氏。 [13]冒:喜欢。 [14]饕餮(tāo tiè):代指三苗。 [15]比之:将之比喻为。 [16]宾:接待四方诸侯和宾客。 [17]流:流放。 [18]迁于四裔:将他们迁徙到四裔之地。四裔之地离王城有四千里远。 [19]御:抵御,控制。螭魅(chī mèi):比喻邪恶之人。螭魅原指山林间的一种人面兽身的怪物,喜欢迷惑人。 [20]辟:开。 [21]毋(wú):通"无",没有。

舜入于大麓[1],烈风雷雨不迷,尧乃知舜之足授天下。尧老,使舜摄行天子政,巡狩[2]。舜得举用事二十年[3],而尧使摄政。摄政八年而尧崩。三年丧毕,让丹朱[4],天下归舜。而禹、皋陶、契、后稷、伯夷、夔、龙、倕、益、彭祖自尧时而皆举用,未有分职[5]。于是舜乃至于文祖,谋于四岳[6],辟四门[7],明通四方耳目,命十二牧论帝德[8],行厚德,远佞人[9],则蛮夷率服[10]。舜谓四岳曰:"有能奋庸美尧之事者[11],使居官相事[12]?"皆曰:"伯禹为司空,可美帝功"。舜曰:"嗟,然!禹,汝平水土,维是勉哉。"禹拜稽首,让于稷、契与皋陶。舜曰:"然,往矣[13]。"舜曰:"弃[14],黎民始饥,汝后稷播时百谷[15]。"舜曰:"契,百姓不亲,五品不驯[16],汝为司徒,而敬敷五教,在宽[17]。"舜曰:"皋陶,蛮夷猾夏,寇贼奸轨[18],汝作士[19],五刑有服,五服三就[20];五流有度,五度三居[21]:维明能信[22]。"舜曰:"谁能驯予工[23]?"皆曰垂可。于是以垂为共工[24]。舜曰:"谁能驯予上下草木鸟兽?"皆曰益可。于是以益为朕虞[25]。益拜稽首,让于诸臣朱虎、熊罴[26]。舜曰:"往矣,汝谐[27]。"遂以朱虎、熊罴为佐。舜曰:"嗟!四岳,有能典朕三礼[28]?"皆曰伯夷可。舜曰:"嗟!伯夷,以汝为秩宗[29],夙夜维敬,直哉维静絜[30]。"伯夷让夔、龙。舜

一、史家绝唱——《史记》

曰："然。以夔为典乐[31]，教稚子，直而温，宽而栗，刚而毋虐，简而毋傲[32]；诗言意，歌长言，声依永，律和声，八音能谐，毋相夺伦，神人以和[33]。"夔曰："于！予击石拊石，百兽率舞[34]。"舜曰："龙，朕畏忌谗说殄伪，振惊朕众[35]，命汝为纳言[36]，夙夜出入朕命，惟信[37]。"舜曰："嗟！女二十有二人，敬哉，惟时相天事[38]。"三岁一考功，三考绌陟[39]，远近众功咸兴。分北三苗[40]。

[1]大麓(lù):山林川泽。 [2]巡狩:巡视。 [3]得举用事:被举荐为官。 [4]让丹朱:让位于丹朱。丹朱,尧的儿子。舜虽有让位于丹朱的举动,但诸侯仍推崇舜,所以舜继任为君主。 [5]倕:读chuí。禹、皋陶、契、后稷、伯夷、夔、龙、倕、益、彭祖,皆为官职名或人名。 [6]谋:与……商议。四岳:官名。 [7]辟:开辟。 [8]十二牧:官职名。论:讨论。帝:指尧。德:道德。 [9]远:远离。佞(nìng)人:奸邪小人。 [10]蛮夷:指除去诸夏之外的夷狄。 [11]奋:奋发。庸:通"用",执行天命。美:发扬光大。 [12]相事:相当于后世的宰相。 [13]然:就这样吧。往矣:去吧,指舜不接受禹的辞让,坚持让他去做官。 [14]弃:人名。稷:主管农业的官职名。即让弃担任此官职。 [15]播时:顺应时节播种。 [16]五品:即父、母、兄、弟、子这五种纲常。 [17]五教:指上文述及的"父义,母慈,兄友,弟恭,子孝"五种伦理规范。在宽:注意宽和,不急躁。 [18]滑:侵乱,侵扰。寇贼奸轨:皆指奸邪之行为。奸邪在内称为"奸",在外则称为"轨"。 [19]士:官名,狱官之长。 [20]服:服从。三就:往三处地方执行,大罪陈于原野,中罪陈于市朝,小罪陈于族人之间。 [21]度(duó):衡量依据,等级。三居:不同等级的流刑有不同的居处。大罪流放到四裔之外,中罪流放到九州之外,小罪流放到国都之外。 [22]明:使其罪行清楚。信:使其信服。 [23]驯:和顺。工:主管百工的官职。 [24]共工:官职名,即司空,主管百工的事务。 [25]虞:主管山泽的官职名。朕(zhèn):君主的自称,第一人称。 [26]熊罴(pí):人名。 [27]谐:合适。 [28]典:为……制订标准、法则。三礼:即天神之礼、地祇(qí)、人鬼之礼。也就是天事、地事、人事的礼节。 [29]秩宗:官名,主要管理郊庙的祭祀。 [30]夙(sù):早,代指白昼。夜:夜晚。夙夜维敬:无论白天黑夜都恭敬的执典礼,实施政教。静:清净。静絜(jié):肃静而清洁。直:正直。 [31]典乐:官职名,主管音乐、歌诗、舞蹈之类。 [32]直而温:正直而温和。宽而栗:宽大而行事谨慎。栗:行事戒果,即言其谨慎。刚而毋虐:刚直而不暴虐。简而毋傲:简朴而不骄傲。 [33]诗言意:诗能体现志向和意志。歌长言:歌能咏意,表达语言所不能表达的东西。声:即宫、商、角、徵、羽五音。依:相互依存,统一。律:即六律六吕,依据十二月各自的特点而作的音乐。和:和谐而统一。声:即上文所说的五音。八音:即金、石、丝、竹、匏(páo)、土、革、木这八音。谐:和谐。伦:条理。和:和谐。 [34]石:磬,乐器的一种,声音清脆。拊(fǔ):击打。率舞:随着音乐起舞。 [35]畏忌:惧怕讨厌。谗说:好说谗言之人。殄(tiǎn):消灭。伪:虚伪,奸邪之人。振:恐怕。惊:惊动。众:众人,指普通百姓。 [36]纳言:官职名,主管进柬,下情上达、上情下传。 [37]惟:一定要。信:诚实可信。 [38]敬哉:一定要恭敬的做事。时相天事:按照季节时令的变化正确地实施政令。 [39]三岁一考功:每三年考核一次功绩。绌(chù):罢黜。陟(zhì):升迁。 [40]分北:使分崩离析。三苗:炎帝后裔的一支,传说德行卑下而奸邪。

此二十二人咸成厥功[1]；皋陶为大理,平[2],民各伏得其实[3]；伯夷主礼,上下咸让；垂主工师,百工致功[4]；益主虞[5],山泽辟；弃主稷[6],百谷时茂；契主司徒[7],百姓亲和;龙主宾客[8],远人至;十二牧行而九州莫敢辟违[9];唯禹之功为大,披九山[10],通九泽,决九河[11],定九州,各以其职来贡,不失厥宜。方五千里[12],至于荒服[13]。南抚交阯、北发,西戎、析枝、渠廋、氐、羌,北山戎、发、息慎、东长、鸟夷,四海之内咸戴帝舜之功[14]。于是禹乃兴《九招》之乐[15],致异物,凤皇来翔。天下明德皆自虞帝始。

[1]厥(jué):其,他的。 [2]平:断狱公平。 [3]伏:拜伏、信服。得其实:断狱符合实际情况。 [4]致功:获得成功。 [5]虞:主管山泽的官。 [6]稷(jì):主管农业的官。 [7]司徒:主管刑狱的官职名。 [8]宾客:主管外交的官职名。 [9]辟违:违背。 [10]披:裂开。披九山:裂九山以使其相通。 [11]决:疏通。 [12]方:治理。 [13]荒服:指极其偏远的地区。 [14]四海:指九夷、八狄、七戎、六蛮。戴:爱戴,推崇。 [15]兴:制订。九招:乐曲名,招或作韶。

舜年二十以孝闻,年三十尧举之,年五十摄行天子事,年五十八尧崩,年六十一代尧践帝位。践帝位三十九年,南巡狩,崩于苍梧之野[1]。葬于江南九疑[2],是为零陵。舜之践帝位,载天子旗,往朝父瞽叟,夔夔唯谨[3],如子道。封弟象为诸侯。舜子商均亦不肖,舜乃豫荐禹于天[4]。十七年而崩。三年丧毕,禹亦乃让舜子[5],如舜让尧子。诸侯归之[6],然后禹践天子位。尧子丹朱,舜子商均,皆有疆土,以奉先祀。服其服[7],礼乐如之。以客见天子[8],天子弗臣[9],示不敢专也[10]。

[1]苍梧:地名,在今湖南省南部、广西省东北部和广东省西北部一带。 [2]九疑:地名。因山而得名,山的九个山谷都很相似,故称为九疑。在今湖南省宁远县南。 [3]夔夔(kuí):形容和乐、恭敬的样子。 [4]豫:同"预",预先,事先。荐禹于天:向上天推荐让禹即位。 [5]让舜子:向舜的儿子(商均)辞让帝位。 [6]归之:推戴他。 [7]服其服:穿他们(唐或禹)自己的服饰。服:穿戴。 [8]以客见天子:以宾客的身份拜见天子。 [9]弗臣:不把他们当作臣下看待。 [10]专:独自占有帝位。

自黄帝至舜、禹,皆同姓而异其国号,以章明德[1]。故黄帝为有熊,帝颛顼为高阳,帝喾为高辛,帝尧为陶唐,帝舜为有虞[2]。帝禹为夏后而别氏[3],姓姒氏。契为商,姓子氏。弃为周,姓姬氏。

[1]章:通"彰",显示,显现。 [2]有熊、高阳、高辛、陶唐、有虞皆为各自得天下之后的号。 [3]帝禹为夏后而别氏:禹为夏后氏的一支。

太史公曰[1]:学者多称五帝[2],尚矣[3]。然《尚书》独载尧以来;而百家言黄帝,其文不雅驯[4],荐绅先生难言之[5]。孔子所传《宰予问五帝德》及《帝系姓》,儒者或不传。余尝西至空桐,北过涿鹿[6],东渐于海[7],南浮江淮矣[8],至长老皆各往往称黄帝、尧、舜之处,风教固殊焉[9],总之不离古文者近是[10]。予观《春秋》、《国语》,其发明《五帝德》、《帝系姓》章矣[11],顾弟弗深考[12],其所表见皆不虚。书缺有间矣[13],其轶乃时时见于他说[14]。非好学深思,心知其意,固难为浅见寡闻道也。余并论次[15],择其言尤雅者,故著为《本纪》书首。

[1] 太史公:司马迁的自称。　[2] 称:称道。五帝:传说中的上古史有三皇、五帝,以黄帝、颛顼、帝喾、唐尧、虞舜为五帝。　[3] 尚:时间久远。　[4] 驯:通"训"。雅驯:典雅之训。　[5] 荐绅:即"搢绅",又作"缙绅"。搢:插,绅,插笏的赤色腰带。荐绅先生:即士大夫的代称。　[6] 涿鹿:今河北涿鹿。　[7] 渐:接近,到达。　[8] 浮:乘船行于江上。　[9] 风教:风俗和教化。殊:不同。　[10] 古文:特指《帝德》、《帝系》二书。　[11] 发明:使……更明白,清楚。章:通"彰",显著。　[12] 顾:但是。弟:况且。　[13] 书:特指《古文尚书》。缺:缺失。间:多。　[14] 轶(yì):散失,失传。　[15] 并:合并。论次:各种论著。

(据中华书局1959年点校本《史记》　代　芯)

游 侠 列 传

韩子曰[1]:"儒以文乱法,而侠以武犯禁[2]。"二者皆讥[3],而学士多称于世云[4]。至如以术取宰相卿大夫,辅翼其世主[5],功名俱著于春秋[6],固无可言者。及若季次、原宪[7],闾巷人也[8],读书怀独行君子之德[9],义不苟合当世,当世亦笑之。故季次、原宪终身空室蓬户[10],褐衣疏食不厌[11]。死而已四百余年,而弟子志之不倦[12]。今游侠,其行虽不轨于正义[13],然其言必信,其行必果[14],已诺必诚[15],不爱其躯,赴士之阨困[16],既已存亡死生矣,而不矜其能[17],羞伐其德[18],盖亦有足多者焉[19]。

[1] 韩子:即韩非。所引文字见《韩非子·五蠹》。　[2] 儒:儒家学派,此指儒生。乱法:破坏法度。侠:游侠。禁:禁令。　[3] 二者:指儒、侠。讥:非难。　[4] 学士:指儒生。称:被人称扬。　[5] 辅翼:辅助。世主:当世之君主。　[6] 春秋:泛指国史。　[7] 季次:即公皙哀,孔子的弟子。原宪:即子思,孔子的弟子。　[8] 闾巷:里巷,指民间。　[9] 怀:怀抱。独行君子:指独守个人节操,而不随波逐流、与世浮沉的人。　[10] 空室:极言贫穷。蓬户:用蓬蒿编成的门。　[11] 褐衣:粗布短衣。疏:粗糙低劣的饭食。厌:饱,满足。　[12] 志:铭记,怀念。倦:停止。　[13] 轨:合。　[14] 果:坚定,不改变。　[15] 诚:忠实地兑现。　[16] 赴:往,有奔走之义。阨(è):险。　[17] 矜:自夸。　[18] 伐:夸耀。　[19] 足:值得。多:称赞。

且缓急[1],人之所时有也。太史公曰:昔者虞舜窘于井廪[2],伊尹负于鼎俎[3],傅说匿于傅险[4],吕尚困于棘津[5],夷吾桎梏[6],百里饭牛[7],仲尼畏匡[8],菜色陈、蔡[9]。此皆学士所谓有道仁人也,犹然遭此菑[10],况以中材而涉乱世之末流乎?其遇害何可胜道哉!

[1] 缓急:偏义复词,重在"急",急迫。　[2] 窘:困。井廪:水井和仓廪。　[3] 负:背。

鼎:古炊具。俎:切东西的案板。　[4]匿:隐藏。傅险:地名。　[5]棘津:古代河水名。[6]夷吾:即管仲。桎梏(zhì gù):指其兵败被囚事。桎:足械。梏:手械。　[7]百里:即百里奚。饭:饲养。　[8]畏:拘囚。　[9]菜色:饥饿的面色。　[10]犹然:尚且。菑:灾。

鄙人有言曰[1]:"何知仁义,已飨其利者为有德[2]。"故伯夷丑周[3],饿死首阳山,而文武不以其故贬王[4];跖、跻暴戾[5],其徒诵义无穷[6]。由此观之,"窃钩者诛,窃国者侯,侯之门仁义存",非虚言也。

[1]鄙人:指平民百姓。　[2]飨:享受。　[3]丑:耻。　[4]以:因为。贬王:降低他们贤王的声誉。　[5]暴戾:凶暴残忍。戾:乖张,反常。　[6]诵:称诵。

今拘学或抱咫尺之义[1],久孤于世,岂若卑论侪俗[2],与世沈浮而取荣名哉!而布衣之徒,设取予然诺[3],千里诵义,为死不顾世,此亦有所长,非苟而已也。故士穷窘而得委命[4],此岂非人之所谓贤豪间者邪[5]?诚使乡曲之侠[6],予季次、原宪比权量力[7],效功于当世[8],不同日而论矣。要以功见言信[9],侠客之义又曷可少哉[10]!

[1]拘学:抱着一得之见,或拘守片面理论而故步自封的学者。咫尺:形容微小、短浅。咫:八寸为咫。　[2]卑论:降低论调。侪(chái):等、齐。侪俗:迁就世俗。　[3]设:重视,看重。取予:获取给予。然诺:应允。　[4]委:托也。　[5]间:一说"间"字疑衍;一说"间者"指杰出的人才。　[6]诚:假如。乡曲:乡里、民间。　[7]予:与。比权量力:比较其权威和影响力量。　[8]效:表现。　[9]要(yāo):假如。见,现。　[10]曷:何。少:轻视。

古布衣之侠,靡得而闻已[1]。近世延陵、孟尝、春申、平原、信陵之徒,皆因王者亲属,藉于有土卿相之富厚[2],招天下贤者,显名诸侯,不可谓不贤者矣。比如顺风而呼,声非加疾[3],其埶激也[4]。至如闾巷之侠,修行砥名[5],声施于天下[6],莫不称贤,是为难耳。然儒、墨皆排摈不载[7]。自秦以前,匹夫之侠,湮灭不见,余甚恨之[8]。以余所闻,汉兴有朱家、田仲、王公、剧孟、郭解之徒,虽时扞当世之文罔[9],然其私义廉絜退让,有足称者。名不虚立,士不虚附。至如朋党宗强比周[10],设财役贫[11],豪暴侵凌孤弱,恣欲自快[12],游侠亦丑之。余悲世俗不察其意,而猥以朱家[13]、郭解等令与暴豪之徒同类而共笑之也。

[1]靡:不,无。　[2]藉:依靠。土:指封地。　[3]疾:急速,快,强劲。　[4]激:激励,激荡。　[5]砥名:修炼自己的名声。砥:磨刀石,此引申为磨练。　[6]施(yì):蔓延,传播。[7]排:排斥。摈:摈弃。　[8]恨:遗憾。　[9]扞(hàn):触犯。文罔:法律禁令,罔同网。[10]宗强:豪强的大族。比周:亲密地勾结。　[11]设财役贫:依仗自己的财富役使穷人。役:役使,摆布。　[12]恣:放纵。　[13]猥:混杂不分的意思。

鲁朱家者,与高祖同时。鲁人皆以儒教,而朱家用侠闻。所藏活豪士以百数[1],其馀庸人不可胜言[2]。然终不伐其能[3],歆其德[4],诸所尝施,唯恐见之。振人不赡[5],先从贫贱始。家无馀财,衣不完采[6],食不重味[7],乘不过驹牛[8]。专趋人之急,甚己之私。既阴脱季布将军之阨[9],及布尊贵,终身不见也。自关以东,莫不延颈愿交焉[10]。

[1]藏活:藏匿而使其活命。　[2]庸人:平常的人,对豪士而言。　[3]伐:夸耀。[4]歆:自我欣赏。德:恩惠。　[5]振:救济。赡:足。　[6]采:同彩,有色的帛。不完采:不着彩绣的衣服。　[7]重味:两种菜肴。　[8]驹(gòu):挽车的轭。驹牛:即挽车的小牛。[9]阴脱:暗中解脱。阨:同厄。　[10]延颈:仰望,翘盼。

楚田仲以侠闻,喜剑,父事[1]朱家,自以为行弗及。田仲已死,而雒阳有剧孟。周人以商贾为资[2],而剧孟以任侠显诸侯。吴楚反时[3],条侯为太尉,乘传车将至河南[4],得剧孟,喜曰:"吴楚举大事而不求孟,吾知其无能为已矣。"天下骚动,宰相得之若得一敌国云。剧孟行大类朱家[5],而好博[6],多少年之戏。然剧孟母死,自远方送丧盖千乘。及剧孟死,家无馀十金之财。而符离人王孟亦以侠称江淮之间。

[1]父事:像对待父亲一样侍奉。　[2]资:这里作"生涯"、"职业"解释。　[3]吴楚反:指吴楚七国之乱。　[4]传(zhuàn)车:驿车。　[5]类:似。　[6]博:古代的一种六博的棋类游戏。

是时济南瞯氏、陈周庸亦以豪闻,景帝闻之,使使尽诛此属[1]。其后代诸白[2]、梁韩无辟[3]、阳翟薛兄[4]、陕韩孺纷纷复出焉。

[1]此属:这一类列的人。　[2]代诸白:代郡白家,因不止一人,故云"诸"。　[3]辟:音避。　[4]兄:音况。

郭解,轵人也[1],字翁伯,善相人者许负外孙也[2]。解父以任侠,孝文时诛死。解为人短小精悍[3],不饮酒。少时阴贼[4],慨不快意,身所杀甚众[5]。以躯借交报仇[6],藏命作奸剽攻[7],休乃铸钱掘冢[8],固不可胜数。适有天幸,窘急常得脱,若遇赦[9]。及解年长,更折节为俭[10],以德报怨,厚施而薄望[11]。然其自喜为侠益甚。既已振人之命[12],不矜其功,其阴贼著于心,卒发于睚眦如故云[13]。而少年慕其行,亦辄为报仇,不使知也。解姊子负解之势[14],与人饮,使之嚼[15]。非其任,彊必灌之[16]。人怒,拔刀刺杀解姊子,亡去[17]。解姊怒曰:"以翁伯之义,人杀吾子,贼不得[18]。"弃其尸于道,弗葬,欲以辱解。解使人微知贼处[19]。贼窘自归,具以实告解。解曰:"公杀之固当,吾儿不直。"遂去其贼[20],罪其姊子,乃收而葬之。诸公闻之,皆多解之义,益附焉。

[1] 轵(zhǐ):汉县名,故城在今河南省济源县东南十三里的轵城镇。 [2] 郭解是许负的外孙(女儿之子)。许负:擅长相人之术,曾经相薄姬当生天子,相河内守周亚夫当封侯为将而饿死,都应验,所以说他是善相人者。 [3] 短小精悍:状貌矮小而精明勇健。悍:刚狠。 [4] 阴贼:深沉、残忍。 [5] 慨不快意,身所杀甚众:感到不合意的人,亲自把他们杀害的很多。身:亲身、亲自。 [6] 以躯借交报仇:拼着身命为朋友报仇。借:助。 [7] 藏命:窝藏亡命之徒。作奸:犯法。剽(piào)攻:劫夺。 [8] 铸钱掘冢:私铸铜钱,掘坟盗墓。 [9] 窘急常得脱,若遇赦:每当(被追得)紧迫的时候(即是说危难的时候)常常能够逃脱或者刚好遇到大赦。若:或。以上都是说年少时的郭解。 [10] 更折节为俭:转变(他的)性行,能克制自己,约束自己。更:改变。折节:克制。俭:约束、收敛。 [11] 厚施而薄望:施与给人家的多,责望人家的少。厚犹多,薄犹少。 [12] 振:救。 [13] 其阴贼著于心,卒发于睚眦:心里还是狠毒,说不定什么时候就因为别人瞪了他一样,而突然爆发起来。卒:同"猝"。睚眦(yá zì):因发怒而瞪眼睛。 [14] 负解之势:依靠郭解的声势。负:依仗、依恃。 [15] 嚼:同"釂",等于今天说的干杯。 [16] 非其任,彊必灌之:那人受不了,硬要灌下去。 [17] 亡去:逃走。 [18] 贼不得:凶手捉不到。 [19] 微:暗中侦查。 [20] 去:放走。

解出入,人皆避之[1]。有一人独箕倨视之[2],解遣人问其名姓。客欲杀之。解曰:"居邑屋至不见敬[3],是吾德不修也,彼何罪!"乃阴属尉史[4]曰:"是人,吾所急也[5],至践更时脱之[6]。"每至践更,数过,吏弗求。怪之,问其故,乃解使脱之。箕踞者乃肉袒谢罪。少年闻之,愈益慕解之行。

雒阳人有相仇者,邑中贤豪居间者以十数[7],终不听。客乃见郭解。解夜见仇家,仇家曲听解[8]。解乃谓仇家曰:"吾闻雒阳诸公在此间[9],多不听者。今子幸而听解,解奈何乃从他县夺人邑中贤大夫权乎!"乃夜去,不使人知,曰:"且无用,待我去,令雒阳豪居其间,乃听之[10]。"

[1] 避:避让、让路,表示尊敬。 [2] 箕倨:叉腿而坐,在古代这是一种傲慢无礼的样子。 [3] 居邑屋:等于说"同住一个里巷"。邑屋:等于说街坊。 [4] 属:同"嘱",嘱托。尉史:县尉收下的小吏,主管征发徭役等事。 [5] 急:等于说关心、关切。 [6] 践更:指取得人钱,代人出徭役者。脱:漏,免。 [7] 居间:指从中调停。 [8] 曲听:这里指为尊重调解人而委屈心意地听从了。 [9] 在此间:在这里居间调解。 [10] 最后这四句话意思是:你们暂时先别听我的话,等我走后,让洛阳诸公再来调停,那时你们再听。

解执恭敬[1],不敢乘车入其县廷。之旁郡国[2],为人请求事,事可出[3],出之;不可者,各厌其意[4],然后乃敢尝酒食。诸公以故严重[5],争为用[6]。邑中少年及旁近县贤豪,夜半过门常十余车,请得解客舍养之[7]。

及徙豪富茂陵也[8],解家贫,不中訾[9],吏恐,不敢不徙[10]。卫将军为言[11]:"郭解家贫不中徙。"上曰:"布衣权至使将军为言,此其家不贫。[12]"解家遂徙。诸公送者出千余万[13]。轵人杨季主子为县掾[14],举徙解[15]。解兄子断杨掾头。由此杨氏与郭氏为仇。

[1] 执:执持、谨守。 [2] 之:去,往。 [3] 出:出脱、获释。 [4] 各厌其意:让每个人都满意。厌:同"餍",满足。 [5] 严重:尊重,敬重。 [6] 为用:为(郭解)用,等于说为郭解效力。 [7] 请得解客舍养之:这句话是说愿为郭解分担,把他藏匿的亡命者带回去供养。 [8] 徙豪富茂陵:茂陵是汉武帝的陵寝,建元二年(前139年),因为建茂陵,就迁了各地的富豪去那里居住;元朔二年(前127年),又迁郡国的富豪去那里,郭解迁居陵县也就在这时。 [9] 不中訾:指家财够不上规定搬迁的数目。当时规定,家訾三百万以上的才可以迁茂陵。訾:同"资"。 [10] 吏恐,不敢不徙:迁徙郭解大概有朝廷的命令,所以官吏明知他的家产"不中訾",也不敢违背上意。 [11] 卫将军:即卫青,以伐匈奴功封大将军。为言:为郭解说情,想请求不搬。 [12] 本句的意思是说,一个布衣百姓都可以使将军来替他说话,这样看来,他的家决不贫穷。 [13] 出千余万:出千余万钱。 [14] 县掾(yuàn):县令手下的曹吏。掾:各种曹吏的统称。 [15] 举:提名。

解入关,关中贤豪知与不知,闻其声,争交欢解[1]。解为人短小,不饮酒,出未尝有骑。已又杀杨季主[2]。杨季主家上书,人又杀之阙下[3]。上闻,乃下吏捕解[4]。解亡[5],置其母家室夏阳[6],身至临晋[7]。临晋籍少公素不知解[8],解冒[9],因求出关。籍少公已出解,解转入太原[10],所过辄告主人家。吏逐之[11],迹至籍少公[12]。少公自杀,口绝。久之,乃得解。穷治所犯[13],为解所杀,皆在赦前。轵有儒生侍使者坐[14],客誉郭解,生曰:"郭解专以奸犯公法,何谓贤!"解客闻,杀此生,断其舌。吏以此责解,解实不知杀者。杀者亦竟绝,莫知为谁。吏奏解无罪。御史大夫公孙弘议曰[15]:"解布衣为任侠行权,以睚眦杀人,解虽弗知,此罪甚于解杀之。当大逆无道[16]。"遂族郭解翁伯[17]。

自是之后,为侠者极众,敖而无足数者[18]。然关中长安樊仲子,槐里赵王孙,长陵高公子,西河郭公仲,太原卤公孺,临淮儿长卿,东阳田君孺[19],虽为侠而逡逡有退让君子之风[20]。至若北道姚氏,西道诸杜[21],南道仇景,东道赵他、羽公子[22],南阳赵调之徒[23],此盗跖居民间者耳,曷足道哉!此乃乡者朱家之羞也[24]。

[1] 交欢:交友结欢。 [2] 已:后来。 [3] 阙下:指宫门前。古代的王宫正门外,建有双阙。阙:门观。 [4] 下吏:下召令给主管这件事的官吏。 [5] 亡:逃亡。 [6] 夏阳:汉县名,县治在今陕西省韩城西南。 [7] 临晋:汉县名,县治在今陕西省大荔东南。 [8] 籍少公:姓籍名少公。不知:不认识。 [9] 冒:指郭解冒然相投,以自己的真情相告,请籍少公酌情而行。 [10] 太原:汉郡名,郡治晋阳,在今山西省太原市西南。 [11] 逐:追捕。 [12] 迹:追踪。 [13] 穷治:深究,极力追问。 [14] 使者:指京城派到轵县来专门查访郭解"恶迹"的人。 [15] 御史大夫:主管监察弹劾的最高长官,秦、汉时为三公之一。公孙弘:以读《春秋》出名,在汉武帝尊儒的过程中平步青云。 [16] 当:判处。这句意思是判处大逆无道的罪名。 [17] 族:族诛。 [18] 敖:同"傲",傲慢。 [19] 长安:汉代国都,在今西安市西北。槐里:汉县名,县治在今陕西省兴平东南。长陵:汉县名,是刘邦的陵寝所在,县治在今陕西省泾阳东南。西河:汉郡名,郡治在平定(今内蒙古准噶尔旗西南)。临淮:汉郡名,郡治在

徐县(今江苏省泗洪南)。东阳:汉县名,县治在今安徽省天长西北。 [20]逡逡(qūn qūn):谦虚退让的样子。 [21]北道、西道:等于说"北路"、"西路"或者"北方"、"西方",都是泛指。 [22]赵他、羽公子:有人认为是两个人的名字;有人认为是一个人,姓赵,名他羽,字公子。 [23]南阳:汉郡名,郡治在宛县(今河南省南阳市) [24]乡者:等于说"昔者"、"前者"。乡:同"向"。

太史公曰:吾视郭解,状貌不及中人,言语不足采者[1]。然天下无贤与不肖,知与不知,皆慕其声,言侠者皆引以为名[2]。谚曰:"人貌荣名,岂有既乎[3]!"於戏,惜哉[4]!

[1]不足采:无可取。 [2]皆引以为名:意思是都标榜郭解而借以提高自己的名声。 [3]这句话有几种的理解。一说人靠容貌作外表,容貌总会衰败;只有用荣名来装饰,得到的赞誉才是无穷无尽的。既:尽。一说,一说人的相貌好坏,与人的道德名声的高低并没有一定的联系。既:定。 [4]於戏(wū hū):感叹词。惜:可惜、惋惜。

(据中华书局1959年点校本《史记》 张朝富)

太史公自序·论六家要指

《易大传》:"天下一致而百虑,同归而殊涂[1]。"夫阴阳、儒、墨、名、法、道德,此务为治者也[2],直所从言之异路[3],有省不省耳[4]。尝窃观阴阳之术,大祥而众忌讳[5],使人拘而多所畏[6];然其序四时之大顺[7],不可失也。儒者博而寡要,劳而少功,是以其事难尽从;然其序君臣父子之礼,列夫妇长幼之别,不可易也。墨者俭而难遵,是以其事不可遍循[8];然其强本节用[9],不可废也。法家严而少恩;然其正君臣上下之分,不可改矣。名家使人俭而善失真[10];然其正名实,不可不察也。道家使人精神专一,动合无形[11],赡足万物[12]。其为术也,因阴阳之大顺[13],采儒、墨之善,撮名、法之要[14],与时迁移,应物变化[15],立俗施事[16],无所不宜,指约而易操[17],事少而功多。儒者则不然。以为人主天下之仪表也[18],主倡而臣和,主先而臣随。如此则主劳而臣逸。至于大道之要,去健羡[19],绌聪明[20],释此而任术[21]。夫神大用则竭[22],形大劳则敝。形神骚动,欲与天地长久,非所闻也。

[1]今本《周易·系辞下》作"天下同归而殊途,一致而百虑"。 [2]务:从事,致力。 [3]直:副词,只不过。从言:根据的理路。 [4]省(shěng):当为"烦省"之"省",即下文所说的"指约而易操,事少而功多"。一说:省(xǐng),善也。或说指省(xǐng)察,或说指清楚、明白,恐俱非。 [5]大:重视。或通"太",副词,极,表示程度极高。祥:吉凶的征兆。一说:通"详",周密。众:多。 [6]拘:束缚,拘束。 [7]序:谓按次序区分、排列。大顺:犹大法。 [8]遍循:全部遵循。 [9]节用:节省费用,今本《墨子》有《节用》三篇。 [10]俭:一般认为同"检",约束、限制,也可能是考查、察验。失真:指失去本意或本来面目。 [11]动合无

形:行动合乎无形之道。　　[12]赡(shàn):通"澹",安定。一说:充足。　　[13]因:介词,依照,根据。　　[14]撮(cuō):摄取。　　[15]应(yìng)物:顺应事物。　　[16]施事:行事。　　[17]指约:旨意简约。易操:容易掌握。　　[18]仪表:指准则、法式、楷模。　　[19]健羡:贪欲。　　[20]绌(chù):通"黜",废弃。聪明:指智慧才智。　　[21]释儒而任术:废弃儒家学说,使用黄老之术。一说:言儒者释大道而任术。　　[22]大:同"太"。

　　夫阴阳四时、八位、十二度、二十四节各有教令[1],顺之者昌,逆之者不死则亡,未必然也,故曰"使人拘而多畏"。夫春生夏长,秋收冬藏,此天道之大经也[2],弗顺则无以为天下纲纪[3],故曰"四时之大顺,不可失也"。

　　[1]四时:春、夏、秋、冬。八位:八卦之位,即八个方位(离南、坎北、震东、兑西、巽东南、艮东北、坤西南、乾西北)。十二度:我国古代为观测日、月、五星的位置和运动,把黄赤道带自西向东划分为十二个部分,代表十二个月,称为十二度,也称十二次。二十四节:我国古代历法,根据太阳在黄道上的位置,将一年划分为二十四节气。教令:指禁忌。　　[2]大经:常道,常规。　　[3]纲纪:法度。

　　夫儒者以《六艺》为法[1]。《六艺》经传以千万数,累世不能通其学[2],当年不能究其礼[3],故曰"博而寡要,劳而少功"。若夫列君臣父子之礼,序夫妇长幼之别,虽百家弗能易也。

　　[1]六艺:指儒家的"六经",即《礼》、《乐》、《书》、《诗》、《易》、《春秋》。法:准则。　　[2]累世:接连几代。　　[3]当(dāng)年:壮年,多指三四十岁。

　　墨者亦尚尧、舜道,言其德行曰:"堂高三尺,土阶三等[1],茅茨不翦[2],采椽不刮[3]。食土簋[4],啜土刑[5],粝粱之食[6],藜藿之羹[7]。夏日葛衣[8],冬日鹿裘[9]。"其送死[10],桐棺三寸[11],举音不尽其哀[12]。教丧礼[13],必以此为万民之率[14]。使天下法若此,则尊卑无别也。夫世异时移,事业不必同,故曰"俭而难遵"。要曰强本节用,则人给家足之道也。此墨子之所长,虽百家弗能废也。

　　[1]土阶:土台阶。三等:三层,三级。指居室简陋。　　[2]茅茨(cí):茅草盖的屋顶。茨:屋顶。　　[3]采椽(chuán):栎木椽子。刮:刨(bào)。　　[4]土簋(guǐ):盛饭的瓦器。瓦器制作粗劣,有别于瓷器。　　[5]啜(chuò):饮,喝。土刑:古代一种盛汤羹的瓦器。　　[6]粝(lì)粱:糙米。　　[7]藜(lí):灰藋、灰菜,嫩叶可食。藿(huò):豆叶,嫩时可食。藜藿,泛指野菜。　　[8]葛衣:用葛布制成的夏衣,与丝帛相对。　　[9]鹿裘:鹿皮做的大衣,与轻裘相对,常用为丧服及隐士之服。"茅茨不翦,……冬日鹿裘",今见于《韩非子·五蠹》,文字略有不同。　　[10]送死:送终。　　[11]桐棺:桐木做的棺材。因其质地朴素,故表示薄葬。　　[12]举音:为悼死者而放声哀哭。　　[13]教丧礼:谓教君王行这样的丧礼。　　[14]率:表率。

法家不别亲疏，不殊贵贱，一断于法，则亲亲尊尊之恩绝矣[1]。可以行一时之计，而不可长用也，故曰"严而少恩"。若尊主卑臣，明分职不得相逾越[2]，虽百家弗能改也。

[1] 亲亲尊尊：亲爱亲属，尊崇尊者。　[2] 分(fēn)职：各司其职。

名家苛察缴绕[1]，使人不得反其意[2]，专决于名而失人情[3]，故曰"使人俭而善失真"。若夫控名责实[4]，参伍不失[5]，此不可不察也。

[1] 缴(jiǎo)绕：谓说理、行文或问题、事情等纠缠不清。　[2] 反其意：谓反驳他们的言论。　[3] 专决于名而失人情：谓专从名称上来判断一切，以致违背人情。　[4] 控名责实：引名以求实。　[5] 参(cān)伍：错综比较，加以验证。

道家无为[1]，又曰无不为[2]，其实易行，其辞难知。其术以虚无为本[3]，以因循为用[4]。无成势[5]，无常形[6]，故能究万物之情。不为物先，不为物后，故能为万物主。有法无法，因时为业；有度无度，因物与合[7]。故曰"圣人不朽[8]，时变是守[9]。虚者道之常也，因者君之纲"也[10]。群臣并至，使各自明也。其实中其声者谓之端[11]，实不中其声者谓之窾[12]。窾言不听，奸乃不生，贤不肖自分，白黑乃形。在所欲用耳[13]，何事不成。乃合大道，混混冥冥。光耀天下，复反无名[14]。凡人所生者神也，所托者形也。神大用则竭，形大劳则敝，形神离则死。死者不可复生，离者不可复反，故圣人重之。由是观之，神者生之本也，形者生之具也[15]。不先定其神[形][16]，而曰"我有以治天下"[17]，何由哉？

[1] 无为：清静守一。　[2] 无不为：化育万物。　[3] 虚无：道家用以指"道"的本体，谓道体虚无，故能包容万物。性合于道，故有而若无，实而若虚。　[4] 因循：顺应自然。　[5] 成势：一成不变之势。　[6] 常形：固定不变之形。　[7] "有法无法"四句："有法无法，因时为业"与"有度无度，因物与合"对文。指道家不是不要法度，而是随时应变，物尽其用，自成法度。与合：或许当作"与舍"。舍(shè)，房屋、居室。一说："舍(shě)"，放弃。　[8] 朽：当作"巧"，据《汉书·司马迁传》及马王堆帛书《十大经·观》改。圣人不巧：谓圣人无机巧之心。　[9] 时变是守：遵守时世变化的规律。　[10] 纲：要领。"圣人不朽……因者君之纲"《史记索隐》称出自《鬼谷子》，然今本无此文。　[11] 实中(zhòng)其声：谓名实相符。声：名声。端：正。　[12] 窾(kuǎn)：空。　[13] 在所欲用耳：指听随君王的任用。　[14] 复反：回复。无名：道家称天地未形成时的混沌状态为"無名"。　[15] 具：器具。　[16] 形：据《汉书·司马迁传》补。　[17] 我有以治天下：我有办法治天下。

（据中华书局1959年版点校本《史记》　李晓宇）

二、典雅博洽——《汉书》

【题解】《汉书》，又称《前汉书》，是我国第一部纪传体断代史，东汉班固撰，其妹班昭续补。班固（32—92），字孟坚，扶风安陵人（今陕西咸阳市东）。其父班彪，"才高而好述作"，"继采前史遗事，傍贯异闻"，续编《史记》，作《后传》六十五篇。班固继承其父的遗业，改编《后传》。后被人告发，以私改国史之罪入狱。其弟班超诣阙上书，为他辩诬。汉明帝不但赦免了班固的罪，还任命他为兰台令史，参与编修东汉国史。后又下诏命他撰写《汉书》，前后历时二十五年，只有八表和《天文志》尚未完成。永元四年（92），班固因外戚窦宪谋反而受到牵连，死于狱中。汉和帝命班固之妹班昭续补，并让马续助其编写完工。（事迹见《汉书》卷一百、《后汉书》卷四十）

《汉书》分为十二纪、八表、十志、七十列传，共一百卷，上起汉高祖元年（前206），下至王莽地皇四年（23），记载了西汉王朝二百三十年的历史。因为班固《汉书》的内容和体例与司马迁《史记》有许多重复，但也有许多不同之处，这就引出了一个"班马异同"的话题，后来由"班马异同"又引发出"班马优劣"的争论。从内容上说，司马迁的《史记》用五十万字记录了三千多年的历史，而班固的《汉书》记录二百多年的历史，就用了八十万字，其中有许多内容是《史记》应该记载却没有记载的，如贾谊的《陈政事疏》、董仲舒的《举贤良对策》等，皆赖《汉书》而得以保存。从体例上说，《汉书》改《史记》的"八书"为"十志"，创立刑法、五行、地理、艺文等志，把"世家"并入"列传"，体例谨严，为后世史家所效法。在叙事风格上，《史记》文势奔放不羁，字里行间往往寄托着作者的孤愤之情，而《汉书》则显得雍容典雅，不甚动情。在思想上，《史记》"是非颇缪于圣人，论大道则先黄老而后六经"，而《汉书》则"罢黜百家，独尊儒术"，完全站在汉代儒家的思想立场上评判历史事件和人物，因而略显拘谨和保守。

关于《汉书》的版本，清代王先谦总结前人的成果，所作的《汉书补注》，最为详备。中华书局1962出版的标点本《汉书》，有唐代颜师古的注，最便于初学者阅读。

（李晓宇）

艺文志（节录）

昔仲尼没而微言绝[1]，七十子丧而大义乖[2]。故《春秋》分为五，《诗》分为四，《易》有数家之传[3]。战国从衡[4]，真伪分争，诸子之言纷然殽乱[5]。至秦患之，乃燔灭文章[6]，以愚黔首[7]。汉兴，改秦之败，大收篇籍，广开献书之路。迄孝武世[8]，书缺简脱[9]，礼坏乐崩，圣上喟然而称曰[10]："朕甚闵焉[11]！"于是建藏书之策，置写书之官，下及诸子传说，皆充秘府[12]。至成帝时[13]，以书颇散亡，使谒者陈农求遗书于天下[14]。诏光禄大夫刘向校经传诸子诗赋[15]，步兵校尉任宏校兵书[16]，太史令尹咸校数术[17]，侍医李柱国校方技[18]。每一书已，向辄条其篇目，撮其指意[19]，录而奏之。会向卒，哀帝复使向子侍中奉车都尉歆卒父业[20]。歆于是总群书而奏其《七略》，故有《辑略》，有《六艺略》，有《诸子略》，有《诗赋略》，有《兵书略》，有《术数略》，有《方技略》。今删其要，以备篇籍。

[1] 没：通"殁(mò)"，去世。微言：含蓄微妙的语言。　[2] 七十子：指孔子弟子中有成就的人。大义：深刻切要的义理。乖：违背，歪曲。　[3] 传(zhuàn)：对经文注释和解说。　[4] 从衡：即"纵横"，六国为纵，连秦为横。　[5] 殽(xiáo)：杂乱。　[6] 燔(fán)：焚烧。　[7] 黔首：平民百姓。　[8] 孝武：汉武帝刘彻。　[9] 简脱：编简的绳断，导致简脱落。　[10] 喟(kuì)然：叹息的样子。　[11] 闵(mǐn)：通"悯"，忧愁。　[12] 充：塞满。秘府：宫中藏书处。　[13] 成帝：汉成帝刘骜(ào)。　[14] 谒(yè)者：使者的别称。　[15] 光禄大夫：官名，掌顾问应对。刘向：西汉杰出的文献学家。事迹见《汉书·楚元王传》。　[16] 步兵校尉：官名，掌管宿卫兵。　[17] 太史令：官名，掌管天文历法。　[18] 侍医：少府太医令的属官。　[19] 撮(cuō)：摘取。　[20] 哀帝：汉哀帝刘欣。侍中：官名，本为正规官职外的加官之一。因侍从皇帝左右，出入宫廷，与闻朝政，逐渐变为亲信贵重之职。奉车都尉：官名，掌管皇帝乘坐的车子。刘歆(xīn)：刘向之子，西汉杰出的文献学家。事迹见《汉书·楚元王传》。

《易》曰："宓戏氏仰观象于天，俯观法于地，观鸟兽之文，与地之宜，近取诸身，远取诸物，于是始作八卦，以通神明之德，以类万物之情[1]。"至于殷、周之际，纣在上位，逆天暴物[2]，文王以诸侯顺命而行道，天人之占可得而效[3]，于是重《易》六爻，作上下篇。孔氏为之《彖》、《象》、《系辞》、《文言》、《序卦》之属十篇。故曰《易》道深矣，人更三圣，世历三古[4]。及秦燔书，而《易》为筮卜之事，传者不绝。汉兴，田何传之。讫于宣、元，有施、孟、梁丘、京氏列于学官，而民间有费、高二家之说，刘向以中《古文易经》校施、孟、梁丘经[5]，或脱去"无咎"、"悔亡"[6]，唯费氏经与古文同。

[1] 语见《周易·系辞下》。宓(fú)戏氏：即伏羲氏。　[2] 暴：糟蹋，损害。　[3] 效：犹"见"。　[4] 三圣：伏羲、文王、孔子。三古：上古、中古、下古的合称。　[5] 中：指秘府。　[6] "无咎"、"悔亡"：都是《周易》的经文。

二、典雅博洽——《汉书》

《易》曰:"河出图,洛出书,圣人则之[1]。"故《书》之所起远矣,至孔子纂焉[2],上断于尧,下讫于秦,凡百篇,而为之序,言其作意。秦燔书禁学,济南伏生独壁藏之。汉兴亡失,求得二十九篇,以教齐鲁之间。讫孝宣世[3],有《欧阳》、《大小夏侯氏》,立于学官。《古文尚书》者,出孔子壁中。武帝末,鲁共王坏孔子宅[4],欲以广其宫。而得《古文尚书》及《礼记》、《论语》、《孝经》凡数十篇,皆古字也。共王往入其宅,闻鼓琴瑟钟磬之音[5],于是惧,乃止不坏。孔安国者[6],孔子后也,悉得其书,以考二十九篇,得多十六篇。安国献之[7]。遭巫蛊事[8],未列于学官。刘向以中古文校欧阳、大小夏侯三家经文[9],《酒诰》脱简一,《召诰》脱简二。率简二十五字者,脱亦二十五字,简二十二字者,脱亦二十二字,文字异者七百有余,脱字数十。《书》者,古之号令,号令于众,其言不立具,则听受施行者弗晓。古文读应尔雅[10],故解古今语而可知也。

[1]语见《周易·系辞上》。 [2]纂(zuǎn):编辑整理。 [3]孝宣:汉宣帝刘询。 [4]鲁共(gōng)王:即鲁恭王刘馀,《汉书·景十三王传》有传。 [5]磬(qìng):古代打击乐器。状如曲尺,用玉、石或金属制成,悬挂于架上,击之而鸣。 [6]孔安国:孔子第十二世孙,武帝时为博士,官至临淮太守,早卒。 [7]安国献之:孔安国早卒,不应活到巫蛊之祸发生时,据后人考证,此处疑作"安国家献之"。 [8]巫蛊(gǔ)事:武帝末年发生的一场宫廷冤案,数万人株连致死。事见《汉书·武五子传·戾太子传》。 [9]中古文:秘府的古文《尚书》。 [10]应:符合。尔雅:雅正的言语。

《书》曰:"诗言志,歌咏言[1]。"故哀乐之心感,而歌咏之声发。诵其言谓之诗,咏其声谓之歌。故古有采诗之官,王者所以观风俗,知得失,自考正也。孔子纯取周诗,上采殷,下取鲁,凡三百五篇,遭秦而全者,以其讽诵,不独在竹帛故也。汉兴,鲁申公为《诗》训故,而齐辕固、燕韩生皆为之传。或取《春秋》,采杂说,咸非其本义。与不得已[2],鲁最为近之。三家皆列于学官。又有毛公之学[3],自谓子夏所传,而河间献王好之[4],未得立。

[1]语见《尚书·虞书·舜典》。 [2]与:如。 [3]毛公:毛亨或毛苌。此处疑指毛苌,他曾为河间献王博士。 [4]河间献王:刘德,《汉书·景十三王传》有传。

《易》曰:"有夫妇父子君臣上下,礼义有所错[1]。"而帝王质文世有损益,至周曲为之防[2],事为之制[3],故曰:"礼经三百,威仪三千[4]。"及周之衰,诸侯将踰法度,恶其害己,皆灭去其籍,自孔子时而不具,至秦大坏。汉兴,鲁高堂生传《士礼》十七篇。讫孝宣世,后仓最明。戴德、戴圣、庆普皆其弟子,三家立于学官。《礼古经》者,出于鲁淹中及孔氏[5],与十七篇文相似,多三十九篇。及《明堂阴阳》、《王史氏记》所见,多天子诸侯卿大夫之制,虽不能备,犹瘉仓等推《士礼》而致于天子之说[6]。

[1]语见《周易·序卦》，与原文略有不同。错：通"措"，放置。 [2]曲：委曲,事情的原委。一说：周全，调和。一说：指《曲礼》，即《仪礼》。防：规范，预防。 [3]制：裁决。 [4]《礼记·中庸》："礼仪三百，威仪三千。"《礼记·礼器》："经礼三百，曲礼三千。""礼经"疑指《周礼》，"威仪"疑指《仪礼》。 [5]淹中：春秋鲁国的里名，在今山东省曲阜市。 [6]瘉(yù)：同"愈"，胜过，超过。

《易》曰："先王作乐崇德，殷荐之上帝，以享祖考[1]。"故自黄帝下至三代，乐各有名。孔子曰："安上治民，莫善于礼；移风易俗，莫善于乐[2]。"二者相与并行。周衰俱坏，乐尤微眇[3]，以音律为节[4]，又为郑、卫所乱，故无遗法[5]。汉兴，制氏以雅乐声律[6]，世在乐官，颇能纪其铿锵鼓舞[7]，而不能言其义[8]。六国之君，魏文侯最为好古，孝文时得其乐人窦公，献其书，乃《周官·大宗伯》之《大司乐》章也[9]。武帝时，河间献王好儒，与毛生等共采《周官》及诸子言乐事者，以作《乐记》，献八佾之舞[10]，与制氏不相远。其内史丞王定传之[11]，以授常山王禹。禹，成帝时为谒者，数言其义，献二十四卷记。刘向校书，得《乐记》二十三篇，与禹不同，其道浸以益微[12]。

[1]语见《周易·豫卦》的"象辞"。殷：盛。祖考：祖先。 [2]语见《孝经·广要道章》。 [3]微眇(miǎo)：细小，缺少。 [4]节：节拍。 [5]郑、卫：郑卫之音，泛指颓废的音乐。 [6]制氏：鲁国人，擅长乐事。 [7]纪：知道，了解。铿(kēng)锵(qiāng)：形容金玉或乐器等声洪亮，这里指音律。鼓舞：击鼓跳舞。 [8]义：义理。 [9]魏文侯与汉文帝刘恒相距二百多年，窦公不可能如此长寿。此事疑为史官讽刺汉文帝沉迷神仙方术。 [10]八佾(yì)：古代天子用的一种乐舞，纵横都是八人，共六十四人。 [11]内史丞：官名，属内史。 [12]浸：副词，逐渐。微：衰微。

古之王者世有史官，君举必书[1]，所以慎言行，昭法式也[2]。左史记言，右史记事，事为《春秋》，言为《尚书》，帝王靡不同之[3]。周室既微，载籍残缺，仲尼思存前圣之业，乃称曰："夏礼吾能言之，杞不足征也；殷礼吾能言之，宋不足征也。文献不足故也，足则吾能征之矣[4]。"以鲁周公之国，礼文备物，史官有法，故与左丘明观其史记，据行事，仍人道，因兴以立功，就败以成罚[5]，假日月以定历数，借朝聘以正礼乐。有所褒讳贬损，不可书见，口授弟子，弟子退而异言。丘明恐弟子各安其意，以失其真，故论本事而作传，明夫子不以空言说经也。《春秋》所贬损大人当世君臣，有威权势力，其事实皆形于传，是以隐其书而不宣，所以免时难也[6]。及末世口说流行，故有《公羊》、《穀梁》、《邹》、《夹》之《传》。四家之中，《公羊》、《穀梁》立于学官，邹氏无师，夹氏未有书。

[1]举：言行举动。 [2]昭：彰显。法式：法度，制度。一说："式"应作"戒"，言行正确的可以为法，错误的可以为戒。 [3]靡：无。 [4]语见《论语·八佾》。 [5]据：根据。仍：依据。因：按照。就：按照。 [6]时难(nàn)：当时的祸患。

二、典雅博洽——《汉书》

　　《论语》者,孔子应答弟子时人及弟子相与言而接闻于夫子之语也。当时弟子各有所记。夫子既卒,门人相与辑而论纂[1],故谓之《论语》。汉兴,有齐、鲁之说。传《齐论》者,昌邑中尉王吉、少府宋畸、御史大夫贡禹、尚书令五鹿充宗、胶东庸生,唯王阳名家[2]。传《鲁论语》者[3],常山都尉龚奋、长信少府夏侯胜、丞相韦贤、鲁扶卿、前将军萧望之、安昌侯张禹[4],皆名家。张氏最后而行于世。

　　[1] 辑:同"集"。　　[2] 王阳:即"王吉",字子阳,时称王阳。　　[3]《鲁论语》:"语"是衍字。　　[4] 张禹:《汉书》卷八十一有传。今传《论语》为张禹校定,号《张侯论》。

　　《孝经》者,孔子为曾子陈孝道也。夫孝,天之经,地之义,民之行也。举大者言,故曰《孝经》。汉兴,长孙氏、博士江翁、少府后仓、谏大夫翼奉、安昌侯张禹传之,各自名家。经文皆同,唯孔氏壁中古文为异。"父母生之,续莫大焉[1]","故亲生之膝下[2]",诸家说不安处,古文字读皆异。

　　[1] 语出《孝经·圣治章》。此句的争议在应是"续莫大焉",还是"绩莫大焉"。续:繁衍后代。绩:功绩。　　[2] 语出《孝经·圣治章》。此句的争议在断句,一种主张"故亲生之膝下",一种主张"故亲,生之膝下"。

　　《易》曰:"上古结绳以治,后世圣人易之以书契,百官以治,万民以察,盖取诸《夬》[1]。""夬,扬于王庭[2]",言其宣扬于王者朝廷,其用最大也。古者八岁入小学,故《周官》保氏掌养国子[3],教之六书,谓象形、象事、象意、象声、转注、假借[4],造字之本也。汉兴,萧何草律,亦著其法,曰:"太史试学童,能讽书九千字以上,乃得为史。又以六体试之[5],课最者以为尚书御史史书令史。吏民上书,字或不正,辄举劾。"六体者,古文、奇字、篆书、隶书、缪篆、虫书[6],皆所以通知古今文字,摹印章,书幡信也[7]。古制,书必同文,不知则阙,问诸故老,至于衰世,是非无正,人用其私[8]。故孔子曰:"吾犹及史之阙文也,今亡矣夫[9]!"盖伤其浸不正。《史籀篇》者,周时史官教学童书也,与孔氏壁中古文异体。《苍颉》七章者,秦丞相李斯所作也;《爰历》六章者,车府令赵高所作也;《博学》七章者,太史令胡母敬所作也;文字多取《史籀篇》,而篆体复颇异,所谓秦篆者也[10]。是时始造隶书矣,起于官狱多事,苟趋省易,施之于徒隶也。汉兴,闾里书师合《苍颉》、《爰历》、《博学》三篇[11],断六十字以为一章,凡五十五章,并为《苍颉篇》。武帝时司马相如作《凡将篇》,无复字[12]。元帝时黄门令史游作《急就篇》,成帝时将作大匠李长作《元尚篇》,皆《苍颉》中正字也。《凡将》则颇有出矣[13]。至元始中[14],征天下通小学者以百数,各令记字于庭中。扬雄取其有用者以作《训纂篇》,顺续《苍颉》,又易《苍颉》中重复之字,凡八十九章。臣复续扬雄作十三章[15],凡一百二章,无复字,六艺群书所载略备矣。《苍颉》多古字,俗师失其读,宣帝时征齐人能正读者,张敞从受之,传至外孙之子杜林,为作训故,并列焉。

[1]语见《周易·系辞下》。 [2]语见《周易·夬(guài)卦》。 [3]参见《周礼·地官·保氏》。 [4]象事:即"指事",以象征性的符号来表示意义的造字法。象意:即"会意",用两个或两个以上的字,表示一个新的意义的造字法。如拼合日、月两字,成一"明"字。象声:即"形声",意符和声符并用的构字法。转注:即"互训",意义相同或相近的字彼此互相解释。假借:谓本无其字而依声托事,如"令"、"长"。 [5]此句《说文解字·叙上》作"又以八体试之"。"八体"指大篆、小篆、刻符、虫书、摹印、署书、殳(shū)书、隶书。 [6]古文:孔子壁中书。奇字:古文中的异体字。篆书:小篆,秦始皇使程邈所作。缪篆:用以摹印的文字。虫书:写在旗帜、符节上的文字。 [7]幡信:题表官号以为符信的旗帜。 [8]人用其私:谓各人凭自己的私意造字。 [9]语见《论语·卫灵公》。 [10]秦篆:小篆。 [11]闾(lú)里书师:里巷中教字的先生。 [12]复:重。 [13]出:多出《苍颉篇》的字。 [14]元始:汉平帝刘衎(kàn)的年号,公元1年至5年。 [15]臣:班固自称。

六艺之文:《乐》以和神,仁之表也;《诗》以正言,义之用也;《礼》以明体,明者著见,故无训也;《书》以广听,知之术也;《春秋》以断事,信之符也。五者,盖五常之道,相须而备,而《易》为之原。故曰"《易》不可见,则乾坤或几乎息矣[1]",言与天地为终始也。至于五学,世有变改,犹五行之更用事焉[2]。古之学者耕且养,三年而通一艺,存其大体,玩经文而已,是故用日少而畜德多,三十而五经立也[3]。后世经传既已乖离[4],博学者又不思多闻阙疑之义[5],而务碎义逃难,便辞巧说,破坏形体[6];说五字之文[7],至于二三万言。后进弥以驰逐[8],故幼童而守一艺,白首而后能言;安其所习,毁所不见,终以自蔽。此学者之大患也。序六艺为九种。

[1]语见《周易·系辞上》。 [2]犹五行之更用事焉:汉代经师把五常与五行相配:木主仁,金主义,火主礼,水主智,土主信,《乐》、《诗》、《礼》、《书》、《春秋》五学既是关于五常的学问,所以也相应具有五行变化的特质。 [3]"古之学者耕且养"六句是汉代经师对孔子所说"十五志于学,三十而立"的理解和阐释。 [4]乖离:背离。 [5]多闻阙疑之义:《论语·为政》:"子张学干禄。子曰:'多闻阙疑,慎言其余,则寡尤。'"干禄:求官位,求俸禄。 [6]务:从事。碎义逃难:分裂大义,逃避困难。便(pián)辞巧说:花言巧语。破坏形体:《说文解字·叙上》:"以为好奇者也,故诡更正文,向壁虚造不可知之书,变乱常行,以耀于世。" [7]五字之文:疑指《周易·乾卦》的"乾元亨利贞"五字。 [8]后进:后辈。弥:更加,越来越。驰逐:指追随,效法。

儒家者流,盖出于司徒之官[1],助人君顺阳阳明教化者也。游文于六经之中,留意于仁义之际,祖述尧、舜,宪章文、武[2],宗师仲尼,以重其言,于道最为高。孔子曰:"如有所誉,其有所试[3]。"唐、虞之隆,殷、周之盛,仲尼之业,已试之效者也。然惑者既失精微[4],而辟者又随时抑扬[5],违离道本,苟以哗众取宠。后进循之,是以《五经》乖析,儒学浸衰,此辟儒之患[6]。

[1] 司徒:掌人事教化。 [2] 语出《礼记·中庸》。祖述:仿效。宪章:效法。 [3] 语见《论语·卫灵公》,意谓如果我要赞誉别人,一定要先经过检验。 [4] 惑者:指寻章摘句的人。 [5] 辟(pì)者:指曲学阿世的人。抑扬:浮沉,进退。 [6] 辟:通"僻",偏执。

道家者流,盖出于史官,历记成败存亡祸福古今之道,然后知秉要执本,清虚以自守,卑弱以自持,此君人南面之术也[1]。合于尧之克攘[2],《易》之嗛嗛[3],一谦而四益[4],此其所长也。及放者为之[5],则欲绝去礼学,兼弃仁义,曰独任清虚可以为治。

[1] 君人:应作"人君",据王念孙说改。南面之术:指帝王的统治术。 [2] 克攘(ràng):语出《尚书·尧典》:"允恭克攘。""克攘"就是"能让"。攘:退让,谦让。 [3] 嗛(qiān)嗛:谦虚的样子。"嗛"通"谦"。 [4] 四益:天益、地益、神益、人益。语本《周易·谦卦》的"象辞":"天道亏盈而益谦,地道变盈而流谦,鬼神害盈而福谦,人道恶盈而好谦。" [5] 放者:任意妄为的人。

阴阳家者流,盖出于羲和之官[1],敬顺昊天[2],历象日月星辰,敬授民时,此其所长也。及拘者为之,则牵于禁忌,泥于小数[3],舍人事而任鬼神[4]。

[1] 羲和之官:主管天地之事。《尚书·尧典》:"乃命羲和,钦若昊天,历象日月星辰,敬授人时。" [2] 昊(hào)天:苍天。 [3] 泥:拘泥,指固执成见而不知变通。 [4] 舍:废弃。任:依据和相信。

法家者流,盖出于理官[1]。信赏必罚,以辅礼制。《易》曰"先王以明罚饬法[2]",此其所长也。及刻者为之,则无教化,去仁爱,专任刑法而欲以致治,至于残害至亲,伤恩薄厚[3]。

[1] 理官:掌管牢狱之事。 [2] 语见《周易·噬(shì)嗑(hé)》的"象辞"。 [3] 薄厚:冷酷无情地对待亲密的人。

名家者流,盖出于礼官。古者名位不同,礼亦异数[1]。孔子曰:"必也正名乎!名不正则言不顺,言不顺则事不成[2]。"此其所长也。及警者为之[3],则苟钩鈲析乱而已[4]。

[1] 异数:等级不同,程度不一。 [2] 语见《论语·子路》。 [3] 警(jiào)者:吹毛求疵的人。 [4] 鈲(pì):破。

墨家者流,盖出于清庙之守[1]。茅屋采椽[2],是以贵俭;养三老五更[3],是以兼爱;选士大射[4],是以上贤[5];宗祀严父[6],是以右鬼[7];顺四时而行,是以非命;以孝视天下,是以上同:此其所长也。及蔽者为之,见俭之利,因以非礼[8],推兼爱之意,而不知别亲疏。

[1] 清庙:宗庙。守:应是"官"字之讹。 [2] 茅屋采椽(chuán):以茅为屋,以栎树为椽。 [3] 三老五更:古代设三老五更之位,天子以父兄之礼养之。 [4] 大射:为祭祀择士而举行的射礼。 [5] 上:同"尚",推崇。 [6] 严:尊重。 [7] 右:尊尚。 [8] "非礼"应作"非礼乐",据《群书治要》改。

从横家者流[1],盖出于行人之官[2]。孔子曰:"诵《诗》三百,使于四方,不能专对,虽多亦奚以为[3]?"又曰:"使乎,使乎[4]!"言其当权事制宜,受命而不受辞,此其所长也。及邪人为之,则上诈谖而弃其信[5]。

[1] 从横:即"纵横"。 [2] 行人之官:使节。 [3] 语见《论语·子路》。专对:谓任使节时独自随机应答。 [4] 语见《论语·宪问》,意谓好一个使者,言得其实,不卑不亢。 [5] 诈谖(xuān):欺诈。

杂家者流,盖出于议官[1]。兼儒、墨,合名、法,知国体之有此,见王治之无不贯,此其所长也。及荡者为之,则漫羡而无所归心[2]。

[1] 议官:言官,谏官。但《周礼》无议官。 [2] 漫羡:散漫。

农家者流,盖出于农稷之官[1]。播百谷,劝耕桑,以足衣食,故八政一曰食,二曰货。孔子曰"所重民食[2]",此其所长也。及鄙者为之,以为无所事圣王,欲使君臣并耕[3],诐上下之序[4]。

[1] 农稷:农业。 [2] 语出《论语·尧曰》。 [3] 事见《孟子·滕文公上》:"陈相见孟子,道许行之言曰:'贤者与民并耕而食,饔飧而治。'"饔(yōng)飧(sūn):做饭。 [4] 诐(bèi):违背,乖谬。

小说家者流,盖出于稗官[1]。街谈巷语,道听涂说者之所造也[2]。孔子曰:"虽小道,必有可观者焉,致远恐泥,是以君子弗为也[3]。"然亦弗灭也。闾里小知者之所及,亦使缀而不忘。如或一言可采,此亦刍荛狂夫之议也[4]。

[1] 稗官:小官。 [2] 涂:通"途"。 [3] 语见《论语·子张》,今本《论语》作子夏语。 [4] 刍(chú)荛(ráo):割草砍柴的人。

诸子十家,其可观者九家而已[1]。皆起于王道既微,诸侯力政,时君世主,好恶殊方[2],是以九家之术蠭出并作[3],各引一端,崇其所善,以此驰说,取合诸侯。其言虽殊,辟犹水火[4],相灭亦相生也。仁之与义,敬之与和,相反而皆相成也。《易》曰:"天下同归而殊涂,一致而百虑[5]。"今异家者各推所长,穷知究虑,以明其指,虽有蔽短,合其要归,亦《六经》之支与流裔。使其人遭明王圣主,得其所折中,皆股肱之材已[6]。仲尼有言:"礼失而求诸野[7]。"方今去圣久远,道术缺废,无所更索[8],彼九家者,不犹瘉于野乎[9]?若能修六艺之术,而观此九家之言,舍短取长,则可以通万方之略矣[10]。

[1] 九家:上述十家除去小说家。 [2] 好(hào)恶(wù):喜好与嫌恶。殊方:不同的旨趣。 [3] 蠭(fēng):同"蜂"。 [4] 辟:同"譬"。 [5] 语见《周易·系辞下》。 [6] 股肱(gōng):大腿和胳膊,比喻左右辅佐之臣。已:同"矣"。 [7] 此语不见于五经之中。 [8] 索:求。 [9] 瘉(yù):同"愈",胜过、超过。 [10] 万方:多方面。略:概要的情况。

举贤良对策(节录)

武帝即位[1],举贤良文学之士前后百数[2],而仲舒以贤良对策焉[3]。……

[1] 武帝:汉武帝刘彻。 [2] 贤良文学:汉代选拔官吏的科目之一,始于武帝时。 [3] 仲舒:董仲舒(约公元前192年—前104年),广川人(今河北省枣强县)。景帝时为博士。元光元年(公元前134年),武帝亲自命题,董仲舒连对三策,阐释天人关系,宣扬《春秋》大一统学说,深得武帝赏识。从此开创了"罢黜百家,独尊儒术"的政治局面,对中国历史产生了深远的影响。对策之后,董仲舒被任命为江都相,迁胶西相。去官后,朝廷有事,仍派使者至其家咨询。年老,以寿终于家。著作有《春秋繁露》等。对策:古时就政事、经义等设问,由应试者对答。

仲舒对曰:

陛下发德音,下明诏,求天命与情性,皆非愚臣之所能及也。臣谨案《春秋》之中,视前世已行之事,以观天人相与之际[1],甚可畏也。国家将有失道之败,而天乃先出灾害以谴告之,不知自省[2],又出怪异以警惧之,尚不知变,而伤败乃至。以此见天心之仁爱人君而欲止其乱也。自非大亡道之世者[3],天尽欲扶持而全安之,事在强勉而已矣。强勉学习,则闻见博而知益明[4];强勉行道,则德日起而大有功:此皆可使还至而有效者也[5]。《诗》曰"夙夜匪解[6]",《书》云"茂哉茂哉[7]!"皆强勉之谓也。

[1] 相与:相处,互相交流。 [2] 自省:自我反省。 [3] 亡:同"无"。 [4] 知:同"智"。 [5] 还(xuán):迅速,立即。 [6] 语见《诗经·大雅·烝民》,谓朝夕不懈。解:通"懈"。 [7] 语见《尚书·虞书·皋陶谟》:"政事懋哉懋哉!"茂:通"懋",勤勉努力。

道者,所繇适于治之路也[1],仁义礼乐皆其具也。故圣王已没,而子孙长久安宁数百岁,此皆礼乐教化之功也。王者未作乐之时,乃用先王之乐宜于世者,而以深入教化于民。教化之情不得,雅颂之乐不成,故王者功成作乐,乐其德也。乐者,所以变民风,化民俗也;其变民也易,其化人也著。故声发于和而本于情,接于肌肤,臧于骨髓[2]。故王道虽微缺,而筦弦之声未衰也[3]。夫虞氏之不为政久矣[4],然而乐颂遗风犹有存者,是以孔子在齐而闻《韶》也。夫人君莫不欲安存而恶危亡,然而政乱国危者甚众,所任者非其人,而所繇者非其道,是以政日以仆灭也。夫周道衰于幽、厉[5],非道亡也,幽、厉不繇也。至于宣王[6],思昔先王之德,兴滞补弊,明文、武之功业[7],周道粲然复兴,诗人美之而作[8],上天祐之,为生贤佐[9],后世称通,至今不绝。此夙夜不解行善之所致也[10]。孔子曰"人能弘道,非道弘人"也[11]。故治乱废兴在于己,非天降命不可得反,其所操持诐谬失其统也。

[1] 繇:通"由",从。下同。 [2] 臧:通"藏"。 [3] 筦(guǎn):同"管"。 [4] 虞氏:指舜。 [5] 幽、厉:周幽王、周厉王。幽王烽火戏诸侯,为犬戎所杀。厉王暴虐,激起国人暴动。 [6] 宣王:周宣王,在位四十六年,周室中兴。 [7] 文、武:周文王、周武王。 [8] 诗人美之而作:《毛诗序》:"《烝民》,尹吉甫美宣王也。任贤使能,周室中兴焉。" [9] 贤佐:指仲山甫,见《诗经·大雅·烝民》。 [10] 解:通"懈"。 [11] 语见《论语·卫灵公》。

臣闻天之所大奉使之王者[1],必有非人力所能致而自至者,此受命之符也。天下之人同心归之,若归父母,故天瑞应诚而至。《书》曰"白鱼入于王舟,有火复于王屋,流为乌",此盖受命之符也。周公曰"复哉复哉[2]",孔子曰"德不孤,必有邻[3]",皆积善累德之效也。及至后世,淫佚衰微,不能统理群生,诸侯背畔[4],残贼良民以争壤土,废德教而任刑罚。刑罚不中,则生邪气;邪气积于下,怨恶畜于上[5]。上下不和,则阴阳缪盭而妖孽生矣[6]。此灾异所缘而起也。

[1] 大奉使之王:以天下为奉而使之王。 [2] "白鱼入于王舟"三句及"复哉复哉"皆出自《今文尚书·伪泰誓》,此篇今已不传。 [3] 语见《论语·里仁》。 [4] 畔:通"叛"。 [5] 畜:通"蓄"。 [6] 缪(miù)盭(lì):也作"缪戾",错乱,违背。

臣闻命者天之令也,性者生之质也,情者人之欲也。或夭或寿,或仁或鄙,陶冶而成之,不能粹美[1],有治乱之所生,故不齐也。孔子曰:"君子之德风,小人之德屮,屮上之风必偃[2]。"故尧、舜行德则民仁寿,桀、纣行暴则民鄙夭。夫上之化下,下之从上,犹泥之在钧[3],唯甄者之所为[4],犹金之在镕,唯冶者之所铸。"绥之斯俫,动之斯和[5]",此之谓也。……

[1] 粹美:纯洁善良。 [2] 语见《论语·颜渊》。屮:同"草"。意谓君子的德行像风,小人的德行像草,风吹向哪边,草就倒向哪边。 [3] 钧:制陶器所用的转轮。 [4] 甄(zhēn)者:制作陶器的人。 [5] 语出《论语·子张》。绥(suī):安抚。俫:同"来"。

臣谨案《春秋》谓一元之意[1],一者万物之所从始也,元者辞之所谓大也。谓一为元者,视大始而欲正本也。《春秋》深探其本,而反自贵者始。故为人君者,正心以正朝廷,正朝廷以正百官,正百官以正万民,正万民以正四方。四方正,远近莫敢不壹于正[2],而亡有邪气奸其间者[3]。是以阴阳调而风雨时,群生和而万民殖,五谷孰而艸木茂,天地之间被润泽而大丰美,四海之内闻盛德而皆徕臣[4],诸福之物,可致之祥,莫不毕至,而王道终矣。……

[1]一元:《春秋》把鲁公即位之年称为"元年",而不称"一年"。 [2]壹:统一,一致。 [3]亡:同"无"。奸(gān):干犯,扰乱。 [4]徕:来。

仲舒复对曰:

臣闻《论语》曰:"有始有卒者,其唯圣人乎[1]!"今陛下幸加惠,留听于承学之臣[2],复下明册,以切其意,而究尽圣德,非愚臣之所能具也。前所上对,条贯靡竟,统纪不终[3],辞不别白,指不分明,此臣浅陋之罪也。

[1]语见《论语·子张》。 [2]承学:学习和继承师说,自谦之辞。 [3]条贯、统纪:均指条理。

册曰:"善言天者必有征于人,善言古者必有验于今。"臣闻天者群物之祖也,故遍覆包函而无所殊,建日月风雨以和之,经阴阳寒暑以成之。故圣人法天而立道,亦溥爱而亡私[1],布德施仁以厚之,设谊立礼以导之[2]。春者天之所以生也,仁者君之所以爱也;夏者天之所以长也,德者君之所以养也;霜者天之所以杀也,刑者君之所以罚也。繇此言之,天人之征,古今之道也。…… 天令之谓命,命非圣人不行;质朴之谓性,性非教化不成;人欲之谓情,情非度制不节。是故王者上谨于承天意,以顺命也;下务明教化民,以成性也;正法度之宜,别上下之序,以防欲也;修此三者,而大本举矣。人受命于天,固超然异于群生,入有父子兄弟之亲,出有君臣上下之谊,会聚相遇,则有耆老长幼之施[3];粲然有文以相接,欢然有恩以相爱,此人之所以贵也。生五谷以食之,桑麻以衣之,六畜以养之,服牛乘马,圈豹槛虎,是其得天之灵,贵于物也。故孔子曰:"天地之性人为贵[4]。"明于天性,知自贵于物;知自贵于物,然后知仁谊[5];知仁谊,然后重礼节;重礼节,然后安处善[6];安处善,然后乐循理;乐循理,然后谓之君子。故孔子曰"不知命,亡以为君子[7]",此之谓也。……

[1]溥(pǔ)爱:博爱,广布仁爱。亡私:无私。 [2]谊:通"义"。 [3]施:设置。 [4]语见《孝经·圣治章》。 [5]谊:通"义"。 [6]安处善:安然处于善道。 [7]语出《论语·尧曰》。亡:通"无"。

册曰:"三王之教所祖不同,而皆有失,或谓久而不易者道也,意岂异哉?"臣闻夫乐而不乱复而不厌者谓之道;道者万世亡弊[1],弊者道之失也。先王之道必有偏而不起之处,故政有眊而不行[2],举其偏者以补其弊而已矣。三王之道所祖不同,非其相反,将以捄溢扶衰,所遭之变然也。故孔子曰:"亡为而治者,其舜乎[3]!"改正朔,易服色,以顺天命而已;其余尽循尧道,何更为哉!故王者有改制之名,亡变道之实。然夏上忠[4],殷上敬,周上文者,所继之捄[5],当用此也。孔子曰:"殷因于夏礼,所损益可知也;周因于殷礼,所损益可知也;其或继周者,虽百世可知也[6]。"此言百王之用,以此三者矣[7]。夏因于虞,而独不言所损益者,其道如一而所上同也。道之大原出于天,天不变,道亦不变,是以禹继舜,舜继尧,三圣相受而守一道,亡救弊之政也,故不言其所损益也。繇是观之,继治世者其道同,继乱世者其道变。今汉继大乱之后,若宜少损周之文致[8],用夏之忠者。……

[1] 亡:通"无"。下同。 [2] 眊(mào):昏聩,惑乱。 [3] 语见《论语·卫灵公》。 [4] 上:同"尚",推崇。下同。 [5] 捄:同"救",谓救其弊。 [6] 语见《论语·为政》。 [7] 三者:指忠、敬、文。 [8] 文致:指礼乐。

《春秋》大一统者[1],天地之常经,古今之通谊也[2]。今师异道,人异论,百家殊方[3],指意不同,是以上亡以持一统;法制数变,下不知所守。臣愚以为诸不在六艺之科孔子之术者,皆绝其道,勿使并进。邪辟之说灭息[4],然后统纪可一而法度可明,民知所从矣。

[1] 《春秋公羊传·隐公元年》:"何言乎王正月?大一统也。" [2] 谊:同"义"。 [3] 殊方:旨趣不同。 [4] 邪辟:亦作"邪僻",乖谬不正。

(据中华书局1962年点校本《汉书》 李晓宇)

三、激扬名教——《后汉书》

【题解】《后汉书》是一部记载东汉历史的纪传体史书。全书包括本纪10卷、列传80卷和八志30卷,记载了从王莽起至汉献帝止共195年的史实。作者范晔(398—445),字蔚宗,南朝刘宋顺阳(今河南淅川县东南)人,著名史学家,生平事迹见《宋书》本传(卷69)。由于范晔突然被人诬告而死,只完成了本纪、列传,计划写作的十志则未及完成,后来最先为《后汉书》作注的刘昭遂将司马彪的《续汉书》的八志补入。

范晔在撰写《后汉书》以前,已经有不少人用纪传体编撰东汉一朝的历史。范晔的《后汉书》以东汉历朝官修的《东观汉记》为主要依据,参考各家著作,订讹考异,删繁补略而成。范晔在撰写该书时有意仿照《汉书》写成十纪、十志、八十列传共百卷,但是无论内容和体例仍然有自身的特点。

在本纪方面,它不同于《汉书》的一帝一纪,而是援引《史记·秦始皇本纪》附二世胡亥和秦王子婴的先例,在《和帝纪》后附殇帝,《顺帝纪》后附冲、质二帝。这既节省了篇幅,又不遗漏史实,一举而两得。在皇后方面,改变了《史记》与《汉书》将皇后列入《外戚传》(吕后除外)的写法,为皇后写了本纪,忠实反映了东汉六个皇后临朝称制的史实。在列传方面,《后汉书》除了因袭《史记》、《汉书》的列传外,还别具匠心地新增了党锢、宦者、文苑、独行、方术、逸民和列女七种列传。

《后汉书》的特点,除体例上的创新外,最显著的是观点鲜明,褒贬一语见的。如他不为那些无所作为的大官僚立传,而为许多"操行俱绝"的"一介之夫"写了《独行列传》;《党锢传》则正面歌颂了张俭、范滂和李膺等人刚强正直的风尚。特别是《后汉书》的"论""赞",以犀利的笔锋评判是非,表彰刚正,贬斥奸恶,嘲笑昏庸,更是一大优点。

范晔的《后汉书》虽然没有完成,但由于断限完整,组织严密,文笔优美,善于叙事,甚为世人所重。隋唐以来,遂与《史记》、《汉书》并称三史。《后汉书》现在主要有毛氏汲古阁本、明监本、清武英殿本和中华书局1965年出版的繁体字点校本和1999年的简体字本。最早为《后汉书》作注的是南朝梁刘昭,其后有唐高宗的儿子章怀太子李贤。清代惠栋的《后汉书补注》、王先谦的《后汉书集解》也颇受人们重视。

(周　鼎)

党锢列传(节录)

孔子曰:"性相近也,习相远也。"言嗜恶之本同,而迁染之涂异也[1]。夫刻意则行不肆,牵物则其志流[2]。是以圣人导人理性,裁抑宕佚[3],慎其所与,节其所偏,虽情品万区,质文异数[4],至于陶物振俗[5],其道一也。叔末浇讹[6],王道陵缺[7],而犹假仁以效己,凭义以济功[8]。举中于理,则强梁褫气[9];片言违正,则厮台解情[10]。盖前哲之遗尘[11],有足求者。

[1] 嗜恶(wù):好恶。迁染:为习俗所沾染而改变。涂:同"途"。　[2] 刻意:刻制意欲。肆:放肆。牵物:为物欲所牵制。流:流荡无住。　[3] 理性:节理品性。宕(dàng)佚:放荡无拘。　[4] 情品:性情品质。万区:指区别很大。质文:质朴文雅。异数:等次不同。　[5] 陶物:陶冶人物。振俗:整顿风俗。　[6] 叔末:季末之时,指动乱衰亡的时代。浇讹:浮薄诈伪。　[7] 王道:仁政之道。陵缺:衰败。　[8] 假:借。效:报效。济功:成功。　[9] 中:符合。强梁:残暴之徒。褫(chī)气:犹言夺气,指丧失胆气。　[10] 厮台:古代对地位低贱者的蔑称。解情:解除情意。　[11] 遗尘:往事遗踪。

霸德既衰,狙诈萌起[1]。强者以决胜为雄,弱者以诈劣受屈。至有画半策而绾万金,开一说而锡琛瑞[2]。或起徒步而仕执珪,解草衣以升卿相[3]。士之饰巧驰辩,以要能钓利者,不期而景从矣[4]。自是爱尚相夺,与时回变,其风不可留,其敝不能反[5]。

[1]霸德:霸道,与王道相对,指凭借暴力进行统治。狙(jū):狙,猕猴,性多诈。萌:萌发。 [2]画:同"划",谋划。绾(wǎn):缠系。锡:通"赐",赐予。琛(chēn)瑞:贵重的宝玉。 [3]徒步:指平民。古代平民出行无车。仕:出任官职。珪(guī):古代帝王诸侯专用的玉氏礼器。草衣:代指在野之人。 [4]要:同"邀",炫耀。钓:诱取。期:约会。景(yǐng)从:如影随从。 [5]爱尚:爱好。相夺:互相改变。敝:同"弊"。反:同"返"。

及汉祖杖剑[1],武夫勃兴,宪令宽赊[2],文礼简阔,绪余四豪之烈[3],人怀陵上之心[4],轻死重气,怨惠必仇[5],令行私庭,权移匹庶,任侠之方[6],成其俗矣。自武帝以后,崇尚儒学,怀经协术[7],所在雾会[8],至有石渠分争之论[9],党同伐异之说,守文之徒,盛于时矣。至王莽专伪,终于篡国,忠义之流,耻见缨绋[10],遂乃荣华丘壑,甘足枯槁。虽中兴在运,汉德重开,而保身怀方[11],弥相慕袭[12],去就之节,重于时矣。逮桓、灵之间[13],主荒政缪[14],国命委于阉寺[15],士子羞与为伍,故匹夫抗愤,处士横议,遂乃激扬名声,互相题拂[16],品核公卿,裁量执政,婞直之风[17],于斯行矣。

[1]杖剑:同"仗剑",指举兵起事。 [2]宪令:法令。宽赊:宽容轻缓。文礼:礼仪制度。简阔:疏略。 [3]绪余:残余。四豪:指战国四大公子,齐孟尝君、魏信陵君、赵平原君和楚春申君。 [4]陵:通"凌",侵陵欺侮。 [5]仇:回报。 [6]方:类群。 [7]协:怀抱。 [8]雾会:云雾笼罩。 [9]石渠:指石渠阁会议。西汉甘露三年(公元前51年),汉宣帝刘询主持论定五经同异的会议。 [10]缨:系冠的带子。绋:系官印的丝带。缨绋比喻官爵。 [11]方:正直。 [12]慕袭:仰慕沿袭。去就:辞官与做官。 [13]逮:及,到。桓灵:即东汉桓、灵二帝。 [14]缪(miù):通"谬"。 [15]阉寺:宦官。 [16]题拂:品评褒贬。 [17]婞(xìng)直:刚愎。

夫上好则下必甚,矫枉故直必过[1],其理然矣。若范滂、张俭之徒,清心忌恶,终陷党议[2],不其然乎?

[1]甚:更甚。矫枉:纠正偏谬。故:必定。直:平直。 [2]清心:心地清白。忌恶:疾恶如仇。党议:朋党非议。

初,桓帝为蠡吾侯[1],受学于甘陵周福,及即帝位,擢福为尚书[2]。时同郡河南尹房植有名当朝,乡人为之谣曰:"天下规矩房伯武[3],因师获印周仲进。"二家宾客,互相讥揣,遂各树朋徒,渐成尤隙[4],由是甘陵有南北部,党人之议,自此始矣。后汝南

三、激扬名教——《后汉书》

太守宗资任功曹范滂,南阳太守成瑨亦委功曹岑晊,二郡又为谣曰:"汝南太守范孟博,南阳宗资主画诺[5]。南阳太守岑公孝,弘农成瑨但坐啸[6]。"因此流言转入太学,诸生三万余人,郭林宗、贾伟节为其冠[7],并与李膺、陈蕃、王畅更相褒重。学中语曰:"天下模楷李元礼,不畏强御陈仲举,天下俊秀王叔茂。"又渤海公族进阶、扶风魏齐卿,并危言深论,不隐豪强[8]。自公卿以下,莫不畏其贬议,屣履到门[9]。

[1]蠡(lǐ)吾:县名,今河北省博野县西南。 [2]擢(zhuó):提升。 [3]规矩:准则。[4]尤隙:很深的裂痕,指双方矛盾尖锐。 [5]画诺:画押签名。 [6]坐啸:闲坐吟啸。[7]冠:为首的人物。 [8]危言:直言。隐:躲避。 [9]屣履:穿鞋而不拔上鞋跟,拖着鞋走路,形容行走急遽。

时河内张成善说风角,推占当赦[1],遂教子杀人。李膺为河南尹,督促收捕,既而逢宥获免[2],膺愈怀愤疾,竟案杀之[3]。初,成以方伎交通宦官,帝亦颇谇其占[4]。成弟子牢修因上书诬告膺等养太学游士,交结诸郡生徒,更相驱驰,共为部党,诽讪朝廷[5],疑乱风俗。于是天子震怒,班下郡国[6],逮捕党人,布告天下,使同忿疾,遂收执膺等。其辞所连及陈寔之徒二百余人,或有逃遁不获,皆悬金购募。使者四出,相望于道。明年,尚书霍谞[7]、城门校尉窦武并表为请,帝意稍解,乃皆赦归田里,禁锢终身[8]。而党人之名,犹书王府。

[1]风角:古代占候之术。观察四方四隅之风,以占吉凶。推占:推算预测。 [2]宥(yòu):赦罪。 [3]案:诉讼定案。 [4]方伎:同"方技",为古代医卜星相之术的统称。谇(suì):讯问。 [5]驱驰:驱逐奔驰,引申为尽力效命。诽讪:诽谤讥讪。 [6]班:同"颁"。[7]谞:音xū。 [8]禁锢:也作"禁固"。勒令不准做官,犹后世之永不授官任用。

自是正直废放,邪枉炽结[1],海内希风之流,遂共相摽搒[2],指天下名士,为之称号。上曰"三君",次曰"八俊",次曰"八顾",次曰"八及",次曰"八厨",犹古之"八元"、"八凯"也[3]。窦武、刘淑、陈蕃为"三君"。君者,言一世之所宗也。李膺、荀翌、杜密、王畅、刘祐、魏朗、赵典、朱寓为"八俊"。俊者,言人之英也。郭林宗、宗慈、巴肃、夏馥、范滂、尹勋、蔡衍、羊陟为"八顾"。顾者,言能以德行引人者也。张俭、岑晊、刘表、陈翔、孔昱、苑康、檀敷、翟超为"八及"。及者,言其能导人追宗者也[4]。度尚、张邈、王考、刘儒、胡母班、秦周、蕃向[5]、王章为"八厨"。厨者,言能以财救人者也。

[1]炽结:互相归结而气焰嚣张。 [2]希风:迎合风气。摽搒:同"标榜",称扬。 [3]八元:传说高辛氏有才子八人,天下百姓称之为八元。元:善。八凯:传说高阳氏有才子八人,被称之为八凯。凯:同"恺",和乐。 [4]宗:尊崇宗仰。 [5]蕃:读pí。

又张俭乡人朱并,承望中常侍侯览意旨,上书告俭与同乡二十四人别相署号,共为部党,图危社稷。以俭及檀彬、褚凤、张肃、薛兰、冯禧、魏玄、徐乾为"八俊",田林、张隐、刘表、薛郁、王访、刘祗、宣靖、公绪恭为"八顾"[1],朱楷、田槃、疏耽、薛敦、宋布、唐龙、嬴咨、宣褒为"八及",刻石立墠[2],共为部党,而俭为之魁。灵帝诏刊章捕俭等。大长秋曹节因此讽有司奏捕前党故司空虞放、太仆杜密、长乐少府李膺、司隶校尉朱寓、颍川太守巴肃、沛相荀翌、河内太守魏朗、山阳太守翟超、任城相刘儒、太尉掾范滂等百余人,皆死狱中。馀或先殁不及,或亡命获免。自此诸为怨隙者,因相陷害,睚眦之忿,滥入党中。又州郡承旨,或有未尝交关,亦离祸毒[3]。其死徙废禁者,六七百人。

[1]公绪恭:公绪,复姓。　[2]墠(shàn):为供祭祀之用的场地。　[3]交关:交往。离:通"罹",遭受。

熹平五年[1],永昌太守曹鸾上书大讼党人,言甚方切[2]。帝省奏大怒,即诏司隶、益州槛车收鸾,送槐里狱掠杀之[3]。于是又诏州郡更考党人门生故吏父子兄弟,其在位者,免官禁锢,爰及五属[4]。

[1]熹平:汉灵帝刘宏的年号,公元172年至178年。　[2]讼:为人辩冤。方切:直言不讳。　[3]槛车:囚禁罪犯的有栅栏的车子。掠:笞打。　[4]五属:五服以内的亲属。

光和二年[1],上禄长和海上言[2]:"礼,从祖兄弟别居异财[3],恩义已轻,服属疏末。而今党人锢及五族,既乖典训之文,有谬经常之法。"帝览而悟之,党锢自从祖以下,皆得解释[4]。

[1]光和:汉灵帝刘宏的年号,公元178—184年。　[2]上禄:地名,今甘肃成县。　[3]从(zòng)祖兄弟:同祖的兄弟。　[4]解释:宽恕释放。

中平元年[1],黄巾贼起[2],中常侍吕强言于帝曰:"党锢久积,人情多怨。若久不赦宥,轻与张角合谋,为变滋大,悔之无救。"帝惧其言,乃大赦党人,诛徙之家皆归故郡。其后黄巾遂盛,朝野崩离,纲纪文章荡然矣。

[1]中平:汉灵帝刘宏的年号,公元184—189年。　[2]黄巾:东汉末太平道首领张角等发动农民起义,徒众皆以黄巾裹头,称为黄巾军。

凡党事始自甘陵、汝南,成于李膺、张俭,海内涂炭[1],二十余年,诸所蔓衍,皆天下善士。三君、八俊等三十五人,其名迹存者,并载乎篇。陈蕃、窦武、王畅、刘表、度尚、郭林宗别有传。荀翌附祖《淑传》。张邈附《吕布传》。胡母班附《袁绍传》。王考字文祖,东平寿张人,冀州刺史;秦周字平王,陈留平丘人,北海相;蕃向字嘉景,鲁国人,郎中;王璋字伯仪,东莱曲城人,少府卿:位行并不显。翟超,山阳太守,事在

《陈蕃传》,字及郡县未详。朱寓,沛人,与杜密等俱死狱中。唯赵典名见而已。

[1] 涂炭:本义为烂泥和炭火,比喻境遇困苦。

（据中华书局1965年点校本《后汉书》　周　鼎）

四、乱世争雄——《三国志》

【题解】《三国志》,六十五卷,包括《魏书》三十卷,《蜀书》十五卷,《吴书》二十卷,主要记载魏、蜀、吴三国鼎立时期的历史。作者陈寿(233—297),字承祚,巴西安汉(今四川南充县)人。幼年时受学于史学家谯周。他在蜀汉任东观秘书郎、散骑黄门侍郎。公元263年,也就是在他三十岁时,蜀汉政权灭亡,两年后司马炎篡位,建立晋王朝。陈寿在西晋王朝做过晋平令、著作郎。陈寿写《三国志》以前,已出现一些有关魏、吴的史作,如王沈的《魏书》,鱼豢的《魏略》,韦昭的《吴书》等。《三国志》中的《魏书》、《吴书》,主要取材于这些史书。蜀国政权没有设置史官编写蜀史,《蜀书》的材料是由陈寿采集和编次的,相对于《魏书》和《吴书》而言显得比较简略。我们阅读《三国志》时,就会发现陈寿有史料不足的困难,内容显得不够充实。陈寿没有编写志。我们要了解三国时代的典章制度,只好借助于《晋书》。

陈寿的文笔质朴简练,《晋书·陈寿传》说他"善叙事,有良史之才",他的写作才能在《三国志》中得到了充分体现。据说与陈寿同时的夏侯湛曾撰写《魏书》,当他看到《三国志》以后,认为没有另写新史的必要,就毁弃了自己的著作。

陈寿去世以后,陆续出现大量三国历史的新材料,南朝宋文帝认为《三国志》太简略,就下诏让裴松之(372—451)作注。裴松之广泛搜集材料,着重对原书的史实加以增订和考订,引证的书籍多达二百二十多种,文字综述超出正文的三倍,开创了注史的新体例。史学家甚至认为裴注的史料价值在一定程度上超过了原书本身。我们今天读《三国志》必须认真地读裴注。本书较好的版本有1959年中华书局标点本。新注本有缪钺主编《三国志选注》、方北辰《三国志注译》可以参考。

（雷汉卿）

蜀书·诸葛亮传(节录)

时先主屯新野[1]。徐庶见先主,先主器之[2],谓先主曰:"诸葛孔明者,卧龙也,将军岂愿见之乎?"先主曰:"君与俱来[3]。"庶曰:"此人可就见[4],不可屈致也[5]。将军宜枉驾顾之[6]。"由是先主遂诣亮[7],凡三往[8],乃见。因屏人曰[8]:"汉室倾颓,奸臣窃命[10],主上蒙尘。孤不度德量力,欲信大义于天下[11],而智术浅短,遂用猖獗[蹶][12],至于今日。然志犹未已[13],君谓计将安出?"亮答曰:"自董卓已来,豪杰并起,跨州连郡者不可胜数。曹操比于袁绍,则名微而众寡,然操遂能克绍[14],以弱为强者,非惟天时,抑亦人谋也[15]。今操已拥百万之众,挟天子而令诸侯,此诚不可与争锋。孙权据有江东[16],已历三世[17],国险而民附,贤能为之用,此可以为援而不可图也。荆州北据汉、沔[18],利尽南海,东连吴会,西通巴、蜀,此用武之国,而其主不能守,此殆天所以资将军[19],将军岂有意乎?益州险塞,沃野千里,天府之土[20],高祖因之以成帝业。刘璋暗弱[21],张鲁在北,民殷国富而不知存恤[22],智能之士思得明君。将军既帝室之胄[23],信义著于四海,总揽英雄,思贤如渴,若跨有荆、益[24],保其岩阻,西和诸戎,南抚夷越,外结好孙权,内修政理;天下有变,则命一上将将荆州之军以向宛、洛[25],将军身率益州之众出于秦川[26],百姓孰敢不箪食壶浆以迎将军者乎[27]?诚如是,则霸业可成,汉室可兴矣。"先主曰:"善!"

[1]屯:戍守,驻扎。新野:县名。 [2]器:器重。 [3]君与俱来:你和(他)一起来吧。 [4]就:动词,去,到。 [5]屈致:屈其志节而招致。 [6]枉驾:枉屈大驾,指亲身登门。顾:拜访。 [7]诣:往见。 [8]凡:共。 [9]屏(bǐng):使退避。屏人:屏退左右。[10]奸臣:指曹操。 [11]信:同"伸"。 [12]用:介词,因此。猖獗:撅当作蹶,猖蹶,颠覆的意思,此处当挫败讲。 [13]犹:仍然。已:停止。 [14]遂:最终。 [15]抑:大概。[16]江东:长江在芜湖、南京之间,折向东北流,古代习惯上称自此以下的长江南岸地区为江东。 [17]三世:指孙坚、孙策、孙权。 [18]汉:汉水。沔:沔水。汉水始出称漾水,南流为沔水,纳褒水后称汉水。 [19]殆:大概。 [20]天府:上天的府库,指土地肥沃、物产丰富的地方。 [21]暗弱:懦弱而不明事理。 [22]存恤:爱护,慰抚。 [23]胄:后裔。[24]荆:荆州。益:益州。 [25]宛:宛县。洛:洛阳。 [26]身:亲自。秦川:秦第四塞以为固,渭水贯其中,渭水流域,土地肥沃,世谓之秦川。 [27]箪食壶浆:用箪装着饭食,用壶盛着浆汤。箪:盛食器。壶:盛水器。

……

臣寿等言:臣前在著作郎[1],侍中领中书监济北侯臣荀勖、中书令关内侯臣和峤奏[2],使臣定故蜀丞相诸葛亮故事[3]。亮毗佐危国[4],负阻不宾[5],然犹存录其言,耻善有遗,诚是大晋光明至德,泽被无疆,自古以来,未之有伦也[6]。辄删除复重,随类相从,凡为二十四篇,篇名如右。

[1]著作郎:官名,属中书省,掌国史和撰述。 [2]中书监、中书令:俱官名,同为中书省的长官。 [3]故事:旧事。 [4]毗佐:辅佐。 [5]负阻:依恃险阻。不宾:不臣服,不归顺。 [6]伦:等同,比并。

亮少有逸群之才[1]，英霸之器[2]，身长八尺，容貌甚伟，时人异焉。遭汉末扰乱，随叔父玄避难荆州，躬耕于野，不求闻达。时左将军刘备以亮有殊量[3]，乃三顾亮于草庐之中；亮深谓备雄姿杰出，遂解带写诚[4]，厚相结纳。及魏武帝南征荆州，刘琮举州委质[5]，而备失势众寡，无立锥之地。亮时年二十七，乃建奇策，身使孙权，求援吴会。权既宿服仰备[6]，又睹亮奇雅，甚敬重之，即遣兵三万人以助备。备得用与武帝交战，大破其军，乘胜克捷，江南悉平[7]。后备又西取益州。益州既定，以亮为军师将军。备称尊号，拜亮为丞相，录尚书事[8]。及备殂没，嗣子幼弱，事无巨细，亮皆专之。于是外连东吴，内平南越，立法施度，整理戎旅，工械技巧，物究其极，科教严明[9]，赏罚必信，无恶不惩，无善不显，至于吏不容奸，人怀自厉[10]，道不拾遗，强不侵弱，风化肃然也[11]。

[1]逸群：超群。 [2]英霸：宏伟。器：度量。 [3]殊量：此处谓奇才。 [4]解带写诚：推诚相待。 [5]委质：质，指形体。委质，指人臣拜见君主时，屈膝委体于地。此处表示归顺之意。 [6]宿：一向。 [7]悉：都。 [8]录：统领，管领。 [9]科教：法令。 [10]自厉：慰勉警戒自己。 [11]肃然：安定平静，秩序良好。

当此之时，亮之素志[1]，进欲龙骧虎视[2]，苞括四海[3]，退欲跨陵边疆[4]，震荡宇内。又自以为无身之日[5]，则未有能蹈涉中原[6]、抗衡上国者，是以用兵不戢，屡耀其武。然亮才，于治戎为长，奇谋为短，理民之干[7]，优于将略。而所与对敌，或值人杰，加众寡不侔[8]，攻守异体，故虽连年动众，未能有克。昔萧何荐韩信[9]，管仲举王子城父[10]，皆忖己之长[11]，未能兼有故也。亮之器能政理[12]，抑亦管、萧之亚匹也[13]，而时之名将无城父、韩信，故使功业陵迟[14]，大义不及邪？盖天命有归，不可以智力争也。

[1]素志：平素的志愿。 [2]龙骧虎视：比喻气势威武，眼光远大。 [3]苞：同包。 [4]跨陵：陵越，超越。 [5]无身：指死亡。 [6]蹈涉：犹履涉。 [7]理民之干：治理国家的才干。 [8]侔：相等。 [9]萧何荐韩信：刘邦为汉王，想出兵争天下，萧何推荐韩信说："诸将易得，至如信，国士无双，必欲争天下，非信无可与计事者。"刘邦于是任命韩信为大将。(《汉书·韩信传》) [10]管仲举王子城父：管仲对齐桓公说："平原广囿，车不结轨，士不旋踵，鼓之而三军之士视死若归，则臣不如王子城父，请置以为大司马。"(《新序》卷四) [11]忖：忖量，揣度。 [12]器能：才能。政理：政绩。 [13]管、萧：即管仲、萧何。亚匹：匹敌，相当，指同一流人物。 [14]陵迟：衰微。

青龙二年春[1]，亮帅众出武功，分兵屯田，为久驻之基。其秋病卒，黎庶追思[2]，以为口实[3]。至今梁、益之民[4]，咨述亮者[5]，言犹在耳，虽甘棠之咏召公[6]，郑人之歌子产[7]，无以远譬也。孟轲有云："以逸道使民，虽劳不怨；以生道杀人，虽死不忿。"[8]信矣！论者或怪亮文彩不艳，而过于丁宁周至[9]。臣愚以为咎繇大贤也[10],周公圣人也,考之《尚书》,咎繇之谟略而雅,周公之诰烦而悉。何则？咎繇与舜、禹共谈,周公与群下矢誓故也[11]。亮所与言,尽众人凡士,故其文指不得及远也[12]。然其声教遗言,皆经事综物[13],公诚之心,形于文墨,足以知其人之意理[14],而有补于当世。

[1] 青龙二年:青龙,魏明帝曹叡年号。青龙二年,即蜀汉后主建兴十二年(公元234年)。 [2] 黎庶:黎民,老百姓。 [3] 口实:谈话的资料。 [4] 梁、益:梁州、益州。 [5] 咨述:咨,赞叹;述,追述。 [6] 甘棠之咏召公:《诗经·召南·甘棠》:"蔽芾甘棠,勿剪勿伐,召伯所茇。"蔽芾(fèi):盛貌。甘棠:一种高大的落叶乔木,又名棠梨、杜梨。茇(bá):草舍。召伯循行南国,舍于甘棠之下,后人怀念召伯恩惠,所以作这首诗。 [7] 郑人歌子产:子产治理郑国,有惠政,郑人颂之曰:"我有子弟,子产诲之。我有田畴,子产殖之。子产而死,其谁嗣之。"(《左传·襄公三十年》) [8] "以逸道使民"四句:引文见《孟子·尽心上》。意思是说,用安民之道使用民力,民虽劳累而无怨言,用保民之道去处死犯法者,被罚者虽死而无怨恨。 [9] 丁宁:即叮咛,再三告诫。周至:周到细致。 [10] 咎(gāo)繇:即皋陶。《尚书》有《皋陶谟》。 [11] 矢誓:以誓言相约束。 [12] 指:同旨。文指:文辞意旨。 [13] 综:总,理。 [14] 意理:思想见解。

伏惟陛下迈踪古圣[1],荡然无忌[2],故虽敌国诽谤之言,咸肆其辞而无所革讳[3],所以明大通之道也[4]。谨录写上诣著作[5]。臣寿诚惶诚恐,顿首顿首[6],死罪死罪。泰始十年二月一日癸巳[7],平阳侯相臣陈寿上[8]。

[1] 迈综古圣:指继承、效法前人。 [2] 荡然无忌:胸怀坦荡,无所忌讳。 [3] 咸肆:咸,完全;肆,陈列。咸肆,即搜集存录。革:修改。讳:隐讳。 [4] 明:表示。大通:宽宏通达。 [5] 上诣:送至。著作:官署名。 [6] 顿首:以头叩地。 [7] 泰始:西晋武帝司马炎的年号。泰始十年,公元274年。 [8] 平阳:县名。相臣:本指宰相,泛指大臣。

(据中华书局1959年点校本《三国志》 雷汉卿)

五、会通古今——《通典》、《通志》、《文献通考》

【题解】《通典》、《通志》和《文献通考》是三部会通古今、以叙述历代典章制度为主的史书,历史上合称"三通"。

《通典》是我国现存的第一部专记历代典章制度沿革的专史,作者杜佑(735—813),字君卿,唐朝京兆万年(今陕西西安)人,新、旧《唐书》有传。《通典》上起传说中的黄帝时代,下至唐朝中期,分为食货、选举、职官、礼、乐、兵、刑、州郡、边防九典。食货典叙述历代土地、户籍、赋税、漕运、盐铁及其他重要财政制度的沿革情况,选举典叙述历代选举士人官僚、爵位制度及考核官吏治绩的政令等,职官典叙述历代官制源流,礼典叙述历代礼仪制度,乐典叙述历代乐制概况,兵典叙述各种兵法计谋和战例等,刑典叙述历代刑法制度等,州郡典叙述历代州郡建制沿革等,边防典叙述历代边疆民族和域外王国等情况。各典之下再分子目及子目以下的细目,且各自立有标题,极便查阅。

《通志》为纪传体通史,作者郑樵(1104—1162),字渔仲,南宋兴化军莆田(今属福建)人,《宋史》有传。《通志》记事上起三皇,下迄隋朝,只有二十略中的有关记载至于唐朝。全书内容繁复,分为帝纪、后妃传、世家、载记、年谱、列传和略等七大部分,惟有二十略叙述历代典章制度,为全书精华。其中礼、职官、选举、刑法、食货五略,系节录《通典》;氏族、六书、七音、天文、地理、都邑、谥、器服、乐、艺文、校雠、图谱、金石、灾祥、昆虫草木十五略,则为作者多年搜讨,独出心裁之作。其中氏族略记载了各个姓氏的由来,金石略扩大了史料研究的范围,六书略、七音略开启了文字、音韵之学的新途径。诸如此类,均为前史所无,一向为学者所重。

《文献通考》简称《通考》,作者马端临(1254—1322),字贵与,号竹洲,宋末元初饶州乐平(今属江西)人,事迹见《宋元学案·介轩学案》和清初《乐平县志》本传。《通考》分门别类地记录了从上古到南宋宁宗嘉定末年的各种典章制度沿革。全书分为二十四考,分别是田赋、钱币、户口、职役、征榷、市籴、土贡、国用、选举、学校、职官、郊社、宗庙、王礼、乐、兵、刑、经籍、帝系、封建、象纬、物异、舆地、四裔。每考之前各有小序,说明著述的成规,考订的新意;每一考下又分子目,每一目后夹有前人及宋儒的议论,末尾附有按语,说明自己的见解。其中田赋、土贡等十九考沿袭《通典》而有详细增补;经籍、帝系、封建、象纬、物异五考乃作者新创。内容比《通典》更广泛,门类也更精密,而且"考核精审,持论平正"。

"三通"之后,又有《续通典》、《续通志》、《续文献通考》、《清朝通典》、《清朝通志》、《清朝文献通考》以及《清朝续文献通考》之作,形成蔚为壮观的典章制度系列,号称"十通"。1939年商务印书馆曾出版"十通"合刊本,最为通行。另外,《通典》有中华书局1988年出版的王文锦等点校本,《通志·二十略》则有中华书局1995年出版的王树民点校本。

(粟品孝)

通典·选举典（节录）

　　(隋)炀帝始建进士科[1]。又制[2]，百官不得计考增级，其功德行能有昭然者乃擢之[3]。大业三年，始置吏部侍郎一人，分掌尚书职事[4]。时武夫参选，多授文职。大业八年，诏曰："顷自班朝治人[5]，乃由勋叙[6]，拔之行阵[7]，起自勇夫，蠹政害人[8]，实由于此。自今以后，诸授勋官者，并不得因授文官职事。"

　　[1] 进士：贡举的人才，始见于《礼记·王制》。进士科：科目之一，至唐倍受重视，宋以后成为科举制度中唯一科目。　[2] 制：皇帝的诏命。　[3] 计考增级：计算考试次数增加考生等级。昭然：显著。擢(zhuó)：破格提升。　[4] 大业：隋炀帝年号，公元605年至617年。吏部：中央尚书省六部之一，长官为尚书，副长官为侍郎。　[5] 顷：不久以前。班朝治人：回到朝廷治理国家人民。　[6] 勋：功勋，军功。叙：排列次序。　[7] 拔：选拔。行阵：古代军队编制，此指军队。　[8] 蠹：木头里的蛀虫，引申为破坏。

　　大唐贡士之法[1]，多循隋制。上郡岁三人，中郡二人，下郡一人[2]，有才能者无常数。其常贡之科[3]，有秀才，有明经，有进士，有明法，有书，有算[4]。自京师郡县皆有学焉。(并具《学篇》。)每岁仲冬[5]，郡县馆监课试其成者[6]，长吏会属僚[7]，设宾主[8]，陈俎豆[9]，备管弦[10]，牲用少牢[11]，行乡饮酒礼[12]，歌《鹿鸣》之诗[13]，征耆艾，叙少长而观焉[14]。既钱，而与计偕[15]。其不在馆学而举者，谓之乡贡[16]。旧令诸郡虽一、二、三人之限，而实无常数。到尚书省，始由户部集阅[17]，而关于考功课试，可者为第[18]。(武德旧制，以考功郎中监试贡举。贞观以后，则考功员外郎专掌之。)律曰[19]："诸贡举非其人，(谓德行乖僻，不如举状者。)及应贡举而不贡举者，一人徒一年[20]，二人加一等。罪止徒三年。"

　　[1] 贡士：地方向朝廷推举人才。　[2] 上郡、中郡、下郡：唐代之制，按户分郡为上、中、下三等，户满四万以上为上郡，户满二万以上为中郡，户不满二万为下郡。岁：每年。　[3] 常贡：常举，相对于制举而言，按固定时期、固定科目进行考试选拔人才。　[4] 秀才：科名，源自汉代察举，较重文辞之才，主要试方略策。明经：科名，隋时创设，唐初试时务策五道，后加帖经、杂文、对策三场试，以帖经为重。进士：自隋创设，唐初试时务策五道，后加帖经、杂文、对策三场试，其中最重杂文，杂文又以诗赋为重。明法：科名，始自汉朝察举，考试内容以经义为主。书：又称明书、明字等，为选拔熟悉文字训诂方面之才而设，考试以《说文》、《字林》等书为内容。算：又称明算，为选拔熟悉数学计算之才而设，考试以《九章》、《缀术》等为内容。　[5] 仲冬：冬季的第二个月，即农历十一月。　[6] 馆监：官名，掌管郡县学校。课试：考试，考核。成：完成学业。　[7] 长吏：地方长官，指太守。会：聚集、会集。属僚：同僚。　[8] 设宾主：长官设宴招待考试合格而被推荐到京师应试之人，并以宾礼待之，故有宾主之位。　[9] 陈俎豆：摆放礼器，祭祀先圣先师。陈：摆放。俎(zǔ)：用于放牲肉的几案。豆：用于盛放食物的器皿。俎、豆均是礼器。　[10] 备管弦：准备乐器，奏起乐声。管弦：管指箫笛等管乐，弦指琴瑟等弦乐，管弦在此泛指乐器。　[11] 牲：用于祭祀的牲畜。少牢：祭祀用牛、羊、猪三

牲谓之大牢,用羊、猪二牲谓之少牢,后来也以牛专指太牢,以羊专指少牢。　[12]乡饮酒礼:每三年乡学学业完成,经考核为贤能者由乡大夫作主设宴送行,待以宾礼,饮酒酬酢,所行之礼称为饮酒礼。　[13]《鹿鸣》:《诗经·小雅》中一篇,为宴请宾客时所奏乐歌。　[14]征:召请。耆艾:指德高望重的长者。叙:依次排列。少长:年龄大小。观:观看、旁观。　[15]饯:饯行。计:计吏,考察官吏的官员。偕:一起,同行。　[16]馆学:学校。乡贡:不在学就读,但通过地方考试而随地方贡品送至京师应试的人。与在学就读的"生徒"对应。　[17]集阅:聚集在一起查阅。　[18]关:公文书名。考功:官署名,吏部下属四司之一,长官为考功郎中,副长官为考功员外郎。为第:及第。　[19]律:唐朝律法。　[20]徒:徒刑。

　　初,秀才科等最高,试方略策五条[1],有上上、上中、上下、中上,凡四等。贞观中[2],有举而不第者,坐其州长,由是废绝[3]。(开元二十四年以后,复有此举。其时进士渐难,而秀才本科无帖经及杂文之限,反易于进士。主司以其科废久[4],不欲收奖,应者多落之,三十年来无及第者。至天宝初,礼部侍郎韦陟始奏请,有堪此举者,令官长特荐,其常年举送者并停。)自是士族所趣向,唯明经、进士二科而已[5]。其初止试策,贞观八年,诏加进士试读经史一部[6]。

　　[1]科等:科目级别。方略策:论治国的对策。　[2]贞观:太宗年号,公元627年至650年。　[3]坐:连坐,累及。州长:诸州长官,主要负责荐举者。　[4]主司:主要负责考试的官员。　[5]士族:泛指读书之人。趣向:趋向。　[6]试策:考试对策。诏:皇帝下命令。经史:经学和史学著作,这里主要指儒家五经和《史记》、《汉书》、《后汉书》三部史著。

　　至调露二年[1],考功员外郎刘思立始奏二科并加帖经[2]。其后又加《老子》、《孝经》,使兼通之。永隆二年[3],诏明经帖十得六,进士试文两篇,识文律者[4],然后试策。

　　[1]调露:高宗年号,公元679年至680年。　[2]二科:指明经、进士二科。帖经:一种考试方法,将经文中的一段文字,掩其两端,中间仅留一行,用纸帖住数字,由考生将其补写出来,有如现代的填充题。　[3]永隆:高宗年号,公元680年至681年。　[4]文:杂文,指经、史之外的考试文章。识:了解。律:律法。

　　武太后载初元年二月[1],策问贡人于洛城殿[2],数日方了。殿前试人自此始。长寿三年制,始令举人献岁元会,列于方物前,以备充庭[3]。(因左拾遗刘承庆上疏奏:"四方珍贡,列为庭实,而举人不厕[4],甚非尊贤之意。"上从之。)长寿二年,太后自制《臣轨》两篇,令贡举习业[5],停《老子》。

　　[1]武太后:即武则天(624—705)。载初:武则天年号,仅一年,即公元690年。　[2]策问:对策问答。洛城殿:洛阳宫殿名。武则天都洛阳,称神都。　[2]长寿:武则天年号,公元692年至694年。制:皇帝的诏命。为了避武则天名曌(zhào)而改"诏"称"制"。　[3]献:进献贡物。元会:皇帝于正月初一(元旦)朝见群臣称元会,也叫正会。方物:土特产。充庭:充实

朝廷,又称庭实。唐代元会时,户部将诸州贡物陈于太极门东、西厢,礼部将诸蕃贡物陈于朝堂前。　[4] 厕:同"侧",旁边。　[5]《臣轨》:书名,署名武则天撰,官箴书。习业:学习。

　　长安二年,教人习武艺[1]。其后每岁如明经、进士之法,行乡饮酒礼,送于兵部。(开元十九年[2],诏武贡人与明经、进士同行乡饮酒礼。)其课试之制,画帛为五规[3],置之于垛[4],去之百有五步[5],(内规广六尺,橛广六尺;余四规,每规内两边各广三尺,悬高以三十尺为限。)列坐引射[6],名曰"长垛"。(弓用一石力,箭重六钱。)又穿土为埒[7],其长与垛均,缀皮为两鹿,历置其上[8],驰马射之,名曰"马射"。(鹿子长五寸,高三寸,弓用七斗以上力。)又断木为人,戴方版于顶[9],凡四偶人,互列埒上,驰马入埒,运枪左右触[10],必版落而人不踣[11],名曰"马枪"。(枪长一丈八尺,径一寸五分,重八斤。其木人上版,方三寸五分。)皆以儇好不失者为上[12]。兼有步射、穿札、翘关、负重、身材、言语之选[13],通得五上者为第。其余复有平射之科[14],不拘色役[15],高第者授以官,其次以类升[16]。又制为土木马于里闾间[17],教人习骑。(天宝六载正月制[18]:"文武之道,既惟并用,宗敬之仪,不可独阙。其乡贡武举人上省,先令谒太公庙。每拜大将及行师克捷,亦宜告庙。")

　　[1] 长安:武则天年号,公元701年至704年。教人习武艺:武则天始行武举考试。　[2] 开元:玄宗年号,公元713年至742年。　[3] 画帛:在帛上画图。规:圆形。五规:由内而外依据一定尺寸画五个圆圈的箭靶。　[4] 垛:用土筑起的箭靶。　[5] 去之:距离箭靶。有:同"又"。　[6] 列坐:排列坐次。引射:拉弓射箭。　[7] 穿:挖掘。埒(liè):矮墙。　[8] 缀:缝合。历置:分别放置。　[9] 断:砍削。戴:把东西顶在头上。方版:方形的木版。　[10] 触:碰触。　[11] 踣(bó):仆倒。　[12] 儇(xuān)好:动作轻便,技艺精湛。　[13] 步射:原地站着射箭。札:铠甲上的叶片。穿札:射穿铠甲。翘:举。关:门闩。　[14] 平射:水平射击。　[15] 不拘:不限制。色役:从事劳役者。　[16] 以类升:按不同科目类别升迁。　[17] 为:制造。里闾:乡里。　[18] 天宝:玄宗年号,公元742年至755年。

　　神龙二年二月[1],制贡举人停《臣轨》,依旧习《老子》。

　　[1] 神龙:中宗年号,公元705年至707年。

　　开元八年七月,国子司业李元瓘上言[1]:"《三礼》、《三传》及《毛诗》、《尚书》、《周易》等[2],并圣贤微旨[3]。生人教业[4],必事资经远[5],则斯道不坠[6]。今明经所习,务在出身[7],咸以《礼记》文少,人皆竞读[8]。《周礼》经邦之轨则,《仪礼》庄敬之楷模[9],《公羊》、《穀梁》,历代崇习。今两监及州县[10],以独学无友,四经殆绝[11]。事资训诱,不可因循[12],其学生请各量配作业[13],并贡人参试之[14],日习《周礼》、《仪礼》、《公羊》、《穀梁》,并请帖十通五,许其入策[15]。以此开劝[16],即望四海均习,九经该备[17]。"从之。

[1] 国子司业：国子监长官为祭酒，副长官为司业，职掌中央级各学校。　[2] 三礼：指《礼记》、《周礼》、《仪礼》。三传：指《左传》、《公羊传》、《穀梁传》。　[3] 微旨：微言大义。　[4] 生人：民众。教业：教授学业。　[5] 事资：凭依资质。经远：长远。　[6] 坠：败坏，废除。　[7] 务：务必，一定。出身：科举考试中考生的身份、资格。　[8] 竞读：争先恐后地阅读。　[9] 经邦：治理国家。轨则：准则。楷模：榜样。　[10] 两监：唐代有两国子监，一在京师长安，一在东都洛阳，故称两监。　[11] 四经：即前所指《周礼》、《仪礼》、《公羊》、《穀梁》四经。殆：几乎。　[12] 训诱：教诲引导。因循：以同样的方式学习。　[13] 量配作业：根据各经文长短由学生搭配学习。　[14] 参试：作为考试参考。　[15] 入策：参与对策。　[16] 开劝：开始劝诱。　[17] 即：很快。九经：即文中所指《三传》、《三礼》、《毛诗》、《尚书》和《周易》九经。该：同"赅"(gāi)，完备。

二十一年，玄宗新注《老子》成，诏天下每岁贡士，减《尚书》、《论语》策，而加《老子》焉。二十四年，制移贡举于礼部，以侍郎掌之。（因考功员外郎李昂诋诃进士李权文章，大为权所陵讦，朝议以郎官地轻，故移于礼部，遂为永制。）二十五年二月，制："明经每经帖十，取通五以上，免旧试一帖；仍按问大义十条[1]，取通六以上，免试经策十条；令答时务策三道[2]，取粗有文理者与及第。其进士停小经，准明经帖大经十帖[3]，取通四以上，然后准例试杂文及策，考通与及第[4]。其明经中有明五经以上[5]，试无不通者，进士中兼有精通一史[6]，能试策十条得六以上者，奏听进止[7]。其应试进士等，唱第讫[8]，具所试杂文及策，送中书、门下详覆[9]。"（礼部侍郎姚奕奏。）玄宗方弘道化[10]，至二十九年，始于京师置崇玄馆，诸州置道学，生徒有差[11]，（京、都各百人，诸州无常员。习《老》《庄》、《文》、《列》，谓之四子。荫第与国子监同。）谓之"道举"[12]。举送、课试与明经同[13]。凡举司课试之法[14]，帖经者，以所习经掩其两端，中间开唯一行，裁纸为帖，凡帖三字，随时增损，可否不一，或得四、得五、得六者为通。（后举人积多，故其法益难，务欲落之，至有帖孤章绝句，疑似参互者以惑之。甚者或上抵其注，下余一二字，使寻之难知。谓之"倒拔"。既甚难矣，而举人则有驱悬孤绝、索幽隐为诗赋而诵习之，不过十数篇，则难者悉详矣。其于平文大义，或多墙面焉。）

[1] 按问：口试。　[2] 时务策：议论时事的对策。　[3] 小经、大经：唐代定儒家经典为九部，称为九经，以《礼记》、《左传》为大经，《诗》、《周礼》、《仪礼》为中经，《易》、《尚书》、《公羊传》、《穀梁传》为小经。　[4] 考通：考试通过。　[5] 五经以上：九经中任选五经。　[6] 一史：唐代科举考试科目，在《史记》、《汉书》、《后汉书》中选其中之一种，考试问大义一百条，时务策三道，义通七十，策通二者及第。　[7] 奏听进止：呈报皇帝，由皇帝处理。　[8] 唱第讫：录取及第进士完毕。唱第：指进士及第。讫：完毕，结束。　[9] 详覆：进行详细审核，复查。　[10] 弘道化：弘扬道家道教思想的影响。　[11] 生徒有差：学生来源人数等各有差等。　[12] 道举：考道教教义的科目，仅玄宗一朝曾经举行。　[13] 举送：选拔上送。[14] 举司：荐举部门。

天宝元年,明经停《老子》,加习《尔雅》。十一载,礼部侍郎杨浚始开为三行[1]。(不得帖断绝、疑似之言也。)明经所试一大经及《孝经》、《论语》、《尔雅》,帖各有差[2];帖既通,而口问之,一经问十义,得六者为通;问通而后试策,凡三条。三试皆通者为第。进士所试一大经及《尔雅》,(旧制,帖一小经并注。开元二十五年,改帖大经,其《尔雅》亦并帖注。)帖既通而后试文、试赋各一篇,文通而后试策,凡五条,三试皆通者为第。(经策全通为甲第,通四以上为乙第,通三帖以下及策全通而帖经文不通四,或帖经通四以上而策不通四,皆为不第。)明法试律令各十帖,试策共十条,(律七条,令三条。)全通为甲,通八以上为乙,自七以下为不第。书者试《说文》、《字林》凡十帖[3],(《说文》六帖,《字林》四帖。)口试无常限,皆通者为第。算者试《九章》、《海岛》、《孙子》、《五曹》、《张丘建》、《夏侯阳》、《周髀》、《五经》、《缀术》、《缉古》[4],帖各有差,(《九章》三帖,《五经》等七部各一帖,《缀术》六帖,《缉古》四帖。)兼试问大义,皆通者为第。凡众科有能兼学,则加超奖,不在常限。

　　[1] 十一载:即天宝十一年(公元752年),自天宝三年开始,年改称载。三行:帖经改一行为三行。　[2] 帖各有差:帖有文字多少的差别。　[3]《说文》:即《说文解字》的省称,东汉许慎撰写,为中国第一部字典。《字林》:晋代吕忱编撰的一部字典,明代已佚,今有辑本传世。　[4]《九章》:即《九章算术》的省称。《海岛》:即《海岛算经》的省称,本名《重差》,唐代改用今名。《孙子》:即《孙子算经》的省称。《五曹》:即《五曹算经》的省称。《张丘建》:即《张丘建算经》的省称。《夏侯阳》:即《夏侯阳算经》的省称。《周髀》:即《周髀算经》的省称。《缉古》:即《缉古算经》的省称。这十部书都是数学著作,是唐代明算科考试用书,后人汇为《算经十书》。

　　按令文,科第秀才与明经同为四等[1],进士与明法同为二等。然秀才之科久废,而明经虽有甲乙丙丁四科,进士有甲乙二科,自武德以来,明经唯有丁第,进士唯乙科而已。先试之期[2],命举人谒于先师[3],有司卜日,宿张于国学[4],宰辅以下皆会而观焉[5]。博集群议讲论,而退之礼部[6]。阅试之日,皆严设兵卫,荐棘围之,搜索衣服,讥诃出入,以防假滥焉[7]。其进士,大抵千人得第者百一二[8];明经倍之,得第者十一二[9]。其制诏举人[10],不有常科,皆标其目而搜扬之[11]。试之日,或在殿廷,天子亲临观之。试已,糊其名于中考之,文策高者特授以美官,其次与出身。开元以后,四海晏清[12],士无贤不肖[13],耻不以文章达[14],其应诏而举者[15],多则二千人,少犹不减千人,所收百才有一。(礼部员外郎沈既济曰:"初,国家自显庆以来,高宗圣躬多不康,而武太后任事,参决大政,与天子并。太后颇涉文史,好雕虫之艺,永隆中始以文章选士。及永淳之后,太后君临天下二十余年,当时公卿百辟无不以文章达,因循遐久,寖以成风。以至于开元、天宝之中,上承高祖、太宗之遗烈,下继四圣治平之化,贤人在朝,良将在边,家给户足,人无苦窳,四夷来同,海内晏然。虽有宏猷上略无所措,奇谋雄

五、会通古今——《通典》、《通志》、《文献通考》 ·289·

武无所奋。百余年间,生育长养,不知金鼓之声,烽燧之光,以至于老。故太平君子唯门调户选,征文射策,以取禄位,此行已立身之美者也。父教其子,兄教其弟,无所易业,大者登台阁,小者任郡县,资身奉家,各得其足,五尺童子,耻不言文墨焉。是以进士为士林华选,四方观听,希其风采,每岁得第之人,不浃辰而周闻天下。故忠贤隽彦韫才毓行者,咸出于是,而桀奸无良者或有焉。故是非相陵,毁称相腾,或扇结钩党,私为盟歃,以取科第,而声名动天下;或钩摭隐匿,嘲为篇咏,以列于道路,迭相谈訾,无所不至焉。")

……

[1] 令文:官方命令的文件。科第:考试科目等第。 [2] 先试之期:考试之前。 [3] 谒:拜见、谒见。先师:孔子。 [4] 有司:官员,古代设官分职,事有专司,故称官员为有司。卜日:占卜佳期。宿张:事先布置。国学:国子学。 [5] 宰辅:辅政大臣,一般指宰相。 [6] 博集:广泛收集。群议讲论:众人对举人的议论。 [7] 阅试:考试。荐:草席。棘:带刺的丛木。讥诃:呵斥盘问。出入:指出入之人。假滥:假冒顶替。 [8] 百一二:百人录取一二人。 [9] 十一二:十人中录取一二人。 [10] 制诏举人:即制举,由皇帝临时下诏选拔有特殊才能的人。 [11] 目:科目。搜扬:遍寻举荐。 [12] 晏清:安定,太平。 [13] 贤:贤能之人。不肖:普通人、一般的人。 [14] 达:闻达,出名。 [15] 应诏而举:参加制举考试。

其选授之法[1],亦同循前代。凡诸王及职事正三品以上[2],若文武散官二品以上及都督、都护、上州刺史之在京师者[3],册授[4]。(诸王及职事二品以上,若文武散官一品,并临轩册授[5];其职事正三品,散官二品以上及都督、都护、上州刺史,并朝堂册。讫,皆拜庙。册用竹简,书以漆。)五品以上皆制授[6]。六品以下、守五品以上及视五品以上,皆敕授[7]。凡制、敕授及册拜,皆宰司进拟[8]。自六品以下旨授[9]。其视品及流外官,皆判补之[10]。凡旨授官,悉由于尚书,文官属吏部,武官属兵部,谓之铨选[11]。唯员外郎、御史及供奉之官[12],则否。(供奉官,若起居、补阙、拾遗之类,虽是六品以下官,而皆敕授,不属选司[13]。开元四年始有此制。)

[1] 选授:选举授官。 [2] 职事:官职。隋朝时称有职务的官为职事官,其余为散官。唐代正式将散官作为现任官员按资升迁的等级标志,称为阶,分文武散官,文散官有三十九阶,武散官有四十五阶。 [3] 都督:官名,掌管诸州军事,权任较重,后改为节度使。都护:唐朝统辖边远地区的权力机构所设的官员。上州刺史:唐代的州三万户以上为上州,二万户以上为中州,二万户以下为下州,刺史为州的长官。 [4] 册授:对于三品以上的授官比较隆重,皇帝亲临,宰相为辅,到太庙举行授官仪式,用一种刻在竹子上的册作为委任状,称为册授。 [5] 临轩册授:对诸王及职事官二品以上、文武散官一品官员的授官方式,礼仪隆重,指皇帝在殿前平台上召见臣属。 [6] 制授:皇帝对五品以上官员的授官方式。 [7] 敕授:皇帝对六品以上官员的授官方式。 [8] 宰司:宰辅大臣。进拟:奏呈,指大臣奏呈事项,以备采纳。 [9] 旨授:皇帝对六品以下官员的授官方式。 [10] 品:品级。流外官:唐代对

九品以内的职官称为流内官,以外的称流外官。流外官通过考铨可转授流内官,称入流。　[11] 铨选:指尚书省吏部兵部对官员的选拔。　[12] 御史:官名,掌纠察之任。供奉之官:职事名,唐朝通称在皇帝左右供职为供奉官。　[13] 选司:主管选官的机构。

　　凡吏部、兵部文武选事,各分为三铨,尚书典其一,侍郎分其二[1]。文选,旧制尚书掌六品、七品选,侍郎掌八品、九品选[2]。景云初,宋璟为吏部尚书,始通其品员而分典之[3],遂以为常。凡选,始于孟冬,终于季春[4]。(先时,五月颁格于郡县,示人科限而集之。初皆投状于本郡或故任所,述罢免之由,而上尚书省,限十月至省。乃考核资叙、郡县乡里名籍、父祖官名、内外族姻、年齿形状、优劣课最、谴负刑犯,必具焉。以同流者五五为联,以京官五人为保,一人为识,皆列名结款,不得有刑家之子、工贾殊类及假名承伪、隐冒升降之徒。应选者有知人之诈冒而纠得三人以上者,优以授之。其试之日,除场援棘,讥察防检,如礼部举人之法。)

　　[1] 典:主管。分:分管。　[2] 文选:选举文官。　[3] 景云:睿宗年号,公元710年至712年。品员:品级和官级。　[4] 孟冬:冬初。季春:春末。

　　其择人有四事:一曰身(取其体貌丰伟),二曰言(取其词论辨正),三曰书(取其楷法遒美),四曰判(取其文理优长)。四事可取,则先乎德行;德均以才,才均以劳[1]。其六品以降,计资量劳而拟其官[2];五品以上,不试,列名上中书、门下,听制敕处分[3]。凡选,始集而试,观其书、判;已试而铨,察其身、言;已铨而注,询其便利,而拟其官[4]。已注而唱示之[5],不服者得反通其辞[6],他日,更其官而告之如初。又不服者,亦如之。三唱而不服,听冬集[7]。服者以类相从[8],攒之为甲[9],先简仆射[10],乃上门下省,给事中读之,黄门侍郎省之,侍中审之[11]。不审者,皆得驳下[12]。既审,然后上闻,主者受旨而奉行焉。各给以符,而印其上,谓之"告身"[13]。其文曰"尚书吏部告身之印"。自出身之人,至于公卿,皆给之。武官,则受于兵部。兵部武选亦然,课试之法如举人之制,取其躯干雄伟,应对详明,有骁勇材艺及可为统帅者。若文吏求为武选,取身长六尺以上,籍年四十以下,强勇可以统人者。武夫求为文选,取书判精工,有理人之才而无殿犯者。凡官已受成,皆殿廷谢恩。其黔中、岭南[14]、闽中郡县之官,不由吏部,以京官五品以上一人充使就补[15],御史一人监之[16]。四岁一往,谓之"南选"。凡居官以年为考,六品以下四考为满。(武德初,因隋旧制,以十一月起选,至春则停。至贞观三年,刘林甫为吏部侍郎,以选限既促,多不究悉,遂奏四时听选,随到注拟,当时以为便。十九年十一月,马周为吏部尚书,以吏部四时提衡,略无休暇,遂请取所由文解,十月一日赴省,三月三十日毕。)

　　[1] 劳:功劳,苦劳,这里侧重后者。　[2] 计资量劳:以资历和功劳来衡量。拟:初定。　[3] 制敕:皇帝的决定。　[4] 铨:选拔。注:记载于册。询:征求意见,询问。　[5] 唱:口头

宣布。示:公示。　[6]反通其辞:用合理的理由反对所宣布的规定。　[7]冬集:冬季举行的考试。　[8]类:按授官类别。相从:相互跟随。　[9]攒:聚集。　[10]简:由……检查,核查。仆射(yè):宰相。　[11]门下省:官署名,为皇帝侍从机构,置侍中二人为长官,下设门下侍郎、给事中、左散骑常侍、谏议大夫、左补阙、左拾遗等官,掌审议、救令、驳正违失、规谏得失、侍从赞相等事。给事中:门下省官员,掌侍左右,分判省事,检察弘文馆的缮写奏抄之文。黄门侍郎:即门下侍郎。省:察看。侍中:官名,秦始置。为丞相属官,唐时为门下省长官,掌出纳诏命之事。审:审核。　[12]不审:审核未通过。驳下:不得上传。　[13]告身:委任官员的凭证。　[14]黔中:道名,全名黔中道,开元二十三年(734年)后,主要治理黔州(今四川彭水),辖相当于今之贵州大部、四川东南部、湖北西南部、广西西北隅、湖南西南部等地。岭南:地区名,即唐时福建观察使之管辖区,因古闽越人居住地区而得名。　[15]充使就补:充当使者来补吏部之缺。　[16]监:监督,监察。

(据中华书局1988年点校本《通典》　陈　玲)

通志·金石略序

　　方册者[1],古人之言语。款识者[2],古人之面貌。以后学跂慕古人之心[3],使得亲见其面而闻其言,何患不与之俱化乎[4]。所以仲尼之徒三千皆为贤哲[5];而后世旷世不闻若人之一二者[6],何哉?良由不得亲见闻于仲尼耳[7]。盖闲习礼度[8],不若式瞻容仪[9];讽诵遗言[10],不若亲承音旨[11]。今之方册所传者,已经数千万传之后,其去亲承之道远矣。惟有金石所以垂不朽,今列而为略,庶几式瞻之道犹存焉[12]。且观晋人字画,可见晋人之风献[13];观唐人书踪,可见唐人之典则[14],此道后学安得而舍诸!三代而上,惟勒鼎彝[15]。秦人始大其制而用石鼓[16],始皇欲详其文而用丰碑,自秦迄今,惟用石刻。散佚无纪,可为太息!

　　[1]方册:简牍,典籍。　[2]款识(zhì):古代钟鼎彝器上铸刻的文字。　[3]后学:后进的学者或读书人。跂(qǐ):踮起后脚跟。　[4]俱:全,都。化:变化,改变。　[5]仲尼:孔子的字。　[6]旷世:历时久远。　[7]良:的确,确实。由:由于,因为。　[8]闲习:熟习。　[9]式瞻:瞻视。容仪:容貌举止,容貌仪表。　[10]讽诵:背诵,诵读。　[11]亲承:亲自受到,接受。音旨:言辞旨意。　[12]庶几:希望。　[13]风献:指人的风采品格。　[14]典则:典章法则。　[15]鼎:古代青铜器的一种,圆形三足两耳,或方形四足。彝:古代青铜器的通称,多指宗庙祭祀用的礼器。　[16]石鼓:秦国刻石。形略像鼓,共有十个,上刻籀文四言诗。

(据中华书局1995年点校本《通志二十略》　白　彬)

文献通考·选举考(节录)

　　宋朝礼部贡举,设进士、九经、五经、《开元礼》、《三史》、《三礼》、《三传》、学究、明经、明法等科[1],皆秋取解,冬集礼部,春考试[2]。合格及第者,列名发榜于尚书省。

[1] 九经：指《三礼》、《三传》、《诗经》、《周易》、《尚书》九本儒家经典。五经：九经中任选五经。《开元礼》：是玄宗在开元十四年敕撰，一百五十卷，称《大唐开元礼》，天宝改称《开元礼》，今有洪氏公善堂刊本。《三史》：指《史记》、《汉书》、《后汉书》。《三礼》：指《周礼》、《仪礼》、《礼记》。《三传》：指《左传》、《公羊传》、《穀梁传》。学究：即"学究一经"的简称，是唐代明经一科中的科目，宋代作为礼部贡举十科之一，专重记诵，未必通晓文义。明经、明法：同唐制。宋代除进士科外，其他科目总称诸科。　[2] 取解：为了保证科考人数，每年秋天，各州都要进行考试，将合格的考生送至礼部，称为"取解"，该考试称"发解试"。冬集：即"孟冬之月，集于京师"。春考试：第二年春天，礼部进行考试，又称"省试"。

凡进士，试诗赋、杂文各一首，策五道，帖《论语》十帖，对《春秋》或《礼记》墨义十条[1]。九经，帖书一百二十帖[2]，对墨义六十条。五经，帖书八十帖，对墨义五十条。《三礼》，对墨义九十条。《三传》，一百一十条。《开元礼》、《三礼》、《三史》，各三百条。学究，《毛诗》对墨义五十条，《论语》十条，《尔雅》、《孝经》共十条，《周易》、《尚书》各二十五条。明法，对律令四十条，兼经并同《毛诗》之制。各问经引试，通六为合格，仍抽卷问律，本科则否[3]。皆本贯发解，若有乡贯阻越及在化外，得于开封府投牒，奏俟朝旨[4]。

[1] 墨义：笔答，考官根据经文出题，考生笔答该句经文的前人注疏或上下文，类似现代的简答题。　[2] 帖书：帖经。　[3] 本科：指明法科。　[4] 本贯：本人籍贯地。发解：通过取解试而送至礼部。乡贯阻越：离考生所在籍贯地太远。在化外：在宋朝直接统治区域以外的地方。投牒：报名。奏俟朝旨：奏请并听候朝廷的旨意。

诸州以本判官试进士，录事参军试诸科[1]，或不晓经艺[2]，即选以次官充诸科[3]，并本判官监试。试纸，长官印署面给之[4]。帖经对义，监官、试官对考通否[5]，逐场定去取。凡试日，怀挟所业经义及遥口相授者，即时遣出[6]。所试合格，取通多业精者为上，余次之。解文[7]，首具元请解及已落见解人数[8]，所试经义，朱书"通"、"否"，监官、试官署名于其下。进士文卷、诸科义卷、帖由，并随解文送贡院[9]。其有残废笃疾[10]，并不得预解[11]，或应解而不解，不应解而解，监官、试官为首罪，停所任。受赂以枉法论，长官听朝旨。凡见任官应进士举，谓之"锁厅试"[12]。所属官司先以名闻[13]，得旨而后解。

[1] 判官：官名，宋代在各州、府设置判官，由京官充任，时称签书判官厅公事，简称签判。试：对……进行考试。录事参军：官名，宋时在州称录事参军，在府称司录参军。　[2] 或：有人，指有的录事参军。　[3] 次官：官品低于录事参军但懂经艺的官员。充诸科：代行主持各科的考试。　[4] 试纸：考试卷子。印：主考官用印。面给之：当面交给考生。　[5] 试官：主持考试的官员。　[6] 怀挟：私自挟带。业：学习，主攻。遥口相授：在考场口耳相传作弊的。即时：立即。　[7] 解文：向京师解送地方考试合格者的公文。　[8] 本句大意是：在开头写

明参加发解试的人数以及通过和没有通过发解试的人数。元:最初。　[9] 文卷:指进士科所考的答卷。义卷:指诸科所考的答卷。贡院:科举考试场所,因贡院外墙有荆棘围之故又称"棘闱"。　[10] 残废笃疾:指身体残缺或不健康的考生。　[11] 预解:准备向上推荐发送。 [12] 锁厅试:宋制,即凡是现任官员参加进士选举,称为"锁厅试"。　[13] 官司:泛指官吏或者官府。

　　既集贡院,十人或五人同保[1],不许有大逆人、缌麻以上亲及诸不孝不悌,隐匿工商异类、僧道归俗之徒[2]。家状并试卷之首,署年及举数、场第、乡贯[3],不得增损移易,以仲冬收纳,月终而毕。将临试期[4],知举官先引问联保,与状金同而定焉[5]。凡就试,禁挟书为奸,进士试词赋,唯《切韵》《玉篇》不禁。进士文理纰缪者[6],循旧制殿五举,诸科初场十"否"殿五举,第二、第三场十"否"殿三举,第一至第三场九"否"并殿一举[7]。殿举之数,朱书于试卷,送中书门下。诸已发解及进士,虽有挟书之禁,而不搜索。

　　[1] 同保:互相担保。　[2] 缌麻:丧服名,是"五服"(斩衰、齐衰、大功、小功、缌麻)中最轻的一种。用较细熟麻布制成,服期三月。缌麻以上亲:即指近亲。不孝不悌:不孝顺长辈,不友爱兄弟。工商异类:从事工商业者。僧道归俗:曾出家又还俗者。　[3] 家状:家庭情况。署年:写上考生年龄。举数:参加科举考试的次数。场第:考试场次。乡贯:出生籍贯。　[4] 临:临近。　[5] 知举官:官名,主持省试的朝臣。联保:为考生做保者,因做多人的保人,而称联保。状金:联保所陈述有关考生的情况。　[6] 纰缪(pī miù):错误。　[7] 殿举:科举制度中因考试劣等而罚停科考若干次为殿举,按场次不同而分别殿举。

（据中华书局1986年影印《万有文库》十通本《文献通考》　粟品孝）

六、别识心裁——《文史通义》

【题解】《文史通义》是继唐代刘知幾《史通》之后,在我国清代中期涌现的又一部侧重史学理论批评的名著。全书分内篇和外篇两部分,《内篇》6卷、51篇(缺一),泛论文史;《外篇》3卷、70篇,专言方志。由于兼论文史,故名《文史通义》,但所长则在论史。

　　作者章学诚(1738—1801),字实斋,号少岩,浙江会稽(今绍兴)人,《清史稿》有传。虽然章氏生当乾嘉考据经学盛行之际,但不趋时风,偏好史学,自称"吾于史学,盖有天授",又于史学之中,不重史考、史纂,而重史意,即注重彰显史学的意义。这种特立独行、别出心裁的思想风范,颇不为时代所容,以至举世"视为怪物,诧为异类","鄙且哭者,十之四五,怒且骂者,且倍焉。"死后相当长一段时间也寂寥无闻,甚至有误其姓名为"张学诚"、"章石斋"者。直到近代新史学崛起,在内藤湖南(日本学者)、胡适、梁启超、钱穆等史家的推崇下,其史学大师的地位才得以建立起来。

《文史通义》是章学诚众多著述中最为世人所重的作品,它是作者费时近三十年的一部力作,旨在表达章氏一己之历史见解。其在史学理论上的突出贡献,首在系统地探讨了经学、史学的关系问题,提出了"六经皆史"说。钱穆以为这是章氏史学"最重要的地方"。其说认为"六经"都是"先王得位行道、经纬世宙之迹,而非托于空言",本身是关乎人伦日用的历史事实的总结,既是经书,也是史书,从而提高了史书、史学的地位,也扩大了史学研究的范围。由此出发,章氏提出了"史意"的新说。认为史学的重要特点在于它所具有的"义"(或称"史意"),"史所贵者义也",只有切于人事的"史意"才可取,才有经世之用。为此,他把史书分为"撰述(著述)"和"记注(比类)"两类,惟具"史意"者方可谓"著述",并明确表示:"吾于史学,贵其著述成家。"这些见解与当时的考证风尚颇不相同,是要努力发挥经学史学的经世致用的功能。

不仅如此,章氏还在刘知幾提出的史家三长即史才、史学、史识的基础上,探讨了"史德"的问题。"史德"说虽早在元代史家揭傒斯时已经提出,可谓孤明先发,但章氏特立《史德》专篇讨论,则是新的贡献。另外,在方志的编纂体例与撰写方法方面,章氏也多有独创之见,特别是其重文献轻沿革的思想,与当时名儒戴震颇不同调。梁启超以为:"方志学之成立,实自实斋始也。"

《文史通义》现有多种版本,其中中华书局1985年出版的叶瑛《文史通义校注》本和浙江古籍出版社2005年出版的仓修良《文史通义新编新注》本最便阅读。

(吴铭能)

史　　德[1]

才、学、识三者,得一不易,而兼三尤难,千古多文人而少良史,职是故也。昔者刘氏子玄[2],盖以是说谓足尽其理矣。虽然,史所贵者义也,而所具者事也,所凭者文也。孟子曰:"其事则齐桓、晋文,其文则史,义则夫子自谓窃取之矣。"非识无以断其义,非才无以善其文,非学无以练其事,三者固各有所近也,其中固有似之而非者也。记诵以为学也,辞采以为才也,击断以为识也,非良史之才、学、识也。虽刘氏之所谓才、学、识,犹未足以尽其理也。

夫刘氏以谓有学无识,如愚估操金,不解贸化。推此说以证刘氏之指,不过欲于记诵之间,知所决择,以成文理耳。故曰:古人史取成家,退处士而进奸雄,排死节而饰主阙,亦曰一家之道然也[3]。此犹文士之识,非史识也。能具史识者,必知史德。德者何?谓著书者之心术也。夫秽史者所以自秽[4],谤书者所以自谤[5],素行为人所羞,文辞何足取重。魏收之矫诬,沈约之阴恶[6],读其书者,先不信其人,其患未至于甚也。所患夫心术者,谓其有君子之心,而所养未底于粹也。

　　[1] 本篇作于乾隆五十六年(1791年)。章氏有《与史余村简》,说:"近撰《史德》诸篇,所见较前有进,与《原道》、《原学》诸篇相表里,而《原道》诸篇既不为人所可,此篇亦足下观之可也,勿示人也",是知《史德》当与《原道》、《原学》(均在《文史通义》中)等篇互参对读,才能理解章氏的深义。　　[2] 刘氏子玄:即刘知幾(661—721),字子玄。刘氏是唐代杰出的史学家,所著《史通》是我国最早最系统的史学理论批评名著。他在历史上首先概括性地提出了史家三长的问题,事见《新唐书·刘知幾传》:"礼部尚书郑惟忠尝问:'自古文士多,史才少,何耶?'对曰:'史有三长,才、学、识,世罕兼之,故史才少。夫有学无才,犹愚估操金,不能殖货,有才无学,犹巧匠无楩柟斧斤,弗能成室。善恶必书,使骄君贼臣知惧,此为无可加者。'时以为笃论。"章氏引述刘氏之言,文字稍有出入。　　[3]《史通·忤时》云:"古者刊定一史,纂成一家,体统各殊,指归咸别。夫《尚书》之为教也,以疏通致远为主,《春秋》之义也,以惩恶劝善为先,《史记》则退处士而进奸雄,《汉书》则抑忠臣而饰主阙,斯并曩时得失之列,良史是非之准,作者言之详矣。"按,刘氏以为"《尚书》之为教也,以疏通致远为主,《春秋》之义也,以惩恶劝善为先",这是对的,但说"《史记》则退处士而进奸雄,《汉书》则抑忠臣而饰主阙",则是他的偏见。　　[4] 北齐魏收(506—572)恃才轻薄,其德望本不足以服众,著有《魏书》,历来为世所诟厉,号为"秽史"。　　[5] 司马迁作《史记》,于《封禅书》内述汉武帝好神仙鬼魅方士之事甚备,故王允谓之为"谤书"。　　[6] 沈约(441—513),南朝人,著有《晋史》、《宋书》等史著,多为后世讥讽。《史通·采撰》云"沈氏著书,好诬先代,于晋则故造奇说,在宋则多出谤言,前史所载,已讥其谬矣;而魏收党附北朝,尤苦南国,遂云'马叡出于牛金,刘骏上淫路氏',可谓助纣为虐,幸人之灾。寻其生绝胤嗣,死遭剖胔,盖亦阴过之所致也。"

　　夫有君子之心,而所养未粹,大贤以下,所不能免也。此而犹患于心术,自非夫子之《春秋》,不足当也。以此责人,不亦难乎?是亦不然也。
　　盖欲为良史者,当慎辨于天人之际[1],尽其天而不益以人也。尽其天而不益以人,虽未能至,苟允知之,亦足以称著述者之心术矣。而文史之儒,竞言才、学、识,而不知辨心术以议史德,乌乎可哉?夫是尧、舜而非桀、纣,人皆能言矣。崇王道而斥霸功[2],又儒者之习故矣。至于善善而恶恶,褒正而嫉邪,凡欲托文辞以不朽者,莫不有是心也。然而心术不可不虑者,则以天与人参,其端甚微,非是区区之明所可恃也[3]。夫史所载者事也,事必藉文而传,故良史莫不工文,而不知文又患于为事役也。盖事不能无得失是非,一有得失是非,则出入予夺相奋摩矣[4]。奋摩不已,而气积焉。事不能无盛衰消息,一有盛衰消息,则往复凭吊生流连矣[5]。流连不已,而情深焉[6]。凡文不足以动人,所以动人者,气也[7]。

　　[1] 司马迁《报任少卿书》:"欲以究天人之际,通古今之变,成一家之言。"天人之际,是中国古代哲学思想重要的命题,参见张舜徽《周秦道论发微》。　　[2]《孟子·公孙丑下》云:"以

力假仁者霸,霸必有大国,以德行仁者王,王不待大。汤以七十里,文王以百里。以力服人者,非心服也,力不赡也,以德服人者,中心悦而诚服也,如七十子之服孔子也。"这是孟子继承儒家仁爱思想的核心价值,但在现实环境中又处处受挫折,章氏在此惋惜"崇王道而斥霸功",固然理想高迈,不过是为"儒者之习故",这是为当时没有一流儒门传人而感叹,所以他们这些人就只能炒冷饭说说而已,没有如孔子、孟子般的大气象。 [3] 本句大意是:研究历史,心术端正是最重要的头等大事,就像"天人之际"的区别,精微高邈,不是仅仅凭恃以这里讲通就能明白的。 [4] 出入予夺:裁量事情、盘算利害。奋摩:奋动手足,内心受到情绪波动而激愤不平。这是说评量事件一定有是非得失,而一旦陷入是非得失、盘算利害之心后,心绪受到激愤不平就不能避免了。 [5] 流连:指依恋不舍。这是说万事有盛衰起落变化,但难免令人感慨,而产生依恋不舍的情绪。 [6] 本句意思是:这样依恋不舍的情绪没完没了,情感投入就愈加深刻。 [7] 本句意思是:文字本身是不会感动人心的,文字之所以有感动人心的魔力,那是因为有文气投注在里面的缘故。

　　凡文不足以入人,所以入人者,情也[1]。气积而文昌,情深而文挚;气昌而情挚,天下之至文也[2]。然而其中有天有人,不可不辨也[3]。气得阳刚,而情合阴柔[4]。人丽阴阳之间,不能离焉者也[5]。气合于理,天也;气能违理以自用,人也。情本于性,天也;情能汨性以自恣[6],人也。史之义出于天,而史之文,不能不藉人力以成之。人有阴阳之患,而史文即忤于大道之公[7],其所感召者微也。

　　[1] 本句意为:文字本身是不会盘踞人心的,文字之所以有盘踞人心的魔力,那是因为有深情投注在里面的缘故。入:盘踞人心。 [2] 本句大意是:有了文气积蕴,文章就发皇弘远,有了深刻情感,文章就真挚动人;文气发皇弘远,情感真挚动人,这才是天下最好的文章。至:极端,最好。 [3] 本句意为:文气与情感对文章的这层关系,有本来是天造成的,有本来是人为的,如此分际界限,是不能不分辨清楚的。 [4] 本句意为:天地有阳刚与阴柔两种特性,若说文气得阳刚的特性,而情感则合乎阴柔的特性。 [5] 丽:附着。全句意为:人同时被阳刚与阴柔两种特性附着,是不能须臾离开的。 [6] 汨性:扰乱心性。汨:乱。 [7] 忤(wǔ):违背。

　　夫文非气不立,而气贵于平。人之气,燕居莫不平也[1]。因事生感,而气失则宕,气失则激,气失则骄,毗于阳矣[2]。文非情不深,而情贵于正。人之情,虚置无不正也[3]。因事生感,而情失则流,情失则溺,情失则偏,毗于阴矣[4]。阴阳伏沴之患,乘于血气而入于心知,其中默运潜移,似公而实逞于私,似天而实蔽于人,发为文辞,至于害义而违道,其人犹不自知也[5]。故曰心术不可不慎也。

　　[1] 燕居:闲暇无事之时。 [2] 宕(dàng):荡,放荡之意。毗:指伤害到阴阳互相调和。全句意为:有事感怀,内心的气息失去控制,就会放荡,就会产生骄傲,这样就伤害到阳刚之气。 [3] 这两句的意思是:文章没有情感就不容易打动人心,而情感的可贵在于纯正。人处在心胸坦荡之时,情感总是最纯正的。 [4] 失:放肆。全句意思是:有事感怀,情感听任放肆,就会游移,情感听任放肆,就会陷溺难以自拔,情感听任放肆,就会偏颇不正,这样就伤害到阴柔之气。 [5]《庄子·大宗师》:"阴阳之气有沴",郭注:"沴,陵乱也。"人如果内在的

六、别识心裁——《文史通义》

阴柔与阳刚两种气息被打乱了,会随着血气循环而盘踞人的心智,久而久之,潜移默化产生影响,会使自己美其名是为公家着想,实际是逞于私欲,美其名是为上天行道,而实际是遮蔽人的本性;以如此情性发展为文章,是会伤害到仁义且违背正道的,犯了这样的错误,本身还浑然不自知呢!

夫气胜而情偏,犹曰动于天而参于人也[1]。才艺之士,则又溺于文辞[2],以为观美之具焉,而不知其不可也。史之赖于文也,犹衣之需乎采,食之需乎味也。采之不能无华朴,味之不能无浓淡,势也[3]。华朴争而不能无邪色,浓淡争而不能无奇味。邪色害目,奇味爽口[4],起于华朴浓淡之争也。文辞有工拙,而族史方且以为竞焉,是舍本而逐末矣[5]。以此为文,未有见其至者[6]。以此为史,岂可与闻古人大体乎[7]?

　　[1]本句大意是:文气太刚强,而且情感又偏颇的人,往往会说他运行于天,合乎人道的境界。　　[2]溺于文辞:过分追求文字修辞,并陷溺其中。　　[3]势:理所当然。　　[4]典出《老子》第十二章:"五色令人目盲,五音令人耳聋,五味令人口爽",王弼注:"爽,差失也。"是说太多的色彩与各种味道,反而伤害到眼睛的分辨能力与嘴巴味觉的敏锐性。这是老子提出物极必反的重要观念。　　[5]典出《庄子·养生主》"族庖月更刀"。《经典释文》引崔云:"族,众也。"全句意思是:文字修辞本来就有巧妙笨拙的不同,一般的史家以此竞争高下为风尚,(忽略了心术才是最核心的部分)这是舍本逐末的,完全没有掌握到重点。　　[6]本句意为:以这种心态写文章,是没有办法看到高明的境界。　　[7]大体:关键处。

韩氏愈曰:"仁义之人,其言蔼如[1]。"仁者情之普,义者气之遂也。程子尝谓[2]:"有《关雎》、《麟趾》之意,而后可以行《周官》之法度。"吾则以谓通六艺比兴之旨[3],而后可以讲春王正月之书[4]。盖言心术贵于养也。史迁百三十篇,《报任安书》所谓"究天地之际,通古今之变,成一家之言。"自序以谓"绍名世,正《易传》,本《诗》、《书》、《礼》、《乐》之际",其本旨也。所云发愤著书,不过叙述穷愁,而假以为辞耳。后人泥于发愤之说[5],遂谓百三十篇皆为怨诽所激发,王允亦斥其言为谤书[6]。于是后世论文,以史迁为讥谤之能事,以微文为史职之大权,或从羡慕而仿效为之;是直以乱臣贼子之居心,而妄附《春秋》之笔削,不亦悖乎!今观迁所著书,如《封禅》之惑于鬼神,《平准》之算及商贩,孝武之秕政也[7]。后世观于相如之文,桓宽之论,何尝待史迁而后著哉?《游侠》、《货殖》诸篇,不能无所感慨,贤者好奇,亦洵有之。馀皆经纬古今,折衷六艺,何尝敢于讪上哉[8]?朱子尝言[9]:《离骚》不甚怨君,后人附会乃有过。吾则以谓史迁未敢谤主,读者之心自不平耳。夫以一身坎轲,怨诽及于君父,且欲以是邀千古之名,此乃愚不安分,名教中之罪人,天理所诛,又何著述之可传乎?

　　[1]这是韩愈在《答李翊书》中的话,原文是这样:"根之茂者其实遂,膏之沃者其光晔,仁义之人,其言蔼如也。"蔼如:和蔼的样子。　　[2]程子:即程颢(1032—1085),宋代理学的开

创者之一。　[3]典出《诗大序》:"《诗》有六义焉:一曰风,二曰雅,三曰颂,四曰赋,五曰比,六曰兴。"陈启源《毛诗稽古编》:"比兴皆喻,而体不同。兴者,兴会所生,非即非离,言在此,意在彼,其词微,其旨远。比者,一正一喻,两相譬况,其词决,其旨显,且与赋交错而成文,不若兴语之用以发端,多在首章也。"　[4]《春秋》经开首就说:"元年,春,王正月。"春王正月之书,即是指如《春秋》史籍之书,泛指史书。　[5]泥:拘泥。　[6]司马迁作《史记》,于《封禅书》中讲述汉武帝神仙鬼灶方士之事甚备,故王允以为"谤书"。　[7]秕政:不善之政。秕(bǐ):中空的谷,引申为败坏之意。　[8]讪(shàn):讥讽。　[9]朱子:指朱熹(1130—1200),宋代理学的集大成者。

　　夫《骚》与《史》,千古之至文也。其文之所以至者,皆抗怀于三代之英[1],而经纬乎天人之际者也。所遇皆穷,固不能无感慨,而不学无识者流,且谓诽君谤主,不妨尊为文辞之宗焉,大义何由得明,心术何由得正乎?

　　夫子曰[2]:"《诗》可以兴。"说者以谓兴起好善恶恶之心也。好善恶恶之心,惧其似之而非,故贵平日有所养也。《骚》与《史》,皆深于《诗》者也。言婉多风,皆不背于名教,而梏于文者不辨也[3]。故曰:必通六艺比兴之旨,而后可以讲春王正月之书。

　　[1]三代:指夏、商、西周三个朝代,古代一般视为圣贤辈出的理想时代。　[2]夫子:指孔子。　[3]梏(gù):古代木制的手铐,引申为拘束之意。

(据中华书局1985年叶瑛《文史通义校注》本　吴铭能)

子　　部

一、东方智慧——《老子》(节录)

【题解】 《老子》，道家学派最重要的经典，被道教尊奉为《道德经》。全书分上下两篇，八十一章，五千余字。今天的通行本前三十七章为上篇《道经》，后四十四章为下篇《德经》，但原书的顺序可能正好相反，应该是《德经》在前，《道经》在后。

关于《老子》一书的作者老子，其人其事在西汉的时候就已经不能确考了。司马迁在《史记·老子韩非列传》中列举了老聃、老莱子、周太史儋三个人的事迹，但已说不清楚这三人究竟谁是老子，或者是否这三人就是同一个老子。

关于《老子》的成书年代，争论也很多。从目前的考古发现来看，可以确定的是最迟在公元前300年左右，《老子》一书就已经开始流传。但是在流传过程中，明显被后人添改过，今天的通行本《老子》已非该书的原貌，有的章节甚至被改得面目全非，与原书内容大相径庭。

历代关于《老子》的传本和注疏，种类也异常繁复。元代张兴材称："《道德》八十一章，注者三千余家。"(《道德玄经原发·序》)今人严灵峰所辑《无求备斋老子集成》，收录包括道观碑本、敦煌写本和木刻本在内的《老子》版本，共计三百五十六种。目前已发现的《老子》版本中，最重要的有两种：一是1973年，长沙马王堆汉墓发现的帛书本《老子》，一是1993年荆门郭店楚墓发现的竹简本《老子》。只有依靠这两种出土的《老子》版本，我们才能判断后世众多《老子》版本的优劣。最重要的《老子》注本有四种：一是《韩非子》的《解老》、《喻老》两篇，这是现存关于《老子》最早的注释；二是西汉河上公《老子道德经章句》，因注文通俗易懂，在道教中甚为流行；三是西汉末年严遵《老子指归》，比较忠实于《老子》原本，缺点是注文有散佚；四是魏王弼《老子道德经注》，注文言简意深，流行于知识阶层。

今人校注的《老子》中，以马叙伦《老子校诂》、杨树达《老子古义》、高亨《老子正诂》、朱谦之《老子校释》最有参考价值，但缺点是上述四家都不及见郭店楚简本《老子》。2003年，商务印书馆出版的陈鼓应《老子今注今译》，参照简帛本修订而成，比较便于初学者阅读。

(李晓宇)

第一章

道可道,非常道[1];名可名,非常名[2]。无,名天地之始;有,名万物之母[3]。故常无,欲以观其妙;常有,欲以观其徼[4]。此两者[5],同出而异名,同谓之玄。玄之又玄[6],众妙之门[7]。

[1]可道:可以言说。常道:永恒的道。 [2]可名:可以称呼。常名:永恒的名。 [3]这几句有两种读法。还有一种读法为:"无名,天地之始;有名,万物之母。" [4]这几句有两种读法。还有一种读法为:"故常无欲,以观其妙;常有欲,以观其徼。"徼(jiào):历来有多种解释。一说:归结。一说:应作"窍",空。一说:应作"皦(jiǎo)",清晰。一说:边际。 [5]此两者:指"有"和"无"。 [6]玄之又玄:指"道"玄妙幽远,深不可测。 [7]众妙:一切深奥玄妙的道理。

第二章

天下皆知美之为美,斯恶已[1];皆知善之为善,斯不善已。有无相生,难易相成,长短相形,高下相盈[2],音声相和,前后相随。是以圣人处无为之事,行不言之教;万物作而不为始,生而不有,为而不恃,功成而弗居。夫唯弗居,是以不去。

[1]恶:丑。已:同"矣"。 [2]相盈:互相使对方盈足。即高可使下更下,下可使高更高,与"长短相形"的道理相同。

第三章

不尚贤[1],使民不争;不贵难得之货,使民不为盗;不见可欲[2],使民心不乱。是以圣人之治,虚其心,实其腹,弱其志[3],强其骨。常使民无知无欲。使夫智者不敢为也。为无为[4],则无不治。

[1]尚贤:推崇有德才的人。 [2]见(xiàn):显露。 [3]弱其志:使人意志柔韧。 [4]为无为:其顺其自然处理事情。

第四章

道冲[1],而用之或不盈。渊兮,似万物之宗;湛兮[2],似或存。吾不知谁之子,象帝之先[3]。

[1]冲:同"盅",虚。 [2]湛(zhàn):水深的样子,形容"道"的深不可测。 [3]象帝之

先:似乎在上帝之前,指"道"先天地而生。

第五章

天地不仁,以万物为刍狗[1];圣人不仁,以百姓为刍狗。天地之间,其犹橐籥乎[2]?虚而不屈[3],动而愈出。多言数穷,不如守中[4]。

[1] 刍(chú)狗:古代祭祀时用草扎成的狗,以喻微贱无用的东西。 [2] 橐(tuó)籥(yuè):古代冶炼时用以鼓风吹火的装置,相当于今天的风箱。 [3] 屈(jué):通"淈",竭,尽。 [4] 数穷:迅速完结。数:通"速"。守中:保持内心的虚无清静。

第七章

天长地久。天地所以能长且久者,以其不自生[1],故能长生。是以圣人后其身而身先;外其身而身存[2]。非以其无私邪?故能成其私。

[1] 不自生:不为自己谋生。 [2] 外其身而身存:把自己置之度外,反而保全了性命。

第八章

上善若水。水善利万物而不争,处众人之所恶[1],故几于道[2]。居善地,心善渊[3],与善仁,言善信,政善治,事善能,动善时。夫唯不争,故无尤[4]。

[1] 恶(wù):讨厌,憎恶。 [2] 几(jī):近。 [3] 心善渊:心善于沉静。 [4] 尤:过错。

第九章

持而盈之,不如其已[1];揣而锐之[2],不可长保。金玉满堂,莫之能守;富贵而骄,自遗其咎。功遂身退,天之道也。

[1] 持而盈之:执持盈满。不如其已:不如罢手。 [2] 揣(zhuī)而锐之:锤打使其尖锐。

第十章

载营魄抱一[1],能无离乎?专气致柔[2],能如婴儿乎?涤除玄鉴[3],能无疵乎?爱民治国,能无为乎?天门开阖[4],能为雌乎?明白四达,能无知乎?

[1] 载:语助词,夫。营魄:魂魄。抱一:合一。 [2] 专气致柔:谓结聚精气使身体柔顺。

[3] 涤除:清除。玄鉴:指人的内心。　[4] 天门:比喻人的感官。开阖:开启与闭合。

第十一章

　　三十辐,共一毂[1],当其无,有车之用。埏埴以为器[2],当其无,有器之用。凿户牖以为室[3],当其无,有室之用。故有之以为利,无之以为用。

　　[1] 辐:车轮中凑集于中心毂上的直木。毂(gǔ):车轮的中心部位,周围与车辐的一端相接,中有圆孔,用以插轴。　[2] 埏(shān)埴(zhí):和泥制作陶器。　[3] 户牖(yǒu):门窗。

第十二章

　　五色令人目盲[1];五音令人耳聋[2];五味令人口爽[3];驰骋畋猎[4],令人心发狂;难得之货,令人行妨。是以圣人为腹不为目,故去彼取此。

　　[1] 五色:青、赤、白、黑、黄五种颜色。　[2] 五音:我国古代五声音阶中的五个音级,即宫、商、角、徵、羽。　[3] 五味:指酸、甜、苦、辣、咸五种味道。　[4] 畋(tián)猎:打猎。

第十四章

　　视之不见,名曰"夷"[1];听之不闻,名曰"希"[2];搏之不得,名曰"微"[3]。此三者不可致诘[4],故混而为一。其上不皦[5],其下不昧。绳绳兮不可名[6],复归于无物。是谓无状之状,无物之象,是谓惚恍。迎之不见其首,随之不见其后。执古之道,以御今之有。能知古始,是谓道纪[7]。

　　[1] 夷:无色。　[2] 希:无声。　[3] 微:无形。　[4] 致诘:究问,推究。　[5] 皦(jiǎo):清晰。　[6] 绳(mǐn)绳(mǐn):纷纷纭纭的样子。　[7] 古始:宇宙的原983或"道"的端始。道纪:道的规律。

第十六章

　　致虚极,守静笃[1]。万物并作,吾以观复[2]。夫物芸芸[3],各复归其根。归根曰静,静曰复命。复命曰常,知常曰明。不知常,妄作凶。知常容[4],容乃公,公乃全,全乃天,天乃道,道乃久,没身不殆[5]。

　　[1] 致虚极:达到心灵虚寂的顶点。守静笃:坚守清静的境界。　[2] 复:循环往复。　[3] 芸芸:众多的样子。　[4] 容:宽容,包容。　[5] 没身不殆:终身免于危险。

第十九章

绝智弃辩,民利百倍;绝伪弃诈,民复孝慈;绝巧弃利,盗贼无有[1]。此三者以为文[2],不足。故令有所属:见素抱朴[3],少私寡欲。

[1]"绝智弃辩"六句:通行本作"绝圣弃智,民利百倍;绝仁弃义,民复孝慈;绝巧弃利,盗贼无有",系后人所改,今从郭店楚简本《老子》。 [2]文:修饰,文饰。 [3]见素抱朴:现其本真,守其纯朴。谓不为外物所累。

第二十一章

孔德之容[1],惟道是从。道之为物,惟恍惟惚。惚兮恍兮,其中有象;恍兮惚兮,其中有物。窈兮冥兮[2],其中有精;冥兮窈兮,其中有信[3]。自今及古,其名不去,以阅众甫[4]。吾何以知众甫之状哉!以此。

[1]孔德:大德、盛德。容:通"庸",用。 [2]窈:深远,幽深。 [3]"冥兮窈兮,其中有信":通行本作"其精甚真",今据严灵峰说改。信:真实。 [4]众甫:万物的开始。

第二十二章

曲则全,枉则直[1],洼则盈,敝则新[2],少则得,多则惑。是以圣人执一为天下式[3]。不自见[4],故明;不自是,故彰;不自伐[5],故有功;不自矜[6],故能长。夫唯不争,故天下莫能与之争。古之所谓"曲则全"者,岂虚言哉!诚全而归之[7]。

[1]枉:弯曲。 [2]敝:破旧。 [3]执:通行本作"抱",据帛书本改。式:法式,范式。 [4]自见:自我显露。 [5]自伐:自夸其功。 [6]自矜:自负,自夸。 [7]诚全而归之:确实能够达到。

第二十五章

有物混成,先天地生。寂兮寥兮[1],独立不改,周行而不殆,可以为天下母[2]。吾不知其名,强字之曰"道",强为之名曰"大"。大曰逝[3],逝曰远,远曰反。故道大,天大,地大,人亦大。域中有四大,而人居其一焉。人法地,地法天,天法道,道法自然。

[1]寂兮寥兮:空虚无形。 [2]天下:帛书本作"天地",简本作"天下",今从简本。 [3]逝:指"道"运行不息。

第二十八章

知其雄,守其雌,为天下谿[1]。为天下谿,常德不离,复归于婴儿。知其白,守其辱[2],为天下谷。为天下谷,常德乃足,复归于朴[3]。朴散则为器,圣人用之,则为官长[4],故大制不割[5]。

[1]谿(xī):水流会聚的地方。 [2]白:明亮。辱:暗昧。 [3]朴:未经加工成器的木材,指本性,本质。 [4]官长:管理者,领导者。 [5]大制不割:完备的制度不需要割裂。

第三十二章

道常无名、朴。虽小,天下莫能臣。侯王若能守之,万物将自宾[1]。天地相合,以降甘露,民莫之令而自均。始制有名[2],名亦既有,夫亦将知止[3],知止可以不殆。譬道之在天下,犹川谷之于江海。

[1]宾:宾服。 [2]始制有名:开始设立制度就要定名分。 [3]知止:知道适可而止。

第三十三章

知人者智,自知者明。胜人者有力,自胜者强。知足者富。强行者有志[1]。不失其所者久。死而不亡者寿[2]。

[1]强行:坚持不懈地进行。 [2]死而不亡:身死而精神长存。

第三十六章

将欲歙之[1],必故张之;将欲弱之,必故强之;将欲废之,必故兴之[2];将欲取之,必故与之,是谓微明[3]。柔弱胜刚强。鱼不可脱于渊[4],国之利器不可以示人。

[1]歙(xī):收缩。 [2]兴:一说应作"举"。 [3]微明:知幽渺之理而收显著之效。 [4]鱼不可脱于渊:鱼不能离开深渊。一说:捉住的鱼不能再拿到深潭边,以免滑脱。

第四十章

反者道之动[1]。弱者道之用。天下万物生于有,有生于无。

[1]反:反面。一说:同"返"。

第四十一章

上士闻道,勤而行之;中士闻道,若存若亡;下士闻道,大笑之。不笑不足以为道。故建言有之[1]:明道若昧;进道若退;夷道若颣[2];上德若谷;大白若辱;广德若不足;建德若偷[3];质真若渝[4];大方无隅[5];大器晚成;大音希声;大象无形;道隐无名。夫唯道,善贷且成[6]。

[1] 建言:指古语或古谚。 [2] 夷:平坦。颣(lèi):不平。 [3] 建:通"健"。偷:懈怠,懒惰。 [4] 渝:改变。 [5] 大方无隅(yú):最方正的东西没有棱角。 [6] 贷:施与。

第四十二章

道生一,一生二,二生三,三生万物。万物负阴而抱阳[1],冲气以为和[2]。

[1] 负阴而抱阳:谓万物内涵着阴阳两种相反而又相成之气。 [2] 冲气:阴阳二气互相激荡。和:阴阳调和的平均状态。一说:生成阴阳二气之外的第三种气——"和气"。

第四十三章

天下之至柔,驰骋天下之至坚。无有入无间[1],吾是以知无为之有益。不言之教,无为之益,天下希及之。

[1] 无有:无形的东西。无间:没有间隙的东西。

第四十七章

不出户,知天下;不窥牖[1],见天道。其出弥远,其知弥少。是以圣人不行而知,不见而明,不为而成。

[1] 窥牖(yǒu):偷看窗外。

第四十八章

为学日益,为道日损[1]。损之又损,以至于无为。无为而不无为。取天下常以无事,及其有事,不足以取天下。

[1] 为学:获得外界的知识。为道:悟道。

第五十章

出生入死[1]。生之徒[2],十有三;死之徒[3],十有三;人之生生[4],动之于死地,亦十有三。夫何故?以其生生之厚。盖闻善摄生者[5],陆行不遇兕虎[6],入军不被甲兵;兕无所投其角,虎无所用其爪,兵无所容其刃,夫何故?以其无死地。

[1]出生入死:指从出生到死去。　[2]生之徒:长寿的人。　[3]死之徒:短命的人。　[4]生生:这里指奉养过度,糟蹋生命。　[5]摄生:养生,保养身体。　[6]兕(sì):古代兽名。皮厚,可以制甲。

第五十一章

道生之,德畜之[1],物形之[2],势成之[3]。是以万物莫不尊道而贵德。道之尊,德之贵,夫莫之命而常自然[4]。故道生之,德畜之;长之育之;亭之毒之[5];养之覆之[6]。生而不有,为而不恃[7],长而不宰[8],是谓"玄德"。

[1]德畜之:德畜养万物。　[2]物形之:万物形态纷呈。　[3]势:万物的生长环境。　[4]莫之命:不以自己的意志去干涉。　[5]亭之毒之:使万物安定。一说:使万物成熟。　[6]覆:覆盖,保护。　[7]为而不恃:有所作为但不自恃其能。　[8]宰:主宰,支配。

第五十二章

天下有始,以为天下母。既得其母,以知其子;既知其子,复守其母,没身不殆[1]。塞其兑[2],闭其门,终身不勤。开其兑,济其事,终身不救。见小曰明,守柔曰强。用其光,复归其明,无遗身殃[3];是为袭常[4]。

[1]没身:终身。不殆:没有危险。　[2]兑:口,这里指欲望产生之处。　[3]无遗身殃:不要给自己带来祸患。　[4]袭常:依循常道。

第五十四章

善建者不拔[1],善抱者不脱,子孙以祭祀不辍[2]。修之于身,其德乃真;修之于家,其德乃馀;修之于乡,其德乃长;修之于邦,其德乃丰;修之于天下,其德乃普。故以身观身,以家观家,以乡观乡,以邦观邦,以天下观天下。吾何以知天下然哉?以此。

[1]善建者不拔:善于建树的不可撼动。　[2]辍(chuò):停止,断绝。

第五十五章

含德之厚,比于赤子。蜂虿虺蛇不螫[1],攫鸟猛兽不搏[2]。骨弱筋柔而握固。未知牝牡之合而朘作[3],精之至也。终日号而不嗄[4],和之至也。知和曰常,知常曰明。益生曰祥。心使气曰强[5]。物壮则老,谓之不道,不道早已。

[1]虿(chài):蝎子一类的毒虫。虺(huǐ):蝮蛇一类的毒蛇。螫(shì):毒虫或蛇咬刺。 [2]攫(jué)鸟:凶猛的鸟。 [3]牝牡:雌性和雄性。朘(zuī):男孩的生殖器。 [4]嗄(shà):声音嘶哑。 [5]心使气曰强:欲望支配和气就是逞强。

第五十六章

知者不言,言者不知。塞其兑,闭其门,挫其锐,解其纷[1],和其光[2],同其尘[3],是谓"玄同"。故不可得而亲,不可得而疏;不可得而利,不可得而害;不可得而贵,不可得而贱。故为天下贵。

[1]解其纷:消解纷争。 [2]和其光:收敛光芒。 [3]同其尘:混同尘世。

第五十八章

其政闷闷[1],其民淳淳[2];其政察察[3],其民缺缺[4]。祸兮福之所倚,福兮祸之所伏。孰知其极?其无正也[5]。正复为奇,善复为妖。人之迷,其日固久。是以圣人方而不割[6],廉而不刿[7],直而不肆[8],光而不耀。

[1]闷闷:愚昧、浑噩的样子。 [2]淳淳:敦厚的样子。 [3]察察:苛察。 [4]缺缺:狡黠诈伪的样子。 [5]无正:没有定准。 [6]方而不割:方正而不生硬。 [7]廉而不刿(guì):锐利而不划伤人。 [8]直而不肆:直率而不放肆。

第五十九章

治人事天,莫若啬[1]。夫唯啬,是谓早服[2];早服谓之重积德;重积德则无不克;无不克则莫知其极;莫知其极,可以有国;有国之母,可以长久;是谓深根固柢[3],长生久视之道。

[1]啬:爱惜。 [2]早服:早作准备。服:通"备",准备。 [3]柢(dǐ):树根。

第六十三章

为无为,事无事,味无味。大小多少[1],报怨以德。图难于其易,为大于其细;天下难事,必作于易,天下大事,必作于细。是以圣人终不为大,故能成其大。夫轻诺必寡信,多易必多难,是以圣人犹难之,故终无难矣。

[1] 大小多少:历来有多种解释。一说:大生于小,多生于少。一说:大的看作小,小的看作大,多的看作少,少的看作多。一说:去其大,取其小,去其多,取其少。

第六十六章

江海之所以能为百谷王者[1],以其善下之,故能为百谷王。是以圣人欲上民[2],必以言下之;欲先民,必以身后之。是以圣人处上而民不重,处前而民不害。是以天下乐推而不厌。以其不争,故天下莫能与之争。

[1] 百谷王:百谷之水必汇于江海,故称。 [2] 上民:领导人民。

第六十七章

天下皆谓我:"'道'大,似不肖[1]。"夫唯大,故似不肖。若肖,久矣其细也夫!我有三宝,持而保之。一曰慈,二曰俭,三曰不敢为天下先。慈故能勇;俭故能广;不敢为天下先,故能成器长[2]。今舍慈且勇;舍俭且广;舍后且先;死矣!夫慈,以战则胜,以守则固。天将救之,以慈卫之。

[1] 似不肖:不像具体的事物。 [2] 器长:万物的首领。

第七十四章

民不畏死,奈何以死惧之?若使民常畏死,而为奇者[1],吾将得而杀之,孰敢?常有司杀者杀[2]。夫代司杀者杀,是谓代大匠斲[3],夫代大匠斲者,希有不伤其手矣。

[1] 为奇者:作恶的人。 [2] 司杀者:负责杀人的人,这里指天生天杀,顺应自然。 [3] 斲(zhuó):砍。

第七十五章

民之饥,以其上食税之多,是以饥。民之难治,以其上之有为,是以难治。民之轻死,以其上求生之厚[1],是以轻死。夫唯无以生为者[2],是贤于贵生[3]。

[1] 以其上求生之厚:因为统治者要求的奉养过于奢侈。 [2] 无以生为:不看重自己的生命。 [3] 贤于贵生:比过分看重自己生命的人贤明。

第七十六章

人之生也柔弱,其死也坚强。草木之生也柔脆,其死也枯槁。故坚强者死之徒[1],柔弱者生之徒[2]。是以兵强则灭,木强则折。强大处下,柔弱处上。

[1] 死之徒:属于灭亡的一类。 [2] 生之徒:属于生存的一类。

第七十七章

天之道,其犹张弓与[1]?高者抑之,下者举之[2];有馀者损之,不足者补之。天之道,损有馀而补不足。人之道则不然,损不足以奉有馀。孰能有馀以奉天下,唯有道者。是以圣人为而不恃,功成而不处,其不欲见贤[3]。

[1] 张弓:拉弓射箭。 [2] 高者抑之,下者举之:瞄准目标时,弦位高了,就压低一些;弦位低了,就抬高一些。一说给弓上弦时,弓臂朝上的一端下压,似"抑",弓臂朝下的一端回曲,似"举"。 [3] "是以圣人为而不恃"三句与上下文不相联系,疑是衍文。

第八十章

小国寡民。使有什伯人之器而不用[1];使民重死而不远徙。虽有舟舆,无所乘之,虽有甲兵,无所陈之。使民复结绳而用之。甘其食,美其服,安其居,乐其俗。邻国相望,鸡犬之声相闻,民至老死,不相往来。

[1] 什伯人之器:一作"十百人之器",指一人用之等于十人百人工作效率的工具。

第八十一章

信言不美[1],美言不信。善者不辩[2],辩者不善。知者不博,博者不知。圣人不积,既以为人己愈有,既以与人己愈多。天之道,利而不害;圣人之道[3],为而不争。

[1] 信言:真话。 [2] 辩:巧辩,诡辩。 [3] 圣人之道:帛书本作"人之道"。

(据商务印书馆 2003 年《老子今注今译》 李晓宇)

二、战争艺术——《孙子兵法》

【题解】《孙子兵法》,又简称《孙子》,是我国古代著名的军事学著作。《孙子兵法》的作者为孙武,字长卿,春秋时代齐国乐安(今山东省惠民县)人,后仕于吴。在春秋末期吴国的争霸事业中功绩卓著,史称吴国"北威齐晋,显名诸侯,孙子有力焉。"(《史记·孙子吴起列传》)

《孙子兵法》共十三篇,分别为《计篇》、《作战篇》、《谋攻篇》、《形篇》、《势篇》、《虚实篇》、《军争篇》、《九变篇》、《行军篇》、《地形篇》、《九地篇》、《火攻篇》、《用间篇》。《孙子兵法》内容博大精深,是我国古代兵学的奠基之作,构筑了我国古代军事理论的基本框架。《孙子兵法》主张作战要争取民心,"唯民是保",战争中要做到"令民与上同意",充满了浓厚的民本主义色彩。《孙子兵法》提出慎战的主张,认为"兵者,国之大事,死生之地,存亡之道,不可不察。"在具体作战中,要讲究战前准备,"知己知彼,百战不殆","知天知地,胜乃可全"。治理军队,要严明赏罚,强调"令之以文,齐之以武"。作战要讲究战术,避实就虚,"以正和,以奇胜"。在战争中要创造条件,掌握战争的主动权,做到"致人而不致于人"。要充分利用有利的地理条件,"计险厄远近,上将之道也"。战略战术安排,应不拘一格,"兵者,诡道也",做到随机应变,"战胜不复,而应形于无穷"。等等。

《孙子兵法》被世人公认为"兵学圣典",在我国乃至世界军事学术史上占有显著的地位。早在战国时期,就已倍受时人高度重视,所谓"境内皆言兵,藏孙、吴之书者家有之。"(《韩非子·五蠹》)流传极为广泛。西汉之时,"世俗所称师旅,皆道孙子十三篇"(《史记·孙子吴起列传》),名重一时。北宋神宗元丰年间,颁定《武经七书》,《孙子兵法》位居首位,被确定为兵学的经典之作。除其杰出的理论成就外,《孙子兵法》还被成功地应用于战争实践之中。《孙子兵法》对现代军事理论、军队建设、战争实践同样具有非常重要的借鉴价值。其基本理论与思想精髓,还被广泛运用于企业管理、外交活动、体育竞赛等领域。《孙子兵法》还被翻译成英、日、法、俄、德等二十多种文字,走向世界。

《孙子兵法》的版本主要有:1.武经本,即宋刻《武经七书·孙子》。2.十一家注本,即宋刻《十一家注孙子》,中华书局上海编辑所1961年影印出版,上海古籍出版社1978年点校出版。3.1972年在山东临沂银雀山汉墓中出土的《孙子兵法》残简本:银雀山汉墓竹简整理小组编《银雀山汉墓竹简》(壹),1985年文物出版社出版。

(何玉红)

始　计

孙子曰:兵者[1],国之大事,死生之地,存亡之道,不可不察也[2]。

[1]兵:本义为兵器,这里指战争。　[2]察:仔细探究、考察。

故经之以五事[1],校之以计[2],而索其情[3]:一曰道,二曰天,三曰地,四曰将,五曰法。道者,令民与上同意也[4],故可以与之死,可以与之生,而不畏危[5]。天者,阴阳[6]、寒暑[7]、时制也[8]。地者,远近、险易、广狭、死生也。将者,智、信、仁、勇、严也[9]。法者,曲制、官道、主用也[10]。凡此五者,将莫不闻,知之者胜,不知者不胜。故校之以计,而索其情。曰:主孰有道?将孰有能?天地孰得?法令孰行?兵众孰强?士卒孰练?赏罚孰明?吾以此知胜负矣。

[1]经之以五事:指从下文提到的道、天、地、将、法五个方面考察战争的情形。经:量度的意思,这里指考察、研究。　[2]校:通"较"字,比较的意思。计:在这里指下文提到的"主孰有道?将孰有能?天地孰得?法令孰行?兵众孰强?士卒孰练?赏罚孰明?"七个方面。校之以计:指比较敌我双方在"主孰有道"等七个方面的条件。　[3]索其情:探求战争胜负的情形。　[4]令民与上同意:使得民众与国君的意愿相一致。　[5]畏:畏惧,害怕。　[6]阴阳:指昼夜、阴晴等天象变化。　[7]寒暑:指寒冷、炎热等气温变化。　[8]时制:指四季更替。　[9]智、信、仁、勇、严:分别指将帅的智谋、赏罚有信、待下仁爱、勇敢、纪律严明。[10]曲制、官道、主用:分别指军队编制方面的制度、军队各级官吏职责划分制度、军用物资的供给制度。曹操注:曲制乃"部曲、幡帜、金鼓之制也。""官者,百官之分也。道者,粮路也。""主者,主军费之用也。"

将听吾计,用之必胜,留之;将不听吾计,用之必败,去之。计利以听[1],乃为之势,以佐其外[2];势者,因利而制权也[3]。

[1]听:采纳。　[2]佐:辅佐。　[3]因利而制权:根据是否有利而采取相应的行动。权:权变。

兵者,诡道也[1]。故能而示之不能[2],用而示之不用,近而示之远,远而示之近。利而诱之,乱而取之,实而备之,强而避之,怒而挠之[3],卑而骄之[4],佚而劳之[5],亲而离之。攻其无备,出其不意。此兵家之胜[6],不可先传也[7]。

[1]诡:诡诈,奇诡。　[2]示:显示,伪装。　[3]怒而挠之:对于易怒的敌人,要想法激怒他。　[4]卑而骄之:对鄙视我的敌人,要想法使其骄傲,放松戒备。　[5]佚而劳之:对已经获得充分休整的敌人,要想法使其疲劳。佚:通"逸",安逸的意思。　[6]兵家之胜:兵家

取胜的奥妙。　[7]不可先传:指不可事先讲明,即要在战争中根据情况灵活运用。

　　夫未战而庙算胜者[1],得算多也;未战而庙算不胜者,得算少也。多算胜,少算不胜,而况于无算乎!吾以此观之,胜负见矣[2]。

　　[1]庙算:指战前的谋划。　[2]见:通"现"。

谋　攻

　　孙子曰:凡用兵之法,全国为上,破国次之[1];全军为上,破军次之;全旅为上,破旅次之;全卒为上,破卒次之;全伍为上,破伍次之[2]。是故百战百胜,非善之善也[3];不战而屈人之兵[4],善之善者也。

　　[1]全国为上,破国次之:指完整的使敌国屈服,是为上策;经过交战而攻破敌国就次一等。　[2]军、旅、卒、伍:分别指古代军队的编制单位。　[3]善之善:指最好的策略。　[4]屈:屈服,在这里是"屈"的使动用法,即使敌人屈服。

　　故上兵伐谋,其次伐交,其次伐兵[1],其下攻城;攻城之法,为不得已。修橹轒辒,具器械[2],三月而后成,距闉又三月而后已[3];将不胜其忿,而蚁附之[4],杀士三分之一,而城不拔者,此攻之灾也。故善用兵者,屈人之兵,而非战也;拔人之城,而非攻也;毁人之国,而非久也。必以全争于天下,故兵不顿[5],而利可全,此谋攻之法也。

　　[1]上兵伐谋:以谋略取胜是用兵的上策。伐交:通过外交途径取胜。伐兵:通过武力战胜敌人。　[2]轒辒(fén wēn):古代战争攻城用的车具。具:准备。　[3]距闉:用来攻城而堆积的土山。闉(yīn):通"堙",土山。　[4]蚁附之:形容士兵像蚂蚁一样去爬城。　[5]顿:疲乏,遭受挫折。

　　故用兵之法,十则围之[1],五则攻之,倍则分之,敌则能战之[2],少则能逃之,不若则能避之。故小敌之坚,大敌之擒也[3]。

　　[1]十则围之:有十倍于敌人的兵力,则实施包围战术。　[2]敌:匹敌,势均力敌。　[3]小敌之坚,大敌之擒也:势力小于敌人的军队,如果一味坚守,将会成被强大的敌人所擒。

　　夫将者,国之辅也[1],辅周则国必强,辅隙则国必弱。故君之所以患于军者三:不知军之不可以进,而谓之进;不知军之不可以退,而谓之退;是谓縻军[2]。不知三军之事,而同三军之政者[3],则军士惑矣。不知三军之权,而同三军之任,则军士疑矣。三军既惑且疑,则诸侯之难至矣,是谓乱军引胜[4]。

[1] 辅:辅佐,助手。 [2] 縻:羁縻,束缚。 [3] 同:介词,表示替人做事,这里有干预的意思。 [4] 乱军引胜:扰乱自己的军队而导致敌人取得胜利。引:导致。

故知胜有五:知可以战与不可以战者胜;识众寡之用者胜[1];上下同欲者胜[2];以虞待不虞者胜[3];将能而君不御者胜[4]。此五者,知胜之道也。故曰:知己知彼者,百战不殆[5];不知彼而知己,一胜一负;不知彼,不知己,每战必殆。

[1] 识众寡之用:能够认清敌我双方力量多寡情况,采取不同的战术。 [2] 上下同欲:上下同心,齐心协力。 [3] 虞:预料,作准备。 [4] 御:上级对下级的支配或管理,这里有牵制与制约的意思。 [5] 殆:危险,失败。

兵 势

孙子曰:凡治众如治寡,分数是也[1]。斗众如斗寡,形名是也[2]。三军之众,可使必受敌而无败者,奇正是也[3]。兵之所加,如以碫投卵者[4],虚实是也。

[1] 分数:曹操注:"部曲为'分',仕伍为'数'。"这里指军队的组织编制。 [2] 形名:曹操注:"旌旗曰形,金鼓曰名。"这里指指挥军队用的旌旗与金鼓等。 [3] 奇正:曹操注:"先出合战为正,后出为奇。"这里指战争中奇兵与正兵的战术运用。 [4] 碫(duàn):磨刀石。

凡战者,以正合,以奇胜[1]。故善出奇者,无穷如天地,不竭如江河。终而复始,日月是也。死而复生,四时是也。声不过五,五声之变,不可胜听也。色不过五,五色之变,不可胜观也。味不过五,五味之变[2],不可胜尝也。战势不过奇正,奇正之变,不可胜穷也。奇正相生,如循环之无端,孰能穷之?

[1] 以正合,以奇胜:以正兵出击,以奇兵取胜。 [2] 五声:中国古代用来表示声音高低的五个音阶,分别为宫、商、角、徵、羽。五色:指青、赤、黄、白、黑五种颜色。五味:指酸、甜、苦、辣、咸五种味道。

激水之疾[1],至于漂石者,势也;鸷鸟之疾,至于毁折者,节也[2]。是故善战者,其势险,其节短。势如彍弩[3],节如发机。纷纷纭纭,斗乱而不可乱也[4];浑浑沌沌,形圆而不可败也[5]。乱生于治,怯生于勇,弱生于强。治乱,数也[6];勇怯,势也;强弱,形也。

[1] 疾:急速,猛烈。 [2] 鸷鸟:凶猛的鸟。毁折:指毁伤与捕杀鸟雀。节:节奏。 [3] 彍(guō)弩:张满弓弩。 [4] 斗乱:在混乱状态下作战。 [5] 形圆:曹操注:"卒骑转而形圆者,出入有道,齐整也。"形容阵形部署严密,无隙可击。 [6] 数:即上文"分数",军队的组织编制。

故善动敌者,形之[1],敌必从之;予之,敌必取之;以利动之[2],以卒待之。故善战者,求之于势,不责于人[3],故能择人而任势[4]。任势者,其战人也,如转木石;木石之性,安则静,危则动,方则止,圆则行。故善战人之势,如转圆石于千仞之山者,势也。

[1]形之:指示形于敌,以假象迷惑敌人。 [2]以利动之:以小利诱惑敌人。 [3]责:责备。 [4]任:利用。

虚　　实

孙子曰:凡先处战地而待敌者佚[1],后处战地而趋战者劳[2]。故善战者,致人而不致于人[3]。能使敌人自至者,利之也;能使敌人不得至者,害之也。故敌佚能劳之,饱能饥之,安能动之。

[1]佚:通"逸",形容从容不迫的状态。 [2]趋:急促,仓促。劳:疲劳。 [3]致:招致,这里有调动的意思。

出其所不趋,趋其所不意[1]。行千里而不劳者,行于无人之地也。攻而必取者,攻其所不守也;守而必固者,守其所不攻也。故善攻者,敌不知其所守;善守者,敌不知其所攻。

[1]出其所不趋,趋其所不意:出兵要指向敌人不能急救的地方,向敌人意想不到的地方出击。

微乎微乎[1],至于无形,神乎神乎[2],至于无声,故能为敌之司命[3]。进而不可御者,冲其虚也;退而不可追者,速而不可及也。故我欲战,敌虽高垒深沟,不得不与我战者,攻其所必救也;我不欲战,画地而守之,敌不得与我战者,乖其所之也[4]。故形人而我无形[5],则我专而敌分。我专为一[6],敌分为十,是以十攻其一也,则我众而敌寡,能以众击寡者,则吾之所与战者,约矣[7]。吾所与战之地不可知,不可知,则敌所备者多;敌所备者多,则吾所与战者,寡矣。故备前则后寡,备后则前寡,备左则右寡,备右则左寡,无所不备,则无所不寡。寡者,备人者也;众者,使人备己者也。

[1]微:微妙。 [2]神:神奇。 [3]司命:主宰,掌握。 [4]乖:违背,改变。 [5]形人:使敌人暴露。形:这里有暴露、显露的意思。我无形:使我军的情况不被暴露。 [6]专:集中力量。 [7]约:少。

故知战之地,知战之日,则可千里而会战。不知战地,不知战日,则左不能救右,右不能救左,前不能救后,后不能救前,而况远者数十里,近者数里乎?以吾度之[1],越人之兵虽多[2],亦奚益于胜哉[3]?故曰:胜可为也。敌虽众,可使无斗[4]。

　　[1]度(duó):推测,估计。　　[2]越人:指春秋时期的越国人,常与吴国对抗。　　[3]奚:疑问词,何。益:好处。　　[4]敌虽众,可使无斗:敌人兵力虽多,可以使其无法战斗。

　　故策之而知得失之计[1],作之而知动静之理[2],形之而知死生之地[3],角之而知有余不足之处[4]。故形兵之极[5],至于无形;无形,则深间不能窥[6],智者不能谋。因形而错胜于众[7],众不能知;人皆知我所以胜之形,而莫知吾所以制胜之形。故其战胜不复,而应形于无穷。

　　[1]策之而知得失之计:分析敌我双方的情况,就可明了用兵策略的得失。策:估计,分析,筹策。　　[2]作之而知动静之理:触动敌人,以此可以知晓敌人行动的规律。作:触动,诱使。　　[3]形之而知死生之地:以伪形示敌,可以了解敌人情势。　　[4]角:角量,试探性的进攻。　　[5]形兵之极:用兵的方式变化无穷。　　[6]间:间谍。　　[7]错:通"措",放置。

　　夫兵形象水[1],水之形,避高而趋下;兵之形,避实而击虚。水因地而制流,兵因敌而制胜[2]。故兵无常势,水无常形;能因敌变化而取胜者,谓之神[3]。故五行无常胜[4],四时无常位[5],日有短长[6],月有死生[7]。

　　[1]兵形:指用兵的方式与规律。　　[2]制胜:战胜。　　[3]神:指用兵入神,智谋出奇。　　[4]五行无常胜:五行即金、木、水、火、土,中国古代先民认为世界是由金、木、水、火、土五种基本物质构成的,五种物质相生相胜,形成了世界的变化。无常胜:指五种物质没有一种经常固定起制胜作用。　　[5]四时无常位:指春、夏、秋、冬四季往复,没有哪个季节是固定不变的。　　[6]日有短长:指在一年之内,白天的时间有短有长,变化不断。　　[7]月有死生:月亮有盈有亏,不断变化。

(据上海古籍出版社1978年郭化若译《十一家注孙子》本　何玉红)

三、苦行天下——《墨子》

　　【题解】　墨子(约前468—前376),姓墨,名翟(dí)。鲁国人,一说宋国人。关于他的事迹,后人知道的很少,《史记》中他的传记只有寥寥数语,附于《孟子荀卿列传》之末:"盖墨翟,宋之大夫,善守御,为节用。或曰并孔子时,或曰在其后。"此外,对墨子生平考证最为详赡的是孙诒让的《墨子传略》,附于《墨子闲诂》的《后语》中。与孔子一样,墨子拥有众多弟子,但不同的是,墨家弟子比儒家弟子组织严密。他们往往共同拥戴一个首领(巨子),严格遵守一套组织纪律(墨者之法),为宣扬和实践墨家的学说,不辞辛劳,奔走天下。墨家的这种组织管理形式后来成为中国行会组织和民间结社的滥觞。

在孔子去世之后、孟子出生之前的这段时间里,墨子无疑是最重要的一位思想家。他的学说可以归纳为十大主张:兼爱、非攻、尚贤、尚同、节用、节葬、非乐、非命、天志、明鬼。"兼爱"是针对儒家"爱有等差"的说法提出的,墨子主张爱应该无差别等级,不分厚薄亲疏。"非攻"是反对战争,但并非反对所有的战争,墨子把战争分为"攻(非正义战争)"和"诛(正义战争)"两类。"尚贤"是推崇有德才的人。"尚同"是"下同于上"的意思,即地位居下者逐层服从上面的统治者,从而达到"一同天下之义"的治世。"节用"是节省费用。"节葬"是主张薄葬,反对儒家的厚葬。"非乐"是主张禁止音乐,这主要是反对当时统治者铺张腐败的生活作风。"非命"是不相信命运,崇尚人的主观努力。"天志"就是上天的意志,墨子认为"天意不可不顺,顺天意者,兼相爱,交相利,必得赏;反天意者,别相恶,交相贼,必得罚。"(《墨子·天志上》)"明鬼"就是要明确相信鬼的存在,借鬼以治人,赏善罚恶,"兴天下之利,除天下之害"。(《墨子·明鬼下》)

《墨子》是墨家学派的著作总汇。《汉书·艺文志》著录七十一篇,今存五十三篇。其书内容丰富,除了墨子的社会、政治、伦理思想之外,还包括墨家后学关于逻辑学、几何学、光学、力学、军事等多方面的思想。该书的版本,以毕沅校刻本为最早,以孙诒让《墨子闲诂》为最善(现已收入《诸子集成》),以吴毓江《墨子校注》所据版本最多。上述三种版本均有较高的参考价值,而以《墨子闲诂》最为通行。

(李晓宇)

兼　爱　(中)

子墨子言曰[1]:"仁人之所以为事者,必兴天下之利,除去天下之害,以此为事者也。"然则天下之利何也?天下之害何也?子墨子言曰:"今若国之与国之相攻,家之与家之相篡,人之与人之相贼,君臣不惠忠,父子不慈孝,兄弟不和调,此则天下之害也。"然则崇此害亦何用生哉[2]?以不相爱生邪?子墨子言:"以不相爱生。今诸侯独知爱其国,不爱人之国,是以不惮举其国以攻人之国。今家主独知爱其家,而不爱人之家,是以不惮举其家以篡人之家。今人独知爱其身,不爱人之身,是以不惮举其身以贼人之身。是故诸侯不相爱则必野战,家主不相爱则必相篡,人与人不相爱则必相贼,君臣不相爱则不惠忠,父子不相爱则不慈孝,兄弟不相爱则不和调。天下之人皆不相爱,强必执弱[3],富必侮贫,贵必敖贱[4],诈必欺愚。凡天下祸篡怨恨,其所以起者,以不相爱生也,是以行者非之[5]。"

[1]子墨子:加"子"于姓上,是弟子对自己老师的尊称。　[2]崇:应作"祟",通"察"。　[3]据孙诒让说,此句之后疑脱"众必劫寡"四字。　[4]敖:通"傲",轻视。　[5]行:应作"仁"。

既以非之,何以易之?子墨子言曰:"以兼相爱、交相利之法易之。"然则兼相爱、交相利之法,将奈何哉?子墨子言:"视人之国若视其国,视人之家若视其家,视人之身若视其身。是故诸侯相爱则不野战,家主相爱则不相篡,人与人相爱则不相贼,君臣相爱则惠忠,父子相爱则慈孝,兄弟相爱则和调。天下之人皆相爱,强不执弱,众不劫寡,富不侮贫,贵不敖贱,诈不欺愚。凡天下祸篡怨恨可使毋起者,以相爱生也,是以仁者誉之。"

然而今天下之士君子曰:"然,乃若兼则善矣。虽然,天下之难物于故也[1]。"子墨子言曰:"天下之士君子特不识其利、辩其故也[2]。今若夫攻城野战,杀身为名,此天下百姓之所皆难也,若君说之[3],则士众能为之。况于兼相爱、交相利,则与此异。夫爱人者,人必从而爱之,利人者,人必从而利之;恶人者,人必从而恶之,害人者,人必从而害之。此何难之有?特上弗以为政,士不以为行故也。昔者晋文公好士之恶衣,故文公之臣皆牂羊之裘[4],韦以带剑[5],练帛之冠,入以见于君,出以践于朝,是其故何也?君说之,故臣为之也。昔者楚灵王好士细要[6],故灵王之臣,皆以一饭为节,胁息然后带[7],扶墙然后起。比期年,朝有黧黑之色[8]。是其故何也?君说之,故臣能之也。昔越王句践好士之勇,教驯其臣,和合之[9],焚舟失火,试其士曰:'越国之宝尽在此。'越王亲自鼓其士而进之。士闻鼓音[10],破碎乱行[11],蹈火而死者,左右百人有馀,越王击金而退之。"是故子墨子言曰:"乃若夫少食恶衣[12],杀人而为名[13],此天下百姓之所皆难也。若苟君说之,则众能为之。况兼相爱、交相利,与此异矣。夫爱人者,人亦从而爱之,利人者,人亦从而利之;恶人者,人亦从而恶之,害人者,人亦从而害之。此何难之有焉?特士不以为政[14],而士不以为行故也。"

[1]于:通"迂"。迂故:迂远难行之事。　[2]特:但,仅,只是。故:道理,原因。　[3]若:《四部丛刊》本《墨子》作"苟"。说:通"悦"。下同。　[4]牂(zāng)羊:母羊。　[5]韦:皮制的剑鞘。　[6]要:"腰"的古字。　[7]胁息:敛缩气息。　[8]黧(lí)黑:谓脸色黑。　[9]驯:同训。和合之:据孙诒让说,应改作"私令人",与"焚舟失火"连读。一说:《管子·兵法》:"畜之以道,则民和;养之以德,则民合。和合故能谐。"和合:和谐,和睦。　[10]士闻鼓音:"士"前应有"其"字,据吴毓江说改。　[11]碎:通"萃",行列。　[12]乃若:至于。　[13]人:应作"身",据《四部丛刊》本《墨子》改。　[14]士:应作"上",指君王。据《四部丛刊》本《墨子》改。

然而今天下之士君子曰:"然,乃若兼则善矣。虽然,不可行之物也,譬若挈太山[1]，越河济也[2]。"子墨子言："是非其譬也。夫挈太山而越河济，可谓毕劫有力矣[3]，自古及今，未有能行之者也。况乎兼相爱、交相利，则与此异。古者圣王行之。何以知其然？古者禹治天下，西为西河渔窦[4]，以泄渠、孙、皇之水[5]；北为防、原、派[6]，注后之邸、嘑池之窦[7]；洒为底柱[8]，凿为龙门[9]，以利燕、代、胡、貉与西河之民[10]。东方漏之陆[11]，防孟诸之泽[12]，洒为九浍[13]，以楗东土之水[14]，以利冀州之民[15]。南为江、汉、淮、汝[16]，东流之，注五湖之处[17]，以利荆楚干越与南夷之民[18]。此言禹之事，吾今行兼矣。昔者文王之治西土，若日若月，乍光于四方、于西土。不为大国侮小国，不为众庶侮鳏寡，不为暴势夺穑人黍、稷、狗、彘[19]。天屑临文王慈[20]，是以老而无子者，有所得终其寿；连独无兄弟[21]，有所杂于生人之间；少失其父母者，有所放依而长[22]。此文王之事，则吾今行兼矣。昔者武王将事太山隧[23]，传曰：'泰山，有道曾孙周王有事，大事既获，仁人尚作，以祇商夏、蛮夷丑貉，虽有周亲，不若仁人。万方有罪，维予一人[24]。'此言武王之事，吾今行兼矣。"

[1] 挈(qiè)：提起，举起。太山：即泰山。 [2] 河济：黄河与济水的并称。 [3] 毕劫：敏捷而强劲。劫：应作"劼(jié)"，尽力。据孙诒让说改。 [4] 西河：古代称流经今山西、陕西之间的一段为"西河"。渔窦：历来说法不一。毕沅释为"龙门"，吴毓江释为"漂水"，孙诒让认为"渔"是"渭"字之误。 [5] 渠、孙、皇：皆为水名。 [6] 防、原、派：皆为水名。"派"应作"泒(gū)"。 [7] 后之邸：孙诒让疑为"昭余祁"，古代大泽名。在今山西省祁县西南、介休县东北。嘑(hū)池之窦(dú)：即"滹沱之渎"。滹(hū)沱(tuó)：水名，即滹沱河，在河北省西部。窦：通"渎"，河川。 [8] 洒：播散、分流。底柱：亦作"砥柱"，山名。在三门峡黄河急流中，其形如柱。现已炸毁。 [9] 龙门：即禹门口。在山西省河津县西北和陕西省韩城市东北。黄河至此，两岸峭壁对峙，形如门阙。 [10] 燕、代：燕国、代国，泛指今河北西北部和山西东北部地区。胡、貉(mò)：古代北方少数民族。 [11] 方：应作"为"。漏之陆：疑为"漏大陆"，意谓大陆之水被漏干。 [12] 孟诸：古代大泽名。在今河南商丘东北、虞城西北。 [13] 九浍(kuài)：九河。 [14] 楗(jiàn)：遏制，堵塞。 [15] 冀州：古九州岛之一。 [16] 江、汉：长江和汉水。淮、汝：淮河和汝水。 [17] 五湖：太湖。 [18] 荆楚："荆"为"楚"的旧称，今湖北湖南一带。干越：春秋时的吴国和越国。南夷：指南方的少数民族地区。 [19] 穑(sè)人：农夫。黍(shǔ)、稷：黍和稷，为古代主要农作物。亦泛指五谷。狗、彘：犬与猪。 [20] 屑临：顾视，转视。这里指顾惜、介意。 [21] 连独：孤独。"连"疑为"矜(jīn)"字之误。 [22] 放(fǎng)依：依傍。 [23] 隧：隧道，这里指掘地通路。 [24] 此段引文疑是《尚书》佚文，个别语句与《伪古文尚书·武成》略同。意谓泰山，有道曾孙周王有祭事，现在伐纣已大功告成，得太公、周公等仁人相助，拯救了夏商民众和四方少数民族，虽然有至亲，但不如仁人。天下人有罪，由我一人承担。祇：应作"振"，救济。

是故子墨子言曰："今天下之士君子，忠实欲天下之富，而恶其贫；欲天下之治，而恶其乱，当兼相爱、交相利，此圣王之法，天下之治道也，不可不务为也。"

（据上海书店影印世界书局《诸子集成》本清孙诒让《墨子闲诂》 李晓宇）

四、天籁之音——《庄子》

【题解】《庄子》,战国时期思想家庄周及其后学所撰,后世又被称为《南华经》或《南华真经》。《汉书·艺文志》著录《庄子》五十二篇。今本《庄子》三十三篇,计《内篇》七,《外篇》十五,《杂篇》十一。研究者们多认为《内篇》是庄子自著,《外篇》、《杂篇》多出于庄子后学。

据《史记·老庄申韩列传》,庄子名叫周,蒙人。庄周尝为蒙漆园吏,与梁惠王、齐宣王同时。其学无所不窥,然其要本归于老子之言,故其著书十余万言,诋訾孔子之徒,以明老子之术。庄周善属书离辞,指事类情,用剽剥儒、墨,虽当世宿学,不能自解免也。其言洸洋自恣以适己,故自王公大人不能器之。楚威王闻庄周贤,使使厚币迎之,许以为相。庄周笑谓楚使曰:"千金,重利;卿相,尊位也。子不独见郊祭之牺牛乎?养食之数岁,衣以文绣,以入太庙。当是之时,虽欲为孤豚,岂可得乎?子亟去,无污我!我宁游戏污渎之中自快,无为有国者所羁;终身不仕,以快吾志焉。"

《庄子》代表着先秦诸子在思想深度和文学表达两方面的最高成就。宋人林希逸《庄子口义·发题》说:"若《庄子》者,其书虽为不经,实天下所不可无者。郭子玄谓其不经而为百家之冠,此语甚公。"鲁迅在《汉文学史纲要》中,称《庄子》文章"汪洋辟阖,仪态万方,晚周诸子之作,莫能先也"。《庄子》最通行的注本有:林希逸《庄子口义》,王夫之《庄子解》,郭庆藩《庄子集释》,王先谦《庄子集解》(以上均有中华书局标点本)。新注本有陈鼓应《庄子今注今译》、曹础基《庄子浅注》等;另外,崔大华《庄学研究》也很有参考价值。

(刘黎明)

逍 遥 游

北冥有鱼[1],其名为鲲[2]。鲲之大,不知其几千里也;化而为鸟,其名为鹏[3]。鹏之背,不知其几千里也。怒而飞[4],其翼若垂天之云[5]。是鸟也,海运则将徙于南冥[6]。南冥者,天池也。《齐谐》者[7],志怪者也[8]。《谐》之言曰:"鹏之徙于南冥也,水击三千里,抟扶摇而上者九万里[9],去以六月息者也[10]。"野马也[11]，尘埃也，生物之以息相吹也。天之苍苍，其正色邪？其远而无所至极邪[12]？其下视也，亦若是则已矣[13]。且夫水之积也不厚，则其负大舟也无力。覆杯水于坳堂之上，则芥为之舟；置杯焉则胶[14]，水浅而舟大也。风之积也不厚，则其负大翼也无力。故九万里则风斯在下矣，而后乃今培风[15]；背负青天而莫之夭阏者[16]，而后乃今将图南。

　　蜩与学鸠笑之曰[17]："我决起而飞[18]，抢榆枋而止[19]，时则不至，而控于地而已矣[20]，奚以之九万里而南为[21]？"适莽苍者[22]，三飡而反[23]，腹犹果然[24]；适百里者，宿舂粮[25]；适千里者，三月聚粮。之二虫又何知[26]！小知不及大知[27]，小年不及大年。奚以知其然也？朝菌不知晦朔[28]，蟪蛄不知春秋[29]，此小年也。楚之南有冥灵者[30]，以五百岁为春，以五百岁为秋；上古有大椿者[31]，以八千岁为春，以八千岁为秋，此大年也[32]。而彭祖乃今以久特闻[33]，众人匹之[34]，不亦悲乎！

　　汤之问棘也是已[35]："穷发之北有冥海者[36]，天池也。有鱼焉，其广数千里，未有知其修者[37]，其名为鲲。有鸟焉，其名为鹏，背若太山，翼若垂天之云，抟扶摇羊角而上者九万里[38]，绝云气[39]，负青天，然后图南，且适南冥也。斥鴳笑之曰[40]：'彼且奚适也？我腾跃而上，不过数仞而下，翱翔蓬蒿之间，此亦飞之至也。而彼且奚适也？'"此小大之辩也[41]。

[1] 北冥：北海。海水因过深而呈黑色，故称："冥"。下文"南冥"类此。　　[2] 鲲：陆德明《经典释文》："鲲，大鱼名也。"　　[3] 鹏：大鸟名。陆德明云："'朋'及'鹏'，皆古文'凤'字。"　　[4] 怒：奋发貌。　　[5] 垂天：天边。垂，通"陲"，边际。　　[6] 海运：海水震荡。宋林希逸《庄子口义》："海运者，海动也。今海滨之俚歌，犹有'六月海动'之语。"　　[7] 《齐谐》：成玄英《庄子疏》："《齐谐》，书名也，齐国有此俳谐之书也。"《汉书·东方朔传》："即妄为谐语。"颜师古注："谐语，和韵之言也。"东方朔为齐人，可见《齐谐》当为齐地流传的谐韵通俗文体，而本文所引"谐之言"四句，"里"、"里"、"息"三字谐韵。　　[8] 志：记载。　　[9] 抟：拍，拊。扶摇：旋风。　　[10] 六月息：六月之海风。　　[11] 野马：郭象《庄子注》："野马者，游气也。"　　[12] "天之苍苍"三句：写人之视天。其，岂的意思。　　[13] "其下视也"二句：写鹏在高空俯视下界。　　[14] 胶：胶着。　　[15] 培风：积蓄风势。　　[16] 夭阏(è)：阻拦。　　[17] 蜩：寒蝉。学鸠：小鸟名。　　[18] 决：迅疾貌。　　[19] 抢：突过。而止：底本原脱，据《文选》江淹《杂体诗》注及《太平御览》卷九四四补。　　[20] 控：投。　　[21] 奚以：为何。之：往。　　[22] 莽苍：《经典释文》引司马彪云："近郊之色也。"此处借指近郊。　　[23] 三飡：吃三顿饭之时间。飡，同"餐"。　　[24] 果然：饱的样子。　　[25] 宿舂粮：前一夜便准备粮食。舂，用杵在臼中捣米。　　[26] 之：此也。二虫：蜩与学鸠。古时动物通称为虫。　　[27] 知：通"智"。　　[28] 朝菌：朝生暮死之菌。晦：夜。朔：旦。　　[29] 蟪蛄：寒蝉。春生夏死，夏生秋死。　　[30] 冥灵：大木名。或说，龟名。　　[31] 椿：乔木名。　　[32] 此大年也：此四字原缺。宋人陈碧虚《庄子阙误》引成玄英本有此四字，与上文"此小年也"正相对文，因据此以补。　　[33] 彭祖：古代传说中的长寿者，据说年七百余岁，故以久寿见闻。特：独也。　　[34] 匹：比也。　　[35] 汤：商王汤。棘：汤时贤人。已，通"矣"。此下一段引文当属在庄子以前便已流行之传说，《逍遥游》之开篇即

据此写成,该引文此处具有附录性质。　[36]穷发:草木不生之地,犹言不毛之地。发,指草木。　[37]修:长也。　[38]羊角:《经典释文》引司马彪云:"风曲上行若羊角。"　[39]绝:直穿过。　[40]斥:小泽也。或说,斥通"尺"。鹦(yàn):雀也。　[41]辩:通"辨"。

故夫知效一官[1],行比一乡[2],德合一君而征一国者[3],其自视也亦若此矣。而宋荣子犹然笑之[4]。且举世而誉之而不加劝,举世而非之而不加沮,定乎内外之分,辩乎荣辱之境,斯已矣。彼其于世,未数数然也[5]。虽然,犹有未树也。夫列子御风而行[6],泠然善也[7],旬有五日而后反。彼于致福者,未数数然也。此虽免乎行,犹有所待者也。若夫乘天地之正[8],而御六气之辩[9],以游无穷者,彼且恶乎待哉!故曰:至人无己,神人无功,圣人无名[10]。

　　[1]知:通"智"。效:胜任。　[2]比:亲近。　[3]征:取信。　[4]宋荣子:春秋时宋国思想家,生当齐威王、宣王时代,曾游齐国稷下,其学说与墨家相近。犹然:笑的样子。　[5]数数然:迫切貌。　[6]列子:名御寇,郑人。相传列子得仙道,可乘风而行。　[7]泠然:轻妙的样子。　[8]乘:因也,顺从。正:本然及规律。《说文解字》:"正,是也。"　[9]御:犹乘也。六气:阴、阳、风、雨、晦、明,即自然。辩:通"变"。　[10]"至人无己"三句:成玄英云:"至言其体,神言其用,圣言其名。故就体言至,就用言神,就名言圣,其实一也。"

尧让天下于许由[1],曰:"日月出矣,而爝火不息[2],其于光也,不亦难乎?时雨降矣,而犹浸灌,其于泽也,不亦劳乎?夫子立而天下治,而我犹尸之[3],吾自视缺然[4]。请致天下。"许由曰:"子治天下,天下既已治也,而我犹代子,吾将为名乎?名者,实之宾也,吾将为宾乎?鹪鹩巢于深林,不过一枝;偃鼠饮河,不过满腹。归休乎君,予无所用天下为!庖人虽不治庖[5],尸祝不越樽俎而代之矣[6]。"

　　[1]许由:隐士;隐于箕山。　[2]爝(jué)火:火炬。　[3]尸:本指古代代表死者受祭的活人,此处为主持之意。　[4]缺然:不足的样子。　[5]庖人:厨师。　[6]祝:祭祀时读辞之人。樽:酒器。俎:肉器。

肩吾问于连叔[1]:"吾闻言于接舆[2],大而无当[3],往而不返。吾惊怖其言,犹河汉而无极也。大有径庭[4],不近人情焉。"连叔曰:"其言谓何哉?"曰:"邈姑射之山,有神人居焉[5]。肌肤若冰雪,绰约若处子[6];不食五谷,吸风饮露。乘云气,御飞龙,而游乎四海之外。其神凝[7],使物不疵疠而年谷熟。吾以是狂而不信也[8]。"连叔曰:"然。瞽者无以与乎文章之观,聋者无以与乎钟鼓之声。岂唯形骸有聋盲哉?夫知亦有之。是其言也,犹时女也[9]。之人也,之德也,将旁礴万物以为一[10],世蕲乎乱[11],孰弊弊焉以天下为事[12]!之人也,物莫之伤,大浸稽天而不溺[13],大旱金石流、土山焦而不热。是其尘垢秕糠将犹陶铸尧舜者也,孰肯以物为事!宋人资章甫而适诸越[14],越人断发文身,无所用之。尧治天下之民,平海内之政,往见四子邈姑射之山[15],汾水之阳[16],窅然丧其天下焉[17]。"

[1]肩吾、连叔:庄子虚拟之人物。 [2]接舆:春秋末楚国隐士。 [3]当:合也。《庄子·徐无鬼》:"夫或改调一弦,于五音无当也。" [4]径庭:《经典释文》引李颐云:"径庭,谓激过也。" [5]"邈姑射之山"二句:《山海经·海内北经》:"列姑射在海河洲中。"郭璞注:"山有神人,河洲在海中,河水所经者,《庄子》所谓邈姑射之山也。"《列子·黄帝》与《海内北经》同。唐殷敬顺《列子释文》引古本《山海经》称"姑射国"、"姑射山"。盖本为"姑射",其主峰非一,故称"列姑射";《庄子》言"邈姑射"者,自远望之也。 [6]处子:处女。 [7]凝:专一。 [8]狂:通"诳"。 [9]时:通"是"。女:通"汝"。 [10]旁礴:混同。 [11]蕲:同"祈"。乱:治也。 [12]弊弊焉:劳苦经营的样子。 [13]稽:至。 [14]章甫:殷代的礼帽。 [15]四子:未详。《经典释文》引司马彪云:"王倪、啮缺、被衣、许由。"姑备一说。 [16]汾水:水名。出于太原,西入于河。 [17]窅然:迷茫自失的样子。

惠子谓庄子[1]:"魏王贻我大瓠之种,我树之成而实五石,以盛水浆,其坚不能自举也。剖之以为瓢,则瓠落无所容[2]。非不呺然大也[3],吾为其无用而掊之。"庄子曰:"夫子固拙于用大也。宋人有善为不龟手之药者[4],世世以洴澼絖为事[5]。客闻之,请买其方百金。聚族而谋曰:'我世世为洴澼絖,不过数金;今一朝而鬻技百金[6],请与之。'客得之,以说吴王。越有难,吴王使之将,冬与越人水战,大败越人,裂地而封之。能不龟手,一也;或以封,或不免于洴澼絖,则所用之异也。今子有五石之瓠,何不虑以为大樽而浮乎江湖[7],而忧其瓠落无所容?则夫子犹有蓬之心也夫[8]!"

惠子谓庄子曰:"吾有大树,人谓之樗。其大本臃肿,而不中绳墨;其小枝卷曲,而不中规矩。立之涂,匠者不顾。今子之言,大而无用,众所同去也。"庄子曰:"子独不见狸狌乎?卑身而伏,以候敖者[9];东西跳梁,不辟高下[10];中于机辟[11],死于罔罟。今夫斄牛[12],其大若垂天之云;此能为大矣,而不能执鼠。今子有大树,患其无用,何不树之于无何有之乡,广莫之野,彷徨乎无为其侧,逍遥乎寝卧其下。不夭斤斧,物无害者,无所可用,安所困苦哉!"

[1]惠子:先秦名家学派代表人物。宋人,名施,曾任梁(魏)惠王相。 [2]瓠落:犹廓落,空而大也。 [3]呺然:空而大的样子。 [4]龟:通"皲",皮肤因寒冷或干燥而破裂。 [5]洴澼(píng pì):漂洗。絖(kuàng):绵絮。 [6]鬻:卖也。 [7]虑:通"摝",以绳结缀。大樽:即腰舟。如樽之大葫芦,系于腰间,可以渡水。 [8]蓬之心:似通非通之心。蓬蒿中空而有节。 [9]敖:通"遨",游荡。 [10]辟:通"避"。 [11]机辟:弩也。辟,通"臂"。《说文解字·弓部》:"弩,弓有臂者。"《释名·释兵》:"弩,怒也,其柄曰臂。"《墨子·非儒》:"盗贼将作,若机辟将发也。"《楚辞·哀时命》:"外迫胁于机臂兮。" [12]斄牛:牦牛。

齐物论(节录)

　　南郭子綦隐机而坐[1],仰天而嘘[2],荅焉似丧其耦[3]。颜成子游立侍乎前[4],曰:"何居乎[4]?形固可使如槁木,而心固可使如死灰乎?今之隐机者,非昔之隐机者也。"子綦曰:"偃,不亦善乎,而问之也[6]!今者吾丧我[7],汝知之乎?女闻人籁而未闻地籁[8],女闻地籁而未闻天籁夫[9]!"

　　子游曰:"敢问其方[10]。"子綦曰:"夫大块噫气[11],其名为风。是唯无作,作则万窍怒呺[12],而独不闻之翏翏乎[13]?山林之畏佳[14],大木百围之窍穴,似鼻,似口,似耳,似枅,似圈,似臼,似洼者,似污者[15];激者,謞者,叱者,吸者,叫者,譹者,宎者,咬者[16],前者唱于而随者唱喁[17],泠风则小和[18],飘风则大和[19],厉风济则众窍为虚[20]。而独不见之调调、之刀刀乎[21]?"

　　子游曰:"地籁则众窍是已,人籁则比竹是已[22],敢问天籁。"子綦曰:"夫吹万不同,而使其自已也[23],咸其自取[24],怒者其谁邪?"

　　[1]南郭子綦:楚昭王庶弟,居于城郭之南,故以"南郭"为号。隐:依靠。机:同几,矮桌。[2]嘘:缓慢地出气。　[3]荅焉:神情沉寂的样子。耦:通偶,指与精神相对应的躯体。[4]颜成子游:名偃,南郭子綦的学生。　[5]何居:何故。　[6]而:你。　[7]吾:作为主体的"我"。我:作为客体的"我"。　[8]女:通"汝",你。人籁:人吹箫管而发出的声音。地籁:风吹各种洞穴而发出的声音。　[9]天籁:天地中万物自然发出的声音。　[10]方:道理。　[11]大块:大地。噫气:本指人打嗝出气,此处用以形容大地出气。[12]窍:洞穴。怒呺:怒号。　[13]翏翏(liù):悠长的风声。　[14]畏佳:通崔嵬,山林高峻的样子。　[15]"似鼻"至"似污者":形容各种洞穴的形状。枅:木质的长颈酒器。圈:杯盂。臼:舂米的石砧。洼:沼池。污:泥坑。　[16]"激者"至"咬者":形容各种怒号的声音。激:水湍急声。謞(xiāo):鸣镝声。叱:怒斥声。譹(háo):号哭声。宎(yāo):沉吟声。咬:哀泣声。　[17]前者:风。随者:洞穴。于、喁:相互应和的声音。　[18]泠(líng)风:微风。　[19]飘风:大风。　[20]厉风:狂风。济:停止。虚:空,形容没有声音。　[21]调调、刀刀:摇动的样子。[22]比竹:竹管并排制成的乐器。　[23]已:停止。　[24]咸:都。

　　大知闲闲[1],小知间间[2];大言炎炎[3],小言詹詹[4]。其寐也魂交[5],其觉也形开[6],与接为构[7],日以心斗:缦者[8],窖者[9],密者。小恐惴惴,大恐缦缦[10]。其发若机栝[11],其司是非之谓也[12];其留如诅盟[13],其守胜之谓也;其杀若秋冬,以言其日消也;其溺之所为之,不可使复之也;其厌也如缄[14],以言其老洫也[15];近死之心,莫使复阳也[16]。喜怒哀乐,虑叹变慹[17],姚佚启态[18];乐出虚[19],蒸成菌[20]。日夜相代乎前,而莫知其所萌。已乎,已乎!旦暮得此[21],其所由以生乎!

　　非彼无我,非我无所取[22]。是亦近矣,而不知其所为使。若有真宰[23],而特不得其朕[24]。可行己信[25],而不见其形,有情而无形[26]。百骸、九窍、六藏[27],赅而存焉[28],吾谁与为亲?汝皆说之乎[29]?其有私焉[30]?如是皆有为臣妾乎?其臣妾不足以相治乎?其递相为君臣乎?其有真君存焉[31]?如求得其情与不得[32],无益损乎其真[33]。一受其成形,不忘以待尽。与物相刃相靡[34],其行尽如驰,而莫之能止,不亦悲乎!终身役役而不见其成功[35],苶然疲役而不知其所归[36],可不哀邪!人谓之不死,奚益!其形化[37],其心与之然,可不谓大哀乎?人之生也,固若是芒乎[38]?其我独芒,而人亦有不芒者乎?

[1]闲闲:悠然自得的样子,贬义。 [2]间间:仔细分辨的样子。 [3]炎炎:盛气凌人的样子。 [4]詹詹:啰嗦絮叨的样子。 [5]魂交:心神不定。 [6]形开:四体不安。 [7]构:结交。 [8]缦:舒缓。 [9]窖:心思深沉。 [10]缦缦:失魂落魄。 [11]机:弓弩上的发射机关。栝(kuò):箭尾扣弦的部位。 [12]司:通"伺",窥探。 [13]留:坚持。诅盟:誓约。 [14]厌:闭塞。缄:缄默。 [15]洫(xù):衰败。 [16]复阳:恢复生机。 [17]变:变化无常。慹(zhé):木然。 [18]姚佚:轻浮。启态:装模作样。 [19]乐出虚:音乐来自空虚的箫管。 [20]蒸成菌:菌类因潮气蒸腾而出生。 [21]旦暮:早晚,犹言一旦。 [22]取:凭借。 [23]真宰:自然界的主宰,即"道"。 [24]特:惟独。朕:通"朕",征兆。 [25]可:当为"所"字之误。 [26]情:实。 [27]百骸:全身的骨节。九窍:眼、耳、鼻、口、尿道、肛门。六藏:心、肝、脾、肺、肾、命门。 [28]赅:齐备。 [29]说:通"悦"。 [30]私:偏爱。 [31]真君:真正的主宰。 [32]如:无论。 [33]真:自然的本性。 [34]相刃:相互残杀。相靡:相互摩擦。靡,通"摩"。 [35]役役:劳碌。 [36]苶(nié)然:困倦的样子。 [37]形化:形体变化。 [38]芒:蒙昧。

夫随其成心而师之[1],谁独且无师乎?奚必知代而心自取者有之[2]?愚者与有焉。未成乎心而有是非,是今日适越而昔至也[3]。是以无有为有。无有为有,虽有神禹,且不能知,吾独且奈何哉!

夫言非吹也[4],言者有言,其所言者特未定也[5]。果有言邪?其未尝有言邪?其以为异于鷇音[6],亦有辩乎,其无辩乎?道恶乎隐而有真伪[7]?言恶乎隐而有是非?道恶乎往而不存?言恶乎存而不可?道隐于小成[8],言隐于荣华[9]。故有儒墨之是非,以是其所非而非其所是。欲是其所非而非其所是,则莫若以明[10]。……

[1]成心:个人的主观意识。 [2]奚必:何必。代:变化。 [3]适:往。昔:昨日。至也。 [4]吹:风吹。 [5]特:只是。 [6]鷇:初生的小鸟。 [7]恶乎:如何。隐:隐蔽。 [8]小成:局部的成果。 [9]荣华:浮华。 [10]以明:用空明的心境去观照。

可乎可,不可乎不可。道行之而成,物谓之而然。恶乎然?然于然。恶乎不然?不然于不然。物固有所然,物固有所可。无物不然,无物不可。故为是举莛与楹[1],厉与西施[2],恢恑憰怪[3],道通为一。其分也,成也;其成也,毁也。凡物

四、天籁之音——《庄子》

无成与毁[4],复通为一。唯达者知通为一,为是不用而寓诸庸[5]。庸也者,用也;用也者,通也;通也者,得也;适得而几矣[6]。因是已。已而不知其然,谓之道。劳神明为一而不知其同也[7],谓之朝三。何谓朝三?狙公赋芧[8],曰:"朝三而暮四。"众狙皆怒。曰:"然则朝四而暮三。"众狙皆说。名实未亏而喜怒为用,亦因是也。是以圣人和之以是非而休乎天钧[9],是之谓两行[10]。……

夫道未始有封[11],言未始有常[12],为"是"而有畛也[13]。请言其畛:有左,有右,有伦[14],有义[15],有分,有辩,有竞,有争,此之谓八德。六合之外[16],圣人存而不论;六合之内,圣人论而不议。《春秋》经世先王之志[17],圣人议而不辩。故分也者,有不分也;辩也者,有不辩也。曰:何也?圣人怀之[18],众人辩之以相示也[19]。故曰辩也者,有不见也。夫大道不称[20],大辩不言[21],大仁不仁[22],大廉不嗛[23],大勇不忮[24]。道昭而不道,言辩而不及,仁常而不成,廉清而不信,勇忮而不成。五者园而几向方矣。故知止其所不知,至矣。孰知不言之辩,不道之道?若有能知,此之谓天府[25]。注焉而不满,酌焉而不竭,而不知其所由来,此之谓葆光[26]。

[1] 举:全。莛:草茎。楹:柱子。　[2] 厉:丑女。西施:美女。　[3] 恢诡谲怪:各种古怪的状态。　[4] 无:无论。　[5] 寓:寄托。庸:功用。　[6] 适:达到。几:接近。　[7] 神明:精神。　[8] 狙(jū):猕猴。赋:分发。芧(xù):橡子。　[9] 和:调和。休:休闲,此处指无为。天钧:天然的均平。　[10] 两行:无可无不可。　[11] 封:界限。　[12] 常:固定的标准。　[13] 畛:界限。　[14] 伦:秩序。　[15] 义:适宜。　[16] 六合:天地与四方。　[17] 春秋经世先王之志:犹言"《春秋》,先王经世之志"。经世:治理天下。志:记载。　[18] 怀:默识于心。　[19] 相示:相互夸耀。　[20] 称:宣扬。　[21] 大辩不言:高明的理论不能用语言来表达。　[22] 大仁不仁:最高的仁是麻木的。　[23] 嗛:通"谦",谦虚。　[24] 忮:伤害。　[25] 天府:天然的府库。　[26] 葆光:隐藏光明。

……啮缺问乎王倪曰[1]:"子知物之所同是乎?"曰:"吾恶乎知之[2]?""子知子之所不知邪?"曰:"吾恶乎知之!""然则物无知邪?"曰:"吾恶乎知之!虽然,尝试言之。庸讵知吾所谓知之非不知邪[3]?庸讵知吾所谓不知之非知邪?且吾尝试问乎女[4]:民湿寝则腰疾偏死[5],鳅然乎哉[6]?木处则惴栗恂惧[7],猨猴然乎哉?三者孰知正处?民食刍豢[8],麋鹿食荐[9],蝍蛆甘带[10],鸱鸦耆鼠[11],四者孰知正味?猨猵狙以为雌[12],麋与鹿交,鳅与鱼游。毛嫱丽姬[13],人之所美也,鱼见之深入,鸟见之高飞,麋鹿见之决骤[14]。四者孰知天下之正色哉[15]?自我观之,仁义之端,是非之途,樊然殽乱[16],吾恶能知其辩[17]!"啮缺曰:"子不知利害,则至人固不知利害乎?"王倪曰:"至人神矣!大泽焚而不能热,河汉冱而不能寒[18],疾雷破山、飘风振海而不能惊。若然者,乘云气,骑日月,而游乎四海之外。死生无变于己,而况利害之端乎!"

[1] 啮缺、王倪：庄子虚拟出的人物。　[2] 恶乎：怎么。　[3] 庸讵：何以。　[4] 女：通"汝"。　[5] 偏死：半身不遂。　[6] 鳅：泥鳅。　[7] 木处：居住在树上。惴慄、恂惧：恐惧不安的样子。　[8] 刍：牛、羊等吃草的动物。豢：犬、猪等吃谷物的动物。　[9] 荐：生长茂盛的草。　[10] 螂蛆：蜈蚣。甘：爱吃。带：蛇。　[11] 鸱：猫头鹰。耆：通"嗜"。　[12] 猵狙（biān jū）：猕猴的一种。　[13] 毛嫱（qiáng）：古代美女，或说是越王的爱妾。丽姬：古代美女，晋献公的夫人。　[14] 决骤：急速奔跑。　[15] 正色：真正的美色。　[16] 樊然：杂乱的样子。　[17] 辩：通"辨"，区别。　[18] 沍（hù）：冰冻。

瞿鹊子问乎长梧子曰[1]："吾闻诸夫子[2]，圣人不从事于务[3]，不就利，不违害[4]，不喜求，不缘道[5]；无谓有谓，有谓无谓[6]，而游乎尘垢之外。夫子以为孟浪之言[7]，而我以为妙道之行也。吾子以为奚若[8]？"长梧子曰："是黄帝之所听荧也[9]，而丘也何足以知之？且女亦大早计[10]，见卵而求时夜[11]，见弹而求鸮炙[12]。予尝为女妄言之，女以妄听之。奚旁日月[13]，挟宇宙，为其吻合[14]，置其滑涽[15]，以隶相尊[16]。众人役役[17]，圣人愚芚[18]，参万岁而一成纯[19]。万物尽然，而以是相蕴[20]。予恶乎知说生之非惑邪[21]？予恶乎知恶死之非弱丧而不知归者邪[22]！丽之姬[23]，艾封人之子也。晋国之始得之也，涕泣沾襟；及其至于王所，与王同筐床[24]，食刍豢，而后悔其泣也。予恶乎知夫死者不悔其始之蕲生乎[25]！梦饮酒者，旦而哭泣；梦哭泣者，旦而田猎。方其梦也，不知其梦也。梦之中又占其梦焉[26]，觉而后知其梦也。且有大觉而后知此其大梦也，而愚者自以为觉，窃窃然知之[27]。君乎，牧乎[28]，固哉[29]！丘也与女，皆梦也；予谓女梦，亦梦也。是其言也，其名为吊诡[30]。万世之后而一遇大圣，知其解者，是旦暮遇之也。既使我与若辩矣，若胜我，我不若胜，若果是也，我果非也邪？我胜若，若不吾胜，我果是也，而果非也邪[31]？其或是也，其或非也邪？其俱是也，其俱非也邪？我与若不能相知也，则人固受其黮暗[32]。吾谁使正之？使同乎若者正之？既与若同矣，恶能正之！使同乎我者正之？既同乎我矣，恶能正之！使异乎我与若者正之？既异乎我与若矣，恶能正之！使同乎我与若者正之？既同乎我与若矣，恶能正之！然则我与若与人俱不能相知也，而待彼也邪？"

"何谓和之以天倪[33]？"曰："是不是[34]，然不然。是若果是也，则是之异乎不是也亦无辩[35]；然若果然也，则然之异乎不然也亦无辩。化声之相待[36]，若其不相待。和之以天倪，因之以曼衍[37]，所以穷年也[38]。忘年忘义[39]，振于无竟[40]，故寓诸无竟[41]。"

[1] 瞿鹊子、长梧子：庄子虚拟的人物。　[2] 夫子：孔子。　[3] 务：世俗事务。　[4] 违：回避。　[5] 缘：遵循。　[6]"无谓有谓"二句：说就是没说，没说就是说。　[7] 孟浪：荒唐。　[8] 奚若：如何。　[9] 听荧：迷惑。　[10] 女：通"汝"，你。大早计：谋划得过早；大，通"太"。　[11] 卵：鸡蛋。时夜：本指报晓的公鸡，此处指鸡；时，通"司"。　[12] 弹：弹丸。炙：烤肉。　[13] 奚：何不。旁：依傍。　[14] 为：与。其：宇宙。　[15] 置：任随。滑

潜(hūn):昏乱。　　[16]以隶相尊:将下贱者与尊贵者同等对待。　　[17]役役:忙碌的样子。　　[18]愚芚:蒙昧的样子;芚,通"钝"。　　[19]参:糅合。万岁:无限久远的大道。　　[20]蕴:包含。　　[21]说:通"悦"。　　[22]弱:少年。丧:流浪。　　[23]丽之姬:晋献公伐骊戎而得其女,宠爱之,是为丽(骊)姬;事见《左传》及《国语》。而下文称其为"艾封人之子",当是另有传闻。　　[24]筐床:即匡床,君王所用之床。　　[25]蕲:求。　　[26]占其梦:根据梦中所见推测吉凶。　　[27]窃窃:自以为是的样子。　　[28]牧:牧羊人,此处指卑贱者。　　[29]固:鄙陋。　　[30]吊诡:怪异。　　[31]而:你。　　[32]齵(tàn)暗:蒙昧的样子。　　[33]天倪:天然的均平。　　[34]是不是:以是为不是。下句类此。　　[35]辩:通"辨",分别。　　[36]化声:关于是非的种种争论。相待:相互对立又相互依存。　　[37]因:任凭。曼衍:无限的发展变化。　　[38]穷年:忘记生命的短长。　　[39]忘义:忘记是非。　　[40]振:畅通,此处有逍遥的意思。无竟:无穷的境界;竟,通"境"。　　[41]寓:寄托。

罔两问景曰[1]:"曩子行[2],今子止;曩子坐,今子起;何其无特操与[3]?"景曰:"吾有待而然者邪[4],吾所待又有待而然者邪,吾待蛇蚹蜩翼邪[5],恶识所以然!恶识所以不然!"

昔者庄周梦为胡蝶,栩栩然胡蝶也[6],自喻适志与[7]!不知周也。俄然觉,则蘧蘧然周也[8]。不知周之梦为胡蝶与,胡蝶之梦为周与?周与胡蝶,则必有分矣。此之谓物化[9]。

[1]罔两:影子的影子。景:通"影"。　　[2]曩:先前。　　[3]特操:独特的操守。　　[4]有待:有所依赖。邪,通"耶",语气词;下文同。　　[5]待:疑为"特"的讹字。特,不过。蛇蚹:蛇腹下的鳞皮。　　[6]栩栩:翩翩起舞的样子。　　[7]喻:通"愉"。适志:心意满足。与:通"欤",语气词。　　[8]蘧蘧(jù)然:僵硬的样子。　　[9]物化:物我不分。

人间世(节录)

叶公子高将使于齐[1],问于仲尼曰:"王使诸梁也甚重。齐之待使者,盖将甚敬而不急。匹夫犹未可动,而况诸侯乎!吾甚慄之[2]。子常语诸梁也曰:'凡事若小若大[3],寡不道以欢成[4]。事若不成,则必有人道之患[5]。事若成,则必有阴阳之患[6]。若成若不成而后无患者,唯有德者能之。'吾食也执粗而不臧[7],爨无欲清之人[8]。今吾朝受命而夕饮冰,我其内热与!吾未至乎事之情而既有阴阳之患矣[9]!事若不成,必有人道之患。是两也。为人臣者不足以任之,子其有以语我来!"

[1]叶公子高:楚国贵族,名诸梁,字子高,封地在叶,故称叶公。使:出使。　　[2]慄:战栗,恐惧。　　[3]若:或。　　[4]寡:很少。道:遵循。　　[5]人道之患:人为的祸患。　　[6]阴阳之患:因阴阳不调而产生的祸患。　　[7]执:选择。粗:粗劣。臧:精美。　　[8]爨:烧火做饭。欲清:试图清凉散热。　　[9]情:实际内容。既:已经。

仲尼曰:"天下有大戒二[1]:其一,命也;其一,义也。子之爱亲,命也,不可解于心;臣之事君,义也,无适而非君也,无所逃于天地之间。是之谓大戒。是以夫事其亲者,不择地而安之,孝之至也;夫事其君者,不择事而安之,忠之盛也;自事其心者,哀乐不易施乎前[2],知其不可奈何而安之若命,德之至也。为人臣子者,固有所不得已。行事之情而忘其身,何暇至于悦生而恶死?夫子其行可矣!丘请复以所闻[3]:凡交近则必相靡以信[4],远则必忠之以言,言必或传之。夫传两喜两怒之言,天下之难者也。夫两喜必多溢美之言,两怒必多溢恶之言。凡溢之类妄,妄则其信之也莫[5],莫则传言者殃。故法言曰[6]:'传其常情,无传其溢言,则几乎全[7]。'且以巧斗力者,始乎阳[8],常卒乎阴[9],泰至则多奇巧[10];以礼饮酒者,始乎治[11],常卒乎乱,泰至则多奇乐[12]。凡事亦然。始乎谅[13],常卒乎鄙[14];其作始也简,其将毕也必巨。夫言者,风波也;行者,实丧也[15]。风波易以动,实丧易以危。故忿设无由[16],巧言偏辞。兽死不择音[17],气息茀然[18],于是并生心厉[19]。克核大至[20],则必有不肖之心应之,而不知其然也。苟不知其然也,孰知其所终?故法言曰:'无迁令[21],无劝成[22]。过度,益也[23]。'迁令劝成殆事[24],美成在久,恶成不及改,可不慎与?且夫乘物以游心,托不得已以养中[25],至矣。何作为报也[26]?莫若为致命[27]。此其难者。"

[1]戒:法则。 [2]易施:改变移动。 [3]复:再。 [4]靡:通"縻",维系。 [5]信之也莫:令人生疑;莫,通"漠"。 [6]法言:古代流传下来的格言。 [7]几:差不多。 [8]阳:正当的手段。 [9]阴:不正当的手段。 [10]泰至:太过分;泰,通"太"。奇巧:花样。 [11]治:合乎规范。 [12]奇乐:不合乎常礼之乐。 [13]谅:诚信。 [14]鄙:卑劣。 [15]实丧:得与失。 [16]忿设无由:疑设当为说(悦)之误,言喜怒无常。 [17]不择音:顾不得声音是否动听。 [18]茀然:生气的样子;茀,通"怫"。 [19]厉:恶毒。 [20]克核:苛刻地要求。大至:太过分。 [21]迁:更改。 [22]劝:勉励。 [23]益:通"溢"。 [24]殆:危害。 [25]养中:保持内心的恬静。 [26]何作为报:何必在意回报呢? [27]致命:委命于天。

颜阖将傅卫灵公太子[1],而问于蘧伯玉[2]。曰:"有人于此,其德天杀[3]。与之为无方[4],则危吾国;与之为有方,则危吾身。其知适足以知人之过,而不知其所以过。若然者,吾奈之何?"蘧伯玉曰:"善哉问乎!戒之,慎之,正女身也哉[5]!形莫若就[6],心莫若和[7]。虽然,之二者有患[8]。就不欲入[9],和不欲出[10]。形就而入,且为颠为灭,为崩为蹶[11]。心和而出,且为声为名,为妖为孽[12]。彼且为婴儿[13],亦与之为婴儿;彼且为无町畦[14],亦与之为无町畦;彼且为无崖[15],亦与之为无崖。达之,入于无疵[16]。汝不知夫螳螂乎?怒其臂以当车辙[17],不知其不胜任也,是其才之美者也[18]。戒之!慎之!积伐而美者以犯之[19],几矣[20]!汝不知夫养虎者乎?不敢以生物与之,为其杀之之怒也;不敢以全物与之,为其决之之怒也[21];时其饥饱[22],达其怒心[23]。虎之与人异类而媚养己者,顺也;故其杀者,逆也。夫爱马者,以筐盛矢[24],以蜄盛溺[25]。适有蚊虻仆缘[26],而拊之不时[27],则缺衔[28],毁首[29],碎胸[30]。意有所至而爱有所亡,可不慎邪?"

[1]颜阖:鲁国贤人。傅:贵族子弟的老师,此处用为动词。 [2]蘧伯玉:卫国贤人。 [3]其德天杀:嗜杀成性。 [4]无方:不讲原则。 [5]正:端正。女:通"汝",你。 [6]形莫若就:外表不如亲近。 [7]和:诱导。 [8]之:此。二者有患。 [9]入:深入。 [10]出:显露。 [11]崩、蹶:喻指失败。 [12]妖、孽:凶险的结局。 [13]婴儿:天真无知。 [14]町畦:田界,比喻规矩。 [15]崖:边际,喻指拘束。 [16]疵:瑕疵。 [17]怒:奋力。当:通"挡"。车辙:代指车轮。 [18]是:认可。 [19]积:屡次。伐:夸耀。而:你。 [20]几:危险。 [21]决:撕裂。 [22]时:通"伺"。 [23]达:疏导。 [24]矢:通"屎"。 [25]蜄:大蛤,此处指大蛤之壳。溺,尿。 [26]仆缘:叮咬。 [27]拊:拍打。不时:不及时。 [28]缺衔:弄断马嚼子。 [29]毁首:弄坏马笼头。 [30]碎胸:弄坏马络带。

匠石之齐[1],至于曲辕,见栎社树[2]。其大,蔽数千牛,絜之百围[3];其高,临山十仞而后有枝[4];其可以为舟者旁十数[5]。观者如市,匠伯不顾,遂行不辍。弟子厌观之[6],走及匠石,曰:"自吾执斧斤以随夫子[7],未尝见材如此其美也。先生不肯观,行不辍,何邪?"曰:"已矣,勿言之矣!散木也[8],以为舟则沉,以为棺椁则速腐,以为器则速毁,以为门户则液樠[9],以为柱则蠹[10]。是不材之木也,无所可用,故能若是之寿也[11]。"匠石归,栎社见梦[12],曰:"汝将恶乎比予哉[13]?若将比予于文木邪[14]?夫柤梨橘柚果蓏之属,实熟则剥[15],剥则辱;大枝折,小枝泄[16]。此以其能苦其生者也,故不终其天年而中道夭,自掊击于世俗者也[17]。物莫不若是。且予求无所可用久矣,几死,乃今得之,为予大用。使予也而有用,且得有此大也邪?且也,若与予也,皆物也,奈何哉其相物也[18]?而几死之散人,又恶知散木?"匠石觉而诊其梦[19]。弟子曰:"趣取无用[20],则为社,何邪?"曰:"密[21]!若无言[22]!彼亦直寄焉[23],以为不知己者诟厉也[24]。不为社者,且几有翦乎!且也彼其所保与众异,而以义誉之[25],不亦远乎?"

[1]匠石:名字为石的木匠。之:往。 [2]栎:树名。社树:被尊为土地神的树。 [3]絜:用绳子计量。围:直径一尺的圆周。 [4]仞:古代八尺为一仞。 [5]旁:旁枝。 [6]厌:充分地。 [7]斤:斧头的一种。 [8]散木:不成材的木头。 [9]液樠(mán):树心有脂液流出。 [10]蠹:蛀虫,此处用为动词,指被虫所蛀。 [11]若是:如此。 [12]见梦:托梦。 [13]恶乎:何以。比予:与我比较。 [14]文木:纹理正常的树。 [15]剥:通"扑",敲击。 [16]泄:通"拽",被牵引。 [17]掊:打击。 [18]相物:相互间以物的观点去评判。 [19]诊:讲述 [20]趣取:追求;趣,通"趋"。 [21]密:闭口。 [22]若:你。 [23]直:只是。 [24]诟厉:辱骂斥责。 [25]义:常理。誉:说明。

德充符(节录)

　　鲁有兀者叔山无趾[1],踵见仲尼[2]。仲尼曰:"子不谨[3],前既犯患若是矣[4]。虽今来,何及矣!"无趾曰:"吾唯不知务而轻用吾身[5],吾是以亡足。今吾来也,犹有尊足者存,吾是以务全之也。夫天无不覆,地无不载,吾以夫子为天地,安知夫子之犹若是也?"孔子曰:"丘则陋矣[6]。夫子胡不入乎?请讲以所闻!"无趾出。孔子曰:"弟子勉之!夫无趾,兀者也,犹务学以复补前行之恶,而况全德之人乎?"

　　无趾语老聃曰[7]:"孔丘之于至人,其未邪?彼何宾宾以学子为[8]?彼且蕲以諔诡幻怪之名闻[9],不知至人之以是为己桎梏邪?"老聃曰:"胡不直使彼以死生为一条[10],以可不可为一贯者,解其桎梏,其可乎?"无趾曰:"天刑之,安可解?"

　　[1]兀者:被斩断一只脚的人。叔山无趾:庄子虚拟的人物。 [2]踵:脚后跟,此处用为动词。 [3]谨:谨慎。 [4]患:祸。 [5]不知务:不识时务。 [6]陋:鄙陋。 [7]老聃:老子。 [8]宾宾:通"频频"。学子:学于您。 [9]蕲:求。諔(chù)诡幻怪:奇异怪诞。 [10]一条:相贯通。下文"一贯"类此。

　　鲁哀公问于仲尼曰:"卫有恶人焉[1],曰哀骀它[2]。丈夫与之处者[3],思而不能去也;妇人见之,请于父母曰'与为人妻宁为夫子之妾'者,十数而未止也。未尝有闻其唱者也[4],常和人而已矣。无君人之位以济乎人之死,无聚禄以望人之腹[5];又以恶骇天下,和而不唱,知不出乎四域[6],且而雌雄合乎前[7]。是必有异乎人者也。寡人召而观之[8],果以恶骇天下。与寡人处,不至以月数[9],而寡人有意乎其为人也;不至乎期年[10],而寡人信之。国无宰,寡人传国焉。闷然而后应[11],泛然而若辞[12]。寡人丑乎[13],卒授之国[14]。无几何也,去寡人而行。寡人恤焉[15],若有亡也,若无与乐是国也。是何人者也?"仲尼曰:"丘也尝使于楚矣,适见豚子食于其死母[16],少焉[17],眴若[18],皆弃之而走。不见己焉尔,不得类焉尔。所爱其母者,非爱其形也,爱使其形者也。战而死者,其人之葬也,不以翣[19];刖者之屦[20],无为爱之;皆无其本矣。为天子之诸御[21],不爪翦,不穿耳;取妻者,止于外,不得复使;形全犹足以为尔[22],而况全德之人乎?今哀骀它未言而信,无功而亲,使人授己国,唯恐其不受也,是必才全而德不形者也[23]。"哀公曰:"何谓才全?"仲尼曰:"死生存亡,穷达贫富,贤与不肖毁誉,饥渴寒暑,是事之变,命之行也[24];日夜相代乎前[25],而知不能规乎其始者也[26]。故不足以滑和[27],不可入于灵府[28];使之和豫[29],通而不失于兑[30];使日夜无郤而与物为春[31],是接而生时于心者也[32]。是之谓才全。""何谓德不形?"曰:"平者,水停之盛也[33]。其可以为法也,内保之而外不荡也。德者,成和之修也。德不形者,物不能离也。"哀公异日以告闵子曰[34]:"始也吾以南面而君天下,执民之纪而忧其死[35],吾自以为至通矣。今吾闻至人之言,恐吾无其实,轻用吾身而亡其国。吾与孔丘,非君臣也,德友而已矣。"

[1]恶:容貌丑陋。 [2]哀骀它:庄子虚拟的人物。 [3]丈夫:成年男子。 [4]唱:通"倡",倡导。 [5]聚禄:积聚的俸禄。望:满月,望人之腹谓使人吃饱肚子。 [6]四域:四方,指人世间。 [7]雌雄:男女。合:聚集。 [8]寡人:国君的自我谦称。 [9]不至以月数:不到一月。 [10]期年:一整年。 [11]闷然:无动于衷的样子。 [12]泛然:心不在意的样子。 [13]丑:羞愧。 [14]卒:最终。 [15]恤焉:若有所失的样子。 [16]适:恰巧。豚:小猪。 [17]少焉:不一会。 [18]眴(shùn)若:惊慌地眨眼睛。 [19]翣(shà):棺材的装饰品。 [20]刖:砍去足的酷刑。屦:鞋子。 [21]诸御:侍从。 [22]尔:如此。 [23]才全而德不形:才智完备而德不外露。 [24]命:天道。 [25]代:更替。 [26]规:通"窥",探知。 [27]滑和:搅乱内心的平和。 [28]灵府:心灵。 [29]和豫:和顺安乐。 [30]不失于兑:不从穴道流失。 [31]郤:通"隙"。与物为春:随顺万物是春天一样生机勃勃。 [32]生:反映。时:四季。 [33]盛:极端。 [34]闵子:孔子学生,姓闵,名损,字子骞。 [35]纪:法纪。

　　阐跂、支离、无脣说卫灵公[1],灵公说之[2];而视全人,其脰肩肩[3]。瓮㿻大瘿说齐桓公,桓公说之;而视全人,其脰肩肩。故德有所长而形有所忘,人不忘其所忘而忘其所不忘,此谓诚忘。故圣人有所游[4],而知为孽[5],约为胶[6],德为接[7],工为商[8]。圣人不谋,恶用知?不斫[9],恶用胶?无丧[10],恶用德?不货[11],恶用商?四者,天鬻也[12];天鬻者,天食也[13]。既受食于天,又恶用人?有人之形,无人之情。有人之形,而群于人,无人之情,故是非不得于身[14]。眇乎小哉,所以属于人也;謷乎大哉[15],独成其天!

　　惠子谓庄子曰[16]:"人故无情乎?"庄子曰:"然!"惠子曰:"人而无情,何以谓之人?"庄子曰:"道与之貌,天与之形,恶得不谓之人?"惠子曰:"既谓之人,恶得无情?"庄子曰:"是非吾所谓情也。吾所谓无情者,言人之不以好恶内伤其身,常因自然而不益生也[17]。"惠子曰:"不益生,何以有其身?"庄子曰:"道与之貌,天与之形,无以好恶内伤其身。今子外乎子之神[18],劳乎子之精,倚树而吟,据槁梧而瞑[19]。天选子之形[20],子以坚白鸣[21]!"

　　[1]阐跂、支离、无脣:庄子虚拟的人物。阐跂,驼背;支离,肢体残缺;无脣,无嘴唇。下文的"瓮㿻大瘿"类此。 [2]说:通"悦"。 [3]脰:脖颈。肩肩:细小的样子。 [4]有所游:有游心之所。 [5]知:通"智"。 [6]约:盟约。 [7]接:接触的工具。 [8]工:工巧。 [9]斫:劈砍。 [10]丧:失去。 [11]货:买卖。 [12]鬻:通"育",养育。 [13]食:饲养。 [14]不得于身:不侵扰于身。 [15]謷(áo)乎:伟大的样子。 [16]惠子:战国时期思想家惠施。 [17]益生:人为地促进生命。 [18]外:外泄。 [19]据:凭靠。槁梧:干枯的梧

桐树。　[20]选:授予。　[21]坚白:名家辩论的重要命题。墨子以为坚与白同是石头的属性而不可分,此为"盈坚白",参阅《墨经·经说》。公孙龙以为视觉只看到白色而看不到坚硬,触觉摸到坚硬而摸不到白色,因而坚和白是分离的,参阅《公孙龙子·坚白论》。

大宗师(节录)

南伯子葵问乎女偊曰[1]:"子之年长矣,而色若孺子,何也?"曰:"吾闻道矣。"南伯子葵曰:"道可得学邪?"曰:"恶!恶可!子非其人也!夫卜梁倚有圣人之才而无圣人之道[2],我有圣人之道而无圣人之才,吾欲以教之,庶几其果为圣人乎[3]!不然,以圣人之道告圣人之才,亦易矣。吾犹守而告之[4],参日而后能外天下[5];已外天下矣,吾又守之,七日而后能外物;已外物矣,吾又守之,九日而后能外生[6];已外生矣,而后能朝彻[7];朝彻,而后能见独[8];见独,而后能无古今;无古今,而后能入于不死不生。杀生者不死,生生者不生[9]。其为物,无不将也[10],无不迎也,无不毁也,无不成也;其名为撄宁[11]。撄宁也者,撄而后成者也。"南伯子葵曰:"子独恶乎闻之?"曰:"闻诸副墨之子[12],副墨之子闻诸洛诵之孙[13],洛诵之孙闻之瞻明[14],瞻明闻之聂许[15],聂许闻之需役[16],需役闻之于讴[17],于讴闻之玄冥[18],玄冥闻之参寥[19],参寥闻之疑始[20]。"

[1]南伯子葵、女偊:庄子虚拟的人物。　[2]卜梁倚:庄子虚拟的人物。　[3]庶几:或许。　[4]守:坚持。　[5]参:通"三"。外天下:将天下遗弃。　[6]外生:遗弃生命。　[7]朝彻:心境如朝日初升而照彻万物。　[8]见独:见到别人见不到的东西。　[9]"杀生者不死"二句:道能杀死万物,它自己当然不死;道能生育万物,它自己当然无所谓出生。　[10]将:辅助。　[11]撄(yīng):扰乱。宁:安宁。　[12]副墨:文字;副墨之子喻指书册。　[13]洛诵:反复背诵。　[14]瞻明:看得见。　[15]聂许:听得见。　[16]需役:实践。　[17]于讴:歌谣。　[18]玄冥:深远幽邃。　[19]参寥:寥廓无极。　[20]疑始:迷茫之始。

子祀、子舆、子犁、子来四人相与语[1],曰:"孰能以无为首,以生为脊,以死为尻[2],孰知死生存亡之一体者,吾与之友矣。"四人相视而笑,莫逆于心[3],遂相与为友。俄而子舆有病[4],子祀往问之。曰:"伟哉!夫造物者将以予为此拘拘也[5]!"曲偻发背[6],上有五管[7],颐隐于齐[8],肩高于顶,句赘指天[9];阴阳之气有沴[10],其心闲而无事,跰𨇤而鉴于井[11],曰:"嗟乎!夫造物者,又将以予为此拘拘也!"子祀曰:"女恶之乎?"曰:"亡,予何恶!浸假而化予之左臂以为鸡[12],予因以求时夜[13];浸假而化予之右臂以为弹,予因以求鸮炙[14];浸假而化予之尻以为轮,以神为马,予因乘之,岂更驾哉?且夫得者,时也;失者,顺也;安时而处顺,哀乐不能入也。此古之所谓县解也[15],而不能自解者,物有结之。且夫物不胜天久矣,吾又何恶焉!"

俄而子来有病,喘喘然将死[16],其妻子环而泣之[17]。子犁往问之,曰:"叱!避!无怛化[18]!"倚其户与之语曰:"伟哉!造化又将奚以汝为?将奚以汝适?以汝为鼠肝乎?以汝为虫臂乎?"子来曰:"父母于子,东西南北,唯命之从。阴阳于人,不翅于父母[19];彼近我死而我不听[20],我则悍矣[21],彼何罪焉!夫大块载我以形[22],劳我以生,佚我以老,息我以死。故善吾生者,乃所以善吾死也。今大冶铸金[23],金踊跃曰'我且必为镆铘'[24],大冶必以为不祥之金。今一犯人之形[25],而曰'人耳人耳',夫造化者必以为不祥之人。今一以天地为大炉,以造化为大冶,恶乎往而不可哉?"成然寐[26],蘧然觉[27]。

[1] 子祀、子舆、子犁、子来:庄子虚拟的人物。 [2] 尻(kāo):尾骨。 [3] 莫逆于心:心心相印。 [4] 俄而:不久。 [5] 拘拘:屈曲的样子。 [6] 曲偻:驼背。发背:背骨向上露出。 [7] 五管:五脏管脉。 [8] 颐隐于齐:隐在肚脐附近。齐,通"脐"。 [9] 句赘:颈椎。 [10] 沴:不和。 [11] 跰躃(pián xiān):蹒跚。鉴:照。 [12] 浸假:渐至。卵:底本原作鸡,据《齐物论》改。 [13] 时夜:报晓的鸡;时,通"伺"。 [14] 炙:烤肉。 [15] 县解:解除倒悬之苦;县,通"悬"。 [16] 喘喘然:气喘吁吁的样子。 [17] 妻子:妻子与子女。 [18] 怛:害怕。化:生死变化。 [19] 不翅:不仅仅。 [20] 近:使接近。 [21] 悍:蛮横。 [22] 大块:大地。 [23] 大冶:从事冶炼的高明工匠。 [24] 镆铘:古代著名的宝剑。 [25] 犯:通"范",用模子铸造。 [26] 成然:酣睡的样子。 [27] 蘧然:悠然自得的样子。

子桑户、孟子反、子琴张三人相与友[1],曰:"孰能相与于无相与[2],相为于无相为?孰能登天游雾,挠挑无极[3],相忘以生,无所终穷[4]?"三人相视而笑,莫逆于心,遂相与为友。

莫然有间而子桑户死[5],未葬。孔子闻之,使子贡往侍事焉[6]。或编曲,或鼓琴,相和而歌。歌曰:"嗟来桑户乎[7]!嗟来桑户乎!而已反其真,而我犹为人猗[8]!"子贡趋而进曰:"敢问临尸而歌,礼乎?"二人相视而笑曰:"是恶知礼意!"子贡反[9],以告孔子,曰:"彼何人者邪?修行无有,而外其形骸,临尸而歌,颜色不变,无以命之[10]。彼何人者邪?"孔子曰:"彼,游方之外者也[11];而丘,游方之内者也。外内不相及。而丘使女往吊之[12],丘则陋矣。彼方且与造物者为人[13],而游乎天地之一气。彼以生为附赘县疣[14],以死为决疣溃痈,夫若然者,又恶知死生先后之所在?假于异物,托于同体[15];忘其肝胆,遗其耳目;反复终始,不知端倪[16];芒然彷徨乎尘垢之外[17],逍遥乎无为之业。彼又恶能愦愦然为世俗之礼[18],以观众人之耳目哉[19]?"子贡曰:"然则夫子何方之依?"孔子曰:"丘,天之戮民也[20]。虽然,吾与汝共之[21]。"子贡曰:"敢问其方。"孔子曰:"鱼相造乎水[22],人相造乎道。相造乎水者,穿池而养给[23];相造乎道者,无事而生定[24]。故曰,鱼相忘乎江湖,人相忘乎道术。"子贡曰:"敢问畸人[25]。"曰:"畸人者,畸于人而侔于天[26]。故曰:天之小人,人之君子;人之君子,天之小人也。"

[1]子桑户、孟子反、子琴张:庄子虚拟的人物。 [2]相与于无相与:以不交往的方式交往。下句类此。 [3]挠挑:循环往复。无极:无穷无尽。 [4]终穷:死亡。 [5]莫然:平静的样子。有间:顷刻之间。 [6]侍事:帮助办理丧事。 [7]嗟来:感叹词。 [8]猗:句尾语气词。 [9]反:通"返"。 [10]命:描述。 [11]方之外:上下四方之外,现实世界之外。 [12]女:通"汝",你。 [13]方且:正将。为人:为朋友。 [14]县:通"悬"。 [15]"假于异物"二句:意谓借助不同的物质而暂时结合为一体。 [16]端倪:开头与结尾。 [17]芒然:茫然。 [18]愤愤然:烦乱的样子。 [19]观:显示于。 [20]天之戮民:受上天惩罚的人。 [21]共:通"恭",向往。 [22]造:至。 [23]穿池:通往。 [24]生:通"性"。 [25]畸人:异常的人。 [26]侔:等同。

马　蹄

马,蹄可以践霜雪,毛可以御风寒。龁草饮水[1],翘足而陆[2],此马之真性也;虽有义台路寝[3],无所用之。及至伯乐,曰:"我善治马[4]。"烧之[5],剔之[6],刻之[7],雒之[8],连之以羁馽[9],编之以皂栈[10],马之死者十二、三矣;饥之,渴之,驰之,骤之,整之,齐之,前有橛饰之患[11],而后有鞭策之威,而马之死者已过半矣。陶者曰[12]:"我善治埴[13],圆者中规,方者中矩。"匠人曰:"我善治木,曲者中钩,直者中绳。"夫埴木之性,岂欲中规矩钩绳哉?然且世世称之,曰:"伯乐善治马,而陶匠善治埴木。"此亦治天下者之过也!

[1]龁:咬。 [2]陆:通"陆",屈腿,此处指跳跃。 [3]义台:高台。路寝:正室。 [4]治:驯养。 [5]烧:用烧红的烙铁给马烙上印记。 [6]剔:剪马毛。 [7]刻:削治马蹄甲。 [8]雒:通"络",给马戴上笼头。 [9]羁:马嚼子。馽(zhì):今作"絷",绊马索。 [10]编:圈养。皂:马槽。栈:马棚。 [11]橛:马口所衔的横木。饰:笼头上的铃铛。 [12]陶者:制陶器的人。 [13]埴:制陶器用的黏土。

吾意善治天下者不然。彼民有常性,织而衣,耕而食,是谓同德[1];一而不党[2],命曰天放[3]。故至德之世,其行填填[4],其视颠颠[5]。当是时也,山无蹊隧[6],泽无舟梁[7];万物群生,连属其乡[8];禽兽成群,草木遂长。是故禽兽可系羁而游,鸟鹊之巢可攀援而窥。夫至德之世,同与禽兽居,族与万物并[9],恶乎知君子小人哉!同乎无知,其德不离;同乎无欲,是谓素朴;素朴而民性得矣。及至圣人,蹩躠为仁[10],踶跂为义,而天下始疑矣[11];澶漫为乐[12],摘辟为礼[13],而天下始分矣。故纯朴不残,孰为牺尊[14]!白玉不毁,孰为珪璋[15]!道德不废,安取仁义!性情不离,安用礼乐!五色不乱,孰为文采!五声不乱,孰应六律!夫残朴以为器,工匠之罪也;毁道德以为仁义,圣人之过也。夫马,居则食草饮水,喜则交颈相靡[16],怒则分背相踶[17],马知已此矣。夫加之以衡扼[18],齐之以月题[19],而马知介倪、闉扼、鸷曼、诡衔、窃辔[20]。故马之知而态至盗者,伯乐之罪也。夫赫胥氏之时[21],民居不知所为,行不知所之,含哺而熙[22],鼓腹而游[23],民能以此矣。及至圣人,屈折礼乐以匡天下之形[24],县企仁义以慰天下之心[25],而民乃始踶跂好知,争归于利,不可止也。此亦圣人之过也。

[1]同德:共性。 [2]党:偏爱。 [3]天放:自然放任。 [4]填填:稳重的样子。 [5]颠颠:质朴的样子。 [6]蹊:小路。隧:大路。 [7]梁:桥。 [8]连属:相互连接。 [9]族:聚居。并:共处。 [10]蹩躠(bié xiè):费力的样子。下文"踶跂"类此。 [11]疑:迷惑。 [12]澶(chán)漫:放纵。 [13]摘辟:烦琐。 [14]牺尊:刻有牛头的木制酒器,用以祭神。 [15]珪璋:古代的玉制礼器。 [16]靡:通"摩"。 [17]分背:背对背。 踶:通"踢"。 [18]衡:辕前的横木。扼:马颈上的曲木。 [19]月题:马额前的装饰。 [20]介倪:通"睥睨",斜视。闉扼:弯曲脖子。鸷曼:竭力挣扎。诡衔:狡猾地摆脱嚼子。窃辔:暗地里咬坏缰绳。 [21]赫胥氏:传说中的古代帝王。 [22]哺:口中食物。熙:通"嬉"。 [23]鼓腹:肚子饱饱的样子。 [24]匡:正。 [25]县:通"悬"。

在宥(节录)

崔瞿问于老聃曰[1]:"不治天下,安藏人心[2]?"老聃曰:"女慎无撄人心[3]。人心:排下而进上,上下囚杀[4];淖约柔乎刚强[5],廉刿雕琢[6];其热焦火,其寒凝冰;其疾俯仰之间而再抚四海之外[7],其居也渊而静,其动也县而天[8]。偾骄而不可系者[9],其唯人心乎!昔者黄帝始以仁义撄人之心,尧舜于是乎股无胈[10],胫无毛[11],以养天下之形,愁其五藏以为仁义[12],矜其血气以规法度[13]。然犹有不胜也[14]。尧于是放欢兜于崇山[15],投三苗于三峗[16],流共工于幽都[17],此不胜天下也。夫施及三王而天下大骇矣[18],下有桀、跖[19],上有曾、史[20],而儒墨毕起。于是乎喜怒相疑,愚知相欺,善否相非,诞信相讥[21],而天下衰矣。大德不同,而性命烂漫矣[22];天下好知[23],而百姓求竭矣[24]。于是乎釿锯制焉[25],绳墨杀焉[26],椎凿决焉[27]。天下脊脊大乱[28],罪在撄人心。故贤者伏处大山嵁岩之下[29],而万乘之君忧慄乎庙堂之上[30]。今世殊死者相枕也[31],桁杨者相推也[32],刑戮者相望也,而儒墨乃始离跂攘臂乎桎梏之间[33]。意[34],甚矣哉,其无愧而不知耻也!甚矣,吾未知圣知之不为桁杨椄槢也[35],仁义之不为桎梏凿枘也!焉知曾史之不为桀跖嚆矢也[36]!故曰'绝圣弃知而天下大治。'"

[1]崔瞿:庄子虚拟的人物。 [2]藏:通"臧",善,此处用为动词。 [3]撄:搅动。 [4]囚杀:绞杀。 [5]柔:顺从。 [6]廉刿雕琢:或锐利,或圆滑。 [7]疾:迅速。抚:触及。 [8]县而天:玄妙如天;县,通"玄"。 [9]偾骄:骄横。 [10]股:大腿。胈:细毛。 [11]胫:小腿。 [12]愁:通"揫",束缚。 [13]矜:消磨。 [14]不胜:不堪。 [15]放:流放。欢兜:传说中的历史人物。崇山:山名,在今湖南。 [16]投:流放。三苗:古代国名,此处指三苗之君。三峗:山名,在今甘肃。 [17]流:流放。共工:传说中的历史人物。幽都:北方荒凉之地,在今河北。 [18]三王:夏、商、周三代之君。 [19]桀:夏朝的亡国之君。跖:盗跖,春秋时期的大盗。 [20]曾:曾子,孔子之弟子,有孝名。史:史狐,亦称董狐,春秋时晋国史官,勇

于秉笔直书。　［21］诞：荒诞。信：诚信。　［22］烂漫：散乱。　［23］知：通"智"。　［24］求竭：因求而丧其所有。　［25］釿：通"斤"，斧头。　［26］绳墨：法度。杀：疑为"设"之误。　［27］决：决断。　［28］脊脊：通"藉藉"，相互践踏。　［29］崁(kān)：深。　［30］慄：战栗。　［31］殊死：身首异处。　［32］桁杨：枷锁。　［33］离跂：阔步。攘臂：奋臂。　［34］意：通"噫"，感叹词。　［35］楗榍(jiē xí)：榫头，使桁杨牢固。　［36］嚆(háo)矢：响箭。

　　黄帝立为天子十九年，令行天下。闻广成子在于空同之上[1]，故往见之。曰："我闻吾子达于至道，敢问至道之精[2]。吾欲取天地之精，以佐五谷，以养民人，吾又欲官阴阳[3]，以遂群生[4]。为之奈何？"广成子曰："而所欲问者，物之质也；而所欲官者，物之残也。自而治天下，云气不待族而雨[5]，草木不待黄而落，日月之光益以荒矣[6]。而佞人之心翦翦者[7]，又奚足以语至道？"黄帝退，捐天下[8]，筑特室[9]，席白茅[10]，闲居三月，复往邀之。广成子南首而卧[11]，黄帝顺下风膝行而进[12]，再拜稽首而问曰："吾闻夫子达于至道，敢问治身奈何而可以长久？"广成子蹶然而起[13]，曰："善哉问乎！来！吾语女至道：至道之精，窈窈冥冥[14]；至道之极，昏昏默默[15]。无视无听，抱神以静，形将自正；必静必清，无劳女形[16]，无摇女精[17]，乃可以长生。目无所见，耳无所闻，心无所知，女神将守形，形乃长生。慎女内[18]，闭女外[19]，多知为败[20]。我为女遂于大明之上矣[21]，至彼至阳之原也；为女入于窈冥之门矣，至彼至阴之原也。天地有官，阴阳有藏，慎守女身，物将自壮。我守其一以处其和[22]，故我修身千二百岁矣，吾形未尝衰。"黄帝再拜稽首曰："广成子之谓天矣！"广成子曰："来！余语女。彼其物无穷，而人皆以为有终；彼其物无测[23]，而人皆以为有极[24]。得吾道者，上为皇而下为王；失吾道者，上见光而下为土。今夫百昌皆生于土而反于土[25]，故余将去女，入无穷之门，以游无极之野；吾与日月参光[26]，吾与天地为常。当我，缗乎[27]！远我，昏乎！人其尽死，而我独存乎！"

　　［1］广成子：庄子虚拟的人物。空同：庄子虚拟的山名。　［2］精：奥妙。　［3］官：掌管。　［4］遂：满足。　［5］族：聚集。　［6］荒：昏暗。　［7］翦翦：通"戋戋"，狭隘的样子。　［8］捐：遗弃。　［9］特：单独。　［10］席：铺垫。　［11］南首：头朝南。　［12］下风：风的下方，表示甘居人下。　［13］蹶然：迅速地。　［14］窈窈冥冥：深邃的样子。　［15］昏昏默默：幽暗莫测的样子。　［16］女：通"汝"，你。　［17］摇：搅乱。　［18］内：心理活动。　［19］外：感官。　［20］多：赞赏。　［21］为女：与你；女，通"汝"。遂：至。　［22］一：大道。　［23］测：边际。　［24］极：极限。　［25］百昌：百草。昌，通"菖"。反：通"返"。　［26］参光：同光。　［27］缗乎：无心的样子。下文"昏"类此。

天道（节录）

　　孔子西藏书于周室。子路谋曰[1]："由闻周之征藏史有老聃者[2]，免而归居。

夫子欲藏书,则试往因焉[3]。"孔子曰:"善。"往见老聃,而老聃不许,于是繙十二经以说[4]。老聃中其说[5],曰:"大谩[6],愿闻其要[7]。"孔子曰:"要在仁义。"老聃曰:"请问,仁义,人之性邪?"孔子曰:"然。君子不仁则不成,不义则不生。仁义,真人之性也,又将奚为矣?"老聃曰:"请问,何谓仁义?"孔子曰:"中心物恺[8],兼爱无私,此仁义之情也。"老聃曰:"意[9]!几乎后言[10]!夫兼爱,不亦迂乎?无私焉,乃私也。夫子若欲使天下无失其牧乎[11]?则天地固有常矣,日月固有明矣,星辰固有列矣,禽兽固有群矣,树木固有立矣。夫子亦放德而行[12],循道而趋,已至矣。又何偈偈乎揭仁义[13],若击鼓而求亡子焉?意!夫子乱人之性也!"

  [1]子路:孔子学生,姓仲名由。　[2]征藏史:管理王朝图书的官吏。老聃:老子。[3]因:通过。　[4]繙:演绎。十二经:《春秋》;《春秋》依鲁国十二公的顺序排列,故称十二经。说:游说。　[5]老聃中其说:老子打断孔子的话。　[6]大谩:太不着边际;大,通"太"。[7]要:要点,核心。　[8]物恺:没有一私之乐;物,通"勿"。　[9]意:通"噫",感叹词。[10]几:危险。后言:无关紧要的议论。　[11]牧:养。　[12]放:通"仿"。　[13]偈偈(jié)乎:用力的样子。揭:高举。

  士成绮见老子[1],而问曰:"吾闻夫子圣人也,吾固不辞远道而来愿见,百舍重趼而不敢息[2]。今观夫子,非圣人也。鼠壤有余蔬而弃妹之者[3],不仁也;生熟不尽于前,而积敛无崖[4]。"老子漠然不应。士成绮明日复见,曰:"昔者吾有刺于子[5],今吾心正却矣[6],何故也?"老子曰:"夫巧知神圣之人,吾自以为脱焉[7]。昔者子呼我牛也而谓之牛,呼我马也而谓之马。苟有其实,人与之名而弗受,再受其殃。吾服也恒服,吾非以服有服[8]。"士成绮雁行避影[9],履行[10],遂进而问:"修身若何?"老子曰:"而容崖然[11],而目冲然[12],而颡頯然[13],而口阚然[14],而状义然[15],似系马而止也;动而持,发也机,察而审,知巧而睹于泰[16],凡以为不信。边竟有人焉,其名为窃。"

  夫子曰:"夫道,于大不终,于小不遗,故万物备。广广乎其无所不容也[17],渊乎其不可测也[18]。形德仁义,神之末也[19],非至人孰能定之?夫至人有世[20],不亦大乎?而不足以为之累。天下奋柄而不与之偕[21];审乎无假而不与利迁[22]。极物之真[23],能守其本。故外天地[24],遗万物,而神未尝有所困也。通乎道,合乎德,退仁义,宾礼乐[25],至人之心有所定矣。"

  [1]士成绮:庄子虚拟的人物。　[2]舍:古时行三十里而止宿,称为一舍。趼:通"茧"。[3]鼠壤:老鼠活动的地方。　[4]无崖:无边际。　[5]刺:讽刺。　[6]正却:正在开窍。却,通"隙"。　[7]脱:超脱。　[8]"吾服也恒服"二句:我的所作所为,从来如此;服,行。[9]雁行:如同大雁把样斜行。　[10]履行:一步跟着一步。　[11]而:你。崖然:庄重的样子。　[12]冲然:目光炯炯。　[13]頯(qiú)然:高出的样子。　[14]阚然:张口动唇的样子。　[15]义然:高傲的样子。　[16]知巧:机智。睹:表现出。泰:傲慢。　[17]广广乎:宽广的样子。　[18]渊渊乎:深深的样子。　[19]神之末也:最低的境界。　[20]有世:得

天下。　[21]奋柄:争夺权柄。　[22]审:安。无假:纯真;假,通"瑕"。　[23]极:尽。
[24]外:遗弃。下文"遗"类此。　[25]宾:摈弃。宾,通"摈"。

世之所贵道者[1],书也。书不过语,语有贵也。语之所贵者,意也,意有所随[2]。意之所随者,不可以言传也,而世因贵言传书。世虽贵之,我犹不足贵也,为其贵非其贵也。故视而可见者,形与色也;听而可闻者,名与声也。悲夫,世人以形色名声为足以得彼之情!夫形色名声果不足以得彼之情[3],则知者不言,言者不知,而世岂识之哉?

桓公读书于堂上[4]。轮扁斫轮于堂下[5],释椎凿而上,问桓公曰:"敢问,公之所读者何言邪?"公曰:"圣人之言也。"曰:"圣人在乎?"公曰:"已死矣。"曰:"然则君之所读者,古人之糟魄已夫!"桓公曰:"寡人读书,轮人安得议乎?有说则可[6],无说则死。"轮扁曰:"臣也以臣之事观之。斫轮,徐则甘而不固[7],疾则苦而不入[8]。不徐不疾,得之于手而应于心,口不能言,有数存焉于其间[9]。臣不能以喻臣之子,臣之子亦不能受之于臣,是以行年七十而老斫轮。古之人与其不可传也死矣,然则君之所读者,古人之糟魄已夫!"

　　[1]贵:珍重。　[2]随:附带。　[3]果:实在。　[4]桓公:齐桓公。　[5]轮扁:做车轮的木匠,名扁。　[6]有说:能说出道理。　[7]徐:缓。甘:滑。固:牢固。　[8]疾:快。苦:涩滞。　[9]数:度数,分寸。

刻意(节录)

刻意尚行,离世异俗[1],高论怨诽[2],为亢而已矣[3];此山谷之士,非世之人,枯槁赴渊者之所好也[4]。语仁义忠信,恭俭推让,为修而已矣[5];此平世之士[6],教诲之人,游居学者之所好也[7]。语大功,立大名,礼君臣[8],正上下[9],为治而已矣[10];此朝廷之士,尊主强国之人,致功并兼者之所好也[11]。就薮泽[12],处闲旷,钓鱼闲处,为无而已矣;此江海之士,避世之人,闲暇者之所好也。吹呴呼吸[13],吐故纳新,熊经鸟申[14],为寿而已矣;此道引之士[15],养形之人,彭祖寿考者之所好也[16]。若夫不刻意而高,无仁义而修,无功名而治,无江海而闲,不道引而寿,无不忘也,无不有也,澹然无极而众美从之[17]。此天地之道,圣人之德也。故曰,夫恬惔寂寞,虚无无为,此天地之平而道德之质也[18]。故曰,圣人休焉,休则平易矣[19],平易则恬惔矣。平易恬惔,则忧患不能入,邪气不能袭,其德全而神不亏。

　　[1]异俗:与众不同。　[2]怨诽:抨击时势。　[3]为亢:为了表示清高。　[4]枯槁:身体枯瘦。赴渊:投水而死。　[5]修:修身。　[6]平世:使社会安定。　[7]游居:或四处游说,或定居讲学。　[8]礼君臣:使君臣以礼相待。　[9]维护上下等级。　[10]治:平治

天下。　[11]致功并兼:致力于统一天下。　[12]薮泽:湖泽。　[13]吹呴:出气或快或慢。　[14]熊经:像熊一样悬吊在树上;经,悬吊。鸟申:像鸟一样伸展身体。　[15]道引:疏通血脉,柔和肢体的保健运动。　[16]寿考:长寿。　[17]澹然:淡漠的样子。无极:无限。　[18]平:准则。　[19]"圣人休焉"二句:底本原作"圣人休休焉则平易矣",据《天道篇》改。休:淡泊。

故曰,圣人之生也天行[1],其死也物化[2];静而与阴同德,动而与阳同波;不为福先,不为祸始;感而后应,迫而后动,不得已而后起。去知与故[3],循天之理。故无天灾,无物累,无人非,无鬼责。其生若浮,其死若休。不思虑,不豫谋[4]。光矣而不耀[5],信矣而不期[6]。其寝不梦,其觉无忧。其神纯粹,其魂不罢。虚无恬惔,乃合天德。故曰,悲乐者,德之邪;喜怒者,道之过;好恶者,德之失。故心不忧乐,德之至也;一而不变,静之至也;无所于忤[7],虚之至也;不与物交,惔之至也[8];无所于逆,粹之至也。故曰,形劳而不休则弊,精用而不已则劳,劳则竭。水之性,不杂则清,莫动则平;郁闭而不流[9],亦不能清;天德之象也[10]。故曰,纯粹而不杂,静一而不变,惔而无为,动而以天行,此养神之道也。夫有干越之剑者[11],柙而藏之[12],不敢用也,宝之至也。精神四达并流[13],无所不极:上际于天,下蟠于地[14],化育万物,不可为象,其名为同帝[15]。纯素之道,唯神是守;守而勿失,与神为一;一之精通,合于天伦[16]。野语有之曰:"众人重利,廉士重名,贤人尚志,圣人贵精。"故素也者,谓其无所与杂也;纯也者,谓其不亏其神也。能体纯素[17],谓之真人。

[1]天行:天然的运行。　[2]物化:物理的必然变化。　[3]知:通"智"。故:后天形成的习惯。　[4]豫谋:预先谋划。　[5]耀:显示。　[6]期:约定。　[7]于:与。忤:悖逆。　[8]惔:通"淡"。　[9]郁:积聚。　[10]象:表现。　[11]干:小国名,被吴所灭,此处指吴国。古代吴越出宝剑。　[12]柙:通"匣"。　[13]并流:旁流。　[14]蟠:遍及。　[15]其名为同帝:名为同帝;同,当为衍文。　[16]天伦:自然之理。　[17]体:体现。

秋水(节录)

秋水时至,百川灌河,泾流之大[1],两涘渚崖之间[2],不辩牛马。于是焉河伯欣然自喜[3],以天下之美为尽在己。顺流而东行,至于北海,东面而视,不见水端,于是焉河伯始旋其面目,望洋向若而叹曰[4]:"野语有之曰'闻道百以为莫己若'者,我之谓也。且夫我尝闻少仲尼之闻而轻伯夷之义者[5],始吾弗信;今我睹子之难穷也,吾非至于子之门则殆矣,吾长见笑于大方之家[6]。"北海若曰:"井蛙不可以语于海者,拘于虚也[7];夏虫不可以语于冰者,笃于时也[8];曲士不可以语于道者[9],束于教也。今尔出于崖涘,观于大海,乃知尔丑[10],尔将可与语大理矣。天下之水,莫大于海,万川归之,不知何时止而不盈;尾闾泄之[11],不知何时已而不虚,春秋不变,水旱不知。此其过江河之流,不可为量数。而吾未尝以此自多者,自以比形于天地而受气于阴阳[12],吾在天地之间,犹小石小木之在大山也,方存乎见少,又奚以自多!计四海之在天地之间也,不似礨空之在大泽乎[13]?计中国之在海内,不似稊米之在大仓乎[14]?号物之数谓之万[15],人处一焉;人卒九州[16],谷食之所生,舟车之所通,人处一焉。此其比万物也,不似豪末之在于马体乎[17]?五帝之所连[18],三王之所争,仁人之所忧,任士之所劳[19],尽此矣!伯夷辞之以为名,仲尼语之以为博。此其自多也,不似尔向之自多于水乎?"

[1] 泾流:水流。泾,水脉也。 [2] 涘(sì):水边。渚:水中可居之处。辩:通"辨"。 [3] 河伯:河神。 [4] 望洋:迷茫貌。若:海神。 [5] 少仲尼之闻而轻伯夷之义:贬低孔子的学识、轻视伯夷的节气。仲尼,孔子之字;伯夷,殷诸侯孤竹君之长子,为让位于弟而投周文王;反对武王伐纣,为表示节气而不食周粟,最后饿死于首阳山。 [6] 大方:大道。 [7] 拘:局限。虚:通"墟"。 [8] 笃:固也。与上下文"拘"、"束"同义。 [9] 曲士:乡曲之士。见识浅薄者。 [10] 丑:鄙陋。 [11] 尾闾:传说中海底泄水处。《经典释文》引司马彪曰:"在百川之下,故称尾;闾者,聚也,水聚之初,故称闾也。" [12] 比:通"庇",寄也。 [13] 礨空:石块上之小孔。 [14] 稊米:细小的米粒。大仓:储粮的大仓库。大,通"太"。 [15] 号:称也。 [16] 卒:通"萃",聚集。 [17] 豪末:动物身上毫毛之末端。豪,通"毫"。 [18] 连:继承。 [19] 任士:墨家。墨家以"任"要求自己。《墨经》:"任,士损己而益所为也。"《经说》:"任,为身之所恶,以成人之所急。"

河伯曰:"然则吾大天地而小豪末,可乎?"北海若曰:"否。夫物,量无穷,时无止,分无常[1],终始无故。是故大知观于远近,故小而不寡,大而不多:知量无穷。证向今故[2],故遥而不闷[3],掇而不跂[3]:知时无止。察乎盈虚,故得而不喜,失而不忧:知分之无常也。明乎坦塗[5],故生而不说[6],死而不祸:知终始之不可故也。计人之所知,不若其所不知;其生之时,不若未生之时。以其至小,求穷其至大之域,是故迷乱而不能自得也。由此观之,又何以知豪末之足以定至细之倪[7],又何以知天地之足以穷至大之域?"

河伯曰:"世之议者皆曰:'至精无形,至大不可围。'是信情乎?"北海若曰:"夫自细视大者不尽,自大视细者不明,故异便[8]。夫精,小之微也;垺[9],大之殷也[10];此势之有也。夫精粗者,期于有形者也;无形者,数之所不能分也;不可围者,数之所不能穷也。可以言论者,物之粗也;可以意致者,物之精也;言之所不能论,意之所不能察致者,不期精粗焉。是故大人之行:不出乎害人,不多仁恩;动不为利,不贱门隶;货财弗争,不多辞让;事焉不借人,不多食乎力,不贱贪污;行殊乎俗,不多辟异;为在从众,不贱佞谄;世之爵禄不足以为劝,戮耻不足以为辱,知是非之不可为分,细大之不可为倪。闻曰:'道人不闻,至德不得,大人无己。'约分之至也[11]。"

[1] 分:界线。　[2] 向今:古今。　[3] 遥而不闷:以今推古,虽遥远而明白。　[4] 掇而不跂:以古证今,虽近亦不强求知晓。　[5] 坦塗:大道。塗,通"途"。　[6] 说:通"悦"。　[7] 倪:通"仪",标准。　[8] 异便:异说。便,通"辩"。"故异便"三字本在"大之殷也"之后,据马叙伦《庄子义证》移至此。　[9] 垺(fú):同"郛",外城,以喻空虚广大之意义。　[10] 殷:大也。　[11] 约分之至:缩小分别至极点。

河伯曰:"若物之外,若物之内,恶至而倪贵贱?恶至而倪小大?"北海若曰:"以道观之,物无贵贱。以物观之,自贵而相贱。以俗观之,贵贱不在己。以差观之,因其所大而大之,则万物莫不大;因其所小而小之,则万物莫不小。知天地之为稊米也,知豪末之为丘山也,则差数睹矣。以功观之,因其所有而有之,则万物莫不有;因其所无而无之,则万物莫不无。知东西之相反而不可以相无,则功分定矣。以趣观之,因其所然而然之,则万物莫不然;因其所非而非之,则万物莫不非。知尧、桀之自然而相非,则趣操睹矣。昔者尧、舜让而帝,之、哙让而绝[1];汤、武争而王,白公争而灭[2]。由此观之,争让之礼,尧、桀之行,贵贱有时,未可以为常也。梁丽可以冲城而不可以窒穴[3],言殊器也;骐骥骅骝一日而驰千里,捕鼠不如狸狌,言殊技也;鸱鸺夜撮蚤[4],察毫末,昼出瞋目而不见丘山,言殊性也。故曰:盖师是而无非,师治而无乱乎?是未明天地之理,万物之情者也。是犹师天而无地,师阴而无阳,其不可行明矣!然且语而不舍,非愚则诬也!帝王殊禅,三代殊继。差其时[5],逆其俗者,谓之篡夫;当其时,顺其俗者,谓之义之徒。默默乎河伯,女恶知贵贱之门,小大之家!"

河伯曰:"然而我何为乎?何不为乎?吾辞受趣舍,吾终奈何?"北海若曰:"以道观之,何贵何贱,是谓反衍[6];无拘而志,与道大蹇[7];何少何多,是谓谢施[8];无一而行,与道参差[9]。严乎若国之有君[10],其无私德;繇繇乎若祭之有社[11],其无私福;泛泛乎其若四方之无穷[12],其无所畛域。兼怀万物,其孰承翼[13]?是谓无方。万物一齐,孰短孰长?道无终始,物有死生,不恃其成。一虚一满,不位乎其形[14]。年不可举[15],时不可止;消息盈虚,终则有始。是所以语大义之方,论万物之理也。物之生也,若骤若驰。无动而不变,无时而不移。何为乎,何不为乎?夫固将自化。"

河伯曰:"然则何贵于道邪?"北海若曰:"知道者必达于理,达于理者必明于权,明于权者不以物害己[16]。至德者,火弗能热,水弗能溺,寒暑弗能害,禽兽弗能贼。非谓其薄之也[17],言察乎安危,宁于祸福,谨于去就,莫之能害也。故曰:'天在内,人在外,德在乎天。'知天人之行,本乎天,位乎得[18],蹢躅而屈伸[19],反要而语极[20]。"曰:"何谓天?何谓人?"北海若:"牛马四足,是谓天;落马首[21],穿牛鼻,是谓人。故曰:无以人灭天,无以故灭命,无以得殉名。谨守而勿失,是谓反其真。"

[1]之、哙让而绝:姬哙为燕王时,重用其相子之,后姬哙效法尧舜禅让之事,使子之为燕王;国人不服,不及三年,燕国大乱,齐国乘机攻燕,杀姬哙及子之,燕国几乎灭亡。　[2]白公:即白公胜,楚平王之孙。其父太子建因受陷害而流亡国外,生白公胜;后白公胜回国,发动政变,控制国都,旋失败自杀。　[3]梁丽:屋栋。　[4]鸱鸺(chī xiāo):猫头鹰。　[5]差:错过。　[6]反衍:犹言曼衍,变化。　[7]蹇:扰也。引申为阻塞。　[8]谢施:代谢转移。[9]参差:不齐的样子。　[10]严乎:庄重的样子。严,通"俨"。　[11]繇繇乎:自得的样子。繇繇,通"悠悠"。　[12]泛泛乎:广阔的样子。　[13]承:接受。翼:帮助。　[14]位:固执。　[15]举:尽也。　[16]权:变化。　[17]薄:冒犯。　[18]得:通"德"。　[19]蹢躅(zhí zhú):进退不定貌。　[20]反要:返回根本。反,通"返"。　[21]落:通"络",笼住。

夔怜蚿[1],蚿怜蛇,蛇怜风,风怜目,目怜心。夔谓蚿曰:"吾以一足趻踔而行[2],予无如矣。今子之使万足,独奈何?"蚿曰:"不然。子不见夫唾者乎?喷则大者如珠,小者如雾,杂而下者不可胜数也。今予动吾天机[3],而不知其所以然。"蚿谓蛇曰:"吾以众足行,而不及子之无足,何也?"蛇曰:"夫天机之所动,何可易邪?吾安用足哉?"蛇谓风曰:"予动吾脊胁而行,则有似也[4]。今子蓬蓬然起于北海,蓬蓬然入于南海[5],而似无有,何也?"风曰:"然。予蓬蓬然起于北海而入于南海也,然而指我则胜我,鳅我亦胜我[6]。虽然,夫折大木,蜚大屋者[7],唯我能也,故以众小不胜为大胜也。为大胜者,唯圣人能之。"

[1]夔:神话中之独足兽,似牛而无角,其声如雷。见《山海经·大荒西经》。怜:羡慕。蚿:多足之虫。俗名百足,亦即下文之"距商"。　[2]趻踔(chěn chuō):独足跳行貌。　[3]天机:天生之机能。即本能。　[4]有似:当作"似有",意谓似有足。与下文"似无有"相对应。　[5]蓬蓬然:风卷动貌。　[6]"然而指我则胜我"二句:意谓人以手指风,风不能伤人指,以足蹴风,风不能伤人足。鳅(qiū),通"蹃",踏也。　[7]蜚:通"飞"。《文选·演连珠》注正引作"飞"。

庄子钓于濮水[1],楚王使大夫二人往先焉[2],曰:"愿以境内累矣!"庄子持竿不顾,曰:"吾闻楚有神龟,死已三千岁矣,王巾笥而藏之庙堂之上[3]。此龟者,宁其死为留骨而贵乎?宁其生而曳尾于涂中乎[4]?"二大夫曰:"宁生而曳尾涂中。"庄子曰:"往矣!吾将曳尾于涂中。"

惠子相梁,庄子往见之。或谓惠子曰:"庄子来,欲代子相。"于是惠子恐,搜于国中三日三夜。庄子往见之,曰:"南方有鸟,其名为鹓雏[5],子知之乎?夫鹓雏发于南海而飞于北海,非梧桐不止,非练实不食[6],非醴泉不饮[7]。于是鸱得腐鼠,鹓雏过之,仰而视之曰:'吓!'今子欲以子之梁国而吓我邪?"

庄子与惠子游于濠梁之上[8]。庄子曰:"儵鱼出游从容[9],是鱼之乐也。"惠子曰:"子非鱼,安知鱼之乐?"庄子曰:"子非我,安知我不知鱼之乐?"惠子曰:"我非子,固不知子矣;子固非鱼也,子之不知鱼之乐,全矣。"庄子曰:"请循其本。子曰'汝安知鱼乐'云者,既已知吾知之而问我,我知之濠上也。"

[1]濮水:水名。在今山东濮县。　　[2]先:通"诜",致言也。　　[3]巾笥:装进竹箱,再用巾包起来。　　[4]涂中:泥中。　　[5]鹓雏:鸾凤一类的鸟。　　[6]练实:竹实。　　[7]醴泉:甘美如甜酒之泉水。　　[8]濠:水名。在今安徽凤阳。梁:桥。　　[9]儵:当作"鲦",一种银白色小鱼。

外物(节录)

　　任公子为大钩巨缁[1],五十犗以为饵[2],蹲乎会稽[3],投竿东海,旦旦而钓,期年不得鱼[4]。已而,大鱼食之,牵巨钩,䧟没而下[5];骛扬而奋鬐[6],白波若山,海水震荡,声侔鬼神[7],惮赫千里[8]。任公子得若鱼,离而腊之[9]。自制河以东[10],苍梧以北[11],莫不厌若鱼者[12]。已而后世辁才讽说之徒[13],皆惊而相告也。夫揭竿累[14],趣灌渎[15],守鲵鲋[16],其于得大鱼,难矣。饰小说以干县令[17],其于大达亦远矣[18]。是以未尝闻任氏之风俗,其不可与经于世,亦远矣。

　　[1]任公子:任国的公子。缁:黑绳。　　[2]犗:阉割的公牛。　　[3]会稽:山名,在今浙江绍兴。　　[4]期(jī)年:一周年。　　[5]䧟(xiàn):通"陷"。　　[6]骛扬:迅速游动。奋鬐:扬鳍;鬐,通"鳍"。　　[7]侔:等同。　　[8]惮赫:惊恐。　　[9]离:剖开。腊:晾干。　　[10]制河:浙江。　　[11]苍梧:山名,或以为即九嶷山,在今湖南宁远。　　[12]厌:通"餍",饱食。　　[13]辁(quán)才:浅薄之才。讽说:道听途说。　　[14]揭:举。累:绳索。　　[15]趣:通"趋"。灌渎:小水沟。　　[16]鲵鲋:小鱼。　　[17]小说:浅薄琐碎之言。干:求。县令:美名;县,通"悬",高。　　[18]大达:大道。　　[19]经:治理。

列御寇(节录)

　　宋人有曹商者,为宋王使秦。其往也,得车数乘;王说之[1],益车百乘[2]。反于宋[3],见庄子曰:"夫处穷闾厄巷[4],困窘织屦[5],槁项黄馘者[6],商之所短也;一悟万乘之主,而从车百乘者,商之所长也。"庄子曰:"秦王有病,召医,破痈溃痤者[7],得车一乘;舐痔者[8],得车五乘;所治愈下,得车愈多。子岂治其痔邪?何得车之多也?子行矣!"

　　[1]王:秦王。说:通"悦"。　　[2]益:增加。　　[3]反:通"返"。　　[4]穷闾厄巷:狭小的里巷。　　[5]屦:草鞋。　　[6]馘(guǒ):脸面。　　[7]痈:疮疡。痤:疖子。　　[8]舐:舔。

(据中华书局1961年郭庆藩《庄子集释》　刘黎明)

天下(节录)

　　天下之治方术者多矣[1],皆以其有为不可加矣[2]。古之所谓道术者[3],果恶乎在[4]?曰:"无乎不在。"曰:"神何由降?明何由出[5]?""圣有所生,王有所成,皆原于一。"

　　[1] 方术:局限于一方面的学说或技术。　[2] 为不可加:达到登峰造极、无以复加的程度。　[3] 道术:相对于"方术",指超然于诸子百家之上,能够反映大道全貌的学问。　[4] 恶(wū)乎:疑问代词,犹言何所。　[5] 神:神灵。明:明智。

　　不离于宗,谓之天人[1]。不离于精,谓之神人[2]。不离于真,谓之至人[3]。以天为宗,以德为本,以道为门,兆于变化[4],谓之圣人。以仁为恩,以义为理,以礼为行,以乐为和,薰然慈仁[5],谓之君子。以法为分[6],以名为表[7],以参为验[8],以稽为决[9],其数一二三四是也[10],百官以此相齿[11],以事为常[12],以衣食为主,蕃息畜藏[13],老弱孤寡为意[14],皆有以养,民之理也。

　　[1] 宗:道的本原。天人:指洞悉宇宙人生本原的人。　[2] 精:道的纯粹。神人:指神奇非凡的人。　[3] 真:道的真实。至人:指超凡脱俗,达到无我境界的人。　[4] 兆:预知。[5] 薰然:温和的样子。　[6] 分:分辨判断。　[7] 表:标准,准则。　[8] 参:比较。验:验证。　[9] 稽(jī):考核。决:决断。　[10] 其数一二三四是也:谓像数一二三四一样清楚明白。　[11] 相齿:谓依据某种标准排列序位。　[12] 事:指耕种之事。常:日常的事务。[13] 蕃(fán)息:滋生繁衍。畜(xù)藏:积蓄储藏。　[14] 为意:犹言在意。一说:"为意"二字应在"蕃息畜藏"四字之后。

　　古之人其备乎[1]!配神明,醇天地[2],育万物,和天下,泽及百姓,明于本数[3],系于末度[4],六通四辟[5],小大精粗,其运无乎不在[6]。其明而在数度者[7],旧法世传之史尚多有之[8]。其在于《诗》、《书》、《礼》、《乐》者,邹、鲁之士、搢绅先生多能明之[9]。《诗》以道志,《书》以道事,《礼》以道行,《乐》以道和,《易》以道阴阳,《春秋》以道名分[10]。其数散于天下而设于中国者,百家之学时或称而道之。

　　[1] 备:完备。　[2] 配:配合。醇(chún):通"准",依据,根据。　[3] 本数:根本之道。[4] 系:联系。末度:指具体的措施,相对于"本数"而言。　[5] 六通:谓上下四方无不通达。四辟:谓春夏秋冬四时顺畅。　[6] 其运:指道术的运行。　[7] 数度:犹具本制度。　[8] 世传:世代相传下来的。　[9] 邹、鲁:邹国、鲁国的合称。邹,是孟子的故乡;鲁,是孔子的故乡。两者都是文化昌盛、礼仪之邦的象征。搢(jìn)绅:插笏于绅。"绅"是古代仕宦者和儒者围于腰际的大带。　[10] 名分:名位与身份。

　　天下大乱,贤圣不明,道德不一,天下多得一察焉以自好[1]。譬如耳目鼻口,皆有所明,不能相通。犹百家众技也,皆有所长,时有所用。虽然,不该不遍[2],一曲之士也[3]。判天地之美,析万物之理,察古人之全,寡能备于天地之美,称神明之容[4]。是故内圣外王之道[5],暗而不明[6],郁而不发[7],天下之人各为其所欲焉以自为方[8]。悲夫,百家往而不反[9],必不合矣!后世之学者,不幸不见天地之纯,古人之大体[10],道术将为天下裂。……

[1]多:疑为"各"字之误。　[2]该:通"赅",齐备。　[3]曲:局部,片面。　[4]称(chèn):符合。神明之容:大道包容之象。　[5]内圣外王:古代修身为政的最高理想,后来成为儒学的重要术语。谓内备圣人之至德,施之于外,则行王者之政。　[6]暗:晦暗,不亮。　[7]郁:阻滞,引申为不通、不明。发:发扬。　[8]方:方术。　[9]反:通"返"。　[10]大体:全貌。

不累于俗[1],不饰于物[2],不苟于人[3],不忮于众[4],愿天下之安宁以活民命,人我之养毕足而止,以此白心[5],古之道术有在于是者。宋钘、尹文闻其风而悦之[6],作为华山之冠以自表[7],接万物以别宥为始[8],语心之容,命之曰心之行[9],以聏合欢[10],以调海内,请欲置之以为主[11]。见侮不辱[12],救民之斗,禁攻寝兵[13],救世之战。以此周行天下,上说下教[14],虽天下不取[15],强聒而不舍者也[16],故曰上下见厌而强见也[17]。

[1]累(lèi):连累。　[2]饰:巧饰。　[3]苟:应为"苛"字之误,苛求。　[4]忮(zhì):违逆。　[5]白心:表明心愿。　[6]宋钘(xíng,一说:jiān)、尹文:齐宣王时人,同游稷下,各有著述。　[7]华山之冠:模仿华山形状的帽子。因为华山上下均平,有提倡人类生活平等之意。　[8]别宥(yòu):抛开偏见。　[9]心之容:人内心的潜在意识。心之行:由内心的想法表现出来的行为。这两句的意思大概是说人的一切行为,都是心理的表现。　[10]聏(ér):调和。　[11]主:根本,主体。　[12]不辱:不感到耻辱。　[13]寝:停息。　[14]上说:向上游说君王。下教:向下教化百姓。　[15]虽天下不取:虽然天下人不接受他们的主张。　[16]强聒(guō):唠叨不休。　[17]厌:嫌弃。强见:勉强表现。

虽然,其为人太多,其自为太少,曰:"请欲固置五升之饭足矣[1]。"先生恐不得饱,弟子虽饥,不忘天下,日夜不休,曰:"我必得活哉[2]!"图傲乎救世之士哉[3]!曰:"君子不为苛察,不以身假物[4]。"以为无益于天下者,明之不如已也[5],以禁攻寝兵为外,以情欲寡浅为内,其小大精粗,其行适至是而止[6]。

[1]固:"姑"的假借字,姑且。　[2]我必得活哉:我岂是为了苟且偷生。　[3]图傲:高大的样子。　[4]不以身假物:不为外物所劳役。　[5]已:停止不做。　[6]行适:所作所为。至是而止:不过如此而已。

公而不当[1],易而无私[2],决然无主[3],趣物而不两[4],不顾于虑[5],不谋于知[6],于物无择,与之俱往,古之道术有在于是者。彭蒙、田骈、慎到闻风而悦之[7],齐万物以为首[8],曰:"天能覆之而不能载之,地能载之而不能覆之,大道能包之而不能辩之,知万物皆有所可,有所不可,故曰选则不遍[9],教则不至[10],道则无遗者矣[11]。"

[1]当:应作"党"。　[2]易:平和。　[3]决然:"决"通"缺",空虚。无主:无我。　[4]趣(qū)物:随物而往。不两:不对立,意谓与物为一。　[5]不顾于虑:不顾惜思考。　[6]

不谋于知:不谋求智慧。"知"同"智"。　　[7]彭蒙、田骈(pián)、慎到:三人皆是齐国隐士,同游稷下,各著书数篇。　　[8]齐万物以为首:以齐同万物为首要任务。　　[9]选则不遍:以偏见选择东西,必有所遗弃,而不能选全。　　[10]教则不至:以偏见教育别人,必有所遗弃,而不能达到全面的效果。　　[11]道则无遗者矣:只有道才可以囊括一切而无遗弃。

是故慎到弃知去己而缘不得已,泠汰于物[1],以为道理,曰知不知,将薄知而后邻伤之者也[2],谑髁无任而笑天下之尚贤也[3],纵脱无行而非天下之大圣[4],椎拍𫐐断[5],与物宛转[6],舍是与非,苟可以免,不师知虑[7],不知前后,魏然而已矣[8]。推而后行,曳而后往[9],若飘风之还,若羽之旋,若磨石之隧[10],全而无非[11],动静无过,未尝有罪。是何故?夫无知之物,无建己之患[12],无用知之累,动静不离于理,是以终身无誉。故曰至于若无知之物而已,无用贤圣,夫块不失道[13]。豪桀相与笑之曰[14]:"慎到之道,非生人之行而至死人之理,适得怪焉。"

　　[1]泠(líng)汰:听从放任。　　[2]这两句是说,如果人知其所不知,就会鄙薄知而伤害它。薄:轻视。一说:强迫。邻伤:伤害。"邻"读作"磷",薄、减损。　　[3]谑(xí)髁(kē):"懈惰"的假借。一说指忍耻。任:任职。尚贤:推崇有德才的人。　　[4]非:责备,反对。　　[5]椎拍:用椎拍打。𫐐(wàn)断:无棱角的样子。"椎拍𫐐断"是随物变化而不固执的意思。　　[6]宛转:随顺变化。　　[7]师:运用。知:同"智"。　　[8]魏然:也作"巍然",高大雄伟的样子。　　[9]曳(yè):拖。　　[10]隧:转动。　　[11]全而无非:保全自己而不受责难。　　[12]建己:区分物我。　　[13]块不失道:像土块一样无知,就不会失去道的全体。　　[14]豪桀:即"豪杰",这里指当世的圣贤。

田骈亦然,学于彭蒙,得不教焉[1]。彭蒙之师曰[2]:"古之道人,至于莫之是、莫之非而已矣[3]。其风窢然[4],恶可而言[5]?"常反人,不见观[6],而不免于𫐐断[7]。其所谓道非道,而所言之韪不免于非[8]。彭蒙、田骈、慎到不知道。虽然,概乎皆尝有闻者也。

　　[1]不教:不教之教。因为他们认为"教则不至"。　　[2]彭蒙之师:不知何人。　　[3]至于莫之是莫之非:达到既不肯定,又不否定的境界。　　[4]风:指"闻其风而悦之"的"风",风教。窢(xù)然:寂静。　　[5]恶:疑问代词,相当于"何"。　　[6]常反人,不见观:常常违反人的意志,不为天下人所赞赏。观(觀),疑为"欢(歡)"字之误。　　[7]𫐐(wǎn)断:即"𫐐断",处事无棱角的样子。　　[8]韪(wěi):是,指好的或正确的言行。

以本为精[1],以物为粗,以有积为不足,澹然独与神明居[2],古之道术有在于是者。关尹、老聃闻其风而悦之[3],建之以常无有[4],主之以太一[5],以濡弱谦下为表[6],以空虚不毁万物为实。

　　[1]本:这里指道。　　[2]澹(dàn)然:恬淡的样子。神明:指自然。　　[3]关尹:历来说法不一,可能是《史记·老子韩非列传》中提到的关令尹喜。老聃(dān):姓李,名耳,字聃,楚

国苦县厉乡曲仁里人。《史记·老子韩非列传》有传。　[4] 建之以常无有:把学说建立在"常无"、"常有"之上。　[5] 主之以太一:以太一作为自己的主张。太一:即"道"。　[6] 濡(ruǎn)弱:柔弱。

关尹曰:"在己无居,形物自著[1]。其动若水,其静若镜,其应若响[2]。芴乎若亡[3],寂乎若清,同焉者和[4],得焉者失[5]。未尝先人而常随人[6]。"

[1] 在己无居,形物自着:不固执己见,有形的万物自己显著。　[2] 其应若响:形容如回音应声而作,随声而灭。　[3] 芴(hū):恍惚。亡:通"无"。　[4] 同焉者和:与万物齐同的就和谐。　[5] 得焉者失:想要多得的就失去很多。　[6] 未尝先人而常随人:不为人先,随人而动。

老聃曰:"知其雄,守其雌,为天下豀;知其白,守其辱,为天下谷[1]。"人皆取先,已独取后,曰受天下之垢[2];人皆取实,已独取虚,无藏也故有馀,岿然而有馀[3]。其行身也[4],徐而不费[5],无为也而笑巧[6],人皆求福,已独曲全,曰苟免于咎[7]。以深为根,以约为纪[8],曰坚则毁矣,锐则挫矣。常宽容于物,不削于人[9],可谓至极。

[1] 这六句见今本《老子》第二十八章,意谓知道雄,持守雌,成为天下水流会聚的地方;知道纯洁,持守污浊,成为天下水流会聚的地方。豀(xī):水流会聚的地方。　[2] 垢(gòu):污秽、肮脏的东西。　[3] 岿(kuī)然:高大独立的样子。　[4] 行身:立身行事。　[5] 徐:缓慢。　[6] 笑巧:讥笑智巧。　[7] 咎:灾祸。　[8] 以约为纪:以俭约为纲纪。　[9] 削:侵削,剥削。

关尹、老聃乎! 古之博大真人哉!

[1] 博大真人:指宽大容物的得道之人。

芴漠无形[1],变化无常,死与生与,天地并与,神明往与! 芒乎何之,忽乎何适[2],万物毕罗[3],莫足以归[4],古之道术有在于是者。庄周闻其风而悦之,以谬悠之说[5],荒唐之言,无端崖之辞[6],时恣纵而不傥[7],不以觭见之也[8]。以天下为沈浊[9],不可与庄语[10],以卮言为曼衍[11],以重言为真[12],以寓言为广[13]。独与天地精神往来而不敖倪于万物[14],不谴是非[15],以与世俗处。其书虽瓌玮而连犿无伤也[16]。其辞虽参差而諔诡可观[17]。彼其充实不可以已,上与造物者游,而下与外死生、无终始者为友。其于本也,弘大而辟[18],深闳而肆[19],其于宗也,可谓稠适而上遂矣[20]。虽然,其应于化而解于物也[21],其理不竭,其来不蜕[22],芒乎昧乎,未之尽者。……

[1] 芴(hū)漠:寂寞,寂静。　[2] 芒乎、忽乎:恍惚。　[3] 毕罗:包罗,囊括。　[4] 莫

足以归:再没有可以归宿的地方。　　[5]谬悠:虚空悠远。　　[6]端崖:边际。　　[7]恣纵:放任。不傥:"傥"通"党",没有偏党。　　[8]觭(jī):通"奇",单一、单独。　　[9]沈浊:污浊,多比喻风俗败坏的时代。也写作"沉浊"。　　[10]庄语:正经话。　　[11]卮(zhī)言:自然随意之言。一说:支离破碎之言。曼衍:散漫流衍,延伸变化。　　[12]重(zhòng)言:指引用世人所尊重者的言语,如引用孔子、老子等圣贤的话,来使人信以为真。　　[13]寓言:有所寄托的话。广:广泛阐发事理。　　[14]敖(áo)倪:侧目斜视,骄矜的样子。　　[15]谲:责问。　　[16]瓌(guī)玮(wěi):奇特。"瓌"也作"瑰"。连犿(fān):宛转随和的样子。　　[17]参(cēn)差(cī):纷纭繁杂,神奇多变。俶(chù)诡:奇异。　　[18]辟(pì):透彻。　　[19]深闳(hóng)而肆:深远宏大而不受拘束。　　[20]稠(tiáo)适:合适,适当。上遂:向上直达本原。　　[21]应于化而解于物:顺应大道的变化,解除外物的牵连妨碍。　　[22]其来不蜕(tuì):其由来不脱离于道。　　[23]芒乎昧乎:模糊不清,难以辨识。"芒"通"茫"。

(据中华书局1961年郭庆藩《庄子集释》　李晓宇)

五、人性批判——《荀子》

【题解】　荀子(约前313—前238),名况,字卿。因汉代人避汉宣帝刘询的讳,又称孙卿,一说荀子为周郇伯公孙之后,故以孙为氏。赵国郇人(今山西猗氏县)。齐襄王时,游学齐国,在稷下学宫被尊为老师,并曾三度被推举为祭酒(学宫的领袖)。后因躲避谗言,逃到楚国,被任命为兰陵(今山东苍山县兰陵镇)令。后遂定居于此,著书立说,直至终老。(事迹见《史记》卷八十五、汪中《述学》之《荀卿子年表》及钱穆《先秦诸子系年》卷四)他有两个著名的弟子,一个是李斯,一个是韩非。

荀子是战国后期最重要的思想家之一,他在批判总结先秦诸子学术思想的基础上,提出了"明于天人之分"的观点,一方面肯定自然规律的不可抗拒性,认为"天行有常,不为尧存,不为桀亡";一方面又主张"制天命而用之"。所谓"制天命而用之",并非简单的"人定胜天"、"征服自然",也不是要人们违背自然规律,无节制地胡乱开发各种自然资源,而是提醒人们不要因为对自然的恐惧和敬畏之情,而放弃个人的意志和努力,盲目消极地屈从于天命。

在人性论上,荀子持性恶论,与孟子的性善论相对。但是,这种对立在很大程度上仅仅是一种形式上的对立,而没有实质上的矛盾冲突。在孟子看来,"人之所以异于禽兽者几希"(《孟子·离娄下》),人与动物最根本的区别在于人有"良知",因此孟子把"良知"作为人之为人的最根本的规定性,所以讲"性善"。而荀子的"性恶论"则认为人最根本的属性是动物性,道德良知作为人的社会性,是后天养成的,所以他主张"化性起伪",矫正人的动物性,培养人的社会性。由此可知,孟子和荀子,一个把人的社会性作为人的本性,一个把人的动物性作为人的本性,实际上是各执一偏。相比较而言,荀子仅仅把人的社会性视作后天人为的产物,似乎还略逊孟子一筹。

《荀子》是荀子论著的汇集,《汉书·艺文志》著录为三十三篇,但西汉刘向整理后定为三十二篇,今传本是唐代杨倞的注本。清代王先谦的《荀子集解》博采众长,内容翔实,是比较常用的一个本子,现收入在《诸子集成》中。此外,还有梁启雄的《荀子简释》、熊公哲的《荀子今注今释》等,也可供参考。

(李晓宇)

性 恶

人之性恶,其善者伪也[1]。今人之性,生而有好利焉,顺是,故争夺生而辞让亡焉;生而有疾恶焉,顺是,故残贼生而忠信亡焉;生而有耳目之欲,有好声色焉,顺是,故淫乱生而礼义文理亡焉[2]。然则从人之性[3],顺人之情,必出于争夺,合于犯分乱理[4],而归于暴。故必将有师法之化、礼义之道[5],然后出于辞让,合于文理,而归于治。用此观之,然则人之性恶明矣,其善者伪也。

[1] 伪:通"为",这里指人为的加工和改造。 [2] 文理:礼仪规范。 [3] 从:通"纵",放纵。 [4] 分:名分,等级。 [5] 师法:老师传授的学问和技术。

故枸木必将待檃栝烝矫然后直[1],钝金必将待砻厉然后利[2]。今人之性恶,必将待师法然后正,得礼义然后治。今人无师法,则偏险而不正;无礼义,则悖乱而不治,古者圣王以人性恶,以为偏险而不正,悖乱而不治,是以为之起礼义、制法度,以矫饰人之情性而正之[3],以扰化人之情性而导之也[4],始皆出于治[5],合于道者也。今之人,化师法,积文学,道礼义者为君子;纵性情,安恣睢,而违礼义者为小人。用此观之,然则人之性恶明矣,其善者伪也。

[1] 枸(gōu)木:曲木。檃(yǐn)栝(kuò):矫正竹木邪曲的工具。烝(zhēng):熏蒸使之柔。矫:使曲的变直。 [2] 钝金:不锋利的兵器。砻(lóng)厉:磨炼。 [3] 矫饰:整饬。 [4] 扰化:教化。 [5] 始:应作"使",据《四部丛刊》本《荀子》改。

孟子曰:"人之学者,其性善[1]。"曰:是不然。是不及知人之性,而不察乎人之性伪之分者也。凡性者,天之就也。不可学,不可事[2]。礼义者,圣人之所生也,人之所学而能,所事而成者也。不可学,不可事而在人者[3],谓之性;可学而能,可事而成之在人者,谓之伪。是性伪之分也。今人之性,目可以见,耳可以听。夫可以见之明不离目,可以听之聪不离耳,目明而耳聪,不可学明矣。孟子曰:"今人之性善,将皆失丧其性故也[4]。"曰:若是则过矣。今人之性,生而离其朴,离其资[5],必失而丧之。用此观之,然则人之性恶明矣。

　　[1] 意谓人之所以能学,是因为本性是善的。　　[2] 事:指从师求学。　　[3] 人:疑应作"天"。　　[4] 此句应作"将皆失丧其性,故恶也",意谓人性本善,丧失本性,故恶。　　[5] 朴、资:指天赋的本性。

　　所谓性善者,不离其朴而美之,不离其资而利之也。使夫资朴之于美,心意之于善,若夫可以见之明不离目,可以听之聪不离耳,故曰目明而耳聪也。今人之性,饥而欲饱,寒而欲暖,劳而欲休,此人之情性也。今人饥,见长而不敢先食者[1],将有所让也;劳而不敢求息者,将有所代也[2]。夫子之让乎父,弟之让乎兄;子之代乎父,弟之代乎兄:此二行者,皆反于性而悖于情。然而孝子之道,礼义之文理也。故顺情性则不辞让矣,辞让则悖于情性矣。用此观之,然则人之性恶明矣,其善者伪也。

　　[1] 长:尊长。　　[2] 代:取代。

　　问者曰:"人之性恶,则礼义恶生[1]?"应之曰:凡礼义者,是生于圣人之伪,非故生于人之性也[2]。故陶人埏埴而为器[3],然则器生于工人之伪,非故生于人之性也。故工人斲木而成器[4],然则器生于工人之伪,非故生于人之性也。圣人积思虑,习伪故[5],以生礼义而起法度,然则礼义法度者,是生于圣人之伪,非故生于人之性也。若夫目好色,耳好声,口好味,心好利,骨体肤理好愉佚,是皆生于人之情性者也;感而自然,不待事而后生之者也。夫感而不能然,必且待事而后然者,谓之生于伪。是性伪之所生,其不同之征也[6]。故圣人化性而起伪[7],伪起而生礼义,礼义生而制法度。然则礼义法度者,是圣人之所生也。故圣人之所以同于众其不异于众者,性也;所以异而过众者,伪也。夫好利而欲得者,此人之情性也。假之人有弟兄资财而分者,且顺情性,好利而欲得,若是则兄弟相拂夺矣[8];且化礼义之文理,若是则让乎国人矣。故顺情性则弟兄争矣,化礼义则让乎国人矣。

　　[1] 恶(wū):疑问代词。相当于"何"。　　[2] 故:通"固",固有。　　[3] 埏(shān)埴(zhí):和泥制作陶器。　　[4] 斲(zhuó):砍,削。　　[5] 习伪故:熟习人为的事性。　　[6] 征:特征。　　[7] 化性而起伪:谓变化先天的本性,兴起后天的人为。　　[8] 拂夺:争夺。

　　凡人之欲为善者,为性恶也。夫薄愿厚,恶愿美,狭愿广,贫愿富,贱愿贵,苟无之中者[1],必求于外;故富而不愿财,贵而不愿势,苟有之中者,必不及于外。用此观之,人之欲为善者,为性恶也。今人之性,固无礼义,故强学而求有之也;

性不知礼义,故思虑而求知之也。然则生而已[2],则人无礼义,不知礼义。人无礼义则乱,不知礼义则悖。然则生而已,则悖乱在己。用此观之,人之性恶明矣,其善者伪也。

[1] 苟无之中者:假如本身没有这种东西。中:内在,指本身。之:犹"于"。 [2] 生:同"性"。下同。

孟子曰:"人之性善。"曰:是不然。凡古今天下之所谓善者,正理平治也;所谓恶者,偏险悖乱也:是善恶之分也已。今诚以人之性固正理平治邪?则有恶用圣王[1],恶用礼义矣哉?虽有圣王礼义,将曷加于正理平治也哉?今不然,人之性恶。故古者圣人以人之性恶,以为偏险而不正,悖乱而不治,故为之立君上之势以临之,明礼义以化之,起法正以治之,重刑罚以禁之,使天下皆出于治,合于善也。是圣王之治而礼义之化也。今当试去君上之势[2],无礼义之化,去法正之治,无刑罚之禁,倚而观天下民人之相与也[3]。若是,则夫强者害弱而夺之,众者暴寡而哗之[4],天下悖乱而相亡,不待顷矣[5]。用此观之,然则人之性恶明矣,其善者伪也。

[1] 有:又。恶(wū):疑问代词。相当于"何"。 [2] 当:通"倘",假如。 [3] 相与:相处,相交往。 [4] 暴:欺凌,凌辱。哗:通"𠜎(huā)",当中剖开。 [5] 相亡:相继灭亡。顷(qīng):顷刻,短时间。

故善言古者,必有节于今[1];善言天者,必有征于人[2]。凡论者贵其有辨合、有符验[3]。故坐而言之,起而可设,张而可施行。今孟子曰:"人之性善。"无辨合符验,坐而言之,起而不可设,张而不可施行,岂不过甚矣哉!故性善则去圣王,息礼义矣;性恶则与圣王[4],贵礼义矣。故檃栝之生,为枸木也;绳墨之起,为不直也;立君上,明礼义,为性恶也。用此观之,然则人之性恶明矣,其善者伪也。

[1] 节:符节,古代使臣所持以作凭证。这里指证据。 [2] 征:证明,证验。 [3] 辨合:符合,契合。指论说的道理与事实相符。符验:凭据。 [4] 与:赞同。

直木不待檃栝而直者,其性直也。枸木必将待檃栝烝矫然后直者,以其性不直也。今人之性恶,必将待圣王之治,礼义之化,然后皆出于治,合于善也。用此观之,然则人之性恶明矣,其善者伪也。

问者曰:"礼义积伪者,是人之性,故圣人能生之也。"应之曰:是不然。夫陶人埏埴而生瓦,然则瓦埴岂陶人之性也哉?工人斲木而生器,然则器木岂工人之性也哉?夫圣人之于礼义也,辟则陶埏而生之也[1]。然则礼义积伪者,岂人之本性也哉!凡人之性者,尧舜之与桀跖[2],其性一也;君子之与小人,其性一也。今将以礼义积伪为人之性邪？然则有曷贵尧禹[3]，曷贵君子矣哉！凡所贵尧禹君子者，能化性，能起伪，伪起而生礼义。然则圣人之于礼义积伪也，亦犹陶埏而生之也。用此观之，然则礼义积伪者，岂人之性也哉？所贱于桀跖小人者，从其性，顺其情，安恣睢，以出乎贪利争夺。故人之性恶明矣，其善者伪也。

[1] 辟:同"譬"。　[2] 跖(zhí):即盗跖,传说中的强盗头子。　[3] 有:同"又"。

天非私曾、骞、孝已而外众人也[1]，然而曾、骞、孝已独厚于孝之实，而全于孝之名者，何也？以綦于礼义故也[2]。天非私齐鲁之民而外秦人也，然而于父子之义，夫妇之别，不如齐鲁之孝具敬父者[3]，何也？以秦人从情性，安恣睢，慢于礼义故也，岂其性异矣哉！

[1] 曾:曾参,孔子弟子,后世尊为"宗圣"。骞(qiān):闵子骞,孔子弟子,以德行著称。孝已:殷高宗长子,以孝闻名。　[2] 綦(qí):极,很。　[3] 孝具敬父:"父"应作"文",意谓教道具备,恭敬有礼。

"涂之人可以为禹[1]。"曷谓也？曰:凡禹之所以为禹者，以其为仁义法正也[2]。然则仁义法正有可知可能之理，然而涂之人也，皆有可以知仁义法正之质，皆有可以能仁义法正之具[3]，然则其可以为禹明矣。今以仁义法正为固无可知可能之理邪？然则唯禹不知仁义法正[4]，不能仁义法正也。将使涂之人固无可以知仁义法正之质[5]，而固无可以能仁义法正之具邪？然则涂之人也，且内不可以知父子之义，外不可以知君臣之正[6]。不然，今涂之人者，皆内可以知父子之义，外可以知君臣之正，然则其可以知之质，可以能之具，其在涂之人明矣。今使涂之人者，以其可以知之质，可以能之具，本夫仁义之可知之理，可能之具，然则其可以为禹明矣。今使涂之人伏术为学[7]，专心一志，思索孰察[8]，加日县久[9]，积善而不息，则通于神明，参于天地矣。故圣人者，人之所积而致矣。

[1] 涂:道路。涂之人:路上的普通人。　[2] 法正:法律、政令、制度等。　[3] 具:条件,才能。　[4] 唯:疑作"虽"。　[5] 将使:假如。　[6] 正:标准,准则。　[7] 伏:通"服",服从。术:道术。　[8] 孰察:仔细考察、研究。　[9] 加日:累日,积日。县(xuán)久:历时久长。"县"通"悬"。

曰:"圣可积而致,然而皆不可积,何也？"曰:可以而不可使也[1]。故小人可以为君子，而不肯为君子；君子可以为小人，而不肯为小人。小人君子者，未尝不可以相为也[2]，然而不相为者，可以而不可使也。故涂之人可以为禹则然；涂之人能为禹，未必然也。虽不能为禹，无害可以为禹。足可以遍行天下，然而未尝有能遍行天下者也。夫工匠农贾，未尝不可以相为事也，然而未尝能相为事也。

用此观之,然则可以为,未必能也;虽不能,无害可以为[3]。然则能不能之与可不可,其不同远矣,其不可以相为明矣。

　　[1] 使:命令,强使。　　[2] 相为:相互交换。　　[3] 虽不能,无害可以为:意谓虽然没能做到,但并不否定有做到的可能。

　　尧问于舜曰:"人情何如?"舜对曰:"人情甚不美,又何问焉!妻子具而孝衰于亲,嗜欲得而信衰于友,爵禄盈而忠衰于君。人之情乎!人之情乎!甚不美,又何问焉!"唯贤者为不然。有圣人之知者[1],有士君子之知者,有小人之知者,有役夫之知者。多言则文而类[2],终日议其所以,言之千举万变,其统类一也:是圣人之知也。少言则径而省[3],论而法[4],若佚之以绳[5]:是士君子之知也。其言也谄[6],其行也悖,其举事多悔:是小人之知也。齐给便敏而无类[7],杂能旁魄而无用[8],析速粹孰而不急[9],不恤是非[10],不论曲直,以期胜人为意,是役夫之知也。

　　[1] 知:同"智"。下同。　　[2] 文而类:文雅而有道理,指条理清晰。　　[3] 径而省:直截了当。　　[4] 论而法:有条理,有法度。"论"通"伦",条理。　　[5] 佚:应作"扶",扶正,扶直。　　[6] 谄(tāo):妄诞。　　[7] 齐(jì)给便敏:口齿伶俐。齐,通"疾",快速。无类:不合正道。　　[8] 旁魄:即"磅礴",广泛。　　[9] 析速:分析迅速。粹孰:精熟。不急:不合急需。　　[10] 不恤:不顾。

　　有上勇者,有中勇者,有下勇者。天下有中[1],敢直其身;先王有道,敢行其意;上不循于乱世之君,下不俗于乱世之民[2];仁之所在无贫穷,仁之所亡无富贵;天下知之,则欲与天下同苦乐之[3];天下不知之,则傀然独立天地之间而不畏[4]:是上勇也。礼恭而意俭[5],大齐信焉而轻货财[6];贤者敢推而尚之,不肖者敢援而废之:是中勇也。轻身而重货,恬祸而广解苟免[7],不恤是非然不然之情,以期胜人为意:是下勇也。

　　[1] 中:中正之道,指礼义。　　[2] 俗:从其习俗。　　[3] 同苦乐:应作"共乐"。据王念孙说改。　　[4] 傀(kuǐ)然:独立的样子。傀:通"块"。　　[5] 礼恭而意俭:外表恭顺,内心谦逊。　　[6] 大齐信:重视信用。　　[7] 恬祸:安于祸乱。广解苟免:多方设法解脱,苟且免于损害。

　　繁弱、钜黍,古之良弓也;然而不得排檠[1],则不能自正。桓公之葱,太公之阙,文王之录,庄君之曶[2],阖闾之干将、莫邪、钜阙、辟闾,此皆古之良剑也;然而不加砥厉则不能利,不得人力则不能断。骅骝、騹骥、纤离、绿耳[3],此皆古之良马也;然而前必有衔辔之制[4],后有鞭策之威,加之以造父之驭[5],然后一日而致千里也。夫人虽有性质美而心辩知,必将求贤师而事之,择良友而友之。得贤师而事之,则所闻者尧舜禹汤之道也;得良友而友之,则所见者忠信敬让之也。身日进于仁义而不自知也者，靡使然也[6]。今与不善人处，则所闻者欺诬、诈伪也，所见者汙漫、淫邪、贪利之行也[7]，身且加于刑戮而不自知者，靡使然也。传曰："不知其子视其友，不知其君视其左右。"靡而已矣！靡而已矣！

　　[1] 排檠(jìng)：矫正弓弩的器具。　[2] 曶(hū)：楚庄王的宝剑。　[3] 骅(huá)骝(liú)：周穆王八骏之一。骐(qí)骥(jì)：骏马。骐：同"骐"。　[4] 前必有：应作"必前有"。　[5] 造父：古之善御者，赵国的先祖。驭(yù)：驾驭车马。　[6] 靡：通"摩"，接触，影响。下同。　[7] 汙(wū)漫：卑污。

（据上海书店影印世界书局《诸子集成》本清王先谦《荀子集解》　李晓宇）

六、法家峻言——《韩非子》

【题解】《韩非子》原名《韩子》，是先秦法家思想的集大成之作。作者韩非（约公元前279—公元前233），战国末韩国（今河南一带）人，法家的主要代表人物，事迹见《史记》卷六十三《老庄申韩列传》。

《韩非子》是在"百家争鸣"的高潮中涌现出来的一部丰富多彩的名著，内容广泛，不但集法家思想之大成，而且批判和吸取了其他许多学派的观点，记叙了很多历史人物和历史事件，汇集了大量民间传说和寓言故事，反映了当时经济、政治、思想文化各方面的许多情况，是了解先秦哲学、文学和历史的重要文献。

《韩非子》主要总结了先前法家的理论和实践，把法、术、势三者糅合为一，又吸收道家等思想，将法治理论系统化。法指成文法令，术指国君操纵臣下的手段，势指国君拥有至高无上的权威，三者缺一不可，是加强中央集权的重要工具。这一理论顺应了当时诸侯纷争要求变法图强、以法治国的历史需要，为建立统一的专制主义王朝提供了理论依据。其学说曾得到我国第一个中央集权封建王朝的建立者秦始皇的赏识，并在秦王朝的建立过程中起过重要作用。

全书共有55篇，《五蠹》、《八说》、《六反》、《诡使》和《亡征》等五篇集中了韩非的主要论点，其中《五蠹》是名篇。蠹即蛀虫。"五蠹"指"学者"（主要指儒家）、"言谈者"（纵横家）、"带剑者"（游侠）、"患御者"（逃避兵役的人）、"商工之家"（经营工商业的人）。作者认为这五种人是法治的破坏者，如同国家的蛀虫，君主应加以清除。

有关《韩非子》的版本较多，通行的主要有：1960年中华书局出版的梁启雄《韩子浅解》、1974年上海人民出版社出版的陈奇猷《韩非子集解》和1982年江苏人民出版社出版的《韩非子校注》。

（粟品孝）

五　蠹

上古之世，人民少而禽兽众，人民不胜禽兽虫蛇[1]，有圣人作，构木为巢[2]，以避群害，而民悦之，使王天下，号之曰有巢氏。民食果蓏蚌蛤[3]，腥臊恶臭而伤害腹胃[4]，民多疾病。有圣人作，钻燧取火以化腥臊，而民说之[5]，使王天下，号之曰燧人氏。中古之世，天下大水，而鲧、禹决渎[6]。近古之世，桀、纣暴乱，而汤、武征伐。今有构木钻燧于夏后氏之世者，必为鲧、禹笑矣；有决渎于殷、周之世者，必为汤、武笑矣。然则今有美尧、舜、汤、武、禹之道于当今之世者，必为新圣笑矣。是以圣人不期修古，不法常可[7]，论世之事，因为之备[8]。

[1] 不胜(shēng)：禁不住。　[2] 构：搭建。巢：像鸟窝一样的住房。　[3] 蓏(luǒ)：瓜类的总称。蛤(gé)：蛤蜊，一种软体动物，长约三厘米多，生活在浅海底。　[4] 腥臊：又腥又臊的气味。恶臭(xiù)：难闻的气味。　[5] 燧：古代取火的工具。说(yuè)：通"悦"，喜欢，爱戴。　[6] 鲧(gǔn)禹决渎：鲧，传说中的夏后氏的部落首领，曾奉尧的命令治理洪水，采用拦河筑坝的方法治水，历时九年未成功，为舜所杀。鲧的儿子禹承继他的事业，采用疏导的方法继续治水，获得成功。决：疏通。渎：通海的河道。　[7] 不期修古：不要求修行先王的古道。不法常可：不效法成规。　[8] 论世之事，因为之备：研究当代的形势，从而采取相应的措施。

宋人有耕田者[1]，田中有株，兔走触株，折颈而死，因释其耒而守株[2]，冀复得兔，兔不可复得，而身为宋国笑。今欲以先王之政，治当世之民，皆守株之类也。

[1] 宋人：宋国的人。宋国，范围包括今河南省东部和山东、江苏省部分地区。　[2] 耒(lěi)：古代翻土的农具。

古者丈夫不耕[1]，草木之实足食也；妇人不织，禽兽之皮足衣也。不事力而养足[2]，人民少而财有余，故民不争。是以厚赏不行，重罚不用而民自治[3]。今人有五子不为多，子又有五子，大父未死而有二十五孙[4]。是以人民众而货财寡，事力劳而供养薄，故民争，虽倍赏累罚而不免于乱。

[1] 丈夫：泛指成年男子。　[2] 事力：从事劳动。养足：供养充足。　[3] 自治：自然安定。　[4] 大父：祖父。

尧之王天下也，茅茨不翦，采椽不斫[1]；粝粢之食，藜藿之羹[2]；冬日麑裘，夏日葛衣[3]；虽监门之服养[4]，不亏于此矣。禹之王天下也，身执耒臿以为民先，股无胈[5]，胫不生毛，虽臣虏之劳[6]，不苦于此矣。以是言之，夫古之让天子者[7]，是去监门之养，而离臣虏之劳也[8]，古传天下而不足多也[9]。今之县令，一日身死,子孙累世絜驾[10],故人重之。是以人之于让也,轻辞古之天子,难去今之县令者,薄厚之实异也[11]。夫山居而谷汲者,膢腊而相遗以水[12];泽居苦水者,买庸而决窦[13]。故饥岁之春,幼弟不饷[14],穰岁之秋[15],疏客必食。非疏骨肉爱过客也,多少之实异也。是以古之易财[16],非仁也,财多也;今之争夺,非鄙也[17],财寡也。轻辞天子,非高也,势薄也;重争土橐[18],非下也,权重也。故圣人议多少、论薄厚为之政,故罚薄不为慈,诛严不为戾,称俗而行也[19]。故事因于世,而备适于事[20]。

[1] 茅茨(cí):茅草盖的小屋。翦:通"剪",修剪。采椽不斲:栎木做的椽子没有砍削光滑。采:栎木。斲:砍削。 [2] 粝(lì):粗米。粢(zī):谷类。粝粢:泛指粗劣的食物。藜(lí):一年生草本植物,嫩叶可吃。藿(huò):豆叶。羹:浓汤。 [3] 麑(ní):小鹿。裘(qiú):皮毛。葛衣:用葛草的纤维织的粗布衣。葛:一种多年生蔓草,根可食用,纤维可用于织布。 [4] 虽:即使。监门:看守里门的人。服:衣服。养:食物。 [5] 身执耒臿以为民先:禹亲自拿着耒和臿带领人们干活。臿(chā):锹。股:大腿。胈(bá):腿上的汗毛。 [6] 臣虏:奴隶。 [7] 让:谦让,禅让。 [8] 此句意思是:离开看门人一样的生活供养,并且离开奴隶般的劳苦而已。去:离开。 [9] 多:赞美,赞扬。 [10] 絜(xié)驾:套马驾车。意即有马车可坐。 [11] 薄厚:利益的大小。 [12] 汲(jí):汲水。膢(lóu):楚国人二月祭祀饮食神的节日。腊(là):周历十二月(夏历十月)举行的祭祀百神的祭奠。遗(wèi):赠送。 [13] 泽:水多的洼地。苦水:以水多为苦。庸:通"佣",仆人。窦:沟、洞,这里指沟渠。决窦:挖沟渠排水。 [14] 饷:供给食物。 [15] 穰(ráng):丰收。 [16] 易:轻视。 [17] 鄙:贪吝,人品粗俗,低下。 [18] 土:当作"士",而"士"与"仕"通,做官,仕进。橐(tuò):依托诸侯。土橐:指下级官吏。 [19] 称(chèn):适合。 [20] 此句意思是:所以政事随着时代的变化而变化,措施必须适应已经变化了的政事。事:政事。因:依据,依循。世:时代的变化。

古者文王处丰、镐之间[1],地方百里,行仁义而怀西戎[2],遂王天下。徐偃王处汉东[3],地方五百里,行仁义,割地而朝者三十有六国。荆文王恐其害己也[4],举兵伐徐,遂灭之。故文王行仁义而王天下,偃王行仁义而丧其国,是仁义用于古不用于今也。故曰:世异则事异[5]。当舜之时,有苗不服,禹将伐之,舜曰:"不可。上德不厚而行武,非道也。"乃修教三年,执干戚舞[6],有苗乃服。共工之战,铁铦短者及乎敌[7],铠甲不坚者伤乎体。是干戚用于古不用于今也。故曰:事异则备变[8]。上古竞于道德,中世逐于智谋,当今争于气力。齐将攻鲁,鲁使子贡说之[9],齐人曰:"子言非不辩也[10],吾所欲者土地也,非斯言所谓也。"遂举兵伐鲁,去门十里以为界[11]。故偃王仁义而徐亡,子贡辩智而鲁削[12]。以是言之,夫仁义辩智,非所以持国也[13]。去偃王之仁,息子贡之智,循徐、鲁之力使敌万乘[14],则齐、荆之欲不得行于二国矣。

[1] 丰:邑名,地处今陕西户县。镐(hào):地名,今属陕西长安县。 [2] 怀:怀柔,安抚。西戎:周朝时地处西北的少数民族。 [3] 徐偃王:徐国的君主名号。徐:西周时候的一

个诸侯国,位于今安徽泗县一带。周穆王时,徐国一度强大,其国君自称偃王。汉东:汉水以东。　　[4]荆文王:即楚王。荆为楚的别称。楚文王生活于周庄王时代,与徐偃王并非同一时代,故"文"疑为衍文。　　[5]世异则事异:时代不同了,事情就要跟着变化。　　[6]执干戚舞:拿着兵器跳舞。即兵器不用于战争,而用作跳舞的道具,是德化的表现。干:盾牌。戚:一种兵器,青铜或铁制成,形状像板斧而略大。　　[7]共工:人名,传说曾与颛顼(zhuān xū)作战,争为帝王。铦(xiān):铁锸一类的武器。　　[8]事异则备变:情况变了,措施就要跟着改变。　　[9]子贡:姓端木名赐,春秋末期卫国人,孔子的门徒,善于辩说。说(shuì):游说。　　[10]辩:说理分明。　　[11]去:距离。门:都门。界:国界。　　[12]削:土地被削。　　[13]持:保全。　　[14]循:依靠。敌:抵抗。万乘:万辆兵车,指兵力强大的国家。乘(shèng):战车,一乘即为四马拉一车,甲士三人,步卒七十二人。

　　夫古今异俗,新故异备[1]。如欲以宽缓之政治急世之民,犹无辔策而御駻马[2],此不知之患也[3]。今儒、墨皆称"先王兼爱天下",则视民如父母。何以明其然也?曰:"司寇行刑,君为之不举乐[4];闻死刑之报,君为流涕。"此所举先王也。夫以君臣为如父子则必治,推是言之,是无乱父子也。人之情性莫先于父母,皆见爱而未必治也[5],虽厚爱矣,奚遽不乱[6]?今先王之爱民,不过父母之爱子,子未必不乱也,则民奚遽治哉!且夫以法行刑,而君为之流涕,此以效仁,非以为治也[7]。夫垂泣不欲刑者,仁也;然而不可不刑者,法也。先王胜其法不听其泣[8],则仁之不可以为治亦明矣。

　　[1]这句意思是:古代和现在的社会情况不一样了,新旧时代的政治措施也是不同的。备:政治措施。　　[2]辔(pèi):缰绳。策:马鞭。御:驾驭。駻(hàn)马:烈马。　　[3]知:通"智",明智。　　[4]司寇:古代掌管刑狱的官名。举乐:演奏音乐。　　[5]见:通"现",表现。　　[6]奚:怎么。遽(jù):就。　　[7]效:显示。以为:即"以之为",用来作为。治:治国的方法。　　[8]胜其法:以法为胜,将法放在重要地位。

　　且民者固服于势,寡能怀于义。仲尼,天下圣人也,修行明道以游海内,海内说其仁[1],美其义而为服役者七十人,盖贵仁者寡,能义者难也。故以天下之大,而为服役者七十人,而仁义者一人。鲁哀公[2],下主也[3],南面君国[4],境内之民莫敢不臣。民者固服于势[5],势诚易以服人[6],故仲尼反为臣而哀公顾为君[7]。仲尼非怀其义,服其势也。故以义则仲尼不服于哀公,乘势则哀公臣仲尼。今学者之说人主也[8],不乘必胜之势,而务行仁义则可以王,是求人主之必及仲尼,而以世之凡民皆如列徒[9],此必不得之数也[10]。

　　[1]说:通"悦",喜爱,欣赏。　　[2]鲁哀公:春秋末期、战国初期鲁国的君主。　　[3]下主:下等的君主。　　[4]南面君国:面向南坐,统治着国家。古代以面南为尊位,故国君临朝时南向而立,表示尊贵之意。　　[5]势:权势。　　[6]诚:确实。　　[7]顾:反而。　　[8]说(shuì):劝说。　　[9]凡民:普通民众。列徒:孔子的门徒。　　[10]数(shù):术,方法。

今有不才之子，父母怒之弗为改，乡人谯之弗为动[1]，师长教之弗为变。夫以父母之爱，乡人之行，师长之智，三美加焉而终不动，其胫毛不改[2]。州部之吏，操官兵[3]，推公法而求索奸人[4]，然后恐惧，变其节[5]，易其行矣。故父母之爱不足以教子，必待州部之严刑者，民固骄于爱、听于威矣。故十仞之城，楼季弗能逾者，峭也[6]；千仞之山，跛牂易牧者，夷也[7]。故明王峭其法而严其刑也[8]。布帛寻常[9]，庸人不释；铄金百溢，盗跖不掇[10]。不必害，则不释寻常，必害手，则不掇百溢。故明主必其诛也[11]。是以赏莫如厚而信，使民利之；罚莫如重而必，使民畏之；法莫如一而固[12]，使民知之。故主施赏不迁，行诛无赦。誉辅其赏，毁随其罚，则贤、不肖俱尽其力矣。

[1] 怒：责备。谯(qiáo)：呵斥。　[2] 胫毛不改：比喻极小的改变。胫毛：小腿上的汗毛。　[3] 操：拿着。官兵：官府的兵器。　[4] 推：推行。　[5] 节：品行。　[6] 仞(rèn)：古代的计量单位，七尺或八尺高为一仞。楼季：人名，战国初期魏文侯的弟弟，善于登高跳跃。峭：险峻。　[7] 跛牂(zāng)：瘸腿的母羊。夷：平坦。　[8] 峭其法：实施严刑峻法。　[9] 寻：古代的计量单位，八尺长为一寻。常：同为计量单位，两寻为一常。　[10] 铄(shuò)：熔化。溢：通"镒"(yì)，古时黄金的重量，以二十两或二十四两为一镒。跖(zhí)：春秋末期领导奴隶起义的领袖。掇(duō)：拾取。　[11] 必其诛：坚决的执行刑罚。　[12] 一：统一。固：固定。

今则不然。以其有功也爵之，而卑其士官也[1]；以其耕作也赏之，而少其家业也[2]；以其不收也外之，而高其轻世也[3]；以其犯禁也罪之，而多其有勇也[4]。毁誉赏罚之所加者相与悖缪也，故法禁坏而民愈乱。今兄弟被侵，必攻者，廉也[5]；知友被辱，随仇者，贞也[6]。廉贞之行成，而君上之法犯矣。人主尊贞廉之行，而忘犯禁之罪，故民程于勇，而吏不能胜也[7]。不事力而衣食[8]，则谓之能；不战功[9]而尊，则谓之贤。贤能之行成，而兵弱而地荒矣。人主说贤能之行[10]，而忘兵弱地荒之祸，则私行立而公利灭矣。

[1] 爵之：给他爵位。卑：鄙视。士官：做官。　[2] 少：轻视。　[3] 不收：不被录用做官。外之：疏远他。高：以之为高。轻世：轻视世间的荣辱。　[4] 多：尊重。　[5] 攻：反击。廉：正直。　[6] 随仇：接着报仇。贞：忠实。　[7] 程：通"逞"，炫耀。胜：制服。　[8] 事力：从事劳动。事：从事。　[9] 战功：征战立功。　[10] 说：通"悦"，欣赏。

儒以文乱法，侠以武犯禁[1]，而人主兼礼之，此所以乱也。夫离法者罪[2]，而诸先生以文学取[3]；犯禁者诛，而群侠以私剑养[4]。故法之所非，君之所取；吏之所诛，上之所养也。法趣上下[5]，四相反也，而无所定，虽有十黄帝不能治也。故行仁义者非所誉，誉之则害功[6]；工文学者非所用，用之则乱法。楚之有直躬[7]，其父窃羊而谒之吏[8]。令尹曰："杀之！"以为直于君而曲于父，报而罪之[9]。以是观之，夫君之直臣，父之暴子也[10]。鲁人从君战，三战三北[11]，仲尼问其故，对曰:"吾有老父,身死,莫之养也。"仲尼以为孝,举而上之。以是观之,夫父之孝子,君之背臣也[12]。故令尹诛而楚奸不上闻[13],仲尼赏而鲁民易降北[14]。上下之利,若是其异也,而人主兼举匹夫之行[15],而求致社稷之福,必不几矣[16]。

[1] 文:文学,指诗、书、礼、乐等古代文献经典。侠:游侠、刺客。　[2] 离:通"罹"(lí),触犯。　[3] 诸先生:儒生。取:录用。　[4] 私剑:私自仗剑行凶。养:供养。　[5] 法:指代上文的"法之所非"。趣:通"取",指代上文"君之所取"。上:指"上之所养"。下:指代"吏之所诛"。即这四种情况自相矛盾,而没有一定的标准。　[6] 所:犹"可"。下句同。功:耕战之事。[7] 直躬:直身而行的人。　[8] 谒之吏:向官吏报告这件事。谒(yè):禀告。　[9] 直于君:对君主忠诚。曲于父:对父亲不孝。报:判决。罪:治罪。　[10] 暴:下凌上,这里指不孝。[11] 北:败退。　[12] 背臣:叛臣。　[13] 奸:当训为"窃",《左传·文公十八年》:"窃贿为盗,盗器为奸。"　[14] 降北:投降打败仗。　[15] 举:称赞。　[16] 几(jī):接近,达到。

　　古者苍颉之作书也[1],自环者谓之私,背私谓之公[2]。公私之相背也,乃苍颉固以知之矣。今以为同利者,不察之患也。然则为匹夫计者,莫如修行义而习文学[3]。行义修则见信,见信则受事;文学习则为明师,为明师则显荣;此匹夫之美也。然则无功而受事,无爵而显荣,有政如此,则国必乱,主必危矣。故不相容之事不两立也。斩敌者受赏,而高慈惠之行;拔城者受爵禄,而信廉爱之说;坚甲厉兵以备难[4],而美荐绅之饰[5];富国以农,距敌恃卒[6],而贵文学之士;废敬上畏法之民,而养游侠私剑之属[7]。举行如此,治强不可得也。国平养儒侠,难至用介士[8],所利非所用,所用非所利。是故服事者简其业,而游学者日众[9],是世之所以乱也。

[1] 苍颉(jié):仓颉,传说为黄帝时的史官,汉字的创造者。　[2] 自环:自绕。苍颉创造文字时,自身环绕就叫做"厶"(私)。背私谓之公:"公"字的写法是"厶"上加"八","八"即"背"也。　[3] 行义:仁义。"行"当作"仁"。　[4] 厉:通"砺",磨砺。兵:兵器。　[5] 美:意动用法,以之为美。荐绅之饰:指士大夫的服饰。荐,同"搢"(jìn),插。绅:衣带。士大夫的服饰,要插笏(hù)于衣带间,所以称为荐绅。笏,古代朝见时所持的手板。　[6] 距:通"拒"。恃:依靠。　[7] 属:类。　[8] 介:甲。介士:披甲的战士。　[9] 服事者:从事劳动的人。简:怠慢。游学者:游侠和儒生。

　　且世之所谓贤者,贞信之行也[1];所谓智者,微妙之言也[2]。微妙之言,上智之所难知也[3]。今为众人法,而以上智之所难知,则民无从识之矣。故糟糠不饱者不务粱肉[4],短褐不完者不待文绣[5]。夫治世之事,急者不得,则缓者非所务也。今所治之政,民间之事,夫妇所明知者不用[6],而慕上知之论,则其于治反矣。故微妙之言,非民务也。若夫贤贞信之行者,必将贵不欺之士;不欺之士者,亦无不欺之术也。布衣相与交,无富厚以相利,无威势以相惧也,故求不欺之士。今人主处制人之势,有一国之厚,重赏严诛,得操其柄,以修明术之所烛[7],虽有田常、子罕之臣[8],不敢欺也,奚待于不欺之士?今贞信之士不盈于十,而境内之官以百数,必任贞信之士,则人不足官[9]。人不足官,则治者寡而乱者众矣。故明主之道,一法而不求智,固术而不慕信[10],故法不败,而群官无奸诈矣。

[1]贞信:诚实不欺。 [2]微妙:深奥玄妙。 [3]上智:智慧极高的人。 [4]糟糠:酒糟、米糠等粗劣食物,穷人用来充饥。务:求,致力于。梁肉:梁当作粱,泛指精美的饭食。粱:一种品种极好的小米。 [5]短褐(hè):粗布短衣。文绣:有刺绣的华丽服饰。 [6]夫妇:泛指一般的男人和女人,即普通百姓。 [7]修明:讲求,很好的处理。术:手段,方法。这里指君主驾驭臣子的手段。烛:洞察。 [8]田常:田成子、陈恒、陈成子,春秋时,齐国新兴地主阶级的代表人物,曾杀掉齐简公而控制政权。子罕:战国时宋国人,曾杀宋君而夺取政权。 [9]人不足官:能做官的人数不足官职所需要的人数。 [10]法:法治。一:专一。一法:专一用法治国。固术而不慕信:坚决使用术治而不崇尚诚信。

今人主之于言也,说其辩而不求其当焉[1];其用于行也,美其声而不责其功焉。是以天下之众,其谈言者务为辩而不周于用[2],故举先王言仁义者盈廷,而政不免于乱;行身者竞于为高,而不合于功[3],故智士退处岩穴,归禄不受[4],而兵不免于弱。兵不免于弱,政不免于乱,此其故何也?民之所誉,上之所礼,乱国之术也。今境内之民皆言治,藏商、管之法者家有之[5],而国愈贫,言耕者众,执耒者寡也[6];境内皆言兵,藏孙、吴之书者家有之[7],而兵愈弱,言战者多,被甲者少也[8]。故明主用其力,不听其言;赏其功,必禁无用。故民尽死力以从其上。夫耕之用力也劳,而民为之者,曰:可得以富也。战之为事也危,而民为之者,曰:可得以贵也。今修文学,习言谈,则无耕之劳而有富之实,无战之危而有贵之尊,则人孰不为也?是以百人事智而一人用力。事智者众,则法败;用力者寡,则国贫:此世之所以乱也。

[1]辩:言辞机巧。当(dàng):恰当、切合实际。 [2]周:切合实际。 [3]行身者:注重道德修养的人。 [4]退处岩穴:指隐居深山。归禄不受:归还俸禄而不接受,也有隐居之意。 [5]商:商鞅。管:管仲。二人均是法家代表人物。 [6]耒:翻土用的农具。 [7]孙:孙武。吴:吴起。二人都是当时的军事家。 [8]被:通"披"。被甲:指参加战斗。

故明主之国,无书简之文[1],以法为教;无先王之语[2],以吏为师;无私剑之捍[3],以斩首为勇。是境内之民,其言谈者必轨于法[4],动作者归之于功,为勇者尽之于军。是故无事则国富,有事则兵强,此之谓王资[5]。既畜王资而承敌国之衅[6],超五帝侔三王者[7],必此法也。

[1]书简:即书籍。古时将字写于竹简上,故称为"书简"。 [2]先王之语:指古圣王的遗言遗教。 [3]捍:通"扞"(gàn),干犯。即指代上文的"侠以武犯禁"。 [4]轨:合,统一。 [5]王资:建立王业的资本。 [6]畜:通"蓄",积蓄。衅(xìn):同"舋"(xìn),缝隙,引申为弱点。 [7]五帝:一般指黄帝、颛顼(zhuān xū)、帝喾(kù)、尧、舜。侔(móu):等同。三

王:指夏禹、商汤、周文王。

今则不然,士民纵恣于内[1],言谈者为势于外[2],外内称恶以待强敌[3],不亦殆乎[4]!故群臣之言外事者,非有分于从衡之党[5],则有仇雠之忠[6],而借力于国也。从者[7],合众弱以攻一强也;而衡者,事一强以攻众弱也[8]:皆非所以持国也。今人臣之言衡者,皆曰:"不事大,则遇敌受祸矣。"事大未必有实[9],则举图而委[10],效玺而请兵矣[11]。献图则地削,效玺则名卑,地削则国削,名卑则政乱矣。事大为衡,未见其利也,而亡地乱政矣。人臣之言从者,皆曰:"不救小而伐大,则失天下[12],失天下则国危,国危而主卑。"救小未必有实,则起兵而敌大矣。救小未必能存,而交大未必不有疏[13],有疏则为强国制矣。出兵则军败,退守则城拔[14],救小为从,未见其利,而亡地败军矣。

[1]士民:这里主要指儒生与游侠。纵恣(zī):放纵恣肆。 [2]言谈者:指在各诸侯国之间游说的纵横家。为势:造成势力。 [3]称:举,行。 [4]殆(dài):危险。 [5]有分(fèn):属于其中一分子。从衡:即纵横,合纵与连横。南北为纵,燕、齐、赵、韩、魏、楚为对抗秦国而结成联盟,在地理位置上成南北走向,故称为合纵;东西为横,秦国为对付六国的合纵,而与六国分别结盟,在地理位置上成东西走向,故称为连横。 [6]仇雠(chóu)之忠:仇恨之心。雠:同"仇"。仇、雠二字在古代同义不同音,经常连用。现在则已成为同义同音字。忠:通"衷",心思。 [7]从:通"纵"。 [8]事:侍奉。 [9]实:实际利益。 [10]图:地图。委:交付。 [11]效:献。玺:国君的印。请:请求大国发落。 [12]失天下:失掉天下的人心。 [13]疏:疏忽,失误。 [14]拔:被攻陷。

是故事强,则以外权士官于内[1],救小,则以内重求利于外[2]。国利未立,封土厚禄至矣;主上虽卑,人臣尊矣;国地虽削,私家富矣。事成,则以权长重[3];事败,则以富退处。人主之听说于其臣,事未成则爵禄已尊矣;事败而弗诛,则游说之士孰不为用矰缴之说而侥幸其后[4]?故破国亡主以听言谈者之浮说。此其故何也?是人君不明乎公私之利,不察当否之言,而诛罚不必其后也[5]。皆曰:"外事,大可以王,小可以安。"夫王者,能攻人者也;而安,则不可攻也。强,则能攻人者也;治,则不可攻也。治强不可责于外,内政之有也。今不行法术于内,而事智于外,则不至于治强矣。

[1]士官:猎取官位。 [2]重:权势。 [3]以权长重:凭借权势长期居高位。 [4]矰缴(zēng zhuó):用来射鸟的带细绳的箭,箭出后,缴能收回。矰是短箭,缴是系在箭上的细绳。矰缴之说:比喻纵横家用来猎取功名富贵的虚言浮词。后:后果。 [5]诛罚不必其后:在事败后不一定惩罚他们(纵横家)。

鄙谚曰:"长袖善舞,多钱善贾[1]。"此言多资之易为工也[2]。故治强易为谋,弱乱难为计。故用于秦者,十变而谋希失[3];用于燕者,一变而计希得。非用于秦者必智,用于燕者必愚也,盖治乱之资异也。故周去秦为从[4],期年而举[5];卫离魏为衡,半岁而亡。是周灭于从,卫亡于衡也。使周、卫缓其从衡之计,而严其境内之治,明其法禁,必其赏罚,尽其地力以多其积,致其民死以坚其城守,天下得其地则其利少,攻其国则其伤大,万乘之国莫敢自顿于坚城之下[6],而使强敌裁其弊也[7],此必不亡之术也。舍必不亡之术而道必灭之事[8],治国者之过也。智困于内而政乱于外,则亡不可振也[9]。

[1]贾(gǔ):做买卖。 [2]工:通"功",成功。 [3]希:通"稀",很少。 [4]去:离开。 [5]期(jī)年:一周年。举:拔,被攻陷。 [6]顿:困顿。 [7]裁:制。弊:困窘。裁其弊:乘其疲弊之际而制裁它。 [8]道:行。 [9]振:挽救。

民之政计[1],皆就安利如辟危穷[2]。今为之攻战,进则死于敌,退则死于诛,则危矣。弃私家之事而必汗马之劳[3],家困而上弗论[4],则穷矣。穷危之所在也,民安得勿避?故事私门而完解舍[5],解舍完则远战,远战则安。行货赂而袭当涂者则求得[6],求得则私安,私安则利之所在,安得勿就?是以公民少而私人众矣[7]。

[1]政计:正常的打算。政:通"正"。 [2]就:追求。如:而。辟:通"避"。 [3]汗马之劳:战争的劳苦。 [4]上弗论:君主不过问。 [5]私门:豪门大族。完:修缮。解(xiè)舍:官署房屋。 [6]袭:依附。当涂者:当权者,涂通"途"。 [7]公民:为国出力的人。私人:为私门所收留的人。

夫明王治国之政,使其商工游食之民少而名卑[1],以寡趣本务而趋末作[2]。今世近习之请行,则官爵可买[3];官爵可买,则商工不卑也矣。奸财货贾得用于市[4],则商人不少矣。聚敛倍农而致尊过耕战之士[5],则耿介之士寡而商贾之民多矣[6]。

[1]游食:不从事农业生产。 [2]趣:通"趋"。本务:根本的事务,指农务。末作:指工商业。 [3]近习:国君左右亲近的人。请:请求。行:实行。 [4]奸财:非法之财。货贾(gǔ):行贿的商贾。 [5]致尊:获得尊重。 [6]耿介之士:光明正大的人。

是故乱国之俗:其学者,则称先王之道以籍仁义[1],盛容服而饰辩说[2],以疑当世之法,而贰人主之心[3]。其言谈者,为设诈称[4],借于外力,以成其私,而遗社稷之利。其带剑者,聚徒属,立节操,以显其名,而犯五官之禁[5]。其患御者[6],积于私门,尽货赂,而用重人之谒[7],退汗马之劳。其商工之民,修治苦窳之器,聚弗靡之财[8],蓄积待时而侔农夫之利[9]。此五者,邦之蠹也[10]。人主不除此五蠹之民,不养耿介之士,则海内虽有破亡之国、削灭之朝,亦勿怪矣。

[1]学者:儒家学者。籍:通"藉",凭借,依托。　[2]盛:整理。容服:仪表和服饰。饰辩说:修饰辞令。　[3]疑:非难,反对。貳:使动用法,使……貳,即动摇。　[4]为:通"伪"。为设:虚构事实。诈称:说谎弄假。　[5]五官:司徒、司马、司空、司士、司寇五种分掌国家各种权力的官。五官之禁:泛指国家的禁令。　[6]患:害怕。御:驾车,特指驾兵车作战。患御者:即害怕征战和守御的人。　[7]重人:掌握权势之人。谒(yè):请托。　[8]苦窳(yǔ):粗劣。弗靡:奢侈。弗通"沸"。靡通"糜"。　[9]侔(móu):非法谋取。　[10]邦:国家。蠹(dù):木中蛀虫。

(据江苏人民出版社1982年《韩非子校注》　粟品孝)

七、见性成佛——《坛经》(节录)

【题解】 《六祖坛经》为《六祖大师法宝坛经》之略称,又称《法宝坛经》、《坛经》,是禅宗六祖慧能于韶州大梵寺说法的记录,由其弟子法海集录而成。本书是禅宗最主要的思想依据,书中所强调的"顿悟"、"见性"、"无相无念"等观念,在我国佛教史和思想史上有着扭转乾坤的作用。《坛经》是中土撰述的佛典中唯一称"经"的著作,是后人为尊崇六祖所说之法,故尊称之为"经",并非六祖之本意。《坛经》的版本主要有:(1)敦煌写本,慧能弟子法海集记,为各种版本中最古老的本子。(2)日本兴圣寺本,晚唐僧人惠昕编于宋太祖乾德五年(967),后流传日本。(3)曹溪原本,全一卷,十品,不著撰人。有人认为此版本为契嵩所改编,又有人认为此即元代僧人德异于至元二十七年(1290)的刊印本。(4)至元二十八年宗宝改编本。全一卷,十品,是常见之流行本。但是学术界认为敦煌本《坛经》比宗宝本更能反映六祖慧能当时的思想、更贴近六祖慧能的真传、真谛。新的整理本有郭朋《坛经校释》(中华书局1983年版),周绍良《敦煌写本坛经原本》(文物出版社1997年版),邓文宽《六祖坛经:敦煌〈坛经〉读本》(辽宁教育出版社2005年)等可以参考。

(何剑平)

(三)弘忍和尚问惠能曰[1]:"汝何方人?来此山礼拜吾,汝今向吾边复求何物?"惠能答曰:"弟子是岭南人,新州百姓[2],今故远来礼拜和尚,不求馀物,唯求作佛。"大师遂责惠能曰:"汝是岭南人,又是獦獠[3],若为堪作佛!"惠能答曰:"人即有南北,佛性即无南北;獦獠身与和尚不同,佛性有何差别!"大师欲更共语[4],

见左右在傍边,大师更不言。遂发遣惠能令随众作务[5]。时有一行者[6],遂遣惠能于碓房[7],踏碓八个馀月。

[1]弘忍:禅宗第五代祖师。俗姓周,蕲州黄梅人(今湖北蕲春),《宋高僧传》卷八有传。惠能:即六祖慧能,下同。　　[2]新州:今广东省新兴县东。　　[3]獦(gé)獠(liáo):古代对南方少数民族的称呼,这里泛指南方人。　　[4]语:周绍良《敦煌写本坛经原本》(文物出版社1997年版)(下简称《原本》)作"议"。　　[5]作务:服役,劳作。　　[6]行者:尚未剃发的出家者,一般充当方丈的侍者,和在寺院服杂役。　　[7]遣:《原本》作"著",一说作"差"。房:《原本》作"坊"。碓(duì)房:舂米作坊。

（四）五祖忽于一日唤门人尽来,门人集讫[1],五祖曰:"吾向汝说,世人生死事大,汝等门人,终日供养,祇求福田[2],不求出离生死苦海[3]。汝等自性若迷[4],福门何可救汝[5]。汝总且归房自看[6],有智惠者[7],自取本性般若之知[8],各作一偈呈吾[9],吾看汝偈,若悟大意者,付汝衣法[10],禀为六代[11],火急急[12]!"

[1]《原本》作"记",订正为"已"字。　　[2]祇:同"只"。福田:佛教认为供养布施,行善修德,能受福报,犹如播种耕田,有秋收之利,故称"福田"。　　[3]苦海:指尘世间的烦恼和苦难。　　[4]《原本》无"若"字。　　[5]《原本》作"福门何可求"。福门:疑是"福田"之误。　　[6]汝:《原本》作"汝汝",第二个"汝"字订正为"等"字。　　[7]智惠:即"智慧"。　　[8]般(bō)若(rě):梵语"智慧"一词的音译,佛教用以指如实理解一切事物的智慧,因不同于一般所指的机巧智慧,故用音译。知:同"智"。　　[9]偈(jì):梵语"偈佗"(Ga tha)的简称,即佛经中的唱颂词,通常以四句为一偈。　　[10]衣法:袈裟和佛法。　　[11]禀:赋予,给与。六代:佛教认为,禅宗在印度从摩诃迦叶至菩提达摩共传承了二十八代。梁武帝时,达摩来华,是为中国禅宗的初祖,其后达摩传慧可,慧可传僧璨,僧璨传道信,道信传弘忍,弘忍传慧能,共六代。　　[12]火急急:《原本》作"火急作"。

（六）上座神秀思惟[1]:诸人不呈心偈,缘我为教授师,我若不呈心偈,五祖如何见得我心中见解深浅[2]。我将心偈上五祖呈意,求法即善,觅祖不善[3],却同凡心夺其圣位。若不呈心偈,终不得法。良久思惟,甚难,甚难。夜至三更,不令人见,遂向南廊下中间壁上题作呈心偈,欲求于法[4]。若五祖见偈,言此偈语,若访我,我宿业障重[5],不合得法,圣意难测。我心自息。秀上座三更于南廊下中间壁上秉烛题作偈,人尽不知。偈曰:

　　身是菩提树[6],心如明镜台,时时勤拂拭[7],莫使有尘埃。

[1]上座:即首座弟子。神秀:禅宗北派渐教的开创者。俗姓李,东京尉氏人(今河南省尉氏县),《宋高僧传》卷八有传。　　[2]见得:《原本》作"得见"。　　[3]这三句依《原本》应断句为"我将心偈上五祖,呈意即善,求法觅祖不善"。但"求法"是求正法,不可谓不善,所以底本所改似优于《原本》。　　[4]于:《原本》作"衣"。　　[5]"若五祖见偈"以下四句,言语含混,

殊不可解。《原本》作"若五祖见偈,言此偈语,若访觅我,我见和尚,即云是秀作;五祖见偈言不堪,自是我迷,宿业障重",叙述清楚明白。　　[6]菩(pú)提树:植物名。原产印度,相传佛祖释迦牟尼坐此树下成道。它大约与佛教同时传入中国。"菩提"是梵文 Bodhi 的音译。意译为"觉"、"智"、"道"等。佛教用来指豁然彻悟的境界,又指觉悟的智慧和觉悟的途径。[7]拂拭:掸拂,擦拭。

（七）神秀上座,题此偈毕,归卧房[1],并无人见。五祖平旦[2],遂唤卢供奉来南廊下[3],画《楞伽》变相[4]。五祖忽见此偈,读记[5],乃谓供奉曰:"弘忍与供奉钱三十千,深劳远来,不画变相了。《金刚经》云[6]:'凡所有相,皆是虚妄。'不如留此偈,令迷人诵。依此修行,不堕三恶道[7],依法修行人,有大利益。"

[1]《原本》作"却归卧房"。　　[2]平旦:清晨。　　[3]卢供(gòng)奉:画工卢珍。"供奉",职官名,这里指以某种技艺侍奉神佛的人。　　[4]《楞伽》变相:把《楞伽经》上的故事绘成图画。《原本》无"相"字。　　[5]记:应作"讫"。　　[6]《金刚经》:佛教经典,全称《金刚般若波罗蜜经》。大约成书于公元前一世纪,最早由后秦鸠摩罗什于弘始四年(公元402年)译出,后相继出现多种译本。该书认为,世间万物虚妄不实,瞬息即逝,只有破除对一切事物的执着,才能最终获得解脱。此书对中国文化影响深远,与《坛经》的思想有着极深的渊源关系。[7]三恶道:地狱、饿鬼、畜生。

大师遂唤门人尽来,焚香偈前,令众人见[1],皆生敬心。"汝等尽诵此偈者,方得见性;依此修行,即不堕落[2]。"门人尽诵,皆生敬心,唤言善哉!

[1]《原本》作"众人见已"。　　[2]堕落:这里指堕入"三恶道"。

五祖遂唤秀上座于堂内,问:"是汝作偈否?若是汝作,应得我法。"秀上座言:"罪过!实是秀作[1]。不敢求祖,愿和尚慈悲,看弟子有小智惠、识大意否[2]?"五祖曰:"汝作此偈,见即未到,祇到门前[3],尚未得入。凡夫依此偈修行,即不堕落;作此见解,若觅无上菩提[4],即未可得。须入得门,见自本性。汝且去,一两日来思惟,更作一偈来呈吾,若入得门,见自本性,当付汝衣法。"秀上座去数日,作不得。

[1]秀:《原本》作"神秀"。　　[2]智惠:应作"智慧"。　　[3]祇:同"只"。　　[4]无上菩提:指至高无上的觉悟。

（八）有一童[1],于碓房边过[2],唱诵此偈,惠能一闻,知未见性,即识大意。能问童子:"适来诵者,是何言偈?"童子答能曰:"你不知大师言,生死事大,欲传于法,令门人等各作一偈来呈看,悟大意,即付衣法,禀为六代祖。有一上座名神秀,忽于南廊下书《无相偈》一首,五祖令诸门人尽诵。悟此偈者,即见自性;依此修行,即得出离。"惠能答曰:我在此踏碓八个馀月,未至堂前,望上人引惠能至南廊下,见此偈礼拜,亦愿诵取,结来生缘,愿生佛地。"童子引能,至南廊下,能即礼拜此偈,为不识字,请一人读,惠能闻已,即识大意。惠能亦作一偈,又请得一解书人,于西间壁上题著,呈自本心。不识本心,学法无益,识心见性,即悟大意[3]。惠能偈曰:

菩提本无树,明镜亦非台,佛性常清净,何处有尘埃!
又偈曰:

心是菩提树,身为明镜台,明镜本清净,何处染尘埃![4]
院内徒众,见能作此偈尽怪。惠能却入碓房[5]。五祖忽见惠能偈,即善知识大意[6]。恐众人知,五祖乃谓众人曰:"此亦未得了[7]。"

[1]童:《原本》作"童子"。 [2]房:《原本》作"坊"。 [3]"呈自本心"五句是慧能原话,应加引号。本心:佛性的同义语。 [4]慧能这两首偈反对修行成佛,主张顿悟成佛,与神秀的偈形成鲜明对比,清楚地表明了禅宗顿教与渐教的区别。 [5]房:《原本》作"坊"。 [6]这两句《原本》作"五祖忽来廊下,见惠能偈,即知识大意"。 [7]了:了悟,佛教以明心见性为了悟。

(九)五祖夜至三更,唤惠能堂内,说《金刚经》,惠能一闻,言下便悟。其夜受法,人尽不知,便传顿法及衣:"汝为六代祖。衣将为信禀,代代相传;法以心传心,当令自悟。"五祖言:"惠能!自古传法,气如悬丝[1]!若住此间,有人害汝,汝即须速去。"

[1]气如悬丝:比喻生命很危险。

(三十)一切经书,及诸文字[1],小大二乘[2],十二部经[3],皆因人置,因智惠性故[4],故然能建立,若无世人[5],一切万法,本元不有[6]。故知万法,本因人兴[7],一切经书,因人说有。缘在人中有愚有智,愚为小人,智为大人[8]。迷人问于智者[9],智人与愚人说法,令彼愚者悟解心解[10],迷人若悟解心开,与大智人无别。故知不悟,即是佛是众生[11];一念若悟,即众生是佛。故知一切万法,尽在自身中[12],何不从于自心顿现真如本性[13]?《菩萨戒经》云[14]:"我本元自性清净[15]。"识心见性,自成佛道。《维摩经》云[16]:"即时豁然,还得本心。"

[1]《原本》无"诸"字。 [2]大小二乘:大乘佛教和小乘佛教。"乘"指乘载人从生死轮回的此岸达到菩提涅槃的彼岸。 [3]十二部经:全部佛经的总称。 [4]智惠:应作"智慧"。 [5]若无世人:《原本》作"我若无智人"。 [6]本元不有:《原本》作"本亦不有"。 [7]本因人兴:《原本》作"本从人兴"。 [8]"愚为小人"两句,《原本》作"愚为小故智为大"。 [9]迷人问于智者:《原本》作"人问迷人于智者"。 [10]令彼愚者悟解心解:《原本》作"令使愚者悟解心开"。 [11]"即是"的"是",疑是衍字。 [12]自身:应作"自心"。 [13]现:

《原本》作"见"。 [14]《菩萨戒经》:《梵网经》中的《菩萨心地戒品第十》。 [15]元:《原本》作"源"。 [16]《维摩经》:佛教经典。全称《维摩诘所说经》。后秦鸠摩罗什译,叙述毗耶离(吠舍离)城居士维摩诘,十分富有,深通大乘佛法。通过他与文殊师利等人共论佛法,阐扬大乘般若性空的思想。

(据中华书局1983年郭朋《坛经校释》 李晓宇)

集　部

一、惊采绝艳——楚辞

【题解】 "楚辞"是战国时期（公元前四世纪到三世纪之间）由屈原等人在楚国民间歌谣基础上加工创造而成的具有浓郁地方色彩的新兴文学样式。因为其中的代表作品是屈原的《离骚》，所以又叫"骚体"。早在宋代，就有学者指出："屈原诸骚皆书楚语、作楚声、纪楚地、名楚物。故可谓之楚辞。"（南宋陈振孙《直斋书录解题》引黄思伯《翼骚序》）。需要说明的是，汉代以前并没有"楚辞"这一名称。西汉汉成帝时，著名学者刘向整理古文献，把屈原、宋玉的作品和汉代人仿效这种体裁所写的作品汇编起来，称为"楚辞"，《楚辞》从此就成了一部诗歌集的专名。

楚国诗人屈原是"楚辞"的奠基者和代表作家。他出身于楚国贵族，具有很高的文化修养，曾得到楚怀王的信任和重用。后来被小人陷害而遭流放，流放途中写下了许多悲愤沉痛、忧国忧民的诗篇，主要包括《离骚》《九歌》《天问》《九章》等。此外，"楚辞"还收录了当时有名的作家宋玉、唐勒、景差等人的作品和汉代淮南小山、枚乘、王逸等人模仿楚辞形式而写的作品。其思想性和艺术价值都不能和屈原的作品相提并论。

《楚辞》是继我国最早的诗歌总集《诗经》之后又一部古典诗歌集，如果说《诗经》代表了中原文化的话，那么《楚辞》则是我国南方文学的代表。在创作方法上它打破了《诗经》以四言为主的形式，句法参差错落、灵活多变，形成了独特的韵律和节奏感。加之想象奇特，文才斐然，读来令人耳目一新。

现存最早的《楚辞》注本是东汉王逸的《楚辞章句》。较好的《楚辞》注本有宋洪兴祖的《楚辞补注》、朱熹《楚辞集注》，清蒋骥的《山带阁注楚辞》。近人闻一多、郭沫若、瞿蜕园、姜亮夫、金开诚等都有有关"楚辞"研究的著作，可以参考。

（雷汉卿）

离　骚[1]

帝高阳之苗裔兮[2]，朕皇考曰伯庸[3]。摄提贞于孟陬兮[4]，惟庚寅吾以降[5]。皇览揆余于初度兮[6],肇锡余以嘉名[7]:名余曰正则兮,字余曰灵均。纷吾既有此内美兮,又重之以修能。扈江离与辟芷兮[8],纫秋兰以为佩[9]。汩余若将不及兮[10],恐年岁之不吾与。朝搴阰之木兰兮[11],夕揽洲之宿莽[12]。日月忽其不淹兮,春与秋其代序。惟草木之零落兮,恐美人之迟暮。不抚壮而弃秽兮,何不改乎此度?乘骐骥以驰骋兮,来吾导夫先路。

[1]《离骚》是屈原的代表作品,这是一首带有自传性质的长篇抒情诗。全诗三百七十三句,两千四百余字,是我国文学史上第一首由诗人自觉创作,独立完成的诗篇。 关于"离骚"的意思,司马迁认为"离骚者,犹离忧也"(《史记·屈原贾生列传》),班固释为"离,犹遭也;骚,忧也。明已遭忧作辞也"(《离骚赞序》),王逸解为"离,别也;骚,愁也;经,径也。言己放逐离别,中心愁思,犹依道径,以风谏也。"(《楚辞章句·离骚经》)在历史上影响较大的说法主要是这几种。其中以马、班之说最为可信。 《离骚》诗当作于楚怀王十六年(前313)屈原遭谗被疏之后,它是屈原心灵的歌唱,反映了屈原对楚国黑暗腐朽政治的愤慨,展现了诗人"存君兴国"的"美政"理想,抒发了诗人热爱祖国的强烈感情,表现了他为了坚持正义、反对邪恶而"九死不悔"的斗争精神和"独立不迁"的高洁人格。 [2]高阳:古帝颛顼的称号。苗裔:后代子孙。传说楚为颛顼的后代,屈原又是楚王的同姓,故屈原如此说。 [3]朕:先秦时期上下通用的第一人称代词,秦始皇之后,才成为帝王专用的自称。皇:大、美,是古代习用的称颂赞美词。考:亡父。伯庸:屈原父亲的字。 [4]摄提:摄提格的简称,摄提格是岁星纪年法中对寅年的称呼。贞:正当。孟陬:正月。 [5]庚寅:正月里的一个寅日。 [6]皇:指皇考。览:看,端详。揆:估量。初度:初生时的时节。 [7]肇:始。锡:同"赐"。 [8]扈:披在身上。江离:一种香草。辟:同"僻"。芷:也是一种香草。 [9]纫:贯串连缀。 [10]汩:水流迅疾的样子,比喻光阴似水,岁月如流。 [11]搴:拔取。阰(pí):大山坡。木兰:香木。[12]揽:采。洲:水中的小块陆地。宿莽:一种香草。

昔三后之纯粹兮[1],固众芳之所在[2]。杂申椒与菌桂兮[3],岂维纫夫蕙茝[4]。彼尧舜之耿介兮,既遵道而得路。何桀纣之猖披兮[5],夫唯捷径以窘步。惟夫党人之偷乐兮,路幽昧以险隘。岂余身之惮殃兮,恐皇舆之败绩[6]!忽奔走以先后兮,及前王之踵武。荃不察余之中情兮,反信谗而齌怒[7]。余固知謇謇之为患兮[8],忍而不能舍也。指九天以为正兮,夫唯灵修之故也[9]。曰黄昏以为期兮,羌中道而改路[10]。初既与余成言兮,后悔遁而有他。余既不难夫离别兮,伤灵修之数化[11]。

[1]后:君。三后:旧说指夏禹、商汤和周文王;也有人认为是楚国的三位贤明君王。纯粹:指品德纯正无疵。 [2]众芳:比喻群贤。在:聚集。 [3]杂:汇集。申椒:申山上的花椒,一种香的木实。菌桂:肉桂。 [4]蕙:一种香草。茝(chǎi):同"芷",一种香草。 [5]桀、纣:分别是夏朝和商朝的末代君王,均以暴虐著名。猖披:放纵自恣、为所欲为。 [6]皇舆:君王所乘的车子,这里用来比喻国家。 [7]齌(jì)怒:大怒。 [8]謇謇:忠言直谏。[9]灵修:一般认为指楚怀王。 [10]据考证这两句是衍文,当删。 [11]数(shuò)化:屡次改变主意。

余既滋兰之九畹兮[1]，又树蕙之百亩[2]。畦留夷与揭车兮[3]，杂杜衡与方芷[4]。冀枝叶之峻茂兮，愿竢时乎吾将刈。虽萎绝其亦何伤兮，哀众芳之芜秽。众皆竞进以贪婪兮，凭不厌乎求索[5]。羌内恕己以量人兮[6]，各兴心而嫉妒。忽驰骛以追逐兮，非余心之所急。老冉冉其将至兮，恐修名之不立。朝饮木兰之坠露兮，夕餐秋菊之落英。苟余情其信姱以练要兮[7]，长顑颔亦何伤[8]。揽木根以结茝兮[9]，贯薜荔之落蕊[10]。矫菌桂以纫蕙兮[11]，索胡绳之纚纚[12]。謇吾法夫前修兮[13]，非世俗之所服。虽不周于今之人兮，愿依彭咸之遗则[14]！

[1]滋：培植。畹：表示土地面积的量词。九：表示多。 [2]树：种。 [3]畦：田垄，这里作动词，一垄一垄地种。留夷、揭车：都是香草。 [4]杜衡：一种香草。这里罗列的香草都是用来比喻贤才的。 [5]凭：满。厌：满足。求索：争夺。 [6]羌：楚方言，发语词。内恕己：自己宽恕自己。量：揣度。 [7]苟：如果。信：果真。姱：美好。练要：精诚专一。 [8]顑(kǎn)颔：因饥饿而面有菜色。 [9]揽：同"揽"，持。木根：泛指植物的根本，比喻人立身的根本。 [10]贯：串联。薜荔：一种蔓生的香草。蕊：花心。 [11]矫：取用。 [12]索：结成绳索。胡绳：一种蔓生的香草。纚纚(shǐ shǐ)：由绳贯穿的东西下垂的样子。 [13]謇：楚方言，发语词。法：效法。前修：前代贤人。 [14]彭咸：相传为殷代贤臣，谏君不听，投水而死。遗则：遗留下的原则。

长太息以掩涕兮，哀民生之多艰[1]。余虽好修姱以鞿羁兮[2]，謇朝谇而夕替[3]。既替余以蕙纕兮[4]，又申之以揽茝。亦余心之所善兮，虽九死其犹未悔！怨灵修之浩荡兮，终不察夫民心。众女疾余之蛾眉兮[5]，谣诼谓余以善淫[6]。固时俗之工巧兮，偭规矩而改错[7]。背绳墨以追曲兮，竞周容以为度。忳郁邑余侘傺兮[8]，吾独穷困乎此时也；宁溘死以流亡兮[9]，余不忍为此态也！鸷鸟之不群兮，自前世而固然。何方圜之能周兮[10]，夫孰异道而相安！屈心而抑志兮，忍尤而攘诟。伏清白以死直兮，固前圣之所厚！

[1]太息：叹息。民生：人生。 [2]修姱：美好。鞿(jī)羁：马的缰绳和络头，比喻受束缚。 [3]谇(suì)：进谏。替：废弃。 [4]纕：佩带。 [5]众女：比喻群小。蛾眉：像蚕蛾一样细而长的眉毛，这里比喻自己的贤才。 [6]谣：毁谤。诼：馋诬。善淫：善于以淫荡之姿取媚于人。 [7]偭(miǎn)：背弃。规矩：指法度。错：同"措"，措施。 [8]忳(tún)：忧愁的样子。郁邑：苦闷烦恼又难以申诉。侘傺(chà chì)：失意的样子。 [9]溘(kè)：忽然。[10]圜：同"圆"。周：相合相容。

悔相道之不察兮[1]，延伫乎吾将反[2]。回朕车以复路兮，及行迷之未远。步余马于兰皋兮，驰椒丘且焉止息。进不入以离尤兮[3]，退将复修吾初服。制芰荷以为衣兮[4]，集芙蓉以为裳。不吾知其亦已兮，苟余情其信芳。高余冠之岌岌兮，长余佩之陆离[5]。芳与泽其杂糅兮，唯昭质其犹未亏。忽反顾以游目兮，将往观乎四荒。佩缤纷其繁饰兮，芳菲菲其弥章。民生各有所乐兮，余独好修以为常。虽体解吾犹未变兮,岂余心之可惩。

　　[1] 相:看、视。察:仔细考察。　　[2] 延伫:伫立眺望,迟迟不去。反:同"返"。　　[3] 进:进身于君主之前。不入:不为楚王所用。离:遭遇。尤:过失。　　[4] 制:裁制。芰(jì)荷:菱角叶和荷花叶。　　[5] 岌岌:高高的样子。陆离:长长的样子。

　　女嬃之婵媛兮[1],申申其詈予[2]。曰:"鲧婞直以亡身兮[3],终然殀乎羽之野[4]。汝何博謇而好修兮[5],纷独有此姱节?薋菉葹以盈室兮[6],判独离而不服[7]。众不可户说兮,孰云察余之中情?世并举而好朋兮,夫何茕独而不予听?"

　　[1] 女嬃(xū):旧说是屈原的姐姐,现代学者歧见迭出,或以为屈原的侍妾,或以为屈原的恋人等等,以把她视为比屈原年长的女性为妥。婵媛:关切挂心的样子。　　[2] 申申:反反复复。詈(lì):责备。　　[3] 鲧(gǔn):尧臣,夏禹的父亲,传说中为民治水而被天帝杀死的英雄。婞(xìng)直:刚直。亡身:忘身,不顾自身安危。　　[4] 终然:终于。殀(yāo):早死。羽:羽山,神话中的地名,传说在东海之滨,一说在北极之阴。　　[5] 博謇:过分地忠言直谏。[6] 薋(cí):草多的样子,这里用作动词,堆积。菉(lù)葹(shī):即王刍和苍耳,都是恶草名。[7] 判:分别,区别,分清界限的样子。服:佩用。

　　依前圣以节中兮[1],喟凭心而历兹[2]。济沅湘以南征兮,就重华而陈词[3]:"启《九辩》与《九歌》兮[4],夏康娱以自纵[5]。不顾难以图后兮,五子用失乎家巷[6]。羿淫游以佚畋兮[7],又好射夫封狐[8]。固乱流其鲜终兮[9],浞又贪夫厥家[10]。浇身被服强圉兮[11],纵欲而不忍[12]。日康娱以自忘兮,厥首用夫颠陨[13]。夏桀之常违兮,乃遂焉而逢殃[14]。后辛之菹醢兮[15],殷宗用而不长。汤禹俨而祗敬兮[16],周论道而莫差[17]。举贤而授能兮,循绳墨而不颇。皇天无私阿兮,览民德焉错辅[18]。夫维圣哲以茂行兮,苟得用此下土。瞻前而顾后兮,相观民之计极[19]。夫孰非义而可用兮,孰非善而可服[20]?阽余身而危死兮[21],览余初其犹未悔。不量凿而正枘兮[22],固前修以菹醢。"曾歔欷余郁邑兮,哀朕时之不当。揽茹蕙以掩涕兮,霑余襟之浪浪[23]。

　　[1] 节中:节制自己而归于中正之道。　　[2] 喟(kuì):叹息。凭心:愤懑的心情。历兹:至此。　　[3] 重(chóng虫)华:舜名,相传舜死后葬九疑山,在沅水、湘水之南。　　[4] 启:夏启,禹的儿子,夏朝的君主。《九辩》、《九歌》:都是乐章名,据神话传说,它们本来都是天帝的乐章,启自上天偷来,用于人间。　　[5] 夏:指夏启。康娱:沉溺于安逸享乐。自纵:放纵自己。　　[6] 五子:即"五观",又作"武观",夏启的幼子,曾据西河之地作乱。用:因而。失:衍字。家巷:即内讧。　　[7] 羿:后羿,相传为夏初有穷国的君主。淫:过度。佚:放纵,无节制。畋:打猎。　　[8] 封狐:大狐,这里泛指大兽。　　[9] 乱流:淫乱之辈。鲜终:很少有好结果。[10] 浞(zhuó):寒浞,相传为后羿之相,他串通后羿家臣逢蒙杀死后羿,并强占了后羿之妻。厥:其。家:妻室。　　[11] 浇(ào):寒浞的儿子。被服:披服,穿戴,引申为自负和仗恃。强圉(yù):刚强有力。　　[12] 不忍:不能节制。　　[13] 厥首:其头,指浇的头。颠陨:坠落,掉下

来,指浇终被少康诛杀。　[14]逢殃:遭到祸殃,指夏桀被汤流放南巢而夏灭。　[15]后辛:殷纣王,名辛。菹醢(zū hǎi):酸菜和肉酱,这里指把人剁成肉酱,是古代的一种酷刑。[16]汤:商汤,商朝的建立者,历史上著名的明君。禹:夏禹。俨:庄重,严肃。祇(zhī)敬:恭敬。　[17]周:指周文王、周武王、周公。论道:讲论治国正道。莫差:没有差错。　[18]错辅:辅助。错,通"措",措置,安排。　[19]相观:观察。民之计极:百姓思考问题的准则。[20]服:同"用",享有。　[21]阽(diàn):濒临危险。危死:危险死亡。　[22]不量凿而正枘(ruì):比喻不苟合取容的处世方法和作风。凿,木工在器物上所凿的孔。枘(ruì),木楔。[23]茹:柔软的香草。沾:沾湿。浪浪:泪流不止的样子。

　　跪敷衽以陈词兮[1],耿吾既得此中正[2]。驷玉虬以乘鹥兮[3],溘埃风余上征[4]。朝发轫于苍梧兮[5],夕余至乎县圃[6]。欲少留此灵琐兮[7],日忽忽其将暮。吾令羲和弭节兮[8],望崦嵫而勿迫[9]。路曼曼其修远兮,吾将上下而求索。饮余马于咸池兮[10],总余辔乎扶桑[11]。折若木以拂日兮[12],聊逍遥以相羊[13]。前望舒使先驱兮[14],后飞廉使奔属[15]。鸾皇为余先戒兮[16],雷师告余以未具[17]。吾令凤鸟飞腾兮,继之以日夜。飘风屯其相离兮[18],帅云霓而来御[19]。纷总总其离合兮[20],斑陆离其上下[21]。吾令帝阍开关兮[22],倚阊阖而望予[23]。时暧暧其将罢兮,结幽兰而延伫。世溷浊而不分兮[24],好蔽美而嫉妒。

　　[1]敷:铺开。衽:衣襟。　[2]耿:光明。既得:已经得到。中正:中正之道,指治国和做人的正确道路。　[3]驷:原指四匹马拉的车子,此用作动词,意为驾驶。玉虬(qiú):无角的白龙。鹥(yī):五彩鸟,凤凰的一种。　[4]埃风:夹杂尘埃的大风。上征:向天飞去。　[5]发轫:发端,起程。轫,车轮前制动的木头。苍梧:即九疑山,在今湖南省宁远县东南,传说舜葬于此。　[6]县圃:即悬圃,神话中的山名,在昆仑山中层。　[7]少留:稍稍停留。灵琐:神灵居住的地方。琐,宫门上雕刻的连琐花纹,借指宫门。　[8]羲和:神话中用六龙为太阳神驾车的御者。弭(mǐ)节:止鞭,此处为停鞭慢行不要让时间过得太快的意思。节,鞭子。[9]崦嵫(yān zī):神话中日落的山名。迫:靠近。　[10]咸池:神话中太阳沐浴的水池。[11]总:系结。扶桑:神话中的树名,传说太阳每天从这里升起。　[12]若木:神话中的树名,长在西方日落处。拂:遮挡。　[13]聊:暂且。逍遥:优游自得的样子。相羊:同"倘佯",自由自在地徘徊。　[14]望舒:传说为月亮驾车的神。　[15]飞廉:神话中的风神,又叫风伯。奔属:跟随后面奔走。　[16]鸾:凤一类的鸟。皇:同"凰"。先戒:先行戒备。　[17]雷师:雷神。未具:行装没有准备齐全。　[18]飘风:回旋的风。屯:聚合。离:通"丽",附丽,附着。　[19]帅:带领。霓:彩虹。御:同"迓"(yà),迎接。　[20]总总:聚集很多的样子。离合:形容云霓忽散忽聚的状态。　[21]斑:斑斓,五光十色。陆离:参差错综的样子。[22]帝阍(hūn):为天帝守门的神。阍,守门者。开关:打开门闩。　[23]阊阖(chāng hé):天门。　[24]溷浊:同"浑浊"。不分:指不分贤愚、善恶、是非。

　　朝吾将济于白水兮[1],登阆风而绁马[2]。忽反顾以流涕兮,哀高丘之无女[3]。溘吾游此春宫兮[4],折琼枝以继佩[5]。及荣华之未落兮[6],相下女之可诒[7]。吾令丰隆乘云兮[8],求宓妃之所在[9]。解佩纕以结言兮[10],吾令蹇修以为理[11]。纷总总其离合兮,忽纬繣其难迁[12]。夕归次于穷石兮[13],朝濯发乎洧盘[14]。保厥美以骄傲兮[15],日康娱以淫游。虽信美而无礼兮,来违弃而改求。览相观于四极兮[16],周流乎天余乃下[17]。望瑶台之偃蹇兮[18],见有娀之佚女[19]。吾令鸩为媒兮[20],鸩告余以不好。雄鸠之鸣逝兮[21],余犹恶其佻巧[22]。心犹豫而狐疑兮,欲自适而不可。凤皇既受诒兮[23],恐高辛之先我[24]。欲远集而无所止兮,聊浮游以逍遥。及少康之未家兮[25],留有虞之二姚[26]。理弱而媒拙兮,恐导言之不固[27]。世溷浊而嫉贤兮,好蔽美而称恶。闺中既已邃远兮[28],哲王又不寤[29]。怀朕情而不发兮,余焉能忍与此终古!

[1]白水:神话中水名,源出昆仑山。 [2]阆(làng)风:神话中山名,在昆仑山顶。绁(xiè):拴。 [3]高丘:山名,在阆风山上,一说在楚国。女:神女,隐喻志同道合的人。 [4]春宫:神话中东方青帝所居的宫殿。 [5]琼枝:玉树枝。继佩:增补佩饰。 [6]及:趁。荣华:琼枝的花朵,草本植物开的花叫荣,木本植物开的花叫华。 [7]下女:下界美女,指下文所说的宓妃、简狄和有虞二姚。诒(yí):通"贻",赠送。 [8]丰隆:云神,一说雷神。 [9]宓(fú)妃:相传为伏羲氏的女儿,溺死于洛水,遂为洛水女神。宓:同"伏"。 [10]佩纕(xiāng):佩带。结言:订结婚约。 [11]蹇修:传说为伏羲的臣子。理:媒人。 [12]纬繣(huà):乖戾,指宓妃的性格。难迁:难以迁就,一说是意志难以转移。 [13]次:止宿。穷石:神话中山名。 [14]濯(zhuó)发:洗发。洧(wěi)盘:神话中水名,出崦嵫山。 [15]保:仗恃。厥美:她的美丽。 [16]览、相、观:都是观看的意思,三个动词连用。四极:四方极远的地方。[17]周流:周游。下:下降到人间。 [18]瑶台:美玉所建的台。偃蹇:高耸的样子。 [19]有娀(sōng):传说中古代一个部落名。相传有娀氏有二女,住在高台上,长女简狄后来嫁帝喾,生下商的始祖契。佚女:美女。 [20]鸩(zhèn):鸟名,羽有毒。 [21]鸠:鸟名,斑鸠。鸣逝:一边叫一边飞去。 [22]恶:厌恶。佻巧:轻佻而言语花巧不实。 [23]凤皇:神鸟,文中担当媒人,受诗人之托,一说受高辛氏之托。受诒:接受聘礼。 [24]高辛:高辛氏,即帝喾。 [25]少康:夏代中兴之君。传说浇杀其父夏后相,他逃奔有虞。有虞国君将两个女儿嫁给他。后来他灭浇,恢复了夏。未家:尚未婚娶成家。 [26]有虞:国名,舜的后代,姓姚。二姚:有虞国的两位公主。 [27]导言:媒人撮合的言辞。不固:无力。 [28]闺中:女子所居之处。邃远:深远。 [29]哲王:明智的君主。这里指楚怀王。寤:醒悟。

索藑茅以筳篿兮[1],命灵氛为余占之[2]。曰:"两美其必合兮[3],孰信修而慕之?思九州之博大兮[4],岂唯是其有女[5]?"曰:"勉远逝而无狐疑兮[6],孰求美而释女[7]?何所独无芳草兮,尔何怀乎故宇?世幽昧以眩曜兮,孰云察余之善恶?民好恶其不同兮,惟此党人其独异。户服艾以盈要兮[8],谓幽兰其不可佩。览察草木其犹未得兮,岂珵美之能当[9]?苏粪壤以充帏兮[10],谓申椒其不芳。"

[1]索:系结。藑(qióng)茅:占卜用的茅草。筳:占卦用的竹片。篿:楚人用灵草编结筳竹来占卦称为篿。 [2]灵氛:古代善占卜者。 [3]两美必合:比喻良臣必遇明君。 [4]九州:天下。 [5]是:指上文神女、宓妃等所居之地。 [6]勉:勉力、努力。远逝:远行。

[7]释:丢弃。女:同"汝"。 [8]户:家家户户。艾:恶草,即白蒿。盈:满。要:同"腰"。 [9]瑾:美玉。当:估价、鉴别。 [10]苏:取。粪壤:肮脏的东西。袆:身上所佩带的香囊。

　　欲从灵氛之吉占兮,心犹豫而狐疑。巫咸将夕降兮[1],怀椒糈而要之[2]。百神翳其备降兮[3],九疑缤其并迎[4]。皇剡剡其扬灵兮[5],告余以吉故[6]。曰:"勉升降以上下兮,求榘矱之所同[7]。汤禹严而求合兮[8],挚咎繇而能调[9]。苟中情其好修兮,又何必用夫行媒。说操筑于傅岩兮,武丁用而不疑[10]。吕望之鼓刀兮,遭周文而得举[11]。宁戚之讴歌兮,齐桓闻以该辅[12]。及年岁之未晏兮,时亦犹其未央。恐鹈鴃之先鸣兮[13],使夫百草为之不芳。"何琼佩之偃蹇兮,众薆然而蔽之[14]。惟此党人之不谅兮[15],恐嫉妒而折之。时缤纷其变易兮,又何可以淹留。兰芷变而不芳兮,荃蕙化而为茅。何昔日之芳草兮,今直为此萧艾也?岂其有他故兮,莫好修之害也。余以兰为可恃兮,羌无实而容长。委厥美以从俗兮,苟得列乎众芳。椒专佞以慢慆兮[16],樧又欲充夫佩帏[17]。既干进而务入兮[18],又何芳之能祗[19]。固时俗之流从兮,又孰能无变化?览椒兰其若兹兮[20],又况揭车与江离。惟兹佩之可贵兮[21],委厥美而历兹。芳菲菲而难亏兮,芬至今犹未沫[22]!和调度以自娱兮[23],聊浮游而求女。及余饰之方壮兮,周流观乎上下。

　　[1]巫咸:古代著名的神巫。 [2]怀:怀带。椒:香草,用以降神。糈(xǔ):精米,用以享神。要:迎候。 [3]翳:遮蔽。备:都。 [4]九疑:九嶷山,这里指九嶷山神。缤:繁盛。 [5]皇:百神。剡剡:闪闪发光。扬灵:显灵。 [6]吉故:吉利的消息。 [7]矩矱:法度。 [8]严:真心诚意。求合:访求与自己志同道合的大臣。 [9]挚:即伊尹,汤的贤相。咎繇(gāo yáo):即皋陶,禹的贤臣。调:协调和谐。 [10]说:人名,即傅说,武丁时的贤相。操:拿着。筑:筑墙用的工具。傅岩:地名。相传武丁梦见一位贤人,即访求其于天下,后得筑墙的奴隶傅说,见其与梦中人形貌相同,就用他为相,殷朝大盛。 [11]吕望:即姜太公。鼓:舞动屠刀。姜太公曾因于朝歌为屠夫,后遇周文王,才被举用。 [12]该:备。辅:辅佐。宁戚原是一个穷困的小商人,一次齐桓公晚上出来,宁戚用手扣牛角而歌,桓公听后,知道他是贤人,就提拔他为卿相。 [13]鹈鴃(tí jué):子规鸟,也就是杜鹃,子规的啼声是落花时节的标志。 [14]琼佩:比喻美德。偃蹇:困顿失志。薆(ài)然:遮蔽。 [15]谅:诚,信。 [16]慢慆(tāo):傲慢放肆。 [17]樧(shā):恶草名,是茱萸一类的草。 [18]干进而务入:指钻营谋求利禄权势。 [19]祗:振。 [20]若兹:如此。 [21]况:何况。揭车、江离:一般的香草,比喻一般人。兹:比喻自己的美德。 [22]沫(mèi):通"昧"。泯灭,消失。 [23]和:和谐、调度:指佩玉摇动的节奏和脚步和谐一致。

　　灵氛既告余以吉占兮,历吉日乎吾将行。折琼枝以为羞兮,精琼靡以为粻[1]。为余驾飞龙兮,杂瑶象以为车[2]。何离心之可同兮,吾将远逝以自疏[3]。邅吾道夫昆仑兮[4],路修远以周流。扬云霓之晻蔼兮[5],鸣玉鸾之啾啾[6]。朝发轫于天津兮[7],夕余至乎西极。凤皇翼其承旂兮[8],高翱翔之翼翼[9]。忽吾行此流沙兮,遵赤水而容与[10]。麾蛟龙使梁津兮,诏西皇使涉予[11]。路修远以多艰兮,腾众车使径待[12]。路不周以左转兮[13],指西海以为期[14]。屯余车其千乘兮[15],齐玉轪而并驰[16]。驾八龙之婉婉兮,载云旗之委蛇。抑志而弭节兮,神高驰之邈邈。奏《九歌》而舞《韶》[17]兮,聊假日以媮乐[18]。陟升皇之赫戏兮[19],忽临睨夫旧乡。仆夫悲余马怀兮,蜷局顾而不行。

[1] 羞:精美的食品。精:捣碎。琼靡:玉屑。粻(zhāng):粮。　[2] 瑶:玉石。象:象牙。　[3] 自疏:自求疏远。　[4] 邅(zhān):转向。邅吾道:转道。　[5] 扬:举起。云霓:比喻旌旗。晻蔼:遮天蔽日的样子。　[6] 鸾:马身上系的铃,多为鸾鸟形。玉鸾:玉制的鸾铃。　[7] 天津:天河。　[8] 翼:张开翅膀。承:举着。　[9] 翼翼:整齐有节奏的样子。[10] 赤水:神话中的水名,相传发扬于昆仑山。容与:从容。　[11] 诏:命令。西皇:西方的尊神,相传是古帝少昊。涉予:渡我过去。　[12] 腾:吩咐。径待:径相侍卫。　[13] 路:路过。不周:神话中的山名。　[14] 西海:传说中最西边的海。期:目的地。　[15] 屯:聚集。[16] 轪:车轴。　[17] 韶:即《九韶》,相传是帝舜的舞乐。　[18] 假:假借。媮:同"愉"。[19] 陟:升。皇:皇天。赫戏:光明。

乱曰[1]:已矣哉! 国无人莫我知兮[2],又何怀乎故都? 既莫足为美政兮[3],吾将从彭咸之所居[4]!

[1] 乱:终篇的结语,乐歌的卒章。　[2] 莫我知:莫知我。　[3] 美政:理想的政治。[4] 意思是效法、追随彭咸。

(中华书局点校本洪兴祖《楚辞补注》　张朝富)

九歌·湘夫人[1]

帝子降兮北渚[2],目眇眇兮愁予[3]。
袅袅兮秋风[4],洞庭波兮木叶下[5]。
登白薠兮骋望[6],与佳期兮夕张[7]。
鸟何萃兮蘋中? 罾何为兮木上[8]?
沅有茝兮醴有兰[9],思公子兮未敢言[10]。
荒忽兮远望,观流水兮潺湲[11]。
麋何食兮庭中[12]? 蛟何为兮水裔[13]?
朝驰余马兮江皋[14],夕济兮西澨[15]。
闻佳人兮召予[16],将腾驾兮偕逝[17]。
筑室兮水中,葺之兮荷盖[18]。
荪壁兮紫坛[19],匊芳椒兮成堂[20]。
桂栋兮兰橑[21],辛夷楣兮药房[22]。
罔薜荔兮为帷[23],擗蕙櫋兮既张[24]。

白玉兮为镇[25]，疏石兰兮为芳[26]。
芷葺兮荷屋[27]，缭之兮杜衡[28]。
合百草兮实庭[29]，建芳馨兮庑门[30]。
九嶷缤兮并迎[31]，灵之来兮如云。
捐余袂兮江中[32]，遗余褋兮醴浦[33]。
搴汀洲兮杜若[34]，将以遗兮远者。
时不可兮骤得[35]，聊逍遥兮容与[36]。

[1] 湘夫人：湘水女神。这首诗是男巫饰湘君所唱的爱慕湘夫人的歌。 [2] 帝子：帝王之子，指湘夫人。传说尧的二位女儿娥皇和女英，随丈夫舜不反，没于湘水，而为湘夫人。或为天帝之女。降：自上而下，来到。北渚：地方。水中北方的洲。 [3] 此句说极目远望仍看不清湘夫人，使我心忧愁。目眇眇(miǎo)：极目远望的样子。愁予：令我惆怅。 [4] 袅袅(niǎo)：形容轻风吹拂的样子。 [5] 洞庭：洞庭湖，在今湖南省境内，与长江相接。波：扬波，起波浪。 [6] 白薠(fán)：薠草，形似莎草而较大。清胡文英说白薠"似藨草，生楚南湖滨。"登白薠，登上长着白薠草的地方。驰望：纵目远望。 [7] 句意为与湘夫人约定黄昏相会。佳：佳人。期：约会。夕张：张，张罗。黄昏张罗相会。 [8] 二句说鸟本来该集在树上，却聚在草里，渔网本该在水中，却在树上。意谓与佳人约会，犹缘木求鱼，不会见面的。萃(cuì)：聚。罾(zēng)：有支架的方形渔网。 [9] 沅(yuán)：沅江，在湖南省境内，水流入洞庭湖。茝(zhǐ)：香草，兰草之类。醴(lǐ)：同"澧"，澧水，在湖南水境内，长江、沅水的支流。 [10] 公子：称湘夫人。明李陈玉说："古者呼君女为女公子。称尊子，尊之也。称公子，亲之也。" [11] 二句说望眼欲穿，也不见湘夫人，但见江水流淌，心里非常惆怅。荒忽：通"恍惚"，迷茫，看不清。明汪瑗说："慌惚，犹眇茫，言望之远而视不谛也。"潺(chán)湲(yuán)：水流动的样子。 [12] 麋(mí)：鹿一类动物，又名驼鹿。庭：庭院。 [13] 蛟：传说中的龙一类动物。水裔：水边。 [14] 江皋：水边高地。 [15] 济：渡水。西澨(shì)：洞庭湖西部近湖的地方。澨，水边。 [16] 佳人：指湘夫人。召予：叫我去。予，我。 [17] 腾驾：驾车飞奔。偕逝：一起离开当地去过幸福生活。 [18] 句意谓用荷叶作瓦造房。葺(qì)：造屋时覆盖房屋。荷盖：荷叶。 [19] 荪(sūn)壁：用荪美化墙壁。荪，香草，又名荃，即溪荪，俗名石菖蒲。紫坛：用紫色的美物装饰庭院。紫，紫贝。一说紫草，或云紫泥。坛，庭院。 [20] 罴：同"播"，散布，撒。椒：花椒。果带芳香的灌木。成堂：满堂。 [21] 桂栋：用桂树作栋梁。兰橑(lǎo)：用木兰作屋橑。兰，木兰。橑，屋橑。 [22] 辛夷楣：用辛夷作门楣。辛夷，木兰一类的树，又名迎春，开花。楣，门框上的横梁。药房：用白芷装饰卧室。药，白芷。洪兴祖说："《本草》：白芷，楚人谓之药。" [23] 罔：同"网"，编织，编结。薜(bì)荔：木本植物，又名木莲。茎蔓生，花小，实形似莲房。帷：帷帐。 [24] 此句意谓把蕙草铺开，作屋檐板。擗(pì)：剖开，弄开。楣(mián)：屋檐板。既张：铺好之意。 [25] 镇：镇席，压坐席之物。 [26] 疏：摆开，分布。石兰：即山兰，兰草的一种。 [27] 这句说把白芷覆盖在荷叶做成的屋顶之上。芷：白芷。葺：覆盖。荷屋：用荷叶做成的屋。 [28] 缭：缠，缠绕。杜衡：也叫杜葵，俗名马蹄香，香草，叶似葵而有香味。 [29] 合：汇合，汇集。实：充实，充满。 [30] 庑(wǔ)门：指所有的建筑。庑，《说文》："堂下周屋也。" [31] 九嶷：九嶷山，在今湖南省宁远县东南一带。缤：缤纷，众多。指灵界的各种灵类。 [32] 捐：抛，给。袂：衣袖，代指上衣。 [33] 遗：扔、送。褋(dié)：单衣。杨雄《方言》："禅衣，江淮南楚之间谓之褋。"醴浦：醴水边。浦，水滨。 [34] 搴(qiān)：摘取。楚地方言。汀洲：水中小洲。杜若：香草，又名山姜。 [35] 时：机会，

与湘夫人相见的时机。骤得:突然得到,多得。　　[36] 聊:姑且。逍遥:悠然自得。容与:安闲自在。

(据中华书局1957年影印本洪兴祖《楚辞补注》　刘文刚)

九歌·东君[1]

暾将出兮东方[2],照吾槛兮扶桑[3]。
抚余马兮安驱[4],夜皎皎兮既明[5]。
驾龙辀兮乘雷[6],载云旗兮委蛇[7]。
长太息兮将上[8],心低徊兮顾怀[9]。
羌声色兮娱人[10],观者憺兮忘归[11]。
縆瑟兮交鼓[12],箫钟兮瑶虡[13]。
鸣篪兮吹竽[14],思灵保兮贤姱[15]。
翾飞兮翠曾[16],展诗兮会舞[17]。
应律兮合节[18],灵之来兮蔽日[19]。
青云衣兮白霓裳[20],举长矢兮射天狼[21]。
操余弧兮反沦降[22],援北斗兮酌桂浆[23]。
撰余辔兮高驼翔[24],杳冥冥兮以东行[25]。

[1] 九歌:相传为夏代的乐曲。此九歌当为屈原所作,是楚国祭祀用的乐神之歌。包括十一篇作品:《东皇太一》、《云中君》、《湘君》、《湘夫人》、《大司命》、《少司命》、《东君》、《河伯》、《山鬼》、《国殇》、《礼魂》。东君:日神。日出于东,王称君,日又称为君,故日神称东君。《礼记·祭法》:"王宫,祭日也。"郑玄注:"王宫,日坛。王,君也。日称君。"本诗是祭祀日神的歌。　　[2] 暾(tūn):初出的太阳。一说是太阳初升光明温暖的样子。　　[3] 槛(jiàn):栏杆。此处指日神居处。扶桑:神话中太阳升起处的大树。《山海经·海外东经》说:"汤谷上有扶桑,十日所浴,在黑齿北。居水中,有大木,九日居下枝,一日居上枝。"东方朔《十洲记》:"扶桑在碧海中,叶似桑树,长数千丈,大二千围,两两同根,更相依倚。是名扶桑。"　　[4] 此句言太阳缓缓升起。抚:轻轻拍打。安驱:安稳前行。神话传说中太阳神乘六龙驾的车。　　[5] 此句说太阳出来,夜色退去,天下光明。皎皎(jiǎo):同"皎皎",光明的样子。　　[6] 龙辀(zhōu):龙形车。辀,车辕,指车。乘雷:车前行时发出的雷鸣般的响声。　　[7] 此句言霞光灿烂。云旗:云如旗。委蛇(wēi yí):卷曲延伸。　　[8] 太息:叹息。　　[9] 低徊:徘徊留恋,依依不舍。顾怀:眷顾思念。　　[10] 羌:楚地方言,语助词。娱人:使人欢乐。　　[11] 观者:观众,观看的人。憺(dàn):安乐,高兴。　　[12] 縆(gēng):本指乐器的弦绷得很紧,此处指拨动弦,即演奏。瑟(sè):乐器,通常有二十五根弦。交鼓:击鼓。交,当为"攴",击之意。　　[13] 此句言敲钟很用力,以致挂钟的木梁都摇晃起来。箫钟:敲钟,击钟。箫,"捎"的假借字,敲击。瑶虡(jù):瑶,"摇"的假借字。虡,悬挂钟磬等乐器的木架。　　[14] 鸣:吹,吹响。篪(chí):通"篪",管乐器,像笛,有九孔,横吹,以竹做成。竽:簧管乐器,像笙,有三十六簧。　　[15] 灵保:神巫,巫。贤姱(kuā):贤德美好。姱,美好。　　[16] 此句说舞蹈时而轻曼,时而急促。翾(xuān)飞:轻盈飞舞,轻曼舞蹈。翾,《说文》:"翾,小飞也。"翠曾:展翅飞翔,快节奏舞蹈。翠,

"踤"的借字,意为仓促的样子。曾,"翾"的假借字,展翅飞翔。　[17]展诗:歌唱,放声歌唱。会舞:群舞,大型舞蹈。洪兴祖说:"会舞,犹合舞也。"　[18]应律:歌声符合音律,非常和谐。合节:舞蹈符合节拍,非常优美。此句言音乐舞蹈盛大美好。清王萌说:"应律言音,合节言舞,总上作乐之盛。"　[19]灵:神,指诸神。蔽日,遮住太阳,极言其多。此句言东君与诸神从空中降临祭祀的地方。　[20]青云衣:把青云做成衣。白霓裳:把白霓做成下装(指裙子、裤子一类衣服)。　[21]长矢:长箭。矢,箭。也可理解为指矢星。汪瑗说:"矢,箭也。天上有矢星。"射天狼:比喻消除凶敌和灾难。天狼:狼性贪残,制造灾祸。天狼,天狼星。　[22]此句言太阳射罢天狼,带着弓箭离去。王逸说:"言日诛恶以后,复遁道而退,下入太阴之中,不伐其功也。"操:持,拿。弧:弓。又指天上弧矢星,此星又名天弓,由九颗星构成弓形。《晋书·天文志》:"弧九星,在狼东南,天弓也。主备盗贼。"　[23]此句言用北斗星作酒器,斟满桂花酒饮用。援:拿,取。北斗:北斗星,由七颗星组成,形似斗,故此处比喻为装酒的酒器。桂浆:桂花酒。浆,酒浆,酒。　[24]撰:拿,握。辔(pèi):马缰,系马的绳子。驼:同"驰",奔驰。翔:飞翔,飞奔。　[25]此句言太阳在黑夜中奔向东方。杳(yǎo)冥冥:深沉昏暗的样子。东行:向东行驶。古代认为太阳绕大地运行。其思路是太阳由东向西运行后,又从大地背面来到东方。

(据中华书局1957年影印本洪兴祖《楚辞补注》　刘文刚)

九歌·山鬼[1]

若有人兮山之阿,被薛荔兮带女萝罗[2]。
既含睇兮又宜笑[3],子慕予兮善窈窕[4]。
乘赤豹兮从文狸[5],辛夷车兮结桂旗[6]。
被石兰兮带杜衡[7],折芳馨兮遗所思[8]。
余处幽篁兮终不见天[9],路险难兮独后来[10]。
表独立兮山之上[11],云容容兮而在下[12]。
杳冥冥兮羌昼晦[13],东风飘兮神灵雨[14]。
留灵修兮憺忘归[15],岁既晏兮孰华予[16]?
采三秀兮於山间[17],石磊磊兮葛蔓蔓。
怨公子兮怅忘归,君思我兮不得闲[18]。
山中人兮芳杜若[19],饮石泉兮荫松柏[20]。
君思我兮然疑作[21]。
雷填填兮雨冥冥[22],猨啾啾兮又夜鸣[23]。
风飒飒兮木萧萧[24],思公子兮徒离忧[25]。

[1]这是一首祭祀山神的乐歌。过去多以为祭祀山中鬼怪的歌,其实,本篇"鬼"即神之意。明代汪瑗说:"此题曰山鬼,犹言山神山灵耳,奚必嗥夔魍魉魑魅之怪异而后谓之鬼哉!"
[2]此二句说山鬼像人一样站在山边,穿着薛荔做的衣服,系着女萝做的衣带。若:仿佛。山之阿:山的弯曲处。阿:山边,曲处。被:同"披",穿。薛荔:又名木莲。常绿灌木,蔓生。诗中言薛荔做成衣服。带女罗:以女萝为衣带。女罗,即女萝,蔓生植物。明李时珍《本草纲目》:

"罗愿《尔雅翼》云女萝色青而细长,无杂蔓,故《离骚》云被薜荔兮带女萝,谓青衣如带也。"　[3]此句说山鬼脉脉含情,笑容美丽。含睇(dì):目光含情流盼。睇,斜视,流盼。宜笑:笑起来非常美。　[4]子:古时对男子的尊称,这里是山鬼称饰为山鬼恋人的男巫。慕:爱慕,爱。予:山鬼自称。窈窕:美好,美丽。　[5]乘赤豹:乘着赤豹驾的车,或说是骑着赤豹。赤豹,豹的一种,红毛黑花豹。从文狸:让有花纹的野狸作随从。从:跟随,做随从。文狸:有花纹的狸。狸,一种动物,猫属。文,花纹。　[6]辛夷车:以辛夷香木做成的车。辛夷又名迎春、木笔,木兰一类开花的树。结桂旗:挂上用桂花枝做的旗。结,系。　[7]此句说穿着石兰做的衣服,以杜衡为衣带。石兰:又称山兰,兰草中的一种。杜衡:又叫杜葵,俗名马蹄香,香草,叶似葵。清李光地说:"始被薜荔而带女萝,既乃被石兰而带杜衡,与人益亲,被服益修也。"　[8]此句说折下芳香的花草送给所思的人。芳馨:芳香之物,芳香的花草。遗(wèi):赠,送。所思:所思之人,所爱之人。　[9]此句说我居住在茂密的不见天的竹林里。余:指山鬼。处:居,住地。幽:深暗。篁(huáng):竹,竹林。　[10]后来:来晚了。意谓比其他神来得迟。　[11]此句说山鬼独自卓然立在山上。表:特出,卓然。　[12]容容:形容云流动的样子。　[13]此句说白天变得昏暗阴沉。杳冥冥:深沉阴暗。杳,深远,昏暗。羌:楚地方言,语助词。昼晦:白天变得阴暗。　[14]此句言东风吹天下雨。飘:吹。神灵:雨神。　[15]灵修:山鬼所爱的人。憺(dàn):安心,安然。　[16]此句说我是大龄人了,谁还能留住我过去的美貌?岁既晏:年龄已大。美人迟暮。晏,晚。孰:谁。华予:使我保持美丽。华,花,美丽。　[17]此二句说我在巫山间采灵芝,石头耸立,葛藤蔓延。三秀:灵芝。灵芝三次开花,故称。一说三秀即秀幽、秀崔苇,秀,即茀。於山:巫山。郭沫若说:"於山即巫山"。"於"与"巫"古代同音,假借为"巫"。石磊磊:石耸立的样子。葛蔓蔓:葛蔓四处生长缭绕的样子。葛,藤类蔓生植物,可制作布。　[18]此两句说我怨恨我所爱的人不来与我相会,竟然忘记了回家。而我所爱的人也是思恋我的,只不过他没有空来和我相会罢了。公子:山鬼所爱的人。怅忘归:惆怅而忘记回家。不得闲:不得空,没时间。　[19]山中人:山鬼称自己。芳杜若:像杜若一样芳香。杜若,又名山姜,一种香草。　[20]石泉:石间的泉水。阴松柏:用松柏作为护身。即用松柏作为居住的地方。阴,以之遮蔽。　[21]此句说我所爱的人对我对他的深爱将信将疑。君:山鬼所爱的人。然疑:将信将疑。又相信又怀疑。　[22]填填:像声词,形容雷声。雨冥冥:雨使天变得昏暗。冥冥,昏暗的样子。　[23]猨(yuán):同"猿"。啾(jiū)啾(jiū):像声词,形容猿的叫声。　[24]飒飒:像声词,形容风声。萧萧:像声词,形容风吹树木的声音。[25]此句说我思念我所爱的人,可又见不到他,只有白白遭受相思之苦。徒:徒然。离:通"罹",受,遭受。

(据中华书局1957年影印本洪兴祖《楚辞补注》　刘文刚)

天问(节录)

曰[1]:遂古之初,谁传道之[2]?上下未形,何由考之[3]?冥昭瞢暗,谁能极之[4]?冯翼惟像,何以识之[5]?明明暗暗,惟时何为[6]?阴阳三合,何本何化[7]?圜则九重,孰营度之[8]?惟兹何功[9],孰初作之?斡维焉系,天极焉加[10]?八柱何当,东南何亏[11]?九天之际,安放安属[12]?隅隈多有[13],谁知其数?天何所沓[14]?十二焉分[15]?日月安属?列星安陈[16]?出自汤谷,次于蒙汜[17]。自明及晦,所行几里?夜光何德,死则又育[18]?厥利维何,而顾菟在腹[19]?……

[1]曰:统领全篇的发问辞,可译为请问。《天问》是屈原在放逐期间写的一篇奇文,全文共提出一百七十多个问题,涉及天地万物、往古神话、政治哲学、人伦道德等方面。　[2]遂古:远古。遂,通邃,深远也。传道:传说。　[3]上下:指天地。形:形成。考:稽考。　[4]冥:幽暗。昭,明亮。冥昭:昼夜。曹(méng)暗(àn):模糊不清貌。极:穷究,彻底弄清楚。　[5]冯(píng)翼:元气盛满浮动貌。惟:语助词。像:对形而言,无实形可睹但可想象者,指元气浮动,无具体形质。　[6]明明暗暗:昼夜交替。惟时何为:日夜为何交替。时,通"是"。一说惟时即其时,指昼夜初分之时。　[7]三合:交错相合。三,通"参"。本:根本。化:变化。　[8]圜(yuán):同圆,此处指天。古人认为天圆地方,故以圆指天。九重:九层。古人认为天有九重。营度:测量规划。　[9]兹:此。功:通"工",工程。　[10]斡(wò):北斗七星之柄,本义为车轴。古人认为天体如车轮旋转,斗为轮,柄为轴。维:星名;一说维是系天体,使之不坠落的绳子。天极:天之中央。加:安放。　[11]八柱:神话传说中支撑天的八根柱子。何当:何在。亏:缺损,指东南地势低陷。　[12]九天:古人把天分为九块,中央曰钧天,东方曰苍天,东北曰变天,北方曰玄天,西北曰幽天,西方曰颢天,西南曰朱天,南方曰炎天,东南曰阳天。际:边界。属(zhǔ):连缀。　[13]隅(yú):角落。隈(wēi):山水等弯曲的地方。　[14]沓(tà):相合。天何所沓:犹言天地在什么地方合会?　[15]十二:十二辰。十二辰是古代天文学家为观测岁星(木星)而设立,岁星十二岁运行一周天,一岁一辰,所以有十二辰,后来十二辰成为黄道周天之十二等分,分别以子丑寅卯辰巳午未申酉戌亥代表。[16]属:依附。陈:排列。　[17]汤(yáng)谷:神话传说中日出之处,也写作旸谷。次:止息。蒙汜(sì):神话中日落之处。　[18]夜光:月亮。德:德行,本领。育:生长,这里指月缺复圆。古人认为月亮每月生死一次,以此解释月亮的圆缺变化。　[19]厥:其。利:好处。菟(tù):即兔。因兔性多疑,常四顾不安,故称顾兔。一说"兔望月而孕",故称顾之兔。一说顾菟指蟾蜍。古代神话传说认为月中有蟾蜍,又说有玉兔。

九州安错?川谷何洿[1]?东流不溢,孰知其故?东西南北,其修孰多?南北顺椭,其衍几何[2]?昆仑县圃,其尻安在[3]?增城九重,其高几里[4]?四方之门,其谁从焉[5]?西北辟启,何气通焉[6]?日安不到?烛龙何照[7]?羲和之未扬,若华何光[8]?何所冬暖?何所夏寒?

[1]错:通措,置也。洿(wū):深也。　[2]修:长。顺椭(tuǒ):犹言东西。太阳自东向西运行的轨迹是一条弧线,因此把东西叫作顺椭。椭:椭圆;或解为狭长。衍:余数,此处指差距。　[3]县(xuán)圃:传说昆仑之巅曰县圃,上与天相通。尻:居的古字。一说尻是凥字之误。凥(kāo):尾骨。"其尻安在"是在问昆仑县圃所止之处何在。　[4]增城:神山名。传说昆仑山上有增城九重,其高一万一千余里。　[5]四方之门:昆仑山四方之门;一说天四方各有一门,调节寒暑。从:进出。　[6]西北:西北方的门。辟启:打开。传说昆仑西北大门打开,可接纳昆仑西北方的不周山刮来的风。　[7]日安不到:传说天之西北有无日之国,终年照不到太阳,有龙衔烛以照之。烛龙:传说中人面龙身神,居西北海之外,它闭上眼天就黑了,睁开眼天就亮了。　[8]羲和:神话中为太阳驾车者,此处指太阳。扬:升起。若华:若木之花。若木生于日落处,太阳落于其下,若木之花就会发出耀眼光芒。

焉有石林?何兽能言?焉有虬龙,负熊以游[1]?雄虺九首,儵忽焉在[2]?何

一、惊采绝艳——楚辞

所不死?长人何守[3]?靡萍九衢,枲华安居[4]?一蛇吞象[5],厥大何如?黑水、玄趾,三危安在[6]?延年不死,寿何所止?鲮鱼何所?魃堆焉处[7]?羿焉弹日?乌焉解羽[8]?
……

[1]虬龙:无角之龙。负熊以游:本事不详。或曰虬和禹字形相似,虬即禹,负熊以游当指禹背着鲧。鲧为禹父,曾化为黄熊。 [2]虺(huǐ):毒蛇。儵(shū)忽:即倏忽,快速不定。[3]何所不死:古代传说中有不死之国,国中人皆长生不死,屈原故有此问。长人:传说古代防风氏身长三丈,守封、嵎二山。 [4]萍(píng):浮萍;靡,美丽、蔓延义。九衢(qú):九个分叉。浮萍多瓣,故曰九衢。一说靡萍是一种异草,其枝交错九出,如九衢之路。枲(xǐ):麻的别称。[5]一蛇吞象:传说南方有巴蛇,吞象三年出其骨。一蛇:他本作灵蛇。 [6]黑水:传说中的水名,源于昆仑,流入南海。玄趾、三危:皆传说中的山名。 [7]鲮鱼(líng):传说中人面人手鱼身的怪鱼,见则风涛起。魃(qí)堆:即魃雀,传说中的一种怪鸟,其状如鸡,白首鼠足,吃人。[8]羿(yì):神话中的善射英雄。相传尧时十日并出,草木焦枯,尧命令弈射落其九。弹(bì):射。解羽:古谓鸟死为解羽。传说太阳里三足乌,太阳被射落,三足乌自当羽翅散落。

禹之力献功,降省下土四方[1]。焉得彼嵞山女,而通之于台桑[2]?闵妃匹合,厥身是继[3]?胡维嗜不同味,而快鼌饱[4]?启代益作后,卒然离蠥[5]。何启惟忧,而能拘是达[6]?皆归躲鞠,而无害厥躬[7]?何后益作革,而禹播降[8]?启棘宾商,《九辨》、《九歌》[9]?何勤子屠母,而死分竟地[10]?帝降夷羿,革孽夏民[11]。胡躲夫河伯,而妻彼雒嫔[12]?……

[1]力:努力。献功:奏效。降:下也。省:察也。下土:天下。一本无四方二字。 [2]嵞(tú)山:部落名,亦写作涂山。禹曾娶涂山氏女子。通:通婚。台桑:地名。 [3]闵:爱怜。妃:配偶,指涂山氏女。继:继嗣。 [4]胡:为什么。维,一本作"为"。快:快意,满足。鼌(zhāo)饱:一朝吃饱,引申为一时的满足。鼌,一本作朝。传说大禹治水八年,辛劳奔忙,为不耽误子嗣,娶涂山氏女子,婚后四天又出发治水。此处屈原因对这件事感到迷惑而发问。[5]启:禹的儿子。益:禹的大臣,禹的接班人。代:取代。后:君主。离:通"罹",遭受。蠥(niè):一本作孽,忧患。 [6]惟忧:遇到麻烦。惟,语助词;忧,忧患。拘:止也。拘是达:大意指阻止有扈氏的倒行逆施。启取代益为君后,有扈氏不服,启发兵平定了有扈氏的叛乱。[7]躲(shè):同射,行也。鞠(jū):同鞠,穷也。厥躬:其身。此句大意为有扈氏的行为皆归于穷恶,启诛之而无害其身。 [8]后:君也。传说禹曾禅位于益,故称后益。作革:革新,变革。播降:播种百谷。"益作革"说明当时是益在当政。禹治水建首功,为什么不是禹当政而是益,故有此问。 [9]棘:排练,演奏。商:宫商角徵羽等五音的简称,此处指音乐。宾:宾客。传说启曾三次登天作天帝的宾客,偷学了仙乐。九辨九歌:享宾之乐。一说为天上仙乐。[10]勤:殷勤。勤子屠母:传说禹治水时曾化作熊开凿镮(huán)辕山,涂山氏见之而惭,遂化为石。当时涂山氏怀有身孕,禹对着石头大呼:"还我子。"于是石头破裂而得到了启。竟地:遍地。 [11]帝:天帝。降:派遣。羿:古代神话中的神箭手,关于他身份的说法混淆不清,一个是尧时的射日英雄,已见前说;一个是夏启时东夷族有穷部落的领袖,曾篡夺夏朝的政权,即此处所说的夷羿。革:更改。孽:灾难,忧患。革孽夏民:大意是说夷羿篡夏居天子之

位,荒淫骄奢,变更夏政,使夏民遭受忧患。　[12]胡:为什么。河伯:水神。传说河伯化作白龙在水边嬉戏时被羿射瞎左眼。河伯上告到天帝那里,天帝认为他化作虫兽,被人射伤错都在他自己。雒嫔(luò pín):洛水女神宓妃。据说羿曾做梦与宓妃交接。

　　简狄在台,喾何宜[1]？玄鸟致贻,女何喜[2]？该秉季德,厥父是臧[3]。胡终弊于有扈,牧夫牛羊[4]？干协时舞,何以怀之[5]？平胁曼肤,何以肥之[6]？有扈牧竖,云何而逢[7]？击床先出,其命何从[8]？恒秉季德,焉得夫朴牛[9]？何往营班禄,不但还来[10]？昏微遵迹,有狄不宁[11]。何繁鸟萃棘,负子肆情[12]？眩弟并淫,危害厥兄[13]。何变化以作诈,后嗣而逢长[14]？……

　　[1]简狄:东方部落有娀氏女子,传说是帝喾的次妃。台:有娀氏建的高台,简狄和妹妹住在上面。喾(kù):即帝喾,五帝之一。宜:通"仪",匹配。　[2]玄鸟:燕子,或曰玄鸟乃凤之一种。贻:赠送。传说简狄洗澡时有玄鸟飞过,留下一枚鸟蛋,简狄吃下玄鸟蛋后怀孕,生下商的始祖契。喜:一本作"嘉"。嘉,美也。此句就其吞玄鸟蛋生子而言。　[3]该:即亥,又称王亥,商族的远祖,契的六世孙,相传是最早开始驯化牛驾车的人。秉:继承。季:王亥的父亲冥,曾任夏朝的水官。臧:善也。　[4]弊:败也,此处指被杀。有扈(hù):当为有易,国名。传说王亥在有易放牧牛羊,因发生淫乱行为被有易国君绵臣杀害。　[5]干:即盾,此处指持干、羽以舞。协:和谐。时舞:时新之舞。怀:引起他人的情怀。此句指王亥以轻歌曼舞勾引有易氏女子。一说认为是有易氏舞女引诱王亥。　[6]平胁:胸肌丰满结实。曼肤:皮肤润泽。肥:通"妃",匹配。　[7]有扈:即有易。牧竖:牧人,此处指王亥。逢:遇见、发现。此句大意是问王亥放牧时调戏有易女子如何被发现。　[8]击床:指绵臣派人把王亥杀死在床上。先出:先动手。一说认为是指让有易女子先逃走。命:命令。　[9]恒:王亥的弟弟,王亥被杀后接替王亥的职位。朴牛:指王亥驯服的驾车大牛。　[10]营:经营。班:爵位。禄:赏赉。但:徒然。此句大意是说恒为亥报仇,夺回朴牛,不徒然而归。　[11]昏微:即上甲微,王亥之子,曾借河伯之兵攻有易,杀绵臣,为父报仇。遵迹:继承祖德。有狄:即有易。宁:安宁。　[12]繁鸟:成群的鸟。萃:会集。棘:荆棘。肆情:纵情,滥情。传说晋大夫解居甫路过陈国墓门,遇一采桑女,见四周无人就上前调戏。女子讽刺他说:"现在虽然四周无人,但是树丛中有猫头鹰在看着你,你不感到羞耻吗？"　[13]眩(xuàn):惑也。淫:过分,淫佚之恶。厥:其。传说舜的弟弟叫做象,是个惑乱淫佚之人,曾使用各种毒计谋害舜。　[14]诈:权诈。后嗣:子孙后代。逢:通丰,兴旺。长:长久。传说象为了杀害舜,曾骗他上仓库顶上,然后在下面放火烧他;又让他去挖井,然后从上面用土活埋他,但是舜做了天子后却封象于有庳,使其子孙世代为诸侯。

　　稷维元子,帝何竺之[1]？投之于冰上,鸟何燠之[2]？何冯弓挟矢,殊能将之[3]？既惊帝切激,何逢长之[4]？……

　　[1]稷:即周族的始祖弃。元子:嫡妻所生的长子,即嫡长子。相传弃是帝喾的长子。帝:帝喾;一说指天帝。竺:一本作笃,即毒的假借字,竺毒笃古同音通用。毒:恶也,即憎恶。[2]投:抛弃。燠(yù):温暖。相传弃的母亲姜嫄因踩巨人脚印而怀孕,生下弃,把他抛弃到冰上,鸟用翅膀覆盖他为他取暖。　[3]冯(píng):持。殊能:指挥军队的特殊才能。将:统

率。据说后稷在尧时曾任司马,掌管军事。　　[4] 帝:帝喾。惊帝,指稷的降生惊动了帝喾。切激:痛切激烈。逢:通丰,盛大的意思。长:长久。一说认为帝指的是纣王,这两句问的是周文王之事。周文王三分天下有其二,其影响惊动了商纣王。纣王为防患于未然,把文王囚于羑里,但后来却释放了他并赐给他弓矢斧钺。纣王的做法不可思议,屈原故有此问。一说"惊帝切激"指的是周武王伐纣惊动了纣王,那么这两句问的则是武王之事。

(据中华书局1957年影印本洪兴祖《楚辞补注》　黄　勇)

九章·思美人[1]

思美人兮,擥涕而伫眙[2]。
媒绝路阻兮[3],言不可结而诒[4]。
蹇蹇之烦冤兮[5],陷滞而不发[6]。
申旦以舒中情兮[7],志沈菀而莫达[8]。
愿寄言于浮云兮,遇丰隆而不将[9]。
因归鸟而致辞兮,羌宿高而难当[10]。
高辛之灵盛兮,遭玄鸟而致诒[11]。
欲变节以从俗兮,媿易初而屈志[12]。
独历年而离愍兮[13],羌冯心犹未化。
宁隐闵而寿考兮,何变易之可为[14]。

[1]《九章》是屈原一组诗九篇作品的总称。王逸《楚辞章句》的排列次序为《惜诵》《涉江》《哀郢》《抽思》《怀沙》《思美人》《惜往日》《橘颂》《悲回风》。关于《九章》,学术界不同看法甚多。朱熹说:"《九章》者,屈原之所作也。屈原既放,思君念国,随事感触,辄形于声。后人辑之,得其九章,合为一卷,非必出于一时之言也。"(《楚辞集注·九章序》)其说可以参考。《思美人》是一篇思念"美人"的作品。美人所指是谁,历来看法不一。我们认为是屈原居汉水北,思念楚怀王的作品。屈原喜欢把君臣关系比喻成恋爱关系。　　[2] 此句说收住眼泪,站立久久远望。擥,同"擥""揽"。《释名·释姿容》:"擥,敛也,敛置手中也。"擥涕:哭后止住哭泣。涕,泪。闻一多说:"擥涕犹收涕也。"伫(zhù):久久站立。洪兴祖说:"伫,久立也。"眙(chì):注目而望。　　[3] 媒绝:没有媒人。古代婚姻要靠媒人传递信息。路阻:路被隔断。　　[4] 此句说知心话又不可汇集而表白。结:缔,编结。王夫之说:"结,聚也。聚所欲言而陈之也。"诒(yí):通"贻""遗",送,赠送。　　[5] 蹇蹇(jiǎn jiǎn):困顿,郁闷。明代汪瑗说:"蹇蹇,拥塞不通貌。"烦冤:觉得非常委屈。烦,同"繁"。冤,冤屈,委屈。　　[6] 此句说我沉浸在痛苦中,不能自拔。陷滞:沉沦。汪瑗说:"陷,没之深也。滞,溺之久也。"不发:无法排遣。清代钱澄之说:"言烦冤诘曲,无以自解,亦无从发洩也。"　　[7] 此句说我成天想抒发内心的感情。申旦:通宵达旦。清代戴震说:"申旦犹达旦。申者,引而至之谓。"　　[8] 此句说因心情郁结而难以表达。沈菀(yù):郁闷,沈郁。洪兴祖说:"菀,积也。"清蒋骥说:"菀,结也。"　　[9] 二句说想让浮云带话给美人,可云神又不愿传达。寄:托,托付。丰隆:云神或言雷神。将:送。清人林云铭说:"将,送也。"　　[10] 二句说想通过飞鸟来致辞,飞鸟栖息的地方高又难以见

到。因:凭借,依托。羌:语助词。宿:栖息。当:值。相见。　[11] 二句说高辛的道德充盛,请玄鸟将礼物送给美人。高辛:传说中的古帝王帝喾在位时称高辛。灵盛:神灵而充盛。玄鸟:凤凰。致诒:送礼物,把礼物送到。诒,通"遗",礼物。　[12] 二句说我想改变志向气节而随流俗,可又为改变初衷压制志向而羞愧。初:初衷。　[13] 二句说多年来我独自遭受痛苦,而我的心却没有改变。离:遭受。愍:痛苦,不幸。冯:愤懑,满。未化:未变。明汪瑗说:"虽遭放逐之久,而不能变其所守也。"　[14] 二句说我宁愿一生忍受痛苦,也不愿改变志向。隐:隐忍,忍受。闵:忧伤,痛苦。寿考:寿终,老死,一生。王逸说:"终年命也。""何变易之可为"直接的意思是改变自己志向的事怎么可以做呢?

　　知前辙之不遂兮,未改此度[1]。
　　车既覆而马颠兮,蹇独怀此异路[2]。
　　勒骐骥而更驾兮,造父为我操之[3]。
　　迁逡次而勿驱兮,聊假日以须时[5]。
　　指嶓冢之西隈兮,与纁黄以为期[6]。

　[1] 二句说我知道以前的路走得并不顺,但我并不想改变自己的道路。前辙:前行的轨迹。遂:顺心,顺利。度:法度,信念。汪瑗说:"度,君子立身行己之法度也。"　[2] 二句说尽管马倒车翻,我对这与众不同的人生道路却依然钟情。覆:翻。颠:倒地,仆。蹇(jiǎn):语助词。怀:钟情,喜欢。　[3] 此句说勒住骏马重新驾车。勒:套在马头上的笼头。这里是驾驭马的意思。骐骥(qí xiāng):骏马。更驾:重新驾车。　[4] 造父(fǔ):周穆王时以善于驾车著称的人。操之:御马驾车。　[5] 二句说从容不迫向前进,在缓行中等待时机。迁:前行。逡(qūn)次:逡巡,从容而行。假日:借时间,用时间。须时:等待时机。须,等待。　[6] 二句说指嶓冢山的西曲作为约会地点,以黄昏作为相会的时间。嶓冢(bō zhǒng):嶓冢山。有二:一在今陕西汉中市境内。一在今甘肃天水和礼县之间。屈原所指,当为汉中市者。隈(wēi):山水弯曲处,角。西隈,山西部。与:以。纁(xūn)黄:黄昏,戴震说:"纁黄,日入色。"纁,通"曛",赤黄色,指日落之色。期:约会之时间。

　　开春发岁兮,白日出之悠悠[1]。
　　吾将荡志而愉乐兮,遵江、夏以娱忧[2]。
　　擥大薄之芳茝兮,搴长洲之宿莽[3]。
　　惜吾不及古人兮,吾谁与玩此芳草[5]。
　　解萹薄与杂菜兮,备以为交佩[6]。
　　佩缤纷以缭转兮,遂萎绝而离异[7]。
　　吾且儃佪以娱忧兮[8],观南人之变态[9]。
　　窃快在其中心兮,扬厥凭而不竢[10]。
　　芳与泽其杂糅兮,羌芳华自中出[11]。
　　纷郁郁其远承兮,满内而外扬[12]。
　　情与质信可保兮,羌居蔽而闻章[13]。

[1]二句说开春是一年的起头,太阳缓缓出来。开春发岁:开春就是开年。悠悠:缓缓,悠闲的样子。 [2]二句说纵情快乐,沿着长江夏水行走,排遣忧愁。荡志:放纵心志。汪瑗说:"荡志,谓开豁其心志也。"遵:沿着。江:长江。夏:夏水。其故道从湖北沙市市的东南分江水向东流出,经过监利县北,折而流至沔阳县县城附近入汉水。而自此以下的汉水,也可称夏水。娱忧:用娱乐解忧。汪瑗说:"娱忧,犹言消愁也。" [3]此句说采丛林中的芳茝。擥(lǎn):也作"揽",持,举,撮举。大薄:茂密的丛林。汪瑗说:"大薄,大丛也。"闻一多说:"大薄,大林也。"茝(chǎi):一种香草。 [4]搴(qiān):拔,拔取。长洲:地名。宿莽:草名。王逸说:"草冬生不死者,楚人名曰宿莽。"洪兴祖引:"《尔雅》云卷施草拔心不死,即宿莽也。" [5]二句说可惜我赶不上古人,我和谁来玩赏这芳草呢?谁与:与谁。玩:玩赏。 [6]二句说人们采蒻薄和杂菜,作为佩饰之物。解:采,拔,折取。蒻(biān)薄:成丛的蒻。蒻,蒻薄。又名扁竹,野生草本植物。杂菜:杂七杂八的菜。交佩:交相为佩。 [7]二句说虽然佩饰繁盛缠绕周身,而最终免不了枯萎丢弃。缤纷:繁盛的样子。缭转:缭绕。萎绝:枯萎断掉。离异:解散。 [8]句说我暂且流连解忧。儃佪(chán huái):徘徊。 [9]此句说看南部人生活状态的变化。南人:楚国南部人。变态:生活状态的变化。 [10]二句说自己心中快乐,忧愁也就无须排解了。窃:私自,暗自。说自己时的谦词。扬:发扬。厥:其。凭:愤懑。不竢(sì):无须等待。 [11]二句说芳香与膏混在一起,芳香从中流出。泽:膏泽。闻一多说:"泽谓膏泽。"杂糅:混杂。芳华:芳香而美丽。汪瑗说:"芳华,言其气之香,色之丽也。" [12]二句说香气郁郁不断散发,充满内里,又向外扩散。纷:盛,多。承:洪兴祖引一本作"蒸",朱熹注本作"丞"。今按,当作"蒸"或"烝"。二者同意。烝,气上行。 [13]二句说保持感情与品质的纯洁,就是处在偏僻的地方,也会名声远扬。信:确实。保:保持。居蔽:处于偏僻的地方。闻:名声。章:同"彰",显,昭著。

令薛荔以为理兮,惮举趾而缘木[1]。
因芙蓉而为媒兮,惮褰裳而濡足[2]。
登高吾不说兮[3],入下吾不能[4]。
固朕形之不服兮,然容与而狐疑[5]。
广遂前画兮,未改此度也[6]。
命则处幽吾将罢兮,愿及白日之未暮[7]。
独茕茕而南行兮,思彭咸之故也[8]。

[1]二句说想用薛荔作媒,又怕举脚爬树去折它。薛荔(bì lì):藤本植物,又叫木莲。理:媒,媒人。惮(dàn):畏惧,怕。汪瑗说:"惮,畏难也。"举趾:用脚。缘木:沿着树往上爬。 [2]二句说想用芙蓉作媒,又怕提衣裳下水打湿脚。芙蓉:荷花。褰(qiān)裳:提起衣裳。褰,通"搴",揭起,提起。濡(rú):沾湿。 [3]说(yuè):通"悦",喜欢。 [4]入下:诗中指下水,又指进入低处。 [5]二句说我生就不随俗,真使我犹豫不决,拿不定主意。固:本来。朕形:我的禀性。朕,我。形,自身。服:适应。清蒋骥说:"服,习也。"汪瑗说:"朕形不服,言己身之倔强也。"戴震说:"不服,不卑屈以求人。"容与:迟缓不进的样子。狐疑:犹豫不决。然容与而狐疑:王逸说:"徘徊进退,观众意也。"刘梦鹏说:"狐疑者,进退维谷,若难自决之辞。" [6]二句说我想多方尽力实现我的宏图,又不违背我做人的原则。广遂:通过各种方法来实现。钱澄之说:"多方以遂之也。"遂,实现,完成。前画:以前的计划,理想。汪瑗说:"前画,言

初心之所谋也。"度:法度,原则。　[7]二句说我知道我的命运是在压抑中度过一生,但我想趁还没有老实现自己的愿望。处幽:处在昏暗的地方,意思是处在受压抑的境地,流放在荒远之地。王夫之说:"命已处在幽暗莫伸。"愿及白日之未暮:意即希望赶在太阳落山之前,也就是希望在盛年做一番事业。　[8]二句说我独自向南行走,心里想着彭咸的事。茕茕(qióng qióng):孤独的样子。南行:向南行走。彭咸:人名,具体是谁,说法甚多。王逸说:"殷贤大夫,谏其君不听,自投水而死。"洪兴祖说:"颜师古云,彭咸,殷之介士,不得其志,投江而死。"(朱熹认为二说皆不知所据)清代戴震说:"彭咸,一说即《论语》所称之老彭。"总之,是古代一位品德高尚的人。故:故事,旧事,原故。

(据中华书局1957年影印本洪兴祖《楚辞补注》　刘文刚)

九章·橘颂[1]

后皇嘉树[2],橘徕服兮[3]。
受命不迁,生南国兮[4]。
深固难徙,更壹志兮[5]。
绿叶素荣[6],纷其可喜兮[7]。
曾枝剡棘[8],圆果抟兮[9]。
青黄杂糅[10],文章烂兮。
精色内白[11],类可任兮[12]。
纷缊宜修[13],姱而不丑兮。

　　[1]这是一篇借咏橘表达崇高志向、坚强性格和爱国热情的诗。　[2]后皇:天地。后,后土,大地。皇,天,皇天。或说后皇指土地之神。嘉树:美树,好树。　[3]此句说橘树能适应楚地水土。徕:同"来"。服:习。清代刘梦鹏说:"服,与土性宜也。"　[4]二句说橘树天生就是生在南国的(生在江北就不行了,就变成枳了)。不迁:不能移动(指移往江北)。南国:长江以南。王逸说:"南国,谓江南也。"　[5]二句说橘树一心一意长在南方,根系牢固,难以迁移。徙:迁,移。壹志:专一。汪瑗说:"壹,专一不二也。"　[6]素荣:白色的花。荣,花。《尔雅》:"草谓之荣,木谓之花。"　[7]纷:多,繁盛。　[8]此句说橘树有繁茂的枝条和尖利的刺。曾(céng):通"层",重迭,繁盛。剡棘:尖利的刺,剡,锐利。棘,刺。洪兴祖引《方言》说:"凡草木刺人,江湘之间谓之棘。"　[9]此句说橘果的圆,仿佛人力捏圆的一般,言其圆非同寻常。清胡文英说:"圆果虽出于天然,而有若人力所抟,则天赋之厚矣。"抟(tuán):同"团",做成圆形。　[10]二句说橘熟时有青有黄,颜色错杂,色彩鲜艳美丽。杂糅:错杂,混在一起。文章:文彩,多种颜色。烂:斑烂,鲜明光辉的样子。　[11]此句说橘实品质精纯。精色:橘肉色泽纯正。内白:橘肉纯洁。白,洁白,纯洁。　[12]此句说橘可以委以大任。类:外貌,一看就知道。　[13]二句说橘树的美,一切都恰到好处,超凡脱俗。纷缊(yūn):同"纷纭",纷繁。宜修:修饰得体。明汪瑗说:"宜修,谓修饰之得宜也。"姱(kuā):美好。不丑(chǒu):与众不同。丑,同"俦",同类。

嗟尔幼志,有以异兮[1]。

独立不迁,岂不可喜兮[2]。
深固难徙,廓其无求兮[3]。
苏世独立,横而不流兮[4]。
闭心自慎,不终失过兮[5]。
秉德无私,参天地兮[6]。
愿岁并谢,与长友兮[7]。
淑离不淫,梗其有理兮[8]。
年岁虽少[9],可师长兮[10]。
行比伯夷[11],置以为像兮[12]。

[1] 二句说可叹你天生就有与众不同的品格。尔:称橘树。幼志:从小的禀赋,本性。 [2] 二句说橘树独立不迁移,岂不令人喜欢。 [3] 二句说橘树根深蒂固,难以迁移,于身外之物无所求。廓:廓落,落落寡合。 [4] 二句说清醒地立于世间,横渡中流,但不随波逐流。苏世:醒世。汪瑗说:"苏,犹醒也。俗语亦谓之苏醒。苏世独立,犹举世皆浊我独清,众人皆醉我独醒之意。"横:横绝,横过。不流:不随波逐流。 [5] 二句说小心谨慎,关闭心灵,始终没有过错。闭心:关闭其心。清蒋骥说:"闭心,谓固闭其心,不为物所摇也。"自慎:自己谨慎。"不终"当是"终不"。失过:过失,犯错误。 [6] 二句说坚守道德,没有私心,就会像天地一样伟大。秉德:坚守道德。秉,持,执。参天地:与天地相当。参,比,相等。古人认为天地无私,故德高之人,可比天地。洪兴祖说:"天无私覆,地无私载。秉德无私,则与天地参矣。" [7] 二句说愿与橘树同荣枯,好长久为朋友。清牟庭相说:"设如我年凋谢而橘无恙,则不得长友。又如橘年凋谢而我尚无恙,则亦不得长友。愿我年与橘年并时俱谢。长共为友。" [8] 二句说橘树美好挺拔,不可动摇,坚强刚直而有纹理。淑:美好、善良。离:特出。朱熹说:"离,如离立,言孤特也。"淫:淫邪,邪僻。梗:挺直,坚硬挺拔。理:纹理,原则。 [9] 少:年龄比较轻。明汪瑗说:"言橘之年岁虽小于自己。"清蒋骥说:"橘无松柏之寿,故曰年岁少。" [10] 此句说可以作老师和长辈,也就是可以作教导自己的人。师长:老师和长辈。一说师长即老师。 [11] 伯夷:商朝孤竹君的儿子。辞让国君之位,逃到周。谏阻武王伐纣。武王灭掉商,伯夷耻食周粟,逃到首阳山,采薇而食,饿死在首阳山。 [12] 此句说把橘树作为自己的榜样。置:树立,植立。闻一多说:"'置''植'古通。"像:榜样,范式。

(据中华书局1957年影印本洪兴祖《楚辞补注》 刘文刚)

二、辞采飞扬——赋

【题解】 本单元所选的四篇赋作,均见于梁昭明太子萧统所编《文选》。萧统(501—531),字德施,南朝梁武帝长子。天监元年立为皇太子,未即位而病亡,谥曰昭明。萧统性情宽和容众,喜愠不形于色,引纳才学之士,赏爱无倦,恒自讨论坟籍,或与学士商榷古今,继以文章著述,率以为常。当时东宫有书近三万卷,名才并集。《文选》的编撰,当是在萧统的主持之下,经众多文士之手完成。萧统在《文选序》中,对"文"与"非文"进行了认真的区分,明确地提出自己的选文标准:"事出于沉思,义归乎翰藻。"因此,《文选》不录经、史、子等纯学术之作,历代著名的应用文章,若无文采,也不在入选范围;因此《文选》成为中国古代的第一部文学总集,并对后世文人发学养与创作,产生了十分深远的影响。唐代即有"《文选》烂,秀才半"之说。

汉司马相如之《子虚赋》,辞藻瑰丽,气势宏伟,是汉大赋的代表作。明王世贞《艺苑卮言》卷二说:"《子虚》、《上林》材极富,辞极丽,而运笔极古雅,精神极流动,意极高,所以不可及也。"而三国时魏曹植的《洛神赋》则是魏晋时期的优秀赋作,《洛神赋》生动地描写了一位神女形象,其构思与文句明显受到宋玉《神女赋》的影响,但也自有新意,寄予颇深,对后代有较大影响,我们从东晋陶渊明的《闲情赋》等作品中可以明显看到这篇赋的痕迹。谢希逸(庄)的《月赋》生动地体现了晋宋之际的文风转变,它通篇写月夜之情,成功地避免了为描写而描写之弊,但在作品的社会意义上则无法与宋玉的《风赋》(这是描写自然景象的开山之作)相比。稍后,江淹的《别赋》是集合多种情况的离愁组织而成,它在思想内容上虽然没有什么新奇之处,但却鲜明地体现了赋由以体物为主向抒情为主的发展趋势。

(刘黎明)

子 虚 赋[1]

司马相如

楚使子虚使于齐,王悉车骑之众[2],与使者出畋[3]。畋罢,子虚过诧乌有先生[4],亡是公存焉[5]。坐定,乌有先生问曰:"今日畋,乐乎?"

子虚曰:"乐。"

"获多乎?"

曰:"少。"

"然则何乐?"

对曰:"仆乐齐王之欲夸仆以车骑之众,而仆对以云梦之事也[6]。"

曰:"可得闻乎?"[7]

[1] 司马相如(公元前179—前117),字长卿,蜀郡成都(今四川省成都市)人。景帝时为武骑常侍,称病免官,客游于梁,为梁孝王门客,作《子虚赋》。回成都,武帝读到《子虚赋》,极为赏识,召任为郎,为武帝作《上林赋》。出使西南。晚年为孝文园令,仕途不得志。司马相如是古代最负盛名的辞赋家。关于《子虚赋》:《史记·司马相如传》说:"相如以子虚,虚言也,为楚称。乌有先生者,乌有此事也,为齐难。无(亡)是公者,无(亡)是人也。"赋借写子虚和乌有先生对话,以表现诸侯之事。 [2] 悉:全部。 [3] 畋(tián):猎,打猎。 [4] 诧:夸,夸耀。

[5]存焉:在座,在场。　　[6]云梦:云梦泽,古代最大的湖。在今湖北湖南一带。　　[7]句说能够说来听听吗?

子虚曰:"可。王车驾千乘[1],选徒万骑[2],畋于海滨。列卒满泽,罘网弥山[3]。掩兔辚鹿[4],射麋脚麟[5],骛于盐浦[6],割鲜染轮[7]。射中获多,矜而自功[8]。顾谓仆曰:'楚亦有平原广泽游猎之地,饶乐若此者乎?楚王之猎,孰与寡人乎[9]?'

仆下车对曰:'臣,楚国之鄙人也[10]。幸得宿卫十有余年[11],时从出游,游于后园,览于有无[12]。然犹未能遍睹也,又焉足以言其外泽乎[13]?'

齐王曰:'虽然,略以子之所闻见而言之。'

　　[1]乘:一辆车叫一乘,量词。　　[2]徒:车卒,人。　　[3]罘(fú)网:泛指捕鸟兽用的网。罘,"罝"的省字。《说文》:"罝,兔罟也。"弥:覆,满。　　[4]掩:捕。辚(lìn):用车轮碾压。　　[5]麋:鹿类动物。脚麟:抓住麟脚而将其擒获。韦昭注:"脚,谓持其脚也。"麟,一种鹿类动物。《说文》:"麟,大牝鹿也。"　　[6]骛(wù):疾驰。盐浦:海边盐滩地。张揖注:"海水之厓,多出盐也。"　　[7]割鲜:用刀分割新捕之鸟兽。染轮:鲜血染车轮,言猎物之多。　　[8]句说认为是自己的功劳而夸耀。《汉书》注说:"自矜其能以为功也。"矜:自尊大。　　[9]二句说楚王打猎与我比如何呢?寡人:君王和诸侯的自称。意谓寡德之人。　　[10]鄙人:小人,居偏僻之人。自谦之辞。　　[11]宿卫:在宫中值宿,担任警卫的人。　　[12]句说看见过打猎。有无,偏义复词,即有打猎的情况之意。　　[13]外泽:即指"平原广泽"而言,也就是除"后园"外广大的野外。

仆对曰:'唯唯[1]。臣闻楚有七泽,尝见其一,未睹其余也。臣之所见,盖特其小小者耳[2],名曰云梦。云梦者,方九百里,其中有山焉。其山则盘纡岪郁[3],隆崇嵂崒[4],岑岩参差参差[5],日月蔽亏[6]。交错纠纷[7],上干青云[8]。罢池陂陀,下属江河[9]。其土则丹青赭垩,雌黄白坿,锡碧金银[10],众色炫耀,照烂龙鳞[11]。其石则赤玉玫瑰[12],琳瑉昆吾[13],瑊玏玄厉[14],硬石碔砆[15]。其东则有蕙圃[16],蘅兰芷若[17],芎䓖菖蒲[18],江离蘪芜[19],诸柘巴苴[20]。其南则有平原广泽,登降陁靡[21],案衍坛曼[22],缘以大江,限以巫山[23]。其高燥则生葴菥苞荔[24],薛莎青薠[25];其埤湿则生藏莨蒹葭[26],东蘠彫胡[27]。莲藕觚卢[28],菴闾轩于[29]。众物居之,不可胜图[30]。其西则有涌泉清池,激水推移[31],外发芙蓉菱华[32],内隐钜石白沙[33]。其中则有神龟蛟鼍[34],瑇瑁鳖鼋[35]。其北则有阴林[36],巨树。楩柟豫章[37],桂椒木兰[38],檗离朱杨[39],樝梨梬栗[40],橘柚芬芳。其上则有鹓雏孔鸾[41],腾远射干[42]。其下则有白虎玄豹[43],蟃蜓貙犴[44]。

　　[1]唯唯:应答之辞,相当于"好"、"对"。　　[2]特:独,只是。　　[3]盘纡:盘回纡曲。盘,盘龙。纡,曲屈。岪(fú)郁:山高险的样子。　　[4]隆崇:竦起,高耸的样子。嵂崒(lǜ zú):山高而陡峭的样子。嵂,山崖。崒,险峻。《说文》:"崒,危高也。"崒,谓山峰头巉岩。

[5]崟(yín):山险峻的样子。 [6]句说高山拥蔽日月,有时候看不见明月,有时候看不全。蔽:拥蔽。亏:缺,不全。 [7]句说错杂纠结在一起。交错纠纷:连绵重叠。 [8]句说山高耸入云,干:犯。 [9]二句说倾斜的山坡连着江河。罢(pí)池:倾斜而下的样子。王先谦注引王文彬说:"一曰罢池即披池之异文,坡误为疲,疲又转写为罢耳。"陂陀:斜坡。属:连。 [10]三句说土地的颜色与出产物。丹:朱砂,汞的硫化物。可作颜料。青:青腰,青土色,可作颜料。赭(zhě):赤土。垩(è):白土。赭垩,古代用于涂抹墙壁。雌黄:又名石黄,类似雄黄的晶体矿物,可作颜料。《本草纲目》:"雌黄雄黄同产,但以山阴受气不同分别。"白坿(fù):白石英。王先谦认为即今之石灰,可涂墙。碧:石青色而美,玉。《说文》:"石之青美者。" [11]二句说众多的色彩闪耀,像龙鳞一般绚烂。炫耀:光彩闪耀。照烂:灿烂而照耀。 [12]玫瑰:紫色玉石,一说为宝珠。《说文》:"玫瑰,火齐珠,一曰石之美者。" [13]琳:美玉。《说文》:"美玉也。"桂馥注:"馥谓琳,色青碧者。"珉(mín):同"瑉",石似玉者。昆吾:古代族名,又为山名,又称铁矿石。昆吾族善冶金。旧题东方朔《十洲记》:"流洲,在西海中。……上多山川,积石为昆吾,冶其石成铁。作剑,……割玉物如割泥。"(《史记索隐》引) [14]瑊(jiān)玏(lè):美石。张揖注:"瑊玏,石之次玉者。"玄厉:黑石,可用作磨刀。《急就篇》颜注:"黑石曰厉。" [15]碝(ruǎn):似玉之石。张揖注:"碝石、碱砆,皆石之次玉者。碝石,白者如冰,半有赤色。"碱(wǔ)砆(fū):似玉之石。张揖注:"碱砆,赤地白采。" [16]蕙圃:香草园。蕙,香草,又名薰草。《本草纲目》一四:"古者烧香以降神,故曰薰,曰蕙。薰者蕙也,蕙者和也。" [17]蘅:杜蘅,香草,又叫马蹄香。芷(zhǐ):香草,又名白芷,茞,蒿。若:杜若,香草。 [18]芎(xiōng)䓖(qióng):香草,根可入药。菖蒲:香草,可作香料。 [19]江离:香草。蘼(mí)芜:蕲茝。古人认为江离、芎䓖、蘼芜为一种植物的三部分。王先谦说:"盖其苗曰江离,根曰芎䓖,叶名蘼芜,又名蕲茝。虽一本所出,判若三物,名称各不项混。" [20]诸柘:甘柘,即今之甘蔗。巴苴(jū):一种水草。 [21]登降:升降。登,《尔雅·释诂》:"陞也。"登降,在赋中指地势高低变化。陁(yǐ)靡:指地势斜长,绵延不断。陁,通"陏"。司马彪说:"陏靡,邪靡也。" [22]句说地势有低洼有平坦广阔。案衍:地势低洼。坛曼:平坦广阔。司马彪说:"案衍,窊下。坛曼,平博也。"窊下即低洼之意,平博即平坦宽广之意。 [23]二句说云梦泽在长江西岸,以巫峡为界。巫峡:三峡之一,在今重庆市境内。 [24]高燥:高而干燥的地方。葴(zhēn):草,马蓝,大叶冬蓝。张揖注:"葴,马蓝也。"菥(xī):似燕麦的草。《史记索隐》:"凉州地生析草,皆如中国燕麦。""析"同"菥"。苞:席草,编制席、履的材料。《说文》:"苞,草也。"荔:马荔,又叫马兰,旱蒲。《说文》:"草也,似蒲而小,根可作刷。" [25]薜:艾蒿。张揖说:"蘼蒿也。"莎(suō):莎草。青薠(fán):草。《说文》:"薠,青薠,似莎而大者。" [26]埤(bēi)湿:低洼潮湿的地方。埤,同"卑",底下,低湿的地方。藏(zāng)莨(láng):草名,可作牛马饲料。《文选》注:"郭璞曰:'草名,中牛马苴。'"郭璞说:"狼尾,似茅。"兼葭(jiā):即兼葭,芦苇。郭璞说:"兼似萑而细,高数尺,芦苇也。"葭,芦苇。 [27]东蔷(qiáng):植物,实可吃。张揖说:"东蔷,实可食。"彫胡:菰米。张揖说:"彫胡,菰米。" [28]瓠(gū)卢:葫芦。植物所结的实。 [29]菴(ān)闾(lú):艾蒿一类的植物。张揖说:"菴闾,蒿也,子可医疾。"轩于:莸草,一名蔓于。张揖说:"轩于,莸草也,生水中。"《尔雅·释草》:"茜,蔓于。"注:"草生水中,一名轩于,江东呼为茜。" [30]二句说这里植物甚多,不可胜数。图:计,计算。或言为图画。郭璞说:"图,画也。" [31]句说涌起层层波澜,郭璞说:"波抑扬也。" [32]菱华:菱花。 [33]钜:巨,大。 [34]其中:水中,池中。蛟:传说中龙一类动物。似蛇。鼍(tuó):一名黑龙,猪婆龙,现代称扬子鳄。四足,背尾有鳞甲。 [35]瑇(dài)瑁(mào):龟类,甲壳有花纹,可作装饰品。鼋(yuán):大鳖,背青黄,头上有疙瘩,俗称癞头鼋。 [36]阴林:森林。服虔

说:"山北之林也。"又可解为茂密树林。《汉书》注:"言其树木众而且大,常交阴也。" [37] 楩(pián):黄楩木。柟(nán):通"楠",楠木。豫章:樟树。一说豫为枕树,章为樟树。 [38] 椒:花椒树。木兰:一名杜兰,树木。《本草纲目》三四:"一名杜兰,枝叶俱疏。其花内白外紫,亦有四季花者。深山生者尤大,可以为舟。" [39] 檗(bò):檗树,俗称黄柏。《说文》:"檗,黄木也。"离:山梨。《说文》:"梨,梨木也。"《注》:"《释木》:'离,山离。'谓梨之山生者曰檖。檖,本亦作离。"朱杨:怪柳。《说文》:"怪,河柳也。" [40] 楂(zhā):"楂"的本字。山楂。楒(yǐng)栗:楒枣,又叫羊矢枣,黑枣。《说文》:"楒,楒枣也。似梬。"《注》:"楒枣,果名,非今俗所食枣也。" [41] 其上:指树林之上。"其上"下有"赤猿玃猱"四字一句。玃(qú):《尔雅·释兽》:"玃父,善顾。"《注》:"似狝猴而大,色苍黑,能攫持人,好顾盼。"猱(náo):猿一类动物。《尔雅·释兽》:"猱猱善援。"鹓(yuān)雏:凤凰一类鸟。《山海经·南山经》:"南禺之山,……有凤凰鹓雏。"孔鸾:孔雀和鸾鸟。鸾鸟:凤凰一类鸟。《说文》说鸾鸟"赤色五彩,鸡形,鸣中有五音。" [42] 腾远:古代或以为鸟,或以为兽,焦竑以为"远"为"猿"之误,腾远即腾猿。射干:一种兽。张揖说:"似狐,能缘木。" [43] 其下:指树林下。玄豹:黑色豹。 [44] 蟃(màn)蜒(yán):大兽。郭璞说:"蟃蜒,似狸,长百寻。"貙(chū)犴(hǎn):兽。《尔雅·释兽》:"貙獌似狸。"《注》:"今山区呼貙虎之大者为貙犴。"

于是乃使专诸之伦,手格此兽[1]。楚王乃驾驯驳之驷[2],乘雕玉之舆[3],靡鱼须之桡旃[4],曳明月之珠旗[5],建干将之雄戟[6],左乌号之雕弓[7],右夏服之劲箭[8]。阳子骖乘[9],孅阿为御[10],案节未舒[11],即陵狡兽[12];蹴蛩蛩[13],辚距虚[14],轶野马,辅䮍駼[15],乘遗风而射游骐[16]。儵眒倩利[17],雷动飙至,星流霆击[18],弓不虚发,中心决眦[19],洞胸达腋,绝乎心系[20]。获若雨兽,揜草蔽地[21]。于是楚王乃弭节徘徊,翱翔容与[22]。览乎阴林,观壮士之暴怒[23],与猛兽之恐惧。徼𫘝受诎[24],殚睹众兽之变态[25]。

[1] 二句说于是叫勇猛之士与这些兽格斗。专诸之伦:专诸一类人,指勇士。伦:类。专诸:刺客。 [2] 句说楚王用驯化的兽驳驾车。驯驳:驯化了的野兽驳。驳,猛兽。驷:驾驷(四匹马拉的车)之马(兽)。 [3] 句说乘用玉装饰的车。雕玉:刻玉。舆:车。 [4] 句说挥着以鱼须为饰的曲柄旗。靡:摇,挥。鱼须:大鱼之须。桡旃:有曲柄作杆的旗。桡:弯曲。旃,旗。 [5] 这句舞者用明月珠装饰的旗。曳:摇,舞。明月珠:夜光珠,泛指宝珠。 [6] 句说建立握有雄戟的队伍。干将:春秋时著名冶炼家,所造兵器极精良。戟:古代一种兵器。 [7] 句说左边是用乌号之材做的有雕饰的弓。乌号:桑。雕弓:雕刻之弓。 [8] 句说右边是夏后的好箭。夏:一说夏羿,一说夏后氏。服:同箙,盛箭器。 [9] 阳子:仙人陵阳子。一说为伯乐。骖乘:驾车。 [10] 孅阿:古代善于驾车之人。 [11] 句说按节奏进行,马没有奔跑。案节:按节奏而行。未疏:马足未舒展,意即未奔跑。 [12] 句说攻击奔跑的野兽。陵:攻击。狡:矫健,矫捷。 [13] 蹴(cù):同"蹴",践踏。蛩(qióng)蛩:善于奔跑的异兽。 [14] 辚(lín):车轮碾压。距虚:兽名。 [15] 二句说车超过奔跑的野马和䮍駼。轶(yì):超车,超过。辅(wèi):车轴头,指车。䮍駼(táo yú):兽名。 [16] 二句说乘着骏马,射游走奔跑的骐。遗风:骏马。骐(qí):兽名。 [17] 儵眒(shēn):急速的样子。倩利:急速,飞奔。 [18] 二句皆言威猛快速。飙(biāo):疾风。星流:流星流过。霆激:迅雷激荡。 [19] 句说射一定是射中眼睛。中:射中。决:裂。眦:眼眶。此处言决眦,即眼球从眼眶中脱出。

[20]二句说把动物的胸射穿,一直到腋下,把心也射掉下来了。洞胸:把胸射穿形成洞。掖:同"腋",指禽兽翅膀或腿与腹部连接的地方。绝:断绝。心系:系心于身体之物。　　[21]二句说猎获的野兽像天降雨,遮蔽了草和地。揜(yǎn):通"掩",遮蔽。　　[22]二句说于是楚王缓步而行,逍遥自在。弭节:按节。徘徊:缓步而行。意即按一般速度行走。翱翔:盘旋飞翔。容与:安闲自得的样子。　　[23]暴怒:充满活力,亢奋,被激怒。　　[24]句意说捕获那些精疲力尽的野兽。徼:遮拦,截住。郄(jù):极度疲乏。受:取,获。诎(qū):力尽。　　[25]殚:尽,变态:姿态的变化,意即各种姿态。

　　于是郑女曼姬[1],被阿緆[2],揄纻缟[3],杂纤罗[4],垂雾縠[5],襞积褰绉[6],纡徐委曲[7],郁桡溪谷[8]。衯衯裶裶[9],扬袘戌削[10],蜚襳垂髾[11]。扶舆猗靡[12],翕呷萃蔡[13]。下靡兰蕙[14],上拂羽盖,错翡翠之葳蕤[15],缪绕玉绥[16]。眇眇忽忽[17],若神仙之仿佛[18]。

　　[1]郑女:美女之意。郑国出美女,故用郑女指美女。曼姬:美姬。曼,美。一说曼姓。姬,古代妇女的美称。　　[2]句说细丝织的衣服。被:同"披",穿之意。阿:系丝织物。緆(xì):细布。　　[3]句说穿着纻缟的衣服。揄:曳,穿之意。纻(zhù):麻布所织的衣服。缟(gǎo):素绢。　　[4]句说穿着各色细丝织的衣。杂:五采配色。纤:细。罗:一种质地轻软的丝织品。　　[5]句说垂着雾一般薄的衣服。雾縠(hú):薄纱。縠,轻纱。　　[6]襞积:衣裙的褶子。褰(qiān)绉:将衣服折叠成皱纹。　　[7]纡徐、委曲:二词意义相近,都是婉曲的意思。　　[8]句说像溪谷一样深曲。郁桡:深曲的样子。　　[9]句说衣服长长的。衯(fēn)衯、裶(fēi)裶:二词意义相近,都是衣长的样子。　　[10]扬:举。袘(yì):衣袖。戌削:裁制衣服的样子。　　[11]蜚襳(xiān):飘扬的襳。襳,妇女上衣的带。垂髾(shāo):下垂的衣饰。　　[12]扶舆:现代学者认为即"扶摇",盘旋而上之意。解为长裙转动而掀起。猗靡:美好的样子。　　[13]翕(xī)呷(xiā):象声词,形容行走时衣服的声音。　　[14]二句说妇女的衣服下摩兰蕙,上拂羽盖。兰蕙:兰和蕙,香草。羽盖:羽毛装饰的车盖。　　[15]句说把翡翠的羽毛做成鲜艳的首饰。翡翠:鸟名,羽毛鲜艳。葳(wēi)蕤(ruí):鲜丽的样子。　　[16]缪绕:缭绕,绕。玉绥:饰有玉的帽带。绥:此处指帽带。　　[17]眇眇忽忽:二词意义相近,恍恍惚惚,隐隐约约的样子。　　[18]句说仿佛就像神仙。仿佛:不分明,看不清的样子。

　　于是乃相与獠于蕙圃[1],媻姗勃窣[2],上乎金提。揜翡翠[3],射䴔鸃[4],微矰出[5],孅缴施[6]。弋白鹄[7],连驾鹅[8],双鸧下[9],玄鹤加[10]。怠而后发[11],游于清池。浮文鹢[12],扬桂枻[13],张翠帷[14],建羽盖。罔瑇瑁[15],钩紫贝[16]。摐金鼓[17],吹鸣籁[18]。榜人歌[19],声流喝[20]。水虫骇[21],波鸿沸[22],涌泉起,奔扬会。磊石相击[23],硠硠磕磕[24],若雷霆之声,闻乎数百里之外。将息獠者[25],击灵鼓[26],起烽燧[27],车按行,骑就队[28],骊乎淫淫,般乎裔裔[29]。

　　[1]句说楚王和美姬在惠圃打猎。獠(liáo):打猎。　　[2]二句说妇女们摇摇摆摆、连爬带走,来到金堤上。媻(pán)姗:膝部着地,匍匐而行。金堤:堤名。勃窣(sù):弯身摇摆而行,匍匐而行。　　[3]揜:捕。翡翠:鸟名。　　[4]䴔鸃(xùn yí):山鸡一类的鸟。　　[5]矰(zēng):箭。　　[6]孅:同"纤",细。缴(zhuó):射鸟时系于箭上便于射的生丝线。　　[7]弋

(yì):弋射。白鹄(hú):天鹅。　　[8]连:粘鸟,弋射方法中的一种。驾鹅:野鹅。　　[9]鸧(cāng):鸟,大如鸡,青苍色,也有黑色的。　　[10]玄鹤:黑鹤。加:受制。　　[11]二句说疲倦了,就去游清池。怠:疲倦。发:出发。　　[12]浮:浮泛,泛舟。文鹢:画有水鸟的船。　　[13]句说建旗于船上。旌:旗。栧:船舷。　　[14]二句说安好用翠色羽毛装饰的帏和顶盖。翠:用翠色的鸟羽装饰的帏。帏:帐幕。　　[15]罔:用网打。玳(dài)瑁(mào):海龟一类的动物,甲可作装饰品。　　[16]紫贝:紫色的贝介。　　[17]摐(chuāng):击。金鼓:即钲,多用于部队协调动作的乐器。　　[18]籁:箫。　　[19]榜人:船长,驾船之人。　　[20]流喝:声音大而悲凄。　　[21]水虫:水中动物,水族。　　[22]鸿:大。沸:翻腾。　　[23]磊石:众石。　　[24]硠(láng)硠礚(kē)礚:像声词,水冲击声与石之间撞击声。　　[25]句说将要停止打猎的人。息:止。　　[26]灵鼓:六面鼓。　　[27]烽燧(suì):烽火,此处指火把。　　[28]二句说车辆和骑马都按部就班,井然有序。按行:依次而行。就队:按队列而行。　　[29]二句描写猎罢打猎者回归非常有秩序。骊:织丝经纬有序。淫淫:行进的样子。般:同"班",排列。裔裔:行进的样子。

　　于是楚王乃登云阳之台[1],怕乎无为,澹乎自持[2],勺药之和具,而后御之[3]。不若大王终日驰骋,曾不下舆,脟割轮焠[4],自以为娱。臣窃观之,齐殆不如[5]。'于是齐王无以应仆也。"

　　[1]阳云之台:高台,可能是高唐之台。　　[2]句说淡泊无为,保持本心。怕:无为的样子。澹:淡泊,静。自持:保持本性,保持本心。　　[3]二句说猎物烹制,五味调和,而后进献楚王。勺药之和:五味调和。御:进用,进奉。　　[4]句说将猎切成块,在轮间烧烤。脟(luán)割:将肉切成块。脟通"脔"。轮:在轮间烧烤。轮,车轮,指打猎现场。焠,灼,烤。又解为淬,意为染。即以血染轮之意。　　[5]二句说以我看,齐不如楚(指打猎的境界)。

　　乌有先生曰:"是何言之过也[1]!足下不远千里[2],来贶齐国[3]。王悉发境内之士[4],备车骑之众,与使者出畋,乃欲戮力致获[5],以娱左右[6],何名为夸哉[7]?问楚也之有无者,愿闻大国之风烈[8],先生之余论也[9]。今足下不称楚王之德厚[10],而盛推云梦以为高[11],奢言淫乐[12],而显侈靡[13],窃为足下不取也。必若所言,固非楚国之美也。无而言之[14],是害足下之信也。彰君恶,伤私义,二者无一可。而先生行之,必且轻于齐[15],累于楚矣[16]!且齐东陼钜海[17],南有琅邪[18],观乎成山[19],射乎之罘[20],浮渤澥[21],游孟诸[22]。邪与肃慎为邻[23],右以汤谷为界[24];秋田乎青丘[25],彷徨乎海外[26],吞若云梦者八九于其胸中[27],曾不蒂芥。若乃俶傥瑰玮[28],异方殊类,珍怪鸟兽,万端鳞崒[29],充牣其中[30],不可胜记;禹不能名,卨不能计[31]。然在诸侯之位,不敢言游戏之乐,苑囿之大[32]。先生又见客[33],是以王辞不复[34],何为无以应哉?

　　[1]句说这句话说得太过分了。　　[2]足下:尊称。古代下称上,或同辈之间的尊称。　　[3]句说给齐国带来恩惠。贶:赐,赠。　　[4]悉:全部,全。士:士兵,士卒。　　[5]句说希望共同努力猎获野兽。戮力:并力,努力。　　[6]句说使你(使者)快乐。左右:对人不直接说对

方本人,只称他的左右,表示尊敬。 [7]句说怎么能说是夸耀呢?名:叫做,称为。 [8]风烈:风采功业。 [9]先生之余论:先生,称子虚。余论,高论。又一种说法先生指先贤,余论,遗谈高论。 [10]称:谈论,称赞。 [11]盛推:大力赞扬,极力推崇。推,推崇。以为高:以为是高谈。 [12]奢言:大谈。 [13]显:明,显示。侈靡:奢侈。 [14]这五句说如果所言不是事实的话,这就损害了你的诚信,显露了楚王的恶劣,损害了你的形象。信:诚信,信誉。恶:劣迹,丑恶。私义:个人道义,个人品德。 [15]且:将。轻于齐:为齐国所轻视。 [16]累于楚:连累楚国。使楚国受连累。 [17]句说且齐国东临大海。陼:渚,水边。意谓以大海为界。钜海:大海。 [18]琅邪:琅邪山,在今山东省诸城县东南。秦始皇曾登临刻石纪功。 [19]观:游观,游览。又解为阙,意即建宫阙。成山:山名,在今山东容城东北一带。 [20]之罘(fú):山名,在今山东省烟台市北,三面环海。秦始皇曾登,并射鱼。 [21]句说在大海中泛舟。浮:浮泛,行船。渤(bó)澥(xiè):渤海。 [22]孟诸:古大泽名,故地在今河南省商丘市北。古属齐国。 [23]邪:同斜。肃慎:古国。故地在今东北地区。 [24]汤谷:又叫旸谷,太阳所处的地方。界:边界。 [25]句说在青丘秋猎。秋田:秋猎。青丘:古国名。 [26]句说在海外活动。彷徨:徘徊,散步。 [27]三句说吞下八九个像云梦大的湖也不会感到有什么障碍。极言齐国之大。蒂芥:小梗塞物。 [28]俶(tì)傥(tǎng):卓越。瑰(guī)玮(wěi):珍奇,美好。 [29]句说万类物品像鳞片一样汇集在一起。万端:万类,万种。崒(zuì):同"萃",聚集。 [30]充牣:同"仞",充满。 [31]二句说连最会记名和最会计数的人也无能为力。张揖说:"禹为尧司空,辨九州名山,别草木。咼为尧司徒,敷五教,率万事。" [32]苑囿(yòu):畜养禽兽的圈地。见客:现客。现正在齐国做客。 [34]句说因此齐王不答应。辞:谢绝,不受。复:答应。

(据中华书局1977年影印清胡克家本《文选》 刘文刚)

洛 神 赋[1]

曹 植

　　黄初三年[2],余朝京师[3],还济洛川[4]。古人有言,斯水之神[5],名曰宓妃[6]。感宋玉对楚王神女之事[7],遂作斯赋。其辞曰:

　　[1]曹植(公元192—232),字子建。曹操第三子,曹丕之弟。才华横溢,曹操屡次欲立为嗣以代曹丕,故为曹丕所嫉恨。曹丕称帝,曹植遭贬爵徙封,郁郁不得志。明帝继位,曹植多次上书求自试,也不见用。曹植封陈王,谥思,故亦称陈思王。曹植是建安时期最有才华的作家。 [2]黄初三年,公元222年。黄初,魏文帝曹丕年号。 [3]朝京师:到京城朝见皇帝。京师,首都,京城,指洛阳(今河南省洛阳市)。 [4]还:回,归。济:渡。洛川:洛水。洛水发源,流经洛阳,与伊水汇合,流入黄河。 [5]斯水:此水,洛水。斯,此。 [6]宓(fú)妃:传说中的洛水女神。先秦已有此传说。《史记索隐》引如淳:"宓妃,伏羲女,溺死洛水,遂为洛水之神。" [7]二句说我对宋玉答楚王问的神女的故事,心有所感,就写下了这首赋。宋玉对楚王问,事见《高唐赋》与《神女赋》。宋玉和楚襄王游云梦泽,襄王见高唐云气,便问是什么气。宋玉回答说从前先王游高唐,梦见与神女同居。神女离开时,说"妾旦为朝云,暮为行雨",所见之气就是神女。夜晚,襄王在梦中见到了神女。

二、辞采飞扬——赋

余从京域[1],言归东藩[2]。背伊阙[3],越轘辕[4],经通谷[5],陵景山[6]。日既西倾,车殆马烦[7]。尔乃税驾乎蘅皋[8],秣驷乎芝田[9],容与乎阳林[10],流眄乎洛川[11]。于是精移神骇[12],忽焉思散[13]。俯则未察[14],仰以殊观。睹一丽人,于岩之畔。乃援御者而告之曰[15]:"尔有觌于彼者乎[16]?彼何人斯?[17]若此之艳也?"御者对曰:"臣闻河洛之神,名曰宓妃。然则君王所见,无乃是乎[18]?其状若何,臣愿闻之。"

[1]京域:京城一带地方。首都。 [2]东藩:东方的封国。曹植当时封鄄城王,鄄城在洛阳东北,故称东藩。 [3]背:越过,走过。伊阙:在今河南省洛阳市南。《水经注》:"昔大禹疏以通水,两山相对,望之若阙,伊水历其间北流,故谓之伊阙矣。" [4]轘辕(huán yuán):山名,关口名。在河南省偃师市东南。 [5]通谷:又名大谷,地名,在洛阳市南。 [6]陵:经过。景山:山名,在河南省偃师市南。 [7]殆:懈怠,劳累。烦:因劳累而烦躁。 [8]尔乃:语词,于是。税驾:停车。税,通"脱",卸。蘅(héng)皋:美丽芳香的水边地。蘅,香草。皋,泽,岸。 [9]秣驷(mò sì):喂马。秣,喂。驷:四匹拉一辆车的马,指马。芝田:长满灵芝的田,指草肥美的地方。 [10]容与:安然悠闲的样子。阳林:地名。一名杨林,多生杨,故名。 [11]流眄(miǎn):随意观看。浏览。 [12]精移神骇:思想转移,精神惊惧。 [13]思散:走神。 [14]二句说:俯首没有看见什么,抬头却有惊人发现。殊观:所见非同寻常。 [15]援:拉,示意说话。御者:驾车的人,车夫。 [16]觌(dí):看见,见。 [17]此句说她是谁呢? [18]此句说恐怕就是宓妃吧。

余告之曰:其形也,翩若惊鸿[1],婉若游龙[2]。荣曜秋菊[3],华茂春松[4]。仿佛兮若轻云之蔽月[5],飘飖兮若流风之回雪[6]。远而望之,皎若太阳升朝霞;迫而察之[7],灼若芙蕖出渌波[8]。秾纤得衷[9],修短合度。肩若削成,腰如束素[10]。延颈秀项[11],皓质呈露[12]。芳泽无加[13],铅华弗御。云髻峨峨[14],修眉联娟[15]。丹唇外朗[16],皓齿内鲜。明眸善睐[17],靥辅承权[18]。瑰姿艳逸[19],仪静体闲[20]。柔情绰态[21],媚于语言。奇服旷世,骨像应图[22]。披罗衣之璀粲兮[23],珥瑶碧之华琚[24]。戴金翠之首饰[25],缀明珠以耀躯[26]。践远游之文履[27],曳雾绡之轻裾[28]。微幽兰之芳蔼兮[29],步踟蹰于山隅[30]。

[1]此句说风姿美好,像惊而飞的大雁。翩:鸟飞翔的样子。鸿:雁。 [2]此句说体态轻盈,具有曲线美,像游动的龙。婉:美好,曲。 [3]此句说宓妃光彩焕发,像秋天的菊花。荣曜:光彩焕发。 [4]此句说宓妃充满活力,像春天的青松。华茂:精力充沛,充满青春活力。 [5]仿佛:轻盈之意。 [6]飘飖(yáo):飘摇。飘飘飖飖,形容动态的美。 [7]迫:近。 [8]灼(zhuó):鲜艳,鲜明。芙蕖(qú):荷花。渌(lù):清澈。 [9]此句说胖瘦适度。得衷:适中,得体。 [10]此句说腰圆而小。 [11]此句说颈项长。延:长。秀:秀美,长。 [12]此句说身体显露出洁白。呈露:显现。 [13]二句说身体本身极美,无需用化妆品。芳泽:化妆品。加:施,用。铅华:化妆品。御:用。 [14]此句说乌云一样黑的发髻高高的。峨峨:高高的样子。 [15]此句说长长的细眉微微弯曲,很美丽。修:细长。联娟:微曲的样子。 [16]朗:鲜亮,光亮。 [17]眸:眼睛。睐(lài):旁观。顾盼。 [18]此句说两颊边

都有酒涡。靥(yè)辅:颊边微涡,俗称酒涡。权:两颊。　[19]此句说美好的姿体艳丽而飘逸。　[20]此句说仪态端静、身体闲雅。　[21]绰态:姿态宽和、美好。绰:宽。　[22]应图:应该画成画。意即美丽如画。　[23]罗衣:丝织品做的衣服。璀粲:衣服的声音。美好。[24]珥(ěr):耳饰。戴。瑶碧:美玉。华琚:雕刻的佩玉,华美的佩玉。琚,佩玉。　[25]金翠:金和翡翠。　[26]缀(zhuì):装饰。耀躯:增加身体的光彩,增添魅力。　[27]此句说穿着有花纹的远游鞋。践:穿。远游:一类鞋的名字。文履:有花纹的鞋。　[28]此句说穿着像雾一般薄的衣服。曳:拖,牵引。绡(xiāo):生丝织成的薄纱,薄绢。裾(jū):衣服的前襟,衣袖。　[29]此句说身体微微散发着兰的芳香气息。幽:深暗,清深。蔼(ǎi):云气,气。[30]踟蹰(chí chú):来回走动。

　　于是忽焉纵体[1],以遨以嬉[2]。左倚采旄[3],右荫桂旗[4]。攘皓腕于神浒兮[5],采湍濑之玄芝[6]。余情悦其淑美兮,心振荡而不怡[7]。无良媒以接欢兮[8],托微波而通辞[9]。愿诚素之先达兮[10],解玉佩以要之[11]。嗟佳人之信修兮[12],羌习礼而明诗[13]。抗琼珶以和余兮[14],指潜渊而为期[15]。执眷眷之款实兮[16],惧斯灵之我欺[17]。感交甫之弃言兮[18],怅犹豫而狐疑。收和颜而静志兮[19],申礼防以自持[20]。

　　[1]纵体:放纵身体,无拘束。身体放开。　[2]遨(áo):嬉游,游。　[3]采旄(máo):采旗。旄,旄牛尾,竿顶用旄牛尾装饰的旗。　[4]桂旗:用桂树枝做的旗。　[5]攘(ráng)皓腕:捋衣露出洁白的手腕。攘,捋,揎。皓:洁白,白。神浒:神圣的洛水之滨。浒,水涯,水边。　[6]湍濑(lài):水流急。濑,湍,急流之水,水激石间。玄芝:又名黑芝,灵芝的一种。[7]此句说觉得丧魂落魄,莫名怅然。心振荡:心旌摇动,怦然心动。　[8]此句说没有好的媒人传达信息使我与洛神欢爱。　[9]此句说只有托洛水传达信息。通辞,传达爱意。[10]诚素:真挚的心。素,同"愫",心,情怀。　[11]此句说解下玉佩作为定情物。要(yāo):邀,约,结交。　[12]信修:确实美好,真诚美好。　[13]此句说宓妃学习诗礼,非常有修养。羌,语助词。　[14]抗:举,拿。琼珶(qióng dì):美玉。和予:回答我,回赠我。[15]此句说洛神指水为誓和我约定相会之时。潜渊:深渊,指洛神所居之处。期:约会。[16]执:持。眷眷:依恋的样子。款实:真心。　[17]此句说我担心洛神欺骗我。　[18]二句说我有感于郑交甫遇神女而被神女抛弃,就犹豫而疑惑,心中充满惆怅。交甫之弃:《神仙传》载,郑交甫在江滨遇神女,用言语挑之,神女解佩送给他。郑交甫刚走几步,怀中的玉佩没有了,神女也不见了。狐疑:疑惑,怀疑。古代认为狐狸多疑,故云狐疑。　[19]静志:静下心来。　[20]此句说用礼法来约束自己的思想行为。申:申明。礼防:以礼防范,礼法约束。自持:自我调控,控制。

　　于是洛灵感焉,徙倚彷徨[1]。神光离合[2],乍阴乍阳。竦轻躯以鹤立[3],若将飞而未翔。践椒涂之郁烈[4],步蘅薄而流芳。超长吟以永慕兮[5],声哀厉而弥长[6]。

　　[1]徙倚:留连徘徊,站立。　[2]此句说神女若隐若现。神光:神女的身体。离合:若隐若现。　[3]竦(sǒng):引领举足。　[4]二句说宓妃走在旁边长着椒的路上,呼吸着浓烈

的芬芳。走在蘅草丛生的路上,嗅到流溢着的香气。郁烈:浓郁。蘅:香草。　[5]超:高声。永慕:长久相爱,长相思。　[6]哀厉:悲切。厉,急。

　　尔乃众灵杂遝[1],命俦啸侣[2]。或戏清流,或翔神渚[3],或采明珠,或拾翠羽。从南湘之二妃[4],携汉滨之游女[5]。叹匏瓜之无匹兮[6],咏牵牛之独处。扬轻袿之猗靡兮[7],翳修袖以延伫[8]。休迅飞凫[9],飘忽若神。陵波微步[10],罗袜生尘。动无常则,若危若安。进止难期[11],若往若还。转眄流精[12],光润玉颜。含辞未吐,气若幽兰。华容婀娜[13],令我忘餐。

　　[1]灵:神。杂遝(tà):众多纷杂。　[2]命俦(chóu)啸侣:呼伴唤友。俦,伴侣,同辈。啸,呼。　[3]渚:水中小块陆地。　[4]南湘之二妃:湘水之神,娥皇与女英。她们为帝尧之女,为舜之后与妃。舜南巡,死于苍梧。二人寻夫,死于江湘间,成为湘水之神。　[5]游女:神女,出游的女子。　[6]匏(páo)瓜:天上星名。无匹:独处。匏瓜星在河鼓星东,周围无星。　[7]此句说神女的上衣在风中飘扬。袿(guī):妇女上衣。裾:衣袖。猗靡:随风飘动的样子。　[8]翳:遮蔽,掩饰。延伫:久立等候。　[9]此句说身体行动比野鸭飞得还快。凫(fú):野鸭。　[10]陵波:在水波上行走。陵,升,登上。　[11]期:预料。　[12]此句说宓妃顾盼有神。眄(miǎn):斜视。流精:目光有精神。　[13]婀娜(ē nuó):柔美的样子。

　　于是屏翳收风[1],川后静波[2]。冯夷鸣鼓[3],女娲清歌[4]。腾文鱼以警乘[5],鸣玉鸾以偕逝[6]。六龙俨其齐首[7],载云车之容裔,鲸鲵踊而夹毂[8],水禽翔而为卫。

　　[1]屏翳:风神。古代说法不一,有雷神、风神、云神多种说法。　[2]川后:河伯,主管江河之神。　[3]冯夷:河神名。一说为河伯之妻。又一说为御阴阳之神。赋中以为河伯之妻较为恰当。　[4]女娲:神话中用黄土造人和炼石补天的女神。又传说她"始作笙簧",似又为音乐女神。　[5]此句说文鱼飞腾为宓妃护车驾而行。腾:升。文鱼:有翅能飞的鱼。　[6]此句说玉铃声响,众神乘车离去。玉鸾:即玉"銮"。车上玉做的铃。偕逝:一起离去。　[7]二句说六龙齐头并进,宓妃的车轻快前行。六龙:驾车的六条龙。俨:庄严的样子。齐首:齐头。形容步调一致。云车:神仙所乘之车。容裔:优游自在。　[8]二句说鲸鲵跃出,列在车的左右,水鸟飞翔,为宓妃护驾。鲵(ní):人鱼,俗称娃娃鱼。夹毂(gǔ):在车两旁。毂:车轮中间车轴贯入处的圆木。代指车。

　　于是越北沚[1],过南岗,纡素领[2],回清阳。动朱唇以徐言[3],陈交接之大纲[4]。恨人神之道殊兮,怨盛年之莫当。抗罗袂以掩涕兮[6],泪流襟之浪浪。悼良会之永绝兮[7],哀一逝而异乡。无微情以效爱兮[8],献江南之明珰[9]。虽潜处于太阴[10],长寄心于君王。忽不悟其所舍[11],怅神宵而蔽光。

　　[1]沚(zhǐ):水中小洲。　[2]二句说宓妃转头回眸。纡:回。素领:雪白的颈。领,颈。回清阳:回头,回眸。清阳,即"清扬",眉目清秀。清,视清明。扬,广扬而颜角丰满。表示对

人容颜的称颂,犹言丰采。　[3]徐言:慢慢说。徐,缓慢、温和。　[4]这句说宓妃谈交往的礼数纲常。陈:陈述,谈。交接:交往,人际关系。大纲:重要之处,礼数纲常。　[5]二句说可惜人与神道不同,尽管都是盛年,也不能彼此相爱。殊:不同。盛年:少壮之年,结婚的年龄。当:指结合,匹配。　[6]二句说举起罗袖掩面哭泣,眼泪滚滚流满衣服。抗:举。罗袂(mèi):丝织衣服的衣袖。袂,衣袖。掩涕:掩面哭泣。涕,哭。襟(jīn):衣的前幅。浪浪:泪流的样子。　[7]二句说痛惜美好的相见永远不会再有,也为一分别而处异地而悲哀。良会:美好的相见。永绝:永不会有。一逝:一别。　[8]这句说没有什么东西来表达爱意。效爱:为爱效劳,表达爱意。　[9]明珰(dāng):明月珰,高贵的耳珠。珰,耳珠。　[10]二句说虽然住在不可见的太阴,我的心会永远伴随君王您。太阴,宓妃所居之地。　[11]二句说恍惚中没有想到她会突然离开,消失得无影无踪,我心中充满惆怅。所舍:所止,即在什么地方之意。神宵:宓妃消失。宵,同"消",化。蔽光:隐形,不见。

　　于是背下陵高[1],足往神留,遗情想像[2],顾望怀愁。冀灵体之复形[3],御轻舟而上溯[4]。浮长川而忘反[5],思绵绵而增慕[6]。夜耿耿而不寐[7],霑繁霜而至曙[8]。命仆夫而就驾[9],吾将归乎东路。揽騑辔以抗策[10],怅盘桓而不能去。

　　[1]二句说于是离开与洛神相会的地方,从低处往高处走。脚虽然走了,但心却留了下来。背下陵高:背对低下的地方,走向高处。陵,升,登。　[2]二句说我深情地想象宓妃,左顾右盼满怀愁绪。　[3]这句说希望宓妃神体重现。冀,希望。　[4]这句说驾着轻舟顺流而上。御:驾,乘。溯:逆流而行。　[5]这句在洛水上航行忘记了回家。浮:水上行船。长川:长河,指洛水。　[6]句说甜蜜的思绪不断更增对宓妃的爱。绵绵:蜜意。连续不断的样子。慕:爱慕,爱。　[7]句说夜晚烦躁不安,不能入睡。耿耿:烦躁不安的样子。寐:睡。　[8]这句在严霜中哭泣至天明。霑(zhān):亦作"沾",润泽。繁霜:严霜,霜大。　[9]这句说叫仆人坐到驾驶台。就驾:坐到驾车的位置上。　[10]二句说握着马缰,举起马鞭,心中痛苦,逗留不能前进。揽,持,握。騑辔(fēi pèi):马缰。騑,四匹马驾车时,两旁之马名騑。辔,马缰。抗策:举鞭打马而行。抗,举。策,鞭子。盘桓:逗留不进。

(据中华书局1977年影印清胡克家本《文选》　刘文刚)

月　赋[1]

谢　庄

　　陈王初丧应、刘[2],端忧多暇[3],绿苔生阁,芳尘凝榭[4],悄焉疚怀[5],不怡中夜[6]。乃清兰路[7],肃桂苑,腾吹寒山[8],弭盖秋坂[9]。临濬壑而怨遥[10],登崇岫而伤远。于时斜汉左界[11],北陆南躔,白露暧空[12],素月流天[13],沉吟齐章[14],殷勤陈篇。抽毫进牍,以命仲宣[15]。

　　[1]谢庄(公元421—466),字希逸,陈郡阳夏(今河南省太康县)人,谢灵运侄子。七岁能属文,历宋文帝、孝武帝、明帝三朝。官吏部尚书、吴郡太守、加金紫光禄大夫。　[2]陈王:三国时魏国曹植封陈思王,简称陈王。应刘:指同时的应场与刘桢。二人为建安七子中的人

物,有文才。二人与曹植是朋友。初丧:刚丧失。指应刘二人逝世。　[3]句说因为忧伤不能做事而空闲。端忧:因忧伤而端居(闲居)。多暇:多空。　[4]句说灰土聚满游观之屋。榭(xiè):在台上盖的高屋,后来多指游观之所。　[5]句说沉默无语,痛苦深沉。疚(jiù)怀:伤心。　[6]不怡:不愉快。中夜:半夜。　[7]清:古代高官出行要清道。即要人们避让,清除一切有碍大官通行的人与物。　[8]句说寒山响起嘹亮的吹奏乐。腾吹:吹奏乐喧腾。腾,奔驰。吹,吹奏。在行进寒山中吹奏音乐。　[9]句说陈王在秋天的山坡前停下来。弭(mǐ)盖:停车,停止前进。弭,止,停止。盖,车盖,伞状物,供遮阳避雨之用。坂:山坡,斜坡。　[10]二句说游深谷太远,登高山也太远。临,到。濬(jùn)壑:深谷。濬,深。壑,山谷,沟池。崇岫(xiù):高山。岫,峰峦。　[11]二句说天河倾斜到左边的天界,北陆星向南运行。写秋天的天象。汉:银河,天汉。左界:向左倾斜。　[12]北陆:星名。即虚宿,又叫玄枵,位在北方,二十八宿之一。南躔(chán):向南运行。躔,星辰运行。暧(ài)空:遮蔽天空。　[13]素月:白月,明月。　[14]二句说反复吟和诵《诗经》"齐风"与"陈风"中的章和篇。沉吟:沉浸其中并吟。齐章:《诗经》中的"齐风"。殷勤:殷勤吟诵。陈篇:《诗经》"陈风"中的诗篇。[15]二句说拿出笔,奉上纸(木简),请王粲写月的文章。毫,笔。牍:用以写字的木简。仲宣:王粲。字仲宣。

　　仲宣跪而称曰:臣东鄙幽介[16],长自丘樊[17],昧道懵学[18],孤奉明恩[19]。臣闻沈潜既义[20],高明既经。日以阳德[21],月以阴灵。擅扶光于东沼[22],嗣若英于西冥[23]。引玄兔于帝台[24],集素娥于后庭。朒朓警阙[25],胐魄示冲[26],顺辰通烛[27],从星泽风[28]。增华台室[29],扬采轩宫[30]。委照而吴业昌[31],沦精而汉道融[32]。

　　[16]句说我是山东偏僻地方的孤陋寡闻的一介书生。东郡:山东偏僻地区。王粲为山阳人,山阳在今山东。幽介:见识少的一介书生。　[17]句说长在乡里。丘樊:山林。以上皆是谦词。实际上,王粲的出身是颇有名望的世族。　[18]句说我不明道,也没有什么学问。昧道:不懂道。懵:不明。　[19]句谓有负您的恩典。谦词,意即表示愿遵陈王的盼咐赋月。　[20]二句说我听说万物变化,天经地义。沉潜既义,高明既经:地义,天经。《尚书》:"沉潜刚克,高明柔克。"孔安国曰:"沉潜谓地,高明谓天。"《左传》:"子太叔曰:子产云:'礼,天之经,地之义。'"　[21]二句说太阳以光灿烂而显出其特征,月亮以阴柔而为其灵性。[22]句说月亮聚集扶桑太阳的光辉照耀东海。擅:专有,独揽。扶光:扶桑之光。东沼:汤谷,即旸谷。或言为东海。　[23]嗣:续,继续。认为月出于日落之后。若英:若木之花。《山海经》:"灰野之山有赤树,青叶,名曰若木,日之所入也。"西冥:日落处。《尚书》曰:"宅西曰昧谷。"孔安国曰:"昧,冥也。"　[24]引:带领,引导。玄兔:玉兔,居月中。帝台:天庭。指太微宫,太微星座。张泉《观象赋》:"寥寥帝庭,谓太微宫也。"集:集合。素娥:嫦娥等女仙。后庭:天庭,天庭后宫。　[25]二句说上弦月与下弦月显示月有缺失。朒朓(nù tiǎo):月缺。朒,农历初月见于东方,上弦月。朓,农历初月见于西方,下弦月。警:示,提示。阙:缺,缺点。　[26]句说月初生,光不强,表示谦虚。胐(fěi):初生之月,新月初见。魄:月初出。冲:谦冲,谦虚。　[27]顺辰:月亮顺着十二月的次序运行。辰,十二辰。通烛:普照。烛,照耀。　[28]句说月亮运行到一定的星位,就会下雨刮风。从星:古代星象家认为,月亮运行与相遇,就会产生风雨。泽:雨水。　[29]增华:增添光辉。华,光华,光。台室:三台,星名。主三公位,故名三台。

[30]扬采:弘扬光彩,增加光彩。轩宫:轩辕,星名。主皇帝之妃。《淮南子》:"轩辕者,帝妃之舍。" [31]句大意说月亮入怀,吴国的帝业就昌盛了。传说汉末时孙策的母亲怀着他时,梦见月亮入怀,后孙策建立三国吴国的帝业。委照:月光照耀大地。吴业:吴国的帝业。 [32]句大意说梦见月亮入怀,汉朝的大道也就光明了。传说汉元皇后的母亲有孕,梦见明月入怀,后来生下一个女儿,这女儿后来生了元帝的皇后。沦精:月亮洒下月光。道:国运,大道。融:明。

若夫气霁地表[33],云敛天末。洞庭始波[34],木叶微脱。菊散芳于山椒[35],雁流哀于江濑[36]。升清质之悠悠[37],降澄辉之蔼蔼。列宿掩缛[38],长河韬映,柔祇雪凝[39],圆灵水镜。连观霜缟[40],周除冰净。君王乃厌晨欢,乐宵宴,收妙舞,弛清县[41],去烛房[42],即月殿,芳酒登[43],鸣琴荐[44]。

[33]二句说大地气净雾散,天边无云。霁(jì):雨止,云雾散。敛:收。 [34]洞庭:洞庭湖,主要在湖南省境内,与长江相接。 [35]山椒:山顶。 [36]句说雁在江水的浅沙上哀鸣。江濑(lài):《说文》:"濑,水流沙上也。" [37]二句说明月悠然升起,洒下柔和的光辉。蔼蔼:柔和的样子。 [38]二句说群星点缀,天河掩映。列宿:众星。宿,星。掩缛:掩映。缛,《说文》:"繁采饰也。"长河:天河,银河。韬映:掩映。韬,包裹,掩。 [39]二句说月光洒在大地上,像凝结的雪。月亮挂在天上,象水镜一样。柔祇:大地。祇,地神。圆灵:天。水镜:以水为镜子。连观:连绵的建筑。观,高大的建筑。 [40]二句说月光洒在成片的建筑上像霜一样明净。缟(gǎo):白色。周除:房屋四周的台阶。 [41]句说不听音乐。弛:废弃,不用。清县:指悬挂架上的乐器。县,同"悬"。 [42]二句说离开点着蜡烛的屋子,可以看见月亮的殿堂。去:离开。烛房:点烛的房子。即:到。 [43]登:进。 [44]荐:进,演奏。

若乃凉夜自凄,风篁成韵[45],亲懿莫从,羁孤递进[46]。聆皋禽之夕闻[47],听朔管之秋引[48]。于是弦桐练响[49],音容选和,徘徊房露[50],惆怅阳阿。声林虚籁[51],沦池灭波,情纡轸其何托[52],愬皓月而长歌。

[45]句说风吹竹林形成音乐般的声音。篁(huáng):竹林。韵:和谐的声音。 [46]二句说亲友不从游,而旅客孤子却跟随。亲懿:亲戚,懿亲。羁孤:羁客孤子。 [47]句说听鹤夜晚的鸣声。聆:听。皋禽:鹤。《诗经·小雅·鹤鸣》:"鹤鸣九皋。"故用皋禽代鹤。闻:鸣,叫。 [48]句说听羌笛秋天的吹奏。朔管:羌笛。羌笛是羌族的一种乐器。引:吹奏。 [49]二句说琴弦奏响,与秋夜的情调非常和谐。弦桐:琴。桓谭《新论》:"神农始削桐为琴,练丝为弦。"故用弦桐指琴。练响:弹响之意。弦响之意。音容:声音容貌。侯瑛《筝赋》:"察其风采,拣其声音。"选:选择。 [50]二句说弹奏低回的《房露》和惆怅的《慢阿》曲。房露:大约即"防露",古曲名。阳阿:古曲名。 [51]二句说林中的声音消失了,波动着的池水也平静下来。二句写音乐的魅力。声林:响动的森林。虚籁:无声。沦池:波动的水池。灭波:息波,平静。 [52]二句说心中的郁闷如何表达,只有用长歌向皓月倾诉。纡轸(zhěn):愁肠百结,郁闷。《楚辞·九章·怀沙》:"郁结纡轸兮,离愍而长鞠。"王逸注:"纡,曲。轸,痛。"托:借以表达。愬(sù):倾诉,诉说。

歌曰:"美人迈兮音尘阙[53],隔千里兮共明月。临风叹兮将焉歇[54],川路长兮不可越。"歌响未终,余景就毕[55],满堂变容[56],迴遑如失[57]。又称歌曰[58]:"月既没兮露欲晞[59],岁方晏兮无与归[60]。佳期可以还,微霜沾人衣[61]。"陈王曰:"善。"乃命执事[62],献寿羞璧[63],敬佩玉音[64],复之无致。

[53] 句说美人远去,音容笑貌再也见不到了。迈:远,走。音尘:声音行踪。阙:绝。 [54] 句说临风悲叹,没有完的时候。 [55] 句说月亮将落下去。景:影。毕:完。 [56] 变容:面容发生改变,失色。 [57] 迴遑:惶惶的样子。 [58] 称歌:续歌。 [59] 晞(xī):干。 [60] 晏:晚。《楚辞·九歌·湘夫人》:"岁既晏兮谁与归。" [61] 沾:湿。 [62] 执事:左右供使用的人,供役使的人。 [63] 句说献上美酒佳肴与珍贵的礼物。羞:馐,精美的食物。璧:平圆形中心有孔的玉器。此指高级礼品。 [64] 二句说陈王非常敬佩王粲的月赋,反复阅读。玉音:指王粲的赋月之文。复:反复阅读。无致(yì):无厌。

(据中华书局 1977 年影印李善注《文选》 刘文刚)

别　　赋[1]
江　淹

　　黯然销魂者[2],唯别而已矣。况秦吴兮绝国[3],复燕赵兮千里。或春苔兮始生,乍秋风兮蹔起[4]。是以行子肠断[5],百感悽恻[6]。风萧萧而异响[7],云漫漫而奇色[8]。舟凝滞于水滨[9],车逶迟于山侧[10]。棹容与而讵前[11],马寒鸣而不息。掩金觞而谁御[12],横玉柱而霑轼[13]。居人愁卧[14],怳若有亡[15]。日下壁而沉彩[16],月上轩而飞光。见红兰之受露,望青楸之离霜[17]。巡层楹而空掩,抚锦幕而虚凉[18]。知离梦之踯躅[19],意别魂之飞扬。

[1] 江淹(公元 444—505),字文通。济阳考城(今河南省南考县)人。少孤贫,有才华。历仕宋、齐、梁三朝。南宋时,萧道成辅政,召为尚书驾部郎骠骑参军事。入齐,历官中书侍郎、御史中丞、秘书监。梁时官至金紫光禄大夫,封醴陵侯。江淹为南北朝有名作家,有《江文通集》。 [2] 二句说最使人容颜暗淡、魂魄消散的,就只有离别。黯然:色败的样子。黯,深黑。销魂:魂魄离散,丧魂落魄。 [3] 二句说秦与吴两国相隔甚远,而燕与宋也相距千里。绝国:隔绝之国。 [4] 乍:忽然。蹔(zàn):同"暂",暂时。 [5] 是以:因此,所以。行子:行人,离家出行的人。 [6] 悽恻:悲伤。 [7] 萧萧:像声词,形容风声。 [8] 漫漫:广大无边的样子。 [9] 凝滞:停止,停留。 [10] 逶(wēi)迟:迂回曲折的样子。 [11] 棹:船桨。指船。容与:徘徊不进的样子。讵前:岂能向前,不前。讵,岂。 [12] 句说掩住金杯,谁都不饮酒。金觞(shāng):金的饮酒器。御:进,用。 [13] 这句说横琴(或琴一类的乐器)而弹,泪下沾车。玉柱:弦乐有柱,用玉作者为玉柱,故玉柱指琴筝一类乐器。霑轼:泪打湿车前扶手的横木。 [14] 居人:出行者的亲人。 [15] 怳:恍惚。 [16] 二句说太阳落山而失去光彩,月亮升上轩而更明亮。沉彩:失去光芒。轩:楼板,长廊或亭式建筑。 [17] 这句说望见绿楸树遭受霜打。青楸(qiū):绿色的楸树。楸,一种落叶乔木。离:通"罹",遭受。此句与上句为互文。也就是说红兰与绿楸先都承甘露,后都遭霜害,借以表现感时伤别之情。 [18] 二句说看深宅大院屋子都关着门空着,锦帐也空着,透着凉意。巡:到处察看。层楹(yíng):有多重屋的房子,深宅大院。楹,柱,屋一间为一楹。掩:关。锦幕:锦做的帐子。锦,

丝织品。幕,帐。　[19]二句说可知行人的梦也牵萦着故乡,料想游子的魂也会为故乡而飞扬。踯躅(zhí zhú):驻足,踏步不前。

　　故别虽一绪[20],事乃万族。至若龙马银鞍,朱轩绣轴[21]。帐饮东都[22],送客金谷[23]。琴羽张兮箫鼓陈[24],燕赵歌兮伤美人[25]。珠与玉兮艳暮秋[26],罗与绮兮娇上春。惊驷马之仰秣[27],耸渊鱼之赤鳞。造分手而衔涕[28],感寂漠而伤神。

　　[20]二句说离别虽是一样的情绪,而离别情事却有万种不同。绪:心绪,心情。族:类,种。　[21]这句说华贵的车。朱轩:红色的车。轩,车。绣轴:有绣织品装饰的车,或彩绘的车轴。　[22]这句说在长安东都门设帐而饮。帐:帐篷。东都:长安的城门。汉代疏广和疏受辞官,公卿大夫在此为他们设帐置酒饯行。　[23]这句说在金谷园送客。金谷:洛阳西北有金谷涧。晋代石崇于此建有金谷园,石崇邀集显贵,在金谷园送征西将军祭酒王诩回长安。[24]句说弹琴击鼓。羽:羽声,五声之一。张:张扬,演奏之意。　[25]这句说离别之音使美人伤怀。《古诗十九首》:"燕赵多佳人,美者颜如玉。"伤美人:使美人感伤。　[26]二句说别宴上,无论是晚秋还是初春,女性总是非常娇艳。珠、玉、罗、绮皆为女性高贵的穿戴之物,此用以指女性。暮秋:晚秋,九月。上春:早春,正月。　[27]驷马:四匹同驾一辆车的马。此处指马。仰秣(mò):仰头咀嚼饲料。秣,饲料。二句言乐之盛。《韩诗外传》说:"昔伯牙鼓琴,而渊鱼出听;瓠巴鼓琴,而六马仰秣。"　[28]二句说到分手时都流泪,想到分别后的寂寞都伤神。造:到。衔涕:含泪。寂漠:寂寞。

　　乃有剑客惭恩[29],少年报士。韩国赵厕[30],吴宫燕市。割慈忍爱,离邦去里[31]。沥泣共诀[32],抆血相视[33]。驱征马而不顾,见行尘之时起。方衔感于一剑[34],非买价于泉里。金石震而色变[35],骨肉悲而心死。

　　[29]二句说有剑客知恩图报,少年也成为报恩复仇的侠客。惭恩:对大恩感到受之有愧而思报答。报士:报答以国士相待。　[30]二句讲古代韩、赵、吴、燕四国的侠客故事。韩国:指战国时代韩国严仲子与韩相侠累有矛盾,严仲子进百金交聂政,聂政拔剑入韩,刺杀侠累。赵厕:战国时代赵襄子灭掉晋智伯,豫让感智伯待之如国士之恩,隐姓埋名,到赵襄子那里当了奴隶,入宫涂厕,伺机刺杀赵襄子。故言赵厕。吴宫:公子光具酒请吴王僚。饮酒酣畅的时候,叫专诸把匕首放在鱼腹中进上,专诸以匕首刺杀吴王僚,立死。燕市:卫人荆轲与高渐离饮于燕市,旁若无人。二人先后行刺和击杀秦王未成功。　[31]这句说离开故国故乡。里:故里,故乡。　[32]沥泣:哭泣。沥,下滴,流泪。共诀:共别。　[33]抆(wěn)血:揩泪,擦泪。古人认为痛苦时眼泪流干后又流血,故以抆血写痛苦的深沉。　[34]二句说活着时就用剑表达感恩戴德,而不是等老死博得行侠仗义的名声。衔感:衔恩感德,指知恩图报。买价:换取高的身价,博得名声。泉里:身后,九泉之下。　[35]二句说敲钟击鼓使脸色大变,亲人死了自己的心也死了。二句分别用秦武阳和聂政姐姐的故事。秦武阳随荆轲入秦刺杀秦王。秦王见荆轲、秦武阳,列戟,敲钟击鼓。秦武阳大恐,脸色变得如死灰。聂政刺杀侠累后,为了不连累亲人,破面挖眼,剖腹自杀。而聂政的姐姐知道是聂政所为,为了给聂政扬名,抱着死的决心,毅然去认尸,抱尸而哭,说:"此妾弟聂政!"自杀于尸旁。

或乃边郡未和[36],负羽从军。辽水无极,雁山参云[37]。闺中风暖,陌上草薰[38]。日出天而曜景[39],露下地而腾文。镜朱尘之照烂[40],袭青气之烟煴。攀桃李兮不忍别,送爱子兮沾罗裙[41]。

[36]二句说有的人因为边境有战事,背起箭去参军。羽:箭。因用箭加羽毛做成,故云。　　[37]辽水:辽河,在今辽宁省境内。无极:极远。雁山:雁门山,在今山西省境内。参云:高耸入云。　　[38]草薰:草散发出香气。　　[39]二句说天上的太阳放射出耀眼的光芒,地上的露珠变幻着绚丽的色彩。　　[40]二句说红尘在阳光中飞动,人们呼吸着春天温暖的气息。镜:照耀。朱尘:红尘。照烂:明亮灿烂。袭:承受。青气:春天的气息。烟煴(yīn yūn):同"氤氲"。气聚合,气充盛的样子。　　[41]沾罗裙:眼泪打湿丝裙。

至如一赴绝国[42],讵相见期[43]?视乔木兮故里[44],决北梁兮永辞。左右兮魄动[45],亲宾兮泪滋[46]。可班荆兮赠恨[47],唯尊酒兮叙悲[48]。值秋雁兮飞日,当白露兮下时。怨复怨兮远山曲[49],去复去兮长河湄[50]。

[42]绝国:极远的国,极远的地方。　　[43]这句说岂有相见之时。讵:岂,岂有。　　[44]此句说看看故乡的高大的树木。所表现的是对故乡的留念。乔木:高大的树木。告别北梁,永远离开故乡。决:同"诀",别。北梁:地名,指离别之地。永辞:永远离别。　　[45]左右:左右之人,指随从仆人等。魂动:心感动。　　[46]亲宾:亲友宾客。泪滋:流泪,泪涌出。　　[47]句说铺荆而坐共话离别之恨。班荆:铺开荆。班,铺。荆,灌木名。　　[48]尊:酒器。　　[49]山曲:山的曲折处。　　[50]湄(méi):岸边,水和草相接的地方。

又若君居淄右[51],妾家河阳[52],同琼珮之晨照[53],共金炉之夕香。君结绶兮千里[54],惜瑶草之徒芳。惭幽闺之琴瑟,晦高台之流黄[55]。春宫閟此青苔色[56],秋帐含兹明月光。夏簟清兮昼不暮[57],冬釭凝兮夜何长。织锦曲兮泣已尽,回文诗兮影独伤[58]。

[51]淄右:淄水西岸。水西为右。淄水在今山东省境内。　　[52]河阳:黄河北岸。水北为阳。　　[53]二句说同是戴上琼珮,在早晨照镜子,都是用金炉傍晚熏香。琼珮:玉佩。金炉:一般指铜炉,内放香,用作熏香。　　[54]二句说你到千里外做官,家里瑶草白白飘香,你闻不到。结绶(shòu):做官。绶,系官印之带。瑶草:香草,仙草。　　[55]句说装在高台的流黄色的素也变色了。晦:暗,变暗。流黄:流黄色的素,织物中的一种。　　[56]二句说因丈夫远去,妇女住地的门经常关闭,春天长着青苔,秋天夜晚帐里透着月光。閟(bì):关闭。　　[57]夏天席子清凉仿佛白天老过不完,冬天油灯昏暗感到夜是多么漫长。簟(diàn):竹席。釭(gāng):灯。凝:灯火微弱,不散发光芒。　　[58]二句说织锦时眼泪已尽,回文诗表达独处的凄凉。回文诗:诗的字句回旋往反,都能构成有意义的诗。《晋书·列女传》载,前秦苻坚时,秦州刺史窦涛被贬到沙漠地区,妻子苏蕙思念他,将回文诗织于锦中,寄给他。各书所载此故事,内容有出入。

傥有华阴上士[59],服食还山[60]。术既妙而犹学[61],道已寂而未传。守丹灶而不顾[62],炼金鼎而方坚;驾鹤上汉[63],骖鸾腾天。蹔游万里[64],少别千年。唯世间兮重别[65],谢主人兮依然。

[59] 倪有:有。华阴:华山之北。华,华山。阴,山北为阴。上士:炼丹求仙,道术高明之人。 [60] 服食:食丹药。还山:当为"还丹",一种极好的丹药。 [61] 二句说道术已经很高妙还在学习,道已经达到静的境界而未传授。术:道术。寂:安,静。 [62] 二句说守住丹灶而不管世事,炼丹意志坚定。丹灶:道士炼丹用的灶。不顾:不顾人世。炼金鼎:炼为丹之鼎。方坚:意志坚定。方,正。 [63] 二句说骑鹤上天,乘鸾升天。驾:乘,骑。汉:河汉,天河,指天。骖(cān):乘的意思。鸾:凤凰一类的鸟。腾:升。 [64] 蹔:同"暂",短时间。古人认为天上时间过得比人间快,故说万里为"暂",千年为"少"。 [65] 二句说仙人成仙时受世间重离别的影响,因而离别家人时也依依不舍。谢:辞别,告别。主人:家人。依然:依恋的样子。或解释为依然难免离情别绪。

下有芍药之诗[66],佳人之歌[67]。桑中卫女[68],上官陈娥。春草碧色,春水渌波[69]。送君南浦[70],伤如之何[71]!至乃秋露如珠,秋月如珪[72],明月白露,光阴往来。与子之别,思心徘徊[73]。

[66] 芍药之诗:指《诗经·郑风·溱洧》:"维士与女,伊其相谑,赠之以芍药。"言男女离别时赠诗。芍药,一种植物,花鲜艳。 [67] 佳人之歌:指汉代李延年《北方有佳人》诗歌。 [68] 二句说男女幽会也有离别。《诗经·鄘风·桑中》:"期我乎桑中,要我乎上宫,送我淇之上矣。"桑中,上宫:男女约会的地方。卫女,陈娥:泛指少女,美女。 [69] 渌(lù):清澈。 [70] 南浦:《楚辞·九歌·河伯》:"送美人兮南浦。"文中泛指离别之地。 [71] 句大意说令人非常伤心。 [72] 珪(guī):帝王或诸侯所执的长形玉版,上圆或尖,下方。 [73] 徘徊:萦绕。

是以别方不定[74],别理千名。有别必怨,有怨必盈。使人意夺神骇[75],心折骨惊。虽渊云之墨妙[76],严乐之笔精,金闺之诸彦[77],兰台之群英,赋有凌云之称[78],辩有雕龙之声[79],谁能摹暂离之状[80],写永诀之情者乎?

[74] 二句说离别的方式多种多样,离别的原因千千万万。方:方式。不定:没有一定。理:原因。千名:以千计,言其多。 [75] 意夺神骇:意夺,丧失思维能力。神骇,心里恐惧。即失魂落魄之意。 [76] 二句说虽是极有文才的作家。渊云:王褒和扬雄。王褒,字子渊。扬雄,字子云。墨妙:佳作。严乐:严安、徐乐。四人都是汉代文人。 [77] 二句说金马门的诸位才士,兰台的群英。金闺:杰出的人才。兰台:汉代皇家藏书之地,也是著述与讨论学术之地。 [78] 此句指汉代司马相如。汉武帝读了司马相如的《大人赋》,赞美说:"飘飘有凌云之气,似游天地之间意。" [79] 此句指战国时齐人驺奭。驺奭善辩,辞采飞扬,如雕镂龙文,当时号曰"雕龙奭"。 [80] 二句说谁又能描绘出短暂别离的景况,表达永远分别的感情呢?

(据中华书局1977年影印清胡克家本《文选》 刘文刚)

三、得意忘言——《王弼集》

【题解】 王弼(226—249),字辅嗣,魏山阳郡高平(今山东金乡县西北)人。出身名门,为汉末"建安七子"之一的王粲的侄孙。他属于早慧型的天才,"十余岁便好庄、老,通辩能言",连当时的名士裴徽、傅嘏都感到惊奇。何晏见到他后,曾感叹说:"仲尼称后生可畏,若斯人者,可与言天人之际乎!"可是,王弼在为人上也有一些天生的缺点,就是恃才傲物,"浅而不识物情(人情世故)"。所以,即使受到何晏等人的推崇和引荐,也未得到大军将曹爽的重用。嘉平元年(249)正月,司马氏集团发动高平陵政变,杀曹爽、何晏等,王弼受到牵连,被免职。这一年秋天,染疠疾(流行性传染病)而亡,年仅二十四岁。(事迹见《三国志》卷二十八《钟会传》注及《世说新语》卷二《文学篇》的相关条目和注)

虽然只活了短短的二十四岁,但是王弼对后世的影响却是无法忽视的。首先,他是魏晋玄学的主要创始人,他与何晏一起首倡"贵无论",探讨事物表象背后隐蔽的抽象原则,开一代学术的新风气,世称"正始之音"。其次,他在易学史上的地位非常高,他的《周易注》和《周易略例》废象数,阐义理,一扫汉代易学的积弊,《四库全书总目》称他"阐明义理,使《易》不杂于术数"。唐代经学大师孔颖达认为"唯魏世王辅嗣之注,独冠古今,所以江左诸儒并传其学,河北学者罕能及之。"(《周易正义序》)所以自唐代以来,王弼易学一直被官方定为正统易学,是迄今为止流传最广、影响最大的《周易》注解。

楼宇烈的《王弼集校释》(中华书局1980年版)收入了王弼现存的所有著作,包括《老子注》、《老子指略》、《周易注》、《周易略例》、《论语释疑》等,是目前研究王弼思想最好的一个版本。

(李晓宇)

周易略例(节录)

明 象

夫《象》者,何也?统论一卦之体[1],明其所由之主者也[2]。

[1]统论:总论。体:主体。 [2]主:起主导作用的一爻。

夫众不能治众[1],治众者,至寡者也[2]。夫动不能制动,制天下之动者,贞夫一者也[3]。故众之所以得咸存者,主必致一也[4];动之所以得咸运者,原必无二也[5]。

[1]众:指一卦中的六爻。 [2]至寡者:指起主导作用的那一爻。 [3]这两句语本《周易·系辞上》:"天下之动,贞夫一者也。"贞:正。一:指起主导作用的那一爻。 [4]咸:皆。主:主宰。致一:归一。 [5]运:运行。原:本原,起因。

物无妄然[1],必由其理。统之有宗,会之有元[2],故繁而不乱,众而不惑。故六爻相错,可举一以明也;刚柔相乘,可立主以定也。是故杂物撰德,辩是与非,则非其中爻,莫之备矣[3]!故自统而寻之,物虽众,则知可以执一御也[4];由本以观之,义虽博,则知可以一名举也。故处璇玑以观大运[5],则天地之动未足怪也;据会要以观方来[6],则六合辐辏未足多也[7]。故举卦之名,义有主矣;观其《象辞》,则思过半矣[8]!夫古今虽殊,军国异容[9],中之为用[10],故未可远也[11]。品制万变,宗主存焉[12];《象》之所尚,斯为盛矣。

[1]妄然:胡乱盲目的样子。 [2]会:汇。元:根本。 [3]这几句语本《周易·系辞下》:"若夫杂物撰德,辩是与非,则非其中爻不备。"杂物撰(suàn)德:杂聚各种事物,计算它们的德性。撰:通"算"。中爻:中间四爻。 [4]执一:谓掌握根本之道。 [5]璇(xuán)玑(jī):指古代观测天象的仪器。大运:指天体的运行。 [6]会要:纲领,枢纽。方来:将来。 [7]六合:天地四方。辐辏:集中,聚集。 [8]语出《周易·系辞下》:"知者观其象辞,则思过半矣。"意谓看了《象辞》,就能了解这一卦的大半意思。 [9]军国:统军治国。容:形态,气象。 [10]中:中正的原则。 [11]远:疏远。 [12]品制:等级规定。宗主:本源。

夫少者,多之所贵也;寡者,众之所宗也。一卦五阳而一阴,则一阴为之主矣;五阴而一阳,则一阳为之主矣!夫阴之所求者阳也,阳之所求者阴也。阳苟一焉,五阴何得不同而归之?阴苟只焉[1],五阳何得不同而从之?故阴爻虽贱,而为一卦之主者,处其至少之地也。或有遗爻而举二体者[2],卦体不由乎爻也。繁而不忧乱,变而不忧惑,约以存博,简以济众,其唯《象》乎!乱而不能惑,变而不能渝[3],非天下之至赜[4],其孰能与于此乎!故观《象》以斯,义可见矣。

[1]只:一个。 [2]遗爻而举二体:舍弃爻的含义,而采用二体的含义。二体:指一卦的上下两卦。如《泰卦》上为《坤》,下为《乾》。 [3]渝:改变原则。 [4]至赜(zé):指极深奥微妙的道理。

明 爻 通 变

夫爻者,何也?言乎变者也。变者何也?情伪之所为也[1]。夫情伪之动,非数之所求也[2];故合散屈伸,与体相乖[3]。形躁好静,质柔爱刚,体与情反,质与愿违。巧历不能定其算数[4],圣明不能为之典要[5];法制所不能齐,度量所不能均也。为之乎岂在夫大哉[6]!陵三军者,或惧于朝廷之仪[7];暴威武者[8],或困于酒色之娱。

[1]情伪:真假。 [2]数:道数、方法。 [3]乖:违背。 [4]巧历:精于历算的人。 [5]典要:经常不变的准则、标准。 [6]为:指制定法制、度量。大:范围广,程度深。 [7]陵:侵犯。仪:仪式,礼节。 [8]暴:欺凌。

近不必比[1],远不必乖。同声相应,高下不必均也;同气相求[2],体质不必齐也。召云者龙[3],命吕者律[4]。故二女相违[5],而刚柔合体。隆墀永叹,远壑必盈[6]。投戈散地,则六亲不能相保[7];同舟而济,则吴越何患乎异心[8]。故苟识其情,不忧乖远;苟明其趣,不烦强武。能说诸心,能研诸虑[9],睽而知其类[10],异而知其通,其唯明爻者乎?故有善迹而远至[11],命宫而商应[12];修下而高者降,与彼而取此者服矣[13]!

[1]比:亲。 [2]同声相应、同气相求:语出《周易·乾·文言》。 [3]召云者龙:《周易·乾·文言》:"云从龙,风从虎。"这里比喻"同气相求"。 [4]命吕者律:呼唤阴声的是阳声。吕:阴声。律:阳声。 [5]二女相违:二女都是阴类,所以互相避开。 [6]隆墀(chí)永叹,远壑(hè)必盈:在高台上长叹一声,远处的沟壑必然响应。 [7]散(sàn)地:兵家用语。指诸侯在自己领地内作战,其士卒在危急时容易逃亡离散。六亲:泛指亲近的人。 [8]《孙子兵法·九地篇》:"夫吴人与越人相恶也,当其同舟而济,遇风,其相救也如左右手。" [9]《周易·系辞下》:"能说诸心,能研诸虑。"意谓可以愉悦人的心情,可以竭尽人的思虑。 [10]睽(kuí):乖离,违背。 [11]善迹而远至:整治身边的事情,远方的人会来归附。善:通"缮",修补,整治。 [12]命宫而商应:呼唤宫音而商音应和。 [13]服:得。

是故情伪相感,远近相追;爱恶相攻[1],屈伸相推;见情者获,直往则违[2]。故拟议以成其变化[3],语成器而后有格[4]。不知其所以为主,鼓舞而天下从,见乎其情者也[5]。

[1]这几句语出《周易·系辞下》:"是故爱恶相攻而吉凶生,远近相取而悔吝生,情伪相感而利害生。" [2]见情者获,直往则违:洞悉实情的获得,憨直前往的违背。 [3]拟议:比拟。这里指爻的变化是比拟外物的运动变化。 [4]语成器而后有格:说的是先有工具,然后才能探究。语出《周易·系辞下》:"动而不括,是以出而有获,语成器而动者也。"一说:"格"当作"括"。 [5]不知其所以为主,鼓舞而天下从,见乎其情者也:意谓万物不明白为谁所主宰,跟着它变化,这体现了易道变化的实际情况。

是故范围天地之化而不过,曲成万物而不遗,通乎昼夜之道而无体[1],一阴一阳而无穷。非天下之至变,其孰能与于此哉!是故卦以存时,爻以示变[2]。

[1] 这三句语出《周易·系辞上》。　[2] 卦以存时,爻以示变:卦用来显示时机,爻用来演示变化。

明卦适变通爻

夫卦者,时也;爻者,适时之变者也。

夫时有否泰[1],故用有行藏;卦有小大,故辞有险易。一时之制[2],可反而用也;一时之吉,可反而凶也。故卦以反对,而爻亦皆变。是故用无常道,事无轨度[3],动静屈伸,唯变所适。故名其卦,则吉凶从其类;存其时,则动静应其用。寻名以观其吉凶,举时以观其动静,则一体之变,由斯见矣。夫应者,同志之象也;位者,爻所处之象也。承乘者,逆顺之象也[4];远近者,险易之象也。内外者,出处之象也[5];初上者[6],终始之象也。是故虽远而可以动者,得其应也;虽险而可以处者,得其时也。弱而不惧于敌者,得所据也[7];忧而不惧于乱者,得所附也[8]。柔而不忧于断者,得所御也。虽后而敢为之先者,应其始也;物竞而独安静者,要其终也。故观变动者,存乎应;察安危者,存乎位;辩逆顺者,存乎承乘;明出处者,存乎外内。

[1] 否(pǐ)泰:《易》的两个卦名。天地相交,通畅谓之"泰";不交,闭塞谓之"否"。后常用来指世事的盛衰,命运的顺逆。　[2] 制:禁止。　[3] 轨度:规范法度。　[4] 承:以下对上。乘:以上对下。阴承阳是顺,阳承阴是逆;阴乘阳是逆,阳乘阴是顺。　[5] 内:下卦,是"处"。外:上卦,是"出"。　[6] 初:指最下面一爻。上:指最上面一爻。　[7] 据:位。　[8] 附:依附。

远近终始,各存其会[1];辟险尚远,趣时贵近[2]。《比》、《复》好先[3],《乾》、《壮》恶首[4];《明夷》务闇[5],《丰》尚光大[6]。吉凶有时,不可犯也;动静有适,不可过也。犯时之忌,罪不在大;失其所适,过不在深。动天下,灭君主,而不可危也;侮妻子,用颜色[7],而不可易也。故当其列贵贱之时,其位不可犯也;遇其忧悔吝之时;其介不可慢也[8]。观爻思变,变斯尽矣。

[1] 会:主旨。　[2] 辟(bì)险尚远:躲避危险主要在于远离。趣时贵近:适应环境主要在于接近。　[3] 好先:有利于开始。　[4] 恶首:不利于结局。　[5] 务闇(àn):致力于韬晦。　[6] 尚光大:崇尚光明正大。　[7] 用颜色:指受辱动怒。　[8] 介:通"芥",细微的事物。

明　象

夫象者,出意者也[1]。言者[2],明象者也。尽意莫若象,尽象莫若言。言生于象,故可寻言以观象;象生于意,故可寻象以观意。意以象尽,象以言著。故言者所以明象,得象而忘言;象者所以存意,得意而忘象。犹蹄者所以在兔,得兔而忘蹄;筌者所以在鱼,得鱼而忘筌也[3]。然则言者,象之蹄也;象者,意之筌也。

[1] 象:象征,拟象。这里指卦象。出意:表示意义。 [2] 言:语言、文字。这里指卦辞、爻辞等。 [3] 典出《庄子·外物》:"筌者所以在鱼,得鱼而忘筌;蹄者所以在兔,得兔而忘蹄;言者所以在意,得意而忘言。"筌(quán):捕鱼的器具。蹄:捕兔的挂网。这里的筌、蹄比喻手段,目的达到后,就可以舍弃。

是故存言者,非得象者也;存象者,非得意者也。象生于意而存象焉,则所存者乃非其象也;言生于象而存言焉,则所存者乃非其言也。然则忘象者,乃得意者也;忘言者,乃得象者也。得意在忘象,得象在忘言。故立象以尽意[1],而象可忘也;重画以尽情[2],而画可忘也。

[1] 立象:取法万物形象。尽意:充分表达意义。 [2] 重画:指重卦。尽情:竭尽万事万物的情理。

是故触类可为其象[1],合义可为其征[2]。义苟在健,何必马乎[3]?类苟在顺,何必牛乎?爻苟合顺,何必《坤》乃为牛?义苟应健,何必《乾》乃为马?而或者定马于《乾》,案文责卦,有马无《乾》,则伪说滋漫[4],难可纪矣。互体不足,遂及卦变[5];变又不足,推致五行。一失其原,巧愈弥甚。从复或值[6],而义无所取。盖存象忘意之由也。忘象以求其意,义斯见矣。

[1] 触类可为其象:触及相类事物,可以拟象来表示。例如,马象征刚健的东西,牛象征柔顺的东西。 [2] 合义:合于同一义理的事物。征:验证。 [3] 义苟在健,何必马乎:只要合于刚健的义理,不必拘泥于马这一具体象征。 [4] 这几句是说,假定马就是《乾》,从卦辞、爻辞中索取"马",以合《乾》的卦象,但遇到有"马"而不是《乾卦》的情况,就穿凿附会,产生许多欺人之谈。 [5] 互体:《易》卦上下两体相互交错取象而成之新卦,又叫"互卦"。如《观》为《坤》下《巽》上,取其二至四爻则为《艮》,三至五爻则为《坤》。卦变,指因爻变而引起卦象的变化。六十四卦无论一爻或数爻变,即阴爻变阳爻,阳爻变阴爻,都可转化为另一卦。 [6] 从(zòng)复或值:即使偶然有相符的情况。

辩　位

案,《象》无初上得位失位之文[1]。又,《系辞》但论三五、二四同功异位[2],亦不及初上,何乎?唯《乾》上九《文言》云,贵而无位;《需》上六云,虽不当位。若以上为阴位邪?则《需》上六不得云不当位也[3];若以上为阳位邪?则《乾》上九不得云贵而无位也[4]。阴阳处之,皆云非位[5],而初亦不说当位失位也。然则初上者是事之终始,无阴阳定位也。故《乾》初谓之潜[6],过五谓之无位[7]。未有处其位而云潜,上有位而云无者也。历观众卦,尽亦如之,初上无阴阳定位,亦以明矣。

[1] 初:最下一爻。上:最上一爻。得位失位:阴爻或阳爻是否居于应有位置。 [2] 三五、二四同功异位:语出《周易·系辞下》,意谓第三、五爻或第二、四爻的功用相同而位置不同。 [3]《需》最上一爻为阴,所以说"不得云不当位"。 [4]《乾》最上一爻为阳,所以说"不得云贵而无位也"。 [5] 非位:所居位置不相称。 [6]《周易·乾》:"初九:潜龙,勿用。" [7]《周易·乾·文言》:"子曰:'贵而无位,高而无民。'"

夫位者,列贵贱之地,待才用之宅也[1]。爻者,守位分之任,应贵贱之序者也。位有尊卑,爻有阴阳。尊者,阳之所处;卑者,阴之所履也。故以尊为阳位,卑为阴位。去初上而论位分,则三五各在一卦之上,亦何得不谓之阳位?二四各在一卦之下,亦何得不谓之阴位?初上者,体之终始,事之先后也,故位无常分,事无常所,非可以阴阳定也。尊卑有常序,终始无常主。故《系辞》但论四爻功位之通例,而不及初上之定位也。然事不可无终始,卦不可无六爻,初上虽无阴阳本位,是终始之地也。统而论之,爻之所处则谓之位;卦以六爻为成,则不得不谓之六位时成也[2]。

[1] 列贵贱之地,待才用之宅:排列高贵和卑贱的地位,等待有才智和功用的人居处。
[2] 六位时成:语出《周易·乾卦·彖》。

(据中华书局1980年楼宇烈《王弼集校释》 李晓宇)

四、衡文宝典——《文心雕龙》

【题解】 《文心雕龙》为我国古代文学理论中内容最丰富、体系最完整、结构最严密的著作,其析义周严、立论精审可谓空前绝后,清人章学诚《文史通义·诗话》中称其"笼罩群言"、"体大而虑周",可谓至当。

《文心雕龙》大约成书于南朝时南齐末年,其作者为刘勰(xié)。刘勰,字彦和,东莞郡莒县(今山东莒县)人,侨居京口(今江苏镇江),《梁书》有传。《梁书》刘勰本传称刘勰早孤,笃志好学,家贫不婚娶,依沙门僧祐十余年,博通经论,精于佛理。后入梁出仕,中间做过几任小官,官至步兵校尉兼东宫通事舍人(故后世又称刘勰为刘舍人),出仕时期与深爱文学的昭明太子萧统多所交往,其间曾又受皇命回定林寺撰经。后辞官获准,削发易服再入定林寺为僧,改名慧地,未满一年就去世了。刘勰三十岁左右开始写作《文心雕龙》,其动机是补偏救弊,使文回到儒家经典的原则上去。书成之后"未为时流所称",但沈约"大重之",以为

"深得文理"而常置于几案翻阅参考。

《文心雕龙》五十篇,五十的数量刘勰自述是依据《易传·系辞上》"大衍之数五十,其用四十有九"的原则而来。全书分"文之枢纽"、"论文叙笔"、"剖情析采"等几个部分,今人大约概括其结构体系为总论、文体论、创作论、批评论、自序五大部分,《原道》、《征圣》、《宗经》、《正纬》、《辨骚》五篇为总论,从《明诗》到《书记》二十篇为文体论,从《神思》到《物色》二十一篇为创作论,《才略》、《知音》、《程器》三篇为批评论,《序志》是全书总序放于全书最后,交待写作该书的动机与原则。《文心雕龙》全面总结了先秦以来文学艺术的经验,提出了时代需要解决的重大问题,虽刘勰一生笃信佛教而至最后出家,但《文心雕龙》的基本指导思想却属于儒家。

对《文心雕龙》的研究历史从古代就已经开始,至现代而成为显学,不仅中国大陆、台港等热衷其研究,在国外亦有不少的研究成果问世,其中以日本在《文心雕龙》研究上的成绩令人瞩目。现代以来,对文心雕龙的研究已经成为一门国际性的学问,人称"龙学"。其具体研究史可以参考张少康等著的《文心雕龙研究史》。

《文心雕龙》现存最早的版本为唐写本残卷,其后有元至正刻本,明万历刻本。通行的注释本有清黄叔琳辑校本。今人注校本中影响很大的有范文澜《文心雕龙注》、杨明照《文心雕龙校注拾遗》、刘永济《文心雕龙校释》、王利器《文心雕龙校正》等。

(刘文勇)

原　　道

文之为德也大矣[1],与天地并生者何哉?夫玄黄色杂,方圆体分[2],日月叠璧,以垂丽天之象[3];山川焕绮,以铺理地之形[4]:此盖道之文也。仰观吐曜,俯察含章[5],高卑定位,故两仪既生矣[6]。惟人参之,性灵所钟,是谓三才[7];为五行之秀,实天地之心[8]。心生而言立,言立而文明,自然之道也。

[1]文:《文心雕龙》中的"文"所指广泛,不是我们今天所说的狭义的"文学"概念,是广义上的"文"。为:产生。德:功效、作用。　[2]玄黄:"天玄而地黄"的缩写,玄、黄分指天地之色。方圆:"天圆地方"的缩写,方、圆分别指地和天的形状。　[3]日月叠璧:璧,平圆形正中有孔的玉器。垂丽天之象:垂,悬垂。丽:附丽,附着。　[4]焕:光彩夺目。绮(qǐ):华丽、华美。理:有条理。　[5]吐:展示,呈现。曜(yào):耀也,日光照耀。含章:蕴含华美文采。　[6]高卑定位:指"天尊地卑,乾坤定矣"之意,两仪:指天和地。　[7]参:三,指人与天地相配而成"三"。钟:聚集。三才:指天、地、人。　[8]五行:金、木、水、火、土,古人认为五行是构成

天地万物的基本要素。秀,精华、优异。

傍及万品,动植皆文[1]:龙凤以藻绘呈瑞,虎豹以炳蔚凝姿[2];云霞雕色,有逾画工之妙;草木贲华,无待锦匠之奇[3];夫岂外饰,盖自然耳。至于林籁结响,调如竽瑟;泉石激韵,和若球锽[4];故形立则章成矣,声发则文生矣。夫以无识之物,郁然有彩[5],有心之器,其无文欤!

[1]傍:遍及、普及。品:类。 [2]藻绘:文采繁盛貌。炳蔚:与"藻绘"互文见义。凝:形成。 [3]逾:超过。贲(bì):装饰。华:同"花"。 [4]结:产生,构成。激:与"结"互文见义。球:玉磬。锽(huáng):钟声。 [5]郁然:繁盛、丰富。

人文之元,肇自太极[1],幽赞神明,易象惟先[2]。庖牺画其始,仲尼翼其终[3]。而乾坤两位,独制文言[4]。言之文也,天地之心哉!若乃河图孕乎八卦[5],洛书韫乎九畴[6],玉版金镂之实,丹文绿牒之华[7],谁其尸之?亦神理而已[8]。

[1]元:本源,源头。肇:开端,开始。太极:天地未剖时的宇宙的混沌太初之气。 [2]幽:深。赞:明。神明:神道。易象:易之卦象。 [3]庖牺:指传说中的三皇之一伏羲。易学史上有伏羲制先天八卦之说。翼:辅佐。传说孔子作"十翼"以"辅佐"《周易》,"十翼"指《彖传》上下、《象传》上下、《系辞传》上下、《文言》、《说卦》、《序卦》、《杂卦》。 [4]乾坤两位:乾坤两卦。文言:《周易》中仅乾、坤两卦有文言,文言者,文饰乾坤两卦之言也,因为乾坤德大,故特制文饰之言。 [5]河图孕乎八卦:传说黄河里面有龙献图,而伏羲据此画成八卦。 [6]洛书韫乎九畴:传说洛水有神龟负文而出,其背之文有数至九,禹据此以定九畴。韫(yùn):藏。九畴:指《尚书》里面的"洪范九畴",指九种治国方略。 [7]玉版:玉制之板片。镂(lòu):雕刻。丹文绿牒:红文绿字。牒:书版,书写用的版或者简。两句互文见义。"华"、"实"之义涵盖"玉版"、"金镂"、"丹文"、"绿牒"四者。 [8]尸:主宰。神理:自然之理。

自鸟迹代绳,文字始炳[1],炎皞遗事,纪在三坟[2],而年世渺邈,声采靡追[3]。唐虞文章,则焕乎始盛[4]。元首载歌,既发吟咏之志[5];益稷陈谟,亦垂敷奏之风[6]。夏后氏兴,业峻鸿绩,九序惟歌,勋德弥缛[7]。逮及商周,文胜其质,雅颂所被,英华日新[8]。文王患忧,繇辞炳曜,符采复隐,精义坚深[9]。重以公旦多材,振其徽烈,剬诗缉颂,斧藻群言[10]。至若夫子继圣,独秀前哲,熔钧六经,必金声而玉振[11];雕琢情性,组织辞令,木铎启而千里应,席珍流而万世响,写天地之辉光,晓生民之耳目矣[12]。

[1]鸟迹:书契、文字。绳:结绳纪事。炳:彰明显著。 [2]炎:炎帝。皞(hào):伏羲。三坟:传说中三皇时代的古书。 [3]邈:远。靡:无法。追:考究。 [4]唐:唐尧。虞:虞舜。焕:鲜明。 [5]元首:君王,此处指舜。载:成。 [6]益稷(jì):益和后稷。谟:谋议。垂:流传。敷:陈。奏:进。 [7]夏后氏:夏禹。峻、鸿:大。九序:六府三事合称九序,指各

种政治事务。"六府"指水、火、金、木、土、谷,"三事"指正德、利用、厚生。勋德:功德。弥:更加。缛:繁盛,众多。 [8]被:同"披"。英华:辞采。 [9]文王患忧:文王处忧患之境,指文王被殷纣王囚禁之事。繇(zhòu)辞:《周易》中解释卦、爻的卦辞和爻辞。炳曜:光明照耀。符采:玉之横纹,此处喻指文章辞采。复隐:含蓄蕴藉。 [10]公旦:周公。振:发扬。徽:美。烈:功业。剬:古"制"字。制诗:制作诗篇。缉:辑。斧:删削。藻:修饰。 [11]继圣:继文王、周公而为圣。秀:异。熔钧:陶铸,喻修订之意。金:钟。玉:玉磬。 [12]雕琢情性:陶冶性情。木铎(duó):用以振教化之金铃,用木做舌,此处喻教化。席珍:席上之珍品,此处喻美善之道。流:传播。响:响应。

爰自风姓,暨于孔氏[1],玄圣创典,素王述训[2];莫不原道心以敷章,研神理而设教,取象乎河洛,问数乎蓍龟,观天文以极变,察人文以成化[3];然后能经纬区宇,弥纶彝宪,发挥事业,彪炳辞义[4]。故知道沿圣以垂文,圣因文以明道,旁通而无滞,日用而不匮[5]。易曰:"鼓天下之动者存乎辞。"辞之所以能鼓天下者,乃道之文也。

[1]爰:发语词。风姓:伏羲姓风,故风姓指伏羲氏。暨:及。 [2]玄圣:元圣,指神明的远古圣王。创典:创作典礼。素王:有王者之德而无王者之位的人。素:空。述训:传述故训。 [3]原:推原,根本于。道心:义理之心。敷:陈。取象:取法。河洛:河图洛书。数:运数。蓍(shī)龟:蓍草与龟甲,古时用于占卜的工具,古人卜用龟,筮用蓍。极:穷尽。成化:成就教化,完成教化。 [4]经纬:治理。区宇:宇宙、天下。弥纶:包罗统括。彝宪:常法。彪炳:鲜明辉煌。 [5]旁通:遍通。匮:乏。

赞[1]曰:道心惟微,神理设教。光采玄圣,炳耀仁孝。龙图献体,龟书呈貌。天文斯观,民胥以效[2]。

[1]赞:明。 [2]微:幽微。玄圣:指孔子。斯:语助词。胥:均,都。

神　　思

古人云:"形在江海之上,心存魏阙之下[1]。"神思之谓也。文之思也,其神远矣!故寂然凝虑,思接千载;悄焉动容,视通万里;吟咏之间,吐纳珠玉之声;眉睫之前,卷舒风云之色:其思理之致乎[2]!故思理为妙,神与物游。神居胸臆,而志气统其关键;物沿耳目,而辞令管其枢机[3]。枢机方通,则物无隐貌;关键将塞,则神有遁心。

[1]"古人云"下两句语出《庄子·让王》:"中山公子牟谓瞻子曰:身在江海之上,心居魏阙之下,奈何?"庄子原意是指身在江海而心存朝廷的爵禄。此处借庄子言而指人的心理活动不受空间的限制。形:指身体。魏:高大。魏阙(què):指朝廷。 [2]吐纳:偏义复词,其义在"吐"一字上。思理:构思想象。致:形成,导致。 [3]志:思想感情。气:元气。枢机:关键。

是以陶钧文思，贵在虚静，疏瀹五藏，澡雪精神[1]，积学以储宝，酌理以富才，研阅以穷照，驯致以怿辞[2]；然后使玄解之宰，寻声律而定墨；独照之匠，窥意象而运斤[3]：此盖驭文之首术，谋篇之大端[4]。

　　[1]陶钧：构思，酝酿。疏瀹(yuè)：疏导，疏通。五藏：五脏。澡雪：洗涤。　　[2]积学：积累学识。酌理：斟酌事理，斟酌情理。研阅：研精阅历。穷照：穷彻照鉴，喻透彻的了解。怿：一作"绎"，"绎"更合适。驯致以绎辞：顺着作者的思致寻绎适当的辞令。　　[3]玄解之宰：本指解牛如神的宰夫之心，此处喻指深明为文之神理之心。定墨：下笔为文。独照之匠：有独到见解之人，妙悟为文之理之人。意象：意想中之形象。运斤：语出《庄子·徐无鬼》中之"运斤成风"的故事，此处喻指高超的写作技巧与手段。运：使用。斤：斧子。　　[4]大端：根本的方面，最重要的方面。

　　夫神思方运，万涂竞萌，规矩虚位，刻镂无形[1]。登山则情满于山，观海则意溢于海，我才之多少，将与风云而并驱矣。方其搦翰，气倍辞前；暨乎篇成，半折心始[2]。何则？意翻空而易奇，言征实而难巧也。是以意授于思，言授于意；密则无际[3]，疏则千里；或理在方寸而求之域表[4]，或义在咫尺而思隔山河。是以秉心养术，无务苦虑；含章司契，不必劳情也[5]。

　　[1]涂：通"途"，"万涂"指万端。规矩虚位，刻镂无形：让虚飘和无形的落实与有形。[2]方：当。搦(nuò)翰：操笔。暨：到。半折心始：实现一半心里最初的设想。　　[3]际：缝隙。　　[4]方寸：心。表：外。　　[5]秉：把持，操持。务：追求。含章：写作有美质的文章。司契：掌握要领法则。

　　人之禀才，迟速异分；文之制体，大小殊功[1]：相如含笔而腐毫[2]，扬雄辍翰而惊梦[3]，桓谭疾感于苦思[4]，王充气竭于思虑[5]，张衡研京以十年[6]，左思练都以一纪[7]，虽有巨文，亦思之缓也。淮南崇朝而赋骚[8]，枚皋应诏而成赋[9]，子建援牍如口诵[10]，仲宣举笔似宿构[11]，阮瑀据案而制书[12]，祢衡当食而草奏[13]，虽有短篇，亦思之速也。

　　[1]禀才：禀赋的才情。分(fèn)：天分。制体：体制。　　[2]司马相如：西汉作家。腐：烂。毫：笔毛。"相如含笔而腐毫"事见《汉书·枚皋传》："司马相如善为文而迟，故所作少而善于皋。"又见《西京杂记》："司马相如为《上林》《子虚赋》，意思萧散，不复与外事相关，控引天地，错综古今，忽然如睡，焕然而兴，几百日而后成。"　　[3]扬雄：汉代文学家。辍翰：放下笔。"扬雄辍翰而惊梦"事见桓谭《新论·祛蔽》："子云亦言：成帝时，赵昭仪方大幸。每上甘泉，诏令作赋，为之卒暴，思虑精苦，赋成，遂困倦小卧，梦其五脏出在地，以手收而内之，及觉，病喘悸，大少气，病一岁。由此言之，尽思虑，伤精神也。"　　[4]桓谭：东汉思想家。"桓谭疾感于苦思"事见《新论·祛蔽篇》："余少时见扬子云之丽文高论，不自量年少新进，而猥欲逮及，尝激一小事而作小赋，用精思太剧，而立感动发病，弥日廖。"　　[5]王充：东汉思想家。气竭：志气衰竭。"王充气竭于思虑"事见《后汉书·王充传》："充好论说，……乃闭门潜思，绝庆吊之礼，户牖墙壁，各置刀笔，著《论衡》八十五篇，二十余万言。年渐七十，志力衰耗，乃造《养性

书》十六篇,裁节嗜欲,颐神自守。"　[6]张衡:东汉文学家。研:研讨,研究。京:指《二京赋》。"张衡研京以十年"事见《后汉书·张衡传》:"衡乃拟班固《两都》作《二京赋》,因以讽谏。精思傅会,十年乃成。"　[7]左思:西晋文学家。练:推敲。都:指《三都赋》,即《蜀都赋》、《吴都赋》、《魏都赋》。纪:十二年。"左思练都以一纪"事见《晋书·左思传》:"少博览文史,欲作《三都赋》,乃诣著作郎张载访岷邛之事,遂构思十稔。"　[8]淮南:指西汉淮南王刘安。崇:终。崇朝:终朝,一个早上。赋骚:指写作《离骚传》。"淮南崇朝而赋骚"事见高诱《淮南子序》:"诏使为《离骚赋》,自旦受诏,日早食已上。"　[9]枚皋:西汉文学家。"枚皋应诏而成赋"事见《汉书·枚皋传》:"上有所感,辄使赋之。为文疾,受诏辄成。"　[10]子建:三国时魏国作家曹植的字。援:拿,持。牍:木简。诵:背诵。"子建援牍如口诵"事见《三国志·魏书·陈思王传》:"陈思王植,……善属文,太祖尝视其文,谓植曰:'汝倩人邪?'植跪曰:'言出为论,下笔成章,顾当面试,奈何倩人?'时邺铜爵台新成,太祖悉将诸子登台,使各为赋,植援笔立成,可观,太祖甚异之。"又见杨修《答临淄侯笺》:"尝亲见执事握牍持笔,有所造作,若成诵在心,借书于手,曾不斯须少留思虑。"　[11]仲宣:三国时魏国作家王粲的字。宿构:早就写好。"仲宣举笔似宿构"事见《三国志·魏书·王粲传》:"举笔便成,无所改定,时人常以为宿构。"　[12]阮瑀:三国时魏国作家。据:靠着。案:同"鞍",马鞍。"阮瑀据案而制书"事见《三国志·魏志·王粲传》注引《典略》:"太祖曾使瑀作书与韩遂,时太祖适近出,瑀随从,因于马上具草,书成呈之。太祖揽笔欲有所定,而竟不能增损。"　[13]祢衡:三国时魏国作家。草:起草。"祢衡当食而草奏"事见《后汉书·祢衡传》:"刘表尝与诸文人共草章奏,并极其才思。时衡出,还见之,开省未周,因毁以抵地。表怃然为骇。衡乃从求笔札,须臾立成,辞义可观。""黄祖长子射,时大会宾客。人有献鹦鹉者,射举卮于衡曰:'愿先生赋之,以娱嘉宾。'衡揽笔而作,文无加点,辞采甚丽。"

若夫骏发之士,心总要术,敏在虑前,应机立断[1];覃思之人,情饶歧路,鉴在虑后,研虑方定[2]。机敏故造次而成功,虑疑故愈久而致绩[3]。难易虽殊,并资博练[4]。若学浅而空迟,才疏而徒速,以斯成器,未之前闻。是以临篇缀虑[5],必有二患:理郁者苦贫,辞溺者伤乱[6]。然则博见为馈贫之粮[7],贯一为拯乱之药,博而能一,亦有助乎心力矣。

[1]骏发:迅捷,快速。总:统率,掌握。要术:纲领,要领。　[2]覃(tán)思:深思。饶:多。歧路:思路纷杂而难以一时统一到一个方向上。　[3]造次:很快,很短时间内。致绩:成功。　[4]资:依赖,依靠。博练:广泛训练。　[5]缀虑:联缀思虑,指构思。　[6]理郁:思路郁塞。辞溺:辞藻过度。　[7]馈(kuì):赠送。一说为"补救"。

若情数诡杂,体变迁贸[1]。拙辞或孕于巧义,庸事或萌于新意[2];视布于麻,虽云未费,杼轴献功,焕然乃珍[3]。至于思表纤旨,文外曲致[4],言所不追,笔固知止。至精而后阐其妙,至变而后通其数[5],伊挚不能言鼎,轮扁不能语斤,其微矣乎[6]!

[1]情数:情类,情理。诡杂:诡奇杂多。体:体制风格。迁贸:迁移变化。　[2]拙辞:拙劣的文辞。庸:庸常,平凡,平庸。　[3]费:质地变化。杼(zhù)轴:织布机,喻指加工。焕:

光采鲜明。 ［4］表：外。纤：细小，幽微。曲致：隐微的情致。 ［5］数：规律。 ［6］伊挚：商汤时大臣。言鼎：言说鼎中之烹饪之味。"伊挚不能言鼎"事见《吕氏春秋·本味》："汤得伊尹，明日设朝而见之，说汤以至味，曰：鼎中之变，精妙微纤，口弗能言，志弗能喻。"轮扁：传说中制造车轮的工匠，名扁。语斤：谈论用斧头去制作车轮的道理。斤：斧头。微：幽微，微妙。"轮扁不能语斤"事见《庄子·天道》："轮扁谓桓公曰：以臣之事观之，斲轮徐则甘而不固，疾则苦而不入，不疾不徐，得之于手而应于心，口不能言，有数存焉于其间。"

赞曰：神用象通[1]，情变所孕。物以貌求，心以理应。刻镂声律，萌芽比兴[2]。结虑司契，垂帷制胜[3]。

［1］用：因。 ［2］刻镂、萌芽：代指运用、产生。声律、比兴：代指艺术形象与形式。 ［3］结虑：构思。司契：掌握规则。垂帷：下帷幕而勤学。

知　　音

知音其难哉！音实难知，知实难逢[1]，逢其知音，千载其一乎！夫古来知音，多贱同而思古[2]，所谓"日进前而不御，遥闻声而相思"也[3]。昔储说始出，子虚初成，秦皇汉武，恨不同时[4]。既同时矣，则韩囚而马轻[5]，岂不明鉴同时之贱哉？至于班固傅毅，文在伯仲，而固嗤毅云："下笔不能自休[6]。"及陈思论才，亦深排孔璋；敬礼请润色，叹以为美谈；季绪好诋诃，方之于田巴，意亦见矣[7]。故魏文称文人相轻，非虚谈也[8]。至如君卿唇舌，而谬欲论文，乃称史迁著书，谘东方朔[9]；于是桓谭之徒，相顾嗤笑，彼实博徒，轻言负诮，况乎文士，可妄谈哉[10]！故鉴照洞明，而贵古贱今者，二主是也[11]；才实鸿懿，而崇己抑人者，班曹是也[12]；学不逮文，而信伪迷真者，楼护是也；酱瓿之议[13]，岂多叹哉！

［1］知：知音者。 ［2］贱：轻视。同：同时代。 ［3］御：用。"日进前而不御，遥闻声而相思"事见《鬼谷子·内楗》："君臣上下之事，有远而亲，近而疏，就之而不用，去之反求，日进前而不御，遥闻声而相思。" ［4］储说：《韩非子》里面《内储说》、《外储说》，此处代指《韩非子》。子虚：指西汉司马相如的《子虚赋》。"秦皇汉武，恨不同时"事分见《史记·老庄申韩列传》和《汉书·司马相如传》。韩非子著《孤愤》《内外储说》后，秦王读其书而叹曰："嗟夫！寡人得见此人，与之游，死不恨矣。"（《史记·老庄申韩列传》）汉武帝读了司马相如《子虚赋》后感叹唏嘘："朕独不得与此人同时哉。"（《汉书·司马相如传》） ［5］韩囚而马轻：韩非子被囚禁，司马相如遭轻视而不被重用。其事分见《史记·老庄申韩列传》和《汉书·司马相如传》。 ［6］班固：东汉历史学家。傅毅：东汉作家。伯仲：本义指兄弟，此处喻指水平差不多。嗤：讥笑，嘲笑。休：停止。"固嗤毅云下笔不能自休"语出曹丕《典论·论文》："文人相轻，自古而然，傅毅之于班固，伯仲之间耳，而固小之，与弟超书曰：武仲以能属文，为兰台令使，下笔不能自休。" ［7］陈思：指三国时候魏国文学家曹植，曹植封陈王，谥思，故称陈思王或者陈思。排：排斥。孔璋：三国时魏国作家陈琳，陈琳字孔璋。敬礼：指汉代作家丁廙(yì)，丁廙字敬礼。美谈：佳话。季绪：指汉末作家刘修，刘修字季绪。诋诃(dǐ hē)：诋毁，诽谤。方：比。田

巴:战国时候善辩之人。曹植"深排孔璋"、"敬礼请润色,叹以为美谈"以及"季绪好诋诃,方之于田巴"事均见曹植《与杨德祖书》:"以孔璋之才,不闲于辞赋。……昔丁敬礼尝作小文,使仆润色之,仆自以才不若人,辞不为也。敬礼谓仆:'卿何所疑难?文之佳恶,吾自得之。后世谁相知定吾文者耶?'吾常叹此达言,以为美谈。……刘季绪才不能逮于作者,而好诋诃文章……昔田巴毁五帝,罪三王,訾五霸于稷下,一旦而服千人。鲁连一说,使终身杜口。刘生之辩,未若田氏,今之鲁连,求之不难,可无叹息乎!" [8]魏文:魏文帝曹丕。 [9]君卿:指楼护。楼护字君卿,汉代有名的辩士。唇舌:代指口才好。谬:荒谬,荒唐。史迁:西汉历史学家司马迁。咨:同"咨",咨询。东方朔:汉代作家。 [10]桓谭:东汉作家。博徒:赌徒。轻:轻率。负诮(qiào):被讥笑。 [11]二主:秦始皇、汉武帝。 [12]鸿懿:大而美。班曹:班固、曹植。 [13]酱瓿(bù):酱缸。"酱瓿之议"出自《汉书·扬雄传赞》,刘歆看了扬雄所著《太玄》、《法言》后议论道:"空自苦,今学者有禄利,然尚不能明《易》,又如《玄》何?吾恐后人用覆酱瓿也。"

　　夫麟凤与麏雉悬绝,珠玉与砾石超殊[1],白日垂其照,青眸写其形[2]。然鲁臣以麟为麏,楚人以雉为凤,魏氏以夜光为怪石,宋客以燕砾为宝珠[3]。形器易征,谬乃若是;文情难鉴,谁曰易分[4]?

　　[1]麟:麒麟。凤:凤凰。麏(jūn):獐子。雉(zhì):野鸡。悬绝:悬殊极大。砾(lì)石:小碎石。超殊:义同"悬绝"。 [2]青眸:黑眼珠。写其形:仔细观察其形貌。 [3]《公羊传·哀公十四年》中记载鲁人获麟,但以为是麏而有角。《尹文子·大道上》里面说楚人挑着山鸡,路人问是何鸟,担山鸡之楚人答曰:"凤凰",路人信以为真而把山鸡当作凤凰买下了。《尹文子·大道上》记载说魏民得宝玉而不自知,夜里发光,其人怪之,问邻人,邻人欺骗他说是怪石,他很害怕,把宝玉抛弃,结果为邻人所得。《太平御览》卷五十一引《阚子》里面记载说宋人把燕国碎石当作珠宝珍藏而为人所笑。魏氏:一作魏民。 [4]征:验证。鉴:鉴别。

　　夫篇章杂沓,质文交加,知多偏好,人莫圆该[1]。慷慨者逆声而击节,酝籍者见密而高蹈,浮慧者观绮而跃心,爱奇者闻诡而惊听[2]。会己则嗟讽,异我则沮弃[3],各执一隅之解,欲拟万端之变[4]:所谓东向而望,不见西墙也[5]。

　　[1]杂沓:复杂而众多。质文:质朴与华丽。交加:交织在一起。知:鉴赏者。圆该:圆通完备。 [2]慷慨者:性格外向的人。逆:迎。击节:打节拍。酝籍者:一作"酝藉者",含蓄内敛的人。密:沉密幽微。高蹈:高举其足而踏地,指高兴。浮慧者:浮华而聪明的人。绮:绮丽,华美。跃心:心动。诡:诡异。 [3]会:合。嗟讽:赞叹诵读。沮弃:抵触抛弃。 [4]隅:角落。拟:衡量权衡。 [5]"东向而望,不见西墙"出自《吕氏春秋·去宥》:"东面望者,不见西墙。"

　　凡操千曲而后晓声,观千剑而后识器[1];故圆照之象[2],务先博观。阅乔岳以形培塿,酌沧波以喻畎浍[3],无私于轻重,不偏于憎爱,然后能平理若衡[4],照辞如镜矣。

[1]操:演奏。器:器物,此处指剑。 [2]圆:圆满无缺。照:透彻的洞察。象:法。[3]乔岳:高山。形:比较中显出。培塿(pǒu lǒu):小土堆。酌:酌取。喻:明白。畎浍(quǎn kuài):小沟。 [4]轻重:评价的高低。平理:公正公平的论说。衡:秤。

是以将阅文情[1],先标六观[2]:一观位体,二观置辞,三观通变,四观奇正,五观事义,六观宫商[3],斯术既行,则优劣见矣[4]。

[1]阅:批评鉴赏。文情:文辞情思。 [2]标:标举。六观:六个方面。 [3]位:安排。体:体制风格。置:安置、安排。通变:继承与变化。奇正:奇异与正常,或者"新奇与雅正"。事义:事类,典故。宫商:音律,声率。 [4]见(xiàn):显现,呈现。

夫缀文者情动而辞发,观文者披文以入情,沿波讨源,虽幽必显[1]。世远莫见其面,觇文辄见其心[2]。岂成篇之足深,患识照之自浅耳[3]。夫志在山水,琴表其情,况形之笔端,理将焉匿[4]?故心之照理,譬目之照形,目瞭则形无不分,心敏则理无不达[5]。然而俗监之迷者,深废浅售[6],此庄周所以笑折杨,宋玉所以伤白雪也[7]!昔屈平有言:"文质疏内,众不知余之异采。"见异唯知音耳[8]。扬雄自称:"心好沈博绝丽之文。"其不事浮浅,亦可知矣[9]。夫唯深识鉴奥,必欢然内怿[10],譬春台之熙众人,乐饵之止过客[11],盖闻兰为国香,服媚弥芬[12];书亦国华,玩泽方美[13];知音君子,其垂意焉[14]。

[1]缀文:联缀文辞,指写作。观文:阅读欣赏文章。披:披阅。波:作品形式。讨:追溯。幽:幽微。 [2]觇(chān):观看。 [3]足深:过于深刻,足够深刻。识照:鉴别力。 [4]志在山水,琴表其情:用《吕氏春秋·本味》伯牙子期的典故,伯牙弹琴变幻莫测,时志在高山,时志在流水,而子期听琴音则知道伯牙之志所在。匿:隐藏。 [5]瞭:明。达:通达,理解。[6]监:一作"鉴",作"鉴"是。废:抛弃。售:出售,贩卖,喻指被赏识而受欢迎。 [7]"此庄周所以笑折扬"事出《庄子·天地》:"大声不入于里耳,《折杨》、《皇华》则嗑然而笑。"意思是雅正的古乐俗人听不进去,听到《折杨》这样的俗曲便眉开眼笑。"宋玉所以伤白雪"用宋玉《对楚王问》里面的"阳春白雪"的典故。 [8]屈平:屈原。"文质疏内,众不知余之异采"出自屈原《九章·怀沙》:"文质疏内兮,众不知余之异采"。内:通"讷"。疏内:疏括木讷。见异:看见独特与众不同的方面。 [9]扬雄的话见《答刘歆书》。沈:通"沉",深沉。事:从事。[10]怿:喜悦,高兴。 [11]"譬春台之熙众人"语出《老子》二十章:"众人熙熙,如享太牢,如登春台。"熙:和乐。"乐饵之止过客"语出《老子》三十五章:"乐与饵,过客止。"乐:音乐。饵:食物。 [12]"闻兰为国香,服媚弥芬"语出《左传·宣公三年》:"以兰有国香,人服媚之如是。"国香:一国之最香者。服:佩。媚:爱。 [13]国华:有几解。一解为"国内最美的花",一解为"国之荣华"。泽:一作"绎",作"绎"是。玩泽:玩赏分析。 [14]垂意:留心,留意。

赞曰:洪钟万钧,夔旷所定[1]。良书盈箧,妙鉴乃订[2]。流郑淫人,无或失听[3]。独有此律,不谬蹊径[4]。

[1]洪:大。夔:相传舜时的乐官。旷:春秋时晋国的乐官。 [2]盈:满。箧(qiè):箱子。订:校订。 [3]流郑:流荡的郑声。淫:过分。淫人:使人意志淫滥。失听:听错。此处指失去对作品的正确理解。 [4]此律:鉴赏的规律,此处指"知音"的"六观"之法。谬:错误。蹊径:路径,道路。

序　　志

夫文心者,言为文之用心也。昔涓子琴心,王孙巧心[1],心哉美矣,故用之焉。古来文章,以雕缛成体,岂取驺奭之群言雕龙也[2]。夫宇宙绵邈,黎献纷杂[3],拔萃出类,智术而已。岁月飘忽,性灵不居,腾声飞实,制作而已[4]。夫有肖貌天地,禀性五才[5],拟耳目于日月,方声气乎风雷[6],其超出万物,亦已灵矣。形同草木之脆,名逾金石之坚[7],是以君子处世,树德建言[8],岂好辩哉?不得已也!

[1]涓子:又叫蜎(yuān)子,战国时楚国人环渊,著有《琴心》三篇,多道家言。王孙:即王孙子,著有《巧心》,属儒家。 [2]雕:雕饰。缛:文采繁盛。取:效法。驺奭(zōu shì):战国时齐国人,善文辞雕饰,在当时人称其为"雕龙奭"。群言雕龙:《史记》裴骃《集解》引刘向《别录》云:"驺衍之所言五德始终,天地广大。尽言天事,故曰'谈天'。驺奭修衍之文,饰若雕镂龙文,故曰'雕龙'。" [3]绵邈:久远。绵:时间上的久长。邈:空间上的无限。黎:众也,众多。献:贤也,贤人。 [4]性灵:生命。居:停留。声:名。实:业绩,成就。制作:写作文章。 [5]有:"有"字为衍文。肖:类似。禀:禀受。五才:一说指易学中的五行:金、木、水、火、土。一说指"五常之性:仁、义、礼、智、信。 [6]拟耳目于日月,方声气乎风雷:《淮南子·精神训》中说:"是故耳目者日月也;血气者风雨也。"拟:比。方:比。 [7]同:一说"同"作"甚"解。逾:超过。 [8]树:立。建:立。

予生七龄,乃梦彩云若锦,则攀而采之[1]。齿在逾立,则尝夜梦执丹漆之礼器,随仲尼而南行[2];旦而寤,乃怡然而喜,大哉圣人之难见哉,乃小子之垂梦欤[3]!自生人以来,未有如夫子者也[4]。敷赞圣旨,莫若注经;而马郑诸儒,弘之已精;就有深解,未足立家[5]。唯文章之用,实经典枝条[6],五礼资之以成,六典因之致用[7],君臣所以炳焕,军国所以昭明[8],详其本源,莫非经典[9]。而去圣久远,文体解散[10],辞人爱奇,言贵浮诡,饰羽尚画,文绣鞶帨,离本弥甚,将遂讹滥[11]。盖周书论辞,贵乎体要[12];尼父陈训,恶乎异端[13]:辞训之异,宜体于要[14]。于是搦笔和墨,乃始论文[15]。

[1]七龄:七岁。彩云若锦:才华的象征。 [2]齿:年龄。逾:超过。立:而立之年,三十岁。礼器:祭祀用的笾(biān)、豆等器具。仲尼:孔子。 [3]旦:早晨。寤:醒来。怡然:高兴的样子。乃:竟然。垂梦:托梦。 [4]生人:一作"生灵",生民,人。夫子:指孔子。 [5]敷赞:陈述发明。马郑诸儒:指汉代注经大师马融与郑玄。马融注过《孝经》、《论语》、《诗经》、

《周易》、《尚书》和三《礼》等。郑玄是马融学生,遍注群经。弘:阐发。就:即使。　[6]枝条:派生出来的。　[7]五礼:指吉、凶、宾、军、嘉五礼。资:依赖。成:疑脱落"文"字,应该为"成文"以与下句对应。六典:指治典、教典、礼典、政典、刑典、事典。因:依靠。致用:产生作用。　[8]所以:凭借它。焕:明。昭明:显明。　[9]详:细察。　[10]文体解散:文章体制散乱。　[11]贵:重视。浮诡:浮浅诡异。饰羽尚画:在有华采的羽毛上还画文饰,喻过分讲求辞藻文采。文绣鞶帨(pán shuì):出自扬雄《法言·寡见》:"今之学也,非独为之华藻也,又从而绣其鞶帨。"绣:文饰。鞶:大带,皮带。帨:佩巾。弥甚:更加厉害。遂:至于。讹(é):讹谬。滥:泛滥,过度。　[12]周书论辞,贵乎体要:出自《尚书·周书·毕命》:"政贵有恒,辞尚体要,不惟好异。"体要:体现要义,体现要点。　[13]尼父:对孔子的尊称。称孔子为尼父见于鲁哀公对孔子的诔文,"哀公诔孔"的诔文见哀公十六年《左传》。恶(wù):憎恶。《论语·为政》:"子曰:攻乎异端,斯害也已。"　[14]辞:指周书之辞。训:孔子之训示。异:有说疑是"奥"字之误。作"异"亦通,指辞训所指之"异端"而言。宜:应该。　[15]搦:握,持。

　　详观近代之论文者多矣[1]:至于魏文述典,陈思序书,应玚文论,陆机文赋,仲洽流别,宏范翰林[2],各照隅隙,鲜观衢路[3];或臧否当时之才,或铨品前修之文,或泛举雅俗之旨,或撮题篇章之意[4]。魏典密而不周,陈书辩而无当,应论华而疏略,陆赋巧而碎乱,流别精而少巧,翰林浅而寡要[5]。又君山公干之徒,吉甫士龙之辈,泛议文意,往往间出[6],并未能振叶以寻根,观澜而索源。不述先哲之诰,无益后生之虑[7]。

　　[1]近代:《文心雕龙》里的"近代"有特定含义,一指魏晋以来,一指晋宋之际,此处指魏晋以来。　[2]魏文:指魏文帝曹丕。述典:指曹丕所著《典论》,该书大部亡佚。陈思:指陈思王曹植。序书:指曹植的《与杨德祖书》。应玚:三国时魏国作家。文论:应玚的《文质论》,大部亡佚。陆机:西晋文学家。《文赋》:陆机论述文学创作的一篇赋作。仲洽:一说为仲治,西晋作家挚虞的字。流别:指挚虞的《文章流别论》,大部亡佚。宏范:一作"弘范","弘范"是,晋代作家李充的字。翰林:指李充的《翰林论》,大部亡佚。　[3]隅隙:角落缝隙。衢路:大路。　[4]臧否(pǐ):褒贬。铨品:衡量品评。前修:前贤。撮题:简要列举。　[5]魏典:魏文帝《典论·论文》。密而不周:严密耳不周到。陈书:曹植的《与杨德祖书》。辩:雄辩滔滔。无当:不当,指曹植轻视辞赋。应论:指应玚的《文质论》。华而疏略:文采粲然而不深入。陆赋:指陆机《文赋》。巧而碎乱:谋篇修辞精当但结构散漫碎乱。流别:指挚虞《文章流别论》。精而少巧:一作"精而少功",精当而不周于用。翰林:指李充《翰林论》。浅而寡要:肤浅而不精当。　[6]君山:指东汉作家桓谭,桓谭字君山。公干:指三国魏国作家刘桢,刘桢字公干。吉甫:指西晋作家应贞。应贞字吉甫。士龙:指西晋作家陆云。陆云字士龙。往往间出:偶有论文的文字出现。　[7]澜:波澜。先哲:先圣前贤。诰:训示。后生:后世的读书人。

　　盖文心之作也,本乎道,师乎圣,体乎经,酌乎纬,变乎骚,文之枢纽,亦云极矣[1]。若乃论文叙笔,则囿别区分[2],原始以表末,释名以章义,选文以定篇,敷理以举统,上篇以上,纲领明矣[3]。至于割情析采,笼圈条贯[4],摛神性,图风势,苞会通,阅声字[5],崇替于时序,褒贬于才略,怊怅于知音,耿介于程器[6],长怀序志,以驭群篇,下篇以下,毛目显矣[7]。位理定名,彰乎大易之数,其为文用,四十九篇而已[8]。

[1]本乎道:以道为本源,对应书中《原道》篇。师乎圣:以圣人为师,对应书中《征圣》篇。体乎经:以经典为制定体制的准则,对应书中《宗经》篇。酌乎纬:斟酌于纬书,对应书中《正纬》篇。变乎骚:以《楚辞》为求变参考,对应书中《辨骚》篇。枢纽:关键。极:尽。 [2]文:有韵之文。笔:无韵之文。"论文叙笔"指《文心雕龙》里面讨论文体的部分。囿(yòu):园林,指文体范围。"囿别区分"指按文体范围分门别类加以探讨。 [3]原始以表末:推原各文体的起源而明其流变。释名以章义:解释各文体的名称而彰显其含义。选文以定篇:选取各文体的代表作品而加以评定。敷理以举统:陈述各种文体的基本原理而举出文章的体统规格。上篇以上:以上各篇为本书上编。 [4]割:宜作"剖"。剖情析采:剖析情采。"情"对应书中《神思》以下诸篇。"采"对应书中《声律》以下各篇。笼圈:概括。条贯:条理。 [5]摛(chī):发布。神性:指《神思》《体性》两篇。图:描绘。风势:指《风骨》《定势》两篇。苞:通"包",包举。会通:指《附会》《通变》两篇。阅:检视。声字:指《声律》《练字》两篇。 [6]崇替:兴废盛衰。时序:指书中《时序》篇。才略:指书中《才略》篇。怊怅(chāo chàng):惆怅。知音:指书中《知音》篇。耿介:感叹唏嘘。程器:指书中《程器》篇。 [7]长怀:表达悠长的怀抱。序志:指书中的《序志》篇。驭:驾驭。毛目:细目。 [8]位理:安排各篇先后顺序之理。定名:推敲确定各篇篇名。彰:明。彰乎大易之数:《易传·系辞上》:"大衍之数五十,其用四十有九。"此指《文心雕龙》的篇数明显合于《易经》的大衍之数五十。四十九篇:除去《序志》后共四十九篇。

夫铨序一文为易,弥纶群言为难[1],虽复轻采毛发,深极骨髓[2],或有曲意密源,似近而远,辞所不载,亦不胜数矣[3]。及其品列成文,有同乎旧谈者,非雷同也,势自不可异也。有异乎前论者,非苟异也,理自不可同也[4]。同之与异,不屑古今,擘肌分理,唯务折衷[5]。按辔文雅之场,环络藻绘之府,亦几乎备矣[6]。但言不尽意,圣人所难,识在瓶管,何能矩矱[7]。茫茫往代,既沈予闻;眇眇来世,倘尘彼观也[8]。

[1]铨序:权衡论述。弥纶:总括整理,综合论述。 [2]毛发:喻指写作枝节问题。骨髓:比喻写作中的根本问题。 [3]曲意:曲折隐微之意。密源:深密隐曲之源。辞所不载:指《文心雕龙》本书中未论述到的地方。不:"不"字疑后脱落"可"字。胜:尽。 [4]品列:品评安排。文:指作品。苟:随便。 [5]不屑:不顾。擘(bò):分。肌:肌纹。理:文理。"擘肌分理"指剖析精微。折衷:持论中正,不走偏激。 [6]按辔:按抑缰辔,使马徐行。"按辔文雅之场"指从容地巡视文雅之场而心态平和中正地评价各种问题和现象。环:使马笼头弯过来。络:马笼头。"环络藻绘之府"与"按辔文雅之场"义同。几:庶几,差不多。备:完备。 [7]言不尽意:《易传·系辞上》中"子曰:书不尽言,言不尽意"是其所本。识在瓶管:《左传·昭公七年》:"虽有挈瓶之知,守不假器。"瓶:同"瓶"。"挈瓶"指以瓶汲水,喻小知。《庄子·秋水》:"是直用管窥天,用锥指地也,不亦小乎?""识在瓶管"指以瓶汲水以管窥天,喻见识短浅。矩矱(huò):规矩法度。"何能矩矱"意谓"我的见解怎么能够成为写作的规矩法度呢"?乃自谦之辞。 [8]茫茫:遥远。往代:过去的时代。既沈予闻:《战国策·赵策上》:"常民溺于习俗,学者沈于所闻。"沈:同"沉"。"既沈予闻"指自己深深的沉潜在茫茫往代的前人著述

和文献中。眇眇:遥远。倘:或许。尘:污。"倘尘彼观"喻指像尘埃污秽妨碍眼睛那样污秽妨碍了别人的观瞻。

赞曰:生也有涯,无涯惟智[1]。逐物实难,凭性良易[2]。傲岸泉石,咀嚼文义[3]。文果载心,余心有寄[4]!

[1] 生也有涯,无涯惟智:语本《庄子·养生主》"吾生也有涯,而知也无涯。" [2] 逐物实难,凭性良易:《庄子·养生主》中"以有涯随无涯,殆矣"是"逐物实难"所本。《庄子·养生主》中"依乎天理,因其固然"是"凭性良易"所本。逐:追逐。物:一解为"物理";一解为"外物",喻指世俗事务和名声,两解均通。凭:任由,任凭。性:本性,天性。良:确实。 [3] 傲岸:与世不同的高傲之性。泉石:代指自然。咀嚼:体味研求。"傲岸泉石,咀嚼文义"指"傲岸山水自然之间,体味研求文章义理"。 [4] 果:如果,假设。寄:寄托。"文果载心,余心有寄"意谓"文章如果真的能够载道传心,那么我的心就寄托在《文心雕龙》上面了"。

(据人民文学出版社1958年范文澜《文心雕龙注》 刘文勇)

五、文以载道——《韩愈全集》

【题解】 韩愈(768~824),字退之,唐代文学家、哲学家。河南河阳(今孟县)人,郡望昌黎,世称韩昌黎。因官吏部侍郎,又称韩吏部。谥号"文",又称韩文公。韩愈在政治上力主加强统一,反对藩镇割据。思想上尊儒排佛,以孔孟道统的继承者自居。诗歌创作上勇于创新,采用散文辞赋的章法笔调,气势雄浑,想象奇特,形成奇崛宏伟的独特风格,为"韩孟诗派"的开创者。散文创作上,反对六朝以来极端发展的骈偶文风,大力提倡古文,和柳宗元共同领导了中唐古文运动。苏轼说韩愈"文起八代之衰,而道济天下之溺"(《潮州韩文公庙碑》)。评价极高。

韩愈的作品,唐李汉编有《昌黎先生集》,宋魏仲举辑有《五百家注音辨昌黎先生文集》40卷,《外集》10卷。现在较为通行的本子,文集有马其昶的《韩昌黎文集校注》、诗集有钱仲联的《韩昌黎诗系年集释》比较好。

(张朝富)

原 道

博爱之谓仁,行而宜之之谓义[1],由是而之焉之谓道[2],足乎己无待于外之谓德[3]。仁与义为定名[4],道与德为虚位[5]。故道有君子小人,而德有凶有吉。老子之小仁义[6],非毁之也,其见者小也。坐井而观天,曰天小者,非天小也。彼以煦煦为仁,孑孑为义[7],其小之也则宜。其所谓道,道其所道,非吾所谓道也。其所谓德,德其所德,非吾所谓德也。凡吾所谓道德云者,合仁与义言之也,天下之公言也。老子之所谓道德云者,去仁与义言之也,一人之私言也。

[1] 宜:合适,适当。 [2] 是:指仁义。之:往。 [3] 足乎己:自足。待:依靠。 [4] 定名:有确定内容的名称、概念。 [5] 虚位:空头的名号。 [6] 小:以……为小,轻视。 [7] 煦(xù)煦:小恩小惠。孑(jié)孑:细枝末节的操守。

周道衰,孔子没[1],火于秦[2],黄老于汉,佛于晋魏梁隋之间。其言道德仁义者,不入于杨,则入于墨[3];不入于老,则入于佛。入于彼,必出于此。入者主之,出者奴之[4]。入者附之,出者汙之[5]。噫!后之人其欲闻仁义道德之说,孰从而听之!老者曰[6]:孔子,吾师之弟子也[7]。佛者曰[8]:孔子,吾师之弟子也[9]。为孔子者,习闻其说,乐其诞而自小也[10],亦曰:吾师亦尝云尔[11]。不惟举之于其口,而又笔之于其书。噫!后之人虽欲闻仁义道德之说,其孰从而求之?

[1] 没:通"殁(mò)",去世。 [2] 火于秦:指秦始皇焚书。 [3] 黄老:黄帝和老子的并称。这里是指汉初流行的道家黄老学派。杨:杨朱,战国诸子之一,思想与儒墨对立。墨:墨子。这里指墨家学派。 [4] 主:尊崇。奴:贬抑。 [5] 附:使之归附。汙(wū):同"污",污辱。 [6] 老者:老子的信徒。 [7]《史记·老子韩非列传》记载孔子曾问礼于老子。 [8] 佛者:佛教徒。 [9] 佛家称孔子为儒童菩萨。 [10] 诞:欺骗。 [11] 别的版本"尝"字下有"师之"二字。

甚矣!人之好怪也,不求其端[1],不讯其末[2],惟怪之欲闻。古之为民者四[3],今之为民者六[4]。古之教者处其一,今之教者处其三。农之家一,而食粟之家六。工之家一,而用器之家六。贾之家一,而资焉之家六[4]。奈之何民不穷且盗也。

[1] 端:开始。 [2] 讯:问。 [3] 古之为民者四:指士、农、工、商。今之为民者六:指士、农、工、商及僧、道。 [4] 资:资助,供给。

古之时,人之害多矣。有圣人者立,然后教之以相生相养之道。为之君,为之师,驱其虫蛇禽兽,而处之中土[1]。寒然后为之衣,饥然后为之食。木处而颠[2],土处而病也[3],然后为之宫室。为之工以赡其器用[4],为之贾以通其有无,为之医药以济其夭死,为之葬埋祭祀以长其恩爱,为之礼以次其先后,为之乐以宣其壹郁[5],为之政以率其怠勌[6],为之刑以锄其强梗[7]。相欺也,为之符玺斗斛权衡以信之[8];相夺也,为之城郭甲兵以守之。害至而为之备,患生而为之防。今其言曰:"圣人不死,大盗不止;剖斗折衡,而民不争[9]。"呜呼!其亦不思而已矣。如古之无圣人,人之类灭久矣。何也?无羽毛鳞介以居寒热也,无爪牙以争食也。

[1]中土:指中原地区。 [2]木处而颠:指远古的人居住在树上,容易摔下来。 [3]土处而病:穴居容易生病。 [4]赡(shàn):充足。 [5]壹郁:即"湮(yān)郁",谓心情抑郁不畅快。 [6]勌:"倦"的异体字。 [7]强梗(gěng):倔强凶猛。 [8]符玺:印信。斗斛(hú):量器。权衡:称量物体轻重的器具。权,秤锤。衡,秤杆。 [9]语出《庄子·胠箧》。

是故君者,出令者也[1];臣者,行君之令而致之民者也[2];民者,出粟米麻丝,作器皿,通货财以事其上者也。君不出令,则失其所以为君,臣不行君之令而致之民[3],民不出粟米麻丝,作器皿,通货财,以事其上,则诛。今其法曰:必弃而君臣[4],去而父子,禁而相生养之道,以求其所谓清净寂灭者[5]。呜呼!其亦幸而出于三代之后,不见黜于禹、汤、文、武、周公、孔子也[6]。其亦不幸而不出于三代之前,不见正于禹、汤、文、武、周公、孔子也[7]。

[1]出令:发号施令。 [2]致:送达,使达到。 [3]别的版本此句后有"则失其所以为臣"一句。 [4]而:同"尔",你。下同。 [5]清净:道教用语。寂灭:佛教用语。 [6]黜(chù):贬降,罢退。 [7]正:纠正。"见正"意谓辨别是非,判定正误。

帝之与王,其号名殊[1],其所以为圣一也。夏葛而冬裘[2],渴饮而饥食,其事殊[3],其所以为智一也。今其言曰:曷不为太古之无事[4]?是亦责冬之裘者曰:曷不为葛之之易也?责饥之食者曰:曷不为饮之之易也。

[1]有的版本"名"字后有"虽"字。 [2]夏葛:夏天穿葛衣。 [3]有的版本"事"字后有"虽"字。 [4]曷:代词,表疑问,相当于"何"。

传曰:"古之欲明明德于天下者,先治其国。欲治其国者,先齐其家。欲齐其家者,先修其身。欲修其身者,先正其心。欲正其心者,先诚其意[1]。"然则古之所谓正心而诚意者,将以有为也。今也欲治其心而外天下国家,灭其天常[2],子焉而不父其父,臣焉而不君其君,民焉而不事其事。孔子之作《春秋》也,诸侯用夷礼则夷之,进于中国则中国之[3]。经曰:"夷狄之有君,不如诸夏之亡[4]。"《诗》曰:"戎狄是膺,荆舒是惩[5]。"今也举夷狄之法而加之先王之教之上,几何其不胥而为夷也[6]?

[1]语出《礼记·大学》。 [2]天常:天的常道。这里指纲常伦理。 [3]这两句是说,诸侯用夷狄之礼,就把他当作夷狄看待;夷狄用中国之礼,就把他当作中国人看待。 [4]语

出《论语·八佾》。亡:同"无"。　　[5]语出《诗经·鲁颂·閟宫》。戎狄:古代北方的少数民族。膺(yīng):攻击。荆舒:古代南方的少数民族。惩:惩罚。　　[6]几何:多少。胥(xū):跟从,相随。

夫所谓先王之教者何也?博爱之谓仁,行而宜之之谓义,由是而之焉之谓道,足乎己无待于外之谓德。其文《诗》、《书》、《易》、《春秋》,其法礼、乐、刑、政,其民士、农、工、贾,其位君臣、父子、师友、宾主、昆弟、夫妇,其服麻丝,其居宫室,其食粟米、果蔬、鱼肉,其为道易明,而其为教易行也。是故以之为己,则顺而祥;以之为人,则爱而公;以之为心,则和而平;以之为天下国家,无所处而不当。是故生则得其情,死则尽其常,郊焉而天神假[1],庙焉而人鬼飨[2]。曰:斯道也,何道也?曰:斯吾所谓道也,非向所谓老与佛之道也。尧以是传之舜,舜以是传之禹,禹以是传之汤,汤以是传之文、武、周公,文、武、周公传之孔子,孔子传之孟轲[3]。轲之死,不得其传焉。荀与扬也[4],择焉而不精,语焉而不详。由周公而上,上而为君,故其事行;由周公而下,下而为臣,故其说长。然则如之何而可也?曰:不塞不流,不止不行。人其人[5],火其书,庐其居,明先王之道以道之[6],鳏寡孤独废疾者有养也[7],其亦庶乎其可也[8]。

　　[1]郊:祭祀天地。假:同"格",来到。　　[2]人鬼:指祖宗。飨:应作"飨(xiǎng)",鬼神享用祭品。一说作"享"。底本误作"響",今据马其昶《韩昌黎文集校注》改。　　[3]孟轲(kē):孟子。　　[4]荀:荀子。扬:扬雄。　　[5]人其人:当作"民其人",因避唐太宗李世民的讳而改。意谓让僧道还俗为民。　　[6]以道之:"道",同"导",引导。　　[7]鳏(guān):成年无妻或丧妻的人。寡:丧夫的女人。孤:幼而无父。独:老而无子。废:残废的人。疾:有病的人。　　[8]庶乎:近似,差不多。

原　　性

性也者,与生俱生也;情也者,接于物而生也[1]。性之品有三[2],而其所以为性者五;情之品有三,而其所以为情者七。曰:何也?曰:性之品有上中下三:上焉者,善焉而已矣;中焉者,可导而上下也;下焉者,恶焉而已矣。其所以为性者五:曰仁、曰礼、曰信、曰义、曰智[3]。上焉者之于五也,主于一而行于四[4];中焉者之于五也,一不少有焉则少反焉,其于四也混[5];下焉者之于五也,反于一而悖于四[6]。性之于情,视其品。情之品有上中下三,其所以为情者七:曰喜、曰怒、曰哀、曰惧、曰爱、曰恶、曰欲。上焉者之于七也,动而处其中[7];中焉者之于七也,有所甚有所亡[8],然而求合其中者也;下焉者之于七也,亡与甚,直情而行者也[9]。情之于性,视其品。

　　[1]接于物:接触外物。　　[2]品:等级。　　[3]此处的"仁、礼、信、义、智"是按"木主仁,

火主礼,土主信,金主义,水主智"五行方位排列的。 [4]主于一:即主于仁。行于四:指运行于礼信义智。 [5]"中焉者之于五也"三句:朱子《韩集考异》释曰:"此但言中人之性于五者之中,其一者或偏多、或偏少,其四者亦杂而不纯耳。"少有:稍有,略有。少反:稍微违背。 [6]悖:违逆,违背。 [7]动而处其中:谓情之动都在仁、礼、信、义、智之中。 [8]甚:过分。亡:不及。 [9]直情:直露七情,不以五性节制之。

孟子之言性曰:人之性善;荀子之言性曰:人之性恶;扬子之言性曰[1]:人之性善恶混。夫始善而进恶,与始恶而进善,与始也混而今也善恶,皆举其中而遗其上下者也,得其一而失其二者也。叔鱼之生也,其母视之,知其必以贿死[2];杨食我之生也,叔向之母闻其号也,知必灭其宗[3];越椒之生也,子文以为大戚,知若敖氏之鬼不食也[4]:人之性果善乎?后稷之生也,其母无灾,其始匍匐也,则歧歧然,嶷嶷然[5];文王之在母也,母不忧,既生也,傅不勤,既学也,师不烦[6]:人之性果恶乎?尧之朱、舜之均、文王之管、蔡,习非不善也[7],而卒为奸;瞽叟之舜、鲧之禹[8],习非不恶也,而卒为圣[9]:人之性善恶果混乎?故曰:三子之言性也,举其中而遗其上下者也,得其一而失其二者也。

[1]扬子:扬雄。 [2]叔鱼:晋国人。姓羊舌,名鲋。《国语·晋语八》记载:"叔鱼生,其母视之,曰:'是虎目而豕喙,鸢肩而牛腹,谿壑可盈,是不可餍也,必以贿死。'遂不视"。 [3]杨食我:晋国贤大夫叔向之子。封邑在杨,故号杨食我。《国语·晋语八》记载:"杨食我生,叔向之母闻之,往,及堂,闻其号也,乃还,曰:'其声,豺狼之声,终灭羊舌氏之宗者,必是子也。'" [4]越椒(jiāo):楚国司马子良之子。《左传·宣公四年》记载:"楚司马子良生子越椒,子文曰:'必杀之。是子也,熊虎之状,而豺狼之声,弗杀,必灭若敖氏矣。谚曰:狼子野心。是乃狼也,其可畜乎?'子良不可。子文以为大戚,及将死,聚其族,曰:'椒也知政,乃速行矣,无及于难。'且泣曰:'鬼犹求食,若敖氏之鬼,不其馁而?'" [5]后稷(jì):周人的祖先。虞舜命为农官,教民耕稼,称为"后稷"。《诗经·大雅·生民》:"诞实匍匐,克岐克嶷。"匍(pú)匐(fú):爬行。歧歧:一作"岐岐",有所知。嶷(nì)嶷:有所识别。 [6]文王:周文王。《国语·晋语四》记载:"臣闻昔者大任娠文王不变,少溲于豕牢,而得文王不加疾焉。文王在母不忧,在傅弗勤,处师弗烦。" [7]尧之朱:《史记·五帝本纪》曰:"尧知子丹朱之不肖,不足授天下,于是乃权授舜。"舜之均:《史记·五帝本纪》曰:"舜子商均亦不肖,舜乃豫荐禹于天。"文王之管、蔡:管叔鲜、蔡叔度,文王之子、武王之弟。因与武庚一起反对周公辅政,叛乱失败后,管叔被杀,蔡叔被流放。 [8]瞽叟之舜:《史记·五帝本纪》曰:"舜父瞽叟顽,母嚚(yín),弟象傲,皆欲杀舜。舜顺适不失子道,兄弟孝慈。"鲧(gǔn)之禹:《史记·五帝本纪》曰:"尧听四岳,用鲧治水。九年而水不息,功用不成。(舜)乃殛鲧於羽山以死。天下皆以舜之诛为是。于是舜举鲧子禹,而使续鲧之业。" [9]有的版本"圣"字后有"人"字。

曰:然则性之上下者其终不可移乎[1]?曰:上之性,就学而愈明;下之性,畏威而寡罪:是故上者可教而下者可制也,其品则孔子谓不移也。曰:今之言性者异于此,何也?曰:今之言者杂佛老而言也。杂佛老而言也者,奚言而不异?

[1] 移:变动,改变。

(据四川大学出版社 1996 年《韩愈全集校注》 李晓宇)

六、太极主静——《周敦颐集》

【题解】 周敦颐(1016—1073),原名敦实,因宋英宗赵曙旧名"宗实",避讳而改,字茂叔,道州营道县人(今湖南道县)。早年丧父,随母投靠在京师开封的舅父龙图阁学士郑向。二十四岁时,因舅父荫子的关系,被任命为洪州分宁县主簿,因善于断案,被调任南安军司理参军,又因纠正一件错案,被擢为郴州郴县令,后历任大理寺丞、国子博士、虔州通判、广南东路转运判官等职。晚年筑室于庐山莲花峰下小溪旁,仿营道故居濂溪以名之,故世称"濂溪先生"。所以,他开创的学派又称"濂学"。(事迹详见《伊洛渊源录》卷一、《宋元学案》卷十一、十二"濂溪学案"及《宋史》卷四百二十七)

周敦颐是理学的开山祖师,《宋史·道学传》把他列于道学之首,他所提到的太极、理、气、性、命、诚等一系列概念,后来均成为理学的基本范畴。但是,据说他的思想渊源是出自道教,其《太极图说》是利用道教《太极先天之图》改造而成。虽然如此,但儒道两家对《太极图》的应用在本质上是有区别的。道教《太极先天之图》是道士用来修炼金丹,脱胎换骨,以求长生不死的炼丹图。而《太极图说》是以"图"和"说"的形式论证宇宙的本原和天地万物的生成变化过程,阐释《周易》基本精神的作品。由此我们可以看出,虽然周敦颐以及后来的众多理学家都存在揉合佛、道思想,来建构自己理学体系的习惯。但是,他们所建立起来的思想体系本身仍然是以孔孟之道为核心的,正所谓"它山之石,可以攻玉",而并非如后人所讥讽的那样是"援道入儒"或"阳儒阴佛"。

周敦颐的代表作有《太极图说》、《通书》、《爱莲说》等,收入后人编辑的《周子全书》。1937 年上海商务印书馆出版的排印本《周濂溪集》,以及 2002 年岳麓书社出版的注释本《周敦颐集》,在收罗周敦颐的作品方面,都做得比较详备,宜于初学者阅读。

(李晓宇)

太极图说

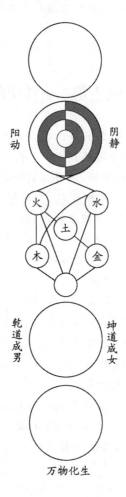

周子曰:无极而太极[1]。

[1] 无极:中国古代哲学中所认为的宇宙万物的本原。以其无形无象,无声无色,无始无终,无可指名,故曰无极。语出《老子》:"复归于无极。"太极:中国古代哲学家称最原始的混沌之气。谓太极运动而分化出阴阳,由阴阳而产生四时变化,继而出现各种自然现象,是宇宙万物之原。语出《周易·系辞上》:"易有太极,是生两仪,两仪生四象,四象生八卦。"宋代理学家则认为"太极"即是"理"。无极而太极:一说,原本作"自无极而为太极"。因而出现了两种截然不同的解释,后世为此争论不休。"无极而太极"是指太极就是无极,即以太极作为宇宙万物的本原。"自无极而为太极"是指太极源自无极,即道家所说的"有生于无"。

六、太极主静——《周敦颐集》

太极动而生阳,动极而静,静而生阴,静极复动。一动一静,互为其根[1]。分阴分阳,两仪立焉[2]。

[1] 互为其根:互相依存。　[2] 两仪:指天地。

阳变阴合而生水、火、木、金、土[1]。五气顺布[2],四时行焉。

[1] 阳变阴合:阳气变化,阴气聚合。　[2] 五气顺布:五行之气顺次施行。

五行一阴阳也,阴阳一太极也。太极本无极也。五行之生也,各一其性[1]。

[1] 各一其性:各禀承太极一方面的性质。

无极之真,二五之精[1],妙合而凝。乾道成男,坤道成女[2],二气交感,化生万物。万物生生而变化无穷焉。

[1] 二五:阴阳和五行。　[2] 乾道成男,坤道成女:语出《周易·系辞上》。

惟人也,得其秀而最灵。形既生矣,神发知矣[1],五性感动而善恶分[2],万事出矣。

[1] 神发知(zhì)矣:精神开启了心智。　[2] 五性:人的五种性情。历来说法不一,例如《大戴礼记·文王官人》曰:"民有五性,喜、怒、欲、惧、忧也。"《太平广记》卷三引《汉武内传》谓指暴、淫、奢、酷、贼五性。《白虎通·情性》:"五性者何? 谓仁、义、礼、智、信也。"朱子认为是五常之性,即最后一种。

圣人定之以中正仁义[1],而主静立人极焉[2]。故圣人与天地合其德,日月合其明,四时合其序,鬼神合其吉凶[3]。

[1] 圣人定之以中正仁义:此句之下原有小注云:"圣人之道,仁义中正而已矣。"语出《通书·道第六》,据说是周敦颐自注。中正:中道和正道。　[2] 主静:宋明理学家的道德修养方法。渊源于古代儒家"人生而静,天之性也。"(《礼记·乐记》),并掺杂佛、道的寂静无为思想。周敦颐用未有天地以前的"无极"原来是"静"的,来证明人的天性本来也是"静"的,由于后天染上了"欲",故须通过"无欲"工夫,以求达到"静"的境界。"主静"二字之下原有小注云:"无欲故静。"语本《通书·圣学第二十》"无欲则静虚动直"和《老子》"不欲以静,天下将自正",据说是周敦颐自注。　[3] "与天地合其德"至"鬼神合其吉凶":语出《周易·乾·文言》。

君子修之吉,小人悖之凶[1]。

[1] 修:实行。悖:违背。

故曰：立天之道,曰阴与阳；立地之道,曰柔与刚；立人之道,曰仁与义[1]。又曰：原始反终,故知生死之说[2]。

大哉《易》也,斯其至矣[3]！

[1] "立天之道"至"曰仁与义"：语出《周易·说卦》。　[2] 原始反终,故知生死之说：语出《周易·系辞上》。生死：《周易》原文作"死生"。　[3] 至：达到极至。

(据岳麓书社2002年《周敦颐集》　黄玉顺)

七、民胞物与——《张载集》

【题解】　张载(1020—1077),字子厚,祖籍大梁(今河南开封),生于官宦之家,因侨居凤翔郿县(今陕西眉县)横渠镇,世称"横渠先生"。《宋史》本传称他"少喜谈兵,至欲结客取洮西之地。年二十一,以书谒范仲淹,一见知其远器,乃警之曰：'儒者自有名教可乐,何事于兵？'因劝读《中庸》。"仁宗嘉祐二年(1057)登进士第,历任祁州司法参军、丹州云岩县令、签书渭州判官公事、崇文院校书等职。因与王安石不合,遭受排斥和打击,最后辞官回乡。当行至临潼时,卒于馆舍。(事迹详见《宋元学案》卷十七、十八"横渠学案"及《宋史》卷四百二十七)

张载是理学的创始人之一,与周敦颐、邵雍、程颢、程颐合称"北宋五子"。又因为他的思想在关中地区影响很大,门生云集,声势浩大,形成了理学史上"濂洛关闽"四大学派中的"关学"学派。张载整个哲学的基础是"气","太虚即气"是他的重要命题。"太虚"本指宇宙空间,这里指万物的本原。张载认为,虽然"太虚无形",但并非空无,而是充满着气的运动变化,所以"太虚不能无气,气不能不聚而为万物,万物不能不散而为太虚","气之聚散于太虚,犹冰凝释于水,知太虚即气,则无无"。(《正蒙·太和》)张载用"太虚即气"的观点解释了万物生长消亡的基本过程,揭穿了佛教"空寂"的迷妄,破除了道教"长生"的幻想,处处闪耀着儒家智慧的光芒,是我们民族思维的宝贵遗产。

二程和朱子对张载的《西铭》推崇备至。二程认为其扩前圣所未发,游其门者,必令看《大学》、《西铭》。朱熹曾专门作《西铭解义》。此外,明清时期的重要思想家王廷相、王夫之、戴震也深受张载哲学的影响。

张载的著作自元明以来多有散失,1978年中华书局以明万历年间沈自彰刻本《张子全书》的清初翻刻本为底本,参校《正谊堂丛书》中的《张横渠集》、《宋文鉴》、宋本《张子语录》等,编定出版的《张载集》,是目前最通行的版本。

该书分为六个部分:一《正蒙》,二《横渠易说》,三《经学理窟》,四《张子语录》,五《文集佚存》,六《拾遗》。书后还附有关于张载的传记、各本序文和书目提要等资料,供学者研究参考。

(李晓宇)

正蒙·乾称(节录)

乾称父,坤称母[1];予兹藐焉[2],乃混然中处[3]。故天地之塞,吾其体;天地之帅,吾其性[4]。民吾同胞,物吾与也[5]。大君者,吾父母宗子[6];其大臣,宗子之家相也[7]。尊高年,所以长其长;慈孤弱,所以幼吾幼。圣其合德[8],贤其秀也。凡天下疲癃残疾、惸独鳏寡[9],皆吾兄弟之颠连而无告者也[10]。于时保之,子之翼也[11];乐且不忧[12],纯乎孝者也。违曰悖德[13],害仁曰贼;济恶者不才[14],其践形[15],唯肖者也[16]。知化则善述其事,穷神则善继其志[17]。不愧屋漏为无忝[18],存心养性为匪懈[19]。恶旨酒,崇伯子之顾养[20];育英才,颖封人之锡类[21]。不弛劳而底豫,舜其功也[22];无所逃而待烹,申生其恭也[23]。体其受而归全者,参乎[24]!勇于从而顺令者,伯奇也[25]。富贵福泽,将厚吾之生也[26];贫贱忧戚,庸玉女于成也[27]。存,吾顺事,没,吾宁也[28]。……

[1] 乾称父,坤称母:语出《周易·说卦》:"乾,天也,故称乎父。坤,地也,故称乎母。" [2] 兹:语气词,呀。藐(miǎo):幼小。 [3] 混然:浑然一体,亲密无间。中处:处于其中。 [4] 塞、帅:王夫之解作"塞者,气也,气以成形。""帅者,志也,所谓天地之心也。"(《张子正蒙注》卷九)"故天地之塞"至"吾其性":语本《孟子·公孙丑上》:"(浩然之气)其为气也,至大至刚,以直养而无害,则塞于天地之间。""夫志,气之帅也;气,体之充也。" [5] 民吾同胞,物吾与也:民众都是我的亲兄弟,万物都是我的朋友。 [6] 大君:天子。宗子:享有继承权的嫡长子。 [7] 家相:家中的管家。 [8] 合德:指与父母(天地)同德。 [9] 疲癃(lóng):曲腰高背之疾,这里指年老多病的人。惸(qióng):无兄弟的人。独:无子孙的人。鳏(guān):成年无妻或丧妻的人。寡:这里指丧夫的妇人。 [10] 颠连:困顿不堪。 [11] 于时保之,子之翼也:畏天而自保,就像儿子对父母一样恭敬。"于时保之"出自《诗经·周颂·我将》:"畏天之威,于时保之。"于时:连词,也作"于是",表示承接。翼:恭敬,谨肃。 [12] 乐且不忧:语出《周易·系辞上》:"乐天知命,故不忧。" [13] 违:指不服从父母之命。 [14] 济恶者不才:相助作恶的人不成才。 [15] 践行:把内在的思想与外在的形、色统一起来,相当于"实践"。语本《孟子·尽心上》:"惟圣人然后可以践形。" [16] 肖者:像父母的儿子。 [17] 知化则善述其事,穷神则善继其志:了解事物之变化,就能好好地完成天下的事业;穷究事物之神妙,就能好好地继承上天的意志。《易·系辞下》:"穷神知化,德之盛也。"《中庸》:"夫孝者,善继人之志,善述人之事者也。"为此句之所本。 [18] 不愧屋漏:在室内隐僻处也光明磊落。语出《诗经·大雅·抑》:"相在尔室,尚不愧于屋漏。"无忝(tiǎn):不感到羞愧。

[19] 存心养性:保存本心,养育正性。语出《孟子·尽心上》:"存其心,养其性,所以事天也。"匪懈:不懈怠。 [20] 恶(wù)旨酒,崇伯子之顾养:讨厌美酒,大禹善于保养本性。典出《孟子·离娄下》:"禹恶旨酒,而好善言。"崇伯子:指禹。崇,国名。伯,爵位。 [21] 育英才,颍封人之锡类:培育才智杰出的人,颍考叔以善施及众人。典出《左传·隐公元年》:"颍考叔,纯孝也,爱其母,施及庄公。《诗》曰'孝子不匮,永锡尔类。'其是之谓乎!"颍,地名。封人,官名。 [22] 不弛劳而底(zhǐ)豫,舜其功也:不懈操劳而得到欢乐,这是舜的功绩。典出《孟子·离娄上》:"舜尽事亲之道,而瞽瞍底豫。" [23] 无所逃而待烹,申生其恭也:典出《礼记·檀弓》,故事是晋献公想杀儿子申生,申生就顺从父意,自缢而亡。因为他顺从父亲的意旨,所以谥号曰"恭"。待烹:这里指等待杀戮。 [24] 体其受而归全者,参乎:典出《礼记·祭义》:"曾子闻诸夫子曰:'父母全而生之,子全而归之,可谓孝矣。不亏其体,不辱其身,可谓全矣。'"体而受:身体受之父母。 [25] 伯奇:《汉书·中山靖王胜传》:"斯伯奇所以流离,比干所以横分也。"颜师古注:"伯奇,周尹吉甫之子也,事后母至孝。而后母谮之于吉甫,吉甫欲杀之,伯奇乃亡走山林。" [26] 厚吾之生:善待我的生命。 [27] 庸玉女(rǔ)于成:用来磨炼你取得成就。 [28] 顺事:顺从地侍奉。没:死。宁:休息。以上这一段又称《西铭》或《订顽》。

　　戏言出于思也,戏动作于谋也[1]。发乎声,见乎四支[2],谓非己心,不明也[3];欲人无己疑[4],不能也。过言非心也[5],过动非诚也。失于声,缪迷其四体[6],谓己当然[7],自诬也[8];欲他人己从,诬人也。或者以出于心者归咎为己戏,失于思者自诬为己诚,不知戒其出汝者,归咎其不出汝者,长傲且遂非[9],不知孰甚焉[10]!

　　[1] 戏言:开玩笑的话。思:思索。戏动:开玩笑的动作。谋:考虑。 [2] 发乎声:指戏言。见乎四支:指戏动。支:同"肢"。 [3] 不明:不明白言谈举止出于一心的道理。 [4] 欲人无己疑:想要别人不怀疑自己的用心。 [5] 过言:错误的言论。非心:不是本意。 [6] 缪:通"谬",错误。 [7] 当然:应当这样。 [8] 自诬:自欺。 [9] 长傲:滋长傲气。遂非:坚持,掩饰错误。 [10] 以上这一段又称《东铭》或《砭愚》。

(据中华书局1978年《张载集》 黄玉顺)

八、格物穷理——《朱熹集》

　　【题解】 朱熹(1130—1200),字元晦,一字仲晦,号晦庵、晦翁,后人又称考亭、紫阳,祖籍徽州婺源(今江西婺源)。建炎四年,朱熹出生于南剑州尤溪县(今福建尤溪),后迁居建州崇安县(今福建崇安)。十九岁中进士,曾任泉州同安主簿、知南康军、秘阁修撰等职。三十一岁时,拜程颐的三传弟子李侗为师,奠定了一生专研理学的思想基础。其后大半生的时间和精力都在从事教育和学术研究,有大量著作传世。庆元六年,病故于建宁府建阳县(今福建建阳)。(事迹详

见清代王懋竑编撰的《朱子年谱》、《宋元学案》卷四十八、四十九"晦翁学案"及《宋史》卷四百二十九)

朱熹是宋代理学的集大成者,他所建立的庞大的理学思想体系,成为中国古典哲学的一座不可逾越的巅峰。后世的儒者有的赞同他,有的反对他,但是从来没有谁能绕过他。在朱熹的思想体系中,"理"是最高范畴,他提出"先有此理,而后有此气"的命题,认为"未有天地之先,毕竟是先有此理","万一山河天地都陷了,毕竟理却只在这里"。(《朱子语类》卷一)认定"理"作为形而上的本原,优先于物质性的"气"而存在。但是,他又说:"理与气本无先后之可言,但推上去时,却如理在先气在后相似","此本无先后之可言,然必欲推其所从来,则须说先有是理"。(同上)也就是说,他所谓的"理"并非在时间上先于"气",而是逻辑上在先的。从现实世界来看,"理"和"气"并非两件东西,天下没有无理之气,也没有无气之理。既然如此,朱熹为什么非要把"理"规定为第一性的,"气"规定为第二性的呢?归根结底,主要是想确立仁义礼智等儒家伦理道德在社会生活中的绝对权威。

朱熹的著述贯通四部,门类异常繁富,经部有《周易本义》、《诗集传》、《仪礼经传通解》、《家礼》、《四书章句集注》、《四书或问》、《孝经刊误》等,史部有《八朝名臣言行录》、《伊洛渊源录》、《通鉴纲目》等,子部有《阴符经注》、《周易参同契考异》等,集部有《楚辞集注》、《昌黎先生集考异》等。此外,他还编辑了《二程遗书》、《二程外书》、《近思录》等重要的理学著作。他与九十多位门人的问答语录,后来也被分类整理为《朱子语类》,共一百四十卷。

除此之外,还有一部他的诗文集《晦庵集》一百卷,《续集》五卷,《别集》七卷,保存了他的大量学术论著、讲义、奏章、序跋、书信、诗词等。四川教育出版社1996年版《朱熹集》即是在《晦庵集》的基础上点校整理的,是目前比较通行的一个版本。

(李晓宇)

观 心 说

或问:"佛者有观心之说[1],然乎?"曰:"心者,人之所以主乎身者也,一而不二者也,为主而不为客者也,命物而不命于物者也。故以心观物,则物之理得。今复有物以反观乎心,则是此心之外复有一心而能管乎此心也。然则所谓心者,为一耶?为二耶?为主耶?为客耶?为命物者耶?为命于物者耶?此亦不待校而审其言之谬矣[2]。"

[1] 观心:观察心性。佛教以心为万法的主体,无一事在心外,故观心即能究明一切事(现象)理(本体)。 [2] 校:考察。

或者曰:"若子之言,则圣贤所谓精一,所谓操存[1],所谓尽心知性,存心养性,所谓见其参于前而倚于衡者[2],皆何谓哉?"应之曰:"此言之相似而不同,正苗莠朱紫之间,而学者之所当辨者也。夫谓人心之危者,人欲之萌也。道心之微者,天理之奥也。心则一也,以正不正而异其名耳。惟精惟一,则居其正而审其差者也,绌其异而反其同者也。能如是,则信执其中而无过不及之偏矣。非以道为一心,人为一心,而又有一心以精一之也。夫谓操而存者,非以彼操此而存之也。舍而亡者,非以彼舍此而亡之也。心而自操,则亡者存;舍而不操,则存者亡耳。然其操之也,亦曰不使旦昼之所为得以梏亡其仁义之良心云尔,非块然兀坐以守其炯然不用之知觉而谓之操存也。若尽心云者,则格物穷理,廓然贯通而有以极夫心之所具之理也。存心云者,则敬以直内,义以方外,若前所谓精一操存之道也。故尽其心而可以知性知天,以其体之不蔽而有以究夫理之自然也。存心而可以养性事天,以其体之不失而有以顺夫理之自然也。是岂以心尽心,以心存心,如两物之相持而不相舍哉?若参前倚衡之云者,则为忠信笃敬而发也。盖曰忠信笃敬不忘乎心,则无所适而不见其在是云尔,亦非有以见夫心之谓也。且身在此而心参于前,身在舆而心倚于衡,是果何理也耶?大抵圣人之学本心以穷理,而顺理以应物,如身使臂,如臂使指,其道夷而通,其居广而安,其理实而行自然。释氏之学以心求心,以心使心,如口龁口[3],如目视目,其机危而迫,其途险而塞,其理虚而其势逆。盖其言虽有若相似者,而其实之不同盖如此也。然非夫审思明辨之君子,其亦孰能无惑于斯耶?"

[1] 操存:执持心志,不使丧失。语出《孟子·告子上》:"操则存,舍则亡。" [2] 见其参于前而倚于衡者:指忠信笃敬。语出《论语·卫灵公》。 [3] 龁(hé):咬。

仁　说

天地以生物为心者也,而人物之生,又各得夫天地之心以为心者也。故语心之德,虽其总摄贯通,无所不备,然一言以蔽之,则曰仁而已矣。请试详之。盖天地之心,其德有四,曰元、亨、利、贞,而元无不统。其运行焉,则为春、夏、秋、冬之序,而春生之气无所不通。故人之为心,其德亦有四,曰仁、义、礼、智,而仁无不包。其发用焉,则为爱恭宜别之情,而恻隐之心无所不贯。故论天地之心者,则曰乾元、坤元,则四德之体用不待悉数而足[1]。论人心之妙者,则曰仁,人心也,则四德之体用亦不待遍举而该。盖仁之为道,乃天地生物之心,即物而在。情之未发,而此体已具;情之既发,而其用不穷。诚能体而存之,则众善之源、百行之本莫不在是。此孔门之教所以必使学者汲汲于求仁也。其言有曰:"克己复礼为仁[2]。"言能克去己私,复乎天理,则此心之体无不在,而此心之用无不行也。又曰:"居处恭,执事敬,与人忠"[3],则亦所以存此心也。又曰:"事亲孝,事兄弟,及物恕"[4],则亦所以行此心也。又曰:"求仁得仁"[5],则以让国而逃,谏伐而饿为能不失乎此心也[6]。又曰:"杀身成仁"[7],则以欲甚于生、恶甚于死为能不害乎此心也[8]。此心何心也?在天地则坱然生物之心[9],在人则温然爱人利物之心,包四德而贯四端者也。

[1]悉数:一一列举。 [2]语出《论语·颜渊》。 [3]语出《论语·子路》。 [4]语出《孝经·广扬名章》。 [5]语出《论语·述而》。 [6]让国而逃,谏伐而饿:指伯夷、叔齐。事见《史记·伯夷列传》。 [7]语出《论语·卫灵公》。 [8]欲甚于生、恶甚于死:《孟子·告子上》:"生亦我所欲,所欲有甚于生者,故不为苟得也;死亦我所恶,所恶有甚于死者,故患有所不辟也。" [9]坱(yǎng)然:尘埃广大之貌。

或曰:"若子之言,则程子所谓爱情仁性,不可以爱为仁者[1],非欤?"曰:"不然。程子之所诃,以爱之发而名仁者也。吾之所论,以爱之理而名仁者也。盖所谓情性者,虽其分域之不同,然其脉络之通,各有攸属者[2],则曷尝判然离绝而不相管哉?吾方病夫学者诵程子之言而不求其意,遂至于判然离爱而言仁,故特论此以发明其遗意。而子顾以为异乎程子之说,不亦误哉?"

[1]说见《二程遗书》卷十八。 [2]攸:所。

或曰:"程氏之徒言仁多矣,盖有谓爱非仁,而以万物与我为一为仁之体者矣。亦有谓爱非仁,而以心有知觉释仁之名者矣。今子之言若是,然则彼皆非欤?"曰:"彼谓物我为一者,可以见仁之无不爱矣,而非仁之所以为体之真也。彼谓心有知觉者,可以见仁之包乎智矣,而非仁之所以得名之实也。观孔子答子贡博施济众之问[1],与程子所谓觉不可以训仁者[2],则可见矣。子尚安得复以此而论仁哉?抑泛言同体者,使人含胡昏缓而无警切之功[3],其弊或至于认物为己者有之矣。专言知觉者,使人张皇迫躁而无沉潜之味,其弊或至于认欲为理者有之矣。一忘一助[4],二者盖胥失之。而知觉之云者,于圣门所示乐山能守之气象尤不相似,子尚安得复以此而论仁哉?"因并记其语,作《仁说》。

[1]语见《论语·雍也》。 [2]语见《二程遗书》卷二十四。 [3]含胡:即"含糊"。 [4]忘:超然忘我。助:揠苗助长。

白鹿洞书院揭示

父子有亲,君臣有义,夫妇有别,长幼有序,朋友有信[1]。
右五教之目。尧、舜使契为司徒,敬敷五教,即此是也。学者学此而已,而其所以学之之序,亦有五焉,其别如左:

[1]语出《孟子·滕文公上》。

博学之,审问之,慎思之,明辨之,笃行之[1]。
右为学之序。学、问、思、辨四者,所以穷理也。若夫笃行之事,则自修身以至处事接物[2],亦各有要,其别如左:

[1]语出《礼记·中庸》。 [2]接物:指与人交往。

言忠信,行笃敬[1],惩忿窒欲[2],迁善改过[3]。
右修身之要

[1]语出《论语·卫灵公》。 [2]惩忿窒欲:谓克制愤怒,杜塞情欲。《周易·损》:"君子以惩忿窒欲。" [3]迁善改过:谓改正过失而向善。《周易·益》:"君子以见善则迁,有过则改。"

正其义不谋其利,明其道不计其功[1]。
右处事之要

[1]语出《汉书·董仲舒传》。

己所不欲,勿施于人[1]。行有不得,反求诸己[2]。
右接物之要

[1]语出《论语·颜渊》。 [2]语出《孟子·离娄上》。

熹窃观古昔圣贤所以教人为学之意,莫非使之讲明义理,以修其身,然后推以及人,非徒欲其务记览、为词章,以钓声名取利禄而已也。今人之为学者,则既反是矣。然圣贤所以教人之法具存于经。有志之士,固当熟读深思而问辨之。苟知其理之当然而责其身以必然,则夫规矩禁防之具,岂待他人设之而后有所持循哉!近世于学有规,其待学者为已浅矣,而其为法,又未必古人之意也。故今不复以施于此堂,而特取凡圣贤所以教人为学之大端,条列如右,而揭之楣间。

诸君其相与讲明遵守而责之于身焉,则夫思虑云为之际,其所以戒慎而恐惧者[1],必有严于彼者矣。其有不然,而或出于此言之所弃,则彼所谓规者必将取之,固不得而略也。诸君其亦念之哉!

[1] 慎:当作"谨",据《四部丛刊》影印本《晦庵先生朱文公文集》改。

(据四川教育出版社1996年《朱熹集》 黄玉顺)

附:四书章句集注·补大学格物致知传

此谓知本,(程子曰:"衍文也。")此谓知之至也[1]。(此句之上别有阙文,此特其结语耳。)

右传之五章,盖释格物、致知之义,而今亡矣。(此章旧本通下章,误在经文之下。)间尝窃取程子之意以补之曰[2]:"所谓致知在格物者,言欲致吾之知,在即物而穷其理也[3]。盖人心之灵莫不有知,而天下之物莫不有理,惟于理有未穷,故其知有不尽也。是以《大学》始教[4],必使学者即凡天下之物,莫不因其已知之理而益穷之,以求至乎其极。至于用力之久,而一旦豁然贯通焉[5],则众物之表里精粗无不到,而吾心之全体大用无不明矣。此谓物格,此谓知之至也。"

[1] "此谓知本,此谓知之至也"二句是《礼记·大学》原文。 [2] 程子之意:参阅《大学或问下》,共十七条。 [3] 即:就;接近;靠近。 [4]《大学》:此处仿《礼记·学记》"大学始教",不应加书名号。 [5] 豁然贯通:顿时晓悟。

(据中华书局1983年版《四书章句集注》 李晓宇)

九、六经注我——《陆九渊集》

【题解】 陆九渊(1139—1193),字子静,号存斋,抚州金溪人(今江西省金溪县)。因在江西贵溪象山筑"精舍"聚徒讲学,世称"象山先生"。青年时代主张抗金,曾立志习武。后历任靖安、崇安主簿、国子正,五十三岁时出知荆门军,一年后病故于任所。(事迹详见《陆九渊集·年谱》、《宋元学案》卷五十八"象山学案"及《宋史》卷四百三十四)

陆九渊是宋明理学中"心学"一派的创始人,他以"心"作为自己哲学的基础,提出"心即理"的命题,认为"宇宙便是吾心,吾心即是宇宙。千万世之前,有圣人出焉,同此心同此理也。千万世之后,有圣人出焉,同此心同此理也。东南西北

海有圣人出焉,同此心同此理也。"(《陆九渊集》卷二十二《杂说》)

陆九渊是朱熹曾面对过的最强有力挑战者。在淳熙二年(1175年)的"鹅湖之会"上,陆九渊曾赋诗一首:"墟墓兴哀宗庙钦,斯人千古不磨心。涓流积至沧溟水,拳石崇成泰华岑。易简工夫终久大,支离事业竟浮沉。欲知自下升高处,真伪先须辨只今。"(《陆九渊集》卷二十五《鹅湖和教授兄韵》)阐明了他与朱熹的根本分歧,引发了激烈的辩论。此后,他们还就周敦颐《太极图说》中"无极"、"太极",以及对王安石的评价等问题展开过争论。陆九渊死后,朱熹率门人前往寺中哀悼,回家后沉默良久,叹息说:"可惜死了告子!"至今,"朱陆异同"仍然是中国哲学史上一个经久不衰的话题。

陆九渊从不著书,有人问他何不著书时,他就回答:"六经注我,我注六经。"又"以为尧舜之前,何书可读",而并不妨碍尧舜皆为圣人。因此,他的学说基本上是通过讲学和书信的形式传播的。他词锋锐利,善于论说,大有孟子好辩之遗风。曾在白鹿洞书院为朱熹的学生讲授《论语》"君子喻于义,小人喻于利"一章,以致有人当场听得痛哭流涕,连朱熹都大受感动,把这篇《白鹿洞书院论语讲义》刻在石碑上,供人学习,并再三说:"熹在此不曾说到这里,负愧何言。"

现存的《象山先生全集》,共三十六卷,由其子陆持之搜集编纂,汇集了关于陆九渊的绝大部分思想材料。1980年,中华书局在该书基础上点校整理出版的《陆九渊集》是目前最通行的本子。

(李晓宇)

与 曾 宅 之[1]

曩蒙访逮,切磋未究,足下以亲庭之命不能留[2],临别有来岁相过之约,日望书剑至止,竟堕渺茫,何邪?

[1] 曾宅之:名祖道,字宅之,庐陵人(今江西吉安)。静春先生刘清之的弟子,曾问学于朱熹和陆九渊。《宋元学案》卷六十九有传。 [2] 亲庭:指父母。

某自去年春尾在山间,闻犹子楒之之讣以归[1],内外抚棺视窆之役[2],相寻以卒岁。近者始得复至山房。山间泉石颇多,适值瀑流方壮,喷玉涌雪,处处争奇。经年之别,不容不遍抚劳之。旁郡朋友,往往辏集应酬,殊不少暇,颇复劳勚[3]。既而霖霪不解,遂以感疾。山间不便医药,扶病出山。半山遇盛价致书[4]。越数日抵家,病又增剧。比日少苏,始得发视,气力倦惫,又未能作复。稽留盛价,皇恐!

　　[1] 犹子:指侄子。櫌(yǒu)之:陆九渊四兄陆九韶之子。　[2] 窆(biǎn):墓穴。　[3] 劳勩(yì):劳苦。　[4] 盛价:对别人仆役的尊称。

　　示谕与章太博问答,其义甚正。其前述某之说,又自援据反复,此则是足下病处。所述某之言亦失其实。记录人言语极难,非心通意解,往往多不得其实。前辈多戒门人无妄录其语言,为其不能通解,乃自以己意听之,必失其实也。相去之远,不得面言,不若将平时书问与所作文字讲习稽考,差有据依。若据此为辨,则有案底,不至大讹舛也[1]。

　　[1] 讹舛(chuǎn):谬误。

　　且如"存诚"、"持敬"二语自不同[1],岂可合说?"存诚"字于古有考,"持敬"字乃后来杜撰。《易》曰:"闲邪存其诚。"《孟子》曰:"存其心[2]。"某旧亦尝以"存"名斋。《孟子》曰:"庶民去之,君子存之[3]。"又曰:"其为人也寡欲,虽有不存焉者寡矣;其为人也多欲,虽有存焉者寡矣[4]。"只"存"一字,自可使人明得此理。此理本天所以与我,非由外铄[5]。明得此理,即是主宰。真能为主,则外物不能移,邪说不能惑。所病于吾友者,正谓此理不明,内无所主;一向萦绊于浮论虚说[6],终日只依藉外说以为主,天之所与我者反为客,主客倒置,迷而不反,惑而不解。坦然明白之理可使妇人童子听之而喻;勤学之士反为之迷惑,自为支离之说以自萦缠,穷年卒岁,靡所底丽[7],岂不重可怜哉? 使生在治古盛时,蒙被先圣王之泽,必无此病。惟其生于后世,学绝道丧,异端邪说充塞弥满,遂使有志之士罹此患害[8],乃与世间凡庸恣情纵欲之人均其陷溺,此岂非以学术杀天下哉?

　　[1] 存诚:谓心怀坦诚。语出《周易·乾》:"庸言之信,庸行之谨,闲邪存其诚。"持敬:持守恭敬之心。　[2] 语见《孟子·尽心上》。　[3] 语见《孟子·离娄下》。　[4] 语见《孟子·尽心下》。　[5] 铄(shuò):授。非由外铄:语出《孟子·告子上》。　[6] 萦绊:牵缠。[7] 靡:无。底丽:依附。　[8] 罹(lí):遭受。

　　后世言《易》者以为易道至幽至深,学者皆不敢轻言。然圣人赞《易》则曰:"乾以易知,坤以简能。易则易知,简则易从。易知则有亲,易从则有功。有亲则可久,有功则可大。可久则贤人之德,可大则贤人之业。易简而天下之理得矣[1]。"孟子曰:"夫道若大路然,岂难知哉[2]?"夫子曰:"仁远乎哉? 我欲仁,斯仁至矣[3]。"又曰:"一日克己复礼,天下归仁焉[4]。"又曰:"未之思也,夫何远之有[5]?"孟子曰:"道在迩而求诸远,事在易而求诸难[6]。"又曰:"尧舜之道,孝弟而已矣。徐行后长者谓之弟,疾行先长者谓之不弟。夫徐行者,岂人所不能哉? 不为耳[7]。"又曰:"人能充无欲害人之心,而仁不可胜用也;人能充无穿窬之心,而义不可胜用也[8]。"又曰:"人之有是四端而自谓不能者,自贼者也;谓其君不能者,贼其君者也[9]。"又曰:"吾身不能居仁由义,谓之自弃[10]。"古圣贤之言,大抵若合符节[11]。盖心,一心也,理,一理也,至当归一,精义无二。此心此理,实不容有二。故夫子曰:"吾道一以贯之[12]。"孟子曰:"夫道一而已矣[13]。"又曰:"道二,仁与不仁而已矣[14]。"如是则为仁,反是则为不仁。仁即此心也,此理也。求则得之[15],得此理也;先知者,知此理也;先觉者[16],觉此理也;爱其亲者,此理也;敬其兄者[17],此理也;见孺子将入井而有怵惕恻隐之心者[18],此理也;可羞之事则羞之,可恶之事则恶之者,此理也;是知其为是,非知其为非,此理也;宜辞而辞,宜逊而逊者,此理也;敬此理也,义亦此理也;内此理也,外亦此理也。故曰:"直方大,不习无不利[19]。"孟子曰:所不虑而知者,其良知也;所不学而能者,其良能也[20]。此天之所与我者[21],我固有之,非由外铄我也[22]。故曰:"万物皆备于我矣,反身而诚,乐莫大焉[23]。"此吾之本心也,所谓安宅、正路者[24],此也;所谓广居、正位、大道者[25],此也。古人自得之,故有其实。言理则是实理,言事则是实事,德则实德,行则实行。吾与晦庵书[26],所谓:"古人质实不尚智巧,言论未详,事实先著,知之为知之,不知为不知。所谓'先知觉后知,先觉觉后觉'者,以其事实觉其事实,故言即其事,事即其言,所谓'言顾行,行顾言[27]'。周道之衰,文貌日胜,事实湮于意见,典训芜于辨说,揣量模写之工,依仿假借之似,其条画足以自信,其习熟足以自安。以子贡之达,又得夫子而师承之,尚不免此。'多学而识之'之见[28],非夫子叩之,彼固晏然而无疑。'先行'之训[29],'予欲无言'之训[30],所以觉之者屡矣,而终不悟。夫子既殁[31],其传固在曾子,盖可观矣。"况其不工不似,不足以自信,不足以自安者乎?虽然,彼其工且似,足以自信,足以自安,则有终身不反之患,有不可救药之势。乃若未工未似,未足以自信,未足以自安,则舍其邪而归其正,犹易为力也。

[1]语见《周易·系辞上》。 [2]语见《孟子·告子下》。 [3]语见《论语·述而》。 [4]语见《论语·颜渊》。 [5]语见《论语·子罕》。 [6]语见《孟子·离娄上》。 [7]语见《孟子·告子下》。 [8]语见《孟子·尽心下》。穿窬(yú):挖墙洞和爬墙头。指偷窃行为。 [9]语见《孟子·公孙丑上》。 [10]语见《孟子·离娄上》。 [11]符节:古代符信之一种。以金玉竹木等制成,上刻文字,分为两半,使用时以两半相合为验。 [12]语见《论语·里仁》。 [13]语见《孟子·滕文公上》。 [14]语见《孟子·离娄上》。 [15]求则得之:此处当加引号。语出《孟子·告子上》。 [16]先知、先觉:此处当加引号。《孟子·万章上》:"天之生此民也,使先知觉后知,使先觉觉后觉也。" [17]爱其亲者、敬其兄者:此处当加引号。《孟子·尽心上》"孩提之童无不知爱其亲者,及其长也,无不知敬其兄也。" [18]见孺子将入井而有怵惕恻隐之心:此处当加引号。《孟子·公孙丑上》"今人乍见孺子将入于井,皆有怵惕恻隐之心。" [19]语见《周易·坤卦》六二爻辞。 [20]此处《孟子·尽心上》作"人之所不学而能者,其良能也;所不虑而知者,其良知也"。 [21]此处当加引号。语见

《孟子·告子上》。　[22]此处《孟子·告子上》作"非由外铄我也,我固有之也"。　[23]语见《孟子·尽心上》。　[24]语出《孟子·离娄上》:"仁,人之安宅也;义,人之正路也。"　[25]语出《孟子·滕文公下》:"居天下之广居,立天下之正位,行天下之大道。"　[26]晦庵:朱熹的号。《与朱元晦》见《陆九渊集》卷二。　[27]语见《礼记·中庸》。　[28]语见《论语·卫灵公》。　[29]《论语·为政》:"子贡问君子。子曰:'先行其言,而后从之。'"　[30]《论语·阳货》:"子曰:'予欲无言。'子贡曰:'子如不言,则小子何述焉?'"　[31]殁(mò):去世。

来书"荡而无归"之说大谬。今足下终日依靠人言语,又未有定论,如在逆旅,乃所谓无所归。今使足下复其本心,居安宅,由正路,立正位,行大道,乃反为无所归,足下之不智亦甚矣!今己私未克之人,如在陷阱[1],如在荆棘,如在泥涂,如在囹圄械系之中[2],见先知先觉,其言广大高明,与己不类反疑恐一旦如此[3],则无所归,不亦鄙哉!不亦谬哉!不如此乃是广居、正位、大道,欲得所归,何以易此?欲有所主,何以易此?今拘挛旧习[4],不肯弃舍,乃狃其狭而惧于广[5],狃其邪而惧于正,狃其小而惧于大,尚得为智乎?夫子曰:"汝为君子儒,无为小人儒[6]。"古之所谓小人儒者,亦不过依据末节细行以自律,未至如今人有如许浮论虚说谬悠无根之甚,夫子犹以为门人之戒,又况如今日谬悠无根而可安乎?吾友能弃去谬习,复其本心,使此一阳为主于内[7],造次必于是,颠沛必于是,无终食之间而违于是[8]。此乃所谓有事焉,乃所谓勿忘[9],乃所谓敬。果能不替不息[10],乃是积善,乃是积义,乃是善养浩然之气[11]。真能如此,则不愧古人。其引用经语,乃是圣人先得我心之所同然,则不为侮圣言矣。今终日营营[12],如无根之木,无源之水,有采摘汲引之劳,而盈涸荣枯无常,岂所谓"源泉混混,不舍昼夜,盈科而后进"者哉[13]?终日簸弄经语以自傅益[14],真所谓侮圣言者矣。

　　[1]陷阱(jǐng):即陷阱。　[2]囹(líng)圄(yǔ):监狱。　[3]此处应标点为"与己不类,反疑恐一旦如此"。　[4]拘挛:拘泥。　[5]狃(niǔ):习惯。　[6]语见《论语·雍也》。　[7]一阳为主于内:本指卦象中阳爻居中的情况,如坎卦。这里借以指明人应"先立乎其大者"。　[8]《论语·里仁》:"君子无终食之间违仁,造次必于是,颠沛必于是。"造次:仓猝匆忙。颠沛:困顿挫折。　[9]语出《孟子·公孙丑上》:"必有事焉,而勿正,心勿忘,勿助长也。"　[10]替:灭。　[11]语出《孟子·公孙丑上》。　[12]营营:形容内心躁急不安。　[13]语见《孟子·离娄下》。　[14]簸弄:玩弄。傅益:附会而增加。

《书》言:"日严祗敬六德[1]",又言:"文王之敬忌[2]",又曰:"罔不克敬典[3]",《诗》言:"敬天之渝[4]",又言:"敬之敬之[5]",又言:"圣敬日跻[6]",《论语》言:"敬事而信[7]",又言:"修己以敬[8]",孟子言:"敬王[9]"、"敬兄[10]",未尝有言"持敬"者。观此二字,可见其不明道矣。吾与足下言者,必因足下之及此而后言其旨,只欲足下知古人事实,而不累于无根之说。足下谓得此说而思之,足下以此为说,其不明吾言甚矣,宜其不能记忆,附以己意而失其本真也。

[1] 语见《尚书·皋陶谟》。 [2] 语见《尚书·康诰》。 [3] 语见《尚书·康诰》。 [4] 语见《诗经·大雅·板》。 [5] 语见《诗经·周颂·敬之》。 [6] 语见《诗经·商颂·长发》。 [7] 语见《论语·学而》。 [8] 语见《论语·宪问》。 [9] 语见《孟子·公孙丑下》。 [10] 语见《孟子·告子上》。

又如"脱洒"二字亦不正,足下何不言吾之见邪,不如古人之见正;吾之说虚,不如古人之说实。如此自讼,则有省发之理[1],若只管从脱洒等处思之,终不能得其正。此理甚明,具在人心。足下不幸,受蔽于谬妄之习,今日乃费人许多气力。此事若不明白,不应安安而居,迟迟而来。病倦,不能檃括文辞使之简约[2],信手直书大概,幸三复而顿弃其旧,则当知圣贤之言真不我欺也。

[1] 省发:领会。 [2] 檃(yǐn)括:就原有的文章加以剪裁、改写。

(据中华书局 1980 年《陆九渊集》 黄玉顺)

十、知行合一——《王阳明全集》

【题解】 王阳明(1472—1529),名守仁,字伯安,自号阳明子、阳明山人,浙江余姚人。明弘治己未(1499)进士,授刑部主事,改兵部主事。正德元年(1506),因反对宦官刘瑾,被谪为贵州龙场驿丞,后被重新起用。正德十一年(1516)镇压闽、粤、赣交界处的流民暴乱,正德十四年(1519)平定江西宁王朱宸濠叛乱,升南京兵部尚书,封新建伯。嘉靖六年(1527)又奉旨平定广西思恩、田州土官叛乱。去世后,追赠新建侯,谥"文成"。(事迹详见《王阳明全集·年谱》、《明儒学案》卷十"姚江学案"及《明史》卷一百九十五)

王阳明是明代"心学"最重要的代表人物,他一生的思想历程大致可分为前后两个阶段:早年"泛滥于词章","遍读考亭(朱熹)遗书","出入佛老",探寻"格物致知"之道;中年以后"以默坐澄心为学","专提致良知三字",到晚年"所操益熟,所得益化"。其中,三十七岁时的"龙场悟道"是他一生学术的转折点。据《年谱》记载:王阳明在贵州龙场生活条件十分恶劣,"自计得失荣辱皆能超脱,惟生死一念尚觉未化,乃为石椁自誓曰:'吾惟俟命而已!'日夜端居澄默,以求静一;久之,胸中洒洒。而从者皆病,自析薪取水作糜饲之;又恐其怀抑郁,则与歌诗;又不悦,复调越曲,杂以诙笑,始能忘其为疾病夷狄患难也。因念:'圣人处此,更有何道？'忽中夜大悟格物致知之旨,寤寐中若有人语之者,不觉呼跃,从者皆惊。始知圣人之道,吾性自足,向之求理于事物者误也。"

此后,阳明心学风行天下,远传日本,与程朱理学分庭抗礼。但是,发生在嘉靖六年(1527年)的"天泉证道"也暴露出心学内部难以调和的思想矛盾,最终导致王门后学的分裂。("天泉证道",参阅《传习录》卷下"丁亥年九月"条。)

王阳明最重要的著作是《传习录》和《大学问》,均收入其弟子徐爱、钱德洪等编集的《王文成公全书》。《四库全书总目》称该书"仿《朱子全书》之例以名之,盖当时以学术宗守仁,故其推尊之如此。"目前最通行的版本是上海古籍出版社1992年版的标点本《王阳明全集》,全书共四十一卷,在旧刊三十八卷本《王文成公全书》的基础上增补、编辑而成。但是,这个版本也并非全豹,近年来在日本等地又陆续发现了多种王阳明的语录和佚文,仍有待进一步的整理、汇编。

(李晓宇)

传习录(节录)

上

爱问[1]:"'知止而后有定[2]',朱子以为'事事物物皆有定理[3]',似与先生之说相戾[4]。"先生曰:"于事事物物上求至善,却是义外也[5]。至善是心之本体。只是"明明德"到"至精至一"处便是[6]。然亦未尝离却事物。本注所谓'尽夫天理之极,而无一毫人欲之私'者得之[7]。"

[1] 爱:徐爱,字曰仁,号横山,余姚马堰人(今属浙江慈溪)。王阳明的大弟子,又是王的妹夫。《明儒学案》卷十一有传。 [2] 语见《礼记·大学》。 [3] 语见朱子《大学或问》。 [4] 戾(lì):反。 [5] 义外:《孟子·告子上》:"告子曰:'食色,性也。仁,内也,非外也;义,外也,非内也。'"指义是人心之外的。 [6] 明明德:语见《礼记·大学》:"大学之道,在明明德。"至精至一:疑即"惟精惟一"的另一种说法,语出《伪古文尚书·大禹谟》:"人心惟危,道心惟微,惟精惟一,允执厥中。" [7] 语见朱子《大学章句》第一章注。

爱问:"至善只求诸心。恐于天下事理有不能尽。"先生曰:"心即理也。天下又有心外之事,心外之理乎?"爱曰:"如事父之孝,事君之忠,交友之信,治民之仁,其间有许多理在,恐亦不可不察。"先生叹曰:"此说之蔽久矣,岂一语所能悟!今姑就所问者言之:且如事父不成,去父上求个孝的理[1];事君不成,去君上求个忠的理;交友治民不成,去友上、民上求个信与仁的理:都只在此心,心即理也。此心无私欲之蔽,即是天理,不须外面添一分。以此纯乎天理之心,发之事父便是孝,发之事君便是忠,发之交友治民便是信与仁。只在此心去人欲、存天理上用功便是。"爱曰:"闻先生如此说,爱已觉有省悟处。但旧说缠于胸中,尚有未脱然者。如事父一事,其间温清定省之类有许多节目[2],不亦须讲求否?"先生曰:"如何不讲求?只是有个头脑,只是就此心去人欲、存天理上讲求。就如讲求冬温,也只是要尽此心之孝,恐怕有一毫人欲间杂;讲求夏清,也只是要尽此心之孝,恐怕有一毫人欲间杂:只是讲求得此心。此心若无人欲,纯是天理,是个诚于孝亲的心,冬时自然思量父母的寒,便自要去求个温的道理;夏时自然思量父母的热,便自要求个清的道理。这都是那诚孝的心发出来的条件。却是须有这诚孝的心,然后有这条件发出来。譬之树木,这诚孝的心便是根,许多条件便是枝叶。须先有根然后有枝叶,不是先寻了枝叶然后去种根。《礼记》言'孝子之有深爱者,必有和气;有和气者,必有愉色;有愉色者,必有婉容[3]。'须是有个深爱做根,便自然如此。"

[1] 此处底本断句有误,当作"且如事父不成去父上求个孝的理",下同。不成:不可以。 [2] 温清(qīng)定省:语出《礼记·曲礼上》:"凡为人子之礼,冬温而夏清,昏定而晨省。"意谓侍奉父母,要冬天使之温暖,夏天使之凉爽,傍晚为其铺床,早晨向其问安。 [3] 语见《礼记·祭义》。

中

答顾东桥书[1]

来书云:"所喻知行并进,不宜分别前后,即《中庸》尊德性而道问学之功交养互发、内外本末一以贯之之道。然工夫次第不能无先后之差,如知食乃食,知汤乃饮,知衣乃衣[2],知路乃行,未有不见是物,先有是事。此亦毫厘倏忽之间[3],非谓有等今日知之而明日乃行也。"

[1] 顾东桥:顾璘,字华玉,号东桥,上元人(今南京)。弘治进士,官至南京刑部尚书。《明史》卷二百八十六有传。 [2] 知衣乃衣:当作"知衣乃服",据《四部丛刊》影印本《王文成公全书》改。 [3] 毫厘:长度单位毫和厘的并称,比喻极微细。倏(shū)忽:顷刻,指极短的时间。

既云"交养互发、内外本末一以贯之",则知行并进之说无复可疑矣。又云"工夫次第不能不无先后之差",无乃自相矛盾已乎?"知食乃食"等说,此尤明白易见,但吾子为近闻障蔽,自不察耳。夫人必有欲食之心然后知食:欲食之心即是意,即是行之始矣。食味之美恶必待入口而后知,岂有不待入口而已先知食味之美恶者邪?必有欲行之心然后知路:欲行之心即是意,即是行之始矣。路岐之险夷必待身亲履历而后知,岂有不待身亲履历而已先知路岐之险夷者邪?"知汤乃饮","知衣乃服",以此例之,皆无可疑。若如吾子之喻,是乃所谓不见是物而先有是事者矣。吾子又谓"此亦毫厘倏忽之间,非谓截然有等今日知之而明日乃行也",是亦察之尚有未精。然就如吾子之说,则知行之为合一并进,亦自断无可疑矣。

来书云:"真知即所以为行,不行不足谓之知,此为学者吃紧立教[1],俾务躬行则可[2]。若真谓行即是知,恐其专求本心,遂遗物理,必有暗而不达之处[3]。抑岂圣门知行并进之成法哉?"

[1] 吃紧:仔细,认真。立教:树立教化,进行教导。 [2] 俾(bǐ):使。躬行:亲身实行。
[3] 暗:不明了,不了解。

知之真切笃实处,即是行;行之明觉精察处,即是知,知行工夫本不可离。只为后世学者分作两截用功,失却知行本体,故有合一并进之说。"真知即所以为行,不行不足谓之知",即如来书所云"知食乃食"等说可见,前已略言之矣。此虽吃紧救弊而发,然知行之体本来如是,非以己意抑扬其间,姑为是说以苟一时之效者也。"专求本心,遂遗物理",此盖先其本心者也。夫物理不外于吾心,外吾心而求物理,无物理矣;遗物理而求吾心,吾心又何物邪?心之体,性也;性即理也。故有孝亲之心,即有孝之理,无孝亲之心,即无孝之理矣。有忠君之心,即有忠之理,无忠君之心,即无忠之理矣。理岂外于吾心邪?晦庵谓[1]:"人之所以为学者,心与理而已[2]。"心虽主乎一身,而实管乎天下之理,理虽散在万事,而实不外乎一人之心。是其一分一合之间,而未免已启学者心理为二之弊。此后世所以有专求本心,遂遗物理之患,正由不知心即理耳。夫外心以求物理,是以有暗而不达之处;此告子"义外"之说,孟子所以谓之不知义也。心,一而已。以其全体恻怛而言谓之仁[3],以其得宜而言谓之义[4],以其条理而言谓之理;不可外心以求仁,不可外心以求义,独可外心以求理乎?外心以求理,此知行之所以二也。求理于吾心,此圣门知行合一之教,吾子又何疑乎!

[1] 晦庵:朱熹的号。 [2] 语见《四书或问·大学或问下》。 [3] 恻怛(dá):怜悯。
[4] 得宜:适当。

下

黄以方问[1]:"先生格致之说,随时格物以致其知,则知是一节之知,非全体之知也。何以到得溥博如天,渊泉如渊地位[2]?"先生曰:"人心是天渊。心之本体无所不该[3]，原是一个天。只为私欲障碍，则天之本体失了。心之理无穷尽，原是一个渊。只为私欲窒塞，则渊之本体失了。如今念念致良知，将此障碍窒塞一齐去尽，则本体已复，便是天渊了。"乃指天以示之曰："比如面前见天，是昭昭之天；四外见天，也只是昭昭之天。只为许多房子墙壁遮蔽，便不见天之全体。若撤去房子墙壁，总是一个天矣。不可道眼前天是昭昭之天，外面又不是昭昭之天也。于此便见一节之知，即全体之知；全体之知，即一节之知：总是一个本体。"

[1] 黄以方：黄直，字以方，金溪人（今江西金溪），王阳明的弟子。《明史》卷二百零七有传。 [2] 溥(pǔ)博如天，渊泉如渊：语见《礼记·中庸》。溥博：周遍广远。渊泉：思虑深远。 [3] 该：通"赅"，包括。

先生曰："圣贤非无功业气节，但其循着这天理，则便是道，不可以事功气节名矣[1]。"

[1] 名：称其名。

"'发愤忘食[1]'，是圣人之志如此，真无有已时；'乐以忘忧[2]'，是圣人之道如此，真无有戚时。恐不必云得不得也。"

[1] 语出《论语·述而》。 [2] 同上。

先生曰："我辈致知，只是各随分限所及。今日良知见在如此，只随今日所知扩充到底；明日良知又有开悟，便从明日所知扩充到底。如此方是精一功夫[1]。与人论学，亦须随人分限所及。如树有这些萌芽，只把这些水去灌溉。萌芽再长，便又加水。自拱把以至合抱，灌溉之功皆是随其分限所及。若些小萌芽，有一桶水在，尽要倾上，便浸坏他了。"

[1] 精一：指道德修养的精粹纯一。语出《伪古文尚书·大禹谟》："人心惟危，道心惟微，惟精惟一，允执厥中。"

问"知行合一"。先生曰："此须识我立言宗旨。今人学问，只因知行分作两件，故有一念发动，虽是不善，然却未曾行，便不去禁止。我今说个知行合一，正要人晓得一念发动处，便即是行了。发动处有不善，就将这不善的念克倒了。须要彻根彻底，不使那一念不善潜伏在胸中。此是我立言宗旨。"

大 学 问

"《大学》者，昔儒以为大人之学矣。敢问大人之学何以在于'明明德'乎？"

阳明子曰："大人者，以天地万物为一体者也，其视天下犹一家，中国犹一人焉。若夫间形骸而分尔我者，小人矣。大人之能以天地万物为一体也，非意之也，其心之仁本若是，其与天地万物而为一也。岂惟大人，虽小人之心亦莫不然，彼顾自小之耳。是故见孺子之入井，而必有怵惕恻隐之心焉[1]，是其仁之与孺子而为一体也；孺子犹同类者也，见鸟兽之哀鸣觳觫[2]，而必有不忍之心焉，是其仁之与鸟兽而为一体也；鸟兽犹有知觉者也，见草木之摧折而必有悯恤之心焉，是其仁之与草木而为一体也；草木犹有生意者也，见瓦石之毁坏而必有顾惜之心焉，是其仁之与瓦石而为一体也；是其一体之仁也，虽小人之心亦必有之。是乃根于天命之性，而自然灵昭不昧者也，是故谓之'明德'。小人之心既已分隔隘陋矣，而其一体之仁犹能不昧若此者，是其未动于欲，而未蔽于私之时也。及其动于欲，蔽于私，而利害相攻，忿怒相激，则将戕物圮类[3]，无所不为，其甚至有骨肉相残者，而一体之仁亡矣。是故苟无私欲之蔽，则虽小人之心，而其一体之仁犹大人也；一有私欲之蔽，则虽大人之心，而其分隔隘陋犹小人矣。故夫为大人之学者，亦惟去其私欲之蔽，以明其明德，复其天地万物一体之本然而已耳；非能于本体之外而有所增益之也。"

[1]语出《孟子·公孙丑上》："今人乍见孺子将入于井，皆有怵惕恻隐之心。"怵(chù)惕：戒惧，惊惧。恻隐：同情，怜悯。 [2]语本《孟子·梁惠王上》："王曰：'舍之。吾不忍其(指牛)觳觫，若无罪而就死地。'"觳(hú)觫(sù)：恐惧战栗的样子。 [3]戕(qiāng)：残害。圮(pǐ)：毁灭。

曰："然则何以在'亲民'乎？"

曰："明明德者，立其天地万物一体之体也。亲民者，达其天地万物一体之用也。故明明德必在于亲民，而亲民乃所以明其明德也。是故亲吾之父，以及人之父，以及天下人之父，而后吾之仁实与吾之父、人之父与天下人之父而为一体矣；实与之为一体，而后孝之明德始明矣！亲吾之兄，以及人之兄，以及天下人之兄，而后吾之仁实与吾之兄、人之兄与天下人之兄而为一体矣；实与之为一体，而后弟之明德始明矣！君臣也，夫妇也，朋友也，以至于山川鬼神鸟兽草木也，莫不实有以亲之，以达吾一体之仁，然后吾之明德始无不明，而真能以天地万物为一体矣。夫是之谓明明德于天下，是之谓家齐国治而天下平，是之谓尽性。"

曰："然则又乌在其为'止至善'乎？"

曰："至善者，明德、亲民之极则也。天命之性，粹然至善[1]，其灵昭不昧者[2]，此其至善之发见，是乃明德之本体，而即所谓良知也。至善之发见，是而是焉，非而非焉，轻重厚薄，随感随应，变动不居，而亦莫不自有天然之中，是乃民彝物则之极[3]，而不容少有议拟增损于其间也。少有拟议增损于其间，则是私意小智,而非至善之谓矣。自非慎独之至[4],惟精惟一者,其孰能与于此乎?后之人惟其不知至善之在吾心,而用其私智以揣摸测度于其外,以为事事物物各有定理也,是以昧其是非之则,支离决裂,人欲肆而天理亡,明德、亲民之学遂大乱于天下。盖昔之人固有欲明其明德者矣,然惟不知止于至善,而骛其私心于过高,是以失之虚罔空寂[5],而无有乎家国天下之施,则二氏之流是矣[6]。固有欲亲其民者矣,然惟不知止于至善,而溺其私心于卑琐,是以失之权谋智术,而无有乎仁爱恻怛之诚[7],则五伯功利之徒是矣[8]。是皆不知止于至善之过也。故止至善之于明德、亲民也,犹之规矩之于方圆也,尺度之于长短也,权衡之于轻重也。故方圆而不止于规矩,爽其则矣[9];长短而不止于尺度,乖其剂矣[10];轻重而不止于权衡,失其准矣;明明德、亲民而不止于至善,亡其本矣。故止于至善以亲民,而明其明德,是之谓大人之学。"

[1]粹然:纯正的样子。 [2]灵昭:明白,清楚。 [3]民彝(yí):指人与人之间相处的伦理道德准则。物则:事物的法则。 [4]慎独:在独处中谨慎不苟。语出《礼记·大学》:"此谓诚于中,形于外,故君子必慎其独也。" [5]虚罔(wǎng):虚无。空寂:空洞枯寂。 [6]二氏:指佛、道二教。道教主张虚无,佛教主张空寂。 [7]恻怛(dá):怜悯。 [8]五伯:即五霸。 [9]爽:失。 [10]乖:违背。剂:犹衡量的依据。

曰:"'知止而后有定,定而后能静,静而后能安,安而后能虑,虑而后能得',其说何也?"

曰:"人惟不知至善之在吾心,而求之于其外,以为事事物物皆有定理也,而求至善于事事物物之中,是以支离决裂,错杂纷纭,而莫知有一定之向。今焉既知至善之在吾心,而不假于外求,则志有定向,而无支离决裂、错杂纷纭之患矣。无支离决裂、错杂纷纭之患,则心不妄动而能静矣。心不妄动而能静,则其日用之间,从容闲暇而能安矣。能安,则凡一念之发,一事之感,其为至善乎?其非至善乎?吾心之良知自有以详审精察之,而能虑矣。能虑,则择之无不精,处之无不当,而至善于是乎可得矣。"

曰:"物有本末:先儒以明德为本,新民为末,两物而内外相对也。事有终始:先儒以知止为始,能得为终[1],一事而首尾相因也。如子之说,以新民为亲民,则本末之说亦有所未然欤?"

曰:"终始之说,大略是矣。即以新民为亲民,而曰明德为本,亲民为末,其说亦未为不可,但不当分本末为两物耳。夫木之干,谓之本,木之梢,谓之末,惟其一物也,是以谓之本末。若曰两物,则既为两物矣,又何可以言本末乎?新民之意,既与亲民不同,则明德之功,自与新民为二。若知明明德以亲其民,而亲民以明其明德,则明德亲民焉可析而为两乎?先儒之说,是盖不知明德亲民之本为一事，而认以为两事，是以虽知本末之当为一物，而亦不得不分为两物也。"

[1] 物有本末，事有终始：语出《礼记·大学》。"明德为本，新民为末"和"知止为始，能得为终"是朱子《大学章句》对这两句的解释。

曰："古之欲明明德于天下者，以至于先修其身，以吾子明德亲民之说通之，亦既可得而知矣。敢问欲修其身，以至于致知在格物，其工夫次第又何如其用力欤？"

曰："此正详言明德、亲民、止至善之功也。盖身、心、意、知、物者，是其工夫所用之条理，虽亦各有其所，而其实只是一物。格、致、诚、正、修者，是其条理所用之工夫，虽亦皆有其名，而其实只是一事。何谓身心之形体？运用之谓也。何谓心身之灵明？主宰之谓也。何谓修身？为善而去恶之谓也。吾身自能为善而去恶乎？必其灵明主宰者欲为善而去恶，然后其形体运用者始能为善而去恶也。故欲修其身者，必在于先正其心也。然心之本体则性也。性无不善，则心之本体本无不正也，何从而用其正之之功乎？盖心之本体本无不正，自其意念发动，而后有不正。故欲正其心者，必就其意念之所发而正之，凡其发一念而善也，好之真如好好色；发一念而恶也，恶之真如恶恶臭；则意无不诚，而心可正矣。然意之所发，有善有恶，不有以明其善恶之分，亦将真妄错杂，虽欲诚之，不可得而诚矣。故欲诚其意者，必在于致知焉。致者，至也，如云丧致乎哀之致[1]。《易》言：'知至至之[2]。''知至'者，知也；'至之'者，致也。'致知'云者，非若后儒所谓充广其知识之谓也，致吾心之良知焉耳。良知者，孟子所谓'是非之心，人皆有之'者也。是非之心，不待虑而知，不待学而能，是故谓之'良知'。是乃天命之性，吾心之本体，自然灵昭明觉者也。凡意念之发，吾心之良知无有不自知者。其善欤，惟吾心之良知自知之；其不善欤，亦惟吾心之良知自知之；是皆无所与于他人者也。故虽小人为不善，既已无所不至，然其见君子，则必厌然揜其不善[3]，而著其善者，是亦可以见其良知之有不容于自昧者也。今欲别善恶以诚其意，惟在致其良知之所知焉尔。何则？意念之发，吾心之良知既知其为善矣，使其不能诚有以好之，而复背而去之，则是以善为恶，而自昧其知善之良知矣。意念之所发，吾之良知既知其为不善矣，使其不能诚有以恶之，而复蹈而为之，则是以恶为善，而自昧其知恶之良知矣。若是，则虽曰知之，犹不知也，意其可得而诚乎！今于良知之善恶者，无不诚好而诚恶之，则不自欺其良知而意可诚也已。然欲致其良知，亦岂影响恍惚而悬空无实之谓乎？是必实有其事矣。故致知必在于格物。物者，事也，凡意之所发必有其事，意所在之事谓之物。格者，正也，正其不正以归于正之谓也。正其不正者，去恶之谓也。归于正者，为善之谓也。夫是之谓格。《书》言'格于上下'[4],'格于文祖'[5],'格其非心'[6],格物之格实兼其义也。良知所知之善,虽诚欲好之矣,苟不即其意之所在之物而实有以为之,则是物有未格,而好之之意犹为未诚也。良知所知之恶,虽诚欲恶之矣,苟不即其意之所在之物而实有以去之,则是物有未格,而恶之之意犹为未诚也。今焉于其良知所知之善者,即其意之所在之物而实为之,无有乎不尽。于其良知所知之恶者,即其意之所在之物而实去之,无有乎不尽。然后物无不格,而吾良知之所知者无有亏缺障蔽,而得以极其至矣。夫然后吾心快然无复余憾而自谦矣,夫然后意之所发者,始无自欺而可以谓之诚矣。故曰:'物格而后知至,知至而后意诚,意诚而后心正,心正而后身修。'盖其功夫条理虽有先后次序之可言,而其体之惟一,实无先后次序之可分。其条理功夫虽无先后次序之可分,而其用之惟精,固有纤毫不可得而缺焉者。此格致诚正之说,所以阐尧、舜之正传而为孔氏之心印也[7]。"

[1] 丧致乎哀:语出《论语·子张》:"子游曰:'丧致乎哀而止。'"意谓居丧期间充分表现出了悲哀就够了。 [2] 知至之:语出《周易·乾》:"知至至之,可与言几也。"知至:谓懂得事物将发展至某种程度。 [3] 揜(yǎn):藏匿。 [4] 语出《尚书·尧典》。格:度量。上下:指天地。 [5] 语出《尚书·舜典》。格:到。文祖:帝尧始祖之庙。 [6] 语出《伪古文尚书·冏命》。格:端正。非心:邪僻不正的心。 [7] 心印:本是佛教禅宗语,谓不用语言文字,而直接以心相印证,以期顿悟。这里借以指对圣人学说在心性上的领会。

(据上海古籍出版社1992年《王阳明全集》 黄玉顺)

附:八股文三篇

禹恶旨酒[1]

[明]唐 寅[2]

大贤举先圣之心法[3],明道统之相承也[4]。(破题)

夫圣人身任斯道之寄,则其心自有不能逸矣[5]。由禹以至周公,何莫非是心耶[6]?(承题)

孟子举之,曰道必有所托[7],而后行于世,圣人同其道也;然而天无二道,圣无二心,其忧勤惕厉一也[8]。尧舜尚矣[9],自尧舜而下得统者[10],有禹汤焉,有文武周公焉。(起讲)

禹则致严于危微之辨[11],而闲之也切[12],旨酒则恶之,善言则好之[13],盖遏流祸于将然[14],而广忠益以自辅也[15]。

汤则加谨于化理之原[16],而图之也至,中道则务执之[17],贤才则广收之,盖建皇极以经世[18],而集众思以熙绩也[19]。(起二股)

文之继汤也,则以德业未易全[20],而其心常操夫不足,民安矣犹若阽于危也[21],道盛矣犹若阻于岸也[22],盖必欲达于神化之域斯已矣[23]。

武之继文也,则以治忽为可畏[24],而其心常厚于自防,故虑深隐微而迩弗敢泄也[25],明烛无疆而远弗敢忘也[26],盖必欲密其周详之念斯已矣[27]。(中二股)

迨周公承其后,思欲兼三王以时措,举四事以立法[28]。(过接)

故事有戾于时势之殊[29],必精思以求其通,虽夜而不遑于寐[30]。

理有值夫变通之利[31],必果行以奏其效,待旦而不安于寝[32]。(后二股)

夫思之至则其神合,行之勇则其化流[33],禹汤文武之传,又在周公矣。即是而知[34],数圣人所生之时虽不同,而心则一也,心一故道同,三代之治所以盛与[35]。(结语)

[1]语出《孟子·离娄下》,原文为:"孟子曰:'禹恶旨酒,而好善言'……"恶:不喜欢。旨酒:美酒。 [2]唐寅(1470—1523):字伯虎,又字子畏,号六如居士,吴县(今江苏苏州)人。明代著名画家、文学家。 [3]大贤:最贤能的人,这里指孟子。先圣:指大禹。心法:历代授受的重要心得和方法。 [4]道统:指尧、舜、禹、汤、周文王、周武王、周公等圣人所传承的道。 [5]斯:这,这个。寄:寄托。逸:放逸。 [6]周公:姓姬名旦,周武王之弟,曾辅佐武王,为西周初年著名政治家。莫非:没有不是,都是。是:指代词,这个。 [7]托:寄托,依托。 [8]忧勤惕厉:忧国勤政,惧怕祸患。厉:祸患。一:同一,一样。 [9]尚:长久、久远。 [10]得统:得以进入道统体系。统:事物之间一脉相传的连续关系,系统。 [11]危:危险。微:幽暗,与明相对。语出《书·大禹谟》:"人心惟危,道心惟微。" [12]闲:防卫、防范。切:完备。闲之也切就是防范周到的意思。 [13]善言:好话。 [14]盖:大概。遏:遏止、阻止。将然:将要这样发生。 [15]广忠益以自辅:使忠益广大来自助。忠益:因为尽忠而得到的好处。 [16]加谨于化理之原:更加谨慎地施行用教化来治理天下这个根本。原:本源、根本。 [17]中道:中庸之道。务:尽力。执:坚持。 [18]皇极:帝王统治天下的准则。经世:治国、治天下。 [19]熙绩:盛大的业绩。熙:兴盛、盛大。绩:业绩。 [20]德业:修德之业,与"功业"对称。 [21]阽(diàn,旧读yán):濒临、临近。 [22]阻于岸:(水患)被堤岸所阻挡。 [23]神化:圣化,圣王的教化。神化之域就是指国泰民安的理想境地。斯已矣:这样就可以了。 [24]武之继文:指周武王继承周文王的功业。治忽:治理国家上的疏忽之处。 [25]虑深隐微而迩:思虑深刻细密而近乎完美。迩:接近。弗:不。泄:态度轻佻。 [26]明烛无疆而远:祭祀长久而永得安宁。明烛:古时祭祀所用的蜡烛,代指祭祀。 [27]密其周详之念:指思虑务必周到细致。 [28]迨:等到。三王:指禹、汤、周文王。四事:指三王与周武王四人之事。立法:建立法度。 [29]故:转折词,所以。戾(lì):违背。殊:不同。 [30]遑:来得及。不遑即来不及。寐:睡觉。不遑于寐:没有闲暇睡觉。 [31]理有值夫变通之利:道理有值得变通而得到好处的。 [32]旦:天亮。 [33]至:极端。神合:精神、思想高度一致。化流:教化流布四方。 [34]即是而知:因此而得知。即:靠近。是:指代词,这。 [35]三代之治:指禹、汤、文王三代的盛世。

惟仁者为能以大事小[1]

[明]顾宪成[2]

大贤论交邻之道[3]，而征诸古焉[4]。（破题）

盖以大事小为仁[5]，以小事大为智，古之道也。明乎此，而于交邻，何有[6]？（承题）

孟子曰所贵乎交邻者无他，势在我则忘之而已矣[7]，势在人则顺之而已矣。王欲闻其道乎？臣试言其概[8]，而王择焉。夫天下之人国多矣，有以大国而邻我者焉[9]，有以小国而邻我者焉。（起讲）

大奚以交于小也[10]？其道则仁者得之。仁者曰：吾与小国邻而忿焉与小国较[11]，将以树威结怨则可矣[12]，若欲昭德而怀贰[13]，则计之左者也[14]。是故其事之也，以为宁使天下议我以怯，而有不恭之加，毋宁使天下议我以暴[15]，而有不靖之患也[16]。古之行此道者，吾得二人焉：汤也事葛矣[17]，文王也事昆夷矣[18]。彼诚仁者也[19]，所以忘其势而不忍较也。不然，以四海溪苏之后[20]，而下于一蕞尔之邦[21]，则近乎耻也。以三分有二之主，而下于一蛮夷之长，则近乎辱也。耻不可即[22]，辱不可居[23]，汤、文曷为而为之哉[24]？（前股）

小奚以交于大也？其道则智者得之。智者曰：吾与大国邻而狡焉与大国竞，将以挑衅速祸则可矣[25]，若欲保社而息民[26]，则计之左者也。是故其事之也，以为与其犯彼之怒，而为箪食壶浆之迎[27]，不若徇彼之欲[28]，而为牺牲玉帛之献也[29]。古之行此道者，吾得二人焉，太王也事獯鬻矣[30]，句践也事吴矣[31]。彼诚智者也，所以顺其势而不敢竞也。不然，赂以皮币[32]，赂以犬马，天下之厚利也。身请为臣，妻请为妾，天下之恶名也。利不可弃，恶不可取，太王、句践曷为而为之哉？（后股）

今王之邻，谁为葛伯耶[33]？昆夷耶？则有仁者事小之道在，谁为獯鬻耶？吴耶？则有智者事大之道在，尚其鉴于四王可也[34]。（结语）

[1]语出《孟子·梁惠王下》："齐宣王问曰：交邻国有道乎？孟子对曰：有。惟仁者为能以大事小，是故汤事葛，文王事昆夷。惟智者为能以小事大，故大王事獯鬻，勾践事吴。"惟：只有。　[2]顾宪成(1550—1612)：明末东林党领袖，字叔时，别号泾阳，人称泾阳先生，南直隶无锡县(今属江苏)人。　[3]大贤：指孟子。交邻：与邻(国)交。　[4]征：征引。诸：之于。　[5]盖：大概。　[6]何有：有什么困难呢。　[7]势在我：我方的势力更大。　[8]概：大体的内容。　[9]邻我者：与我为邻的国家。　[10]奚：为何。　[11]忿焉：不高兴的样子。　[12]威：威风。怨：怨恨。　[13]昭：昭显。怀贰：怀有二心。　[14]左：错。　[15]毋(wù)：不要。　[16]不靖之患：战患。靖：安定。　[17]汤：商王汤。葛：夏朝末年的诸侯国

之一,故城在今河南葵丘县东北。商汤事葛伯之事见《孟子·滕文公下》。　[18] 文王:西周文王。昆夷:商周时戎族的一支,是后所谓蛮夷之一。　[19] 诚:确实是。　[20] 徯(xī):等待。苏:复苏。　[21] 蕞(zuì)尔:形容小、少的样子。　[22] 即:靠近。　[23] 居:占据。　[24] 曷(hé):为何。　[25] 速祸:招来祸患。速,招。　[26] 社:宗庙社稷。　[27] 箪(dān)食壶浆:竹篮里盛了干粮,壶里盛了饮料。箪:古代盛饭的圆形竹器。　[28] 徇:依从。　[29] 牺牲:古代祭祀所杀的牲畜。　[30] 太王:古公亶(dǎn)父,为周文王祖。獯鬻(xūn yù):也叫猃狁(xiǎn yǔn),商周时北方戎族的一支。古公亶父迁徙到豳(bīn)这个地方的时候,遭到獯鬻侵犯,古公亶父另迁于岐山之下,豳人自愿跟从而去。　[31] 句践:即勾践,春秋时期越国国君,前497—前465年在位,曾败于吴王夫差,称臣求和,回国后卧薪尝胆,十年生聚,又依范蠡、文种计献西施与吴王夫差,最终灭掉吴国。　[32] 皮:毛皮、皮货。币:财物。　[33] 葛伯:葛国国君。　[34] 鉴:借鉴。四王:指前文所叙述的汤、文王、太王、勾践四人。

(以上二篇均据《钦定四书文》,影印文渊阁《四库全书》本　粟品孝)

终日乾乾与时偕行[1]

[清] 方　苞[2]

再申乾三爻[3],以时行法天者也[4]。(破题)

夫乾之六爻,各有其时,而惟九三为与时偕行,斯自强之君子乎[5]? (承题)

且夫行往复之机,于何往而于何复也,借此循环之旦夕,将之以去来尔[6]。是以深于其故者[7],不敢以隆替之数听诸天[8],不敢以平颇之数委于人[9],而独于昼夜之通,凛凛乎以天道行人事焉[10]。如乾道之六爻,各以时成,而独于乾乾之三,不能不致谨其时焉[11]。(起讲)

三居下体之上,则有过量之忧[12];而遇刚健之主,又有难称之职[13]。(入题)

当其过,不可不思所以反[14];

际其难,不可不求所以全[15]。(起二股)

而三于此有善处之道焉,盖君子之行事也在法天,而君子之法天也在乘时[16]。(过接)

处危疑之地,而止退辟以免患,以为大臣之时止则可,又以为大臣之时行则未也[17],君子之乾乾,有取于天之行焉。夙夜匪解,以事一人[18],庶几尽思尽忠[19],退思补过,而行之无往不敬勤也;

处过高之位,而止谢责于同官,此大臣之与时浮沉,非大臣之与时建白也[20],君子之乾乾,有取于天行之不息焉。黾勉从事[21],不敢告劳[22],庶几内尽于心,外尽己职,而行之无事不缜密也。(中二股)

且三之质本重刚[23],其精明强固之气,足以奋发而有为,以时进德,何德不崇? 以时修业,何业不广[24]? 艰钜克任[25],将举朝服其英俊之过人[26];

三之刚而得正,其光明俊伟之度,足以正己而率人[27],时而在上,行之不骄,时而在下,行之不忧,秉道无私[28],虽天子钦其学术之正大[29]。(后二股)

是故于二为时舍而行者,非等在田之优游[30];

于四为及时而行者,不啻跃渊之慎动[31]。(束二股)

且以时行者相奉时之主,而三亦同于五之后天[32];以偕行者释其偕极之怼,而三不同于上之终亢[33]。然而三之终日乾乾,固合六位时成而行之乎[34]!此法之道然也[35]。(收结)

[1] 语出《周易·乾·文言》。此句是解释《乾》卦九三爻辞:"君子终日乾乾。"意谓君子应具备刚健之德,终日勤勉,与时俱进而不息。《广雅·释训》:"乾乾,健也。"八股文题目多从四书文中截取,乾隆以前也从五经中出题,本篇即取自《周易》。 [2] 方苞(1668—1749):字凤九,号灵皋、望溪,安徽桐城人。清代著名散文家,为桐城派创始人,曾受乾隆之命编八股文选本《钦定四书文》。 [3] "再申乾三爻"句,意谓对《乾》卦九三爻辞的意义再加以阐明。因《乾·文言》已对《乾》卦九三爻辞的意义进行了阐发,本文的主题是要在此基础上再加阐述,故这里称"再申"。申:陈述,说明。爻(yáo):易卦的基本符号,分阳爻(—)和阴爻(- -)两种。三爻可组成八经卦,二经卦相重可组成六十四别卦。九三爻,九表示是阳爻,三表示第三爻(从下往上数)。 [4] 以时行法天者也:谓《乾》卦九三爻是通过与时俱进效法天道的一爻。 [5] "夫乾之六爻"至"斯自强之君子乎",意谓乾卦的初九、九二、九四、九五、上九等五爻都指明了所处的具体阶段,惟独九三爻没有指明所处具体阶段,而是强调与时偕行,这是对具有自强精神的君子提出来的要求吧。 [6] "且夫行往复之机"至"将之以去来尔",意谓若要遵行天道往复的规律,应凭借什么来体现这一规律呢?就是要根据这循环往复的昼夜,用来体现天道往复的规律。《乾》卦九三爻辞说:"君子终日乾乾,夕惕若。"《象传》说:"终日乾乾,反复道也。"意谓君子终日勤勉,到了晚上还要保持警惕,每天都是如此,这就体现了天道往复的规律。《易传》认为,往复循环,为天地间之主要规律之一,如日月星辰的运行,雨露风雪的凝降,昼夜的交替,四季的更迭,都是循环往复的规律的体现。 [7] 深于其故者:深刻了解了其原因的人。故:原因,缘故。 [8] "不敢以隆替之数听诸天",意谓不能因社会发展变化有兴衰的规律,就被动地听凭天道的支配。隆替:兴衰。数:规律。听:听凭,任凭。诸:之于。 [9] "不敢以平顷之数委于人",意谓不能因社会有公平与不公平的现象,当有不公正的情况时,就归咎于他人。平:公平。顷:通"倾",偏侧,不正。委:推卸。 [10] "而独于昼夜之通,凛凛乎以天道行人事焉",意谓君子能据昼夜往复的道理,非常敬畏地用天道来指导人事。 [11] 致谨其时:对事物发展变化之时要做到谨慎小心。 [12] "三居下体之上,则有过量之忧",意谓《乾》卦九三爻位于下卦的上位,会让人产生事态发展过度的忧虑。《易传》以一卦的第二爻与第五爻分别处于上、下卦的中位,为吉利之象。而九三爻位于下卦的上位,不在中位,是事态发展过度的象征。故君子看到这样的卦象会担心事态发展过度而产生忧虑。 [13] "而遇刚健之主,又有难称之职",意谓九三爻上遇九五爻,而自身不在合适的位置,故难称其职。刚健之主指九五爻,九五爻在上卦的中位,下卦又为乾卦,故为帝王之位,又为阳爻,故称刚健之主。刚健之主必严格地要求群下,而九三爻不在合适的位置,故难称其职。 [14] "当其过,不可不思所以反",意谓当君子看到事态发展过度之时,不能不考虑返回正道的方法。反:通"返"。 [15] "际其难,不可不求其所以全",当遇到困难之时,不能不寻求保全的办法。际:当……时。《乾·文言》说:"九三重刚而不中,上不在天,下不在田。"故

是处于危境之象。　［16］"而三于此有善处之道焉"至"而君子之法天也在乘时"，意谓九三爻在以上两方面显示了能够妥善处理的方法，这就是君子行为处事要取法天道，而取法天道的要点在把握时机。　［17］"处危疑之地"至"又以为大臣之时行则未也"，意谓当处于危疑的境地时，若仅仅用退避的办法来免除灾患，把这种作法看作是大臣不随社会的发展而前进(时止)是可以的，却不能把这种作法看作是与时俱进(时行)。辟：通"避"。"止退辟"之"止"通"只"，仅仅。"大臣之时止"之"止"为停止之义。　［18］夙夜匪解，以事一人：从早到晚都不敢懈怠，为君王服务。语出《诗·大雅·烝民》。夙：早晨。匪：非，不是。解：通"懈"，懈怠。一人，指皇帝，《尚书·太甲》："一人元良，万邦以贞。"传："一人，天子。"　［19］庶几(jī)：表示可能或期望的意思。　［20］"处过高之位"至"非大臣之与时建白也"，意谓处在过高位置的人，因有过失而仅仅向同僚道歉，这是大臣被动地适应社会，而不是大臣随时代的发展，提出建议。谢责：因有责任而道歉。谢：道歉。浮沉：随波逐流，意谓被动适应。　［21］黾(mǐn)勉从事：努力勤勉地做事。黾勉：勤勉。　［22］告劳：自称辛苦。告：说。　［23］"且三之质本重刚"，意谓九三爻的本质是重刚。《乾·文言》："九三重刚而不中。"九三爻的下爻(九二爻)为阳爻，其本身又是阳爻，这就是重刚。　［24］进德、修业，见于《乾·文言》："子曰：'君子进德修业。'"又说："君子进德修业，欲及时也。"　［25］艰巨克任：即克任艰巨，克：能够。艰巨：艰难而重大的事。　［26］英俊：才能杰出、优秀。　［27］"三之刚而得正"至"足以正己而率人"，意谓九三爻之刚，向上可得九五爻之正，向下可得九二爻之正，它的光明俊伟的气度，足以使自己归于正道，也可以作人们的表率。　［28］"时而在上"，"时而在下"，谓九三爻的位置，向上可至九四爻，向下可至九二爻。比喻君子的官职有可能升降。　［29］学术：学问、修养。　［30］"是故于二为时舍而行者"二句，意谓九三爻若降至九二爻的位置，是君子暂处下位，而不同于在野的处士那样闲适。《乾》卦九二："见龙在田。"《乾·文言》："'见龙在田'，时舍也。"时舍：暂时居住。时：暂时。舍：居住。优游：闲适的样子。　［31］"于四为及时而行者"二句，意谓九三爻若升至九四爻的位置，有如君子抓住时机采取行动，但这样的行动无异于有可能掉入深渊那样，应是小心谨慎的行动。《乾·文言》："九四曰：'或跃在渊，无咎。'何谓也？子曰：'上下无常，非为邪也。进退无恒，非离群也。君子进德修业，欲及时也。'"及时：抓住机会。及：趁着。　［32］"且以时行者相奉时之主"二句，意谓抓住时机而行动的君子，辅助遵奉天时的君主，二者都能遵循天时；而九三爻同于九五爻，都是在天象之后而依天时以行事。《乾·文言》："夫大人者与天地合其德，与日月合其明，与四时合其序，与鬼神合其吉凶，先天而天弗违，后天而奉天时。"　［33］"以偕行者释其偕极之愆"二句，意谓用与时偕行来消除与上六爻同样达到极高处的过错，是由于九三爻不同于上九爻最终达到极高处。愆：过错。《乾》卦上九："亢龙，有悔。"《周易集解》引王肃云："穷高曰亢。"穷高：极高。《乾·文言》："上九曰：'亢龙，有悔。'何谓也？子曰：'贵而无位，高而无民，贤人在下位而无辅，是以动而有悔也。'"悔谓悔恨，《周易》中指困厄。九三爻处下卦的最高位，上九爻处上卦的最高位，二者是同位点，皆具有极高的性质，但上九爻又为整个卦的最高位，故谓"三不同于上之终亢"。　［34］"然而三之终日乾乾"二句，意谓九三爻所说的君子终日乾乾，本来就是要配合《乾》卦的六爻与时俱进，取得成功，而广为推行。六位：六爻。　［35］此法之道然也：这是取法天道而形成这样的结果。然：这样。

(据《抗希堂稿》　何　崝)

后 记

从 2004 级开始,四川大学为全校本科所有专业学生开设了具有文化素质课性质的"中华文化"必修课。一开始由学校教务处直接牵头,协同文、史、哲三家安排相关课程。2005 年 3 月,本课开设对象调整为全校理、工、医本科学生。这门课作为校级平台课首次开讲时,校长谢和平院士在开讲仪式上讲话并听了首堂课。"中华文化"校级平台课是为了实现四川大学培养"具有深厚的人文底蕴,扎实的专业知识,强烈的创新意识,宽广的国际视野的国家栋梁和社会精英"的人才培养目标而开设的,旨在充分发挥我校多学科交叉融合的优势,特别是要发挥人文学科的传统优势,弘扬中华传统文化,提高大学生的人文素质。

2005 年 7 月 15 日上午,副校长孙卫国教授主持召开了"中华文化"任课教师座谈会,校长谢和平院士、副校长石坚教授参加了会议。谢校长说,四川大学历来以文史学科实力较强著称,应充分发挥人文社科的理论创新、人才培养、社会服务、人文社科国际化的作用,积极开展理论探索、实践创新。有突破,出成果,并将成果体现在我们的本科教学、研究生教学上。"中华文化"课程要作为学校的核心课程、精品课程来建设。要让我们的学生不仅具有专业知识,还要多一点人文关怀、多一点人文精神;不仅有知识、有文化,而且更有智慧;让他们不仅具有博爱、宽广的境界,而且在人文修养、处事谈吐方面具有川大人的特色,打上川大人的烙印。

截至目前,"中华文化"课程开出的专题有:儒家文化与现代中国、中国古典人文精神——以《史记》为中心、古典诗词艺术、汉字的魅力、道家文化概说、佛教与中国文化、中国瓷器与中国历史文化、从"天下"到"国际"——中国人对世界认识的变化、爱与思——儒家思想的当代阐释、中国古代的科举制度、饮食文化、民俗文化等。总的来说,这样的专题还只是讲座形式,不能算一门系统的课程。鉴于这种情况,教务处召集文、史、哲有关专家讨论教材的编写问题,经过反复磋商,一开始的想法是:为了体现文、史、哲各学科的特色,每家各自编写一本教材,根据教学大纲授课,取消在此之前因人设课的形式。

2005 年 12 月,四川大学文学与新闻学院与复旦大学出版社联合举办教材研讨会,会上复旦大学出版社对编写文化素质课教材很感兴趣,当时就答应由他们来出版。之后不久,曹顺庆教授先拟就了编写大纲交付出版社,经典选读以十三经为主,同时收录了《老子》、《庄子》、《史记》、《汉书》和《文心雕龙》。出版社很

后　记

快就有了答复,陈麦青先生还通过电话提出了中肯的建议:如果能够整合文、史、哲三家的整体力量编写,就能形成特色,并可以作为教学改革的经验向全国推广并产生更大的影响。我们当即向学校教务处做了汇报,教务处有关领导非常赞同这个建议,立即召开会议进行协商,文、史、哲三家也都不约而同地赞成出版社的建议,一致同意三家合编一本教材。从这个意义上可以说,这本教材的出版是四川大学和复旦大学出版社共同努力的结果。

　　时间紧迫,刻不容缓。2006 年 4 月 13 日召开教材编写会议,听取学校有关专家意见,要求在集中经验的基础上形成相对完整的课程体系,编写一本切实使用的教材。4 月 14 日,文、史、哲三家商量:决定教材由曹顺庆教授担任主编,由中文系雷汉卿、历史系粟品孝、哲学系李晓宇分别担任执行主编。初步决定教材内容由导读大纲和经典选读两部分组成。由文、史、哲三家分头设计大纲,选出经典篇目,再统一合成。4 月 29 日(星期六),文史哲三家对设计的大纲和选出的经典文选经行进一步筛选,确定了导读大纲题目和经典文选篇目。5 月 17 日(星期三),主编和执行主编再次就大纲和文选进行斟酌,反复取舍,取得了进一步共识。决定由雷汉卿撰写经典"题解"样本,由粟品孝撰写"导读"样本,由李晓宇撰写文选"注释"样本。同时各家分头物色撰写人员,将撰写内容分配到人头。5 月 22 日打印出编写体例,主编和执行主编再次进行讨论确定,然后将编写体例分发给每一位撰写人。自此开始,教材进入紧张的撰写阶段。

　　2006 年 6 月 2 日,在文学与新闻学院召开了教材编写审议会,参加编写的教师就教材编写中的一些具体问题提出了看法,认真讨论,就体例达成了进一步共识。因为出版社要求交稿的日期是 6 月 30 日,当时要求所有撰写人员 6 月 20 日以前必须完成自己所承担的任务。到了 6 月 22 日,绝大部分内容撰写完毕,进入统稿阶段。虽说有编写体例,但毕竟成于众手,每一位撰写人对导读大纲内容的整体把握和对文选注释详略的取舍都不尽一致,需要进行调整,尽量做到体例统一。尽管编者和出版社都尽了最大的努力,但由于时间仓促和我们的水平所限,教材中这样那样的错误和不当之处一定不少,恳请广大读者及时指出,以便今后再版时一一改正。

　　这本教材是我校文史哲三方面老中青专家学者第一次广泛合作、共同编写的成果,意义非同一般。在教材即将付梓之前,我们的心情激动而又有几分沉重,在如释重负之余也多了几分担忧——教材是编写出来了,如何有效地将中华文化传授给学生,我们心里没有底。要真正达到预期的目的,还需要我们付出更艰苦的劳动。这是对我们的挑战,也是一次教书育人的绝好机遇,我们不能错过!

　　时下谈文化的人很多,有关文化方面的出版物也连篇累牍地出现,但究竟如何才能真正掌握和懂得文化？我们认为广大同学不能寄希望于一个文化大师通过几堂课或几次讲座就把文化植入到我们的脑海里，化为我们的血肉。要学习文化还必须从阅读经典开始，经典是文化的载体，我们要从经典文本的字里行间去感悟和品味文化；离开了经典的学习来空谈文化，要么人云亦云，要么就流于野狐禅。从另一个层面讲，通过阅读经典还可以培养学生求真务实的钻研精神，克服浮躁而急功近利的不良学风，这对他们将来走向社会立身行事至关重要。可以这样说，一个受过高等教育的人，不管他专攻什么专业，对他赖以生存或作为精神家园的文化的理解决不能停留在一知半解或道听途说的层面。

面对当前反对读经的呼声，我们还想说一句：在全民都迫切需要提高文化素质的今天，对于学习传统文化，我们不能简单地以世俗"有用"和"无用"的观点加以评判，要知道无用之用是为大用。

2006年金秋时节，四川大学将迎来110周年华诞，我们谨以此书作为校庆献礼，并述编写始末如上，是为记。

雷汉卿

2006年7月28日

图书在版编目(CIP)数据

中华文化/曹顺庆主编. —上海:复旦大学出版社,2006.8(2020.8重印)
ISBN 978-7-309-05091-2

Ⅰ.中… Ⅱ.曹… Ⅲ.传统文化-中国-学习参考资料 Ⅳ.G12

中国版本图书馆 CIP 数据核字(2006)第 081919 号

中华文化
曹顺庆　主编
责任编辑/陈麦青

复旦大学出版社有限公司出版发行
上海市国权路 579 号　邮编:200433
网址:fupnet@fudanpress.com　http://www.fudanpress.com
门市零售:86-21-65102580　团体订购:86-21-65104505
外埠邮购:86-21-65642846　出版部电话:86-21-65642845
上海春秋印刷厂

开本 787×960　1/16　印张 30.25　字数 671 千
2020 年 8 月第 1 版第 7 次印刷
印数 43 411—44 510

ISBN 978-7-309-05091-2/G·651
定价:42.00 元

如有印装质量问题,请向复旦大学出版社有限公司出版部调换。
版权所有　侵权必究